최종 합격을 위한
추가 학습자료

분기별 최신 상식 업데이트(PDF)

GN55 E23B 2S3Y D25H

해커스잡 사이트(ejob.Hackers.com) 접속 후 로그인 ▶ 사이트 중앙 [교재정보 - 교재 무료자료] 클릭 ▶
교재 확인 후 이용하길 원하는 무료자료의 다운로드 버튼 클릭 ▶ 위 쿠폰번호 입력 후 다운로드

* 해당 PDF 자료는 3개월에 한 번씩 총 4번 제공됩니다.

핵심 개념 완벽 암기!
일반상식 OX 퀴즈 200제(PDF)

Q178 652Z U35P E25Z

해커스잡 사이트(ejob.Hackers.com) 접속 후 로그인 ▶ 사이트 중앙 [교재정보 - 교재 무료자료] 클릭 ▶
교재 확인 후 이용하길 원하는 무료자료의 다운로드 버튼 클릭 ▶ 위 쿠폰번호 입력 후 다운로드

FREE
고빈출 상식 키워드

FREE
매일 인적성/한국사/한국어 퀴즈

해커스잡 사이트(ejob.Hackers.com) 접속 후 로그인 ▶ 상단 [무료강의/자료] ▶ [무료 취업자료] 클릭하여 이용

* 이 외 쿠폰 관련 문의는 해커스 고객센터(02-537-5000)로 연락바랍니다.

헤럴드 선정 2018 대학생 선호 브랜드 대상 '취업강의' 부문 1위

해커스
한 권으로 끝내는
만능 일반상식

해커스잡

서문

"광범위한 상식, 효율적으로 공략해야 합니다."

상식은 필기시험, 면접 등 다양한 채용 전형에서 당락을 가르는 주요한 요소로,
그 출제 범위가 너무 넓어 많은 수험생들이 준비하는 데 어려움을 겪습니다.
상식을 학습하는 가장 좋은 방법은 평소에 뉴스를 많이 보거나 신문을 읽는 것입니다.
하지만, 이 역시도 당장 시험을 준비해야 하는 수험생들에게는 막막하게 느껴질 수밖에 없습니다.

그래서 해커스는 수많은 고민을 거듭한 끝에 더 효율적으로 상식을 대비할 수 있도록
시험에 나온, 시험에 나올 개념 위주로 정리하여
「해커스 한 권으로 끝내는 만능 일반상식」을 출간하게 되었습니다.

「해커스 한 권으로 끝내는 만능 일반상식」은

1. 시험에 나왔고, 시험에 나올 가능성이 높은 1,985개의 상식 개념을 엄선하여
   추가 개념과 함께 체계적으로 정리하였으며, 핵심 점검 문제를 제공하여 개념을
   확실히 익혔는지 점검할 수 있도록 하였습니다.

2. 기업별 기출 특성을 반영한 모의고사를 제공하여 학습 내용을 재점검하는 것은 물론,
   실전 감각도 익힐 수 있도록 하였습니다.

3. 최근 이슈를 담아 분기별로 업데이트되는 '분기별 최신 상식 업데이트(PDF)',
   정말 중요한 개념을 복습할 수 있는 '핵심 개념 완벽 암기! 일반상식 OX 퀴즈 200제(PDF)'를
   제공하여 시험 전 최종 준비를 더 효율적으로 할 수 있습니다.

이 책을 통해 취업을 준비하는 수험생 모두 합격의 기쁨을 누리시기 바랍니다.

해커스 취업상식 교육연구소

목차

이것만은 꼭!

고빈출 엄선 상식 키워드 260

알아두면 지식이 술술!

분야별 상식 키워드 1725

목차

기출 반영 문제로 **최종 점검!**
실전모의고사

PDF 핵심 개념 완벽 암기! **일반상식 OX 퀴즈 200제**

PDF 분기별 **최신 상식 업데이트**

상식 완전 정복을 위한 이 책의 활용법

1 고빈출 상식 → 분야별 상식 순으로 효율적으로 학습한다.

이것만은 꼭!
고빈출 엄선 상식 키워드 260

각종 상식 시험에서 최근 자주 출제된 개념을 엄선하여 정리하였습니다. 분야별 상식을 학습하기 전에 기본기를 다지거나 시험 직전 단기간에 상식 준비가 필요할 때 활용할 수 있습니다.

알아두면 지식이 술술!
분야별 상식 키워드 1725

분야별로 시험에 출제되었던 개념이나 출제될 가능성이 높은 개념을 체계적으로 정리하여 효과적으로 상식을 쌓을 수 있습니다. 또한, 각 CHAPTER의 마지막에 있는 핵심 점검 문제로 개념을 잘 암기하였는지 점검할 수 있습니다.

2 뜻이 단번에 이해되는 핵심 설명으로 꼼꼼히 학습한다.

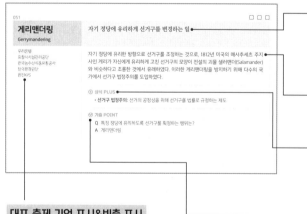

핵심 설명

핵심만 담은 설명으로 반드시 알아야 할 내용을 확인할 수 있습니다. 또한, 학습 기간이 부족할 때는 핵심 설명 위주로 효율적으로 학습할 수 있습니다.

상세 설명

자세한 설명으로 개념에 대해 확실히 이해할 수 있습니다.

상식 PLUS

제시된 상식과 관련된 추가 개념을 함께 학습할 수 있습니다.

기출 POINT

고빈출 엄선 상식 키워드 260은 기출 POINT를 포함해 키워드가 실제 시험에서 어떻게 출제되었는지 파악할 수 있습니다.

대표 출제 기업 표시&빈출 표시

고빈출 엄선 상식 키워드 260에는 대표 출제 기업을, 분야별 상식 키워드 1725에는 빈출 표시를 하여 자주 출제되는 개념을 파악할 수 있습니다.

3 기출 포인트를 반영한 문제로 최종 점검한다.

기출 반영 문제로 최종 점검!
실전모의고사

공기업과 금융권, 언론사·대기업 출제 경향을 반영한 모의고사를 풀어 봄으로써 실전을 대비할 수 있습니다. 또한, 상세하고 이해하기 쉬운 해설을 수록하여 체계적인 학습이 가능합니다.

4 추가 학습 자료로 고득점을 공략한다.

쉬운 듯 헷갈리는
일상생활 속 상식

맞춤법, 촌수, 절기 등 쉬운 것 같지만, 막상 출제되면 너무 헷갈리는 내용을 수록하여 더 철저하게 상식 시험에 대비할 수 있습니다.

맞춤 학습 플랜

- 자신에게 맞는 학습 플랜을 선택하여 학습 플랜에 따라 매일 그날에 해당하는 학습 분량을 공부하고, 학습 완료 여부를 □에 체크해 보세요.
- 학습 플랜을 따르지 않고 본인이 취약한 분야나 시험에 출제되는 분야 위주로 학습할 수 있습니다.

꼼꼼학습형 4주 학습 플랜

"아직 시간이 충분해!", "상식은 장기전이지!"라고 생각한다면?

→ 꾸준히 노력하는 타입이므로, 장기간 반복 학습 프로세스를 추천합니다.

1일	2일	3일	4일	5일	6일
고빈출 260 □ 001~130	고빈출 260 □ 131~260	분야별 1725 □ CH.01 경제	분야별 1725 □ CH.02 국제 경제	분야별 1725 □ CH.03 경영	분야별 1725 □ CH.04 금융/산업

7일	8일	9일	10일	11일	12일
분야별 1725 □ CH.05 정치	분야별 1725 □ CH.06 법	분야별 1725 □ CH.07 사회	분야별 1725 □ CH.08 환경/보건	분야별 1725 □ CH.09 한국사	분야별 1725 □ CH.10 세계사

13일	14일	15일	16일	17일	18일
분야별 1725 □ CH.11 인문	분야별 1725 □ CH.12 문학	분야별 1725 □ CH.13 문화예술	분야별 1725 □ CH.14 미디어/ 스포츠	분야별 1725 □ CH.15 과학	분야별 1725 □ CH.16 IT

19일	20일	21일	22일	23일	24일
실전모의고사 □ 1회 풀이 및 복습	실전모의고사 □ 2회 풀이 및 복습	실전모의고사 □ 3회 풀이 및 복습	일상생활 속 상식 □ 국어상식 □ 생활상식 □ 기타상식	고빈출 260 복습	취약 분야 복습

벼락치기형 | 2주 학습 플랜

"시험이 얼마 남지 않았어!", "빨리 승부를 봐야지!"라고 생각한다면?

—● 단기 집중력이 높은 타입이므로, 단기간 집중 학습 프로세스를 추천합니다.

1일	2일	3일	4일	5일	6일
고빈출 260 □ 001~260	분야별 1725 □ CH.01 경제 □ CH.02 국제 경제	분야별 1725 □ CH.03 경영 □ CH.04 금융/산업	분야별 1725 □ CH.05 정치 □ CH.06 법	분야별 1725 □ CH.07 사회 □ CH.08 환경/보건	분야별 1725 □ CH.09 한국사 □ CH.10 세계사

7일	8일	9일	10일	11일	12일
분야별 1725 □ CH.11 인문 □ CH.12 문학	분야별 1725 □ CH.13 문화예술 □ CH.14 미디어/ 스포츠	분야별 1725 □ CH.15 과학 □ CH.16 IT	실전모의고사 □ 1회 풀이 및 복습 □ 2회 풀이 및 복습	실전모의고사 □ 3회 풀이 및 복습	일상생활 속 상식 □ 기타상식 □ 국어상식 □ 생활상식

자유형

"나만의 특별한 학습 방법이 있어!"라고 생각한다면?

—● 나만의 학습 플랜을 직접 계획하여 학습하는 것을 추천합니다.

1일	2일	3일	4일	5일	6일

7일	8일	9일	10일	11일	12일

13일	14일	15일	16일	17일	18일

19일	20일	21일	22일	23일	24일

상식 출제 경향 알아보기

1. 전형별 상식 출제 경향

상식은 원활한 회사 생활과 사회생활에 필요한 기초 소양이자, 특정 기업이나 직무에서는 필수적으로 요구되는 역량이므로 채용 전 과정에서 다양한 방식으로 평가될 수 있습니다.

서류 전형	서류 전형의 경우 특정 개념을 알고 있는지에 대한 단순 확인보다는 기업 혹은 직무와 관련 있는 개념에 대한 지원자의 생각을 확인하는 항목이 제시되는 경우가 많습니다. 예) 평균 수명이 연장되면서 길어진 노후를 대비하는 중요한 수단인 국민연금에 대해 관심이 커지고 있습니다. 국민연금의 가장 큰 특징은 젊은 시절부터 준비가 필요한 장기보험이라는 점입니다. 국민연금 제도의 특징을 고려하여 국민연금 제도에 대한 자신의 생각을 기술해 주시기 바랍니다.
필기시험	특정 개념을 알고 있는지 직접적으로 평가하는 문제들이 제시됩니다. 보통 '상식', '직무시험' 등으로 NCS나 인적성과 구분되어 출제되는 경우가 많습니다. 객관식으로 문제를 평가하는 경우가 많으나 때에 따라서 단답형 문제나, 약술형 문제, 논술형 문제가 출제되기도 합니다.
면접	특정 개념을 알고 있는지 직접적으로 묻기도 하고, 기업이나 직무에 따라 특정 개념과 관련한 PT, 토론을 진행해야 하는 경우도 있습니다. 평소 개념에 대해 충분히 공부하고, 말로 설명하는 연습을 하지 않으면 대응이 어려운 것이 특징입니다. 예) 수소경제에 관해 이야기하고 수소경제가 나아가야 할 방향에 관해 설명해 보세요. 예) 지원자가 생각하는 4차 산업혁명 핵심 기술은 무엇인지, 그 기술을 우리 회사에 어떻게 적용할지 말해 보세요.

2. 필기시험 출제 기업

공기업 중에서는 NCS와 함께 한국사나 회사 상식을 출제하는 기업이 다수 있으며, 다양한 분야의 상식을 종합적으로 내는 경우도 있습니다. 금융권에서는 경제 및 금융 상식, IT 상식을 중점적으로 평가하며, 언론사는 방대한 분야의 최신 상식을 평가합니다. 대기업의 경우에는 필기시험보다는 면접 등에서 소양을 평가하는 추세입니다.

공기업	경기문화재단, 국립공원공단, 부산교통공사, 서울시설공단, 우정사업본부, 영화진흥위원회, 장애인고용공단, 한국가스기술공사, 한국농수산식품유통공사, 한국소비자원, 한국수력원자력, 한국산업인력공단, 한국언론진흥재단, 한국중부발전, 한국지역난방공사, 한국콘텐츠진흥원, 해양환경관리공단 등
금융권	IBK기업은행, KB국민은행, 우리은행, NH농협은행, 신한은행, 수협, KEB하나은행, KDB산업은행 등
언론사	MBN, SBS, EBS, TV 조선, YTN, 경인일보, 경향신문, 국민일보, 동아일보, 매일경제, 머니투데이, 이투데이, 서울신문, 부산일보, 세계일보, 스포츠서울, 연합뉴스, 조선일보, 중앙일보, 한겨레, 한국일보 등
대기업	포스코, GS그룹, 동원그룹, 롯데케미칼 등

* 2020~2023 채용 기준

3. 필기시험 출제 유형

상식은 다음과 같은 네 가지 유형으로 출제되며, 객관식형 문제의 출제 비중이 가장 높습니다.

유형1 **객관식형**

화폐 가치에 대한 변동 없이 화폐의 액면가를 절하시키는 것을 무엇이라 하는가?

① 리플레이션   ② 리디노미네이션

③ 디스인플레이션   ④ 인플레이션갭

다음 중 에지(Edge) 컴퓨팅의 특징으로 옳지 않은 것은?

① 중앙서버가 모든 데이터를 처리한다.

② 자율주행 자동차처럼 실시간 데이터 처리가 필요한 경우에 활용할 수 있다.

③ 클라우드(Cloud) 컴퓨팅의 단점을 보완하는 역할을 한다.

④ 포그(Fog) 컴퓨팅이라고 불리기도 한다.

유형2 **단답형**

최근 국민은행 등 5개 은행에서 중단한 대출 서비스는?

유형3 **약술형**

롱테일 법칙에 대해 간략히 서술하시오.

유형4 **논술형**

코로나19로 생긴 소통방식의 변화와 미디어의 역할에 대하여 논하시오.

---

4. 대비 전략

평소에 지원하는 기업이나 직무와 관련한 이슈에 꾸준히 관심을 가지도록 하고, 기업 사이트 등에 올라오는 보도자료나 간행물을 살펴보는 것이 좋습니다.

1단계   지원하는 기업과 직무에서 요구하는 필수 상식 분야를 파악합니다.

2단계   필수 상식 분야를 꼼꼼히 학습하고, 다른 상식 분야도 학습하면서 배경지식을 넓히도록 합니다.

3단계   필기시험이나 면접 전에는 필수 상식 분야를 복습하고, 최신 상식을 학습하여 시사성 있는 문제와 질문에 대비하도록 합니다.

이것만은 꼭!

고빈출 엄선 상식 키워드 260

● 여러 기업에서 반복하여 출제되는 중요한 상식을 엄선하여 정리하였습니다. 시험이 얼마 남지 않았을 때 혹은 시험 직전 복습이 필요할 때 집중적으로 살펴보며 효율적으로 학습해 보세요.

● 회독 박스(□)에 정확히 아는 개념은 ○, 알쏭달쏭한 개념은 △, 전혀 모르는 개념은 X로 체크하면서 꼼꼼히 학습해 보세요.

☐ ☐ ☐

필립스 곡선
Phillip's curve

농협은행
서울시설공단
한국도로공사
한국수력원자력
IBK기업은행

임금 상승률과 실업률의 관계를 나타내는 그래프

영국의 경제학자 필립스가 발견한 것으로, 실업률과 임금 상승률(물가 상승률)의 관계를 나타낸 그래프이다. 필립스 곡선에 따르면 실업률과 임금 상승률은 실업률이 높을수록 임금 상승률(물가 상승률)이 낮아지고, 실업률이 낮아질수록 임금 상승률(물가 상승률)이 높아지는 역의 관계를 갖는다. 필립스 곡선은 실업률을 통해 물가 상승률을 예측할 수 있고 정책 결정의 기준으로 삼을 수 있다는 점에서 의의가 있다. 하지만, 1970년대 등장한 스태그플레이션을 설명하지 못한다는 한계가 있다.

⊘ 기출 POINT
Q 실업률과 명목 임금 간의 경제적 관계를 나타낸 그래프는?
A 필립스 곡선

☐ ☐ ☐

지니계수
Gini's coefficient

광주은행
농협은행
울산항만공사
영화진흥위원회
한국가스기술공사
한국교통안전공단
IBK기업은행

소득 분포의 불평등도를 측정하기 위한 계수

계층 간 소득 분포의 불균형 정도를 나타내기 위해 이탈리아 통계학자인 지니가 제시한 개념으로, 지니계수는 0부터 1까지의 수치로 나타내며, 0에 가까울수록 소득 분포가 평등하다고 판단한다.

⊘ 기출 POINT
Q 소득 양극화를 나타내는 수치는?
A 지니계수

☐ ☐ ☐

GDP
Gross Domestic Product

공무원연금공단
서울시설공단
한국가스기술공사
한국수력원자력
한국장학재단
한국지역난방공사

일정 기간 동안 국적에 상관없이 한 나라의 영역 안에서 생산된 모든 최종 생산물의 시장 가치의 합

국내총생산(GDP)은 한 나라의 영역 안에서 국적에 상관없이 가계, 기업, 정부 등이 일정 기간 동안 생산된 모든 최종 생산물의 시장 가치를 합하여 평가한 지표로, 한 나라의 경제 규모와 생활 수준을 나타낸다.

⊘ 기출 POINT
Q 국내총생산을 뜻하는 GDP에서 G의 약자는 무엇인가?
A Gross

무차별 곡선
Indifference curve

농협은행
서울시설공단
우리은행
한국도로공사
한국수력원자력

소비자에게 동일한 효용을 주는 재화의 조합을 나타낸 곡선

소비자에게 동일한 효용을 주는 재화의 조합을 나타낸 곡선으로, 이 곡선은 우하향하고, 원점에 대해 볼록한 모양을 가지며, 원점에서 멀어질수록 더 큰 효용을 나타내고, 서로 교차하지 않는다는 특징이 있다.

⊕ **상식 PLUS**
- **등량곡선**: 일정한 기술 조건으로 일정한 생산량을 산출하는 데 필요한 두 생산 요소의 배합 점으로 이루어지는 곡선으로, 무차별 곡선과 성격이 비슷함

⊘ **기출 POINT**
Q 무차별 곡선의 특징이 아닌 것은?

디플레이션
Deflation

국민연금공단
농협은행
영화진흥위원회
한국환경공단

통화량이 축소됨에 따라 물가가 지속적으로 하락하는 현상

통화량 축소로 인해 물가가 지속적으로 하락하여 경제 활동이 침체되는 현상으로, 국제통화기금(IMF)에서는 물가가 2년 정도 지속적으로 하락할 경우 발생하는 경기 침체 상태를 디플레이션으로 정의한다.

⊘ **기출 POINT**
Q 통화량이 축소됨에 따라 물가가 함께 하락하는 현상은?
A 디플레이션

스태그플레이션
Stagflation

부평구문화재단
우리은행
울산도시공사
KB국민은행
KDB산업은행

경기가 불황임에도 물가가 계속해서 오르는 현상

경기침체를 의미하는 'Stagnation'과 물가 상승을 의미하는 'Inflation'의 합성어로, 경제 불황과 물가 상승이 공존하는 현상을 의미한다. 1970년대에 발생한 원유 파동과 그로 인한 급격한 원유가 상승이 생산 비용 인상을 유발하여 총공급을 위축해 생산 감소 및 대량 실업을 동반한 경제 침체와 물가 상승이 동시에 발생한 것이 대표적인 예이다.

⊘ **기출 POINT**
Q 저성장 고물가 현상을 뜻하는 용어는?
A 스태그플레이션

공공재
公共財

공무원연금공단
국민연금공단
우리은행
한국장학재단

모든 사람들이 공동으로 이용할 수 있는 비배제성과 비경합성을 갖춘 재화

도로, 항만, 교량 등 모든 사람들이 공동으로 이용하는 물건이나 시설을 의미한다. 대가를 지불하지 않은 사람을 소비하는 대상에서 제외할 수 없는 비배제성과 소비자가 늘어나더라도 기존 소비자의 소비량에는 변화가 없는 속성인 비경합성을 특징으로 한다.

⊘ 기출 POINT

Q 사적재의 반대말은?

A 공공재

대체재
代替財

영화진흥위원회
한국도로공사
IBK기업은행

동일한 효용을 얻을 수 있어 서로 대체가 가능한 재화

커피와 홍차, 쌀과 밀가루, 만년필과 연필, 버터와 마가린의 관계처럼 동일한 효용을 얻을 수 있어 서로 대체가 가능한 재화를 말한다.

⊘ 기출 POINT

Q 커피와 홍차의 관계는?

A 대체재

마찰적 실업
摩擦的 失業

공무원연금공단
농협은행
서울교통공사

구직자가 새로운 일자리를 찾거나 옮기는 과정에서 발생하는 실업

구직자가 새로운 일자리를 찾거나 직장을 옮기는 과정에서 일시적으로 발생하는 실업으로, 새로운 직장을 탐색하고 있다는 의미에서 탐색적 실업이라고도 한다. 마찰적 실업은 경기적 실업이나 구조적 실업과 달리 자발적 실업에 해당한다.

⊘ 기출 POINT

Q 자발적 실업에 해당하는 것은?

A 마찰적 실업

☐ ☐ ☐

지급 준비율
Reserve requirement ratio

예금액 중에서 중앙은행에 의무적으로 적립해야 하는 비율

국민연금공단
국민은행
머니투데이
한국장학재단
HF한국주택금융공사
IBK기업은행

은행이 고객으로부터 받은 예금액 중에서 중앙은행에 의무적으로 적립해야 하는 비율로, 중앙은행이 지급 준비율로 시중의 유동성을 조절할 수 있어 금융정책의 주요 수단으로 활용되고 있다.

✅ **기출 POINT**

Q 중앙은행의 금융정책 수단 중 예금액 중에서 중앙은행에 의무적으로 적립해야 하는 비율은?
A 지급 준비율

☐ ☐ ☐

유동성 함정
Liquidity trap

통화량을 늘리고 금리를 낮추어도 경제 주체들이 돈을 시장에 내놓지 않아 경기가 나아지지 않는 상태

국민연금공단
머니투데이
한국소비자원
IBK기업은행

통화량을 늘리고 금리를 낮추어도 가계는 소비를 늘리지 않고 기업 역시 투자와 생산을 늘리지 않게 되어 경기가 나아지지 않고 경제가 함정(Trap)에 빠진 것처럼 보이는 상태를 말한다. 경기가 침체된 상태에서 경기를 부양하기 위해 금리를 매우 낮출 경우 사람들은 가까운 미래에 이자율이 다시 오를 것을 예상하여 화폐를 보유하려는 경향을 보이기 때문에 정부의 금융 정책은 계획한 효과를 얻기 어렵다.

✅ **기출 POINT**

Q 금리를 아무리 낮춰도 경기부양 효과가 없는 것은?
A 유동성 함정

☐ ☐ ☐

피셔 효과
Fisher effect

예상 인플레이션율과 시중 명목 금리와 실질 금리의 차이가 같다는 이론

국민연금공단
IBK기업은행
HF한국주택금융공사

명목 금리와 실질 금리의 격차가 예상 인플레이션율과 같다는 것을 설명한 경제이론으로, 미국 경제학자 피셔가 제안하였다. 피셔에 따르면 시중의 명목 금리가 10%일 때 예상되는 인플레이션율이 6%라면 실질 금리는 4%이며, 피셔는 명목 금리 상승의 원인이 실질 금리 상승 또는 예상 인플레이션율 상승이라고 설명하였다.

✅ **기출 POINT**

Q 예상 인플레이션율이 5%, 실질 금리가 3%일 경우 명목 금리는?
A 8%

유틸리티 토큰
Utility token

KB국민은행
DGB대구은행
IBK기업은행

ICO에서 발행하는 토큰으로, 블록체인 기술 기반의 애플리케이션 또는 서비스 등에서 사용하는 가상자산

화폐적 성격이 강한 토큰으로, 제품이나 서비스 가치에 대한 권리 이전 또는 저장 수단으로 활용된다. 디앱(Dapp) 방식으로 개발되며, 토큰 자체로 지분이나 배당의 역할은 하지 않지만 제품이나 서비스의 사용 권한을 지니게 된다.

⊕ 상식 PLUS
- **ICO**: 가상화폐공개를 의미하는 Initial Coin Offering의 약자로, 사업자가 블록체인 기반의 암호화폐 코인을 발행한 뒤 투자자에게 판매함으로써 수익 창출을 할 수 있음
- **시큐리티 토큰(Security token)**: ICO에서 발행하는 토큰으로, 투자의 성격이 강해 지분에 대한 권리, 의결권이 추가되어 증권과 비슷한 성격을 띠는 가상자산

⊘ 기출 POINT
Q ICO에서 발행하는 토큰 중 화폐적 성격이 강한 가상자산은?
A 유틸리티 토큰

아토믹 스와프
Atomic swap

KB국민은행
DGB대구은행
IBK기업은행

거래소를 이용하지 않고 서로 다른 암호화폐를 서로 교환하는 것

아토믹 크로스 체인 트레이딩(Atomic cross chain trading)의 줄임말로, 각자 다른 블록체인 기반의 암호화폐를 교환하거나 본인들의 블록체인과 다른 블록체인 기반의 코인을 본인들 블록체인 기반의 코인으로 교체하는 것을 의미한다. 원래 각기 다른 암호화폐를 교환하려면 거래소를 거쳐야 하지만, 거래소 해킹 위험을 줄이면서 시간 및 비용을 감축하고자 할 때 활용된다. 아토믹 스와프를 위해서는 오프체인 솔루션에 해당하는 라이트닝 네트워크 다중 서명 주소 기능과 해시 타임 록 계약 기술이 활용된다.

⊕ 상식 PLUS
- **온체인(On chain)**: 블록체인 내 네트워크에서 생겨난 모든 전송 내용을 블록체인에 저장하는 방식
- **오프체인(Off chain)**: 블록체인 밖에서 이루어진 거래 내역을 기록하는 방식으로, 온체인으로 해결 불가능한 확장성 문제 해결을 위해 활용됨
- **타임 록(Time lock)**: 거래가 실패할 경우 일정 시간이 지난 뒤 자금이 반환되도록 하는 것

⊘ 기출 POINT
Q 각기 다른 블록체인 기반의 암호화폐를 거래소 없이 교환하는 것은?
A 아토믹 스와프

경상수지

經常收支

농협은행
전남신용보증재단
한국도로공사
한국마사회
HF한국주택금융공사

국가 간에 이루어지는 상품 및 서비스 거래에 의한 수지

국가와 국가 사이에서 이루어지는 상품 및 서비스 거래인 경상거래에 의한 수지로, 상품수지, 서비스수지, 소득수지, 경상이전수지 등으로 이루어져 있다.

⊕ **상식 PLUS**

- **경상수지의 구분**

상품수지	상품 수출과 수입의 차이를 나타내는 수지
서비스수지	가공, 운송, 여행 등의 서비스에 대한 수출과 수입의 차이를 나타내는 수지
소득수지	국제 거래에서 생산요소를 제공하면서 발생하는 임금, 배당, 이자 등에 대한 지급과 수입의 차이를 나타내는 수지
경상이전수지	국제 거래에서 거주자와 비거주자가 대가 없이 소득을 이전하는 과정에서 생기는 수지

✓ **기출 POINT**

Q 경상수지에 해당하는 것은?

레그테크

Regtech

농협은행
KB국민은행
DGB대구은행

인공지능, 빅 데이터, 클라우드 따위의 첨단 정보 기술을 기반으로 금융 회사의 내부 통제 및 법규 준수를 돕는 금융 서비스

규제를 의미하는 'Regulation'과 기술을 의미하는 'Technology'가 결합된 단어이다. 레그테크는 AI, 블록체인, 빅데이터 분석 등을 진행하여 규제에 대한 대응을 실시간으로 자동화하는 기술이다. 급격한 IT 기술 발달에 따라 규제가 점차 복잡해지고 다양해지자 핀테크와 같은 금융회사에서는 새로운 규제 환경에 대응하고자 레그테크를 활용하게 되었다. 대표적으로 전자금융거래 시 개인 컴퓨터나 모바일 기기 등의 정보를 종합적으로 분석함으로써 이상 거래를 차단하는 이상거래탐지시스템(FDS)이 있다.

✓ **기출 POINT**

Q 레그테크에 해당되는 시스템으로 적절한 것은?

통화승수
Money multiplier

통화량이 확대되거나 감소되는 비율을 나타낸 수치

한국수력원자력
한국장학재단
IBK기업은행
KB국민은행

본원 통화 한 단위가 얼마큼의 통화를 창출해냈는지 나타내주는 수치로, 통화량을 본원 통화로 나누어 산출한다.

⊘ 기출 POINT

Q 통화량을 본원 통화로 나눈 것은?

A 통화승수

통화 스와프
Currency swap

계약에서 정한 환율에 따라 통화를 교환하는 거래

근로복지공단
농협은행
서울시설공단

거래의 당사자가 계약으로 정한 환율에 따라 통화를 일정 시점에 교환하는 외환 거래이다. 주로 환율 및 금리 변동 리스크를 헤지(Hedge)하고 외화 유동성을 확충하려는 목적으로 체결한다.

⊘ 기출 POINT

Q 2022년 1월을 기준으로 우리나라와 통화 스와프를 체결하지 않은 나라는?

A 일본

테이퍼링
Tapering

양적 완화를 점진적으로 축소해 나가는 출구 전략

농협은행
한국주택금융공사
IBK기업은행
KDB산업은행

경기 회복을 위해 시행한 양적 완화 정책을 점차 축소하여 시중에 유동성을 줄여나가는 전략으로, 2013년 미국 연방준비제도(Fed) 의장 벤 버냉키가 언급하였다.

⊘ 기출 POINT

Q 양적 완화를 점진적으로 축소하여 시중에 유동성을 줄여나가는 전략은?

A 테이퍼링

양적 긴축
Quantitative Tightening

한국연구재단
농협은행
KB국민은행
DGB대구은행

금리 인상을 통한 긴축 효과가 한계에 다다랐을 때, 중앙은행이 국채를 매각하는 방법 등으로 통화의 유동성을 줄이는 정책

금리를 인상했음에도 긴축 효과가 미미할 경우 통화의 시중 유동성을 흡수하고자 중앙은행에서 진행하는 정책을 말한다. 주로 미국 연방준비제도(Fed)에서 금리 인상과 더불어 주요 긴축 수단으로 활용하고 있다. 양적 긴축은 인플레이션을 억제하기 위해 활용되지만, 오히려 물가 하락과 같은 디플레이션이 부작용으로 나타나기도 한다.

✔ **기출 POINT**

Q 양적 긴축 정책에 해당하는 것은?

브렉시트
Brexit

금융감독원
영상물등급위원회
한국농수산식품유통공사
KAC한국공항공사

영국이 EU에서 탈퇴한 것을 이르는 말

영국은 EU(유럽연합)의 재정 악화로 영국이 부담해야 하는 EU 분담금이 커지게 되자 EU 탈퇴를 검토하였고, 2016년에 진행된 국민투표에서 과반수의 찬성을 얻어 탈퇴가 확정되었다. 당초 2018년 3월에 브렉시트를 단행할 예정이었지만, 영국 의회의 합의안 부결로 2020년 1월 31일에 브렉시트가 단행되었다. 다만, 이후에도 한동안 EU와 영국의 미래관계 협상안 논의로 인해 현상을 유지하였고, 2021년 1월 1일에야 브렉시트가 현실화되었다.

✔ **기출 POINT**

Q 유럽연합에서 영국이 탈퇴한 것을 나타내는 용어는?

A 브렉시트

화이트 리스트
White list

경향신문
머니투데이
매일신문
서울경제
헤럴드경제
MBN

자국의 안전 보장에 위협이 될 수 있는 첨단 기술과 부품 등을 수출함에 있어서 그 절차를 우대해주는 국가

자국의 안전 보장에 위협이 될 수 있는 첨단 기술과 부품 등을 타국에 수출함에 있어서 허가신청이나 절차 등을 우대해주는 국가로, 안전 보장 우호국이라고도 한다. 2019년에 일본이 한국을 화이트 리스트에서 제외하였으며, 한국도 이러한 조치에 대응해 일본을 화이트 리스트에서 제외하였다.

✔ **기출 POINT**

Q 2019년에 우리나라를 화이트 리스트에서 제외한 나라는?

A 일본

ESG
Environment, Social, Governance

경향신문
근로복지공단
머니투데이
부산교통공사
KDB산업은행

친환경, 사회적 책임, 지배 구조 개선을 모두 고려하는 경영 활동

친환경(Environment), 사회적 책임(Social), 지배 구조 개선(Governance)의 약자로, 기업이 환경 보호, 사회 공헌, 법과 윤리를 준수하는 경영 활동을 일컫는다. 이는 기업의 비재무적 성과를 측정하는 방법이며, ESG를 통해 기업 가치와 지속가능성을 평가할 수 있다.

⊕ 상식 PLUS
- **ESG 채권**: 조달한 자금을 친환경, 사회적 책임, 지배 구조 개선 등에 한정하여 사용한다는 것을 전제로 하여 발행하는 특수 목적 채권

◎ 기출 POINT
Q ESG는 무엇의 약자인가?

데드 캣 바운스
Dead cat bounce

IBK기업은행

주가가 급락한 뒤에 일시적으로 반등하는 일

미국의 월 스트리트 증시 격언인 '죽은 고양이도 매우 높은 곳에서 떨어지면 튀어오른다'라는 말에서 유래된 말이다. 주가가 큰 폭으로 하락하다가 잠시 반등하는 상황을 죽은 고양이에 비유하여 표현한다. 한편으로는 특별한 이유 없이 주가가 반등하는 경우에 '죽은 고양이의 반등을 조심하라'는 말이 자주 사용되곤 한다.

◎ 기출 POINT
Q 주식 시장과 관련된 내용으로 옳지 않은 것은?

예산 총계주의
Comprehensiveness of budget

한국가스기술공사
MBN
YTN

정부나 지방 자치 단체의 세입과 세출을 모두 예산에 편입하여 계상(計上)하려는 방침

정부 재정의 감독을 쉽게 하고 재정의 팽창과 문란을 막는 데에 목적이 있으며, 우리나라의 국가 재정법에서는 예산 총계주의를 규정하고 있다. 다만, 정부가 현물로 출자할 때, 외국 차관을 도입해 전대할 때, 차관물자대(借款物資貸)할 때는 세입 및 세출 예산 외로 처리가 가능하다.

◎ 기출 POINT
Q 예산 완전성의 원칙에 의거해 세입 및 세출 일체를 예산에 편입해 계상하려는 제도는?
A 예산 총계주의

기업 결합
Combination of enterprise

서울시설공단
우리은행
한국소비자원
한국수력원자력
IBK기업은행

일정한 목적을 가지고 기업이 결합하여 하나의 경제적 실체가 되는 것

경영 위기 해소, 이윤 추구 등 일정한 목적을 가지고 기업이 결합하여 단일한 경영 체제의 지배를 받아 하나의 경제적 실체가 되는 것을 말한다.

⊕ **상식 PLUS**
- 대표적인 기업 결합 유형

카르텔	동종 또는 유사 기업이 상호 간의 경쟁 제한 및 완화를 위해 맺는 기업 결합
콘체른	다양한 업종의 기업이 금융적 방법에 의해 맺는 기업 결합
트러스트	동일 산업에서의 자본적 기업 결합

✓ **기출 POINT**
Q 법률적 독립성과 경제적 독립성이 모두 존재하는 기업 결합은?
A 카르텔

프레너미
Frienemy

롯데케미칼
IBK기업은행

친구처럼 보이지만 실제로는 친구인지 적인지 모호한 상태

친구를 의미하는 'Friend'와 적을 의미하는 'Enemy'가 결합된 단어로, 이해관계에 따른 전략적 협력관계와 경쟁관계에 있는 이를 모두 총칭한다. 과거 애플이 아이폰을 출시하며 자체적인 단말기 및 운영체제를 활용하자, 삼성의 단말기와 구글의 운영체계가 협력을 이루며 애플에 대항하였지만, 삼성은 자체 운영체제를, 구글은 스마트폰 단말기를 출시하고자 노력한 사례가 대표적이다.

✓ **기출 POINT**
Q 이해관계에 입각한 전략적 협력관계임과 동시에 경쟁관계에 있는 상태는?
A 프레너미

JIT
Just In Time

국민연금공단
한국남부발전
한국수력원자력

필요한 때에 맞추어 물건을 생산하고 공급하는 적기 생산 방식

제조업체가 부품업체로부터 필요한 적기에 원하는 만큼의 수량만 공급받아 재고를 쌓아두지 않는 방식으로, 일본의 도요타 자동차 회사에서 개발했다. 품질을 적은 비용으로 유지하여 적시에 제품을 인도하며, 다품종 소량 생산 제품에 적합한 생산 방식이다.

✓ **기출 POINT**
Q 일본 도요타에서 사용한 생산 방식은?
A JIT

SWOT 분석
SWOT analysis

기업의 내부·외부 환경을 분석하여 파악한 강점, 약점, 기회, 위협 요인을 토대로 마케팅 전략을 세우는 것

국민연금공단
한국도로공사
한국환경공단
IBK기업은행
MBN

기업의 내부 환경을 분석하여 파악한 강점(Strength), 약점(Weakness)과 외부 환경을 분석하여 파악한 기회요인(Opportunity), 위협요인(Threat)을 토대로 세우는 마케팅 전략으로, SO(강점 - 기회), ST(강점 - 위협), WO(약점 - 기회), WT(약점 - 위협) 4가지 전략이 있다.

기출 POINT

Q SWOT 분석 요소가 아닌 것은?

A Situation

TQM
Total Quality Management

제품 및 서비스뿐만 아니라 기업 활동의 전반적인 품질을 높이려는 경영 방식

한국남부발전
한국소비자원
한국장학재단

전사적 품질 경영(TQM)은 기업의 제품이나 서비스 품질만이 아닌 전사적으로 품질을 관리하기 위해 전략을 수립해야 한다는 경영 방식이다. 고객 만족을 넘어 인간성 존중, 사회 공헌을 중시하며 지속적인 종업원 교육, 프로세스 개선, 발생할 수 있는 문제 예방 등을 통해 장기적인 성장을 도모한다.

기출 POINT

Q 기업 활동의 전반적인 품질을 높이기 위한 경영 방식은?

A TQM

포이즌 필
Poison pill

기존 주주들에게 시가보다 싼 가격으로 지분을 살 수 있는 권한을 부여하는 적대적 M&A 방어 수단

농협은행
한국마사회
한국무역보험공사

기존 주주들에게 시가보다 싼 가격으로 지분을 살 수 있는 권한을 부여하여 인수 시도자의 지분 확보를 어렵게 하는 적대적 M&A 방어 수단이다.

기출 POINT

Q 적대적 M&A의 방어 수단은?

A 포이즌 필

□ □ □

BTL
Build Transfer Lease

근로복지공단
인천국제공항공사
한국도로공사

민간이 공공시설을 건설하고 정부가 시설 임대료를 분할하여 상환하는 방식

민간이 공공시설을 건설한 뒤에 정부 등에 소유권을 이전하면 정부가 시설 임대료를 분할하여 상환하는 방식으로, 도로, 철도 등의 사회 간접 자본(SOC), 기숙사, 도서관, 박물관 등을 이 방식을 이용하여 추진하고 있다.

◈ 기출 POINT

Q 민간이 공공시설을 건설하고 정부가 시설 임대료를 분할하여 상환하는 방식은?
A BTL

□ □ □

베블런 효과
Veblen effect

농협은행
영화진흥위원회
한국주택금융공사

어떤 재화의 가격이 오르는데도 특정 계층 사람들의 과시욕으로 인해 오히려 수요가 증가하는 현상

상품의 가치가 그 상품의 사용자 수에 영향을 받는 네트워크 효과의 일종으로, 일반적으로 재화가 가격이 상승하면 수요가 떨어지는 것과 달리 어떤 재화의 가격이 상승함에도 불구하고 특정 계층 사람들의 과시욕으로 인해 오히려 해당 재화에 대한 수요가 증가하는 현상을 뜻한다.

◈ 기출 POINT

Q 소비 형태 중 베블런 효과와 관련된 것은?
A 과시적 소비

□ □ □

롱테일 법칙
Long tail theory

대구시설공단
한국농수산식품유통공사
IBK캐피탈
MBN

80%의 다수가 20%의 소수보다 더 큰 가치를 만들어 낸다는 이론

80%의 주목받지 못하는 다수가 20%의 핵심 소수보다 더 큰 가치를 만들어낸다는 이론으로, 2004년 미국의 크리스 앤더슨이 온라인 시장의 발달로 그동안 관심을 받지 못했던 비인기 상품을 진열할 수 있게 되고 이로 인해 매출이 많이 증가한 것에서 착안하여 만든 개념이다.

⊕ 상식 PLUS

• **파레토 법칙(Pareto's law):** 20%의 소수가 80%의 다수보다 더 큰 가치를 만들어낸다는 이론

◈ 기출 POINT

Q 롱테일 법칙의 반대되는 것은?
A 파레토 법칙

니치 마케팅
Niche marketing

경기콘텐츠진흥원
인천도시공사
한전KPS

소규모의 소비자를 대상으로 한 마케팅 기법

빈틈을 찾아 공략하듯이 시장을 소비자들의 특성에 따라 세분화하고 그 시장에 존재하는 소비자를 대상으로 하는 마케팅 전략으로, 대량 생산 및 유통, 판매되는 매스 마케팅과 대립하는 개념이다.

✓ 기출 POINT

Q 특정 소비 집단을 대상으로 하는 판매 기법은?

A 니치 마케팅

바이럴 마케팅
Viral marketing

부평구문화재단
HUG주택도시보증공사
IBK기업은행

사람들이 마케팅 메시지를 퍼트리는 것을 촉진하는 마케팅 기법

누리꾼이 이메일, 블로그, 카페, SNS 등을 통해 어떤 기업 또는 제품을 자발적으로 홍보하게 유도하는 마케팅 전략으로, 그 확산세가 컴퓨터 바이러스(Virus)와 비슷하다고 하여 바이럴 마케팅으로 불리게 되었다. 1 대 다수를 향하는 마케팅이라는 점에서 기존의 매체 광고와 비슷하지만, 일방적 노출이 아닌 소비자에 의한 선택적 노출이라는 점에서 차이가 있다.

✓ 기출 POINT

Q 이메일, 블로그, 카페, SNS 등을 통해 어떤 기업 또는 제품을 자발적으로 홍보하게 유도하는 마케팅 기법은?

A 바이럴 마케팅

앰부시 마케팅
Ambush Marketing

부산교통공사
서울복지재단
우리은행
SBS

규제를 교묘히 피해 가는 마케팅 기법

교묘하게 규제를 피해 기습적으로 이루어지는 마케팅 기법으로, 매복 마케팅이라고도 한다. 스포츠 경기에서 대회의 공식 스폰서가 아닌데도 불구하고 특정 선수나 팀의 스폰서가 되거나 이들을 후원하는 내용의 광고 문구를 통해 대중들에게 대회의 공식 스폰서인 것처럼 인식되도록 하여 제품을 홍보하는 전략이 대표적이다.

✓ 기출 POINT

Q 규제를 교묘히 피해 가는 마케팅 기법은?

A 앰부시 마케팅

넛지 효과
Nudge effect

농협은행
서울시설공단
우리은행
평택도시공사
포항시설공단
IBK기업은행

타인의 선택을 유도하는 부드러운 개입

명령이나 지시처럼 메시지를 직접적으로 전달하지 않으면서도 의도한 방향으로 사람들의 행동을 유도하는 것으로, 공익 캠페인, 마케팅 등에 활발히 활용되고 있다.

⊘ 기출 POINT

Q 명령이나 지시 없이 행동을 유도하는 효과는?
A 넛지 효과

핀테크
Fintech

농협은행
부산경제진흥원
우리은행
HF한국주택금융공사

첨단 정보 기술을 기반으로 한 금융 서비스

IT, 모바일 기술 등 첨단 정보 기술을 기반으로 한 금융 서비스로, 가장 대표적으로 은행 창구에서 행해지던 다양한 업무들이 인터넷뱅킹이나 모바일뱅킹 등의 서비스로 가능해진 것을 들 수 있다.

⊘ 기출 POINT

Q 핀테크의 특징으로 옳지 않은 것은?

마이데이터
Mydata

농협은행
머니투데이
KB국민은행

개인이 자신의 정보를 관리 및 통제하여 능동적으로 활용하는 일련의 과정

개인이 자신의 정보를 관리 및 통제하여 자신의 정보를 다른 기업, 기관 등으로 이동시켜 신용이나 자산관리 등에 능동적으로 활용하는 일련의 과정이다. 개인 이용자는 흩어져 있는 자신의 정보를 한꺼번에 확인하는 것이 가능하며 자신의 정보를 제공하여 맞춤 상품이나 서비스를 추천받을 수 있다.

⊘ 기출 POINT

Q 개인이 자신의 정보를 관리하고 통제하여 능동적으로 활용하는 것은?
A 마이데이터

마키아벨리즘
Machiavellism

서울시설공단
한국공항공사
EBS

정치적 목적을 위해서 수단을 가리지 않는 것을 이르는 말

국가의 유지, 발전을 위해서는 어떠한 수단이나 방법도 허용된다는 국가 지상주의적 정치 사상으로, 이탈리아 르네상스 시대의 사상가 마키아벨리가 그의 저서 <군주론>에서 처음 주장하였다.

⊘ 기출 POINT

Q 어떠한 수단이나 방법도 가리지 않는 정치사상은?
A 마키아벨리즘

레임덕
Lame duck

국민연금공단
부산교통공사
인천교통공사

임기가 끝나가는 정치 지도자의 권력 누수 현상

대통령 등의 정치 지도자의 임기가 끝나가는 시기에 지도력 공백이 생기는 현상을 이르는 말로, 우리나라에서는 권력 누수 현상이라고도 한다. 임기 만료를 앞둔 정치 지도자의 통치력 저하를 절름발이 오리에 비유한 용어이다.

⊘ 기출 POINT

Q 임기가 끝나가는 대통령의 권력 누수 현상을 이르는 말은?
A 레임덕

빈곤 포르노
Poverty Pornography

YTN
MBN
뉴시스

빈곤에 시달리는 사람들의 상황을 자극적으로 묘사한 소설, 영화, 사진, 그림 따위를 통틀어 이르는 말

1980년대 국제적으로 자선 캠페인이 활성화되면서 시작된 개념으로, 특정 방송에서 아프리카 어린아이에게 파리떼가 붙은 모습을 송출한 결과 수억 달러의 기부금이 모이자 다른 기부단체에서도 이를 따라하며 시작되었다. 빈곤 포르노는 영상을 자극적으로 만드는 과정에서 출연자의 인권을 유린하고, 빈곤 및 피후원국에 대한 부정적인 고정 관념을 유발한다는 점에서 비난의 대상이 되고 있다.

⊘ 기출 POINT

Q 모금이나 후원 등을 위해 빈곤에 처한 사람들의 상황을 자극적으로 표현하는 것은?
A 빈곤 포르노

아동 수당제
兒童手當制

부산시통합채용
한국폴리텍대학

아이를 낳으면 일정 기간 동안 매달 일정액을 지급하는 제도

우리나라의 저출산 대책 중의 하나로, 아동 수당법에 기반해 만 6세까지의 아동에 대하여 월 10만 원의 수당을 지원하는 제도였었다. 아동 수당법은 2022년 4월 25일부터 개편되어 만 7세 아동까지 아동 수당을 받는 것으로 확대되었으며, 과거에 아동 수당을 받다가 만 7세 생일이 도래함에 따라 지급이 중단된 경우에는, 중단된 시점부터의 아동 수당을 소급하여 받을 수 있다.

⊘ 기출 POINT

Q 우리나라에서 시행하는 저출산 대책이 아닌 것은?

추가경정예산
追加更正豫算

대한장애인체육회
영화진흥위원회
산업연구원
KB국민은행

이미 정해진 예산에 변경이 필요할 때 편성하는 예산

예산이 정해진 뒤에 생긴 사유로 기존에 성립한 예산을 변경할 필요가 있을 때 편성하는 예산으로, 예기치 못한 지출 요인이 생겨 예산을 변경해야 하거나 세입이 예상보다 크게 줄었을 때 국회의 동의를 받아 변경할 수 있다.

⊘ 기출 POINT

Q 예산이 정해진 뒤에 이미 성립한 예산을 변경할 필요가 있을 때 편성하는 것은?
A 추가경정예산

국회
國會

영화진흥위원회
한국소비자원
한국중부발전

국민의 대표로 구성한 입법 기관

민의(民意)를 받들어 법치 정치의 기초인 법률을 제정하며 행정부와 사법부를 감시하고 그 책임을 추궁하는 따위의 여러 가지 국가의 중요 사항을 의결하는 권한을 가진다. 의회를 상하 양원으로 구분하지 아니하고 하나만 두는 단원제와 국회의 구성을 상원 - 하원과 같이 양원으로 하는 양원제가 있으며, 우리나라는 현재 단원제를 택하고 있다.

⊘ 기출 POINT

Q 다음 중 국회의 권한이 아닌 것은?

의결정족수
議決定足數

국민연금공단
방송통신위원회
서울농수산식품공사
서울시설공단
한국남동발전
한국수력원자력

합의체 기관의 의결이 성립하는 데 필요한 구성원의 찬성표 수

합의체 기관이 의사를 결정하는 데 필요한 구성원의 찬성표 수를 이르는 말로, 우리나라 국회는 헌법이나 국회법에 특별한 규정이 없는 한 재적 인원 중 과반수의 출석과 출석 인원의 과반수 찬성으로 의결한다.

⊘ 기출 POINT
Q 합의체 기관의 의결이 성립하는 데 필요한 구성원의 찬성표 수를 일컫는 용어는?
A 의결 정족수

탄핵소추권
彈劾訴追權

대구시설관리공단
한국서부발전

헌법이나 법률에 위배되는 행위를 한 대통령, 국무총리 등 소추가 곤란한 특정 공무원을 적발하여 탄핵의 소추를 의결할 수 있는 권리

법률에 의하여 신분이 보장되고 징계나 형사 소추가 곤란한 특정 공무원이 직무상 헌법이나 법률에 위배되는 행위를 하였을 때에, 적발하여 탄핵의 소추를 의결할 수 있는 국회의 권리이다. 탄핵소추를 위해서는 국회 재적 의원 3분의 1 이상의 발의가 있어야 하고, 그 의결은 재적 의원 과반수의 찬성이 있어야 하며, 대통령에 대한 탄핵 소추는 국회 재적 의원 과반수의 발의와 3분의 2 이상의 찬성이 있어야 한다.

⊘ 기출 POINT
Q 다음 중 국회 탄핵소추 대상이 아닌 것은?
A 국회의장

오픈 프라이머리
Open primary

방송통신심의위원회
세종특별자치시시설관리공단
한국공항공사
한국장애인고용공단

투표자가 자신의 소속 정당을 밝히지 아니하고 투표할 수 있는 예비 선거

대통령 등의 공직 후보를 선발하는 예비 선거에 정당에 소속되지 않는 일반 국민도 참여할 수 있도록 하는 방식으로, 국민에게 인기 있고 명망 있는 인물을 선출하기에 유리하다. 미국에서는 대통령 선거에서 정당별 후보를 선출할 때 오픈 프라이머리 방식으로 진행한다.

⊕ 상식 PLUS
• **클로즈드 프라이머리(Closed primary)**: 정당에 등록된 당원만 참여할 수 있는 예비 선거

⊘ 기출 POINT
Q 일반 국민들도 참여하는 정당 경선 제도는?
A 오픈 프라이머리

보궐선거
補闕選擧

근로복지공단
대구시설공단
수원문화재단
HUG주택도시보증공사

대통령, 국회의원 등의 임기 중에 빈자리가 생겼을 때 그 자리를 보충하기 위하여 실시하는 임시 선거

선거 당선인(대통령, 국회의원 등)이 임기 개시 이후 기타 범법 행위로 인한 유죄판결로 피선거권을 상실하거나 사망, 사퇴 등의 사유로 궐석(闕席)되었을 때, 빈자리를 보충하기 위해 실시하는 임시 선거를 의미한다.

⊘ 기출 POINT

Q 보궐선거에 대한 설명으로 옳지 않은 것은?

게리맨더링
Gerrymandering

우리은행
포항시시설관리공단
한국농수산식품유통공사
한국환경공단
한전KPS

자기 정당에 유리하게 선거구를 변경하는 일

자기 정당에 유리한 방향으로 선거구를 조정하는 것으로, 1812년 미국의 매사추세츠 주지사인 게리가 자신에게 유리하게 고친 선거구의 모양이 전설의 괴물 샐러맨더(Salamander)와 비슷하다고 조롱한 것에서 유래하였다. 이러한 게리맨더링을 방지하기 위해 다수의 국가에서 선거구 법정주의를 도입하였다.

⊕ 상식 PLUS

• **선거구 법정주의**: 선거의 공정성을 위해 선거구를 법률로 규정하는 제도

⊘ 기출 POINT

Q 특정 정당에 유리하도록 선거구를 획정하는 행위는?
A 게리맨더링

언더독 효과
Underdog effect

부천시협력기관
영상물등급위원회
화성여성가족청소년재단

경기나 싸움, 선거 등에서 열세에 있는 사람이나 팀을 동정하고 지지하는 현상

경기나 싸움, 선거 등의 경쟁에서 질 것 같은 사람이나 팀을 지지하고 응원하게 되는 현상으로, 1948년 미국 대선 때 사전 여론 조사에서 열세를 보이던 민주당의 해리 트루먼이 공화당의 토머스 듀이를 제치고 당선되면서 널리 사용되었다.

⊘ 기출 POINT

Q 열세에 있는 팀을 지지하는 현상은?
A 언더독 효과

캐스팅 보트
Casting vote

세종특별자치시시설관리공단
인천교통공사
포항시시설관리공단
한국전력공사
SBS

가부가 동수일 때 행하는 의장의 결정 투표

본래 의회에서 가부(可否)가 동수(同數)일 때 의장이 행하는 결정권을 의미하며, 의회에서 두 정당의 세력이 거의 비슷하여 제3당이 비록 소수일지라도 그 승패를 결정할 수 있을 상황일 때 캐스팅 보트를 쥐고 있다고 표현한다.

⊘ 기출 POINT

Q 합의체의 의결에서 가부가 동수인 경우에 의장이 가지는 결정권은?
A 캐스팅 보트

행정지도
行政指導

한국가스기술공사
수원도시재단

행정 관청이 업계(業界)나 하급 행정 기관에 대하여 권력적·법적 행위에 의하지 아니하고 지도, 조언, 권고 따위의 수단으로 정책 목적을 달성하려는 일

행정은 권력적 행위에 의해서 이루어지는 것이 아닌 국민의 합의에 의해 이루어진다는 것을 기반으로 행정 목적을 달성하기 위한 규제 또는 유도의 수단으로 협력을 구하는 일을 말한다. 행정 지도의 경우 원칙상 법적 효과가 없기 때문에 이행하지 않더라도 법적 구속력을 갖지 않는다. 그러나 종류에 따라서는 행정지도가 법으로 명문화되어 있기 때문에 법적 효과가 없다고 해서 이를 따르지 않을 경우 불이익을 받을 수 있다. 행정지도는 사실행위로 판단되므로 행정지도 자체를 두고 소를 제기하는 것은 어렵다. 하지만, 행정지도로 인해 국민이 불이익을 받았다면 손해배상 청구를 제기할 수 있다.

⊘ 기출 POINT

Q 행정지도에 대한 설명으로 옳은 것은?

매니페스토 운동
Manifesto

전남신용보증재단
한국수력원자력
한국언론진흥재단
한국환경공단

선거에서 후보들이 내놓은 공약의 실현가능성을 따져보고 당선 후 공약을 지켜 나가도록 한다는 의미를 담은 '참공약 선택하기' 시민운동

본래 매니페스토는 예산 확보 및 구체적인 실행 계획 따위가 마련되어 있어 이행이 가능한 선거 공약으로, 정당이나 후보자가 유권자에게 제시하는 것을 의미하였다. 우리나라에서는 2006년 5·31 지방선거를 계기로 시민단체가 중심이 되어 공약의 실현가능성을 평가하는 시민운동으로 전개되었다.

⊘ 기출 POINT

Q '참공약 선택하기'와 관련되어 있는 시민운동은?
A 매니페스토 운동

일사부재리 원칙
一事不再理 原則

부산경제진흥원
한국소비자원
한국폴리텍대학

한 번 판결이 난 사건은 다시 공소를 제기할 수 없다는 원칙

이미 판결이 내려진 사건에 대해서는 다시 공소를 제기할 수 없다는 형사소송법상의 원칙으로, 동일한 범죄에 대해서 거듭 심리, 재판을 하지 않는다는 것을 의미한다. 다만 민사소송법에서는 해당 원칙이 적용되지 않는다.

⊙ **기출 POINT**
Q 이미 판결이 끝난 사건에 대해서 다시 공소를 제기할 수 없다는 원칙은?
A 일사부재리 원칙

국제사법재판소 (ICJ)
International Court of Justice

수원도시재단
수원문화재단

조약의 해석, 의무 위반의 사실 여부, 배상 따위의 국제적 분쟁의 해결을 위한 상설 재판소

국제 연합의 주요 사법 기관으로, 네덜란드 헤이그에 위치하고 있다. 제2차 세계대전 이후에 설립된 국제사법재판소를 승계하였으며, 국제 분쟁 발생 시 법적으로 해결해주기 위해 설치되었다. 15명의 재판관으로 구성되어 있으며, 재판관들의 휴가 기간을 제외하고 상시 개정하고 있어 계속성을 가진 조직체이며, 재판소가 존재하는 네덜란드 헤이그가 아닌 다른 장소에서도 개정이 가능하다. 다만, 국가 간의 분쟁에 대해 판결하기 때문에 법원에 제소되는 사안의 당사자로는 국가만이 가능하다.

⊙ **기출 POINT**
Q 국제사법재판소의 역할이 아닌 것은?

국제형사재판소 (ICC)
International Criminal Court

수원도시재단
수원문화재단

국제 형사 범죄를 재판하는 국제 재판소

집단 살해, 전쟁 범죄, 반인도적 범죄 등을 저지른 개인을 형사처벌하기 위해 설립된 국제 재판소이다. 임기 9년의 18명의 재판관과 소추부, 사무국으로 구성되어 있다. 1998년 로마조약에 근거해 설립된 국제형사재판소는 관련 국가가 전쟁범죄와 같은 문제에 대해 재판을 거부하거나 재판 능력이 없다고 판단될 경우 재판을 진행하게 된다. 다만, 불소급 원칙이 적용되어 2002년 7월 이전의 범죄 행위는 다뤄지지 않으며, 최고 형량은 30년으로 정해져 있다. 우리나라의 경우 2003년 2월 국제형사재판소의 정식 가입국이 되었다.

⊙ **기출 POINT**
Q 국제형사재판소의 약자는?
A ICC

고빈출 상식

아그레망
Agrément

한국소비자원
한전KPS
YTN

타국의 외교 사절을 승인하는 일

새로운 대사나 공사 등을 외교 사절로 임명하여 파견하고자 할 때, 파견될 상대국에서 해당 인물이 외교 사절로 임명되는 것에 대해 동의하는 일을 의미한다.

⊙ **기출 POINT**
Q 상대국으로부터 외교 사절 임명에 대해 사전 동의를 얻는 것은?
A 아그레망

페르소나 논 그라타
Persona non grata

국립공원공단
한국소비자원
YTN

외교 사절로 받아들이기 기피되는 인물

외교 사절을 받아들이는 국가에서 나쁜 평판을 얻어 외교 사절로 받아들이기를 기피하는 사람을 의미하는 용어로, 외교 사절의 아그레망이 요청되었을 때 요청을 받은 접수국은 호감이 가지 않는 인물일 경우 영사 관계에 관한 비엔나 협약 제9조에 따라 외교관의 파견을 거부할 수 있다.

⊕ **상식 PLUS**
• **페르소나 그라타**: 외교 사절을 받아들이는 국가에서 호의를 가지고 받아들이는 사람

⊙ **기출 POINT**
Q 아그레망을 요청받았을 때 환영받지 못하는 외교적 기피 인물은?
A 페르소나 논 그라타

헌법재판소
憲法裁判所

국민연금공단
근로복지공단
서대문구도시관리공단
신용보증재단중앙회
한국중부발전
GH경기주택도시공사

법령의 위헌 여부를 심판하기 위해 설치한 헌법 재판 기관

법령의 위헌 여부를 일정한 소송 절차에 따라 심판하기 위해 설치한 헌법 재판 기관으로, 위헌법률 심사, 정당의 해산 심판, 헌법소원 심판, 탄핵 심판, 국가기관 사이의 권한쟁의에 관한 심판 등을 관장한다.

⊙ **기출 POINT**
Q 헌법재판소의 특징이 아닌 것은?

중대재해기업 처벌법

경향신문
연합뉴스
이투데이
한국일보

중대재해가 발생한 경우 안전조치를 소홀히 한 사업주 또는 경영책임자에게 1년 이상의 징역을 내리도록 하는 법

2022년 1월 27일부터 시행된 법으로, 사업 또는 사업장, 공중이용시설 및 공중교통수단을 운영하거나 인체에 해로운 원료나 제조물을 취급하면서 안전·보건 조치 의무를 위반하여 인명피해를 발생하게 한 사업주, 경영책임자, 공무원 및 법인의 처벌 등을 규정함으로써 중대재해를 예방하고 시민과 종사자의 생명과 신체를 보호함을 목적으로 한다.

⊘ 기출 POINT

Q 중대재해기업처벌법에 대한 설명으로 옳은 것은?

공직자의 이해충돌 방지법

경향신문
연합뉴스
이투데이
한국일보

공직자가 직무 수행 시 본인의 사적 이해관계 때문에 공정하고 청렴하게 직무를 수행하지 못하는 것을 방지하기 위한 법

2022년 5월 19일부터 시행된 법으로, 공직자의 직무수행과 관련한 사적 이익추구를 금지함으로써 공직자의 직무수행 중 발생할 수 있는 이해충돌을 방지하여 공정한 직무수행을 보장하고 공공기관에 대한 국민의 신뢰를 확보하는 것을 목적으로 한다.

⊘ 기출 POINT

Q 공직자가 청렴하게 직무를 수행할 수 있도록 2022년 5월 19일부터 시행된 법안은?
A 공직자의 이해충돌 방지법

유치권
留置權

건설공제조합
지역신협
한국농어촌공사
한국주택금융공사

타인의 재산을 담보로 빌려준 돈을 받을 때까지 그 재산을 유치하는 권리

타인의 물건이나 유가 증권을 담보로 한 채권을 가지는 경우에 그 채권을 변제받을 때까지 그 물건이나 유가 증권을 맡아 둘 수 있는 권리이다.

⊘ 기출 POINT

Q 유치권이란?

친고죄
親告罪

영화진흥위원회
한국농어촌공사
한국소비자원
한국수력원자력

범죄의 피해자 또는 기타 법률이 정한 사람의 고소가 있어야 공소를 제기할 수 있는 범죄

범죄의 피해자나 기타 법률이 정한 사람의 고소 또는 고발이 있어야 공소를 제기할 수 있는 범죄로, 사자(死者) 명예훼손죄, 모욕죄, 비밀침해죄, 업무상 비밀누설죄, 친족 간 권리 행사 방해죄 등이 해당한다. 친고죄는 범인을 알게 된 날로부터 6개월이 지난 경우에는 고소할 수 없다.

◉ 기출 POINT
Q 친고죄가 아닌 것은?

가사소송법
家事訴訟法

경향신문
연합뉴스
이투데이
한국일보

가사에 관한 소송 사건과 비송 사건 및 조정에 대한 절차를 규정한 법률

1990년에 제정된 법률로, 인격의 존엄과 남녀평등을 기본으로 하고 가정의 평화 및 친족 간에 서로 돕는 미풍양속을 보존하고 발전시키기 위하여 가사(家事)에 관한 소송(訴訟)과 비송(非訟) 및 조정(調停)에 대한 절차의 특례를 규정하기 위한 목적으로 제정되었다.

◉ 기출 POINT
Q 가사소송법의 목적으로 적절한 것은?

구속 적부심
拘束適否審

건설공제조합
근로복지공단

법원이 구속 영장의 집행이 법규에 맞는지 심사하는 것

피의자 측 청구에 의해 법원이 구속 영장의 집행이 법규에 합당한지 심사하는 것으로, 피의자 본인, 변호인, 법정 대리인, 배우자, 직계 친족 등은 피의자가 구속되기 전에 법원에 적부심을 청구할 수 있다. 구속 적부심은 보석과 함께 언급되는 경우가 많으나 구속 적부심이 피의자가 기소되기 전에 신청하는 것이고 보석은 피의자가 기소된 이후에 신청하는 것이라는 차이가 있다.

◉ 기출 POINT
Q 구속의 적법성을 심사하는 기관은?
A 법원

플리바게닝
Plea bargaining

방송통신심의위원회
부산교통공사
언론중재위원회
한국공항공사

범죄 사건 규명에 협조한 피고인의 형을 낮추거나 가벼운 범죄로 기소해 주는 제도

유죄를 인정하거나 다른 사람에 대해 증언을 하는 등 범죄 사건 규명에 협조한 피고인에게 검찰 측이 형을 낮추거나 가벼운 범죄로 기소해 주는 제도로, 유죄 협상 제도라고도 한다.

⊘ **기출 POINT**

Q 범죄 사건에 대해서 협조한 피고인의 형을 낮추거나 가벼운 범죄로 기소해 주는 제도는?
A 플리바게닝

저당권
抵當權

경향신문
연합뉴스
한국일보

채무가 실행되지 않을 경우에 채권자가 담보로 잡힌 물건에 대하여 일반 채권자보다 먼저 빚을 받아 낼 수 있는 권리

점유를 수반하지 않는 권리로, 성립하기 위해서는 등기가 필요하기 때문에 목적물이 부동산 또는 그밖에 등기에 적합한 것으로 한정된다. 목적물을 유치하지 않는다는 점에서 질권과 차이점이 있으며, 저당권이 설정된 뒤에는 목적물을 제3자에게 양도 또는 용익물권 설정이 가능하다.

⊕ **상식 PLUS**

• **질권(質權):** 채무자가 돈을 갚을 때까지 채권자가 담보물을 간직할 수 있고, 채무자가 돈을 갚지 아니할 때에는 그것으로 다른 채권자보다 먼저 빚을 받아 낼 수 있는 권리
• **용익물권(用益物權):** 지상권, 지역권, 전세권 따위로, 다른 사람의 부동산을 사용하여 이익을 얻을 수 있는 제한 물권

⊘ **기출 POINT**

Q 담보 잡힌 물건에 대해 일반 채권자보다 먼저 빚을 받아낼 수 있는 권리는?
A 저당권

윤창호법

한국소비자원
MBN
KB국민은행

음주운전으로 인명 피해를 낸 운전자에 대한 처벌 기준을 강화하는 내용의 법률을 이르는 말

음주운전으로 인명 피해를 낸 운전자에 대한 처벌 기준을 강화하는 「특정범죄 가중처벌 등에 관한 법률 개정안」과 음주운전 기준을 강화하는 내용 등을 담은 「도로교통법 개정안」을 의미하는 것으로, 2018년 음주운전 사고로 숨진 윤창호 씨 사망을 계기로 마련되었다.

⊘ **기출 POINT**

Q 음주운전에 대한 처벌 강도를 개정한 법은?
A 윤창호법

임대차 보호법
賃貸借保護法

한국농수산식품유통공사
한국중부발전
HF한국주택금융공사

주택이나 상가건물의 임대차에 대한 권리를 보호하기 위한 법률

우리나라는 국민의 주거생활의 안정을 보장하기 위해 주거용 건물의 임대차에 관한 특례를 규정한 「주택임대차보호법」과 상가 건물 임차인의 권리를 보호하고 과도한 임대료 인상을 억제하기 위해 규정한 「상가건물 임대차보호법」으로 구분하여 시행하고 있다. 2022년 1월을 기준으로 「주택임대차보호법」에서는 세입자를 보호하기 위해 임대차 기간을 첫 계약으로부터 2년, 계약갱신청구권 적용으로 총 4년을 보장하되 특별한 경우에 한하여 2년만 보장한다.

◎ **기출 POINT**

Q 최초 계약 시 「주택임대차보호법」에서 보장하는 임대차 기간은?
A 2년

징벌적 손해 배상
懲罰的 損害賠償

경인일보
금융감독원
한국공항공사
IBK기업은행

가해자가 비난받아 마땅한 행위를 한 경우 실제 손해액보다 훨씬 더 많은 배상액을 부과하는 것

민사 재판에서 가해자의 행위가 악의적이고 반사회적인 경우 가해자의 불법 행위로 인해 피해를 본 피해자에게 실제 손해액보다 훨씬 더 많은 금액을 배상하도록 하는 제도로, 불법 행위가 반복되는 상황과 유사한 부당 행위를 예방하기 위한 형벌적 성격을 가지고 있다.

◎ **기출 POINT**

Q 악의적이고 반사회적인 행위를 한 가해자에게 실제 손해액보다 훨씬 더 많은 배상액을 부과하는 것은?
A 징벌적 손해 배상

파이브 아이즈
Five eyes

KOTRA
SBS
IBK기업은행
IBK캐피탈

영어권 5개국으로 이루어진 기밀정보 공유 동맹

미국, 영국, 캐나다, 호주, 뉴질랜드의 영어권 5개국으로 이루어진 기밀정보 공유 동맹으로, 1946년 미국과 영국이 소련 등 공산권에 대응하기 위해 맺은 협정을 시작으로 1956년 결성되었다. 최근에는 중국을 견제하려는 성향이 강하게 나타나고 있으며, 동맹국도 우리나라를 비롯한 일본, 독일 등으로 확대하는 방안이 논의되고 있다.

◎ **기출 POINT**

Q 미국, 캐나다, 뉴질랜드, 호주, 영국의 정보 공유 연합은?
A 파이브 아이즈

법정 계량 단위
法定計量單位

부산교통공사
새마을금고
한국전력공사
한국철도공사
한국토지주택공사

일상생활 및 공공 분야에서 무게, 넓이, 부피 등을 나타내는 단위

거래상 및 증명상에서 정확성과 공정성을 확보하기 위해 정부가 법령으로 정한 계량 단위로, 일상생활 및 산업, 과학, 교육 등의 분야에서는 길이, 무게, 넓이, 부피 등을 나타내는 데 해당 단위를 강제적으로 사용해야 한다.

⊕ **상식 PLUS**

• 법정 계량 단위의 종류

길이	무게	속도	온도	밝기	전류	원자와 분자의 수량
m (미터)	Kg (킬로그램)	s (초)	K (켈빈)	cd (칸델라)	A (암페어)	mol (몰)

⊘ **기출 POINT**

Q 법정 계량 단위가 아닌 것은?

상생임대인
相生賃貸人

YTN
SBS

임대인 중 직전 계약과 비교했을 때 임대료를 5% 이내로 인상하여 신규로 계약하거나 갱신 계약을 맺은 사람

2022년 경제정책방향에서 처음 등장하였으며, 상생임대인에 해당되는 사람은 양도소득세 혜택을 적용하는 등 인센티브를 주고 있다. 이처럼 상생임대인에게 인센티브를 제공하는 것은 임대인들이 임대료 인상 폭을 줄이도록 함으로써 전월세 시장의 안전화를 이룩하는 데 목적을 둔다.

⊘ **기출 POINT**

Q 상생임대인 인센티브에 대한 설명으로 옳지 않은 것은?

규제 샌드박스
規制 sandbox

한국가스기술공사
한국소비자원
IBK기업은행
SBS
MBN

새로운 제품 등을 출시할 때 일정 기간 동안 기존의 규제를 면제하거나 유예하는 제도

기업이 새로운 제품이나 서비스 등을 출시할 때 정부가 일정 기간 동안 기존의 규제를 면제해주거나 유예시켜주는 제도로, 2016년 영국에서 핀테크 산업을 육성하기 위해 처음 시작되었다.

⊘ **기출 POINT**

Q 규제 샌드박스에 대해 약술하시오.

유니콘기업

한국가스기술공사
한국소비자원

설립한 지 10년 이하의 스타트업이면서 기업 가치가 10억 달러 이상인 기업

미국 실리콘밸리에서 성공을 이룬 스타트업 중 기업 가치가 10억 달러 이상인 기업을 총칭하는 말이다. 상상 속에 존재하는 유니콘과 같이 상장 전에 기업 가치가 10억 달러에 달하는 것은 상상 속에서나 있을 수 있다 하여 명명하게 되었다.

◉ 기출 POINT

Q 기업 가치가 10억 달러인 설립 10년 이내의 스타트업을 일컫는 말은?
A 유니콘기업

젠트리피케이션
Gentrification

소상공인시장진흥공단
한국문화예술위원회
한국소비자원
한국언론진흥재단
HF한국주택금융공사
IBK기업은행

도시 인근의 낙후 지역에 상류층이 유입되면서 변화가 생기는 현상

도시 인근의 낙후 지역에 상류층의 사람들이 들어오게 되면서 주거 지역이나 고급 상가 등이 새롭게 형성되는 현상으로, 본래 거주하던 저소득층 원주민들이 다른 곳으로 밀려나는 부정적인 의미로 사용된다.

◉ 기출 POINT

Q 상류층의 사람들이 도시 인근 낙후 지역으로 밀려 들어오면서 기존 주민들이 다른 곳으로 밀려나는 현상은?
A 젠트리피케이션

퍼블리시티권
Right of publicity

방송통신심의위원회
한국농어촌공사
SBS

자신의 공적인 요소를 재산으로 간주하여 타인이 무단으로 이용하지 못하도록 할 수 있는 권리

이름, 목소리, 서명, 초상 등 자신의 공적인 요소를 재산으로 간주하여 타인이 이를 무단으로 이용하지 못하도록 할 수 있는 권리로, 1953년 미국 제롬 프랭크 판사가 처음 사용했다. 인격권에 기초하고 있지만, 인격권과 달리 권리의 양도와 매매, 상속이 가능하다.

◉ 기출 POINT

Q 퍼블리시티권과 인격권의 차이점은?

노동이사제
勞動理事制

이투데이
YTN
MBN

회사의 소속 노동자를 그 회사 이사회의 구성원으로 선임하는 제도

노동자의 경영참여를 공식적으로 보장하는 제도로, 근로자이사제라고도 한다. 노동자 대표가 기업 이사회에 참여하여 발언권과 의결권을 행사하는 것을 의미한다. 노동자가 지닌 경험과 지식을 토대로 실제 업무 현장의 목소리를 반영할 수 있다는 장점이 있지만, 경영자의 경영권을 침해할 수 있다는 문제가 있다. 우리나라의 경우 2022년 1월 11일 국회에서 본 회의를 열고 '공공기관의 운영에 관한 법률' 개정안을 통과시켰으며, 같은 해 8월 4일부로 공공부문에서도 노동이사제가 도입되었다.

⊕ **상식 PLUS**

• **공공기관의 운영에 관한 법률**: 공공기관이 합리적이고 투명하게 운영될 수 있도록 공공기관의 운영에 관한 기본적인 사항, 자율 경영·책임 경영 체제의 확립에 필요한 사항 등을 규정한 법률

⊗ **기출 POINT**

Q 회사 이사회에 노동자가 구성원으로 참여하여 노동자의 이익을 대변해 발언권과 의결권을 행사하는 제도는?
A 노동이사제/근로자이사제

숍 제도
Shop system

경상북도개발공사
한국도로공사
한국수력원자력

노동조합의 유지와 발전을 도모하기 위해 사용주와 체결하는 협약

노동조합이 사용주와 체결하는 노동 협약에 종업원 자격과 조합원 자격의 관계를 규정한 조항을 넣어 조합의 유지와 발전을 도모하려는 제도로, 오픈 숍, 클로즈드 숍, 유니언 숍 등이 있다.

⊗ **기출 POINT**

Q 취업 후 일정 기간이 지나면 반드시 노동조합에 가입해야 하는 제도는?
A 유니언 숍

감정 노동
感情勞動, Emotional labor

이랜드
신용보증기금
한겨레신문
SBS

실제적 감정을 속이고 전시적 감정으로 고객을 상대해야 하는 노동

노동자가 고객에게 맞추어 자신의 실제 감정 상태를 통제한 상태로 고객을 상대해야 하는 노동으로, 1983년 미국 사회학자 엘리 러셀 혹실드의 저서 <관리된 마음>에서 처음 소개되었다. 판매직 사원, 승무원 등 언제나 친절을 유지해야 하는 노동이 해당한다.

⊕ **상식 PLUS**
- **스마일 마스크 증후군**: 속마음이 언짢고 괴로워도 얼굴에는 항상 웃음을 띠어야 하는 상황이 지속되면서 겪는 여러 가지 병적인 심리 상태로 감정 노동을 수행하는 업종에 종사한 근로자들이 걸리기 쉬움

⊙ **기출 POINT**
Q 감정 노동과 관련되어 있는 현상은?
A 스마일 마스크 증후군

워크셰어링
Work sharing

한국마사회
한국문화예술위원회
HF한국주택금융공사

업무를 나누어 새로운 고용의 기회를 늘리려는 정책

일의 총량을 가능한 한 많은 사람에게 나누어 줌으로써 실업자를 줄이려는 정책으로, 노동자들의 임금 및 고용 상태를 유지하는 대신 근무 시간을 줄여 새로운 일자리를 만들어 내는 원리이며 대량 실업 문제를 겪은 유럽에서 일부 도입하고 있다.

⊙ **기출 POINT**
Q 워크셰어링의 의미는?

임금 피크제
Salary peak

인천교통공사
한국관광공사
한국마사회
한국문화예술위원회
HF한국주택금융공사

근로자에게 정년까지 고용을 보장하는 대신 임금을 조정하는 제도

일정한 연령에 도달한 근로자에게 정년까지 고용을 보장하는 대신 임금을 줄이는 제도이다. 고용 안정을 도모하고 인건비 부담 완화, 인사적체 해소 등의 장점이 있으나 조직의 활력 저하 및 임금 축소에 따른 동기 부여의 어려움 등의 문제가 있을 수 있다.

⊙ **기출 POINT**
Q 근로자가 일정 연령에 도달한 시점부터 임금을 줄이는 대신 근로자의 고용을 보장하는 제도는?
A 임금 피크제

주택연금
住宅年金

현재 살고 있는 주택을 담보로 매월 일정액을 연금 형식으로 받는 대출

YTN
이투데이
뉴시스

고령자가 보유한 주택을 금융 기관에 담보로 제공하고 사망할 때까지 그 주택에 거주하면서 매월 일정액을 연금 형식으로 지급받고, 대출자가 사망하면 금융 기관이 주택을 팔아 그동안의 대출금과 이자를 상환받는다.

⊘ **기출 POINT**
Q 고령자가 본인 소유의 집을 은행에 담보로 제공하고 사망 시까지 주택에 거주하며 매달 일정액을 받는 것은?
A 주택연금

골드칼라
Gold collar

자발성과 창의성을 통해 새로운 가치를 창조하는 전문직 종사자

영화진흥위원회
한국마사회
한국전력공사

명석한 두뇌와 상상력, 정보를 통해 자발성과 창의성을 발휘하여 새로운 가치를 창조하고 정보화 시대를 이끌어가는 전문직 종사자들을 일컫는 용어로, 정보 통신, 금융, 광고, 서비스, 첨단 기술 관련 분야에서 급부상하고 있다.

⊘ **기출 POINT**
Q 두뇌와 정보를 통해 정보화 시대를 이끌어가는 사람들을 일컫는 용어는?
A 골드칼라

플로깅
Plogging

조깅을 하면서 쓰레기를 줍는 운동

한국수력원자력
화성여성가족청소년재단
SBS

조깅을 하면서 동시에 쓰레기를 거두는 운동으로, 2016년 스웨덴에서 처음 시작되었다. 이 운동은 쓰레기를 담은 봉투를 들고 뛰기 때문에 조깅보다 칼로리 소비가 많고, 더불어 환경도 보호한다는 의의가 있다.

⊘ **기출 POINT**
Q 조깅을 하면서 쓰레기를 줍는 운동은?
A 플로깅

크라우드 펀딩
Crowd funding

인터넷 등을 활용하여 다수의 개인들로부터 투자 자금을 모으는 방식

농협은행
영화진흥위원회
한국가스기술공사
MBN

자신의 아이디어 등을 인터넷이나 소셜 네트워크 서비스를 활용하여 공개하고 불특정 다수의
개인들로부터 투자 자금을 모으는 방식으로, 후원형, 기부형, 증권형, 대출형으로 나눌 수 있다.

✅ 기출 POINT
Q 크라우드 펀딩의 특징으로 옳지 않은 것은?

욕구 단계 이론
Hierarchy of needs theory

강도와 중요성에 따라 인간의 욕구가 다섯 단계로 이루어져 있다는 이론

공무원연금공단
근로복지공단
한국가스기술공사
한국농어촌공사
한국소비자원
한국수력원자력

인간의 욕구는 그 강도와 중요성에 따라 모두 다섯 단계로 이루어져 있다는 이론으로, 미국
심리학자 아브라함 매슬로가 주장했다. 매슬로는 하위 단계에 있는 욕구가 충족되어야 상
위 단계의 욕구로 올라갈 수 있다고 설명하며, 욕구의 위계를 나누었다.

⊕ 상식 PLUS
• 매슬로의 욕구 5단계

5단계: 자아실현의 욕구	자기만족을 느끼는 욕구
4단계: 존경의 욕구	타인으로부터 인정받고 싶은 욕구
3단계: 소속 및 애정의 욕구	집단에 소속되어 사람들에게 사랑받고 있음을 느끼고자 하는 욕구
2단계: 안전 욕구	신체적, 정신적인 안전을 추구하는 욕구
1단계: 생리적 욕구	의식주 생활에 관한 본능적인 욕구

✅ 기출 POINT
Q 욕구 5단계의 순서는?

엘니뇨
El niño

적도 부근의 수온이 평년보다 높아지는 이상 기후 현상

국립해양과학관
폴리텍대학교
화성도시공사
해양환경공단

적도 부근의 수온이 높아지는 현상으로, 남아메리카 페루 연안은 태평양 적도 부근의 수온
이 주변보다 0.5~10℃ 이상 높아지는 모습을 보인다.

⊕ 상식 PLUS
• 라니냐(La niña): 엘리뇨와 반대로 적도 부근의 수온이 낮아지는 현상

✅ 기출 POINT
Q 엘니뇨의 특징이 아닌 것은?

열대성 저기압
熱帶性低氣壓

서울시설공단
한국토지주택공사
해양환경공단

적도 부근에서 발생하는 최대 풍속이 17m/s 이상인 열대성 저기압

최대 풍속이 17m/s 이상이고 풍력 계급 7 이하인 열대 저기압으로, 강한 바람과 집중 호우를 동반한다. 발생 해역에 따라 대서양 및 북동태평양에서는 허리케인(Hurricane), 인도양 및 남태평양에서는 사이클론(Cyclone), 호주에서는 윌리윌리(Willy-willy), 북서태평양에서는 태풍(Typhoon)으로 지칭한다.

⊙ 기출 POINT

Q 열대성 저기압의 지역별 명칭으로 옳지 않은 것은?

바젤 협약
Basel convention

국민연금공단
대한체육회
인천시설공단

국가 간 유해 폐기물 이동과 교역을 규제하는 협약

환경을 보호하기 위해 국가 간의 유해 폐기물 이동과 처리를 규제하는 국제협약으로, 1989년 스위스 바젤에서 채택되었다.

⊙ 기출 POINT

Q 유해 폐기물의 국가 간 이동을 막는 환경 협약은?
A 바젤 협약

몬트리올 의정서
Montreal protocol

한국남동발전
한국시설안전공단
한국환경공단

오존층을 파괴하는 물질의 생산 및 사용 규제에 관한 협약

오존층 파괴 물질의 생산과 사용을 규제하기 위한 국제 협약으로, 1987년 캐나다 몬트리올에서 체결되었다. 염화불화탄소, 할론과 같은 오존층 파괴의 원인 물질 생산을 단계적으로 감축하는 등의 목적을 가지고 있다.

⊙ 기출 POINT

Q 오존층 파괴 물질의 생산과 사용 규제에 관한 협약은?
A 몬트리올 의정서

교토 의정서
Kyoto protocol

한겨레신문
한국공항공사
한국토지주택공사

지구 온난화 규제 및 방지를 위한 기후 변화 협약에 따라 맺은 의정서

온난화를 발생시키는 온실가스 배출 감축을 위해 기후 변화 협약에 따라 맺은 의정서로, 1997년에 채택되었다. 일본, 미국, 캐나다, 오스트레일리아 등 총 37개국이 의무를 이행해야 했으며, 이를 위해 배출권 거래제도, 공동이행제도, 청정개발체제 등을 도입했다.

⊕ **상식 PLUS**

• 교토 의정서에 따른 교토 메커니즘

배출권 거래 제도	온실가스 감축 목표를 초과 또는 미달에 따라 감축 쿼터를 사고 팔 수 있도록 한 제도
공동이행 제도	다른 선진국에 투자해 얻은 온실가스 감축분의 일부를 자국의 감축 실적으로 인정받을 수 있는 제도
청정 개발 체제	개발도상국에 투자해 얻은 온실가스 감축분의 일부를 자국의 감축 실적으로 반영할 수 있는 제도

✅ **기출 POINT**

Q 교토 의정서의 특징으로 옳지 않은 것은?

파리기후변화협약
Paris Climate Change Accord

한겨레신문
한국공항공사
한국토지주택공사

온실가스의 배출을 줄이기 위해 체결된 기후 변화 협약

2015년 12월에 프랑스 파리에서 개최된 기후 변화 협약 제21차 당사국 총회에서 195개 당사국들에 의해 채택되었다. 교토 기후 협약을 대체하여 참여 당사국 모두에게 온실가스 감축 의무를 부여하고, 산업화 이전 수준과 비교했을 때 지구의 평균 온도가 2℃를 넘지 않도록 온실가스 배출량을 점진적으로 감축하는 내용을 포함하고 있다.

✅ **기출 POINT**

Q 교토 기후 협약을 대신해 온실가스 배출량을 감축하는 의무를 부여하는 협약은?
A 파리기후변화협약

빗살무늬토기

삼양
포스코
롯데케미칼
수원문화재단
한국수력원자력

표면에 빗살 같은 줄이 새겨지거나 그어져 있는 신석기 시대의 토기

붉은 찰흙을 이용하여 표면에 빗살 같은 평행선이나 물결 모양을 이룬 점선 따위의 기하학적 무늬를 넣어 얄팍하게 만들었다. 핀란드, 러시아, 몽골, 한국 등지에 널리 분포한다.

✅ **기출 POINT**

Q 신석기시대의 대표적인 토기로, 그릇 표면에 점이나 선 등을 활용해 기하학무늬를 나타낸 것은?
A 빗살무늬토기

097 ☐ ☐ ☐

청동기 시대
青銅器時代

한국산업기술시험원
한국산업인력공단
한국지역난방공사

청동으로 주요 기구를 만들어 사용하던 시대

청동의 금속 재료로 주요 기구를 만들어 사용하던 시대로, 벼농사를 시작하고 계급이 존재했으며 우리나라 최초의 국가인 고조선이 형성되었다. 청동기 시대의 주요 유물로는 민무늬 토기, 반달 돌칼, 비파형 동검, 청동 거울, 고인돌, 돌널무덤 등이 있다.

⊘ 기출 POINT

Q 청동기 시대의 생활상으로 옳지 않은 것은?

---

098 ☐ ☐ ☐

8조법
八條法

부산항만공사
전력거래소
한국산업인력공단
한국수력원자력
한국장애인고용공단
한국지역난방공사
GH경기주택도시공사

고조선 때 시행한 8가지 조항으로 구성된 법

고조선 때 시행한 8가지 조항으로 구성되어 있는 법률로, 사회 질서를 유지하기 위해 제정되었다. 현재는 '사람을 죽인 자는 즉시 죽인다.' '남에게 상처를 입힌 자는 곡식으로 갚게 한다.' '도둑질을 한 자를 종으로 삼는다.'의 3가지 조항만이 전해지고 있다.

⊘ 기출 POINT

Q 8조법이 시행되었던 한반도 최초의 국가는?
A 고조선

---

099 ☐ ☐ ☐

금관가야
金官伽倻

한국산업인력공단
한국수력원자력
한국지역난방공사

1~6세기에 지금의 김해 지역을 차지하였던 부족국가

수로왕이 건국하였다고 알려져 있으며, 낙동강 하류의 삼각주 지역에 위치하여 농업이 발달하고 왜인과 한인 무역선의 왕래로 인해 경제적·문화적으로도 발달하였다. 한때 육 가야의 맹주로 활약하였으나, 532년에 신라 법흥왕에 의해 멸망하여 신라에 병합되었다.

⊘ 기출 POINT

Q 금관가야를 멸망시킨 왕은?
A 신라의 법흥왕

칠지도
七支刀

삼양
포스코
롯데케미칼
수원문화재단
한국수력원자력

일본 나라현 덴리시 이소노카미 신궁에 소장되어 있는 철제 칼

몸체 좌우에 일정한 간격으로 3개씩 가지가 뻗어 나와 있으며, 몸체 앞뒤에 60여 자의 명문(銘文)이 새겨져 있다. 칼의 용도와 새겨진 명문의 해석에 대해서는 의견이 분분하지만, 무기로써 사용되기보다는 제사나 의례 등에서 활용하는 상징적 존재로써 활용되었을 것으로 추측된다. 백제에서 제작하여 일본에 하사한 것으로 추정된다.

⊘ **기출 POINT**
　Q 백제가 제작하여 일본에 하사한 것으로 여겨지는 철제 칼은?
　A 칠지도

화백회의
和白會議

한국산업단지공단
한국산업인력공단
한국잡월드

나라의 중대를 의논하던 신라의 귀족 회의 제도

신라에서 진골 이상의 귀족들이 참여하여 나라의 중대사를 의논하던 회의 제도로, 보통 20명 정도의 진골이 참여하였으며 의장은 상대등이었다.

⊕ **상식 PLUS**
- **정사암회의(政事巖會議):** 백제의 귀족 회의 제도
- **제가회의(諸加會議):** 고구려의 귀족 회의 제도

⊘ **기출 POINT**
　Q 신라의 귀족 회의 제도는?
　A 화백회의

장수왕
長壽王

한국농수산식품유통공사
한국동서발전
한국산림복지진흥원
한국산업단지공단

고구려 제20대 왕

광개토대왕의 맏아들로, 427년에 도읍을 국내성에서 평양으로 옮기고 남하 정책을 펼쳐, 고구려의 판도를 넓혔다. 부족 제도를 고치고 5부(部)를 개설하는 따위의 개혁을 이룩하여 고구려의 전성기를 이루었다.

⊕ **상식 PLUS**
- **광개토대왕(廣開土大王):** 불교를 신봉하였고, 남북으로 영토를 크게 넓혀 만주와 한강 이북을 차지하는 등 고구려의 전성기를 이룩함

⊘ **기출 POINT**
　Q 장수왕의 업적으로 적절한 것은?

발해
渤海

부산시통합채용
한국산업인력공단
한국중부발전
한국지역난방공사

698년부터 926년까지 한반도 북부와 만주·연해주에 존속하며 남북국을 이루었던 고대국가

698년에 고구려의 장수였던 대조영이 고구려를 계승하여 세운 국가로, 신라와 함께 남북국 형세를 이루었다. 발해의 지배층은 고구려인이었으며, 고구려 문화를 계승하여 독자적인 연호를 사용하였다. 신라와 우호적인 관계를 형성하여 신라로 통하는 육로인 '신라도(新羅道)'를 개척하였으며, 대외무역이 발달하여 '해동성국(海東盛國)'이라고 불릴 정도로 국세를 떨쳤다.

⊘ **기출 POINT**
> Q 발해를 세운 인물은?
> A 대조영

진대법
賑貸法

한국산업인력공단
한국지역난방공사
GH경기주택도시공사

나라에서 백성들에게 봄에 곡식을 빌려주고 가을에 거두어들이는 제도

재난이나 흉년 등으로 인해 어려움을 겪고 있는 백성들에게 나라에서 봄에 곡식을 빌려주고 가을 추수 후에 거두어들이는 제도로, 고구려의 고국천왕이 실시하였다. 이후 고려 성종 때 빈민을 구제할 목적으로 쓰였고, 조선 시대에 환곡법으로 부활하였다.

⊘ **기출 POINT**
> Q 백성들에게 봄에 곡식을 빌려주고 가을 추수 후에 다시 거두어들이는 제도는?
> A 진대법

노비안검법
奴婢按檢法

한국산업인력공단
한국지역난방공사

노비를 해방시켜 주기 위해 만든 법

고려 시대 광종이 실시한 정책으로, 통일신라 말기부터 고려 초에 억울하게 노비가 된 양인을 해방시켜 주기 위해 실시하였다. 이로 인해 호족의 사병으로 이용되던 노비의 수가 감소하고, 호족에게 귀속되던 세금이 국가로 환원되어 호족의 세력이 약해짐과 동시에 왕권이 강화되었다.

⊘ **기출 POINT**
> Q 노비안검법을 시행한 고려 시대 왕은?
> A 광종

계미자
癸未字

삼양
포스코
롯데케미칼
수원문화재단
한국수력원자력

조선 태종 3년(1403)에 만든 구리 활자

왕명에 의하여 주자소를 설치하여 고주(古註), 시(詩), 서(書), 춘추좌씨전을 표본으로 약 10만 자를 만들었다. 자체(字體)의 크기는 가로 1.4cm, 세로 1.4cm로, 우리나라에서 그 모양을 알 수 있는 활자 가운데서 가장 오래된 것이다.

✔ 기출 POINT
Q 조선 태종 대에 주자소에서 만든 구리 활자는?
A 계미자

삼국사기
三國史記

한국산업인력공단
한국수력원자력
한국지역난방공사

왕의 명에 따라 김부식이 편찬한 역사책

고려 시대 때 인종의 명을 받아 김부식이 편찬한 역사책으로, <삼국유사>와 함께 우리나라에서 현존하는 역사책 중에 가장 오래되었다.

✔ 기출 POINT
Q 고려 인종 때 김부식이 편찬한 역사서는?
A 삼국사기

직지심체요절
直指心體要節

한국산업인력공단
한국수력원자력
한국지역난방공사

세계에서 가장 오래된 금속 활자본

고려 시대 공민왕 때 승려 백운화상이 쓴 <백운화상초록불조직지심체요절>로, 목판본과 금속 활자본으로 나누어져 있다. 백운화상의 제자들이 해당 책을 금속 활자로 인쇄한 금속 활자본은 유네스코 세계 기록 유산으로 등재되어 있으며, 금속 활자본 중에 가장 오래되었다.

✔ 기출 POINT
Q 직지심체요절에 대해서 옳지 않은 설명은?
A 세계에서 가장 오래된 목판 인쇄물이다.

전시과
田柴科

한국산업인력공단
한국지역난방공사

고려 전기에 토지를 지급하던 제도

고려 전기에 관리, 공신, 관청, 기타 신분 등 문무 관리들에게 토지를 지급하던 제도로, 곡물을 재배하는 전지(田地)와 땔나무를 공급해주는 시지(柴地)를 지급하였다.

⊘ 기출 POINT
Q 고려 전기에 토지를 지급하던 제도는?
A 전시과

세조
世祖

공무원연금공단
부산교통공사
인천항만공사
화성여성가족청소년재단

조선 제7대 왕

세종의 둘째 아들로 수양대군에 봉해졌으며, 형인 문종이 사망하자 계유정난(癸酉靖難)을 일으켜 조카인 단종을 제거하고 무력으로 왕위를 찬탈하였다. 왕위에 올라서는 국방, 외교, 토지 제도 및 관제를 개혁해 재정과 국방을 튼튼히 하고, <국조보감>, <경국대전> 등의 서적을 업적으로 남겼다.

⊘ 기출 POINT
Q 다음 중 세조의 업적이 아닌 것은?

비변사
備邊司

한국산업인력공단
한국잡월드
한국학중앙연구원

국정 전반을 총괄하던 관청

조선 시대에 중요 업무를 논의하고 국정 전반을 총괄하던 관청으로, 국방에 관한 대책을 의논하기 위해 설치했던 임시 기구였지만 임진왜란 이후 외교, 산업, 교통, 통신 등 다양한 일을 의논하고 결정하는 최고 기구가 되었다. 고종 때 흥선대원군이 왕권 강화를 위해 비변사의 기능을 의정부와 삼군부로 넘기면서 폐지되었다.

⊘ 기출 POINT
Q 비변사가 폐지된 이유는?

☐ ☐ ☐

영조
英祖

부산교통공사
부산도시재생지원센터
한국수력원자력

조선 제21대 왕

탕평책을 실시하여 붕당의 대립을 완화하였고 균역법을 시행하였으며, 신문고 제도를 부활하는 등의 업적을 남긴 조선 제21대 왕이다. <농가집성> 등의 책을 널리 보급하여 민생안정에 힘썼으며, <동국문헌비고>, <속대전>, <속오례의> 등을 편찬하였다.

기출 POINT

Q 속대전, 균역법과 관련되어 있는 인물은?
A 영조

☐ ☐ ☐

이순신
李舜臣

한국산업인력공단
SBS

조선 선조 때의 무신

자는 여해(汝諧), 시호는 충무(忠武)이다. 32세에 무과에 급제한 후에 전라좌도 수군절도사가 되어 거북선을 제작하는 등 군비 확충에 힘썼으며, 임진왜란이 일어나자 한산도에서 적선 70여 척을 무찌르는 등 공을 세워 삼도 수군통제사로 활약하였고 노량해전에서 적의 유탄에 맞아 전사하였다.

상식 PLUS

- **이순신의 3대 대첩:** 한산도 앞바다에서 학익진 전법으로 일본 수군을 크게 물리친 한산도대첩, 명량해협(울돌목)에서 13척의 배로 133척의 일본 수군을 물리친 명량대첩, 노량 앞바다에서 일본 수군과 벌인 마지막 해전인 노량해전이 포함됨
- **거북선:** 임진왜란 때 이순신이 만들어 왜군을 무찌르는 데 크게 이바지한 거북 모양의 철갑선으로 세계 최초의 철갑선임. 등에는 창검과 송곳을 꽂아 적이 오르지 못하게 하였고, 앞머리와 옆구리 사방에는 화포를 설치함

기출 POINT

Q 이순신 장군이 울돌목에서 왜군을 막은 전투는?
A 명량대첩

☐ ☐ ☐

정약용
丁若鏞

인천항만공사
전력거래소
한국산업단지공단
한국산업인력공단

조선 후기 실학자

유형원과 이익 등의 실학을 계승하고 집대성한 조선 후기 실학자로, <여유당전서>, <목민심서>, <흠흠신서>, <경세유표> 등의 저서를 남겼다.

기출 POINT

Q <여유당전서>를 쓴 인물은?
A 정약용

사화
士禍

한국산업기술시험원
한국수력원자력

조선 시대에 조정 신료 및 선비들이 정치적 반대파에게 몰려 참혹한 화를 입던 일

조선 연산군 때, 유자광 중심의 훈구파가 김종직 중심의 사림파에 대해 일으킨 무오사화(戊午士禍), 조선 연산군 때, 연산군이 생모 윤 씨와 관련된 세력에 대해 일으킨 갑자사화(甲子士禍), 조선 중종 때, 남곤, 홍경주 등의 훈구파가 조광조 등의 신진 사림파에 대해 숙청을 일으킨 기묘사화(己卯士禍), 조선 명종 때, 명종의 외숙인 소윤의 윤원형이 인종의 외숙인 대윤의 윤임을 몰아내기 위해 일으킨 을사사화(乙巳士禍)가 해당한다.

✅ **기출 POINT**

Q 사화에 대한 설명 중 틀린 것은?

흥선대원군
興宣大院君

부산교통공사
한국산업기술시험원
한국산업인력공단

고종의 아버지로 조선의 왕족이자 정치가

아들 고종의 즉위로 대원군에 봉해진 조선의 왕족이자 정치가로, 본명은 이하응이다. 그의 주요 정치 개혁으로는 서원 철폐, 경복궁 중건, <대전회통>, <육전조례> 등 법전 편찬, 세도 정치 타파, 비변사 축소 및 폐지, 의정부 강화 및 삼군부 부활, 호포제 시행 등이 있다.

✅ **기출 POINT**

Q 흥선대원군이 이룬 업적이 아닌 것은?
A 비변사 확대

강화도 조약
江華島條約

한국산업인력공단
한국지역난방공사

운요호 사건을 계기로 조선과 일본이 체결한 불평등 조약

정식 명칭은 조일수호조규(朝日修好條規)로, 운요호 사건이 원인이 되어 한국과 일본이 체결한 최초의 근대적 조약이다. 하지만 조선의 항구에서 일본인들이 자유롭게 무역할 수 있다는 점, 조선 해안을 마음대로 측량할 수 있게 되었다는 점, 일본인이 개항장에서 죄를 지어도 일본 영사가 재판의 권한을 가진다는 점 등을 통해 우리나라에 일방적으로 불평등한 조약이었음을 알 수 있다.

✅ **기출 POINT**

Q 강화도 조약의 계기가 된 사건은?
A 운요호 사건

임오군란
壬午軍亂

전력거래소
한국산업인력공단
한국장애인고용공단
한국지역난방공사

차별 대우에 대한 불만으로 구식 군대 군인들이 일으킨 난

구식 군대 군인들이 신식 군대 별기군과의 차별 대우와 밀린 급료에 대한 불만으로 1882년에 일으킨 병란으로, 이 사건을 계기로 다시 정권을 잡은 흥선대원군이 여러 개혁을 단행하는 등 사태 수습에 노력하였으나 결국 실패하여 청에 압송되고, 조선은 일본과 제물포 조약을 맺게 되는 등 조선에 대한 청과 일본의 권한이 확대되는 문제를 낳았다.

⊘ 기출 POINT
Q 1882년에 차별 대우에 불만을 가진 구식 군대 군인들이 일으킨 난은?
A 임오군란

갑신정변
甲申政變

우리은행
한국산업인력공단
한국중부발전
한국지역난방공사

급진 개화파가 민씨 일파를 몰아내고 조선의 자주독립과 근대화를 위해 일으킨 정변

임오군란 이후 청의 내정간섭이 심해지자 김옥균, 박영효, 홍영식 등의 급진 개화파(개화당)가 자주독립과 근대화를 목표로 1884년에 일으킨 정변으로, 청과 일본에 의해 3일 만에 막을 내리게 되었다.

⊘ 기출 POINT
Q 갑신정변이 일어난 연도는?
A 1884년

동학농민운동
東學農民運動

경기콘텐츠진흥원
성남도시개발공사
SBS

전봉준 등이 일으킨 반봉건·반외세 농민 운동

전봉준을 중심으로 동학교도와 농민들이 1894년에 일으킨 반봉건·반외세 사회 개혁 운동으로, 고부 군수 조병갑의 횡포 및 착취와 동학교도 탄압에 대한 항거를 시작으로 진행되었지만 청과 일본의 개입으로 실패로 끝나게 되었다. 동학 농민 운동은 대내적으로는 갑오개혁, 대외적으로는 청·일전쟁에 영향을 미치게 되었다.

⊘ 기출 POINT
Q 전봉준이 중심이 되어 일으킨 반봉건·반외세 운동은?
A 동학농민운동

신흥무관학교
新興武官學校

부산시통합채용
한국산업인력공단
한국학중앙연구원

만주에 설립되었던 독립군 양성 기관

이동녕, 이회영, 장유순 등이 중심이 되어 1919년 만주에 설립한 일제 강점기 최대 규모의 독립군 양성 기관이다. 1920년까지 배출한 약 2,000여 명의 졸업생들은 김좌진의 북로군정서와 홍범도의 대한의용군 등에서 중심적인 역할을 하였다.

⊘ 기출 POINT
> **Q** 만주에 설립되었던 독립군 양성 기관은?
> **A** 신흥무관학교

청산리 대첩
青山里 大捷

부산시통합채용
한국잡월드
한국학중앙연구원

청산리에서 우리나라 독립군이 일본군을 크게 이긴 전투

1920년에 김좌진이 이끄는 북로군정서와 홍범도가 이끄는 대한독립군 등을 주력으로 한 우리나라 독립군부대가 일본군을 청산리 일대에서 크게 이긴 전투이다.

⊘ 기출 POINT
> **Q** 청산리 대첩에 대한 설명으로 옳지 않은 것은?

봉오동 전투
鳳梧洞戰鬪

경기콘텐츠진흥원
성남도시개발공사
부산시통합채용

만주 봉오동에서 우리나라 독립군이 일본군을 크게 이긴 전투

1920년 6월에 홍범도, 최진동 등이 이끄는 우리나라 독립군부대가 만주 봉오동에서 일본 정규군 제19사단을 크게 이긴 전투이다.

⊘ 기출 POINT
> **Q** 홍범도가 이끈 대한독립군 및 연합군이 월강추격대대를 상대로 승리한 전투는?
> **A** 봉오동 전투

3·1 운동
三一運動

한국산업단지공단
한국산업인력공단

일본의 식민지 정책으로부터의 자주독립을 목적으로 일으킨 민족독립운동

1919년 3월 1일 일본의 식민지 정책으로부터 저항하며 자주독립을 목적으로 일으킨 항일 독립 운동이자 일제 강점기에 일어난 최대 규모의 민족 운동이다. 3·1 운동은 이후 중국의 5·4 운동, 인도 간디의 비폭력·불복종 운동 등에 큰 영향을 미쳤다는 것에 의의가 있다.

⊘ **기출 POINT**
  Q 3·1 운동이 영향을 미친 운동은?

6·25 전쟁
六二五戰爭

국민일보
한국보훈복지의료공단
TV조선

북한군이 38도선 이남으로 기습 침공하여 일어난 전쟁

1950년 6월 25일 새벽 북한군이 38도선 이남으로 기습 침공하여 한반도에서 일어난 전쟁으로, 1953년 7월 27일 전쟁에 대한 휴전을 선언하며 휴전선이 그어졌다.

⊕ **상식 PLUS**
  • **6·25 전쟁의 진행:** 북한국 기습 남침(1950. 6. 25.) → UN군 참전(1950. 6. 27.) → 서울 함락(1950. 6. 28.) → 미군 참전(1950. 7. 1.) → 낙동강 방어선 구축(1950. 8~9.) → 인천상륙작전(1950. 9. 15.) → 서울 수복(1950. 9. 28.) → 평양탈환(1950. 10. 19.) → 중공군 개입(1950. 10. 25.) → 압록강진격(1950. 11. 25.) → 1·4 후퇴(1951. 1. 4.) → 휴전 협정 조인(1953. 7. 27.)

⊘ **기출 POINT**
  Q 6·25 전쟁에 대한 휴전을 선언한 날짜는?
  A 1953년 7월 27일

5·18 민주화 운동
五一八民主化運動

경향신문
대구도시철도공사
EBS

광주광역시에서 일어난 대규모 민주화 운동

계엄령의 철폐와 전두환의 퇴진 등을 요구하며 일어난 대규모 민주화 운동으로, 1980년 5월 18일 광주광역시에서 전라도민들과 광주 시민들을 중심으로 일어났다.

⊘ **기출 POINT**
  Q 4·19 혁명, 6·25 전쟁, 5·18 민주화 운동, 6월 민주 항쟁을 시대순으로 나열한 것은?
  A 6·25 전쟁 - 4·19 혁명 - 5·18 민주화 운동 - 6월 민주 항쟁

제주 4·3 사건
濟州四三事件

한국산업단지공단
한국산업인력공단

제주도에서 일어난 민중 항쟁에서 주민들이 희생당한 사건

1947년 3월 1일을 기점으로 하여 1948년 4월 3일에 발생한 소요사태 및 1954년 9월 21일까지 제주도에서 일어난 남로당 무장대와 토벌대 간의 무력 충돌과 진압 과정에서 많은 주민들이 희생당한 사건이다.

⊘ 기출 POINT

Q 남로당 무장대와 토벌대 간의 무력 충돌과 진압 과정에서 많은 주민들이 희생당한 사건은?
A 제주 4·3 사건

사대문과 사소문
四大門·四小門

한국산업인력공단
한국지역난방공사

한양의 사방에 세워진 성문을 일컫는 말

사대문(四大門)에는 동대문(흥인지문), 서대문(돈의문), 남대문(숭례문), 북대문(숙정문)이 해당하며, 사소문(四小門)에는 동소문(혜화문), 서소문(소의문), 남소문(광희문), 북소문(창의문)이 해당한다.

⊘ 기출 POINT

Q 조선 건국 당시 수도를 한양으로 옮기면서 세운 성곽의 사대문은?
A 흥인지문, 숭례문, 돈의문, 숙정문

세계 4대 문명

울산도시공사
한국지역난방공사
한국산업인력공단

황하, 메소포타미아, 인더스, 이집트 등 4개의 문명

황하 문명, 메소포타미아 문명, 인더스 문명, 이집트 문명을 이르는 말로, 세계에서 가장 먼저 발달한 문명이다. 4대 문명의 발상지는 모두 강을 끼고 있어 농업 발달에 유리하며, 대부분이 기후가 온화하고 기름진 토지를 가지고 있다.

⊘ 기출 POINT

Q 세계 4대 문명은?
A 메소포타미아 문명, 이집트 문명, 인더스 문명, 황하 문명

르네상스
Renaissance

한국산업단지공단
한국수자원공사
한국토지주택공사
MBN

인간 중심의 아름다움을 추구한 문화 혁신 운동

이탈리아를 시작으로 인간 중심의 아름다움을 추구하기 위해 유럽 여러 나라에서 일어난 문화 혁신 운동으로, 14세기에서 16세기 사이에 이루어졌다. 르네상스는 '다시 태어남(재생·부활)'이라는 뜻을 가지며, 인간의 창조성에서 만들어지는 모든 것을 존중하는 휴머니즘을 담고 있는 사상이다. 이 시대의 대표적인 미술가로는 레오나르도 다빈치, 미켈란젤로, 라파엘로가 있다.

기출 POINT
Q 르네상스의 의의와 영향에 대해 서술하시오.

청교도 혁명
Puritan revolution

경기문화재단
한국산업단지공단
한국산업인력공단

영국에서 청교도를 중심으로 일어난 시민혁명

1642년부터 1649년까지 찰스 1세를 중심으로 한 왕당파에 청교도인이 다수인 의회파가 반발하며 일으킨 혁명으로, 의회파의 중심이던 크롬웰이 찰스 1세를 처형하고 공화 정치를 시행하면서 혁명은 성공에 이르게 된다. 하지만 이어진 크롬웰의 독재에 시민들은 불만을 가졌고, 크롬웰이 죽고 난 뒤 왕정복고가 일어난다.

기출 POINT
Q 청교도 혁명의 특징은?

남북 전쟁
American civil war

대구시설공단
한국산업인력공단
한국지역난방공사

노예 제도를 두고 미국의 남부와 북부 사이에 일어난 전쟁

미국에서 노예 제도의 유지를 주장한 남부와 노예 제도의 폐지를 주장한 북부 사이에서 일어난 전쟁으로, 1861년부터 1865년까지 진행되었다. 관세에 대해서도 다른 입장을 보였던 남부와 북부 사이의 전쟁은 1865년에 남부가 항복을 선언하며 막을 내리게 되었다.

기출 POINT
Q 미국에서 노예 제도를 두고 일어난 전쟁은?
A 남북 전쟁

산업혁명
Industrial revolution

한국산업단지공단
한국산업인력공단
한국지역난방공사

유럽에서 일어났던 생산 기술 및 사회·경제 구조의 변화

18세기 후반부터 약 100년 동안 유럽에서 일어났던 생산 기술의 변화, 기계의 발명, 사회 및 경제 구조의 변화로, 1760년대 영국을 시작으로 다양한 국가로 확대되었다.

⊘ **기출 POINT**

Q 유럽에서 일어났던 생산 기술 등의 변화는?
A 산업혁명

대공황
Great depression

한국산업인력공단
한국지역난방공사

세계적으로 일어났던 큰 규모의 경제 공황

1929년 미국 뉴욕 주식시장의 주가 대폭락으로 시작되어 세계적으로 일어났던 큰 규모의 경제 공황으로, 약 4년 동안 지속되었다. 대공황이라는 위기를 극복하기 위해 미국은 뉴딜 정책을 도입하였고, 영국과 프랑스는 블록 경제권을 형성하였다.

⊘ **기출 POINT**

Q 미국 루스벨트 대통령이 뉴딜 정책을 시행하게 된 원인은?
A 대공황

러다이트 운동
Luddite movement

한국산업단지공단
한국산업인력공단
한국폴리텍대학

영국 섬유 공업 지대에서 일어났던 기계 파괴 운동

1811년부터 1817년까지 영국 중부 및 북부의 섬유 공업 지대에서 일어났던 노동자들의 기계 파괴 운동으로, 산업혁명으로 인한 기계의 보급, 경제 불황, 고용 감소, 실업 증가, 임금 체불 등이 원인이었다.

⊘ **기출 POINT**

Q 영국의 기계 파괴 운동은?
A 러다이트 운동

제자백가
諸子百家

한국농어촌공사
EBS

중국 춘추 전국 시대의 여러 학파와 학자

춘추 전국 시대에 활약했던 다양한 사상의 학파와 학자를 일컫는 말이다. 수많은 학파를 의미하는 백가(百家)에는 유가, 도가, 법가, 묵가 등이 있으며, 수많은 학자를 의미하는 제자(諸子)에는 공자, 맹자, 순자, 노자, 장자, 한비자, 묵자 등이 있다.

기출 POINT

Q 다음 중 성선설을 주장한 학자는 누구인가?

아편 전쟁
阿片戰爭

독립기념관
한국사회복지협의회
한국산업인력공단

청과 영국 사이에서 아편으로 인해 일어난 전쟁

청과 영국 사이에서 아편을 두고 일어난 전쟁으로, 1차 아편 전쟁의 승리가 영국에게 돌아가면서 청은 영국과 난징 조약을 맺게 되었다. 이 조약 이후 1차 아편 전쟁에서 승리했음에도 불구하고 큰 이득을 보지 못한 영국이 애로호 사건을 빌미로 2차 아편 전쟁을 일으켰으며, 이 전쟁으로 인해 청은 일본과 톈진 조약을, 영국·프랑스·러시아와 베이징 조약을 맺게 되었다.

기출 POINT

Q 아편 전쟁에 대한 설명으로 옳지 않은 것은?

양무운동
洋務運動

독립기념관
한국사회복지협의회
한국산업인력공단

청에서 일어난 근대화 운동

증국번, 이홍장, 좌종당 등의 한인 관료들을 중심으로 청에서 일어난 근대화 운동으로, 서구의 문물 및 기술을 수용하기 위해 추진되었다.

기출 POINT

Q 증국번 등의 한인 관료들을 중심으로 청에서 일어난 근대화 운동은?
A 양무운동

문화 대혁명
文化大革命

한국산업인력공단
한국지역난방공사

마오쩌둥이 주도했던 사회주의 운동

마오쩌둥이 주도하여 1966년에 중국에서 시작된 사회주의 운동으로, 대규모 정치사상 투쟁의 성격을 띤 권력 투쟁이라는 특징을 보인다. 반당(反黨), 수정주의, 반사회주의자에게 철저한 비판을 가하였고, 학생 중심의 홍위병과 혁명 소조(小組) 등을 동원하여 당시 국가 주석을 비롯한 당과 행정부 간부를 자본주의의 길을 걷는 실권파로 몰아 숙청하였다.

⊙ 기출 POINT

Q 마오쩌둥이 주도했던 사회주의 운동은?
A 문화 대혁명

삼민주의
三民主義

독립기념관
한국사회복지협의회
한국산업인력공단

쑨원이 제창한 중국 근대혁명의 기본 이념

쑨원이 제창한 중국 근대혁명과 건국의 기본 지도 이념으로, 1911년에 일어난 신해혁명의 사상적 배경이 되었다. 삼민주의는 민족적 독립을 표방한 민족주의, 정치적 민주제도를 표방한 민권주의, 경제적 평등을 표방한 민생주의의 3원칙으로 이루어져 있다.

⊙ 기출 POINT

Q 쑨원의 삼민주의와 관련 있는 중국의 근대화 운동은?
A 신해혁명

메이지 유신
明治維新

한국산업단지공단
한국산업인력공단

일본이 에도 막부를 붕괴시키고 서구식 근대화를 목표로 추진한 개혁

에도 막부를 타도하고 천황을 중심으로 국가를 세워 서구식 근대화를 목표로 추진한 개혁으로, 이후 일본은 점차 군국주의 형태를 가진 나라로 변해갔다. 군국주의 형태를 보이던 일본은 청일전쟁과 러일전쟁을 일으키며 후에는 한반도를 침략하여 식민지로 만들기도 하였다.

⊙ 기출 POINT

Q 일본 메이지 유신에 대한 설명으로 옳은 것은?
A 유럽식 은행과 철도 건설, 서양식 무기 도입

홍콩 반환 협정

홍콩 반환에 대해서 영국과 중국이 체결한 협정

부산시통합채용
한국산업단지공단
한국산업인력공단

아편 전쟁 이후 영국에 할양되어 있던 홍콩의 반환에 대해서 영국과 중국이 1984년 체결한 협정으로, 협정은 1997년에 홍콩을 중국에 반환하고 이곳에 특별행정구를 설치한다는 내용과 반환 후 50년 동안은 홍콩의 현행 체제를 유지하고, 외교와 국방을 제외한 부분은 홍콩 주민의 자치를 인정한다는 내용을 주요 골자로 한다. 이 조약에 따라 홍콩은 1997년에 중국에 반환되었다.

⊘ 기출 POINT
> **Q** 홍콩 반환 시기는?
> **A** 1997년

백색 테러
White terror

정치적 목적을 달성하기 위해 암살이나 파괴 등을 행하는 테러

대전도시철도공사
대한체육회
한전KPS

우익 측이 정치적 목적을 달성하기 위해 암살이나 파괴 등을 행하는 테러로, 1795년 프랑스 혁명기간에 왕당파의 혁명파에 대한 보복이 역사적 기원이다. 현대의 대표적인 백색 테러 단체에는 미국의 KKK단이 있다.

⊘ 기출 POINT
> **Q** 정치적 목적을 달성하기 위해 암살이나 파괴 등을 행하는 것은?
> **A** 백색 테러

노벨상
Nobel prize

인류 복지에 가장 공헌한 사람이나 단체에게 수여하는 상

국립산림과학원
방송통신심의위원회
부산경제진흥원
산림청
평택도시공사
KB국민은행

인류 복지에 가장 공헌한 사람이나 단체에게 수여하는 상으로, 스웨덴의 화학자 알프레도 노벨의 유산으로 1901년에 제정되었다. 물리학, 화학, 생리학·의학, 문학, 평화, 경제학의 6개 부문으로 나누어 수여되며, 수상식은 알프레도 노벨의 사망일인 매년 12월 10일에 열린다. 주요 수상자로는 물리학, 화학 부문의 마리 퀴리, 화학 부문의 퀴리 부부, 졸리오 부처, 문학 부문의 어니스트 헤밍웨이, 평화 부문의 알베르트 슈바이처가 있으며, 한국인 최초로 노벨 평화상을 수상한 사람은 평화 부문의 김대중 전 대통령이다.

⊘ 기출 POINT
> **Q** 우리나라에서 노벨상을 받은 사람은?
> **A** 김대중 전 대통령

□ □ □

비엔날레
Biennale

근로복지공단
서울시설공단
평택도시공사
한국문화예술진흥회

2년마다 열리는 국제 미술 전람회

2년마다 열리는 국제 미술 전시 행사를 일컫는 말로, 베니스 비엔날레, 상파울루 비엔날레, 파리 비엔날레 등이 있다. 이탈리아 베니스에서 2년마다 열리고 있는 베니스 비엔날레는 1895년에 창립되어, 전 세계 비엔날레 중 역사가 가장 길고 그 권위를 인정받고 있다.

⊘ 기출 POINT

Q 2년마다 열리는 국제 미술 전시 행사는?
A 비엔날레

□ □ □

김환기
金煥基

대전도시철도공사
한국언론진흥재단
CBS

아방가르드와 추상 미술의 선봉에 선 20세기 대표적인 화가

아방가르드와 추상 미술의 선봉에 선 20세기 대표적인 화가로, 신사실파를 조직하여 모더니즘을 전개했다. 대표적인 작품으로는 <어디서 무엇이 되어 다시 만나랴>, <론도>, <산월>, <영원의 노래>, <향> 등이 있다.

⊘ 기출 POINT

Q 국내 미술품 경매 최고가를 기록한 20세기 추상 미술의 거장은?
A 김환기

□ □ □

신윤복
申潤福

한국관광공사
한국서부발전
KEB하나은행
SBS

조선 후기의 대표적인 풍속화가

남녀 간의 낭만이나 애정, 기녀와 기방 등을 소재로 한 풍속화를 통해 이름을 날린 조선 후기 풍속화가로, 가늘고 유려한 선과 아름다운 색채 사용을 통해 세련된 감각과 분위기를 나타낸 것으로 유명하다. 대표작으로 <단오풍정>, <미인도> 등이 있으며, 해당 작품들에는 조선 후기의 살림과 복식 등이 사실적으로 나타나 있어 미술사는 물론 생활사와 복식사 연구에도 귀중한 자료로 취급되고 있다.

⊕ 상식 PLUS

• 조선시대 6대 화가

3원(三園)	단원 김홍도, 혜원 신윤복, 오원 장승업
3재(三齋)	공재 윤두서, 현재 심사정, 겸재 정선

⊘ 기출 POINT

Q 다음 중 신윤복의 작품에 해당하는 것은?

메이킹 필름
Making film

경기콘텐츠진흥원
한국사회적기업진흥원
한국장애인고용공단

영화나 드라마 등의 제작 과정을 담은 필름

영화나 드라마 등의 제작 과정 및 뒷이야기를 담은 일종의 다큐멘터리 필름으로, 기획부터 제작자들의 고민까지 한 편의 영화가 나오기까지의 모든 과정을 담는다. 작품에 대한 일반인들의 이해를 높여주고 팬 서비스와 판매 홍보 기능을 하기도 한다.

⊘ 기출 POINT

Q 영화나 드라마 등의 제작 과정을 담은 것은?
A 메이킹 필름

맥거핀
Macguffin

고양시청소년재단
영화진흥위원회
MBN

줄거리에 영향을 미치지 않지만 중요한 것처럼 등장하는 극적 장치

영화 속에서 줄거리에 영향을 미치지 않지만 중요한 것처럼 등장하는 극적 장치로, 알프레드 히치콕이 고안했다. 그는 자신의 작품 <싸이코>에서는 돈 가방, <북북서로 진로를 돌려라>에서는 가상의 인물 조지 캐플란으로 서스펜스를 이끌어냈다.

⊘ 기출 POINT

Q 줄거리와 무관한데 중요한 것처럼 보여 관객을 혼란스럽게 하는 극적 장치는?
A 맥거핀

미장센
Mise en scène

경상북도문화관광공사
신용보증재단중앙회
우리은행
예술의전당
SBS

무대 위의 모든 시각적인 요소들에 관한 총체적인 작업

무대 위의 등장인물의 배치, 역할, 무대 장치, 조명 등 모든 시각적인 요소들에 관한 총체적인 작업을 이르는 용어이다.

⊘ 기출 POINT

Q 연극과 영화 등에서 연출가가 무대 위의 모든 시각적인 요소들을 배열하는 작업은?
A 미장센

발롱 데세
Ballon d'essai

여론의 동향을 탐색하기 위해 언론에 흘린 정보

경상대학교병원
국민연금공단
한국언론진흥재단

여론의 동향을 탐색하기 위해 언론에 흘린 정보로, 여론 관측 수단의 의미를 가지고 있다. 본래는 기상 상태를 관측하기 위해 띄우는 관측기구를 지칭하는 용어였다.

⊘ 기출 POINT

Q 여론의 동향을 탐색하기 위해 흘린 정보는?

A 발롱 데세

오프 더 레코드
Off the record

취재원이 제공한 정보 중에 보도에서 제외해야 하는 사항

서울특별시농수산식품공사
한국산업단지공단
한국언론진흥재단

신문이나 방송에서 취재원을 인터뷰할 때 취재원이 자신이 제공한 정보 중에 보도에서 제외해달라고 요구하는 사항으로, 기록으로 남지 않는 비공식적인 발언이다.

⊘ 기출 POINT

Q 오프 더 레코드와 엠바고의 차이점은?

A 엠바고는 일정 시점까지 보도를 금지하는 것이며, 오프 더 레코드는 기간에 상관없이 보도 금지를 묵시적으로 인정하는 경우이다.

매스미디어 효과 이론

부산교통공사
한국언론진흥재단
EBS

매스미디어가 대중들에게 미치는 효과와 관련된 이론

매스미디어가 대중들에게 미치는 효과와 관련된 이론으로, 대효과 이론, 중효과 이론, 소효과 이론으로 나눌 수 있다.

⊕ **상식 PLUS**

• **대효과 이론**

탄환 이론	매스미디어가 대중들에게 즉각적이고 획일적으로 강력한 영향력을 미친다는 이론
미디어 의존 이론	대중들이 매스미디어에 의존할수록 그 영향력이 더욱 커진다는 이론
모델링 이론	매스미디어가 대중들에게 일종의 행동 양식을 행사한다는 이론
침묵의 나선 이론	자신이 판단한 생각이 어떤 의견을 지지하면 더욱 내세우고 반대의 경우 침묵하는 대중들에게 매스미디어는 강력한 영향력을 미치는 중요한 변수가 될 수 있다는 이론
문화계발 효과 이론	대중들의 사물에 대한 생각을 구성하는 데 매스미디어가 영향을 미친다는 이론

• **중효과 이론**

이용과 충족 이론	대중들은 경험된 욕구를 충족하기 위해 매스미디어를 능동적으로 소비한다는 이론
의제설정 이론	매스미디어는 대중에게 중요한 의제로 인식하게 할 수 있는 기능을 가진다는 이론

• **소효과 이론**

선별 효과 이론	매스미디어는 대중들에게 선별적이고 한정적인 효과를 나타낸다는 이론
2단계 유통 이론	매스미디어의 정보는 영향력이 있는 의견 지도자를 거쳐 대중들에게 수용된다는 이론

⊗ **기출 POINT**

Q 매스미디어 효과에 해당하지 않는 것은?

호손 효과

서울시복지재단
경기도통합채용
한국해양진흥공사

실험에서 피실험자가 자신들이 관찰되고 있다는 사실을 인식함으로써 의도적으로 개선된 행동을 하게 되는 효과

1924년 웨스턴 전기회사의 호손 공장에서 시작된 연구로, 조직 내 작업 행동은 개인의 심리에 영향을 받는다는 것을 말한다. 연구를 통해 실험이 진행되고 있는 사람들의 작업 능률이 향상됨을 확인할 수 있었는데, 이를 통해 능률에는 물리적 조건뿐만 아니라 심리적 요소도 영향을 미친다는 사실이 밝혀졌다.

⊙ 기출 POINT

Q 호손 효과에 대한 설명으로 옳지 않은 것은?

펜트업 효과
Pent-up effect

한국일보
이투데이
YTN
MBN

외부 상황으로 억눌려 있던 수요가 빠른 속도로 회복하는 현상

일반적으로 외부적인 요인으로 수요가 억제되었다가 수요를 억누르던 외부적 요인이 해소되면 수요가 분출하는 현상을 말한다. 코로나19 창궐 이후 거리두기로 인해 민간 소비가 위축되었으나, 거리두기가 해제됨에 따라 민간소비가 빠르게 회복되었던 상황이 대표적인 펜트업 효과이다.

⊙ 기출 POINT

Q 특정 요인으로 수요가 위축되었다가 관련 요인이 해소된 뒤 수요가 급작스럽게 분출하는 현상은?
A 펜트업 효과

마그누스 효과
Magnus effect

MBC
한국일보
이투데이
YTN
MBN

공이나 원기둥이 회전하면서 유체 속을 지나갈 때, 회전축과 진행 방향의 양쪽에 수직으로 힘을 받는 현상

1852년 독일의 화학자인 하인리히 마그누스가 발표한 현상으로, 유체 속의 물체가 특정 방향으로 운동할 때 이동 속도의 수직 방향으로 힘이 가해져 물체의 경로가 휘는 현상을 말한다. 주로 구기 스포츠에서 공의 방향이 휘어지도록 하기 위해 의도적으로 공을 회전시킬 때 자주 확인된다.

⊙ 기출 POINT

Q 야구에서 투수가 던진 공의 궤적이 휘는 현상을 무슨 효과라 하는가?
A 마그누스 효과

피그말리온 효과
Pygmalion effect

타인의 긍정적인 기대나 관심으로 능률이나 결과가 좋아지는 현상

국립공원공단
한국농어촌공사
한국환경공단
SBS

타인의 긍정적인 기대나 관심이 개인의 능률이나 결과에 긍정적인 영향을 미치는 효과로, 자성적 예언이라고도 한다.

⊕ 상식 PLUS
- **스티그마 효과**: 타인에 의해 부정적인 평가를 받거나 낙인이 찍히면 계속 부정적인 행태를 보이게 되는 현상

◎ 기출 POINT
Q 칭찬은 고래도 춤추게 한다는 말과 관련된 효과는?
A 피그말리온 효과

파파게노 효과
Papageno effect

자살과 관련된 보도를 자제하면 자살률이 낮아지는 현상

한국문화예술위원회
한국소비자원

자살과 관련된 보도를 자제하거나 신중한 태도로 보도함으로써 자살을 예방할 수 있는 효과로, 모차르트의 오페라 <마술피리>에서 유래하였다. <마술피리>에 등장하는 파파게노는 사랑하는 연인을 잃고 자살하려 했지만, 요정의 노래를 듣고 생각을 바꿔 삶을 살기로 하고, 이때 죽었다고 생각한 연인이 돌아온다.

◎ 기출 POINT
Q 자살과 관련된 보도를 신중하게 보도하여 자살을 예방할 수 있는 효과는?
A 파파게노 효과

베르테르 효과
Werther effect

유명인이나 이상형을 따라서 자살하는 현상

대구시설공단
부천시협력기관통합채용
한국장애인고용공단

유명인이나 자신이 닮고자 하는 이상형이 자살할 경우 해당 인물과 자신을 동일시하며 그를 따라서 자살을 시도하는 현상으로, 독일의 문학가 괴테의 소설 <젊은 베르테르의 슬픔>에서 유래되었다.

◎ 기출 POINT
Q 유명인의 자살을 따르는 현상은?
A 베르테르 효과

파랑새 증후군
Bluebird syndrome

영화진흥위원회
한국농어촌공사

미래의 행복만을 꿈꾸며 현재의 일에는 흥미를 느끼지 못하는 현상

미래의 행복만을 꿈꾸며 현재의 일에는 흥미를 느끼지 못하는 현상으로, 벨기에의 극작가 모리스 마테를링크의 작품 <파랑새>에서 등장하는 주인공이 미래의 행복만을 몽상할 뿐 현재의 일에는 흥미도 관심도 없는 모습에서 유래하였다.

⊙ **기출 POINT**

Q 님비, 바나나 현상, 핌피, 파랑새 증후군 중 성격이 다른 하나를 고르면?
A 파랑새 증후군

파노플리 효과
Panoplie effect

대전도시철도공사
대한체육회
한전KPS

특정 상품을 구매한 소비자가 같은 상품을 구매한 집단과 자신을 동일시하는 현상

특정 상품을 구매한 소비자가 같은 상품을 구매한 집단과 자신을 동일시하는 현상으로, 프랑스 철학자 장 보드리야르가 처음 사용하였다. 명품을 소비함으로써 자신의 지위와 경제적 위치가 부유층과 같다고 생각하는 것이 대표적인 예이다.

⊙ **기출 POINT**

Q 파노플리 효과를 밝힌 사람은?
A 보드리야르

시일야방성대곡
是日也放聲大哭

한국산업인력공단
한국지역난방공사

을사조약 체결에 대한 민족적 울분을 표현한 논설

을사조약 체결에 대한 민족적 울분을 표현한 장지연의 논설로, 1905년 11월 20일 <황성신문>에 실렸다.

⊙ **기출 POINT**

Q 시일야방성대곡을 쓴 사람은?
A 장지연

멘델의 유전 법칙
Mendel's law

한국마사회
한국보훈복지의료공단
한국환경공단
SH서울주택도시공사

오스트리아 유전학자 멘델이 발표한 세 가지 유전 법칙

오스트리아 유전학자 멘델이 1865년에 발표한 세 가지 법칙으로, 우성과 열성의 대립 유전자를 교배하였을 때 우성 형질만 나타난다는 '우열의 법칙', 잡종끼리 교배하였을 때 우성과 열성의 대립 유전자가 일정한 비율로 분리된다는 '분리의 법칙', 서로 다른 상동 염색체에 있는 각 유전자는 독립적으로 유전된다는 '독립의 법칙'이 있다.

⊙ 기출 POINT

Q 멘델의 법칙에는 어떤 것들이 있는가?
A 우열의 법칙, 분리의 법칙, 독립의 법칙

뉴턴의 운동 법칙
Newton's law of motion

국민연금공단
서울교통공사
우리은행
한국토지주택공사

물체의 운동에 대한 역학적 기본 법칙

물체의 운동에 관한 뉴턴의 법칙으로, 제1법칙은 밖에서부터 힘을 받지 않으면 물체는 정지 또는 등속도 운동 상태를 계속한다는 '관성의 법칙', 제2법칙은 물체가 얻는 가속도는 가해지는 힘에 비례, 물체의 질량에 반비례한다는 '가속도의 법칙', 제3법칙은 모든 작용력에 대하여 항상 방향이 반대이고 크기가 같은 반작용 힘이 따른다는 '작용·반작용의 법칙'이다.

⊙ 기출 POINT

Q 운동하던 물체가 운동 상태를 유지하려는 성질은 무엇과 관련 있는가?
A 관성의 법칙

빛의 현상
빛의 現象

전남개발공사
한국마사회
한국수력원자력

빛이 공기 속이나 어떤 물체를 통과할 때 나타나는 현상

빛이 공기 속이나 어떤 물체를 통과할 때 나타나는 여러 가지 현상을 의미하는 것으로, 일정한 방향으로 나아가던 파동이 다른 물체의 표면에 부딪쳐서 방향을 반대로 바꾸는 '반사', 신기루, 아지랑이, 무지개 등처럼 빛이 한 매질에서 다른 매질로 진행할 때 그 경계면에서 빛의 진로가 꺾이는 '굴절', 아침저녁에 하늘이 붉게 보이는 것처럼 빛이 공기 속을 통과할 때 공기 중 미립자에 부딪혀 흩어지는 '산란', 빛이 굴절에 의해 여러 가지 색으로 갈라지는 '분산' 등이 있다.

⊙ 기출 POINT

Q 다음 중 아지랑이와 가장 관련 있는 빛의 현상은?
A 빛의 굴절

카오스 이론
Chaos theory

제주국제자유도시개발센터
한국방송광고진흥공사
한국소비자원
SH서울주택도시공사

겉으로 무질서하게 보이는 혼돈 상태에도 질서와 규칙성이 존재한다는 이론

겉으로 불안정하고 무질서하게 보이는 혼동 상태에도 질서와 규칙성 등의 논리적 법칙이 존재한다는 이론으로, 1961년 미국 기상학자 로렌츠가 나비 효과를 발표하며 이론적 발판을 마련했다.

⊕ **상식 PLUS**

- **나비 효과:** 나비의 작고 사소한 날개짓이 뉴욕에 태풍을 일으킬 수 있다는 것으로, 지구 어딘가에서 일어난 조그만 변화가 전체에 막대한 영향을 미칠 수 있다는 이론

⊘ **기출 POINT**

Q 불규칙한 현상들을 규명하는 이론은?
A 카오스 이론

DNA
Deoxyribonucleic acid

한국마사회
한국보훈복지의료공단
SH서울주택도시공사

유전적 정보를 담고 있는 실 모양의 핵산 사슬

살아있는 모든 유기체나 일부 바이러스의 유전적인 정보를 담고 있는 실 모양의 핵산 사슬로, 데옥시리보핵산이라고도 한다. 아데닌, 구아닌, 사이토신, 티민의 4종의 염기를 지니고 있으며, 그 배열 순서에 유전 정보가 들어 있어 그 정보에 해당하는 단백질을 만든다.

⊘ **기출 POINT**

Q 다음 중 유전정보를 보관하는 물질은?
A DNA

게놈
Genome

경기콘텐츠진흥원
국립공원공단
근로복지공단
인천도시공사

하나의 생물체가 가지는 모든 유전자

하나의 생물체가 생명 현상을 유지하는 데 필요한 모든 유전자의 총량으로, 유전체라고도 한다. 일부 바이러스의 RNA를 제외하고 모든 생물은 유전 정보를 DNA로 구성하고 있으므로 일반적으로 게놈은 DNA로 구성된 유전 정보를 지칭하는 말로 쓰인다.

⊘ **기출 POINT**

Q 하나의 생물체가 가지고 있는 모든 유전자는?
A 게놈

환태평양 조산대
環太平洋造山帶

우리은행
인천서구문화재단
화성여성가족청소년재단
MBN

태평양을 둘러싸고 있는 약 40,000km의 조산대

태평양을 둘러싸고 있는 약 40,000km의 조산대를 의미하는 것으로, 세계 주요 지진대와 화산대 활동이 중첩되어 지진과 화산 활동이 자주 일어난다. 그 분포 모양이 원과 비슷하여 불의 고리라고도 한다.

⊙ 기출 POINT

Q 태평양을 둘러싸고 있는 약 40,000km의 조산대를 지칭하는 별칭은?
A 불의 고리

대기권
大氣圈

국토안전관리원
대구시설공단
한국남동발전
한국농어촌공사
한국철도공사
한국환경공단

지구를 둘러싸고 있는 대기의 층

지구를 둘러싸고 있는 대기의 범위로, 지상 약 1,000km까지를 이르며, 온도의 분포에 따라 밑에서부터 대류권, 성층권, 중간권, 열권으로 나눈다.

⊕ 상식 PLUS

• 대기권의 종류

열권	중간권의 위쪽에 위치하는 대기층으로, 고도가 높아져 기온이 급상승한다.
중간권	성층권과 열권 사이에 있는 대기층으로, 높이가 48~80km 사이이다.
성층권	대류권과 중간권 사이에 있는 대기층으로, 온도나 기압의 변화가 없고 습도가 낮다. 또한, 이 층에는 질소가 대부분 차지하고 있으며, 바람, 구름 등도 거의 없다.
대류권	대기권의 최하층으로, 대류권 계면 이하의 대기를 말하며 구름, 비 등의 일기가 일어난다.

⊙ 기출 POINT

Q 대기권의 가장 아래층부터 순서대로 나열한 것은?
A 대류권 - 성층권 - 중간권 - 열권

방사선
Radioactive ray

국립공원공단
한국문화예술위원회
SH서울주택도시공사
HUG주택도시보증공사

방사성 물질에서 방출되는 입자나 전자기파

방사성 원소의 붕괴에 따라 물체에서 방출되는 입자나 전자기파로, 투과력에 따라 알파선 (Alpha ray), 베타선(Beta ray), 감마선(Gamma ray)으로 나눌 수 있다. 방사선은 물질의 구조를 바꾸어 물건을 망가뜨리거나 생명체의 세포를 죽게 하거나 DNA를 손상시켜 유전적 결함을 발생시키기도 하고 암을 유발할 수 있다는 문제가 있지만, 방사선의 특성을 적절히 이용하면 식품에 항균 처리를 하거나 암 치료에 활용할 수도 있다.

⊕ **상식 PLUS**
- **방사선의 단위**: 렘(Rem), 베크렐(Bq), 시버트(Sv), 퀴리(Ci), 그레이(Gy), 뢴트겐(R), 라드(Rad)

⊘ **기출 POINT**
Q 방사선의 단위가 아닌 것은?

그린 택소노미
Green Taxonomy

포스코
MBC
한국일보

환경적으로 지속가능한 경제 활동의 범위

녹색 산업을 의미하는 'Green'과 분류를 의미하는 'Taxonomy'가 결합된 단어로, 친환경 사업에 해당하는 산업 분야를 분류함으로써 녹색 투자 대상을 판별하는 기준이다. 2020년 6월 유럽연합(EU)에 의해 처음 발표되었으며, 2022년 2월 발표된 EU 택소노미 최종안에는 온실가스 감축, 기후변화 적응, 수자원 및 해양생태계 보호, 자원순환 경제로 전환, 오염물질 방지 및 관리, 생물다양성 및 생태계복원 총 6가지 목표가 포함되어 있다. 택소노미의 조건은 6가지 목표를 달성하되, 다른 목표를 침해하지 않아야 하며, 최소한의 사회적 안전조치를 지키며 기술 선별기준을 맞춰야 한다. 같은 해 7월 6일에는 EU의 택소노미가 가결됨에 따라 2023년부터는 최종안에 따라 시행될 예정이다.

⊘ **기출 POINT**
Q 그린 택소노미 목표에 해당하지 않는 것은?

그리드 패리티
Grid parity

서울특별시농수산식품공사
전남신용보증재단
한국가스기술공사
한국전력공사
한국중부발전

신재생 에너지 발전과 화력 발전 원가가 같아지는 시점을 일컫는 말

태양이나 바람 등을 이용하는 신재생 에너지 발전과 석유나 석탄 등을 사용하는 화력 발전 원가가 같아지는 시점으로, 그리드 패리티를 달성했다는 것은 신재생 에너지가 경제성을 갖추었다는 의미가 된다.

⊘ **기출 POINT**
Q 화력 발전 원가와 신재생 에너지 발전 원가가 같아지는 시점은?
A 그리드 패리티

SSD
Solid State Drive

서울신용보증재단
한국공항공사
한국주택토지공사

반도체를 이용하는 디지털 정보 저장 장치

반도체를 이용하여 정보를 저장하는 디지털 장치로, 소형화와 경량화가 가능하며 상대적으로 속도가 빠르고 기계적 지연, 실패율, 소음, 발열이 적다는 장점을 가지고 있다.

⊘ 기출 POINT

Q 반도체를 이용하여 정보를 저장하는 디지털 장치는?
A SSD

프로토콜
Protocol

경기신용보증재단
국민연금공단
한국수력원자력
SH서울주택도시공사

데이터를 원활하게 주고받기 위한 여러 가지 규칙과 약속

컴퓨터 또는 장치 사이에 데이터를 원활하게 주고받기 위한 여러 가지 규칙과 약속으로, 상호 간의 접속, 전달방식, 자료의 형식, 오류검출방식, 코드 변환방식 등을 정하는 통신 규약을 의미한다.

⊘ 기출 POINT

Q 컴퓨터 간의 원활한 정보 교환을 위한 통신 규약은?
A 프로토콜

중앙 처리 장치
CPU, Central Processing Unit

서울신용보증재단
한국전력공사
한국토지주택공사

컴퓨터 시스템 전체의 작동을 통제하고 모든 연산을 수행하는 핵심 장치

명령어 해석, 자료의 연산 및 비교 등 컴퓨터 시스템 전체를 제어하는 핵심 장치로, 다양한 입력 장치로부터 자료를 받아 처리하여 해당 결과를 출력 장치에 보내는 일을 수행한다. 중앙 처리 장치는 제어장치, 연산장치, 레지스터의 세 부분으로 구성되어 있다.

⊘ 기출 POINT

Q 컴퓨터 시스템 전체의 작동을 통제하고 모든 연산을 수행하는 장치는?
A CPU

에지 컴퓨팅
Edge computing

경기콘텐츠진흥원
농협은행
KB국민은행

발생하는 데이터를 가장 가까운 서버에서 처리하는 컴퓨팅 방식

사용자가 통신 서비스를 이용할 때 발생하는 데이터를 중앙 클라우드 서버가 아닌 가장 가까운 단말기 주변 서버로 보내거나 단말기 자체에서 실시간으로 처리하는 컴퓨팅 방식이다. 데이터 양이 많고 실시간 처리가 필요한 자율주행 자동차, 스마트 공장, 사물인터넷 등에서 활용되고 있다.

⊘ 기출 POINT
Q 에지 컴퓨팅에 대한 특징으로 옳지 않은 것은?

블록체인
Block chain

경기콘텐츠진흥원
농협은행
방송통신심의위원회
양주시시설관리공단
우리은행
한국가스기술공사
한국농수산식품유통공사
KB국민은행

관리 대상이 되는 모든 데이터를 분산하여 저장하는 분산 처리 기술

관리 대상이 되는 모든 데이터를 분산하여 저장하는 분산 처리 기술로, 데이터를 블록으로 구분하고 각 블록을 고리 형태로 서로 연결하는 형식이다. 블록체인은 공공거래장부이기 때문에 누구나 열람이 가능하지만, 사용자가 임의로 데이터를 변경할 수 없기 때문에 위조나 변조를 방지할 수 있다. 블록체인 기술을 적용한 대표적인 사례로는 가상화폐인 비트코인이 있다.

⊘ 기출 POINT
Q 블록체인 기술을 기반으로 암호화된 최초의 가상화폐는?
A 비트코인

오픈소스
Open source

삼성
MBC
SBS

소프트웨어의 설계 지도인 소스 코드가 무료로 공개되어 누구나 사용하고 수정할 수 있는 소프트웨어

소프트웨어의 구조 및 작동원리에 대한 모든 정보를 담은 소스 코드를 공개함으로써 전 세계 누구나 소프트웨어 개발에 참여할 수 있도록 하고, 이를 통해 단기간에 우수한 소프트웨어를 만들 수 있다는 데에 의의를 둔다. 리눅스(Linux)와 같은 소프트웨어가 대표적이다.

⊘ 기출 POINT
Q 오픈소스에 대한 설명으로 틀린 것은?

양자 컴퓨터
Quantum computer

반도체가 아닌 원자를 기억소자로 활용하는 미래형 컴퓨터

한국가스공사
근로복지공단
농협은행

물리학자인 리처드 파인만이 처음 도입한 개념으로, 0과 1을 활용하는 2진법 Bit로 정보를 표시하는 기존 컴퓨터와 다르게 Qubit를 활용하여 0이면서 동시에 1을 나타낼 수 있어 00, 01, 10, 11과 같은 4개의 상태가 가능해져 정보를 빠르게 처리할 수 있다. IBM은 20큐비트 양자 프로세서를 탑재한 상용 양자 컴퓨터 'Q 시스템 원'을 선보였으며, 우리나라의 경우 2022년부터 양자 컴퓨터를 구축하여 2024년까지 국내 양자 컴퓨터 시스템을 구축할 예정이다.

✅ 기출 POINT

Q Qubit를 활용함으로써 정보 처리 속도가 빠른 미래형 컴퓨터를 이르는 말은?

블루투스
Bluetooth

근거리에서 데이터를 무선으로 주고받을 수 있는 통신 기술

한국가스공사
한국농수산식품유통공사
한국수력원자력
한전KDN

휴대폰, 노트북 등의 휴대기기를 서로 연결하여 10m 내외의 근거리에서 데이터를 무선으로 주고받을 수 있는 통신 기술로, 10세기경 덴마크와 노르웨이를 통일한 블루투스 왕의 이름에서 따온 명칭이다. 휴대폰 공급업체였던 에릭슨이 1994년에 시작한 무선 기술 연구를 바탕으로 1998년에 출범한 단체인 블루투스 SIG(Special interest group)를 통해 개발이 본격화되었다.

✅ 기출 POINT

Q 각종 디지털 제품을 물리적인 접속 없이 무선으로 연결해주는 근거리 무선 네트워크 기술은?
A 블루투스

해커
Hacker

근로복지공단
한국산업단지공단
한국소비자원
한국수력원자력
한국장애인고용공단
한국환경공단

컴퓨터 시스템 내부 구조 및 동작에 흥미를 가지고 이를 알고자 노력하는 사람

컴퓨터에 강한 흥미를 가지고 컴퓨터 시스템 내부 구조 및 동작에 심취하여 이를 알고자 노력하는 사람을 의미한다. 블랙 해커와 화이트 해커, 둘의 중간 단계에 있는 그레이 해커 등으로 구분할 수 있다.

⊕ **상식 PLUS**
- **블랙 해커(Black hacker):** 다른 사람의 컴퓨터 시스템에 침입하여 사용자 행위 및 데이터를 불법으로 열람, 변조, 파괴하는 사람
- **화이트 해커(White hacker):** 순수한 학업이나 공부의 목적을 가지거나 블랙 해커의 공격을 방어하는 사람

✓ **기출 POINT**
Q 해커의 종류는?
A 블랙 해커, 화이트 해커, 그레이 해커

피싱
Phishing

근로복지공단
영화진흥위원회
한국가스공사
한국가스기술공사
한국교직원공제회
한국남동발전
한국부동산원
IBK기업은행

개인정보를 불법으로 알아내 이를 이용하는 금융 사기 수법

개인정보를 불법으로 알아내어 이를 이용하는 금융 사기 수법으로, 믿을 만한 사람이나 기업이 보낸 것처럼 가장하여 메일이나 메신저 등을 통해 비밀번호나 신용 카드 정보를 부정하게 얻으려는 것이다.

✓ **기출 POINT**
Q 금융기관 등의 메일이나 메신저 등으로 위장하여 개인정보를 불법으로 빼내는 금융 사기 수법은?
A 피싱

SNS
Social Network Service

한국남부발전
한국무역보험공사
한국수력원자력

다른 사람들과 인적 네트워크를 형성할 수 있도록 해주는 온라인 플랫폼

다른 사람들과 인적 네트워크를 형성할 수 있도록 해주는 온라인 플랫폼 서비스로, 트위터, 페이스북, 마이스페이스 등이 대표적이다. 한국의 가장 대표적인 소셜 네트워크 서비스는 1999년 시작된 싸이월드가 있다.

✓ **기출 POINT**
Q SNS의 특징은?

딥페이크
Deepfake

농협은행
방송통신심의위원회
화성여성가족청소년재단

인공지능 기술을 이용하여 합성한 편집물

인공지능 기술을 이용하여 특정 인물의 얼굴, 신체 등을 다른 영상에 합성한 편집물로, 온라인에 배포된 무료 소스 코드와 머신러닝 알고리즘으로 초보자도 쉽고 정교하게 제작이 가능하여 큰 사회적 문제로 떠오르고 있다.

⊗ 기출 POINT
> Q 특정 인물의 얼굴을 영상에 합성한 편집물은?
> A 딥페이크

랜섬웨어
Ransomware

한국농수산식품유통공사
SBS

몸값을 요구하는 악성 프로그램

사용자의 컴퓨터 시스템에 대하여 시스템을 잠그거나 데이터를 암호화해 사용자가 정상적으로 사용하지 못하도록 만든 후 이를 볼모로 잡고 금전을 요구하기 위하여 퍼뜨리는 악성 파일을 의미한다.

⊗ 기출 POINT
> Q 다음에서 설명하는 바이러스는 무엇인가?
> A 랜섬웨어

디도스 공격
DDoS

한국농수산식품유통공사
SBS

여러 크래커를 분산 배치하여 컴퓨터 시스템이 본래의 용도로 사용되지 못하게 하는 방식의 해킹

인터넷 사이트에서 서비스를 거부하도록 하는 해킹 기법으로, 여러 크래커를 분산적으로 배치해 특정 인터넷 사이트가 소화할 수 없을 비정상적인 트래픽을 유발해 해당 사이트의 서버를 마비시키는 해킹 기법이다.

⊗ 기출 POINT
> Q 다음에서 설명하는 것은 무엇인가?
> A 디도스 공격

VR
Virtual Reality

한국가스기술공사
우리은행
부산교통공사
방송통신위원회
SH서울주택도시공사

특정 환경이나 상황을 만들어 실제처럼 생각하고 보이게 하는 기술

가상 현실(VR)은 컴퓨터를 이용하여 가상으로 만든 특정 환경이나 상황을 실제처럼 생각하고 보이게 하는 최첨단 기술로, 게임 분야를 비롯해 의학, 항공 및 군사 등 다양한 분야에서 도입되어 이용되고 있다.

> **⊘ 기출 POINT**
> Q VR과 AR의 차이는?

AR
Augmented Reality

우리은행
한국가스기술공사
한국소비자원

실제 현실 환경에 3차원의 가상 물체를 혼합한 기술

증강 현실(AR)은 컴퓨터를 이용하여 사용자의 실제 현실 환경에 3차원의 가상 물체를 겹쳐 보여주는 기술로, 현실 세계가 중심이 된다는 점에서 VR(가상 현실)과 차이가 있다.

> **⊘ 기출 POINT**
> Q 가상의 물체를 현실에 구현해 사람이 인지하도록 하는 기술은?
> A AR

AI
Artificial Intelligence

농협중앙회
한국가스기술공사
한국장애인고용공단

인간의 학습, 추론, 지각 등의 능력을 갖춘 컴퓨터 시스템

인공지능(AI)은 인간의 지능이 가지는 학습, 추론, 지각, 이해 등의 능력을 갖춘 컴퓨터 시스템으로, 게임이나 바둑 등의 분야를 넘어 음성 번역, 문제 해결, 로봇 공학, 인공 시각 등에 활용되고 있다.

> **⊘ 기출 POINT**
> Q 데이터를 스스로 판단하고 학습하며 스스로 처리하는 컴퓨터는?
> A 인공지능

메타버스
Metaverse

농협은행
우리은행
양주시시설관리공단
화성여성가족청소년재단

3차원의 가상 세계

현실 세계와 같은 사회, 경제, 문화적 활동을 하는 3차원의 가상 세계로, 1992년 미국의 SF 작가 닐 스티븐슨의 소설 <스노 크래시>에서 처음 등장한 개념이다. 메타버스는 5G의 상용화에 따른 정보 통신 기술의 발달과 코로나19에 따른 비대면 추세 가속화로 인해 더욱 주목받고 있다.

⊘ 기출 POINT

Q 메타버스가 유행인 요즘, 가상 공간에 지점을 만들게 된다면 주 고객층은 누가 될 것인지 예측하고, 이들에게 판매할 상품 아이디어를 제시하시오.

OTT
Over The Top

경향신문
영화진흥위원회
한국가스기술공사
IBK캐피탈
SBS

인터넷을 통해 영화나 드라마 등의 다양한 미디어 콘텐츠를 제공하는 플랫폼

'셋톱박스(Top) 너머'라는 뜻으로, 인터넷을 통해 영화, 드라마, 방송 프로그램, 자체 제작 프로그램 등 다양한 미디어 콘텐츠를 제공하는 온라인 동영상 서비스를 이르는 말이다. 대표적인 국제 OTT 기업으로는 넷플릭스, 유튜브 등이 있으며, 국내에는 티빙, 왓챠, WAVVE 등이 있다.

⊘ 기출 POINT

Q OTT에서 마지막 T의 의미는?
A Top(셋톱박스)

넷플릭스
Netflix

방송통신심의위원회
한국가스기술공사
한국영상자료원

인터넷을 통해 영화나 드라마 등의 콘텐츠를 볼 수 있는 온라인 동영상 서비스

인터넷을 통해 영화나 드라마 등의 콘텐츠를 볼 수 있는 미국의 유료 온라인 동영상 서비스이다. 넷플릭스의 설립자인 리드 헤이스팅스와 마크 란돌프는 1997년 비디오 및 DVD 우편 배달 서비스를 시작으로, 2007년에 인터넷 스트리밍 서비스로 사업을 확장하였다.

⊘ 기출 POINT

Q 세계 최대 OTT 서비스이자 자체 콘텐츠를 제작하는 글로벌 엔터테인먼트 기업은?
A 넷플릭스

유비쿼터스
Ubiquitous

국민연금공단
근로복지공단
광주광역시도시철도공사
한국국토정보공사
한국수력원자력
한국토지주택공사
한전KPS

사용자가 언제 어디서나 자유롭게 네트워크에 접속할 수 있는 통신 환경

사용자가 컴퓨터나 네트워크를 의식하지 않고 언제 어디서나 자유롭게 네트워크에 접속할 수 있는 통신 환경으로, 1988년 미국의 사무용 복사기 제조 회사 제록스의 마크 와이저가 언제 어디서나 어떤 기기를 통해서도 컴퓨팅이 이루어질 수 있는 환경을 유비쿼터스 컴퓨팅이라고 지칭하면서 등장한 개념이다.

⊘ 기출 POINT
Q 언제 어디서나 자유롭게 네트워크에 접속할 수 있는 통신 환경은?
A 유비쿼터스

디지털 컨버전스
Digital convergence

공무원연금공단
국립공원공단
인천국제공항공사
한국수력원자력

단말기나 네트워크의 제약 없이 하나의 기기로 모든 서비스가 융합되는 현상

디지털 기술의 발전으로 그동안 개별적으로 제공되던 영상, 음성, 데이터 등이 하나의 단말기나 서비스, 네트워크로 융합되는 현상으로, 통화 기능 외 카메라, 방송, 금융 기능까지 갖춘 휴대전화가 대표적인 예이다.

⊕ 상식 PLUS
• **디지털 디버전스(Digital divergence):** 융합되어 있던 기술을 다시 독자 기술로 분리하는 것

⊘ 기출 POINT
Q 기술의 발달로 각종 디지털 기술이 하나로 융합되는 현상은?
A 디지털 컨버전스

빅블러
Big blur

우리은행
IBK캐피탈

빠른 변화의 속도로 인해 기존에 존재하던 것들의 경계가 모호해지는 현상

변화의 속도가 빨라지면서 기존에 존재하던 것들의 경계가 모호해지는 현상으로, 핀테크, IoT(사물인터넷), AI(인공지능) 등과 같은 4차 산업혁명의 기술이 등장하면서 대두되었다.

⊘ 기출 POINT
Q 변화의 속도로 인해 기존에 존재하던 것들의 경계가 뒤섞이는 현상은?
A 빅블러

제로레이팅
Zero-rating

방송통신심의위원회
인천서구문화재단
포항시시설관리공단

데이터 이용료 무과금

콘텐츠 사업자와 통신사가 제휴를 맺어 사용자가 특정 콘텐츠를 이용할 때 발생하는 데이터 이용료를 할인이나 면제해주는 제도를 이르는 말이다. 소비자는 데이터 요금을 아낄 수 있고, 콘텐츠 사업자는 고객을 원활히 유치할 수 있으며, 교육 및 복지 등의 공공영역에 활용할 수 있다는 장점이 있지만, 대기업의 독점, 망 중립성 위배 등과 관련하여 논란이 있다.

⊙ 기출 POINT
Q 제로레이팅이란?

카피레프트
Copyleft

우리은행
한국농수산식품유통공사

저작권의 소유자가 자신의 창작물을 무료로 사용할 수 있도록 허용하는 것

저작권의 소유자가 자신의 창작물을 무료로 사용할 수 있도록 허용하는 것으로, 저작권 소유자에게 독점적 권리를 부여하고 사용에 제한을 두는 카피라이트(Copyright)와 반대되는 개념이다. 1984년 미국의 리처드 스톨먼이 자유 소프트웨어 운동을 펼치면서 창안된 개념이며, 대표적인 사례로는 컴퓨터 운영 체제인 리눅스(Linux)가 있다.

⊙ 기출 POINT
Q 저작권에 대항해 자유로운 정보 공유를 주장하는 운동은?
A 카피레프트

노모포비아
Nomophobia

한국농수산식품유통공사
GH경기주택도시공사
MBN

휴대 전화가 없으면 불안감과 초조감을 느끼는 증상

노모는 'No Mobile-phone'의 약자로, 휴대 전화가 가까이에 없으면 불안감과 초조감 등을 느끼는 증상을 이르는 말이다.

⊙ 기출 POINT
Q 잠시라도 휴대폰이 없으면 불안함을 느끼는 증상은?
A 노모포비아

플랫폼 노동
Platform labor

한국농수산식품유통공사
SBS

디지털 플랫폼을 매개로 하는 새로운 고용 형태

정보 통신 기술의 발전으로 탄생한 디지털 플랫폼을 매개로 하는 새로운 고용 형태로, 디지털 특수고용노동(특고)이라고도 한다. 스마트폰 사용이 일상화되면서 등장하게 되었으며, 배달 대행, 우버 택시, 대리운전 애플리케이션 종사자가 대표적인 플랫폼 노동자에 해당한다.

ⓥ 기출 POINT
Q 디지털 특고라고도 하는 새로운 고용 형태는?
A 플랫폼 노동

스낵 컬처
Snack culture

광주보훈병원

과자를 먹는 것과 같이 10~15분 사이의 짧은 시간 동안 문화 콘텐츠를 소비하는 것

웹툰, 웹드라마, 웹소설로 대표되는 스낵 컬처는 장소나 시간 따위에 영향을 받지 않고 즐길 수 있는 스낵과 같이 출퇴근 시간, 점심시간 등 짧은 시간에 빠르고 간편하게 문화 생활을 즐기는 라이프 스타일 혹은 문화 트렌드를 의미한다. 스마트기기가 대중화되면서 스마트기기를 활용해 즐길 수 있는 다양한 문화 콘텐츠가 만들어졌다. 단순히 만화나 소설, 영상과 같은 콘텐츠가 아니더라도 패션이나 음식과 같은 다양한 분야에서도 스낵 컬처가 나타나고 있다. 국내에서는 네이버와 카카오가 스낵 컬처를 제공하는 대표적인 기업으로, 두 기업 간 경쟁도 치열한 상황이다.

ⓥ 기출 POINT
Q 이용자가 시간과 장소에 영향을 받지 않고 간편하게 문화 생활을 즐기는 트렌드를 뜻하는 용어는?
A 스낵 컬처

빈지 워치
Binge Watch

광주광역시 공공기관 통합채용

휴일, 주말, 방학 등 짧은 기간에 TV 프로그램을 몰아서 보는 행위

폭음, 폭식을 의미하는 'Binge'와 본다는 의미의 'Watch'의 합성어로, 콘텐츠를 생산하고 공급, 유통하는 방식의 변화에 따라 나타났다. 넷플릭스에서 한꺼번에 공개하는 시즌제 콘텐츠의 제공으로 활발해졌으며 '빈지 뷰잉(Bingw viewing)'이라고도 한다.

ⓥ 기출 POINT
Q 흔히 '정주행'이라고도 하며, 짧은 기간 안에 TV 프로그램을 몰아서 보는 행위를 뜻하는 용어는?
A 빈지 워치

후쿠시마 오염수 방류

양주도시공사

일본 정부와 도쿄전력이 후쿠시마 제1원자력발전소 오염수를 처리하여 해양으로 방류하기 시작한 사건

2023년 8월 24일부터 일본 정부와 도쿄전력이 후쿠시마 제1원자력발전소 오염수를 처리한 처리수를 해양으로 방류하기 시작한 사건을 의미한다. 2011년 3월 발생한 동일본 대지진의 여파로 후쿠시마 제1원자력발전소의 원자로 건물 내부에 지하수가 흘러 들어가면서 오염수가 발생하게 되었다. 후쿠시마 원자력발전소의 운영회사인 도쿄전력의 발표에 따르면 2023년 기준 하루 평균 90톤의 오염수가 발생하고 있으며, 134만여 톤에 이르는 오염수가 탱크에 보관되어 있다. 일본 정부와 도쿄전력은 다핵종제거설비(ALPS)를 이용해 세슘을 비롯한 62종의 방사성 물질을 국제 규제 기준 이하로 제거하고, ALPS로 제거할 수 없는 삼중수소는 바닷물과 희석해 방류한다고 발표했다. 오염수의 안전성을 점검해 온 국제원자력기구(IAEA)는 오염수가 안전기준을 충족하였는가를 감시 및 평가하고, 관련 자료를 실시간 공개한다.

⊘ 기출 POINT

Q 일본 정부와 도쿄전력이 2023년 8월에 오염수를 처리한 처리수를 해양으로 방류한 지역의 이름은?

A 후쿠시마

삼중수소
Tritium

한국가스공사

한 개의 양성자와 두 개의 중성자로 이루어지며 일반 수소보다 3배가량 무거운 방사선 동위원소

원자력발전소에서 냉각제로 사용하는 중수가 중소수로 변환되며 생기는 수소로, 방사성폐기물의 일종이다. 주로 방사선치료, 백혈구검사 등 의료 목적으로 사용되며 핵융합 반응의 연료로도 사용된다.

⊘ 기출 POINT

Q 원자력발전소에서 냉각제로 사용하는 중수가 중소수로 변환되며 생기는 수소는?

A 삼중수소

콜 옵션
Call Option

IBK기업은행
한국가스공사
서울특별시농수산식품공사

계약 만기일이나 만기일 이전에 특정한 기초 자산을 미리 정한 행사 가격으로 살 수 있는 권리를 매매하는 옵션 거래

풋 옵션과 반대되는 개념으로 활용되며, 콜 옵션을 매입한 경우에는 옵션이 만기되기 전 약정한 가격으로 관련 기초자산을 구매할 수 있는 권리를 보유하게 된다. 또한, 콜 옵션을 매도한 경우에는 매입자에게 기초 자산을 인도해야만 한다. 다만, 선물과 다르게 옵션은 의무 없이 권리만 보유하게 되므로 옵션을 매입하는 사람은 옵션을 매도한 사람에게 프리미엄에 해당하는 일정한 대가를 사전에 지불해야만 하며, 옵션 매입자는 본인의 손익을 고려하여 이익이 발생하는 경우에만 자신의 권리를 행사하고, 그렇지 않을 때에는 권리 행사를 포기할 수 있다. 반면 옵션 매도자는 매입자의 권리 행사에 응해야 하지만, 그 대신 옵션 매입자로부터 프리미엄을 얻게 된다.

⊘ 기출 POINT
Q 옵션거래에서 특정 기초자산을 만기일 또는 만기일 이전에 미리 약정한 가격에 따라 살 수 있는 권리를 뜻하는 용어는?
A 콜 옵션

고빈출 상식

콜드체인
Cold chain

농림수산식품기술기획평가원

저온 유통 체계

농축산물, 식료품, 의약품 등 온도 관리가 필요한 제품의 품질을 최대한 유지할 수 있도록 생산지에서부터 소비자에게 전달될 때까지의 과정에서 온도를 저온으로 유지하는 시스템을 의미한다. 국민소득이 증가하면서 신선식품에 대한 수요가 높아졌기 때문에 콜드체인의 필요성이 높아지게 되었다.

⊕ 상식 PLUS
- **슈퍼 콜드체인**: 극저온 상태를 유지하면서 수송하는 유통체계

⊘ 기출 POINT
Q 식료품 및 의약품이 소비자에게 전달될 때까지 온도를 저온으로 유지하는 시스템은?
A 콜드체인

세계 잼버리
World Jamborees

세계스카우트 연맹이 4년마다 개최하는 청소년 야영대회

DGB캐피탈

세계 잼버리는 세계스카우트 연맹에 가입된 150여 개 회원국의 청소년 스카우트 대원들이 참가하는 국제적 규모의 청소년 야영대회를 의미한다. 잼버리는 북미 인디언 언어 시바아리(Shivaree)가 전음화된 것으로 '유쾌한 잔치'를 의미한다. 1920년 영국 런던에서 제1회 국제야영대회가 개최되었는데, 개최자인 베이든 포웰(Baden Powell)이 대회의 명칭을 세계 잼버리로 명명한 이래로 현재까지 이어지고 있다. 세계 잼버리는 통상적으로 4년마다 개최되는데, 우리나라는 1991년 제17회 세계 잼버리를 강원도 고성에서, 2023년 제25회 세계 잼버리를 새만금에서 개최했다. 제25회 세계 잼버리의 주제는 'Draw your Dream! 너의 꿈을 펼쳐라!'이고, 호랑이를 의인화한 공식 캐릭터인 '새버미(Saebeomi)'는 스카우트의 용맹함을 상징한다.

◎ 기출 POINT
Q 전세계 청소년들이 국제적 규모로 참가하는 야영 대회는?
A 세계 잼버리

마케팅
Marketing

생산자가 상품 또는 용역을 소비자에게 유통시키는 데 관련된 모든 경영 활동

서울교통공사
한국철도공사
한국해운조합

상품의 생산자 및 판매자가 소비자에게 상품 또는 용역을 유통시킴으로써 고객을 유치하는 모든 경영 활동을 말한다. 마케팅을 하는 궁극적인 목적은 고객 유치 및 관리이며, 고객을 유치하기 위해 소비자의 수요와 욕구를 자극시켜 상품과 용역을 소비자에게 원활히 공급하는 비즈니스 활동을 모두 포함한다. 다만, 마케팅을 어떻게 해석하고 정의하는지의 통일된 기준은 없으며 고객을 유치하려는 세부 목적과 대상에 따라 마케팅의 방식도 그에 맞게 변화한다. 또한 현대 사회의 마케팅의 콘셉(Marketing Concept)은 고객지향적·소비자 중심으로 변화하고 있으며, 회사 경영 내부에서는 마케팅을 최우선으로 여기는 콘셉인 전사적 마케팅을 지향하기도 한다.

⊕ 상식 PLUS
- **고객지향성:** 현대적 마케팅의 중심이 되는 개념으로 생산자와 소비자의 상호 이익을 바탕으로 하는 마케팅의 행동 원리. 시장조사나 판매예측을 통해 잠재적 고객의 수요를 파악하고 이를 바탕으로 판매 계획을 세우는 고객지향적인 관리 방식
- **전사적 마케팅:** 마케팅의 주요 목적이 기업의 경영 활동에 초점이 맞추어진 관리 방식으로, 마케팅이 회사 경영의 최우위에 위치하고 인사·재무·생산 등의 경영 활동이 마케팅의 부수적인 분야로 위치함으로써 마케팅을 전사적인 관점으로 다루는 관리 방식

◎ 기출 POINT
Q 마케팅의 정의란?
A 상품의 생산자 및 판매자가 소비자에게 상품 또는 용역을 유통시킴으로써 고객을 유치하는 모든 경영 활동

친족상도례
親族相盜例

연합뉴스

친족 사이의 재산에 관련된 범죄에 대한 특례

8촌 이내의 혈족 또는 4촌 이내의 인척, 배우자 사이에서 발생한 재산범죄의 경우 형을 면제하거나 고소가 있어야 공소를 제기할 수 있다는 특례를 의미한다. 가정의 화평과 친족 사이에 발생한 분쟁을 국가 권력이 개입하지 않겠다는 취지로 만들어졌지만, 혈족이라는 이유로 범죄를 면하는 것이므로 헌법상 보장하고 있는 재산권 보호와 행복추구권을 위배한다는 문제가 있다.

기출 POINT
Q 8촌 이내 혈족 및 4촌 이내 인척, 배우자 사이에서 발생한 재산범죄에 대해 형을 면제하거나 고소가 있어야 공소 제기가 되는 특례는?
A 친족상도례

고교학점제
高校學點制

한국교육개발원

학생이 자신의 적성과 진로에 맞게 다양한 교과목을 선택하고 이수하도록 한 다음, 누적 학점에 따라 고등학교 졸업 여부를 결정하는 제도

2020년 마이스터 고등학교에 도입된 이래로, 2022년에는 특성화고 및 일반고 등에 학점제를 부분 도입한 뒤 2025년에는 고교 전체에 도입될 예정이다. 고교학점제를 통해 단순히 정해진 시간표에 맞추어 동일한 과목을 학습하는 것에서 벗어나 학점 기반의 교육과정이 편성되어 학생들은 과목 선택권을 보장받을 수 있게 된다. 고교학점제가 도입되면 1학년 때에는 공통과목 위주의 과목을 수강하며 본인의 희망 진로 관련 계획을 수립하고, 2학년부터는 본격적으로 선택 과목을 수강하게 된다. 한편으로는 학점제 교육과정이 도입됨에 따라 졸업 과정도 현행과 달라지게 되는데, 기존에는 수업 일수의 2/3 이상만 출석하면 졸업이 가능했지만, 2025년부터는 과목 출석률 2/3 이상과 학업 성취율 40% 이상을 모두 충족해야지만 졸업을 할 수 있게 된다.

기출 POINT
Q 고등학교 학생이 이수한 학점을 계산하여 졸업 여부를 결정하는 제도는?
A 고교학점제

고향사랑기부제

NH농협은행
농협경제지주

지방자치단체에 기부하면 세제 혜택과 더불어 답례로 지역특산품을 제공하는 제도

지방소멸 위기에 대한 대응책으로 2021년 10월 19일 제정, 2023년 1월 1일부로 시행되었다. 거주지역을 제외한 모든 지자체에 기부할 수 있으며 기부상한액은 연간 1인당 500만 원이다. 지자체는 기부금의 30% 내에서 해당하는 답례품을 제공하며 10만 원까지 전액 세액공제를 받을 수 있고 초과분은 16.5% 공제가 적용된다.

> ⊘ 기출 POINT
>
> Q 개인이 고향에 기부하면 지자체가 기부자에게 고향사랑 기부에 대한 세액공제와 답례품 등을 혜택으로 제공하는 제도는?
> A 고향사랑기부제

생산가능인구

한국경제신문

생산 활동이 가능한 15~64세에 해당하는 인구로, 경제활동인구와 비경제활동인구로 구분됨

생산가능인구 중 경제활동인구는 취업자와 실업자로 구분되는 한편, 비경제활동인구에는 주부, 학생, 구직단념자가 포함된다. 생산가능인구는 저출산 및 고령화와 밀접한 관련이 있는데, 전체 인구가 상승하더라도 경제활동인구가 감소할 경우 그만큼 전체 인구 대비 경제활동인구가 감수해야 하는 비용이 커질 수밖에 없다. 우리나라의 경우 2017년 경제활동인구가 3,757만 명으로 정점을 찍은 뒤 감소 추세에 있으며, 2047년에는 2,562만 명으로 감소할 것으로 예측되고 있다.

> ⊕ 상식 PLUS
>
> • **경제활동인구**: 만 15세 이상 인구 중 수입이 있는 일에 종사하고 있거나 취업을 하기 위하여 구직활동 중에 있는 사람
> • **비경제활동인구**: 만 15세 이상 인구 중 일할 수 있는 능력은 있으나 일할 의사가 없거나, 일할 수 있는 능력이 없는 사람

> ⊘ 기출 POINT
>
> Q 인구학적인 관점에서 생산 활동이 가능한 인구에 해당하는 연령대는?
> A 만 15~64세

고스팅
Ghosting

한국원자력환경공단

고용 시장에서 갑작스럽게 연락이 닿지 않는 상황을 이르는 말

유령(Ghost)와 '~ing'가 결합해 만들어진 말로, 원래 연인 간 한 쪽에서 일방적으로 연락을 끊어버리는 상황을 일컫는 말로 활용되었으나, 현재는 고용 시장까지 확대되어 사용되고 있다. 이력서 제출 이후 면접을 보기로 하였으나 면접 당일 나타나지 않는 경우, 신입 사원이 입사하기로 결정하였으나 입사 당일 연락이 닿지 않는 경우, 기존 직원이 갑작스럽게 출근을 하지 않고 연락두절된 상황을 일컫는 말로 활용된다.

✅ 기출 POINT
Q 면접 또는 입사 당일에 연락이 닿지 않는 경우 등 고용 시장에서 갑작스럽게 연락이 되지 않는 상황을 뜻하는 용어는?
A 고스팅

캄테크
Calm-tech

NH농협은행

평소에는 존재를 드러내지 않다가 사용자가 필요로 할 때 서비스를 제공하는 기술

조용함을 의미하는 'Calm'과 기술을 의미하는 'Technology'의 합성어이다. 일상생활에서 사용자가 인식하지 못할 정도로 존재를 드러내지 않다가 필요에 맞게 각종 편리한 서비스를 제공한다. 인공지능과 사물인터넷 등의 첨단기술을 기반으로 하고 있으며, 사용자의 위치와 온도를 감지하여 바람을 자동 조절하는 스마트 에어컨, 전후방의 위험을 감지해 사고를 예방하는 기술이 내장되어 있는 자동차 등에 적용되어 있다.

✅ 기출 POINT
Q 사람들이 인지하지 못한 상태에서 각종 편리한 서비스를 제공하는 기술을 뜻하는 용어는?
A 캄테크

옴부즈맨 제도
Ombudsman system

수원보훈교육연구원

독자나 시청자들의 불만 해결과 언론 보도의 공정성·정확성을 위한 제도

본래 국가 행정권에 대한 감시와 견제를 위한 감찰관제도를 의미하지만, 미디어에서는 독자나 시청자의 불만을 수렴하고 시정하는 제도를 의미한다. 독자나 시청자들의 불만을 해결하는 것을 넘어 언론 보도의 공정성과 정확성을 기하기 위한 제도이며, 언론의 사회적 책임을 중시하는 규제 장치이다.

✅ 기출 POINT
Q 언론이 사회적 책임을 다할 수 있도록 독자 및 시청자의 의견을 수렴하여 시정하는 제도를 뜻하는 용어는?
A 옴부즈맨 제도

런던협약
London Convention

폐기물 등의 해양 투기에 의한 해양오염 방지 협약

부천도시공사

산업화 과정에서 선진공업국들이 막대한 양의 폐기물을 바다에 투기하여 해양오염에 따른 문제가 발생함에 따라 이를 방지하고자 체결된 협약이다. 이 협약은 1972년에 체결되어 런던덤핑협약으로 불렸으나 1992년 11월에 개최된 제15차 협의당사국 회의에서 런던협약으로 변경되었다. 협약당사자국에게 폐기물 해양투기 방지의무를 부과하고 있으며, 미국, 프랑스, 독일, 영국, 러시아, 우리나라 등 19여 개국이 가입하였다.

⊘ 기출 POINT

Q 선진공업국의 폐기물 해양 투기로 인해 발생하는 해양 오염을 방지하기 위해 맺어진 협약의 이름은?

A 런던협약

후방연쇄효과
Forward linkage effect

한 산업의 발전이 그 산업에 투입되는 중간투입재를 생산하는 다른 산업의 발전을 발생시키는 효과

한국장학재단

어떤 산업의 생산이 증대되고 그 산업의 생산에 필요한 원료나 중간재를 공급하는 산업에 영향을 미치는 효과를 말한다. 대표적으로 자동차, 건설분야에서 나타난다.

⊕ 상식 PLUS

- **전방연쇄효과:** 한 산업의 발전이 그 산업의 생산물을 중간투입물로 사용하는 여타산업을 발전시키는 효과

⊘ 기출 POINT

Q 하나의 산업이 발전하면서 그 산업에 원료나 중간재를 투입하였던 다른 산업의 발전도 함께 발생시키는 효과는?

A 후방연쇄효과

블라인드 트러스트
Blind trust

매일경제신문

고위 관료나 국회의원이 본인 소유의 주식을 명의 신탁 한 이후에는 주주권 행사를 할 수 없고, 마음대로 사고팔 수 없도록 하는 미국의 제도

국정의 공정성을 기하기 위하여 마련된 미국 제도로, 공직자가 재임하고 있는 기간 내 자신의 재산을 공직과 무관한 대리인에게 이를 맡기고 간섭할 수 없도록 하는 것을 의미한다. 미국의 경우 일단 고위 공직자로 취임이 되면 임명과 동시에 공직윤리규정에 의거하여 자신이 보유한 유가증권 전체를 블라인드 트러스트에 따라 대리인에게 신탁해야 한다. 일단 신탁한 이후에는 자신의 재산이 어떤 용도로 투자되었는지 알 수 없으며, 물어보는 것 역시 금지된다. 이때의 고위 공직자는 대통령, 연방준비제도이사회회 의장, 부통령, 장관, 장성 등이 포함된다. 우리나라에서는 백지신탁, 백지위임제도라고도 불리는데, 2005년 11월부터 국회의원을 포함한 고위공직자 본인과 배우자가 직무적으로 유관한 주식을 3천만 원 이상 보유한 경우 주식을 매각하거나 백지신탁하고 있다.

✅ 기출 POINT
Q 공직자가 재임 기간 동안 자신의 재산을 공직과 관계 없는 대리인에게 맡기고 절대 간섭할 수 없게 하는 제도는?

A 블라인드 트러스트

제로 트러스트
Zero Trust

하나은행

철저히 검증하고 최소한의 신뢰만 부여하여 접근을 허용하는 방식의 사이버 보안 모델

사이버 보안 전문가 존 킨더버그가 제시한 개념으로, '아무것도 신뢰하지 않는다'를 전제로 하여 모든 네트워크를 의심하고 검증하는 최신의 보안방식을 말한다. 내부의 사용자나 단말기도 무조건적으로 신뢰하지 않고 다중의 검증절차를 거치는 것을 기본으로 하며, 접근 권한 부여 후에도 접근 범위를 제한한다. 원격근무, 재택근무의 활성화로 클라우드 도입이 증가하면서 클라우드 취약점을 노린 해킹이 늘어난 것에 따른 것이다.

✅ 기출 POINT
Q 클라우드의 취약점을 노린 해킹을 방지하기 위해 내부의 사용자나 단말기도 철저히 검증하고 최소한의 권한만 부여하여 접근을 허용하는 방식은?

A 제로 트러스트

업사이클링
Up-cycling

한국농수산식품유통공사

버려지는 제품에 디자인 또는 활용성을 더해 높은 가치의 제품으로 재탄생시키는 것

쓸모가 없어지거나 버려지는 제품들을 수선하는 리사이클링의 상위 개념으로, 개선하다는 의미의 'upgrade'와 재활용을 의미하는 'Recycling'이 결합된 단어이다. 새로운 가치를 더하여 다른 제품으로 생산하는 것을 말하며, 재활용 의류를 이용해 가방을 만들거나 버려진 현수막으로 지갑을 만드는 것이 그 예이다. 업사이클링의 우리말 표현은 '새활용'이다.

⊘ **기출 POINT**
Q 버려지거나 쓸모없어진 제품을 완전히 새로운 제품으로 생산하는 것을 말하는 용어는?
A 업사이클링

RE100

화성시환경재단
한국중부발전

국제적 기업 간의 협약 프로젝트로, 2050년까지 기업에서 사용하는 전력의 100%를 재생에너지로 대체하자는 내용을 기반으로 하는 캠페인

연간 100GWh 이상의 전력을 사용하는 애플, TSMC, 인텔 등의 다국적 글로벌 기업이 참여하고 있는 캠페인을 말한다. RE100에 가입하게 되면 1년 내로 이행 계획을 제출한 뒤 매년 이행 여부를 점검받게 된다. RE100 자격을 유지하기 위해서는 재생에너지 비율을 2030년에는 60%, 2040년에는 90%로 올려야 자격이 유지되게 된다. 일각에서는 RE100에 가입한 기업이 재생에너지를 100% 활용해야 하는 것은 아니고, 재생에너지 발전업체로부터 공급인증서인 REC를 구입하게 되면 재생에너지를 사용한 것으로 간주하기 때문에 실질적인 탄소 배출 제로와는 거리가 있다는 지적을 받고 있다.

⊘ **기출 POINT**
Q 기업이 사용하는 전력량의 100%를 2050년까지 풍력·태양광 등 재생에너지 전력으로 충당하려는 목표를 갖고 출범한 캠페인의 명칭은?
A RE100

사형

死刑

근로복지공단
부산경제진흥원

형법 제41조에서 법정 최고형으로 규정된 수형자의 목숨을 끊는 형벌

사형은 수형자의 목숨을 끊는 형벌을 의미한다. 오랜 옛날부터 널리 사용되었으나 19세기에 이르러 인도주의 사상이 퍼지며 사형제 폐지에 관한 논의가 진행되기 시작했다. 사형제 폐지를 주장하는 쪽에서는 생명권은 기본권의 본질적 내용이므로 국가가 이를 박탈할 수 없고, 오판에 의해 사형이 집행된 경우에는 이를 돌이킬 수 없다는 점을 근거로 제시한다. 사형제 존치를 주장하는 쪽에서는 사형 집행을 통해 사람들이 범죄에 대한 경각심을 가지게 하여 범죄를 예방할 수 있다는 점을 근거로 제시한다. 우리나라는 1997년 12월 30일에 마지막 사형을 집행한 이래로 사형을 집행하지 않고 있어 국제앰네스티로부터 실질적 사형 폐지국가로 분류되었다. 그러나 형법 제41조에서는 사형을 법정 최고형으로 규정하고 있어 현행 법령상 사형제가 폐지된 것은 아니므로 언제라도 사형을 집행할 수 있다. 최근 흉악범죄가 연이어 발생하면서 사형 집행을 요구하는 여론이 형성되기도 하였으나, 집행을 담당하는 법무부에서는 유럽연합 소속 국가들과의 외교적 문제 등을 고려하여 신중한 입장을 취했다.

⊘ 기출 POINT

Q 범죄인의 생명을 박탈하는 형벌은?

A 사형

가처분

假處分

서울특별시 농수산식품공사
한국자산관리공사

민사소송법에서, 금전채권이 아닌 청구권에 대한 집행을 보전하거나 권리 관계의 다툼에 대하여 임시적인 지위를 정하기 위하여 법원이 행하는 일시적인 명령

금전채권을 제외하고 특정한 물건의 급여·인도를 목적으로 하는 청구권에 대한 집행 보전을 위해 혹은 다툼이 있는 권리관계와 관련하여 임시 지위를 정하고자 법원이 행사하는 일시적인 명령을 의미한다. 판결 확정 이후 해당 물건의 강제집행이 이루어지기 전까지 오랜 시간이 소요되는 점을 고려하여 그 기간 동안 피해가 커질 우려가 있을 경우 재판 청구 이전 또는 청구와 동시에 법원에 가처분 신청을 할 수 있다. 가처분은 특정물의 지급을 목적으로 하는 청구권에 대한 강제집행의 보존을 위하여 그 효능이 있는 것으로써 금전채권이나 금전으로 환산할 수 있는 채권의 보전을 위한 가압류와 구별된다.

⊘ 기출 POINT

Q 금전채권 이외의 특정 청구권에 대한 집행을 보전하거나 쟁의 있는 권리관계에 대해 법원이 임시적으로 지위를 정하는 명령은 무엇인가?

A 가처분

크러시 증후군
Crush Syndrome

사고 등으로 신체 일부가 무거운 물건에 의해 눌려 있다가 갑자기 풀려날 경우 죽은 세포에서 만들어진 독성 물질이 혈액으로 급격하게 쏟아져 나오면서 급사를 발생시키는 현상

생명보험협회

일반적으로 오랜 시간 동안 무거운 물건으로 신체가 압박될 경우에 증상이 나타난다. 압박된 신체가 풀려나는 순간 죽은 세포가 혈액으로 쏟아져 나오며 심근에 이상이 생겨 죽음에 이르게 된다. 혹자는 발견자의 이름을 따 '바이워터 증후군(Bywater syndrome)'이라고도 부른다. 보통 우리 몸은 압박 상황에서는 혈액 공급이 원활히 진행되지 않는데, 이로 인해 근육 세포가 파괴되고, 칼륨 혹은 미오글로빈 단백질과 같은 독성 물질이 만들어지게 된다. 압박 상태가 풀리게 되면 이렇게 생성된 독성 물질이 혈액으로 쏟아져 나와 급성 장기부전이 발생하는 것이다. 칼륨 농도가 높은 혈액은 부정맥 유발 가능성이 있고, 미오글로빈 단백질은 신장에 쌓이게 되면 신부전증을 유발할 수 있다. 크러시 증후군을 예방하기 위해서는 압박의 해제와 동시에 수액 공급을 적절하게 진행해야 한다. 즉, 단순히 압박의 빠른 해지 보다는 빠른 수액 공급과 강제 이뇨 등이 선행된 후 압박 해지를 하면 크러시 증후군 발생 가능성을 낮출 수 있다.

◈ 기출 POINT

Q 좁은 공간에 장기간 압박당하거나 무너진 건물의 잔해물에 오랫동안 깔려 있다가 풀려 날 때 죽은 세포에서 생성된 독성 물질이 혈액으로 급격하게 쏟아져 급사를 발생시키는 장해 증후군은?

A 크러시 증후군

디지털 리터러시
Digital Literacy

다양한 디지털 도구와 기술들을 습득하고 활용할 수 있는 능력

신한은행

문자를 통해 지식과 정보를 얻고 이해하는 능력을 말하는 리터러시(Literacy)와 디지털의 합성어로, 폴 길스터의 <디지털 리터러시>를 통해 제시되었다. 스마트폰, 소셜 네트워크 서비스, 클라우드 컴퓨팅 등을 이해하고 올바르게 활용하는 능력뿐만 아니라 이를 비판적 시각으로 수용하는 것까지 그 의미가 확장되었다. 인터넷 상의 가짜 뉴스와 허위 정보 등을 걸러내고 제대로 된 정보와 지식을 얻기 위해 요구되는 능력이다.

◈ 기출 POINT

Q 디지털 플랫폼에서 제공하는 정보를 비판적인 시각으로 수용하는 능력을 일컫는 용어는?

A 디지털 리터러시

사일로
Silo

회사 내부에서 성 혹은 담을 쌓고 외부와 소통하지 않는 부서를 가르키는 말

신협중앙회
광명도시공사

회사 내부의 문화를 의미하며, 과거 소니가 침체기에 빠진 것도 사일로 문화 때문으로 지적되고 있다. 이윤을 독점하려는 일부 사업부의 이기주의로 인해 기술 공유가 어려워지고, 이에 따라 사업부 사이에 시너지도 발생하지 않아 기술력을 쇠퇴시키는 결과를 낳았다는 것이다. 애플에서도 '궁극적으로 꼭 알아야 할 것만 공유하는 문화'가 존재하는데, 극단적인 비밀주의로 인해 사일로 안에 또 다른 사일로를 낳는 등의 결과가 발생하기도 한다.

⊘ **기출 POINT**

Q 회사 내부에서 외부와 소통하지 않는 부서를 일컫는 용어는?
A 사일로

비둘기파
Doves

어떤 분쟁이나 사태에 대해 자신의 주장을 강경하게 내세우지 않고 상대와 타협하여 온건하게 처리하는 사람

한국소비자원
IBK기업은행

온순한 비둘기에 비유한 표현으로, 정책 등을 추진할 때 성향이 부드럽고 온건한 방법을 취하는 사람을 말한다. 경제분야에서는 주로 중앙은행의 통화정책에서 시중에 돈을 풀어 경기를 안정시키고자 하는 성향이다.

⊕ **상식 PLUS**

• **매파:** 자신의 주장을 강경하게 내세우며 상대방과 타협하지 않고 강경하게 대처하는 사람

⊘ **기출 POINT**

Q 정책 등을 추진하거나 분쟁을 맞닥뜨렸을 때 자신의 주장을 강경하게 내세우지 않고 온건한 방법을 취하는 사람을 일컫는 용어는?
A 비둘기파

아이언 돔
Iron Dome

한국농수산식품유통공사

돔 형태의 방공망으로 둘러싸서 각종 포탄과 로켓탄을 공중에서 요격하는 대공 방어 시스템

박격포탄, 아포포탄 등을 근거리에서 격추하는 방어 시스템으로, 히브리어로 '키파트 바르젤'이라고 한다. 레이더, 통제센터, 미사일 발사대로 구성되어 있으며, 최초 탐지부터 격추까지는 15~25초에 불과하다. 이스라엘이 단거리 미사일과 포탄 공격 대비를 위해 개발하여 베에르셰바 지역에 실전 배치됐다. 우리나라도 수도권 방호를 위한 방어체계를 갖추기 위해 '한국형 아이언돔' 개발 중에 있다.

⊘ **기출 POINT**
Q 방공망을 돔 형태로 구축하여 날아오는 미사일 및 포탄을 공중에서 요격하는 대공 방어 시스템은?
A 아이언 돔

리코펜
Lycopene

광주광역시 공공기관 통합채용

붉은 색을 가진 과일과 채소에 있는 카로티노이드 색소의 일종

토마토, 당근, 수박, 자몽 등 붉은 색을 띠는 과일과 채소에 존재하는 색소로, 식품의 색소로 활용되기도 하며, 항산화 작용과 노화 방지, 항암효과 심혈관 질환 예방에도 효과를 보인다.

⊘ **기출 POINT**
Q 잘 익은 토마토, 당근 등 채소에 존재하는 카로티노이드 색소의 일종으로 항암 작용을 하는 색소는?
A 리코펜

교권 보호 4법
양주도시공사

교사의 정당한 생활지도는 아동학대로 보지 않는다는 내용의 교원지위법, 초·중등교육법, 유아교육법, 교육기본법 등 4개 법률 개정안

전국적인 교권침해에 따른 교사들의 사망이 잇따라 발생하여 이에 대한 대책으로 추진되어 상정되었다. 4법 개정안에는 교원을 대상으로 한 무분별한 아동학대 신고로부터 교원 보호, 학부모의 악성 민원으로부터 교원의 교육활동 보호, 보호자 권리와 책임 간의 균형을 위한 의미 부여, 피해 교원의 확실한 보호 및 가해 학생 조치 강화, 유아생활지도 권한 명시 등의 내용이 포함되어 있다.

⊘ **기출 POINT**
Q 교권 보호 4법에서 공통적으로 중시하고 있는 내용은?
A 교원 보호

WACC
Weighted Average Cost of
Capital

IBK기업은행
한국원자력환경공단
부산교통공사

기업의 총자본 중에서 자본비용이 차지하는 가중치로 가중 평균한 것

가중평균자본비용이라는 뜻으로 기업이 현재 보유 중인 자산을 활용하여 자사의 주식가치를 유지하기 위해 벌어들여야 하는 수익률을 의미한다. 기업에 대한 투자결정과 자금조달 결정의 기준이 되므로 재무적 의사결정에 중요한 변수가 되기도 한다.

◈ 기출 POINT
Q 시장가치 기준에 따라 기업의 자본비를 총자본 중에서 차지하는 가중치로 가중 평균한 것은?
A 가중평균자본비용(WACC)

고빈출 상식

저율관세할당
Tariff Rrate Quotas(TRQ)

한국농수산식품유통공사

정부가 허용한 물량 내에서 낮은 관세를 부과하고 초과 물량에 대해서는 높은 관세를 부과하는 것

저율 관세로 수입될 경우 국내시장을 교란할 우려가 있으므로 이를 관리하고자 하는 것으로, 정부가 양허한 일정 물량에 대해서만 저율 관세를 부과한다. 저율관세할당물량, 시장접근물량 등으로 불리기도 한다.

◈ 기출 POINT
Q 특정 품목에 대해 물량을 설정하고 해당 물량에 대해 관세를 낮게 부과하는 것은?
A 저율관세할당

리오프닝
Re-opening

대전광역시 공공기관 상반기 통합채용

코로나19로 인해 위축되었던 경제 활동이 다시 이루어지는 현상

코로나19로 인한 사회적 거리 두기가 해제되고, 이에 따라 야외 활동과 쇼핑 활동 등이 증대되면서 경제 활동이 활성화되었다. 주로 여행, 항공, 공연, 패션, 화장품 업계의 활성화가 두드러지고 있으며, 그와 관련된 주식도 상승할 것으로 기대되고 있다. 다만, 경기 불황에 따른 3고(고물가·고금리·고환율) 현상이 두드러지면서 리오프닝 상황임에도 소비 심리가 위축될 가능성도 점쳐지고 있다.

◈ 기출 POINT
Q 코로나19가 종식된 후 야외 활동 및 쇼핑 활동이 증대되어 위축되었던 경제 활동이 다시 이루어지는 현상은?
A 리오프닝

초전도체
Superconductor

광주광역시도시공사
SBS
한국산업단지공단

특정 온도 이하에서 전기 저항이 0이 되는 물체

특정 온도 이하로 내려가면 전기 저항이 0이 되는 현상을 초전도 현상, 초전도 현상이 발현되는 물체를 초전도체라 한다. 초전도체는 외부의 자기장을 배척하는 마이스너 효과(Meissner effect)라는 특징을 보이므로 초전도체 위의 자석이 떠오르는 자기부상 현상이 나타난다. 초전도 현상이 발현하기 시작하는 온도를 임계온도라 하는데, 최초로 초전도 현상을 띠는 것이 발견된 수은의 임계온도는 영하 268.8℃였다. 수은과 같이 극저온에서만 초전도 현상이 일어나면 경제성이 떨어지므로 임계온도가 높은 초전도체를 찾는 연구가 계속되어 왔다. 고압의 환경에서는 비교적 높은 온도에서도 초전도 현상이 발현되기도 하는데, 2015년의 연구에서는 대기압의 150만 배 압력을 가한 황화수소가 영하 70℃에서 초전도 현상을 띠기도 했다. 2023년 7월에는 국내 연구진이 상온, 상압 환경에서 초전도 현상을 발현하는 물체인 LK-99를 개발했다고 제의하여 검증이 진행 중이다.

⊘ 기출 POINT

Q 특정 온도 이하에서 모든 전기 저항을 상실하는 물질을 무엇이라 하는가?
A 초전도체

바드
Bard

한국관광공사

구글에서 개발한 대화형 생성형 인공지능 챗봇

구글의 대형 언어 모델(LLM)인 LaMDA와 PaLM을 기반으로 하는 인공지능 검색 엔진 서비스를 말한다. 오픈AI의 ChatGPT의 상승에 직접 대응하고자 개발되었으며, 2023년 3월 21일에 미국과 영국을 대상으로, 영어 버전으로 베타 테스트를 시작하였다. 당시에는 기능에 제한을 두고 출시되었으나, 2023년 5월 15일부터는 PaLM 2 언어 모델을 탑재하고 전세계 180개국에서 영어, 한국어, 일본어 세 가지 언어로 이용할 수 있는 안정화 버전을 출시했다. 2023년 7월 13일부터는 46개 언어로 이용이 가능할 정도로 발전한 상태이다.

⊕ 상식 PLUS

- **챗봇(Chatbot):** 사용자의 언어를 활용한 요청에 대해 대답을 수행하는 프로그램. 최근 개발된 ChatGPT는 대화를 기억하고 문맥을 파악하여 대화를 이어나가는 등 챗봇의 급격한 발전기를 맞게 함

⊘ 기출 POINT

Q 구글에서 개발한 대화형 인공지능 검색 서비스의 이름은?
A 바드

천리마 1형

한국공항공사

북한이 2023년 5월 31일에 평안북도 동창리 일대에서 발사한 우주발사체

2023년 5월 31일 오전 6시 29분 즈음에 북한에서 발사한 발사체로, 북한에서는 해당 발사체가 우주발사체였음을 발표하였다. 천리마 1형은 발사 후 10분 뒤 전북 군산시 어청도에서 약 200km 떨어진 바다에 추락함에 따라 발사 실패로 끝이 났다. 북한의 위성 발사는 1998년 8월 최초 발사 이후 7번째 발사였는데, 직적은 2016년 2월 광명성 4호 발사였다. 북한 국가우주개발국 공식 발표에 따르면 천리마 1형은 위성운반로켓으로, 군사 정찰위성인 만리경 1호를 탑재하여 발사하였지만, 1단계 분리 후 2단계 발동기인 엔진 시동이 비정상적으로 작동함에 따라 추진력을 잃게 되어 추락했다고 한다.

⚙ 기출 POINT

Q 2023년 5월 북한이 군사정찰위성을 목적으로 발사한 우주발사체의 이름은?
A 천리마 1형

로보어드바이저
Robo-advisor

하나은행

인공지능 시스템으로 개인의 자산을 운용, 자문 및 관리하는 온라인 자산관리 서비스

로봇을 의미하는 'Robot'과 자산전문가를 의미하는 'Advisor'의 합성어로, 빅데이터와 알고리즘을 통해 인간 프라이빗 뱅커(PB) 대신 포트폴리오 관리를 수행하는 서비스를 말한다. 저렴한 수수료로 개인 맞춤형 서비스를 제공받을 수 있다는 것이 특징이다. AI가 유망산업으로 지속적인 관심을 받으면서 2024년부터 허용되는 로보어드바이저를 활용한 퇴직연금 일임 서비스도 기대를 모으고 있다.

⚙ 기출 POINT

Q 인간 프라이빗 뱅커 대신 고도화된 알고리즘과 빅데이터가 장착된 로봇이 PC나 모바일을 통해 자산을 관리하는 것을 일컫는 용어는?
A 로보어드바이저

코드커팅
Cord-cutting

광주광역시 공공기관 통합채용
광명도시공사

기존 유선 케이블 및 위성TV를 해지하고 OTT와 같은 새로운 플랫폼으로 이동하는 현상

말 그대로 '선을 끊는다'는 의미의 단어로, 유선방송을 이용하던 사용자가 유선방송을 해지하고 선이 필요 없는 온라인 스트리밍 서비스 등으로 이동하며 나타나는 현상이다. 우리나라에서는 TV가 없다는 의미의 '제로TV(Zero-TV)'라고도 한다. 이러한 추세는 인터넷망을 통해 언제 어디서나 원하는 콘텐츠를 시청 가능하다는 장점이 있어 빠르게 확산되었다.

⊘ **기출 POINT**
> **Q** 시청자가 유선 케이블 방송을 해지하고 온라인 스트리밍 서비스로 이동하는 현상을 일컫는 용어는?
>
> **A** 코드커팅

트라이슈머
Trysumer

한국공항공사

새롭게 출시된 제품 또는 서비스를 체험해본 뒤 이를 평가하여 물품을 구매하는 소비자

시도해 본다는 의미의 'Try'와 고객이라는 의미의 'Consumer'가 결합되어 만들어진 말로, 새롭게 출시된 제품이나 서비스를 그냥 구매하지 않고 실제로 체험해 보고 평가를 거쳐 구매하는 소비자를 이르는 말로 사용된다. 기존의 고객과 달리 트라이슈머는 제품 및 서비스에 대한 정보를 수집하고 평가하는 것을 주저하지 않으며, 적극적이고 개방적인 자세로 받아들인다는 특징이 있다. 트라이슈머는 온라인 중심 소비와 소셜 미디어 서비스(SNS)가 확산되며 나타나게 되었으며, 개인적인 소비 문화 역시 트라이슈머의 발생에 영향을 미친 것으로 알려져 있다. 트라이슈머의 핵심은 O4O(Online for Offline) 방식에 있다. 물건은 온라인으로만 구매하고, 체험만 가능하도록 하는 점포도 나타나고 있으며, 새로운 오프라인 시대의 문화로 자리잡을 것으로 기대되고 있다.

⊘ **기출 POINT**
> **Q** 체험의 가치를 중시하는 소비자로, 제품이나 서비스를 직접 경험하고 구매를 결정하는 소비자를 지칭하는 용어는?
>
> **A** 트라이슈머

O4O

Online for Offline의 약자로, 온라인을 통해 기업이 축적한 기술 및 데이터, 서비스 등을 상품 조달이나 큐레이션과 같은 사업에 적용하여 오프라인까지 확대하는 차세대 비즈니스 모델

국민은행
IBK기업은행
하나은행

기존 O2O(Online to offline)가 오프라인과 온라인을 연결하는 단순 서비스에 불과했다면, O4O(Online for Offline)는 오프라인에 더 중점을 둔 서비스로, 온라인 기반의 노하우 등을 오프라인 사업 등에 적용하여 시장을 혁신하는 비즈니스 모델을 의미한다. O4O 기업의 경우 전통적인 유통 기업과 달리 온라인에서 확보한 데이터를 활용함으로써 차별화된 서비스를 제공하는 것이 가능하다. 아마존의 무인 슈퍼마켓인 '아마존 고'가 대표적으로, 스마트폰 애플리케이션을 설치한 뒤 입장하여 결제를 하지 않고 물건을 갖고 나오기만 하면 애플리케이션을 통해 결제를 하게 된다.

⊕ **상식 PLUS**

- **O4O의 활용 효과**
  - 온라인 기업의 오프라인 매장은 고객을 온라인으로 유도할 수 있도록 함
  - 온라인에서는 제공할 수 없는 오프라인 매장만의 체험과 현장감을 제공함
  - 오프라인 매장에 방문한 고객들의 현실적인 피드백을 수용하여 온라인 서비스에 적용할 수 있음

⊗ **기출 POINT**

Q 온라인 기반의 서비스 등을 오프라인 사업에 적용하여 시장을 확장하는 비즈니스 모델은?
A O4O

다크패턴
Dark Pattern

사용자들을 속이도록 설계된 사용자 인터페이스(UI)

한국원자력환경공단
강남구도시관리공단

인터넷 사이트나 스마트폰 애플리케이션에서 사용자들이 의도치 않게 물건을 구매하거나 서비스에 가입하도록 은밀하게 유도하여 소비유도 상술이라고도 한다. 첫 페이지에 제시된 가격은 저렴하고 결제가 진행되었을 때 숨겨진 가격이 추가되어 비싼 가격이 청구되는 경우가 대표적인 예에 해당한다. 악성코드나 피싱도 다크패턴의 일종으로 볼 수 있다.

⊕ **상식 PLUS**

- **넛지**: 부드러운 개입으로 사용자에게 더 좋은 선택을 유도하는 방법

⊗ **기출 POINT**

Q 인터넷 사이트 또는 스마트폰 애플리케이션에서 사용자들이 의도치 않게 상품이나 서비스를 이용하도록 은밀하게 유도하는 사용자 인터페이스를 지칭하는 용어는?
A 다크패턴

LTV

신한은행
DGB캐피탈
제주은행
한국주택금융공사

은행에서 집을 담보로 하여 돈을 빌려줄 때 대출 가능 한도를 나타내는 비율

대체로 기준 시가가 아닌 시가의 일정 비율로 정해지는 것이 일반적이다. 예컨대 LTV가 60%일 때 5억 원의 주택을 담보로 돈을 빌릴 경우 대출 가능한 최대 금액은 5억 원×0.6=3억 원이 된다. 이처럼 담보주택의 가치를 통해 대출 한도를 정하는 이유는 담보주택의 가치를 기준으로 대출자의 상황 능력을 파악하고자 함이다. 즉, 만약의 상황으로 대출자가 빌린 돈을 상환하지 못할 경우 담보주택을 팔아 대출금을 갚도록 하기 위함이라 할 수 있다.

✅ 기출 POINT
Q 은행에서 집을 담보로 하여 대출할 때 대출 가능 한도를 나타내는 비율은?
A LTV

ETF
(상장지수펀드)
Exchange Traded Fund

IBK기업은행
제주은행
NH농협은행

뮤추얼펀드와 인덱스펀드의 특성을 결합하여 만든 상품

인덱스펀드를 거래소에 상장시켜 투자자들이 일반 주식처럼 자유롭게 거래할 수 있도록 만든 상품이다. 시장에서 언제든지 원하는 가격에 매매할 수 있고, 개별 주식으로 고르는 수고가 없다는 장점을 가지고 있다.

✅ 기출 POINT
Q 시장에서 원하는 가격에 매매하기 위해 인덱스펀드를 거래소에 상장시켜 투자자들이 자유롭게 거래할 수 있도록 만든 상품은?
A 상장지수펀드

밴드왜건 효과
Bandwagon effect

광주광역시도시공사

뚜렷한 주관 없이 대세에 따르는 행태

정치권에서 밴드왜건 효과는 대중의 투표나 여론 조사 등에서 뚜렷한 주관 없이 대세를 따르는 것을 의미한다. 서커스나 퍼레이드 맨 앞에서 연주 밴드를 실은 밴드왜건이 시끄럽게 연주하면 사람들이 모이고, 이렇게 모인 사람들을 보고 다른 사람들이 무작정 뒤따르는 모습에서 유래했다.

⊕ 상식 PLUS
- **언더독 효과(Underdog effect):** 객관적인 전력이 열세여서 경기나 싸움, 선거 따위에서 질 것 같은 사람이나 팀을 동정하고 지지하는 현상

✅ 기출 POINT
Q 대중의 투표나 여론 조사 등에서 뚜렷한 주관 없이 대세를 따르는 행태는?
A 밴드왜건 효과

슬로플레이션
Slowflation

서울시복지재단

경기 회복 속도가 더딘 경기 둔화 상황에서 물가가 상승하는 저성장 고물가 현상

느림을 의미하는 'Slow'와 물가 상승을 의미하는 'Inflation'이 결합된 단어로, 경제는 둔화된 상태임에도 물가 상승이 나타나는 상황을 의미한다. 보통 경제성장률과 물가상승률은 비례하기 때문에 경기가 좋을 때 물가도 상승하고, 경기가 나쁠 때 물가도 하락하게 된다. 하지만 원자재 공급 불안 및 국제 유가 급등 등의 상황이 발생할 경우 슬로플레이션이 나타나게 된다. 경기 침체 상태에서 물가가 상승하는 스태그플레이션과 유사하지만, 경기 침체 정도가 비교적 덜할 때 슬로플레이션이라 한다. 근래에는 러시아의 우크라이나 침공으로 인해 원유 가격이 급등함에 따라 슬로플레이션 상태가 지속될 것이란 우려가 커지고 있다.

⊕ 상식 PLUS

- **웨이지플레이션**: 임금을 의미하는 'wage'와 물가 상승을 의미하는 'Inflation'이 결합된 단어로, 구인난 및 고물가 등으로 인해 임금이 가파르게 상승하는 현상

⊘ 기출 POINT

Q 경제 성장은 더딤에도 불구하고 물가 상승이 일어나는 현상은?
A 슬로플레이션

IRA
(인플레이션 감축법)

Inflation Reduction Act

광주철도도시공사
광명도시공사

미국 내 친환경 에너지 공급망을 안전하게 구축함으로써 급격한 인플레이션을 막고자 하는 법안

급등한 인플레이션을 완화하고자 2022년 8월 16일 미국에서 발효된 법으로, 기후변화 대응, 의료비 지원, 법인세 완화 등을 주요 내용으로 한다. 바이든 미국 대통령의 대선 당시 공약이었던 '더 나은 재건 법안(BBB)'이 수정된 것으로, 기후변화 대응 및 의료비 지원에 4,300억 달러를 지원하고, 법인세 인상 등을 통해 7,400억 달러를 증세할 방안이 수록되어 있다. IRA에 대해 민주당은 미국 연방내의 적자를 3,000억 달러 이상 감축할 수 있을 것으로 예측하고 있으나, 공화당은 인플레이션 완화 효과보다 투자 저하에 따른 일자리 축소 등의 문제를 유발할 것을 우려하고 있다.

⊘ 기출 POINT

Q 미국 내 급격한 인플레이션을 막고자 기후변화 대응 및 의료비 지원 등을 내용으로 발효된 법안의 명칭은?
A IRA(인플레이션 감축법)

리튬
Lithium

한국가스공사

건조한 공기 속에서는 안정하지만, 가열하면 강한 빛을 내며 타고, 물과 작용하면 수산화물이 되면서 수소를 발생시키는 은백색의 금속

우주 빅뱅 때 수소 헬륨과 같이 형성된 금속으로, 유기 화합물의 환원제, 원자로의 제어봉, 합금 재료, 의약 따위로 사용된다. 오늘날에는 전기차 배터리의 핵심 원재료로 활용되며 '하얀 석유'로 불리기도 한다. 여타 희소 광물 대비 매장량이 풍부한 편이지만, 탄산리튬·수산화리튬 등 배터리에 쓰이는 화합물로 사용하기 위한 정제 및 가공이 쉽지 않아 대부분의 리튬 가공은 중국에서 이루어지고 있는 상황이다. 이에 따라 리튬 국제가격도 미국 달러가 아닌 중국 화폐인 위안으로 형성된다.

⊘ 기출 POINT
Q 물과 작용하면 수산화물이 되어 수소를 발생시키며, 원자로의 제어봉, 합금 재료, 의약에 활용되는 되는 금속은?
A 리튬

그린워싱
Green washing

한국수력원자력

실제로는 친환경적이지 않음에도 마치 친환경적인 것처럼 홍보하는 위장환경주의를 지칭함

사회적 가치를 중시하는 ESG가 경영에서 주요한 화두를 차지하자, 친환경 이미지만을 구축하려고 하는 일부 기업의 행태를 비판하는 말이다. 실제 제품 생산 과정에서 환경오염 문제가 발생함에도 불구하고 이는 축소하고 재활용이나 일부 친환경적인 과정만 부각시켜 기업의 이미지를 부풀리는 것이 대표적이다.

⊕ 상식 PLUS
• **그린버블:** 친환경 관련 기업들의 가치가 과도하게 부풀려지는 것

⊘ 기출 POINT
Q 친환경 이미지만을 구축하여 기업의 이미지를 부풀리는 위장환경주의를 지칭하는 용어는?
A 그린워싱

기축통화
基軸通貨

한국수력원자력

국제 금융거래 및 결제의 중심이 되는 통화

국가 간의 금융거래나 결제의 기본이 되는 화폐로, 미국의 달러가 가장 대표적이다. 기축통화는 경제력과 국력이 높아 화폐 가치를 안정적으로 유지할 수 있는 국가의 화폐가 지정되는 것이 일반적이다.

> **기출 POINT**
> Q 강한 경제력과 국력에 의해 화폐 가치가 안정적으로 유지되어 국제 금융거래 간 중심이 되는 통화를 지칭하는 용어는?
> A 기축통화

립스틱 효과
Lipstick effect

한국수력원자력

경기가 불황기에도 립스틱과 같은 저렴한 가격의 상품은 오히려 판매가 늘어나는 현상

경기가 좋지 않은 상황에도 저렴하지만 만족도가 높은 립스틱과 같은 기호품은 오히려 판매가 늘어나는 현상으로, 1930년대 미국 경제학자들이 만든 용어이다. 남성의 기호품인 넥타이를 사용하여 넥타이 효과라고도 한다.

> **기출 POINT**
> Q 경제 불황임에도 불구하고 가격이 낮은 상품의 판매량이 오히려 늘어나는 현상은?
> A 립스틱 효과

노블레스 말라드
Noblesse malade

부산정보산업진흥원

사회의 높은 인사층에 해당하는 기득권 세력이 부정부패를 저지르는 행위

프랑스어로 귀족을 의미하는 'Noblesse'와 아프고 병든 상태를 의미하는 'Malade'가 결합된 단어로, 높은 사회적 신분을 갖고 있는 사람들이 자신들의 권력을 기반으로 여러 부정부패를 일삼는 행태를 의미한다. 일명 기득권 세력의 갑질로 불리기도 한다.

> **기출 POINT**
> Q 사회적으로 높은 지위의 계층이 부정부패를 저지르는 행태를 부르는 용어는?
> A 노블레스 말라드

프레퍼족

새마을금고

자연재해나 재난 따위에 대비하여 미리 준비하는 사람 또는 그런 무리

세상이 곧 멸망하거나 자연재해 등으로 인한 큰 사고가 발생할 것이라고 생각하며 일상생활 중에도 생존을 대비하는 사람을 일컫는 말이다. 1929년 미국과 영국에서 종말론과 세계대공황이 대두되며 등장하기 시작하였다. 프레퍼족은 비상식량, 나침반, 구급약, 손전등 등 생존에 필요한 생존 배낭을 미리 준비하고, SNS 또는 인터넷 카페 등을 활용해 위기 대응 정보와 생존법을 다른 이들과 공유하곤 한다.

⊘ **기출 POINT**

Q 자연재해나 인재로 인해 큰 사고가 발생할 것이라고 예상하며 생존에 대비하는 사람을 말하는 용어는?

A 프레퍼족

램프 증후군
Lamp syndrome

대전광역시 공공기관 상반기 통합채용

실제로 일어날 가능성이 극히 드문 일에 막연한 불안감을 느끼는 것

알라딘이 램프에서 요정을 부르듯이 실제로 일어날 가능성이 거의 없고 일어난다고 해도 해결할 수 없는 일에 대하여 습관적으로 근심과 걱정을 불러내는 현상을 이르는 말이다. 의학계에서는 범불안장애라고도 하며, 예측 불가능성이 높아진 사회를 사는 현대인들이 자주 겪는 현상이다. 심각할 경우 신체나 정신 건강에 부정적인 영향을 미칠 수 있다. 한편 이러한 심리 현상은 마케팅에 활용되기도 하는데, 소비자들의 불안감을 자극하여 보험이나 금융 상품에 가입하게 하는 것이 대표적이다.

⊘ **기출 POINT**

Q 실제로 일어날 가능성이 극히 드문 일에 막연하게 불안감을 갖거나 스트레스를 받는 범불안장애 증상은?

A 램프 증후군

탄소국경조정제도 (CBAM)

Carbon Border Adjustment Mechanism

온실가스 배출에 대한 국가 간의 감축 의욕 차를 보정하는 무역 제한 조치

한국동서발전

온실가스 규제가 강한 국가의 기업이 입는 피해를 줄이기 위해 검토된 제도로, EU에서 2023년에 시범 도입한 뒤 2025년까지 이행준비 기간을 거쳐 2026년부터 본격적으로 시행할 예정이다. EU 배출권거래제 가격 연동 시스템과 연계하여 수입업자들이 EU 배출권거래제 경매가격에 CBAM 인증서를 구입한 뒤 EU에 이를 제출하는 방법으로 시행된다. 수입업자들은 매년 5월 31일까지 EU에 CBAM 신고서를 제출해야 하며, CBAM이 적용되는 품목은 철강, 시멘트, 알루미늄, 비료, 전력 총 5개의 품목이다.

⊕ 상식 PLUS
- **탄소국경세**: 자국 대비 이산화탄소 배출량이 많은 국가에서 생산 및 수출되는 제품에 부과하는 세금

⊘ 기출 POINT
Q 탄소배출량 감축 규제가 강한 국가에서 상대적으로 규제가 덜한 국가로 탄소가 유출되는 문제를 해결을 위해 EU가 도입하고자 하는 무역 제한 조치는?
A 탄소국경조정제도

특별사면

特別赦免

형(刑)의 선고를 받은 특정인에 대하여 형의 집행을 면제하거나 유죄 선고의 효력을 상실하게 하는 조치

부산문화회관

사면 종류 중 하나로써, 특정 형사범에 대해 형 집행 정지 또는 면제, 유죄 선고 효력을 무력화할 수 있으며, 대통령에 의해 행해지게 된다. 윤석열 정부는 취임 이후 중소기업·소상공인 등 일반 형사범과 주요 경제인 및 노사 관계자에 대한 광복절 특별사면을 시행하였다.

⊕ 상식 PLUS
- **광복절 특별사면**: 8월 15일 광복절을 맞이하여 형사범에 대한 특별사면, 감형, 복권 등을 행하는 조치
- **일반사면**: 범죄의 종류를 정하여 그에 해당하는 모든 범죄자에 대한 형벌을 사면하는 조치

⊘ 기출 POINT
Q 특정인의 형의 집행을 면제하거나 유죄 선고의 효력을 상실하게 하는 조치는?
A 특별사면

케렌시아
Querencia

부천도시공사
부천문화재단
부천여성청소년재단

휴식을 취할 수 있는 나만의 공간

다른 사람에게 방해받지 않고 스트레스와 피로를 풀 수 있는 자신만의 공간을 의미하는 것으로, 투우 경기에서 싸움 중이던 소가 잠시 숨을 고르는 공간을 이르는 스페인어에서 유래하였다.

⊘ 기출 POINT
Q 다른 사람에게 방해받지 않고 휴식을 취할 수 있는 온전히 자신만의 공간을 지칭하는 용어는?
A 케렌시아

퍼플잡
Purple job

전남신용보증재단
전남테크노파크

탄력적인 근무 형태

빨간색과 파란색이 섞여 만들어지는 보라색처럼 가정과 일의 조화를 이룰 수 있는 근무 제도를 의미한다. 여건에 따라 근무 시간이나 근무 방식을 자유롭게 조절할 수 있는 근무 형태로, 기간제 근무, 요일제 근무, 재택근무, 집중근무 등이 모두 포함된다. 근로자는 출산과 육아 부담을 줄이고 기업은 우수 인력의 이탈 및 비용을 줄일 수 있다는 장점이 있다.

⊘ 기출 POINT
Q 가정과 일의 조화를 이룰 수 있는 근무제도로 빨간색과 파란색이 섞여 있는 보라색을 빗대어 만들어진 용어는?
A 퍼플잡

워케이션
Worcation

한국언론진흥재단

업무와 휴가를 동시에 할 수 있는 근무 제도

일(Work)과 휴가(Vacation)의 합성어로, 집이나 사무실이 아니라 자신이 원하는 곳에서 업무와 휴가를 동시에 할 수 있는 근무 제도를 의미한다. 최근 재택근무 및 원격근무를 가능하게 하는 기술의 발전과 워라밸을 중시하는 문화의 확산으로 보편화되고 있는 추세이다. 일과, 휴식, 관광을 동시에 할 수 있어 각 개인의 삶의 만족도가 높아질 뿐 아니라 지방의 경우에도 지역 활성화의 기회가 될 수 있다는 장점이 있다.

⊘ 기출 POINT
Q 자신이 원하는 곳에서 업무와 휴가를 함께 할 수 있는 근무 제도는?
A 워케이션

디깅소비
Digging consumption

부평구문화재단

소비자가 선호하는 영역 혹은 품목 등에 파고드는 행위가 그와 연관 있는 제품으로의 소비로 연결된다는 의미의 신조어

파다를 의미하는 'Digging'에서 파생된 말로, 자신이 좋아하는 분야를 알아가는 과정에서 그와 관련된 제품을 소비하는 것을 뜻한다. MZ 세대의 소비 행태로 알려져 있으며, MZ 세대의 경우 가치있는 행동에 대한 소비를 아끼지 않기 때문에 본인의 취미와 감성에 맞는 제품 구매를 거리끼지 않는다. 신발 시장이 대표적으로, 한정판 신발 등을 구매하고자 시간과 비용을 사용하여 긴 줄을 서서 기다리는 모습을 볼 수 있다. 최근에는 캠핑, 차박 등 취미 생활을 위한 영역에서도 디깅소비가 확산되며 관련 산업의 매출이 급증하기도 하였다.

⊘ 기출 POINT

Q 소비자 자신이 선호하는 분야와 밀접한 관련이 있는 제품을 소비하는 것을 뜻하는 신조어는?

A 디깅소비

소비기한
消費期限

대전테크노파크

식품을 섭취해도 건강이나 안전에 이상이 없을 것이라고 인정되는 소비 최종 기한

소비자가 식품을 소비해도 건강이나 안전 등에 문제가 없을 것으로 인정되는 소비 최종 기한을 이르는 말로, 식품 제조일부터 소비자에게 유통 및 판매가 허용되는 기간을 의미하는 유통기한보다 기간이 더 길다. 2021년 국회에서 통과된 「식품 등의 표시·광고에 관한 법률」 개정안에 포함된 내용으로, 2023년 1월 1일부터는 유통기한 표시가 사라지고 소비기한이 표시되게 된다. 다만, 우유류는 위생적 관리와 품질 유지를 위해 냉장 보관 기준이 개선될 필요가 있어 다른 품목들과 달리 2031년부터 소비기한이 표시되게 된다.

⊘ 기출 POINT

Q 소비자가 식품을 섭취해도 건강 및 안전에 이상이 없을 것으로 인정하는 소비 최종 기한을 지칭하는 용어는?

A 소비기한

고빈출 상식

알아두면 지식이 술술!

분야별
상식
키워드 1725

CHAPTER 01
경제

다음은 경제 분야에서 출제되거나 출제될 가능성이 높은 중요한 키워드를 기반으로 정리한 마인드맵입니다.
학습 전 큰 흐름을 조망하거나 학습 후 공부한 내용을 정리하는 용도로 활용해 보세요.

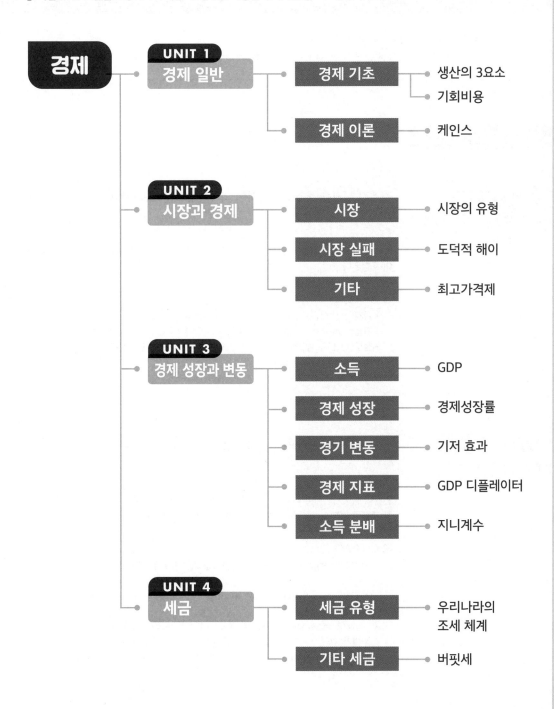

경제

UNIT 1 경제 일반
- 경제 기초
  - 생산의 3요소
  - 기회비용
- 경제 이론
  - 케인스

UNIT 2 시장과 경제
- 시장
  - 시장의 유형
- 시장 실패
  - 도덕적 해이
- 기타
  - 최고가격제

UNIT 3 경제 성장과 변동
- 소득
  - GDP
- 경제 성장
  - 경제성장률
- 경기 변동
  - 기저 효과
- 경제 지표
  - GDP 디플레이터
- 소득 분배
  - 지니계수

UNIT 4 세금
- 세금 유형
  - 우리나라의 조세 체계
- 기타 세금
  - 버핏세

UNIT 1

경제 일반

가장 기초적이고 기본적인 경제 상식에 대해 확인해 보세요.

회독 박스(□)에 정확히 아는 개념은 ○, 알쏭달쏭한 개념은 △, 전혀 모르는 개념은 ×로 체크하면서 꼼꼼히 학습해 보세요.

경제 기초

001 □ □ □

경제 주체
經濟主體

경제적 행위를 스스로 판단하여 의사결정할 수 있는 주체

스스로 경제적 행위를 판단하고 의사결정할 수 있는 주체를 말하며, 가계, 기업, 정부, 외국이 포함된다.

⊕ 상식 PLUS
- **가계**: 생산 활동에 참여하고 그에 대한 보수로 얻은 소득으로 소비하는 경제 주체
- **기업**: 재화나 서비스를 만들어 제공하고 그에 대한 이윤을 얻는 경제 주체
- **정부**: 가계와 기업으로부터 얻은 세금으로 공공 서비스를 만드는 경제 주체
- **외국**: 다른 나라와의 무역을 통해 경제 활동을 하는 경제 주체

002 □ □ □

재화
財貨

인간이 살아가면서 바라는 것을 충족시켜 주는 모든 물건

인간이 살아가면서 바라는 것을 충족시켜 주는 모든 물건을 말하며, 이에 대한 대가가 필요한 재화를 경제재, 필요하지 않은 재화를 자유재라고 정의한다.

⊕ 상식 PLUS
- **독립재(Independent goods)**: 양말과 소금처럼 서로 관련이 없으며 독자적으로 사용되는 재화
- **대체재(Substitutional goods)**: 커피와 홍차처럼 같은 효용을 얻을 수 있어 서로 대체가 가능한 재화
- **보완재(Complement goods)**: 한 재화의 가격이 하락하면 다른 재화의 수요가 증가하는 빵과 밀가루처럼 두 재화를 동시에 소비할 때 효용이 증가하는 재화
- **기펜재(Giffen goods)**: 재화의 가격이 상승(하락)하면 오히려 재화의 수요량이 증가(감소)하는 재화

경제 원칙
經濟原則

경제 행위에서 가장 적은 비용으로 가장 큰 효과를 얻으려는 원칙

경제 행위를 할 때 적은 비용으로 큰 효과를 얻으려는 원칙으로, 최소 비용 원칙, 최대 효과 원칙, 최대 잉여 원칙이 포함된다.

⊕ 상식 PLUS
- **최소 비용 원칙**: 최소의 비용으로 일정한 효과를 얻으려는 원칙
- **최대 효과 원칙**: 일정한 비용으로 최대의 효과를 얻으려는 원칙
- **최대 잉여 원칙**: 비용과 효과의 차이를 최대로 하려는 원칙

빈출

생산의 3요소
生産-三要素

재화를 생산하기 위해 반드시 필요한 요소인 토지, 노동, 자본을 일컫는 말

재화를 생산하기 위해 필수적으로 필요한 토지, 노동, 자본을 말하며, 최근에는 3가지 요소에 경영을 포함시켜 생산의 4요소라고 하기도 한다.

토지	경지나 주거지와 같은 땅, 광석·석유·산림 등 일체의 자연자원을 포함하는 개념
노동	사람이 생활에 필요한 물자를 얻기 위하여 육체적 노력이나 정신적 노력을 들이는 행위
자본	상품을 만드는 데 필요한 생산 수단을 통칭하는 것으로 돈, 건물, 기계, 시설 등을 포함하는 개념
경영	기업이나 사업 따위를 관리하고 운영하는 활동

수요·공급의 법칙
需要供給-法則

수요와 공급의 변화에 따른 가격의 변화를 설명한 법칙

수요와 공급이 접하는 균형점에서 가격이 결정된다는 법칙으로, 이때 수요가 공급보다 커질 경우 가격은 상승하며, 공급이 수요보다 커질 경우 가격은 하락한다.

⊕ 상식 PLUS
- **수요의 법칙**: 어떤 재화의 가격이 상승할 경우 그에 대한 수요량은 감소함을 설명한 법칙
- **공급의 법칙**: 어떤 재화의 가격이 상승하면 그에 대한 공급량은 증가함을 설명한 법칙

희소성의 법칙
稀少性-法則

자원이나 수단은 제한적이고 부족하다는 원칙

사회 구성원들의 무한한 욕망에 비하여 그러한 욕망을 충족시켜줄 수 있는 경제적 자원이나 수단은 제한되어 있는 것을 의미하며, 이 원칙으로 출발한 경제 원칙이 최소비용·최대효과 원칙이다.

비교우위
比較優位

어떤 상품에 대해 다른 나라보다 더 적은 기회비용으로 생산이 가능한 것

한 나라가 어떤 상품을 생산할 때 다른 나라와 비교하여 더 적은 기회비용으로 생산이 가능한 경우를 말한다. 이때, 비교우위에 있는 상품을 특화하여 각국이 서로 교역하면 두 국가 모두 이득을 얻을 수 있다.

⊕ 상식 PLUS
- **절대우위:** 어떤 상품에 대해 다른 나라보다 더 적은 비용으로 생산이 가능한 경우

기회비용
機會費用

하나의 선택으로 인해 포기하게 된 기회의 최대 가치

경제적 행위를 함에 있어서 여러 대안 중에서 하나를 선택했을 경우에 그 선택으로 인해 포기하게 된 기회의 최대 가치를 의미하며, 기회원가라고도 한다. 가령 10,000원의 예산으로 가격이 10,000원인 메뉴 A, B, C 중 하나를 선택하여 식사한다고 할 때, A의 만족감은 10, B의 만족감은 9, C의 만족감은 8이라면 합리적인 경제 주체는 A를 선택하고 이때의 기회비용은 B를 선택했다면 얻을 수 있었던 만족감 9가 된다.

⊕ 상식 PLUS
- **매몰비용:** 하나의 선택을 위해 실제로 지불된 비용 중 다시 회수할 수 없는 비용

경제 활동 인구
經濟活動人口

만 15세 이상의 생산 가능 인구 중 노동을 제공할 능력과 의사를 가지고 있는 인구

만 15세 이상의 인구 중 재화 또는 서비스의 생산을 위해 노동을 제공할 능력과 의사가 있는 인구를 정의하며, 취업 상태에 있는 인구인 취업자와 취업 상태에 있지 않은 실업자 모두가 포함된다. 이때, 일시적인 질병이나 휴가, 노동쟁의의 경우로 일을 하지 못하고 있는 사람과 본인 또는 가족의 사업체에서 주당 18시간 이상을 무급으로 일한 사람은 취업자로 분류된다.

⊕ 상식 PLUS
- **생산 가능 인구**: 현역군인, 공익근무요원, 전투경찰, 의무경찰, 교도소 수감자 등을 제외한 만 15세 이상의 전체 인구
- **비경제 활동 인구**: 만 15세 이상의 생산 가능 인구 중 노동을 제공할 능력과 의사가 없는 인구를 말하며, 가정주부, 학생 등 일할 능력이 없거나 일할 능력은 있어도 의사가 없는 인구가 이에 포함됨
- **경제 활동 참가율**: (경제 활동 인구/생산 가능 인구)×100
- **실업률**: (실업자/경제 활동 인구)×100
- **고용률**: (취업자/생산 가능 인구)×100

CHAPTER 01
경제

경제 이론

케인스
John Maynard Keynes

완전 고용을 실현·유지하기 위해 정부의 정책이 필요하다고 주장한 영국의 경제학자

세계 대공황의 경험을 바탕으로 <고용·이자 및 화폐의 일반 이론>을 저술하였고, 완전 고용을 실현하고 유지하려면 유효 수요를 확보해야 하며, 유효 수요를 확보하기 위해서는 정부가 적극적으로 경제에 개입하여 공공 지출 등의 정책을 펼칠 필요가 있다고 주장하였다.

⊕ 상식 PLUS
- **케인스주의**: 케인스의 유효 수요의 원리에 입각하여, 경기 순환을 안정시키고 완전 고용을 실현하기 위해서는 국가의 적극적 개입이 필요하다는 주장
- **케인스 정책**: 경기가 불황일 때 확장적 재정 정책과 금융 정책을 사용하여 유효 수요를 늘리고, 경기가 호황일 때 긴축적 재정 정책과 금융 정책을 사용하여 유효 수요를 줄여야 한다는 경기 조절 정책
- **금융 정책**: 통화량이나 이자율 등을 변경하여 간접적으로 국민 소득에 영향을 미쳐 정책 목표를 달성하기 위한 정책
- **재정 정책**: 정부 지출이나 조세 수입을 통해 직접적으로 국민 소득에 영향을 미쳐 정책 목표를 달성하기 위한 정책

애덤 스미스
Adam Smith

영국의 정치경제학자로 고전 경제학의 창시자

<국부론>을 저술한 인물로 경제학의 방법, 용어 등을 만들었으며, 경제 행위는 보이지 않는 손에 의해 공공복지에 기여하게 된다고 주장한 영국의 경제학자이다.

⊕ 상식 PLUS
- **국부론**: 이윤 추구를 목적으로 하는 개인의 '보이지 않는 손'으로 인해 나라의 부가 증대한다는 이론에 근거하여 자유방임 경제를 주장한 고전 경제학 이론의 대표적인 저서
- **보이지 않는 손**: 각 개인이 자신의 이익을 추구하는 동안 시장이 사회 전체의 자원 배분이 효율적으로 이루어지도록 작용함을 의미하는 용어

앨빈 토플러
Alvin Toffler

<제3의 물결>, <미래 쇼크> 등을 저술한 미래학자

<문화의 소비자>로 처음 이름을 알린 후 <미래의 충격>으로 미래학자로서의 길을 열었던 작가이며, 대표작 <제3의 물결>에서는 정보화 혁명에 대한 예고를 이야기하면서 인류는 제1의 물결과 제2의 물결을 거쳐 제3의 물결을 맞이했다고 주장했다. 또한, 1991년에는 권력을 폭력, 부, 지식으로 분류한 <권력이동>을 저술하였다. 미국 뉴욕대 등 5개 대학에서 명예박사 학위를 받은 이력이 있고, 미국과학진흥협회(AAAS) 특별 회원이기도 했다.

⊕ 상식 PLUS
- **제1의 물결**: 수천 년에 걸친 농업 혁명
- **제2의 물결**: 약 300년에 걸친 산업혁명
- **제3의 물결**: 약 20~30년이 걸릴 정보화 혁명

신자유주의
Neoliberalism

자유방임주의를 주장하면서 정부의 시장 개입을 지양하고 시장의 기능과 민간의 자유로운 활동을 중시하는 이론

수정자본주의의 실패를 지적하고 자유방임주의를 내세우면서 등장한 이론으로, 정부의 시장 개입은 지양하며 자유시장, 규제 완화 등은 지향한다. 이 이론의 긍정적인 측면으로는 경쟁시장의 효율성, 국가 경쟁력 강화 등이 있지만 빈부 격차가 확대되는 등 부정적인 측면도 존재한다.

⊕ 상식 PLUS
- **수정자본주의**: 자본주의 체제 자체를 변화시키지 않고 수정하여 모순을 완화하려는 사상이나 정책으로, 미국의 뉴딜 정책이 대표적인 사례
- **자유방임주의**: 국가 권력의 간섭을 제한하고 사유 재산과 기업의 자유를 옹호하는 이론

파레토 최적
Pareto optimum

사회적 자원이 가장 효율적으로 배분된 상태

생산과 교환의 두 가지 효율이 동시에 성립하고 있는 경우 사회적 자원이 가장 효율적으로 배분된 상태를 말하며, 이탈리아 경제학자 파레토가 언급한 개념이다.

⊕ 상식 PLUS
- **생산의 효율**: 한 재화의 생산량을 증가시키려면 다른 재화의 생산을 감소시킬 수 있어야 할 것
- **교환의 효율**: 한 소비자의 효용을 증가시키려면 다른 소비자의 효용을 감소시킬 수 있어야 할 것

그레셤의 법칙
Gresham's law

가치가 낮은 것이 가치가 높은 것을 몰아내는 것

영국의 재정가 토머스 그레셤이 주장한 것으로, '악화(惡貨)가 양화(良貨)를 구축(驅逐)한다'는 표현으로 널리 알려져 있다. 실질적인 가치가 다른 두 가지 이상의 화폐가 동일한 화폐가치로 유통될 때, 가치 낮은 화폐가 가치가 높은 화폐가 유통되는 것을 방해하는 것을 의미한다. 일례로 조선 후기에 발행한 당백전의 경우 기존 화폐인 상평통보보다 명목가치는 100배였으나 실질가치는 5배 정도에 불과하였는데, 백성들은 양화인 상평통보를 숨겨놓고 악화인 당백전만 활용하는 모습을 보였다.

기펜의 역설
Giffen's paradox

재화의 가격이 하락하였는데도 그 재화의 수요량이 감소하는 현상

영국의 경제학자 기펜(Giffen)이 주장한 이론으로, 한 재화의 가격이 하락하여도 우등재를 대신 소비하여 그 재화의 수요가 감소하게 되는 현상을 말한다. 이는 한 재화의 가격이 하락할 때 그 재화의 수요가 증가하는 수요의 법칙이 예외적인 현상으로 설명된다.

017

승수 이론
乘數理論

어떤 경제 요인의 변화가 다른 경제 요인의 변화에 영향을 미치는 파급 관계를 분석하고 얼만큼의 총효과를 얻을 수 있는지 규명하는 이론

경제 현상에서는 한 경제 요인의 변화가 다른 경제 요인의 변화를 연쇄적으로 가져오는데, 이 변화량은 가장 마지막 요인이 첫 번째 요인의 몇 배에 해당할 수 있다. 이러한 경제 요인의 파급 관계를 분석하고 변화량에 따라 총효과의 크기가 얼만큼인지 규명하는 이론이다.

⊕ 상식 PLUS
- **승수효과**: 어떤 경제 요인의 변화가 다른 경제 요인의 변화를 유발하여 최종적으로 처음의 몇 배에 해당하는 증감으로 나타나는 총효과
- **투자승수**: 투자가 증감하는 경우에 소비 등의 증감을 통해 소득이 얼만큼 증감하는지 나타내는 승수

합리적 기대이론
合理的期待理論

경제 주체들은 주위의 모든 정보를 이용하여 경제 상황의 변화를 합리적으로 예측한다는 이론

반(反)케인스주의 경제학자인 루카스 등이 주장한 이론으로, 가계나 기업 등의 경제 주체는 과거의 정보뿐만 아니라 주위의 모든 정보를 이용하여 경제 상황이 어떻게 변화할지 합리적으로 예측한다는 이론이다. 합리적 기대이론에 따르면 정부의 재량적 금융 정책이나 재정 정책은 무력화된다. 예를 들어, 정부가 경기 부양을 목적으로 재정을 확대한다고 하더라도 민간의 경제 주체는 인플레이션이 유발될 것을 예측하여 경제 활동을 하기 때문에 정부가 기대한 만큼의 효과를 거둘 수 없다.

한계효용 체감의 법칙
限界效用遞減 - 法則

어떤 재화의 소비량이 증가함에 따라 추가로 얻게 되는 만족감은 점차 감소한다는 법칙

어떤 재화를 소비할 때, 소비량이 증가하면서 총효용은 증가하는 반면에 한계효용은 점차 감소한다는 법칙을 말한다. 예를 들어, 배가 매우 고픈 상태에서 끓여 먹은 라면 한 그릇의 만족감이 100이라면, 라면을 한 그릇 더 먹을 때의 만족감이 100에 미치지 못하는 것을 의미한다.

거미집 이론
Cobweb theorem

수요와 공급의 대응 관계를 도표에 나타내는 경우 거미줄 모양이 된다는 이론

수요는 가격 변동에 대해 반응이 빠르지만 공급은 일정한 시간을 가지고 가격 변동에 대한 반응을 보이며, 수요와 공급의 시간차로 인해 실제 균형 가격은 시행착오를 거친 후에 결정된다. 이를 수요·공급 곡선상에 나타내면 가격이 마치 거미집과 같은 모양으로 균형 가격에 수렴하게 된다.

⊕ **상식 PLUS**
• 거미집 이론의 유형

수렴적 변동	공급의 탄력성이 수요의 탄력성보다 작은 경우
발산적 변동	공급의 탄력성이 수요의 탄력성보다 큰 경우
순환적 변동	공급의 탄력성과 수요의 탄력성이 같은 경우

CHAPTER 01

경제

021

엥겔의 법칙
Engel's law

소득이 낮은 가계일수록 가계지출에서 식료품비가 차지하는 비중이 높아지는 현상

독일의 통계학자 엥겔이 발견한 것으로, 소득이 낮은 가계일수록 식료품비가 총 가계지출에서 차지하는 비중이 높아진다는 법칙이다. 식료품은 필수품으로, 소득에 관계없이 일정 수준을 소비해야 하고 동시에 일정 수준 이상으로 크게 증가하지 않는 경향을 보인다. 이에 따라 가계 소득이 낮은 가계일수록 총 가계지출에서 식료품비가 차지하는 비중은 높아지고, 반대로 가계 소득이 높은 가계일수록 총 가계지출에서 식료품비가 차지하는 비중이 낮아진다.

⊕ **상식 PLUS**
• **엥겔 지수**: 생계비 중 식료품비가 차지하는 비율

슈바베의 법칙
Schwabe's law

소득이 낮은 가계일수록 가계지출에서 주거비가 차지하는 비중이 높아지는 법칙

소득이 높은 가계일수록 총 가계지출에서 주거비가 차지하는 비중이 낮고 소득이 낮은 가계일수록 총 가계지출에서 주거비가 차지하는 비중이 높아진다는 법칙으로, 독일의 통계학자 슈바베가 주장한 법칙이다.

⊕ **상식 PLUS**
• **슈바베 지수**: 생계비 중 주거비가 차지하는 비율

세이의 법칙
Say's law

공급이 수요를 창출한다는 법칙

경제 상황에서 공급이 이루어질 경우 그만큼의 수요가 생겨나기 때문에 수요 부족에 따른 초과 공급이 발생하지 않는다는 법칙으로, 프랑스 경제학자 세이(Say)가 주장했다. 공급이 수요를 창출하여 시장의 전반적인 수요와 공급은 항상 일치한다. 1929년 대공황의 발발로 실업자가 약 1,500만 명에 도달하며 수요가 공급을 따라 주지 않는 상황이 발생한 이후, 총공급이 아닌 총수요가 경제 상황을 결정한다는 세이의 법칙과 반대되는 주장이 케인스에 의해 새롭게 등장하였다.

024

일물일가의 법칙
一物一價-法則

완전 경쟁 시장에서 동일한 상품에는 오직 하나의 가격만을 사용한다는 법칙

동일한 자산이나 상품의 가격은 같아야 한다는 법칙으로, 구매력 평가설은 이 법칙을 환율과 물가의 관계에 적용시킬 때 사용하고 이자율 평가설은 이 법칙을 환율과 이자율의 관계에 적용시킬 때 사용한다.

⊕ 상식 PLUS
- **구매력 평가설(Theory of purchasing power parity):** 스웨덴 경제학자 카셀(Cassel)이 주창한, 자국 통화와 외국 통화의 교환 비율은 각국의 통화가 갖는 구매력의 비율에 따라 정해진다는 이론
- **이자율 평가설(Interest rate parity):** 국가 간 자본 이동이 자유로울 경우에 각국의 이자율 차이로 인해 환율이 결정된다는 이론

게임 이론
Theory of games

참여자들의 행동에 따라 결과가 변하는 게임에서 승리하기 위한 가장 합리적인 행동을 분석하는 이론

한 집단에서 발생하는 어떤 행동의 결과는 게임에서처럼 본인의 행동뿐만 아니라 다른 사람의 행동에 의해서도 결정되기 때문에 본인에게 이익이 되는 가장 합리적인 행동을 분석하는 이론이다. 게임 이론은 1944년 폰 노이만과 모르겐슈테른이 공동으로 저술한 <게임의 이론과 경제 행동>을 통해 널리 알려지게 되었다.

의존 효과
依存效果

소비자 자신의 욕구가 아닌 광고 등에 의해 재화의 수요가 이루어지는 현상

소비자들이 자신의 욕구보다 광고와 선전에 의존하여 재화를 소비하는 현상을 말하며, 미국의 사회학자 갈브레이드가 자신의 저서 <풍요로운 사회, The Affluent Society>에서 처음 사용하였다.

⊕ **상식 PLUS**
- **풍요로운 사회**: 자원이 풍부한 사회는 민간 부문보다 공공 투자를 우선하는 국가경제 정책을 내세워야 한다는 갈브레이드의 저서

027

유효수요
有效需要

실제로 금전적 지출을 동반하는 수요

어떠한 물건을 구입하고자 하는 욕망과 물건을 구입할 수 있는 자금을 모두 가지고 있어 지출로 이어질 수 있는 수요를 의미하는 것으로, 크게 소비재에 대한 소비수요와 공장 설비나 원료를 늘리고자 하는 투자수요로 나뉜다. 케인스는 유효수요가 부족하기 때문에 재고와 실업이 증가한다고 보고 고용을 증대하여 유효수요를 늘려야 한다고 보았다.

⊕ **상식 PLUS**
- **잠재수요**: 물건을 갖고자 하는 욕망만 있고, 실제 구매력은 없는 수요

가수요
假需要

당장 필요가 없으면서도 일어나는 수요

지금 당장은 필요 없지만 가격 인상이나 물자 부족이 예상되는 경우에 발생하는 수요로, 부동산 투기, 매점매석 등이 여기에 해당한다. 가수요가 늘어나면 물가 상승이 동반되는 것이 일반적이다.

⊕ **상식 PLUS**
- **실수요**: 가수요와 반대되는 개념으로, 실제 소비를 위한 수요

협상 가격차
Scissors

도표로 나타낸 독점 가격과 비독점 가격의 지수의 차이가 마치 가위를 벌린 모양으로 나타나는 것

독점·비독점 산업 부문 사이에 생산물 가격지수에 격차가 생기는 현상으로, 농산물과 공산물 가격의 움직임을 도표에 나타낼 때 가격지수가 벌어지는 모습이 가위(Scissors) 모양과 비슷하여 붙여진 용어이다.

030

패리티 가격
Parity price

다른 물가와 균형을 이루도록 정부가 결정한 농산물의 가격

농산물 생산자의 소득을 다른 생산자의 소득과 균등하게 보장하여 주기 위해 정부가 물가 상승과 연동하여 농산물 가격을 산출하는 것을 의미한다. 패리티 가격은 패리티지수에 기준 연도 농산물 가격을 곱하여 구한다.

⊕ 상식 PLUS
- **패리티 지수**: 기준 연도의 농가 총 구입 가격을 100으로 하여 비교 연도의 농가 총 구입가격 등락률을 지수로 표시한 것

구축효과
驅逐效果

정부가 경기 활성화를 위해 재정 지출을 늘림으로 인해 투자와 소비가 위축되는 현상

스태그플레이션이 재정 지출 확대만으로 해결되지 않는 이유를 설명한 이론이다. 정부가 세금을 걷지 않거나 화폐 공급량을 유지한 채로 정부 지출을 늘리기 위해서는 국채를 발행해야 하며, 이렇게 될 경우 민간에서 돈을 빌릴 수 있는 자금이 줄고 이자율이 상승하여 결국 민간 투자와 소비가 감소하게 된다.

낙수효과
Trickle-down effect

대기업이 성장하면 중소기업 성장과 더불어 새로운 일자리도 많이 창출되어 서민 경제도 좋아지는 효과

물이 위에서 아래로 떨어지듯이 대기업이나 부유층의 소득이 증대되면 그만큼 투자도 늘어나 경기 부양 효과가 나타나고 이로 인해 중소기업이나 저소득층의 경제도 좋아져 소득의 양극화가 해소된다는 이론으로, 부의 분배보다는 경제 전체의 성장을, 형평성보다는 효율성을 중시한다.

⊕ **상식 PLUS**

- **트리클 업 효과(Trickle-up effect):** 투자나 경제적 혜택은 대기업에만 돌아가고 서민층은 각종 부담만 지게 되는 현상
- **분수 효과:** 분수에서 물이 위로 솟는 것에 비유하여 저소득층의 소비 증가가 생산 투자로 이어져 경기가 좋아지는 효과를 이르는 말

톱니 효과
Ratchet effect

소비가 한번 올라가면 다시 쉽게 내려오지 않는 현상

일반적으로 사람들은 소득이 증가할 때 소비를 늘리지만, 한번 늘어난 소비는 이후에 소득이 감소해도 쉽게 줄어들지 않는 현상을 말한다.

풍선 효과
風船效果

하나의 문제를 해결하면 다른 쪽에서 문제가 발생하는 현상

풍선의 한쪽을 누르면 다른 쪽으로 바람이 몰리듯이 어떤 하나의 문제를 해결하면 다른 경로로 유사한 문제가 일어나는 현상을 의미한다. 경제에서는 시장 과열, 불평등 해소 등을 위해 정부가 공권력을 동원한다고 하더라도 수요와 공급이라는 경제의 근본 원칙을 거스를 수 없다는 의미로 사용된다. 가령 과도한 가계대출을 막고자 은행권에 규제를 가하면 고금리를 감수하더라도 제2·제3금융권으로 몰려 대출을 받는 시민들이 많아지는 것이 그 예이다.

CHAPTER 01

경제

시장의 유형과 흐름, 시장 실패의 사례는 상식 시험은 물론 NCS나 인적성검사 소재로도 자주 출제되므로 전반적으로 꼼꼼히 학습해 두는 것이 좋습니다.

회독 박스(□)에 정확히 아는 개념은 ○, 알쏭달쏭한 개념은 △, 전혀 모르는 개념은 ×로 체크하면서 꼼꼼히 학습해 보세요.

시장

035   □ □ □

시장의 유형

市場 - 類型

완전 경쟁 시장, 독점 시장, 독점적 경쟁 시장, 과점 시장

시장은 공급자의 수, 상품의 질, 진입장벽의 존재 등에 따라 완전 경쟁 시장, 독점 시장, 독점적 경쟁 시장, 과점 시장 등으로 구분된다.

⊕ 상식 PLUS

• 대표적인 시장 유형

완전 경쟁 시장	다수의 기업이 존재하며 하나의 생산물을 하나의 정해진 가격으로 판매하는 시장으로, 시장의 진입과 퇴출이 자유로우며 모두가 시장에 대해 완전한 지식을 가지고 있다.
독점 시장	하나의 기업이 하나의 생산물을 독점적으로 판매하는 시장으로, 이때 공급자는 가격설정자로 존재한다.
독점적 경쟁 시장	다수의 기업이 존재하며 시장의 진입과 퇴출이 자유로운 완전 경쟁 시장의 특징과 생산하는 제품의 품질과 가격의 차별화가 있는 독점 시장의 특징을 모두 가지고 있는 시장이다.
과점 시장	두 개 이상의 소수 기업만이 상품을 판매하는 시장이다.

규모의 경제
Economy of scale

생산량이 늘어남에 따라 단위당 생산 비용이 줄어드는 현상

어떤 제품을 생산할 때, 생산량이 늘어남에 따라 단위당 생산 비용은 감소하는 현상으로, 대량 생산 방식에서 찾아볼 수 있다.

⊕ 상식 PLUS
- 규모의 불경제: 생산량을 늘릴수록 생산성이 점차 하락하고, 단위당 생산 비용은 점차 상승하는 것

037

범위의 경제
Economy of scope

하나의 기업이 2개 이상의 제품을 함께 생산하면 생산 비용을 절감할 수 있는 현상

2개 이상의 제품을 각각 다른 기업에서 생산할 때보다 하나의 기업이 결합 생산 방식을 이용하여 함께 생산할 때, 생산 비용을 절감할 수 있는 현상을 말한다.

갈라파고스 증후군
Galapagos syndrome

자신들의 양식이나 기술만을 고수하다가 세계 시장에서 고립되는 현상

모바일 인터넷이나 TV가 다른 나라에 비해 빠르게 상용화되었던 일본이 내수 시장에만 만족하며 변화된 국제 표준을 고려하지 않아 세계 시장과 단절된 상황을 설명하는 용어이다.

한계 소비 성향
MPC, Marginal Propensity to Consume

늘어난 소득 중 소비에 쓰는 돈의 비율

새롭게 늘어난 소득 중 소비에 쓰는 돈의 비율을 의미하는 것으로, 보통 저소득층일수록 높은 것으로 알려져 있다. 추가로 벌어들인 소득은 소비되거나 저축되기 때문에 한계 소비 성향은 1에서 한계 저축 성향을 뺀 값으로 구할 수 있다.

⊕ 상식 PLUS
- 한계 저축 성향(MPS, Marginal Propensity to Save): 늘어난 소득 중 저축에 해당하는 금액의 비율

CHAPTER 01

경제

수요의 탄력성
Elasticity of demand

어떤 재화의 가격의 변화율에 대한 수요량의 변화율

어떤 재화의 가격이 변동할 때 수요량이 얼마나 변하는지에 대한 비율을 의미하는 것으로, $\frac{수요량의\ 변화율}{가격의\ 변화율}$ 로 구할 수 있다. 값이 1보다 크면 수요량이 가격 변화에 민감함을 뜻하므로 탄력적이라고 하며, 1보다 작으면 수요량이 가격 변화에 덜 민감함을 뜻하므로 비탄력적이라고 판단한다. 보통 사치재에 해당하는 상품에 대하여 수요가 탄력적이며, 필수재에 해당하는 상품에 대하여 수요가 비탄력적이다.

⊕ **상식 PLUS**
- **수요의 가격탄력성**: 재화의 가격 변화율에 대한 수요량 변화율
- **수요의 소득탄력성**: 소비자의 소득 변화율에 대한 수요량 변화율
- **수요의 교차탄력성**: 다른 재화의 가격 변화율에 대한 수요량 변화율

공급의 탄력성
Elasticity of supply

어떤 재화의 가격의 변화율에 대한 공급량의 변화율

가격이 변동할 때 공급량이 얼마나 변하는지에 대한 비율을 말하며, 공급탄력성은 생산기술 수준의 변화, 생산 요소 가격의 변화 등에 영향을 받는다.

시장 실패

도덕적 해이 ^{빈출}
Moral hazard

정보 비대칭이 존재하는 상황에서 정보를 가진 사람이 다른 사람의 이익에 반하는 행동을 취하거나 자신의 의무를 다하지 않는 경우

감추어진 행동에 대해 정보 비대칭이 존재할 때, 정보를 가진 사람이 바람직하지 못한 행동을 취해 비효율이 발생하는 경우를 말한다.

⊕ **상식 PLUS**
- **역선택(Adverse selection)**: 감추어진 특성에 대해 정보 비대칭이 존재할 때, 정보를 가지지 못한 사람이 불리한 선택을 하게 되어 비효율이 발생하는 경우

레몬 마켓
Lemon market

정보의 비대칭으로 인해 불량품만 돌아다니는 시장

판매자는 제품의 품질을 잘 알지만 구매자는 잘 알지 못하는 정보의 비대칭으로 인해 상대적으로 제품에 대한 정보가 적은 구매자가 판매자에게 속아서 살 경우를 우려하여 싼값만을 지불하려 하고 이로 인해 불량품만 유통되는 시장을 말한다.

⊕ **상식 PLUS**
- **레몬 마켓 사례:** 중고차 시장에서 판매자는 차에 대한 정보를 많이 가지고 있지만 소비자는 차에 대한 정보가 부족하여 결국 겉은 멀쩡해 보이지만 실제로는 문제가 많은 중고차를 살 가능성이 높아짐
- **피치 마켓:** 정보의 비대칭이 사라지고 고품질의 상품이 거래되는 시장

044

외부 경제 효과
External economies

경제 주체 사이에 대가를 주고받지 않으면서 다른 경제 주체의 경제 활동이나 생활에 이익을 주는 긍정적인 효과

개인이나 기업이 재화나 용역을 생산, 소비, 분배하는 경제 활동이 제3자의 경제 활동 및 생활에 긍정적인 영향을 미치는 것을 말한다.

⊕ **상식 PLUS**
- **외부 불경제 효과(External diseconomies):** 경제 주체 사이에 대가를 주고받지 않으면서 다른 경제 주체의 경제 활동이나 생활에 손해를 끼치는 부정적인 효과
- **코즈 정리(Coase theorem):** 서로 간의 재산권이 명확하게 확립되어 있어 경제 주체들이 거래 비용 없이 서로 간의 협상이 가능하다면, 국가의 개입 없이 사적으로 외부 효과를 해소할 수 있다는 이론

버블 현상
Bubble phenomenon

증권 시장이 과열되는 등 많은 사람들의 투기가 유발되지만 급격히 원래 상태로 되돌아가는 경제 현상

일반적인 경기 과열과 비슷한 형태를 띠지만 기업이 아닌 사치성이 강한 소비 부문에 돈이 몰리는 모양을 보이며, 이러한 버블 현상으로 인해 기업 생산은 위축되어 국민 경제의 전체적인 부가 쉽게 쌓일 수가 없다. 보통 투기가 목적이 되어 투기적 버블 현상이라고 부르기도 하며, 이러한 버블 현상이 사라진 뒤에는 공황 상태가 된다.

⊕ **상식 PLUS**
- **공황 상태:** 계속된 과잉투자로 인해 경기가 악화되어 극도의 혼란 상태에 빠지게 되는 상태

빈곤의 악순환
Vicious circle of poverty

낮은 소득의 후진국에서는 자본이 형성되지 않아 생산력을 높일 수 없기 때문에 빈곤이 악순환한다는 이론

미국 국제 경제학자 넉시(Nurkse)가 처음 사용한 용어로, 후진국의 사람들은 낮은 소득을 가지기 때문에 저축, 구매력 등이 모두 낮고, 생산력 또한 저하되어 결국 다시 소득이 감소하는 악순환이 반복되는 것을 의미한다. 넉시는 이러한 악순환의 해결 방법으로 여러 부문에 대한 동시 투자를 제시하였다. 또한, 로젠슈타인로당의 빅푸시 이론과 허시먼의 이론도 빈곤의 악순환에 대한 해결 이론으로 알려져 있다.

⊕ 상식 PLUS
- **빅푸시 이론**: 충분히 큰 양과 속도를 갖춘 투자가 이루어져야 한다고 로젠슈타인로당이 제시한 이론
- **허시먼의 이론**: 효율에 따라 차별적으로 투자가 이루어져야 한다는 이론

047

렌트 추구 행위
Rent-seeking behavior

정당한 생산 활동을 통해 이윤을 추구하는 것이 아닌 정치적 로비, 약탈 등의 비생산적인 활동에 자원을 낭비하는 행위

경제 주체들이 자신의 이윤을 추구하기 위해서 로비, 약탈, 방어 등과 같은 비생산적인 활동에 자원을 낭비하고 시장의 공정성과 효율성을 해치는 행위를 말한다.

사회 간접 자본
빈출
SOC, Social Overhead Capital

여러 가지 생산 활동에 간접적으로 기여하는 자본

생산 활동에 간접적으로 기여하여 생산력을 높이며, 공공재의 특성인 비경합성, 비배제성을 가지는 자본이다. 도로, 철도, 항만, 통신, 전력, 공공서비스 등이 이에 해당한다.

⊕ 상식 PLUS
- **비배제성(Non-excludability)**: 어떤 재화에 대해 대가를 지불하지 않는 소비자를 제외할 수 없는 속성
- **비경합성(Non-rivalry)**: 소비자가 늘어나도 기존 소비자의 소비량은 줄어들지 않는 속성

049

□ □ □

최고 가격제
最高價格制

정부가 소비자 보호 및 물가 안정을 위해 정한 가격 이상으로 거래하는 것을 금지하는 제도

정부가 소비자 보호와 물가 안정을 위해 정한 최고 가격 이상으로 거래하는 것을 법적으로 금지하는 제도로, 가격 상한제라고도 한다. 아파트 분양가 상한제, 이자율 상한제 등이 대표적인 예이다. 그러나 최고 가격제로 인해 초과 수요가 발생하면서 암시장이 발생하는 등 부작용을 야기할 수 있다.

⊕ **상식 PLUS**
  • **최저 가격제(가격 하한제):** 최저 임금제 등과 같이 정부가 생산자를 보호하기 위해 일정한 가격 이하로 떨어지지 않도록 하는 제도

050

□ □ □

기본 소득제
基本所得制

모든 개인에게 조건 없이 동일한 최소 생활비를 지급하는 제도

프랑스의 경제철학자 앙드로 고르로가 처음 주장한 것으로, 그는 기술의 발전으로 생산에서 노동이 차지하는 비중이 줄고 노동소득으로 생계유지가 어려워질 것이라고 예측하며 이에 대한 대안으로 기본 소득제를 주장하였다. 기본 소득제는 정부가 재산, 소득, 고용 여부, 노동 의지 등의 조건 없이 모든 개인에게 동일한 금액의 최소 생활비를 지급하는 제도로, 소득 불평등 문제를 해결할 수 있다는 장점을 내포하고 있는 반면 조세부담률의 상승과 노동 생산성의 하락을 야기할 수 있다는 단점도 내포하고 있다.

051

□ □ □

탄소배출권
CER, Certificated Emissions Reduction

일정 기간 동안 일정량의 온실가스를 배출할 수 있는 권리

일정 기간 동안 6대 온실가스인 이산화탄소, 메테인, 아산화질소, 과불화탄소, 수소불화탄소, 육불화황의 일정량을 배출할 수 있는 권리로, 유엔기후변화협약(UNFCCC)에서 발급한다.

경제 성장과 변동

경제 성장과 변동과 관련된 개념은 큰 단위의 경제 흐름을 파악하는 데 도움이 되므로 전반적으로 꼼꼼히 학습해 두는 것이 좋습니다.

회독 박스(□)에 정확히 아는 개념은 ○, 알쏭달쏭한 개념은 △, 전혀 모르는 개념은 ×로 체크하면서 꼼꼼히 학습해 보세요.

소득

052 □ □ □

가계 소득
Household income

한 가구를 형성하는 가족 구성원의 전체 소득

가족 구성원이 경제 활동을 통해서 얻은 소득의 총합을 의미한다. 여기에는 직접 일을 하여 얻은 근로 수입, 장사를 통해 얻은 사업 수입, 집세, 지세, 이자 등으로 얻은 재산 수입 등이 모두 포함된다.

053 □ □ □

가처분 소득
Disposable income

개인이 자신의 의사에 따라 소비·지출할 수 있는 소득

개인이 벌어들인 소득 중에서 세금, 이자 지급 등을 제외하고 사회보장금, 연금 등을 더한 것으로, 자유롭게 소비하거나 저축할 수 있는 소득을 말한다. 이는 국민경제에서 소득 분배가 얼마나 평등하게 이루어지고 있는지 측정하는 자료로 쓰이기도 한다.

054 □ □ □

삼면 등가의 원칙
三面等價-原則

국민 소득을 생산·분배·지출 측면에서 측정하였을 때 그 크기가 모두 같다는 원칙

경제 주체들은 재화와 서비스를 생산하여 그 대가로 소득을 얻고, 얻은 소득으로 소비하는 과정을 반복한다. 이러한 과정에서 창출된 국민 소득은 생산·분배·지출 측면으로 파악할 수 있으며, 이때 세 가지 측면에서 파악된 국민 소득의 양이 모두 같다는 원칙이다.

055

GDP

Gross Domestic Product

일정 기간 동안 국적에 상관없이 한 나라의 영역 안에서 생산된 모든 최종 생산물의 시장 가치의 합

국내총생산(GDP)은 한 나라의 영역 안에서 국적에 상관없이 가계, 기업, 정부 등이 일정 기간 동안 생산된 모든 최종 생산물의 시장 가치를 합하여 평가한 지표이다. 이 지표는 당해 연도와 기준 연도의 가격을 이용하여 명목 GDP와 실질 GDP로 구분하여 구할 수 있다. 경제 수준을 파악할 수 있다는 장점이 있지만, 소득 분배나 정확한 복지 수준을 반영하기 어렵고 시장을 통하지 않은 거래는 제외되는 한계도 지니고 있다.

⊕ **상식 PLUS**
- **명목 GDP**: 국내에서 생산된 최종 생산량에 해당 연도 가격을 곱하여 산출하는 GDP
- **실질 GDP**: 국내에서 생산된 최종 생산량에 기준 연도 가격을 곱하여 산출하는 GDP

056

GNP

Gross National Product

일정 기간 동안 한 나라의 국민이 생산한 최종 생산물의 시장가치의 합

국민총생산(GNP)은 국내 및 국외를 막론하고 한 나라의 국적을 가지고 있는 국민이 일정 기간 동안 생산한 모든 재화와 서비스를 시장 가격으로 평가하여 합한 지표이다. 세계화 · 개방화로 경제 활동 영역이 확대된 오늘날에는 국적을 기준으로 한 GNP보다는 영토를 기준으로 한 GDP가 국내 경제 상황을 더 정확히 반영한다고 본다.

057

GNI

Gross National Income

일정 기간 동안 한 나라의 국민이 벌어들인 소득의 합

국민총소득(GNI)은 일정 기간 동안 한 나라의 국민이 생산 활동에 참여하여 벌어들인 소득의 합을 나타내는 지표로, 해외에서 거주하고 있는 국민의 소득 역시 포함된다.

058

NNP

Net National Product

국민총생산에서 자본 감모액을 뺀 금액

국민순생산(NNP)은 GNP(국민총생산)에서 설비의 감모액을 뺀 것으로, 한 나라의 국민이 일정 기간 동안에 새롭게 창출한 순 부가가치의 총액을 나타낸다.

CHAPTER 01

경제

□ □ □

국민소득
NI, National Income

한 나라의 국민이 벌어들인 소득의 총액

한 나라의 국민이 생산 활동의 결과로 얻은 소득의 합계이며, 고정 자본 소모와 간접세는 빼고 경상 보조금은 더해 구해지는 순수한 소득의 총액이다.

□ □ □

개인소득
PI, Personal Income

개인이 벌어들이는 임금, 이윤, 이자, 지대 등의 돈

개인이 받는 요소 소득과 이전 소득을 합한 총액에서 법인세 등을 차감한 금액으로, 임금, 이윤, 이자, 지대 등의 돈을 일컫는 용어이다.

⊕ **상식 PLUS**
- **요소 소득**: 노동, 토지, 자본 등의 생산 요소에 대해 보수로 받는 임금, 지대, 이자 등의 소득
- **이전 소득**: 생산에 직접 기여하지 않고 정부나 기업으로부터 받는 보조금, 보험금, 연금 등의 소득

경제 성장

□ □ □

경제성장률
經濟成長率

일정 기간 동안의 국민총생산 또는 국민소득의 실질적인 증가율

경제 활동으로 창출한 부가가치가 전년도에 비해 얼마큼 증가했는지를 나타내며, 일정 기간 동안 한 나라의 경제가 얼마나 성장했는지 경제발전 동향을 한눈에 보여주는 지표이다. 경제성장률은 금년도 실질 GDP에서 전년도 실질 GDP를 차감한 값을 전년도 실질 GDP로 나눈 값에 100을 곱하여 구할 수 있으며, 이를 실질성장률이라고도 한다.

잠재성장률
潛在成長率

한 나라가 가지고 있는 자본과 노동력을 최대한 활용하였을 때 달성할 수 있는 경제성장률

물가 상승이 유발되지 않는 상태에서 한 나라 안에 있는 생산요소를 최대한 활용하였다고 가정한 후 달성할 수 있는 최대 경제 성장률을 의미한다. 한 나라의 경제가 얼마나 성장 가능한지 예측할 수 있으며 정부가 경제 정책을 수립할 경우에도 활용되지만, 정확한 추정은 어렵다는 한계가 있다. 경기가 호황 상태인 경우에는 실질성장률이 잠재성장률을 상회할 수 있으며, 경기가 불황 상태인 경우에는 실질성장률이 잠재성장률을 하회할 수 있다.

063

실질임금
實質賃金

근로자가 받는 임금의 실질적인 가치를 나타낸 금액

물가 상승을 고려하여 화폐의 실질적인 가치를 나타낸 임금으로, 명목임금을 물가지수로 나눈 금액이다. 임금이 일정할 경우 물가가 오르면 명목임금은 불변하지만 실질임금은 감소한다.

⊕ 상식 PLUS
- **명목임금(Nominal wage)**: 물가 상승은 고려하지 않고 현재 화폐의 금액을 기준으로 표시한 근로자의 임금

경기 변동

경기 변동
景氣變動

일정한 주기에 따라 경기가 불황, 회복, 호황, 후퇴의 네 가지 국면을 반복하는 경제 변동

경제 활동의 상승과 하강을 되풀이하는 변동으로, 경기 순환이라고 부르기도 한다. 이는 일정한 주기에 따라 경기가 불황, 회복, 호황, 후퇴의 네 가지 단계를 순환하는 모습을 보인다.

⊕ 상식 PLUS
- **불황기**: 생산이 위축되어 기업의 이윤이 감소하고 도산이 증가하며, 물가는 하락하고 실업은 증가하는 국면
- **회복기**: 생산 활동이 증가하여 물가와 임금이 상승하고 낮은 이자율로 투자와 소비가 유도되는 국면
- **호황기**: 생산과 소비가 증가하고 실업이 감소하며 경제 활동이 활발하게 이루어지는 국면
- **후퇴기**: 생산 활동이 축소되고 기업의 이윤이 감소하며 경제 활동이 활기를 잃어가는 국면

인플레이션
Inflation

화폐의 가치가 하락하여 물가가 지속적으로 상승하는 현상

화폐 가치가 하락하여 물가가 지속적으로 상승하는 현상으로, 원인에 따라 수요견인 인플레이션과 비용인상 인플레이션으로 구분할 수 있다. 수요견인 인플레이션은 상품에 대한 수요가 늘어날 때 상품에 대한 공급이 초과 수요를 따라가지 못해 물가가 함께 상승하는 현상이다. 반대로 비용인상 인플레이션은 임금이 인상하거나 원자재 가격이 상승하는 공급측 요인에 의해 물가가 상승하는 현상이다.

소비 인플레이션
Consumption inflation

소비 수요가 갑자기 증가하면서 물가가 함께 오르는 현상

민간 소비가 갑자기 증가할 때, 공급이 구매력 급증을 따라가지 못해 인플레이션이 초래되는 일종의 수요 인플레이션이다.

애그플레이션
Agflation

곡물의 가격이 상승할 때 물가도 함께 상승하는 현상

곡물의 가격이 상승하면서 전반적인 물가도 함께 상승하는 현상으로, 영국의 경제 주간지 <이코노미스트>에서 처음 사용하였다. 오늘날 곡물의 가격이 상승하는 요인으로는 기상이변으로 인한 공급의 감소, 육류 소비 증가에 따른 사료용 곡물 수요의 증가, 곡물을 이용한 대체 연료 활성화, 식량의 자원화 등이 있다.

리플레이션
Reflation

디플레이션으로 인해 지나치게 낮아진 물가를 끌어 올리기 위해 통화량을 늘리는 것

디플레이션으로 낮아진 물가를 다시 올리기 위해 인플레이션이 되지 않을 정도까지 통화량을 재팽창시키는 경기 대책을 세우는 것으로, 통화 재팽창기라고도 한다.

슬럼플레이션
Slumplation

경기 불황기에서도 물가가 지속적으로 상승하는 상태

경기가 불황임에도 물가가 지속적으로 상승하는 상태로, 스태그플레이션과 비슷하지만 그보다 더욱 침체된 상태를 의미한다.

기저 효과
基底效果

기준 시점의 위치에 따라 경제 지표가 실제보다 위축되거나 부풀려진 현상

경제 지표를 평가할 때 기준 시점과 비교 시점의 위치에 따라 결괏값이 실제보다 위축되거나 부풀려지는 현상을 말한다. 이러한 기저 효과와 비슷한 의미를 가지고 있는 반사 효과로 불리기도 한다. 경제 호황기를 기준 시점으로 현재 경제 상황을 비교할 때 경제 지표의 결괏값이 위축되고, 경제 불황기를 기준 시점으로 비교할 때는 경제 지표의 결괏값이 부풀려지게 된다.

⊕ 상식 PLUS
- **반사 효과**: 경제 지표를 산출할 때 기준 시점과 비교 시점의 상대적인 위치에 따라 그 결괏값이 달라지는 현상

071

피구 효과
Pigou effect

물가의 하락으로 자산의 가치가 상승하면서 소비 지출이 증가하는 효과

경기가 침체될 때 실업이 증가하여 물가는 하락하게 되고, 이 경우 현금을 가지고 있는 사람들의 실질 구매력이 상승하게 되는 효과로, 영국의 경제학자 피구가 주장하였다.

복합 불황
複合不況

금융 기관의 집단적 부실이 경기 전체에 영향을 주어 장기적인 불황이 지속되는 현상

지속되는 경기 침체로 인해 금융 기관으로부터 돈을 대출한 기업들은 도산하고 부실채권이 늘어난 금융 기관은 대부분 기업 대출을 억제하게 된다. 이런 상황 속에서 부동산을 매각하는 기업들로 인해 부동산 가격이 폭락하고, 이러한 부동산을 담보로 돈을 빌려준 금융 기관은 부실채권이 더욱 늘어나 파산하게 된다. 이것이 다시 기업 도산으로 이어지는 악순환이 장기적으로 지속되는 현상이다.

CHAPTER 01

경제

리세션
Recession

일시적으로 경기가 후퇴하는 현상

경기 순환의 한 국면으로서 경기 호황이 중단되어 실업률이 상승하는 등 일시적으로 경기가 후퇴하는 현상으로, 이 상태가 지속될 경우 경기는 불황이 된다.

트릴레마
Trilemma

세 가지의 정책 목표 중 한 가지를 이루기 위해 노력하다 보면 다른 두 가지 목표를 이룰 수 없는 상태

일반적으로 삼중고라는 뜻을 가진 용어로, 경제 분야에서는 물가 안정, 경기 부양, 국제 수지 개선의 세 가지 정책 목표를 동시에 달성하기 어려운 상태이다. 목표를 물가 안정에 두면 경기 침체가 일어나기 쉽고, 경기 부양에 두게 되면 국제 수지가 악화될 수 있는 것처럼 세 가지 목표가 서로 얽혀 있어 정책 결정의 딜레마에 빠질 수 있다는 의미로 사용되고 있다.

075

에코스패즘
Eco-spasm

세계적으로 장기간 큰 파장을 일으키는 강력한 경제 위기

경기 순환 과정에서 나타나는 단발성의 경기 불황이 아닌 전 세계에 장기간 큰 파장을 일으켜 회복이 쉽게 되지 않는 발작적 경제 위기이다. 미국 미래연구소의 해롤드 스트래들러가 처음 사용하였으며, 1975년 미국의 미래학자 앨빈 토플러의 저서 <에코스패즘 리포트>를 통해 알려졌다.

더블 딥
Double dip

경기 침체가 회복되는 듯하다가 다시 침체되는 현상

경기가 침체된 상태에서 잠시 회복하는 듯 보이다가 다시 침체기에 빠지는 현상으로, W자형 경기 침체라고도 한다. 일반적으로 2분기 연속 마이너스 성장을 기록하는 경우로 규정하고 있다.

골디락스
Goldilocks

빈출

경제 성장률은 높지만 물가 상승률은 낮은 상태

영국의 전래동화 <골디락스와 곰 세 마리>에서 유래된 용어로, 경제가 높은 성장률을 보이고 있지만 물가 상승률은 낮은 가장 이상적인 경제 상태를 의미한다.

⊕ **상식 PLUS**
- **골디락스와 곰 세 마리:** 골디락스가 곰이 끓여 둔 뜨거운 수프, 차가운 수프, 적당한 수프 세 가지 중 적당한 수프를 먹고 기뻐하는 내용이 담긴 영국의 전래동화
- **골디락스 가격:** 가격이 비싼 상품, 저렴한 상품, 중간 상품 중 중간 가격의 상품을 선택하도록 하는 판촉 기법

욜디락스
Yoldilocks

65~79세 노인 인구가 주도하는 경제를 일컫는 말

65~79세 사이의 젊은 노인 인구를 의미하는 욜드(Yold) 세대가 주도적인 생산 및 소비 활동을 하여 경제의 새로운 주축이 되는 현상을 의미한다.

인구 오너스
Demographic onus

생산 가능 인구는 줄고 부양 인구는 늘어나면서 경제 성장이 둔화되는 현상

생산 가능 인구는 줄어들고 그에 비해 부양해야 할 인구는 늘어나면서 경제 성장이 전체적으로 지체되는 현상으로, 현재 우리나라는 저출산·고령화 현상이 심각해져 인구 오너스 시대의 우려가 커지고 있다.

⊕ **상식 PLUS**
- **인구 보너스(Demographic bonus):** 생산 가능 인구가 늘면서 경제 성장률이 높아지는 현상

퍼펙트 스톰
Perfect storm

두 가지 이상의 악재가 동시에 발생하여 경제 위기가 초래되는 상황

태풍이 다른 자연 현상과 동시에 발생할 경우에 파괴력을 가지고 있는 자연재해가 초래된다는 기상 용어로, 경제 분야에서는 두 가지 이상의 경제 악재가 동시에 발생하는 경우에 큰 경제 위기가 초래된다는 의미로 사용되고 있다.

CHAPTER 01

경제

블랙 스완
Black swan

예측이 불가능한 악재로 인해 경제가 위기를 맞을 수 있는 상태

일반적으로 예상하지 못한 사건으로 극단적인 상황이 일어난다는 의미로, 월가 투자전문가 나심 니콜라스 탈레브가 자신의 저서 <검은 백조>에서 서브프라임 모기지 사태를 예언하면서 널리 사용되었다.

⊕ 상식 PLUS

- 서브프라임 모기지 사태(Subprime mortgage crisis): 2007년 미국의 초대형 모기지 대부업체가 파산하면서 발생한 연쇄적인 경제 위기

082

그레이 스완
Gray swan

이미 알려져 있거나 예측이 가능한 악재이지만 마땅한 해결책이 없는 상태

반복적으로 발생하지 않고, 블랙 스완보다는 예측이 가능한 악재이지만 마땅한 해결책이 없는 상태를 의미한다. 미국이나 일본과 같은 선진국의 정치적·경제적 변동, 전자화폐의 등장 등이 대표적인 예이다.

⊕ 상식 PLUS

- 화이트 스완(White swan): 반복적인 위기임에도 마땅한 해결책이 없는 상태
- 회색 코뿔소(Gray rhino): 어떤 위험에 대한 발생 가능성과 충격이 충분히 예상되지만 쉽게 간과하는 상태

온디맨드
On-demand

수요자가 원하는 맞춤형 제품 및 서비스를 제공하는 경제 활동

공급보다는 수요에 초점을 맞춰, 정보통신기술(ICT)을 사용하여 수요자가 원하는 제품과 서비스를 즉각적으로 제공하는 것이다. 숙박 공유 서비스인 에어비앤비, 차량 운전기사와 고객을 연결하는 우버, 우리나라의 각종 배달 애플리케이션이 대표적인 예이다.

084

☐ ☐ ☐

GDP 디플레이터
GDP deflator

빈출

실질 국민소득의 추정을 위해 국내에서 생산되는 모든 재화와 서비스의 가격을 반영하여 산출하는 종합적 물가지수

실제적인 국민소득을 추정하기 위해 한 국가 내에서 거래되는 모든 재화와 서비스의 가격을 반영하여 산출하는 종합적인 물가지수이다. 이는 명목 GDP와 실질 GDP의 값으로 구할 수 있는데, 명목 GDP를 실질 GDP로 나눈 값에 100을 곱하여 산출한다.

085

☐ ☐ ☐

BWI
Business Warning Indicator

경기 변동을 미리 헤아려 보기 위한 지표

경기 예고 지표(BWI)는 현재 경기가 과열 또는 침체인지 최근 경제 동향과 실적을 바탕으로 미리 헤아려 보기 위한 지표로, 1972년부터 한국은행에서 매월 작성하고 있다. 이 지표에는 매월의 수준을 적신호, 적황신호, 청황신호, 청신호로 구별하며, 적신호일 때는 경기 억제 정책, 청신호일 때는 경기 자극 정책이 필요하다는 것을 나타낸다.

086

☐ ☐ ☐

경기동향지수
Diffusion index

경기를 판단하고 예측하기 위해 경기 변동을 민감하게 반영하는 자료를 바탕으로 작성한 경기 지표

경기 국면을 판단하고 예측하기 위한 경기 변동 측정 방법이며, 경기확산지수라고도 한다. 이는 경기종합지수와 달리 경기 변동의 변화 방향만을 측정하기 때문에 경기의 국면과 전환점을 판단하는 경우에 활용되고 있는 경기 지표이다. 지수가 50일 경우 경기가 전환점에 있다고 판단하며, 50을 기준으로 초과할 경우 경기가 확장 국면, 미만의 경우 경기가 수축 국면에 있다고 판단한다.

⊕ 상식 PLUS
- **경기종합지수(Composite index):** 경기 변동의 국면, 전환점을 측정할 수 있으며, 진폭과 속도까지도 알 수 있는 경기 지표

물가지수
Price index

물가 변동을 나타내기 위한 지수

기준 시점의 물가를 100으로 두고 이후 물가를 종합지수로 나타내어 물가 변동을 파악하는 지수이다. 이 지수를 통해 전반적인 물가 수준을 측정할 수 있으며, 현재 우리나라는 한국은 행에서 생산자물가, 통계청에서 소비자물가를 각각 작성하여 발표하고 있다.

소비자물가지수
Consumer price index

일정한 시기의 소비자가 구입하는 재화나 서비스의 가격 변동을 백분율로 나타낸 지수

소비자가 구입하는 재화나 서비스의 가격 변동을 백분율로 나타낸 지수로, 소비자의 생활에 직접 영향을 미치는 물가의 변동을 파악할 수 있는 경제 지표이다. 통계청에서 라스파이레스 방식으로 작성하여 발표하고 있으며, 수입품과 주택임대료의 변동은 포함되고 원자재·자본재·중간재의 변동, 생활 수준의 향상 등은 포함되지 않는다.

⊕ **상식 PLUS**
- **라스파이레스 방식**: 물가지수를 작성할 때 기준 시점을 사용하는 방식

소비자기대지수
Consumer expectation index

현재로부터 6개월 후의 소비자 동향을 나타내는 지수

소비자들의 현재로부터 6개월 후의 경기, 생활 형편, 소비 지출 등에 대한 기대심리를 나타내는 지수로, 매월 통계청에서 발표하고 있다. 도시 지역 2,000가구를 대상으로 조사원이 직접 방문하여 면접 조사를 실시한다. 소비를 늘리겠다는 가구가 더 많을 경우 지수는 100 이상을 나타내며, 소비를 줄이겠다는 가구가 더 많을 경우 지수는 100 미만을 나타낸다.

BSI
Business Survey Index

국내 경기, 국내총생산, 설비 투자 등 경기 전망에 대한 기업 경영자들의 의견을 통해 전반적인 경기 동향을 파악하고자 하는 지표

기업경기실사지수(BSI)는 경기 동향, 기업 활동 등 경기 전망에 대한 기업가들의 주관적인 의견을 지수화하여 전반적인 경기 동향을 파악하고자 하는 지표로, 우리나라는 산업은행과 상공회의소 등에서 매 분기마다 조사하여 발표하고 있다. 0과 200 사이의 값을 가지며, 일반적으로 100보다 크면 확장 국면, 100보다 작으면 침체 국면을 의미한다.

경기선행지수
Composite leading index

실제 경기 순환에 앞서 변동하는 경기를 예측하는 지수

가까운 미래의 경기가 상승할 것인지 하락할 것인지를 예측하는 경기종합지수이다. 통계청은 경기선행지수를 산출하기 위해 건설수주액, 소비자기대지수, 금융기관 유동성 등의 구성지표를 활용하여 작성한다.

⊕ **상식 PLUS**
- **경기동행지수(Composite index):** 내수출하지수, 도소매판매지수, 제조업가동률지수 등의 구성지표를 활용하여, 호황이나 불황 같은 현재의 경기 동향을 보여주는 경기종합지수
- **경기후행지수(Lagging composite index):** 도시가계소비지출, 소비재수입액, 회사채유통수익률 등의 구성 지표를 활용하여, 경기 동향의 결과를 보여주는 경기종합지수

HDI
Human development index

매년 각국의 교육 수준, 국민 소득, 평균 수명 등을 주요 지표로 국가별 삶의 질 수준을 나타내는 지수

인간개발지수(HDI)는 유엔 개발 계획(UNDP)이 1990년부터 매년 각국의 교육 수준, 국민 소득, 평균 수명 등을 기준으로 국가별 삶의 질을 점수로 계량하여 나타낸 지수이다. 이 지수는 인간 생활과 관련된 소득, 교육, 빈곤, 실업 등을 기초로 생활에서 느끼는 행복감을 측정하는 일종의 행복지수라고 볼 수도 있다.

경제고통지수
經濟苦痛指數

국민들이 실제로 느끼는 경제적인 삶의 질을 나타내는 지수

미국의 경제학자 오쿤이 실질적인 국민들의 삶의 질을 측정하기 위해 고안한 것으로, 일정 기간 동안의 실업률과 물가 상승률을 더한 것에서 실질 국내 총생산의 증가율을 뺀 수치로 나타낸다. 이 지수가 높을수록 한 나라의 국민들이 느끼는 삶의 고통이 크다는 것을 의미한다.

094 ☐ ☐ ☐

인플레이션 갭
Inflationary gap

유효수요가 완전 고용 상태의 지출을 초과하는 금액

생산이 증가할 수 없는 완전 고용 상태인데도 불구하고, 주어진 물가수준에서 정부나 민간의 유효수요가 완전 고용 상태의 지출액을 넘을 때의 차액을 말한다. 단기에 인플레이션 갭이 발생할 경우 총공급이 총수요를 충족시키지 못하기 때문에 물가가 상승하거나 수출이 감소하는 등의 현상이 생길 수 있다.

⊕ 상식 PLUS
- **디플레이션 갭(Deflation gap):** 생산이 증가할 수 없는 완전 고용 상태에서 정부나 민간의 유효수요가 완전 고용 상태의 지출액에 미치지 못할 때의 부족액

095 ☐ ☐ ☐

로렌츠 곡선
Lorenz curve

소득 분포의 불평등 정도를 나타내는 곡선

가로축에는 소득 인원수의 누적 백분비, 세로축에는 소득 금액의 누적 백분비를 나타내어 소득 분포의 불평등 정도를 측정하기 위해 만든 곡선으로, 미국의 통계학자 로렌츠가 창안하였다. 이때, 소득의 분포가 완전 균등하다면 곡선은 45도 직선인 균등분포선과 일치하며, 이 선으로부터 멀어질수록 소득 분포가 불평등함을 나타낸다.

096 빈출 ☐ ☐ ☐

지니계수
Gini's coefficient

소득 분포의 불평등도를 측정하기 위한 계수

계층 간의 소득 분포의 불균형 정도를 나타내기 위해 이탈리아 통계학자인 지니가 제시한 개념으로, 주로 소득이 균등하게 분배되어 있는지 평가하는 데 사용한다. 로렌츠 곡선과 균등분포선 사이의 면적 비율의 크기로 구할 수 있다.

⊕ 상식 PLUS
- **지니계수의 계산:** 로렌츠 곡선 그래프에서 균등분포선과 로렌츠 곡선 사이의 면적(불평등 면적)을 균등분포선 아래쪽에 생기는 직각삼각형의 면적으로 나누어 구하며, 지니계수의 값은 0과 1 사이의 값을 가지고 0에 가까울수록 불평등 정도가 낮고 1에 가까울수록 불평등 정도가 높다고 봄

십분위 분배율
十分位分配率

소득 분포와 불평등 정도를 나타내는 지표

모든 가구의 소득 분포와 불평등 정도를 나타내는 지표로, 소득 크기에 따라 모든 가구를 10등분한 뒤 최하위 40% 소득 점유율을 최상위 20% 소득 점유율로 나눈 비율이다. 십분위 분배율의 값은 0과 2 사이의 값을 가지며, 0에 가까울수록 불평등 정도가 높고 2에 가까울수록 불평등 정도가 낮다고 본다.

상대적 빈곤
相對的 貧困

다른 사람들이 누리는 일정 수준의 생활을 누리지 못하는 상태

다른 사회 구성원들이 누리고 있는 일정 수준의 생활을 누리지 못하는 상태로, 일반적으로 경제적으로 풍족하고 발전된 사회일수록 상대적 빈곤의 기준도 높게 나타난다.

⊕ 상식 PLUS
- **상대적 빈곤율**: 전체 인구 중에서 소득이 중위 소득의 50% 미만에 해당하는 계층의 비율
- **절대적 빈곤**: 생존을 위해 필요한 최소한의 생활조차 유지하지 못하는 상태

마태 효과
Matthew effect

빈익빈 부익부 현상

마태복음 25장 29절에 있는 '무릇 있는 자는 더욱 받아 풍족하게 되고, 없는 자는 있는 것까지 빼앗기리라'라는 문구에서 유래한 것으로, 가난할수록 더욱 가난해지고 부자일수록 더 부자가 된다는 빈익빈 부익부 현상을 의미한다. 경제뿐만 아니라 정치, 사회, 교육 등 다양한 분야에서 우위를 차지한 사람이 지속적으로 우위를 차지하게 될 확률이 높아지는 현상을 나타낼 때도 활용되는 용어이다.

CHAPTER 01

경제

UNIT 4

세금

세금의 유형 및 종류에 대해 알아두면 좋습니다.
회독 박스(□)에 정확히 아는 개념은 ○, 알쏭달쏭한 개념은 △, 전혀 모르는 개념은 ×로 체크하면서 꼼꼼히 학습해 보세요.

세금 유형

100   빈출   □ □ □

우리나라의 조세 체계

우리나라의 조세 체계(2018년 6월 기준)

우리나라의 조세 체계는 다음과 같다.

국세 (14개)	내국세	소득세, 법인세, 상속세, 증여세, 종합부동산세, 부가가치세, 개별소비세, 교통·에너지·환경세, 주세, 인지세, 증권거래세, 교육세, 농·어촌특별세
	관세	-
지방세 (11개)		취득세, 등록면허세, 레저세, 담배소비세, 지방소비세, 주민세, 지방소득세, 재산세, 자동차세, 지역자원시설세, 지방교육세

101   □ □ □

국세
國稅

국가가 재정수입을 위해 부과하여 거두어들이는 조세

국가의 재정수입을 위해 부과하여 징수하는 세금으로, 관세와 내국세로 구분된다. 관세는 우리나라에 수출 및 수입되거나 통과되는 물품에 부과되는 세금이다. 내국세는 이러한 통관 절차 없이 부과되는 조세로, 납세자와 담세자의 관계에 따라 다시 직접세와 간접세로 나누어진다.

지방세
地方稅

지방자치단체가 주민들에게 부과하여 거두어들이는 조세

지방자치단체의 재정 수입을 위해 부과하여 징수하는 세금으로, 보통세와 목적세로 구분한다. 보통세는 일반적인 경비를 충당하기 위해 부과되며, 취득세, 등록세, 면허세, 주민세, 재산세, 자동차세, 종합토지세, 담배소비세 등이 포함된다. 목적세는 특정 목적의 용도를 위해 부과되며, 도시계획세, 공동시설세, 사업소세, 지역개발세 등이 포함된다.

직접세
直接稅

납세 의무자와 조세 부담자가 서로 일치하는 조세

세금을 납부하는 사람과 세금을 부담하는 사람이 서로 일치하여 조세 부담이 전가되지 않는 조세를 말한다. 소득이나 재산에 따라서 과세되기 때문에 간접세보다 합리적이지만 조세 저항 등의 단점도 있다. 직접세에는 소득세, 법인세, 상속세, 등록세 등이 포함된다.

간접세
間接稅

납세 의무자와 조세 부담자가 서로 일치하지 않는 조세

세금을 납부하는 사람과 세금을 부담하는 사람이 서로 일치하지 않아 조세 부담이 전가되는 조세를 말한다. 조세에 대한 저항이 적어 조세 수입의 확보가 용이하지만, 각자의 사정을 고려할 수 없어 비례세율을 적용하기 때문에 역진성을 띠게 된다는 단점이 있다. 간접세에는 부가가치세, 개별소비세, 주세, 인지세 등이 포함된다.

⊕ 상식 PLUS
- **비례세율**: 과세 표준이나 과세 대상에 관계없이 동일한 세율
- **역진성**: 낮은 소득을 얻는 사람이 더 높은 세금의 부담을 지는 것

누진세
累進稅

과세 물건의 수량이나 값이 증가함에 따라 높은 세율이 적용되는 조세

과세 물건의 수량이나 값이 증가함에 따라 높은 세율을 적용하여 소득 간 불평등을 해소하기 위한 조세이다. 소득이 높은 사람에게는 높은 세금, 소득이 낮은 사람에게는 낮은 세금을 적용하자는 의도에서 시작되었다.

부가가치세
VAT, Value Added Tax

거래 단계별로 상품이나 용역에 새로 부가하는 가치에 대해 부과되는 조세

생산 및 유통의 각 단계에서 새로 부가하는 가치에 대해 부과되는 조세이며, 연령이나 소득에 관계없이 모든 국민이 조세 부담을 가지기 때문에 파급력이 크다. 기업이 판매한 모든 금액에 과세하지 않으며, 판매 금액에서 매입 금액을 제외한 나머지 금액에 부가가치세율을 곱한 것이 부가가치세액이다.

원천과세
源泉課稅

소득에 대한 세금을 소득자가 아닌 소득을 지급하는 곳에 직접 부과하는 방법

소득자에게 소득이나 수익에 대한 세금을 종합적으로 부과하지 않고, 그 원천에서 개별적으로 직접 부과하는 방법이다. 징수가 편리하다는 장점이 있지만, 개별 부담력에 따라 누진세율을 적용하거나 공제를 하지 못하는 단점이 있다.

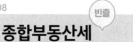

종합부동산세
綜合不動産稅

일정 기준을 초과하는 부동산 소유자에게 누진세율을 적용하여 부과되는 조세

토지와 주택 소유 정도에 따라 일정 기준을 초과하는 소유자에게 초과분에 해당하는 만큼 누진하여 부과되는 조세이다. 부동산 투기수요를 억제하여 부동산 가격을 안정시키고 건전한 국민경제를 실현하기 위해 2005년 6월부터 시행되었다.

기타 세금

로빈 후드세
Robin hood tax

저소득층을 지원하기 위해 고소득자나 고소득 기업에 부과하는 세금

중세 영국에서 탐욕스러운 탐관오리, 귀족, 성직자 등의 재산을 빼앗아 가난한 사람들에게 나누어 준 로빈 후드처럼 저소득층을 지원하기 위해 기업과 개인 등의 과다한 소득에 부과하는 세금을 의미하는 것으로, 2001년 시민단체 워온원트(War on Want)가 제안했다.

토빈세
Tobin's tax

외환 거래에 대해 부과되는 세금

외환 거래가 이루어질 때 부과되는 세금으로, 노벨 경제학상 수상자인 미국의 제임스 토빈이 1978년에 주창하였다. 국제 금융 시장에서 유리한 시장을 찾아 투기적으로 유동하는 단기 자금의 유출입을 막기 위한 방안이다.

⊕ **상식 PLUS**
- **토빈세의 한계:** 외환 거래를 할 경우 일부 국가에만 세금을 부과하게 되면 세금이 부과되지 않는 국가로 투기 자본이 이전되므로 토빈세의 성공을 위해서는 모든 국가가 토빈세를 도입해야 하지만 현실적으로 어려우며, 외환 위기가 발생할 경우에는 통화 가치가 크게 하락하여 토빈세의 도입으로 인한 효과를 얻기 어려움

피구세
Pigouvian tax

외부 불경제를 해결하기 위해 부과하는 세금

외부 불경제가 발생하였을 때 이를 해결하기 위해 외부성을 일으킨 사람에게 비용의 차이만큼 부과하는 세금으로, 영국의 경제학자 피구가 주장하였다. 환경 문제를 해결하기 위한 사회적 비용을 환경 문제를 유발한 경제 주체가 부담할 수 있도록 조세 정책을 운용하는 것이 대표적이다.

버핏세
Buffett tax

부유층에 대한 세금 증세를 주장한 방안

투자의 귀재로 알려진 워런 버핏이 주장한 것으로, 워런 버핏은 초고소득을 올리는 슈퍼 부자들의 경우 오히려 일반 시민들보다 낮은 세율로 세금을 내고 있다며 실효 세율이 적어도 중산층 이상이 되도록 세율 하한선을 정하자고 주장하였고, 실제로 버락 오바마 전 미국 대통령과 민주당이 추진한 고소득층 증세 방안에 영향을 미쳤다.

⊕ **상식 PLUS**
- **버핏룰:** 연간 100만 달러 이상을 버는 부유층의 자본 소득에 적용되는 소득세

핵심 점검 문제

앞에서 학습한 상식을 문제를 풀면서 바로 점검해 보세요!

[01-05] 다음 각 설명을 읽고, 맞으면 O, 틀리면 ×에 표시하시오.

01 '생산의 3요소'는 토지, 노동, 경영을 의미한다. (O , ×)

02 원자재 가격이 상승할 때 물가가 함께 상승하는 현상을 '비용인상 인플레이션'이라고 한다. (O , ×)

03 재화의 가격이 상승할 때 수요량이 오히려 증가하는 재화를 '기펜재'라고 한다. (O , ×)

04 세 가지의 정책 목표 중 한 가지를 이루기 위해 노력하다 보면 다른 두 가지 목표를 이룰 수 없는 상태를 '리세션'이라고 한다.
(O , ×)

05 이미 알려져 있거나 예측이 가능한 악재이지만 마땅한 해결책이 없는 상태를 '블랙 스완'이라고 한다. (O , ×)

[06-10] 다음 각 설명에 해당하는 용어를 쓰시오.

06 소득이 높은 가계일수록 주거비가 차지하는 비율이 낮고, 소득이 낮은 가계일수록 주거비가 차지하는 비율이 높다고 설명하는 이론 (   )

07 판매자는 제품의 품질을 잘 알지만 구매자는 잘 알지 못하는 정보의 비대칭으로 인해 불량품만 돌아다니는 시장
(   )

08 생계비 중에서 식료품비가 차지하는 비율 (   )

09 참여자들의 행동에 따라 결과가 변하는 게임에서 승리하기 위한 가장 합리적인 행동이 무엇인지 분석하는 이론
(   )

10 경기 침체가 회복되는 듯하다가 다시 침체되는 현상 (   )

11 통화량을 늘리고 금리를 낮추어도 경제 주체들이 돈을 시장에 내놓지 않아 경기가 나아지지 않는 상태를 의미하는 용어는?
① 버블 현상　　　　　　② 세이의 법칙　　　　　　③ 유동성 함정　　　　　　④ 기펜의 역설

12 어떤 제품에 대한 생산량이 증가할 때 단위당 생산 비용이 감소하는 현상은?
① 규모의 경제　　　　　② 계획 경제　　　　　　③ 범위의 경제　　　　　　④ 에코스패즘

13 저소득층의 소비 증가가 기업의 생산 및 투자 증대로 이어져 최종적으로 경기가 좋아지는 효과는?
① 분수 효과　　　　　　② 톱니 효과　　　　　　③ 낙수 효과　　　　　　④ 피셔 효과

14 외환 거래에 대해 부과되는 세금을 의미하는 용어는?
① 버핏세　　　　　　　② 피구세　　　　　　　③ 로빈 후드세　　　　　　④ 토빈세

15 경기 활성화를 위해 정부가 재정 지출을 늘릴 때 이자율이 상승하여 투자와 소비가 위축되는 현상은?
① 승수 효과　　　　　　② 구축 효과　　　　　　③ 외부 효과　　　　　　④ 반사 효과

16 다음 중 직접세에 해당하는 것을 모두 고르면?

| ⊙ 부가가치세 | ⓒ 법인세 | ⓒ 소득세 | ⓔ 주세 |

① ⊙, ⓒ   ② ⊙, ⓒ   ③ ⓒ, ⓒ   ④ ⓒ, ⓔ

17 다음 국가의 실업률은?

| • 생산 가능 인구: 500명 | • 경제 활동 인구: 250명 | • 실업자: 50명 |

① 10%   ② 20%   ③ 30%   ④ 40%

18 다음 중 경기선행지수에 해당하는 것의 개수는?

| • 건설수주액 | • 도소매판매지수 | • 소비재수입액 |
| • 소비자기대지수 | • 회사채유통수익률 | • 내수출하지수 |

① 2개   ② 3개   ③ 4개   ④ 5개

19 다음 중 외부 경제 효과에 대한 설명을 바르게 설명한 사람을 모두 고르면?

- 갑: 경제 주체 간에 대가를 주고받음에 따라 다른 경제 주체의 경제 활동에 이익이 생기는 것을 외부 경제 효과라고 해.
- 을: 외부 경제 효과의 반대말은 외부 불경제 효과라고 해.
- 병: 코즈 정리에 따라 외부 효과가 사적으로 해소되기 위해서는 경제 주체들의 재산권이 명확하게 확립되어 있어 서로 간 협상이 거래 비용 없이 가능해야 해.

① 갑   ② 갑, 을   ③ 갑, 병   ④ 을, 병

20 다음 중 우리나라 GNP에 포함되는 것을 모두 고르면?

⊙ 내국인이 우리나라에서 생산한 재화	ⓒ 외국인이 우리나라에서 생산한 서비스
ⓒ 외국인이 다른 나라에서 생산한 서비스	ⓔ 내국인이 다른 나라에서 생산한 재화
⑩ 내국인이 다른 나라에서 생산한 서비스	

① ⊙, ⓒ   ② ⊙, ⓔ   ③ ⓒ, ⓒ   ④ ⊙, ⓔ, ⑩

🔍 정답

01	×→토지, 노동, 자본	02	○	03	○	04	×→트릴레마	05	×→그레이 스완
06	슈바베의 법칙	07	레몬 마켓	08	엥겔지수	09	게임 이론	10	더블 딥
11	③	12	①	13	①	14	④	15	②
16	③	17	② → $\frac{50}{250} \times 100 = 20\%$	18	① → 건설수주액, 소비자기대지수	19	④	20	④

CHAPTER 02
국제 경제

다음은 국제 경제 분야에서 출제되거나 출제될 가능성이 높은 중요한 키워드를 기반으로 정리한 마인드맵입니다.
학습 전 큰 흐름을 조망하거나 학습 후 공부한 내용을 정리하는 용도로 활용해 보세요.

**국제
경제**

**UNIT 1
무역**

무역 일반 —— 국제수지

무역 정책 —— 스와프 거래

관세 —— 관세

실무 용어 —— 신용장

**UNIT 2
국제 경제권**

경제권 —— 블록 경제

국제기구와 조약 —— OECD
—— OPEC

**UNIT 3
통화/환율**

통화 일반 —— 중앙은행의
통화량 조절

환율 일반 —— 환율
—— 양적 완화

UNIT 1

무역

국제 경제의 원리를 이해하는 데 필요한 기본 개념을 확인해 보세요.

회독 박스(□)에 정확히 아는 개념은 ○, 알쏭달쏭한 개념은 △, 전혀 모르는 개념은 ×로 체크하면서 꼼꼼히 학습해 보세요.

무역 일반

113

□ □ □

국제수지
國際收支

빈출

한 나라가 일정 기간 다른 나라와 거래한 것을 모두 집계한 것

한 나라가 일정 기간 다른 나라와 거래한 것을 모두 집계한 것으로, 경상수지(經常收支)와 자본수지(資本收支)로 나눌 수 있다. 경상수지는 국가와 국가 사이에서 이루어지는 상품 및 서비스 거래인 경상 거래에 의한 수지로, 상품수지, 서비스수지, 소득수지, 경상이전수지로 이루어져 있다. 자본수지는 국가와 국가 사이에서 이루어지는 외화의 유입과 유출에 의한 수지로, 투자수지와 기타 자본수지로 이루어져 있다. 이때, 외화의 유입이 더 많을 경우 자본수지는 플러스, 외화의 유출이 더 많을 경우 자본수지는 마이너스가 된다.

⊕ 상식 PLUS

- 경상수지 구분

상품수지	상품 수출과 수입의 차이를 나타내는 수지
서비스수지	가공, 운송, 여행 등의 서비스에 대한 수출과 수입의 차이를 나타내는 수지
소득수지	국제 거래에서 생산요소를 제공하면서 발생하는 임금, 배당, 이자 등에 대한 지급과 수입의 차이를 나타내는 수지
경상이전수지	국제 거래에서 거주자와 비거주자가 대가 없이 소득을 이전하는 과정에서 생기는 수지

114

□ □ □

구상무역
求償貿易

두 나라가 협정을 맺어 일정 기간 서로 수출을 균등하게 하는 무역

수출입 물품의 대금을 돈으로 지급하지 않고 그에 상응하는 수입 또는 수출로 상계(相計)하는 국제 무역 거래 방식으로, 일정 기간 수입액과 수출액의 균형이 맞도록 하여 무역 상대국과 협정하여 이루어진다. 바터무역(Barter trade)이라고도 한다.

중개무역
仲介貿易

무역 거래에 제3국의 무역업자가 개입하여 행해지는 간접 무역

수출국과 수입국의 무역 거래에서 제3국의 무역업자가 개입하여 화물을 이동시키고 대금을 결제하는 간접 무역으로, 3국 간 무역이라고도 한다. 이때, 제3국의 무역업자는 수출국과 수입국 사이에서 중개인의 역할을 하며, 이에 대한 중개 수수료를 받게 된다.

⊕ 상식 PLUS
- **삼각무역(三角貿易):** 두 나라 사이의 무역 수지가 균형을 잃을 경우 제3국을 개입시켜 불균형을 없애는 무역
- **스위치 무역(Switch 貿易):** 상품의 수출입은 당사자 간에 이루어지지만 대금 결제는 제3국의 업자를 통해 이루어지는 무역

중계무역
中繼貿易

다른 국가로부터 사들인 물품을 제3국에 수출하는 무역

수출을 목적으로 다른 국가로부터 수입한 물품을 원형 그대로 제3국에 수출하는 무역으로, 수출입 대금의 차익을 얻으려는 목적으로 행해진다. 수출업자와 수입업자의 거래에 참여하는 중개무역과는 달리, 매매 차익만을 취득하려는 차이가 있다.

링크 시스템
Link system

수량이나 금액 등과 일정한 수출입을 관련지어 수출한 만큼 수입을 허가하는 제도

수량이나 금액 등과 수입·수출을 연관 지어 수출한 만큼 수입을 허가하는 제도로, 연계무역이라고도 한다. 예를 들어, 수입한 원료로 가공한 제품을 수출하여 외화를 취득했을 경우에 해당 제품 제조를 위해 사용한 원료의 수량이나 금액에 해당하는 것을 자유롭게 수입할 수 있는 권한을 부여하는 제도이다.

녹다운 방식
Knockdown system

자동차나 기계 등의 부품을 수출하여 현지에서 조립하여 판매하는 방식

자동차나 기계 등의 부품을 해외로 보내고 이를 현지에서 조립하여 판매하는 방식으로, 녹다운 수출이라고도 한다. 녹다운 방식은 부품 수송이 완제품의 수송에 비해 운임과 관세가 절약되고, 조립 시 현지에서 저렴한 노동력을 이용할 수 있어 생산 비용 절감에 도움이 된다.

CHAPTER 02

국제 경제

대외 의존도
對外依存度

총공급이나 총수요에서 수출과 수입 등 대외 부문이 차지하는 비중

수출과 수입 등의 대외 부문을 총공급이나 총수요로 나눈 값에 100을 곱하여 산출되는 비율로, 산출되는 값이 클수록 국제 경제에 따라 국내 경제가 크게 좌우된다고 판단할 수 있기 때문에 경제 구조상 불안정 요인이 크다고 해석할 수 있다.

비교 생산비설
比較生産費說

모든 국가가 생산비 측면에서 비교적 유리한 상품을 집중적으로 생산하여 무역하면 서로 이익을 얻을 수 있다는 이론

리카도가 국제무역이 행해지는 기본 원리를 설명하기 위해 전개한 비교우위 이론에서 비롯된 것으로, 세계의 모든 국가가 국제 분업을 꾀하여 생산비 측면에서 비교적 유리한 상품을 집중 생산하고 다른 국가와 무역을 진행하면 서로 이익을 얻을 수 있다는 학설이다.

헥셔-오린 정리
Heckscher-Ohlin theorem

양국의 무역 구조는 생산 요소 부존량 차이에 따라 결정된다는 경제학 이론

비교우위의 원인을 각국의 생산 요소의 부존량 차이 및 요소 집약도의 차이로 설명하는 근대적인 무역이론으로, 헥셔-오린 정리에 따르면 각국은 상대적으로 부존량이 풍부한 생산 요소를 집약적으로 사용해야 하는 재화의 생산에 비교우위를 갖게 된다.

⊕ 상식 PLUS
- **헥셔-오린 정리의 가정**
  - 2개국, 2개의 재화, 2개의 생산 요소가 존재
  - 각국의 생산 함수는 일차 동차 생산 함수로 모두 동일
  - 각 재화의 요소집약도는 상이하며 요소부존비율의 국제적 차이가 존재
  - 생산 요소의 국제적 이동은 불가능하며 재화의 국제적 이동만 가능
  - 국제적 이동에 따른 비용은 존재하지 않음
  - 각국 모두 완전고용 및 완전경쟁하에 일반 균형이 이루어지고 있음

□ □ □

부메랑 효과
Boomerang effect

특정 행위로 인해 새로운 부정적인 문제가 되돌아오는 것

어떠한 행위로 인해 새로운 부정적인 문제가 되돌아오는 것으로, 선진국이 개발도상국에 자본을 투자하면 개발도상국이 해당 자본으로 저렴하고 품질 좋은 제품을 생산할 것이고, 이로 인해 결국 선진국이 개발도상국과 해당 산업에서 경쟁해야 하는 경우가 대표적인 예이다.

□ □ □

J커브 효과
J-curve effect

환율 상승으로 인해 처음에는 무역수지가 악화되다가 시간이 지나 다시 개선되는 현상

환율 상승으로 인해 초기에는 오히려 무역수지가 악화되다가 시간이 지나면서 다시 개선되는 현상으로, 무역수지의 변동 모습이 알파벳 J와 비슷하여 붙은 명칭이다. 이 현상은 수출입 가격 변화에 대해 수량 변화가 시차를 가지고 일어나기 때문에 발생한다.

무역 정책

□ □ □

자유무역주의
自由貿易主義

국가가 자국 산업의 무역 거래에 대해 자유 방임하려는 것

국가가 자국 산업의 무역 거래에 있어서 간섭하지 않고 자유롭게 방임해야 한다는 것으로, 자국 산업의 생산성 향상과 좋은 품질의 상품 확보를 통한 물가 안정 등의 장점이 있다. 다만, 기업이나 산업 경쟁력이 비교적 약한 후진국의 경우에는 자국 산업의 쇠퇴로 이어져 국제수지가 악화될 우려가 있다.

□ □ □

보호무역주의
保護貿易主義

국가가 자국 산업의 무역 거래에 대해 보호하려는 것

국가가 자국 산업을 보호 및 육성하면서 국제 무역에 적극적으로 개입하는 것으로, 관세 부과, 수입 할당제, 국내 산업에 대한 보조금 지급 등의 수단이 포함된다.

CHAPTER 02

국제 경제

세이프가드
Safeguard

특정 품목의 수입이 증가할 때 자국 산업 손해가 우려될 경우 수입을 제한하는 것

특정 품목의 수입이 증가하여 국내 산업의 손해 증가가 우려될 경우 해당 품목의 수입을 제한하는 것으로, GATT 가맹국이 발동하는 긴급 수입 제한 조치이다.

연불수출
延拂輸出

수출업자가 결제 대금을 여러 해에 걸쳐 지불받는 것

기계, 시설 등의 대형 설비처럼 결제 대금이 큰 경우에 수출업자가 수입업자로부터 결제 대금을 여러 해에 걸쳐 지불받는 것으로, 수출과 함께 전도금을 받고 나머지 결제 대금은 5~7년에 걸쳐 지불받는 것이 일반적이다.

선하증권
Bill of landing

해상 운송 계약에서 화물의 인도 청구권을 표시한 유가증권

해상 운송 계약에 따라 특정 선박에 특정 화물이 적재되었다는 사실을 기재하고, 해당 화물을 운송하여 증권 소지인에게 인도할 것을 약정한 유가증권이다.

포지티브 시스템
Positive system

법적으로 허용이 가능한 분야는 열거하고 나머지 분야는 수출입을 제한하는 방식

법적으로 허용이 개방적인 분야는 열거하고 나머지 분야는 제한하여 추후 협상을 통해 허용 가능 분야를 확대하는 방식으로, 열거주의라고도 한다.

⊕ 상식 PLUS
- 네거티브 시스템(Negative system): 법적으로 허용이 불가능한 분야는 품목표를 통해 공고하고 나머지 분야는 모두 수출입을 개방하는 방식으로, 한국은 GATT에 가입한 이후로 해당 방식을 사용하고 있음

스와프 거래
Swap transaction

서로 다른 금리나 통화로 표시된 부채를 교환하는 거래

국제자본시장에서 미래의 특정 기간 동안 서로 다른 금리나 통화로 표시된 부채를 교환하는 거래로, 1980년대에 처음 도입되었다.

⊕ **상식 PLUS**
- **금리 스와프(Interest rate swap)**: 일정 기간 동안 원금은 그대로 두고 동일 통화의 이자 지급 조건만을 바꾸는 거래
- **통화 스와프(Currency swap)**: 계약에서 정한 환율에 따라 통화를 교환하는 거래

교역 조건
Terms of trade

두 나라 사이에서 상품을 교환할 때 사용되는 비율

두 나라 사이에서 각국 상품을 교환할 때 사용되는 비율로, 수출 상품 1단위와 교환했을 때 얻어지는 수입 상품의 단위 수로 구하는 것이 일반적이다. 수출품과 수입품의 가격 비율인 순상품 교역 조건, 수출품과 수입품의 수량 비율인 총상품 교역 조건, 순상품 교역 조건에 수출 수량지수를 곱한 소득 교역 조건이 있으며, 무역 이익을 나타내는 자료로 활용된다.

미국통상법 301조
美國通商法 301條

불공정 무역관행에 대한 보복이 가능하도록 규정한 조항

무역 상대국이 무역에서 행하는 불공정 무역관행에 대한 보복이 가능하도록 규정한 조항으로, 1974년 제정된 미국 종합 무역 법안이다. 이후 1988년에는 종합 무역법에 따라 슈퍼 301조(Super 301)와 스페셜 301조(Special 301)가 신설되었다.

⊕ **상식 PLUS**
- **슈퍼 301조**: 1974년에 제정된 통상법 301조가 더욱 강화된 조항
- **스페셜 301조(통상법 182조)**: 지식재산권 분야에만 적용하는 조항

CHAPTER 02

국제 경제

☐ ☐ ☐

빈출

관세
關稅

관세 영역을 통해 국내에 수출 또는 수입되는 물품에 부과되는 세금

관세 영역을 통해 국내에 수출되거나 수입되는 물품에 부과되는 세금으로, 수입품의 국내 경쟁력을 약화시켜 국내 산업을 보호하고 세입을 늘려 국가 재정을 확충하는 효과가 있다.

⊕ 상식 PLUS

• 관세의 종류

보복 관세	자국 수출품에 대해 부당하게 높은 관세를 부과할 경우 그에 대한 보복으로 해당 나라의 수입품에 높게 부과하는 관세
긴급 관세	정책상 긴급한 사태가 발생했을 경우 정부가 긴급 조치를 취할 수 있도록 부과하는 관세
탄력 관세	필요에 따라 세율을 인상하거나 인하할 수 있는 관세
할당 관세	정해진 기간 동안 특정 수입품에 대해 일정 수량까지는 낮은 세율을 부과하고, 초과 수량부터는 높은 세율을 부과하는 관세
반덤핑 관세	특정 제품이 부당하게 낮은 가격으로 수입되어 국내 관련 산업이 피해를 입을 경우에 수입 가격에 부과하는 관세

☐ ☐ ☐

비관세 장벽
非關稅障壁

정부가 관세 이외의 방법을 이용하여 외국 상품을 차별하는 규제

수입을 억제하고 수입품의 국내 경쟁력을 약화시키기 위한 방안 중 관세를 제외한 모든 인위적 규제를 의미하는 것으로, 수입 수량에 제한을 두거나 특정 품목의 수입을 금지하는 것, 과징금을 물리는 것 등이 여기에 해당한다.

⊕ 상식 PLUS

• **관세 장벽**: 정부가 수입 상품에 대해 높은 관세를 부과하여 수입을 억제하는 것

☐ ☐ ☐

특혜 관세
特惠關稅

특정 국가의 상품에 대해 상대적으로 낮은 세율이 부과되는 관세

원칙적으로 모든 국가에 동일하게 부여되어야 하는 관세와 달리 특정 국가의 상품에 대해서만 특별히 낮은 관세를 부과하는 것으로, 일종의 할인 관세이다.

⊕ 상식 PLUS

• **일반 특혜 관세 제도**: 선진국이 개발도상국의 특정 수입품에 대해 낮은 세율의 관세를 부과하는 제도

종량 관세
從量關稅

상품의 수량 등에 따라 부과하는 관세

수출입 상품의 수량 등을 과세 표준으로 두고 부과되는 관세로, 상품의 수량, 부피, 무게 등을 파악한 관세율로 관세액을 산출한다.

⊕ **상식 PLUS**
- **종가 관세(從價關稅):** 상품의 가격에 따라 부과하는 관세

소셜 덤핑
Social dumping

부당한 노동 조건으로 생산비를 적게 들여 생산한 상품을 해외에 저렴하게 파는 것

저임금, 장시간 노동 등을 통해 생산비를 절감하여 생산한 상품을 저렴하게 수출하는 행위로, 주로 임금이 국제 수준보다 낮고 노동 생산력은 높은 신흥 공업 국가에서 시행한다. 다만, 수출국의 상품 가격이 경쟁국의 가격, 국외 다른 지역의 가격, 생산·비용 가격, 국내의 가치보다 저렴해야 한다.

환 덤핑
Exchange dumping

통화의 환시세를 의도적으로 절하하는 것

자국의 수출품에 대한 경쟁력을 강화하기 위하여 통화의 환시세를 의도적으로 절하하는 것으로, 저렴한 가격으로 인해 수출이 촉진될 수 있는 효과는 수출 보조금과 비슷하다.

최소 시장 접근
最少市場接近

수입이 제한되던 품목에 대해 관세화가 이루어질 때까지 국내 소비량의 일정 부분을 반드시 수입하도록 의무화하는 것

일부 품목의 수입 제한에 대한 관세화 개방이 이행될 때까지 국내 소비량의 일정 부분을 반드시 수입하도록 한 것으로, 1991년 GATT 사무총장 둔켈이 제시한 우루과이라운드에서 확립되었다. 이를 관세화 유예 기간 또는 특례 기간이라고도 부르기도 하는데, 최소 시장 접근을 허용하는 기간에는 관세화 조치가 유예되기 때문이다.

CHAPTER 02

국제 경제

140 [빈출]

신용장
信用狀

개인이나 기업의 요청에 따라 은행이 신용을 보증하기 위해 발행하는 증서

수입업자가 자신의 신용을 보증하는 증서의 작성을 요청하면 은행이 이를 작성하여 발행하는 증서로, 신용장을 통해 수출업자는 상대의 신용 상태를 직접 조사하지 않아도 결제 대금을 받을 수 있다.

141

EDI
Electronic Data Interchange

합의된 통신 표준에 따라 기업 간 데이터를 효율적으로 교환하는 시스템

이메일, 팩스 등과 함께 전자상거래의 한 형태로 꼽히는 것으로, 기업과 기업, 혹은 기업과 행정 관청 간에 문서를 효율적으로 교환하기 위한 전자 문서 교환 시스템을 의미한다. EDI를 이용하면 국제무역상에 각종 서류를 작성, 발송, 정리하는 데 드는 처리 시간이 단축되어 생산성을 향상시킬 수 있다.

142

FOB
Free On Board

매도인이 매수인이 지정한 배에 상품을 싣기까지 모든 비용·책임을 지는 매매 계약

매도자가 상품의 선적에서 본선 선상의 인도까지의 비용을 부담할 것을 조건으로 하는 국제적인 매매 계약으로, 화물을 적재하여 인도함과 동시에 계약이 완료되며 이후 발생하는 비용은 모두 매수자가 부담해야 한다.

143

CIF
Cost, Insurance and Freight

매도인이 상품 선적부터 목적지까지의 모든 운임·보험료를 부담하는 매매 계약

매도자가 상품의 선적에서 목적지까지의 운임, 보험료, 원가격 등을 부담할 것을 조건으로 하는 국제적인 매매 계약으로, 도착항까지의 인도 가격을 의미한다.

UNIT 2

국제 경제권

국제 경제 활동에 영향을 미치는 경제권, 국제기구와 조약에 대해 알아두면 좋습니다.

회독 박스(ㅁ)에 정확히 아는 개념은 ○, 알쏭달쏭한 개념은 △, 전혀 모르는 개념은 ×로 체크하면서 꼼꼼히 학습해 보세요.

경제권

144 ☐ ☐ ☐

남북문제
南北問題

개발도상국과 선진 공업국 사이의 경제적 격차에서 생기는 문제

주로 남반구에 위치한 개발도상국과 주로 북반구에 위치한 선진 공업국 사이의 발전 및 소득 격차에서 발생하는 정치적·경제적 문제로, 1959년 영국 로이드 은행의 총재 프랭크스가 처음으로 사용하였다.

145 ☐ ☐ ☐

남남협력
南南協力

개발도상국 간에 경제적·기술적으로 협력하는 것

주로 남반구에 위치한 개발도상국 사이에서 이루어지는 경제적·기술적 협력을 의미하는 것으로, 주로 선발개도국이 후발개도국을 지원하는 형식으로 이루어진다.

⊕ 상식 PLUS

- **남남문제(南南問題):** 자원이 풍부한 나라, 신흥 공업 경제 지역과 자원이 없는 다른 여러 나라와의 경제적 격차가 원인이 되어 발생하는 개발도상국 사이의 여러 문제

146 ☐ ☐ ☐

암스테르담 조약
Treaty of Amsterdam

유럽연합국 사이에서 체결된 유럽 통합에 관한 조약

유럽연합(EU)의 국가들이 체결한 유럽 통합에 관한 협정으로, 1997년 네덜란드 암스테르담에서 열린 정상회담에서 채택되었다. 이 조약은 마스트리흐트조약에서 정한 유럽 통합을 보다 현실적으로 추진하기 위하여 체결되었다.

리스본 조약
Treaty of lisbon

프랑스와 네덜란드가 부결시켜 무산된 유럽 헌법 조약을 대체하는 조약

프랑스와 네덜란드가 국민투표로 부결시킨 유럽 헌법 조약을 대체하기 위한 개정 조약으로, 국회 비준에 대한 반대표로 인해 2007년부터 계속해서 부결되었지만 마침내 체코 클라우스 대통령의 서명을 끝으로 2009년 12월 1일에 정식 발효되었다.

⊕ 상식 PLUS
- **유럽 헌법 조약**: 유럽 연합의 정치 통합을 위한 조약

마스트리히트 조약
Maastricht treaty

유럽 공동체의 통화 동맹과 정치 통합 등을 약속한 조약

유럽 공동체(EC) 12개국 정상회담에서 통화 동맹과 정치 통합 등을 약속한 유럽통합조약으로, 1991년 네덜란드 마스트리히트에서 유럽 공동체 정상 간 합의가 진행되었다. 1993년 정식으로 효력을 발휘한 이 조약은 유럽 통화 통합에 대한 일정, 유로존 가입 요건, 유럽중앙은행(ECB) 설립 등의 내용을 담고 있다.

⊕ 상식 PLUS
- **유로존 가입 요건**: 환율의 안정성, 재정적자, 물가상승률 등

블록 경제
Bloc economy

역내 교역은 개방적인 반면 역외 교역은 배타적 무역 장벽을 쌓아 폐쇄적인 경제 관계를 맺는 방식

몇몇 나라가 동등한 입장에서 블록을 형성하여 역내에서는 관세를 없애는 등 경제 교류를 촉진하고, 역외 국가들에 대해서는 배타적인 무역 장벽을 쌓아 차별 대우를 취하는 경제 관계를 맺는 것으로, 1932년 영국이 개최한 영연방 경제 회의 이후로 널리 사용되었다.

밧화 경제권
Baht economy

인도차이나반도 국가들이 형성하는 소규모 경제권

태국, 미얀마, 라오스, 캄보디아, 베트남 등 인도차이나반도 국가들의 소규모 경제권을 의미하는 것으로, 태국의 밧화를 결제통화로 사용하고 있다.

친디아
Chindia

새로운 시장으로 각광받고 있는 중국과 인도를 일컫는 말

중국(China)의 앞 글자와 인도(India)의 뒷글자를 합성한 것으로, 21세기 세계 경제를 주도해 나갈 나라로 각광받고 있는 두 나라를 의미한다. 두 나라는 특히 인적 자원이 풍부하며, 각각 중국은 제조업 분야, 인도는 정보 기술(IT) 분야에서 두각을 보이고 있다.

브릭스
BRICS

빠른 경제 성장을 보이는 브라질, 러시아, 인도, 중국, 남아프리카 공화국을 일컫는 말

2000년대에 경제 성장 속도가 빠르고 성장 가능성이 큰 신흥 5개국 브라질(Brazil), 러시아(Russia), 인도(India), 중국(China), 남아프리카공화국(Republic of South Africa)의 머리글자를 따서 이르는 말이다.

미스트
MIST

브릭스를 뒤이어 새롭게 주목받고 있는 멕시코, 인도네시아, 한국, 터키를 일컫는 말

새로운 투자처로 떠오르고 있는 신흥 4개국 멕시코(Mexico), 인도네시아(Indonesia), 한국(South Korea), 터키(Turkey)의 머리글자를 따서 이르는 말이다. 신흥국으로 주목받던 브릭스(BRICS)의 경제 성장이 둔화되고 주식 시장이 약세를 보이자 주목을 받기 시작하였다.

베이지 북
Beige book

미국이 매년 발표하는 경제 동향 종합 보고서

미국 연방준비제도이사회(FRB)가 매년 8번 발표하는 경제 동향 종합 보고서로, 베이지색의 책 표지에서 유래했다.

⊕ 상식 PLUS
- 그린 북(Green book): 한국 기획재정부가 매월 1번 발표하는 국내외의 경기 흐름을 분석한 경제 동향 보고서

CHAPTER 02

국제 경제

이머징 마켓
Emerging market

자본시장 부문에서 급격하게 성장하고 있는 시장

금융시장 안에서도 자본시장 부문에서 급격하게 성장하고 있는 시장으로, 1981년 세계은행의 이코노미스트 아그마엘이 조성한 이머징 마켓 시장펀드에서 유래했다. 경제성장률이 높고 산업화가 빠른 개발도상국의 시장을 뜻하며, 동시에 개발도상국이나 저개발국의 발전 정도를 반영하고 있다.

국제기구와 조약

OECD
Organization for Economic
Cooperation and Development

경제 발전과 세계 무역 촉진을 도모하는 국제기구

경제협력개발기구(OECD)는 회원국의 경제 성장, 개발도상국 원조, 통상 확대의 세 가지를 주요 목적으로 하여 1961년에 창설된 국제경제협력기구를 의미한다.

OPEC
Organization of Petroleum
Exporting Countries

국제석유자본에 대한 발언권 강화를 위해 결성된 국제기구

석유수출국기구(OPEC)는 이란·이라크·사우디아라비아·쿠웨이트·베네수엘라 등 주요 산유국이 석유수익성 안정과 국제석유자본에 대한 발언권을 강화하기 위해 결성한 전형적인 생산카르텔 형식의 국제기구를 의미한다.

⊕ 상식 PLUS
- OPEC+: 러시아 등 OPEC에 속하지 않는 주요 산유국들의 협의체

FTA
Free Trade Agreement

국가 간 무역 거래에서 무역 장벽을 완화하거나 없애는 협정

자유무역협정(FTA)은 두 나라 이상이 관세나 시장 점유율 제한 등과 같은 무역 장벽을 철폐하여 무역을 자유롭게 할 수 있도록 하는 협정을 의미하는 것으로, 협정 가맹국 내에서는 관세를 철폐하고 협정 가맹국 이외 국가에는 독자적으로 관세를 부과한다. 현재 한국의 경우 2021년을 기준으로 총 17건, 59개국에 대한 FTA가 발효되어 있다.

⊕ **상식 PLUS**
- **한국 FTA 발효 현황(2021년 기준):** 칠레, 싱가포르, EFTA(유럽자유연합 4개국), ASEAN(동남아시아국가연합 10개국), 인도, EU(유럽연합 27개국), 페루, 미국, 터키, 호주, 캐나다, 중국, 뉴질랜드, 베트남, 콜롬비아, 중미 5개국, 영국

스파게티 볼 효과
Spaghetti bowl effect

여러 국가와 동시에 자유무역협정을 체결할 때 오히려 활용률이 떨어지는 현상

여러 국가와 동시다발적으로 자유무역협정(FTA)을 체결할 때 국가마다 다른 원산지 규정, 통관 절차 등을 모두 이해해야 하기 때문에 오히려 그 활용률이 떨어지는 현상으로, 접시에 스파게티 면이 서로 복잡하게 엉켜 있는 모습과 비슷하여 붙어진 명칭이다.

WTO
World Trade Organization

전 세계적인 경제협력기구

세계무역기구(WTO)는 무역의 자유화를 통한 전 세계적인 경제 발전을 이루는 것을 목표로 하는 국제기구로, 과거의 GATT 체제를 대체하여 세계 무역 질서를 세우기 위해 등장하였다. UR 협정 이행을 감시하는 역할을 맡아 국가 간 무역 분쟁 조정·관세 인하 요구·반덤핑 규제 따위의 법적인 권한과 구속력을 행사할 수 있다.

⊕ **상식 PLUS**
- **GATT(가트, General Agreement on Tariffs and Trade):** 1947년 제네바에서 23개국이 관세와 무역에 관해 맺은 협정
- **UR(우루과이라운드, Uruguay Round):** 세계 각국의 관세 및 비관세 장벽을 철폐하는 것을 목적으로 하는 다자간 무역 협상

NAFTA
North American Free Trade Agreement

미국, 캐나다, 멕시코 북미 3개국 간에 체결된 협정

북미자유무역협정(NAFTA)은 북미 3개국인 미국, 캐나다, 멕시코가 자유 무역 지대를 창설하기 위해 체결한 협정으로, 1994년 정식 발효되었다. 주요 내용에는 역내 관세 및 수입 제한의 단계적 낮춤을 통한 철폐, 노동 및 자본의 자유로운 이동 등이 포함되어 있다.

경제자유구역
經濟自由區域

정부가 외국의 투자 자본 및 기술 유치와 외국인 생활 여건 개선을 위해 지정하는 특별 지역

외국의 투자 자본 및 기술 유치, 외국인 생활 여건 개선을 위해 정부가 지정하는 특정 지역 또는 공업 단지로, 외국인 투자 유치 정책의 일환이다. 경제자유구역으로 지정될 경우 외국 기업에 대한 세제 지원 확대 등 법·제도상의 다양한 혜택을 받을 수 있다.

다보스 포럼
Davos forum

다양한 유력 인사들이 모여 세계 경제에 대해 논의하고 연구하는 국제 민간 회의

세계 각국의 총리, 장관, 기업인, 학자, 정치가, 저널리스트 등이 모여 세계 경제에 대한 정보를 교환하고 논의하는 국제 민간 회의로, 1971년 슈바프가 비영리재단의 형태로 창립했다. 정식 명칭은 세계 경제 포럼이지만 매년 스위스 다보스에서 열리기 때문에 다보스 포럼으로 많이 알려져 있다.

로마 조약
Treaty of Rome

유럽경제공동체 회원국들에 따라 체결된 조약

유럽경제공동체 회원국인 벨기에, 독일, 프랑스, 이탈리아, 룩셈부르크, 네덜란드가 체결한 조약으로, 1957년에 서명되어 1년 뒤인 1958년에 발효되었다. 이 조약은 관세동맹의 설립, 노동 및 자본의 자유로운 이동 등의 높은 경제 통합을 지향했다.

UNIT 3

통화/환율

통화와 환율은 화폐의 국제적인 흐름을 이해하는 데 기본이 되는 개념이며, 특히 환율은 시험에 높은 빈도로 출제되므로 꼼꼼히 학습해 두는 것이 좋습니다.

회독 박스(□)에 정확히 아는 개념은 ○, 알쏭달쏭한 개념은 △, 전혀 모르는 개념은 ×로 체크하면서 꼼꼼히 학습해 보세요.

통화 일반

165 □ □ □

본원통화
本源通貨

중앙은행에서 독점적으로 공급하는 통화량 증감의 원천이 되는 통화

민간이 보유하고 있는 현금과 은행이 보유하고 있는 시재금으로 구성된 화폐 발행액과 지급 준비 예치금으로 구성되어 있다. 시재금은 은행이 보유한 현금을 자신의 금고에 넣어둔 돈이며, 지급 준비 예치금은 은행이 보유한 현금을 중앙은행에 다시 예치한 돈이다. 시재금과 지급 준비 예치금을 합하여 지급 준비금이라고 한다.

166 □ □ □

수표
手票

은행에 당좌예금을 가진 발행인이 소지인에게 일정 금액을 줄 것을 위탁하는 유가증권

발행인이 소지인에게 일정 금액을 줄 것을 은행 등에 위탁하는 유가증권이다. 은행의 당좌예금 거래를 기초로 하여 해당 은행 앞으로 발행하는 수표인 당좌 수표, 발행인이 지급인을 자신으로 하여 발행하는 수표인 자기앞수표(보증수표), 발행인이 수취인을 자신으로 하여 발행하는 자기 지시 수표, 발행 일자를 미래의 특정 날짜로 기재하여 발행한 선일자 수표 등이 있다.

167 □ □ □

신용화폐
信用貨幣

화폐 기능을 대신하는 증서

금의 지불을 약속하는 채무 증서이자 화폐 기능을 대신하는 대용물로, 어음, 수표, 은행권 등이 포함된다. 단순한 상품 유통을 위한 상업 어음 형식의 상업 화폐가 최초의 신용화폐이다.

통화량
通貨量

한 나라의 경제 안에서 실제로 유통되고 있는 화폐의 양

한 나라의 경제 안에서 실제로 유통되고 있는 화폐 또는 통화의 양으로, 현금 통화와 예금 통화로 구성된다.

⊕ 상식 PLUS
- **현금 통화**: 민간이 보유하고 있는 화폐
- **예금 통화**: 당좌예금, 보통예금, 통화예금 등

총통화
總通貨

협의 통화에 저축성 예금을 합하여 통화량을 측정하는 지표

현금, 요구불예금, 수시 입출금식 예금을 포함하는 협의 통화에 정기 예·적금, 부금 등 저축성 예금을 합한 것으로, 시중에 풀린 통화량을 측정하는 지표이다.

⊕ 상식 PLUS
- **저축성 예금**: 정기 예·적금 및 부금, 거주자 외화 예금, 시장형 금융 상품, 실적배당형 금융 상품, 금융채, 발행어음 등은 포함되나 유동성이 낮은 만기 2년 이상의 장기 금융 상품은 포함되지 않음

세계금융위기

2000년대 후반 미국의 금융 시장에서 시작되어 전 세계로 파급된 대규모의 금융 위기를 일컫는 말

2007년에 미국에서 발생한 서브프라임 모기지 사태를 시작으로 미국의 초대형 모기지론 대부업체가 파산하여 전 세계적으로 파급된 금융 위기를 말한다. 이 금융 위기로 인해 AIG를 포함한 여러 서브프라임 회사들이 큰 피해를 입었으며, 금융으로 먹고 살았던 아이슬란드나 아일랜드 등의 국가들은 국가 부도 상태에 빠지는 등 큰 파급을 불러왔다.

금융통화위원회
金融通貨委員會

통화 신용 정책을 결정하는 위원회

통화 신용 정책에 대한 운영 관리와 은행 감독에 대한 정책을 수립하고 집행하기 위한 기구로, 한국은행법에 따라 설립되었다.

중앙은행의 통화량 조절

빈출

중앙은행이 시중 통화량을 조절하는 각종 방식

중앙은행은 지급준비율(금융기관의 총 예금액에 대한 현금준비 비율), 국공채(중앙은행이 시장에 참여하여 보유하고 있던 유가증권), 기준금리(중앙은행의 금융통화위원회가 매달 회의를 통해 결정하는 금리), 금융중개지원대출(중앙은행이 시중은행별로 정해놓은 한도 내에서 저금리로 돈을 대출해주는 제도) 등을 통하여 통화량을 조절할 수 있다.

⊕ 상식 PLUS

• 통화량 조절 효과

지급준비율	지급준비율 인상 → 통화량 감소, 지급준비율 인하 → 통화량 증가
국공채	국공채 매각 → 통화량 감소, 국공채 매입 → 통화량 증가
기준금리	기준금리 인상 → 통화량 감소, 기준금리 인하 → 통화량 증가
금융중개지원대출	금융중개지원대출 자금 축소 → 통화량 감소, 금융중개지원대출 자금 확대 → 통화량 증가

공개시장 운영
公開市場運營

중앙은행이 유가증권이나 어음 등을 매매하여 통화량을 조절하는 것

중앙은행이 공개시장에 개입하여 국공채와 같은 유가증권이나 어음 등을 매매 혹은 매각하여 시중 통화량을 조절하는 것으로, 금융 정책 수단 중 하나이다. 유가증권이나 어음을 매각함으로써 시중에 풀려 있는 통화량을 줄이고, 유가증권이나 어음을 매입함으로써 시중에 통화량을 공급할 수 있다.

재할인율 정책
再割引率政策

중앙은행이 금융 기관에 자금을 빌려줄 때 차입 규모를 통해 통화량을 조절하는 것

중앙은행이 차입 규모를 조절하여 통화량을 줄이거나 늘리는 것으로, 금융 정책 수단 중 하나이다. 만일 시중에 통화량이 많다면 재할인율을 높여서 중앙은행의 차입 규모를 줄여 시중에 공급할 수 있는 통화량을 줄일 것이며, 반대로 시중에 자금이 적다면 재할인율을 낮춰서 중앙은행의 차입 규모를 늘려 시중에 공급할 수 있는 통화량을 늘릴 것이다. 이처럼 시중 통화량은 중앙은행의 재할인 비율에 따라 영향을 받는다.

CHAPTER 02

국제 경제

관리 통화 제도
管理通貨制度

통화량을 금의 보유량이 아닌 통화 당국의 합리적인 목적에 따라 조절하는 제도

한 나라의 통화 수량을 금의 보유량에 따라 정하지 않고, 통화 당국이 국민 경제 전체의 견지에서 가장 적당하다고 판단하는 선에서 자유로이 통화 발행액을 결정하는 통화 제도로, 1923년 케인스(Keynes)가 제창했다.

IMF
International Monetary Fund

1945년에 설립된 국제금융기구

국제통화기금(IMF)은 브레턴우즈 협정에 따라 1945년 12월에 설립된 국제금융기구로, 1947년부터 국제 부흥 개발 은행(IBRD)과 업무를 개시하였다. 외화 자금의 조달을 원활히 하고 가맹국들의 경제적 번영, 생산 자원 개발 등을 도모하는 것을 궁극적인 목표로 한다.

⊕ 상식 PLUS

- IBRD(International bank for reconstruction and development): 1945년 정식 설립된 범세계적 국제금융개발기구로, IMF 가맹국에 한해서 가입 자격이 부여됨

펀더멘탈
Fundamental

성장률, 물가 상승률 등 한 나라의 경제 상태를 나타내는 주요 거시 경제 지표

한 나라의 경제 상태를 표현하는 가장 기초적인 자료인 성장률, 물가 상승률, 실업률 등의 지표로, 환율과 관련되어 사용되기도 한다. 단기적으로는 환율이 이 지표의 변화를 예상하여 변동하며, 중·장기적으로는 이 지표에 따라 환율이 변동한다.

디노미네이션
Denomination

한 국가 내의 모든 화폐의 액면 금액 또는 통화 단위 명칭의 절하

일반적으로 채권, 주식 등 한 국가 내에서 통용되고 있는 모든 화폐의 액면 금액을 말하지만, 경제 분야에서는 통화 단위 명칭 절하의 의미로 사용된다. 그러나 단위의 명칭만 변경되기 때문에, 통화의 가치 자체가 하락하는 평가 절하와는 차이가 있다.

리디노미네이션
Redenomination

한 국가 내의 화폐의 액면 금액을 동일한 비율로 낮추는 것

한 국가 내에서 통용되고 있는 모든 화폐의 실질 가치는 변경하지 않고 액면 금액만 동일한 비율로 낮추는 것으로, 인플레이션으로 인한 높은 거래 가격의 자릿수 계산의 불편을 해결하기 위해 도입한다. 현재 우리나라에서 언급되고 있는 디노미네이션은 해당 의미로 사용되고 있다.

환율 일반

환율
換率

한 나라의 돈과 다른 나라 돈의 교환 비율

외국환 시장에서 결정되는 두 나라의 돈에 대한 교환 비율을 의미한다. 우리나라에서는 자국 통화와 외국 통화의 교환 비율, 즉 한 단위의 외화를 얻기 위해 지불해야 하는 자국 통화의 양으로 환율을 나타내며 구체적으로는 1,000원/$, 1,300원/€ 등으로 표시된다.

⊕ **상식 PLUS**
- **환율의 변동**: 외화의 수요와 공급에 따라 결정됨(외환시장에서의 수요 증가 및 공급 감소 → 환율 상승, 외환시장에서의 수요 감소 및 공급 증가 → 환율 하락)
- **환율 상승(원화 약세)의 영향**: 수출 증가 및 수입 감소, 경상수지 개선, 국내 물가 상승, 외채 상환 부담 증가
- **환율 하락(원화 강세)의 영향**: 수출 감소 및 수입 증가, 경상수지 악화, 국내 물가 하락, 외채 상환 부담 감소

양적 완화
量的緩和

금리 인하의 효과가 한계에 부딪힐 때 통화의 유동성을 높이기 위해 시행하는 정책

금리 인하를 통한 경기 부양 효과를 더 이상 기대할 수 없을 때 유동성을 높이기 위해 시행하는 정책으로, 국채나 회사채 등을 중앙은행이 직접 매입하여 시중에 통화량을 늘리는 것이다.

⊕ **상식 PLUS**
- **아베노믹스(Abenomics)**: 일본에서 디플레이션과 엔고를 벗어나기 위해 시행한 아베 정권의 정책
- **아베 트레이드(Abe trade)**: 엔화를 팔고 주식을 사는 현상

CHAPTER 02

국제 경제

긴축 발작
緊縮發作

양적 완화 축소로 인해 신흥국으로 유입되었던 자금이 회수되면서 발생하는 충격

선진국의 양적 완화 축소 전략인 테이퍼링(Tapering)으로 인해 신흥국들의 통화 가치, 증시 등이 급락하는 현상으로 테이퍼 텐트럼(Taper tantrum), 긴축 경련 등으로 불리기도 한다. 주로 미국의 양적 완화 종료로 인한 기준 금리 인상을 우려한 투자자들이 신흥국에 투자하였던 투자 자금을 회수하여 일어나는 경우가 많다.

고정 환율 제도
固定換率制度

환율 변동을 허용하지 않고 특정 외국통화에 자국통화의 가치를 고정시키는 제도

환율의 변동을 허용하지 않고 고정시켜 안정을 도모하는 환율 제도로, 1944년 미국 브레턴우즈에서 44개의 연합국이 합의한 브레턴우즈 체제가 대표적이다.

⊕ 상식 PLUS
- **브레턴우즈 체제:** 브레턴우즈 협정에 따라 미 달러 가치는 금에 고정시키는 금환본위 제도와 다른 국가의 통화가치는 미 달러에 고정시키는 고정 환율 제도에 근간을 둔 체제

변동 환율 제도
動換率制度

환율이 고정되지 않고 외환의 수요와 공급에 따라 자유롭게 변동되는 제도

고정된 환율이 아닌 외환 시장의 수요와 공급에 따라 자유롭게 결정되는 환율 제도로, 1976년 자메이카 킹스턴에서 개최된 IMF 잠정 위원회에서 타결된 킹스턴 체제가 대표적이다.

⊕ 상식 PLUS
- **킹스턴 체제:** 각 국가의 경제 규모, 교역량 등의 경제적 여건에 따라 환율을 자유롭게 선택할 수 있는 변동 환율 제도를 공식적으로 인정한 체제

주요 국가의 화폐 단위

원, 달러, 엔, 위안, 파운드, 유로, 밧 등

국가	화폐 단위
한국	원(KRW)
미국	달러(USD)
일본	엔(JPY)
중국	위안(CNY)
영국	파운드(GBP)
유럽 연합	유로(EUR)
태국	밧(THB)
캐나다	캐나다 달러(CAD)
호주	호주 달러(AUD)
뉴질랜드	뉴질랜드 달러(NZD)
브라질	리알(BRL)
스웨덴	크로나(SEK)
인도네시아	루피아(IDR)
말레이시아	링깃(MYR)

빅맥 지수
Bigmac index

다국적 기업인 맥도날드 햄버거의 대표 메뉴인 빅맥 가격을 통해 각국의 통화 가치를 평가하는 지수

영국의 경제 전문지 <이코노미스트>에서 고안한 것으로, 세계 각국에 진출한 미국 맥도날드 햄버거의 대표 메뉴인 빅맥 가격을 통해 각국 통화의 구매력과 환율 수준을 평가하기 위해 만든 지수이다. 이코노미스트가 분기마다 한 번씩 발표하고 있으며, 이 지수가 클수록 물가가 상대적으로 더 비싼 것으로 판단한다.

핵심 점검 문제

앞에서 학습한 상식을 문제를 풀면서 바로 점검해 보세요!

[01-05] 다음 각 설명을 읽고, 맞으면 O, 틀리면 ×에 표시하시오.

01 국가 간에 이루어지는 상품 및 서비스 거래에 의한 수지를 '경상수지'라고 한다. (O , ×)

02 '양적 완화'는 금리 인하를 통한 경기 부양 효과를 더 이상 기대할 수 없어 중앙은행이 유동성을 높이기 위해 국채나 회사 채 등을 직접 매입하는 것이다. (O , ×)

03 선진국에 자본을 투자 받은 개발도상국이 저렴하고 품질 좋은 제품을 생산하여 결국 선진국과 해당 산업에서 경쟁하게 되는 것은 '부메랑 효과'의 대표적인 사례이다. (O , ×)

04 계약에서 정한 환율에 따라 통화를 교환하는 거래를 '금리 스와프'라고 한다. (O , ×)

05 프랑스와 네덜란드가 부결시켜 무산된 유럽 헌법 조약을 대체하는 조약을 '리스본 조약'이라고 한다. (O , ×)

[06-10] 다음 각 설명에 해당하는 용어를 쓰시오.

06 경기 회복을 위해 사용한 양적 완화 정책을 점차 축소하여 시중에 유동성을 줄여나가는 전략 (   )

07 개인이나 기업의 요청에 따라 은행이 신용을 보증하기 위해 발행하는 증서 (   )

08 2000년대 후반 전 세계적으로 발생한 금융 위기 (   )

09 미 달러 가치는 금에 고정시키는 금환본위제도와 다른 국가의 통화가치는 미 달러에 고정시키는 고정 환율 제도에 근간 을 둔 체제 (   )

10 성장률, 물가상승률, 실업률 등 한 나라의 경제 상태를 나타내는 주요 거시 경제 지표 (   )

11 두 나라 사이에서 각국 상품을 교환할 때 사용되는 비율 중 수출품과 수입품의 수량 비율은?

① 소득 교역 조건   ② 총상품 교역 조건   ③ 순상품 교역 조건   ④ 요소 교역 조건

12 매도자가 상품의 선적에서 본선 선상의 인도까지 모든 비용을 부담할 것을 조건으로 하는 매매 계약은?

① CIF   ② FAS   ③ EXW   ④ FOB

13 미국 연방제도이사회(FRB)가 매년 8번 발표하는 경제 동향 종합 보고서는?

① 베이지 북   ② 그린 북   ③ 레드 북   ④ 오렌지 북

14 개발도상국과 선진 공업국 사이의 경제적 격차에서 생기는 문제는?

① 남남문제   ② 남북문제   ③ 남남협력   ④ 남북협력

15 정해진 기간 동안 특정 수입품에 대해서 일정 수량까지는 낮은 세율, 초과 수량부터는 높은 세율을 부과하는 관세는?

① 반덤핑 관세   ② 탄력 관세   ③ 할당 관세   ④ 보복 관세

16 다음 중 마스트리흐트 조약에 대해 바르게 설명한 사람을 모두 고르면?

> • 갑: 이 조약은 1991년에 정식으로 효력을 발휘했어.
> • 을: 유럽공동체 12개국의 통화 동맹과 정치 통합 등을 약속한 조약이지.
> • 병: 유럽 통화 통합에 대한 일정, 유로존 가입 요건 등을 담고 있었다고 해.
> • 정: 환율의 안정성과 물가 상승률, 재정 적자 등이 유로존의 가입 요건이었대.

① 갑, 을   ② 갑, 병   ③ 을, 병, 정   ④ 갑, 을, 병, 정

17 다음 중 주요 국가의 화폐가 잘못 연결된 것은?

① 영국-파운드   ② 브라질-크로나   ③ 말레이시아-링깃   ④ 인도네시아-루피아

18 새로운 투자처로 떠오르고 있는 미스트(MIST)에 해당하는 나라는?

> ㉠ 인도   ㉡ 터키   ㉢ 한국
> ㉣ 멕시코   ㉤ 남아프리카 공화국

① ㉠, ㉢   ② ㉡, ㉤   ③ ㉠, ㉡, ㉤   ④ ㉡, ㉢, ㉣

19 다음 NAFTA에 대한 설명 중 옳은 것의 개수는?

> • 노동 및 자본의 자유로운 이동의 내용을 포함하고 있다.
> • 미국, 캐나다, 멕시코 3개국 간에 체결된 협정이다.
> • 1994년에 정식 발효되었다.
> • 정식 명칭은 북미 자유 무역 협정(North American Free Trade Agreement)이다.

① 1개   ② 2개   ③ 3개   ④ 4개

20 다음 본원통화에 대한 설명 중 옳은 것은?

> ㉠ 중앙은행에서 독점적으로 공급하는 통화량 증감의 원천이 되는 통화이다.
> ㉡ 은행이 보유한 현금을 자신의 금고에 넣어둔 돈을 시재금이라고 한다.
> ㉢ 화폐 발행액과 지급 준비 예치금을 합하여 지급 준비금이라고 한다.
> ㉣ 지급 준비 예치금은 은행이 보유한 현금을 중앙은행에 다시 예치한 돈을 말한다.

① ㉠, ㉡, ㉢   ② ㉠, ㉡, ㉣   ③ ㉠, ㉢, ㉣   ④ ㉡, ㉢, ㉣

🔍 정답

01	○	02	○	03	○	04	× → 통화 스와프	05	○
06	테이퍼링	07	신용장	08	세계 금융 위기	09	브레턴우즈 체제	10	펀더멘탈
11	②	12	④	13	①	14	②	15	③
16	③	17	② → 브라질: 리알, 스웨덴: 크로나	18	④	19	④	20	②

CHAPTER 03
경영

다음은 경영 분야에서 출제되거나 출제될 가능성이 높은 중요한 키워드를 기반으로 정리한 마인드맵입니다.
학습 전 큰 흐름을 조망하거나 학습 후 공부한 내용을 정리하는 용도로 활용해 보세요.

경영

UNIT 1 경영 일반
- 기업
  - 주식회사
  - 카르텔
- 경영 관리
  - 아웃소싱
- 경영 전략
  - 황금 낙하산
  - 리쇼어링
- 조직 관리
  - 매트릭스 조직

UNIT 2 마케팅
- 마케팅 일반
  - 마케팅 믹스
- 마케팅 기법
  - 언택트 마케팅
- 소비자 관리
  - CRM

UNIT 3 재무/회계
- 재무 일반
  - 재무제표
  - 감가상각
- 재무 비율
  - 레버리지 비율

UNIT 1

경영 일반

다양한 회사의 유형과 기본적인 회사 경영 관리 이론 및 전략에 대해 알아두면 좋습니다.

회독 박스(□)에 정확히 아는 개념은 ○, 알쏭달쏭한 개념은 △, 전혀 모르는 개념은 ×로 체크하면서 꼼꼼히 학습해 보세요.

기업

187

빈출

□ □ □

주식회사
株式會社

주식을 발행하여 설립된 유한책임회사

주식을 발행하여 여러 사람에게 투자받아 이익을 배당하는 형식으로 설립된 회사로, 출자액을 한도로 유한 책임을 지는 주주는 주주총회에서 의결권을 행사할 수 있으며, 이익배당을 청구할 수 있다. 또한 주식은 자유롭게 양도가 가능하며, 경영과 소유가 분리되어 있다는 특징도 가지고 있다.

⊕ 상식 PLUS

• **주식회사 외 회사의 종류**

합명회사	소수의 무한책임사원으로만 구성된 회사로, 정관을 작성하여 설립 등기하면 회사가 성립되어 설립 절차가 간단함
합자회사	사업을 경영하는 무한책임사원과 사업의 이익을 분배하는 유한책임사원으로 구성된 회사
유한회사	1인 이상의 유한책임사원이 출자액 한도로 책임을 지는 회사로, 주식회사보다 설립 절차가 간단함
지주회사	다른 회사의 주식을 소유하여 자본 참가를 주된 목적으로 하는 회사

• **사원의 구분**

유한책임사원	회사 채무에 대해 출자액 한도 내에서 책임을 지는 사원
무한책임사원	회사의 채무가 완제될 때까지 개인의 재산까지 동원하여 무한 책임을 지는 사원

벤처 캐피털
Venture capital

기술력과 장래성은 높으나 경영기반이 약한 벤처 기업에 무담보 주식투자 형태로 투자하는 기업이나 자본

경영기반이 약해 금융 기관으로부터 융자받기 어려운 벤처 기업의 수익성과 장래성에 중점을 두어, 무담보 주식투자 형태로 투자하는 기업이나 그 기업의 자본을 말한다. 투자 기업은 벤처기업이 주식을 상장하는 경우에 투자 원금을 회수하고 자본에 대한 높은 수익을 얻기 위함이 목적이지만, 투자금을 회수할 수 없는 경우도 있다.

프랜차이즈
Franchise

제조업자나 판매업자가 특정 상품, 상표 등에 대한 사용권을 일정한 자격을 갖춘 사람에게 제공하고 대가를 받는 방식

본사가 계약을 통해 자신이 보유한 상호, 상표, 상품 등의 사용권을 가맹점에 제공하고 그에 대한 대가를 받는 방식이다.

⊕ 상식 PLUS
- **프랜차이저(Franchisor)**: 상호, 상표 등의 사용권을 넘겨주고 대가를 받는 본사
- **프랜차이지(Franchisee)**: 상호, 상표 등의 사용권을 넘겨받고 대가를 지불하는 가맹점

다국적 기업
Multinational corporation

다양한 나라에 회사를 두고 세계적 규모로 생산, 판매 등의 활동을 하는 기업

한 나라에 본사를 두고 세계 다양한 나라에 자회사, 지사 등을 설치하여 연구, 개발, 생산, 판매 등을 하는 기업으로, 세계 기업 또는 초국적 기업이라고 부르기도 한다. 과거 네덜란드인이 세운 동인도회사를 그 시작으로 보기도 하지만, 1950년대 미국 법률가 릴리엔솔(Lilienthal)이 그의 저서 <대기업: 새로운 시대>에서 언급한 것을 현대적 의미의 시초라고 보고 있다.

스타트업
Start-up

설립한 지 오래되지 않은 신생 벤처 기업

혁신적인 기술과 아이디어를 보유하고 있지만 자금력이 부족한 경우가 많고 설립한 지 오래되지 않은 신생 벤처 기업을 일컫는 용어로, 미국 실리콘 밸리에서 처음 사용되었다.

히든 챔피언
Hidden champion

한 분야에서 세계적으로 지배적인 위치에 있지만 대중들에게는 알려지지 않은 기업

세계적으로 어떤 분야에 대해 지배적인 위치에 있지만 대중들에게는 잘 알려지지 않은 기업을 일컫는 용어로, 독일의 경제학자 헤르만 지몬(Hermann Simon)이 자신의 저서 <히든 챔피언>에서 처음 사용했다. 일반적으로 세계 시장 점유율이 1~3위이고, 대중에게 알려지지 않았으며, 매출액이 40억 달러 이하여야 하는 선정 조건을 가지고 있다.

페이퍼 컴퍼니
Paper company

법인으로 설립과 등록은 되어 있으나 물리적 실체는 없는 회사

물리적인 실체는 없지만 법적으로 자격을 갖추어 서류로만 존재하는 회사로, 자회사를 통해 영업 활동을 할 수 있다. 금융 기관의 경우에는 대체로 계속 운영되고 증권회사나 항공사의 경우에는 해당 프로젝트가 끝나면 사라지는 일시적인 형태를 가지는데, 이처럼 회사의 존속 기간은 설립 기관에 따라 달라진다.

카르텔
빈출
Cartel

동종 또는 유사 기업이 상호 간의 경쟁 제한 및 완화를 위해 맺은 기업 담합

시장 통제를 목적으로 동일하거나 유사한 기업이 결합하는 기업 연합으로, 협약에 의해 일시적인 결합이 이루어지며 법률적·경제적 독립성이 존재한다.

⊕ **상식 PLUS**
- **신디케이트(Syndicate):** 카르텔 협약에 있는 기업이 직접 판매하는 것이 아닌 카르텔에 공동판매 기관을 두고 상품을 일괄 판매하는, 가장 발달한 형태의 카르텔

콘체른
Konzern

다양한 업종의 기업이 금융적 방법에 의해 맺은 기업 결합

다양한 산업에 독점력을 발휘하는 기업 결합으로, 보통 주식 참여에 의해 이루어진다. 하나의 기업이 다른 여러 기업의 주식을 매수하거나 고정적인 채무를 인수함으로 인해 지배권을 가질 수 있다. 법률적 독립성이 존재한다는 점은 카르텔과 동일하지만, 경제적 독립성은 존재하지 않는다.

트러스트
Trust

동일 산업에서의 자본적 기업 결합

시장 지배를 목적으로 동일 산업에 해당하는 기업끼리 법률적·경제적 독립성을 모두 상실하고 하나의 강한 자본적 결합을 이루는 형태로, 법률적·경제적 독립성을 모두 가지고 있는 카르텔에 비해 더 강력한 기업 결합이다.

콤비나트
Kombinat

기술적으로 연관되어 있는 공정이나 기업이 한곳에 모여 형성된 지역적 결합체

원재료나 제품 등이 관련된 기업끼리 하나의 지역에 모여 형성된 기업 집단으로, 석유화학 콤비나트가 가장 대표적이다. 콤비나트를 구성하는 공장들은 파이프라인으로 제품과 원료를 수급하는 형태를 취하며, 원재료의 확보, 생산의 집중화 등으로 원가를 절감하는 것을 목적으로 한다.

독립 채산제
獨立採算制

기업을 일반 행정 조직으로부터 분리하고 독립적인 법인을 설치하여 자립적으로 운영하는 제도

기업을 독립 및 특수 법인으로 설치하여 일반 행정 조직으로부터 독립시켜 운영하는 제도로, 본래는 소련에서 국영 기업의 자립적인 운영을 위해 채택하여 사용되었다. 현재는 단일 기업 등이 자사의 수입과 지출에 의해 단독으로 사업을 성립할 수 있도록 활용되고 있다.

경영 관리

대량 생산의 법칙
Law of mass production

생산량이 많아질수록 생산 원가가 줄어든다는 법칙

1910년 독일 경제학자 뷔허(Bücher)가 논문을 통해 공식화한 것으로, 일정한 설비가 갖추어진 상태에서 생산량이 증가하면 그에 따른 생산 원가가 줄어든다는 법칙이다.

CHAPTER 03 경영

판매 시점 관리
Point of sale

매장에서 판매와 동시에 상품명, 가격 등의 정보를 컴퓨터로 수집하여 관리하는 것

매장에서 상품을 판매함과 동시에 컴퓨터에 입력되는 상품명, 가격, 수량 등의 정보를 수집하고 관리하는 시스템으로, 기업의 매출 동향 파악에 유용하고 재고조사 등의 종합적인 관리가 가능하다.

캐즘 이론
Chasm theory

훌륭한 제품도 대중들이 사용하기까지 넘어야 하는 침체기가 있음을 설명하는 이론

상품이 출시된 이후 초기 시장에서 주류 시장으로 진입하기 전에 일시적으로 수요가 정체되거나 후퇴되는 현상을 이르는 말로, 이 단계를 넘어야 일반 대중에게 확산되고 시장 전체를 아우르는 파급 효과가 나타날 수 있다. 1991년 미국 실리콘밸리의 컨설턴트인 무어(Moore)가 미국 벤처 업계의 성장 과정을 설명하는 데에서 시작된 이론이다.

⊕ 상식 PLUS
- **캐즘**: 지질학에서 지층 사이의 큰 틈이나 협곡을 이르는 말
- **캐즘 마케팅**: 수요가 정체되거나 후퇴되는 캐즘 현상을 극복하기 위한 마케팅

비즈니스 모델
Business model

제품이나 서비스에 대한 총체적인 마스터 플랜

소비자에게 제품 및 서비스를 어떤 방식으로 마케팅하고 판매할 것인지, 어느 시점에 얼마의 수익을 올릴 것인지에 대한 총체적인 계획을 말한다.

PLC
Product Life Cycle

제품의 도입기, 성장기, 성숙기, 쇠퇴기의 과정

제품 수명 주기(PLC)는 제품을 시장에서 처음 선보이는 도입기, 브랜드나 제품의 강력한 이미지 제고와 더불어 매출 증대를 목표로 하는 성장기, 성공을 거둔 제품에 대해 지속성을 유지하는 성숙기, 제품이 시장에서 도태되는 쇠퇴기를 일컫는 용어로, 하나의 제품이 시장에 등장할 때부터 나갈 때까지의 모든 과정을 말한다.

3S 운동
3S movement

표준화, 단순화, 전문화를 지향하여 생산성을 높이려는 운동

생산성을 향상하기 위해 제품의 규격을 표준화(Standardization)하고, 제품이나 작업 방법을 단순화(Simplification)하고, 직장이나 노동을 전문화(Specialization)하는 운동을 말한다. 기업이 제품 규격을 표준화하면 생산 공정이 단순화되며, 기업이 전문화되면 동종 제품의 생산량이 증대되어 생산비가 낮아진다. 도량형 제도의 정착, KS 표시(한국공업규격), 품질보증표시 등이 3S 운동 실현에 긍정적인 영향을 미쳤다.

포드 시스템
Ford system

대량 생산을 통한 경영 관리 방식

3S 운동의 전개와 이동조립법을 통한 동시 관리로 대량 생산을 달성하여 생산 능률을 높인 경영 관리 방식으로, 1903년 포드에 의해 실시되었다. 소비자에게는 제품을 저렴한 가격에 판매해야 하고, 노무자에게는 노동에 대한 대가로 높은 임금을 줘야 한다는 봉사주의를 경영 이념으로 내세웠다.

SCM
Supply Chain Management

모든 공급 단계를 하나의 통합망으로 관리하는 방식

공급망 관리(SCM)는 제품의 생산, 유통, 판매의 모든 공급 단계를 하나의 통합망으로 관리하는 방식으로, 고객은 이 방식을 통해 본인이 원하는 제품을 원하는 시간에 받을 수 있으며, 기업은 적기에 고객에게 공급하여 재고를 줄일 수 있다. 또한, 기업들은 경영의 세계화, 시장의 역동화 등에 대응하여 자사의 경쟁력을 높일 수 있고, 모든 거래 당사자들의 정보를 공유하는 것이 가능해졌다.

ERP
Enterprise Resource Planning

기업의 경쟁력을 높이기 위해 기업 내의 모든 자원을 효율적으로 관리하는 통합 정보 시스템

전사적 자원 관리(ERP)는 기업이 가지고 있는 경영 자원을 효율적으로 이용할 수 있도록 통합적으로 관리하는 통합 정보 시스템이다. 다양한 자원 관리 기법의 발전 과정을 거쳤으며, 1990년대 선진기업들이 다국적 회사를 운영하기 위하여 도입되었다. 이 시스템이 구축되면 생산, 영업, 구매, 재고관리, 회계 부서에서 기업 정보를 동시에 갖게 되고 이로 인해 통합적인 관리가 가능하기 때문에 생산 시간 손실의 최소화, 재고 부족에 따른 오류 해결 등의 장점을 가진다.

CHAPTER 03

경영

6시그마
Six sigma

품질 혁신과 고객 만족을 달성하고자 하는 혁신적인 품질 경영 기법

1987년 모토로라의 근로자였던 마이클 해리가 창안한 혁신적 품질 경영 기법으로, 당시 그는 품질을 획기적으로 향상시킬 수 있는 방법을 고안하던 중 통계 지식의 활용을 생각하게 되었다. 이 기법은 품질 혁신과 고객 만족을 달성하기 위해 결함 발생률을 6시그마 품질 수준으로 줄이는 것을 목표로 하고 있다.

⊕ 상식 PLUS
- 6시그마 품질 수준: 100만 개 중에 평균 3개에서 4개 정도의 불량이 발생하는 것
- 6시그마 운동: 마이클 해리의 통계적 기법과 밥 갈빈 회장이 주도해 온 품질 개선 운동을 결합한 것

100PPM 인증 제도

제품 100만 개 중 불량품 수를 100개 이하로 줄인 기업을 인증해 주는 제도

제품 100만 개 중에서 불량품 수를 100개 이하로 줄이자는 목표를 가진 100PPM 품질 혁신 운동을 발전시킨 제도이다. 품질 혁신을 얼마나 지속적으로 추진하는지에 대한 엄격한 기준을 갖춘 품질 인증 제도이며, 인증을 받은 기업은 100PPM의 로고 사용과 자동화 설비 자금에 대한 지원 등 여러 가지 혜택을 받을 수 있다.

⊕ 상식 PLUS
- PPM(Part Per Million): 불량률 강화를 위해 사용하고 있는 단위

ZD 운동
Zero Defects movement

작업 결점의 감소를 목표로 두는 관리 기법

작업상의 발생하는 모든 결함을 없애려는 무결점 운동으로, 1962년 미국 마틴사의 헬빈에 의해 제창되었다. 작업의 결함을 제로(zero)로 하여 제품의 품질은 높이고 가격은 줄이는 등 고객 만족도를 높이기 위해 종업원들에게 동기 부여하여 일을 효과적으로 할 수 있도록 추진하는 운동이다.

델파이 기법
Delphi method

여러 전문가의 의견을 수집, 교환하는 방법을 통한 질적 예측 방법

기존 참고 자료가 부족하거나 불확실한 미래를 예측하고자 할 때 사용하는 방법으로, 1948년 미국의 랜드 연구소에서 개발되었다. 전문가들이 참여하여 의견을 익명으로 교환하고 합의하여 아이디어를 만들 수 있는 하향식 의견 도출 방법이다. 그러나 전문가들의 의견을 주고받는 만큼 거시적인 예측이 어려울 수 있고, 주관적 판단이 지나치게 개입될 수 있으며, 설명 방식에 따라 의견이 조작될 문제점이 있다.

⊕ 상식 PLUS
- **정책 델파이**: 델파이 기법의 약점을 해결하기 위해 델파이의 기본 논리는 그대로 가져가되, 정책 관련자들이 서로 반대 의견을 내세워 그에 대한 대안을 개발하고 결과를 예측하는 방법

빈출

아웃소싱
Outsourcing

기업 경영의 효율 극대화를 위해 업무의 일부 프로세스를 제3자에게 위탁 처리하는 전략

한정된 자원을 가진 기업이 해당 기업의 핵심 역량에 자원을 집중시키고, 나머지는 제3자의 전문 기업에 위탁 처리하여 기업 경영의 효율을 극대화하기 위한 전략이다. 1980년대 후반에 미국의 제조업 분야에서 시작되었으며, 제품의 생산, 유통, 포장 등의 업무를 넘어 신제품 개발, 영업 등의 분야까지 확대되어 적용되고 있다.

⊕ 상식 PLUS
- **인소싱(Insourcing)**: 기업의 서비스와 기능이 기업 내부에서 총괄적으로 이루어지는 전략
- **다운사이징(Downsizing)**: 기업의 업무나 조직의 규모를 축소시키는 전략

리엔지니어링
Re-engineering

기업의 업무와 조직을 근본적으로 재구성하여 경영의 효율을 높이는 방법

기업의 업무 및 조직과 경영 방식을 근본적으로 재구성하여 경쟁력을 높이려는 경영 혁신 기법으로, 1990년 마이클 해머가 제창하였다. 본질적인 문제들을 해결하지 못했던 리스트럭처링과 달리 이 방법은 인원 삭감, 권한 이양, 조직 재편 등이 포괄적으로 포함되어 있는 점진적 경영 개선 방법이다.

⊕ 상식 PLUS
- **리스트럭처링(Restructuring)**: 경영 상태를 개선하기 위해 기존 사업 단위를 축소 또는 폐지하거나 인원을 삭감하는 구조 조정 전략

지식 경영
Knowledge management

조직 내·외부에서 발굴한 지식을 조직 내의 보편적인 지식으로 공유하여 문제 해결 능력을 키우는 경영 방식

조직 내부와 외부에서 발굴한 지식을 조직 내에서 공유하고 적용하여 문제 해결 능력을 키우는 경영 방식으로, 1990년대 지식 사회에 들어서면서 과학 기술의 발전과 경영 환경의 변화로 자리 잡게 되었다.

MBO
Management By Objectives

조직 구성원이 공동의 목표를 설정하여 달성 정도를 함께 측정하고 평가하는 조직 운영 방법

목표에 의한 관리(MBO)는 조직의 상하 구성원들이 목표를 함께 설정하고 그에 따른 생산 활동을 수행한 후 목표를 얼마나 달성하였는지 평가하는 경영 기법으로, 1954년 피터 드러커가 그의 저서 <경영의 실제>에서 제안하였다. 목표 달성을 위한 경영자와 종업원 간의 일체감을 형성할 수 있다는 장점이 있지만, 성과에 대한 개념이 명확하지 않은 영역이나 목표의 계량화가 어려운 영역에서는 사용하기 쉽지 않다는 단점도 있다.

MIS
Management Information System

경영 정보 시스템

조직의 계획·운영·통제를 위한 경영 정보를 언제 어디서든지 신속하고 정확하게 사용할 수 있는 시스템으로, 조직의 목표를 효율적이고 효과적으로 달성할 수 있도록 한다.

GT
Group Technology

부품을 모양, 치수, 가공법 등에 따라 그룹화하여 생산하는 방식

부품을 모양, 치수, 재질, 가공법 등의 유사성에 따라 분류한 뒤 그룹화하여 생산하는 방식으로, 다품종 소량 생산의 효율성을 높이기 위해 사용한다.

품질 분임조
QC, Quality Circle

품질과 관련된 문제점을 찾고 그에 대한 해결 방안을 실행할 목적으로 만든 소규모 집단

구성원 스스로 품질과 관련된 문제점을 찾아내고 해결하기 위해 지속적으로 모임을 갖는 자주적인 소집단을 의미하며, 주로 TQM(전사적 품질 경영) 차원에서 실행되는 경우가 많다.

B2B
Business to Business

전자 매체를 이용한 기업 간의 거래

기업과 기업 사이에 이루어지는 전자 상거래를 이르는 말로, 온라인상으로 직거래를 하기 때문에 시간과 비용을 절약할 수 있다. 거래 유형은 구매자가 운영하는 구매자 중심형, 판매자가 운영하는 판매자 중심형, 중개용 사이트에서 이루어지는 중개자 중심형으로 구분된다.

⊕ 상식 PLUS
- B2G(Business to Government): 기업과 정부 간에 이루어지는 전자 상거래
- B2C(Business to Consumer): 기업과 소비자 간에 이루어지는 전자 상거래
- B2E(Business to Employee): 기업과 직원 간에 이루어지는 전자 상거래

TPL
3PL, Third Party Logistics

기업이 전문 업체에 물류를 위탁하여 전문적으로 처리하는 것

제3자 물류(TPL)는 기업이 생산 및 판매만을 담당하고 전문 업체에 물류를 위탁하면 해당 업체가 운송 업무를 전문적으로 처리하는 것으로, 서비스가 개선되거나 운영비가 감소하는 장점이 있다.

간트 차트
Gantt chart

일정한 시점의 작업 계획 및 실적을 한눈에 파악할 수 있는 막대 도표

시간으로 구분한 작업 계획과 실제 작업량을 평행선으로 표시하여 한눈에 파악할 수 있도록 만든 막대 도표로, 1919년 미국의 간트가 창안했다. 계획과 통제가 동시에 가능하여 제품 생산 공정에서 많이 사용되었으나 현대적 제조 기업이 등장하면서 그 사용이 줄어들게 되었다.

CHAPTER 03

경영

채찍 효과
Bullwhip effect

수요에 대한 정보가 하류에서 상류로 갈수록 왜곡되어 수요의 변동성이 커지는 것

공급 단계의 하류에 있는 소비자의 수요 정보가 상류로 전달될수록 왜곡되는 현상으로, 공급 단계 상류에 있는 제조업체는 매우 큰 수요의 변동성을 받아들이게 되는 것을 말한다. 이러한 채찍 효과로 인해 불필요한 재고가 늘어나게 되고, 서비스 수준이 하락하는 등 악영향이 발생한다.

어닝 서프라이즈
Earning surprise

기업의 영업 실적이 예상보다 높아 주가 상승이 예상되는 것

어닝(Earning)은 주식시장에서 기업의 실적을 뜻하는 용어로, 기업들이 자신들의 영업 실적을 발표하는 시기를 어닝 시즌이라고 한다. 어닝 시즌에 발표한 기업의 영업 실적이 예상했던 것보다 훨씬 높아 주가를 상승시키는 것을 일컫는 용어이다.

⊕ **상식 PLUS**
- **어닝 쇼크(Earning shock)**: 기업의 영업 실적이 예상보다 낮아 주가 하락이 예상되는 것

경영 전략

M&A
Mergers and Acquisitions

한 기업이 타 기업의 경영권을 획득하거나 두 개 이상의 기업이 하나의 기업으로 합쳐지는 것

하나의 기업이 다른 기업의 자산이나 주식을 취득하여 경영권을 획득하는 기업 인수 'Acquisition'와 두 개 이상의 기업이 하나로 합쳐지는 기업 합병 'Merger'이 결합된 단어이다. M&A는 거래 성격에 따라 우호적 M&A와 적대적 M&A로, 기업 합병은 흡수 합병과 신설 합병으로 나눌 수 있다.

⊕ **상식 PLUS**
- **우호적 M&A**: 다른 기업과의 협의를 통해 진행되는 인수·합병
- **적대적 M&A**: 다른 기업의 동의 없이 진행되는 인수·합병
- **적대적 M&A 방어 전략**: 차등의결권 제도, 백기사, 시차 임기제, 왕관의 보석 매각, 포이즌 필, 황금 낙하산 등
- **적대적 M&A 공격 전략**: 곰의 포옹, 공개매수, 시장 매집, 위임장 대결, 토요일 밤 특별 작전, 흑기사 등
- **흡수 합병**: 하나의 기업이 소멸하여 존속하는 상대 기업에 흡수되는 합병
- **신설 합병**: 기업 모두가 소멸하여 새롭게 신설된 기업에 흡수되는 합병

황금 낙하산
Golden parachute

빈출

기업이 기존 경영진의 신분을 유지할 수 있도록 하는 적대적 M&A 방어 전략

기업을 인수하기 위해서는 값비싼 낙하산을 투입해야 한다는 뜻으로, 기업을 인수함에 있어 그 비용을 높여 M&A를 어렵게 만드는 것이다. 피인수 기업 이사가 임기 전에 물러나게 될 경우에 특별 퇴직금이나 스톡옵션 등을 추가적으로 주도록 하여 신분을 유지할 수 있도록 하는 적대적 M&A 방어 전략 중 하나이다.

백기사
White knight

피인수 기업이 적대적 M&A를 방어하기 위해 끌어들이는 우호적인 세력

적대적 M&A로 인해 경영권에 위협을 받고 있는 피인수 기업이 끌어들인 우호적인 세력으로, 피인수 기업은 이 세력에게 경영권의 전부를 넘겨주면서 적대적 M&A를 방어한다.

⊕ **상식 PLUS**
- **흑기사(Black knight):** 적대적 M&A를 시도하는 인수 기업에 우호적인 세력

그린 메일
Green mail

적대적 M&A를 포기하는 대가로 대량으로 사들인 주식을 시가보다 훨씬 높게 되파는 행위

그린 메일러가 적대적 M&A를 포기하는 대가로 자신이 대량으로 사들인 주식을 대주주에게 높은 가격으로 되파는 행위를 말한다. 그린 메일러의 목적은 기업 매수보다 주식을 높은 가격으로 팔아 획득하는 프리미엄인 경우가 많다. 이 용어는 블랙 메일(Black mail)을 풍자한 말로, 지분을 담보로 위협하여 돈을 얻기 위함이 목적이기 때문에 미국의 달러 색인 그린을 붙여 그린 메일이라고 부른다.

⊕ **상식 PLUS**
- **블랙 메일:** 공갈이나 협박의 내용이 담긴 편지
- **그린 메일러:** 해당 주식을 경영권 담보로 잡아 비싼 값에 되팔려는 사람들

MBO
Management buyout

기업 전체 또는 일부 사업부를 회사 내의 경영진과 임직원이 인수하는 방법

경영자 인수(MBO)는 계속된 적자를 보이거나 경영에 한계를 보이는 기업을 제3자가 아닌 경영진과 임직원이 인수하는 구조 조정 방법이다. 임직원의 입장에서는 고용 안정이 보장되며, 기업 입장에서는 자연스럽게 한계 사업을 정리할 수 있어 효율성이 높다.

CHAPTER 03

경영

벤치마킹
Benchmarking

표적으로 삼은 우수한 기업의 운영 프로세스를 배우고 자사와 비교 및 분석하는 경영 기법

단순히 우수 기업의 제품을 복제하는 것이 아닌 전반적인 운영 프로세스를 배우고 장단점을 분석하여 자사 제품의 경쟁력을 높이기 위한 방법이다.

⊕ **상식 PLUS**

- 비교 대상에 따른 벤치마킹의 유형

내부 벤치마킹	같은 기업 내의 다른 지역, 타 부서, 국가 간의 유사한 활용을 비교 대상으로 한 벤치마킹
경쟁적 벤치마킹	동일 업종에서 고객을 직접적으로 공유하는 경쟁 기업을 대상으로 한 벤치마킹
비경쟁적 벤치마킹	제품, 서비스 및 프로세스의 단위 분야에 있어 가장 우수한 실무를 보이는 비경쟁적 기업 내의 유사 분야를 대상으로 한 벤치마킹
글로벌 벤치마킹	프로세스에 있어 최고로 우수한 성과를 보유한 동일 업종의 비경쟁적 기업을 대상으로 한 벤치마킹

워크아웃
Workout

부도 위기에서 회생시킬 가치가 있는 기업의 재무 구조를 개선하는 작업

금융 기관을 통해 부도 위기에서 회생시킬 가치가 있는 기업을 개선하기 위한 작업으로, 1980년대 미국 GE사의 잭 웰치 회장이 도입한 기업 구조 조정 용어이다.

빈출

리쇼어링
Reshoring

해외에 있는 자국 기업을 다시 자국으로 불러들이는 정책

비용 문제로 인해 인건비가 상대적으로 저렴한 해외로 나가 생산하던 자국 기업이 해외에서도 비용 문제가 발생하여 다시 본국으로 불러들이는 정책으로, 오프쇼어링의 반대 개념이다.

⊕ **상식 PLUS**

- **오프쇼어링(Off-shoring):** 기업이 경비를 절감하기 위해 비용이 저렴한 해외로 일부 업무를 이전시키거나 생산 기지를 옮기는 것

232

CI
Corporate Identity

기업 이미지 통합 작업

시각 이미지로 표현할 수 있는 기업의 로고나 상징 마크를 통해 나타내는 기업 이미지를 통일시키는 작업이다. 독일 건축가이자 디자이너인 베렌스가 19세기에 디자인한 알게마이네 전기 회사 상징 마크를 통해 시작되었으며, 1956년 랜드가 디자인한 IBM 로고로 본격화되었다. CI는 소비자에게 기업 존재 의의를 부각시키는 역할을 하므로, 자사의 문화 및 경영 전략 등이 내포되어야 하고 타 기업과의 차이점을 표현할 수 있어야 한다.

233

매트릭스 조직
Matrix organization

서로 다른 부서에 속한 구성원들이 기존의 부서는 유지하면서 특정 프로젝트를 함께 진행하기 위해 설계된 조직

특정 프로젝트의 진행을 위해 각 부서로부터 전문 인력을 차출하여 설계된 조직으로, 행렬 조직 또는 복합 구조라고도 한다. 이때 차출된 구성원들은 기존 부서가 유지되기 때문에 동시에 두 개 조직에 속하게 되어 프로젝트가 끝나면 원래의 부서로 다시 돌아가게 된다. 이러한 매트릭스 조직은 명령 일원화의 원칙이 적용되지 않고 두 명의 상급자의 지시를 받는다.

234

라인스태프 조직
Line and staff organization

라인 조직과 스태프 조직을 합한 조직의 형태

지휘 및 명령의 일원화, 통제 기능 등 라인 조직의 기능을 유지하면서 경영 관리 기능을 지원하고 촉진하는 스태프를 도입하여 수평적 분화에 따른 책임과 권한을 확립시키려는 조직의 형태이다.

235

거래적 리더십
Transactional leadership

리더와 구성원 사이의 거래 관계에서 수행하는 리더십

리더는 구성원들에게 명확한 목표와 그에 따른 보상 내용을 알리고, 구성원들은 리더가 제시한 목표를 달성하기 위해 노력하고 그에 따른 보상을 받게 되는 거래 관계에서 수행하는 리더십으로, 1985년 배스(Bass)가 제시하였다.

변혁적 리더십
Transformational leadership

조직의 변화를 위한 목표를 제시할 수 있는 리더십

신뢰를 바탕으로 한 카리스마를 통해 조직의 변화를 위한 목표를 제시할 수 있는 리더십으로, 1978년 미국 정치학자 번스(Burns)가 사용하였다. 구성원들에게 목표에 대한 성과와 보상을 교환하여 동기 부여하는 거래적 리더십과 달리 미래의 비전과 공동체적 사명감을 통해 동기를 부여한다.

X · Y 이론
X · Y Theory

인간의 본성에 따른 동기 부여 이론

인간을 야망이 없고 일하기 싫어하며 안전한 것을 좋아해 명령을 하지 않으면 일을 하지 않는다고 보는 X 이론과 인간을 조건에 따라 책임을 맡고 자진하여 책임을 지려고 하는 존재이므로 매력적인 목표와 책임, 재량을 부여해야 한다고 보는 Y 이론을 합한 것으로, 맥그리거(McGregor)가 제시하였다.

OJT
On-the-job training

직장 내 교육 훈련

직무를 수행하는 동시에 종업원 교육이 이루어지는 교육 훈련 방법의 하나이다. 지휘 감독자이자 종업원의 능력을 향상시킬 수 있는 교육자가 되어야 하는 관리자와 피교육자인 종업원은 이를 통해 친밀감을 높일 수 있으며 전체적으로 시간 낭비가 적다는 장점이 있다. 그러나 관리자에게 교육자로서의 높은 자질이 요구되며, 교육 훈련의 내용이 체계화되기 어렵다는 단점이 있다.

⊕ 상식 PLUS
- Off-JT(Off-the-job training): 종업원의 효과적인 교육 훈련을 위해 직장 밖에서 실시하는 교육 훈련 방법

승진 제도
昇進制度

일정한 기준에 따라 직계를 올리는 제도

기업은 조직의 성장과 발전을 위해 능력, 업적, 재직기간, 리더십, 인품 등의 측면에서 직원을 평가하고, 합당한 자격을 갖춘 직원을 관리자로 승진시킬 수 있다.

⊕ **상식 PLUS**

- 승진의 유형

직계승진	조직의 직무를 분석하고 평가하여 직무의 중요성을 중심으로 직위, 임금 체계, 인사 고과 등을 포함하는 직계 제도를 확립한 후, 그 직무에 적합한 사람을 찾아 승진시키는 일
자격승진	종업원 개인이 가지고 있는 특정한 조건이나 능력을 기업 내에서 공식적으로 인정하여 이에 대한 대우로 승진시키는 일
대용승진	직책이나 권한 등은 그대로 두고 직위의 명칭만을 바꾸는 상징적이고 형식적인 승진
조직변화승진	승진 대상인 종업원들의 수에 비하여 직위가 부족한 경우 조직의 변화를 통해 조직의 직위 단계를 늘려 승진의 기회를 제공하는 것

다면평가제도
多面評價制度

평가의 주체를 다양화하는 인사평가제도

인사에 있어서 공정성과 객관성을 확보하기 위해 상사, 하급자, 동료, 외부인 등 여러 방면에서 사람들의 의견을 평가에 반영하는 제도이다. 상사의 주관에 의존하는 하향식 평가를 보완하는 제도이지만, 실제 시행과정에서 업무 능력보다 인기 투표로 변질되는 등 오히려 공정성과 객관성을 확보하지 못할 가능성이 있어 활용에 주의가 필요하다.

평가센터
Assessment Center

평가 센터가 주체가 되어 잠재 관리자의 능력 상태와 개발 필요성을 진단하는 방법

평가자 집단으로 구성된 평가 센터가 주체가 되어 잠재 관리자의 능력 상태와 개발 필요성을 진단하는 방법으로, 다수의 평가자는 모의실험, 역할 연기, 인터뷰 등의 다양한 과제를 피평가자에게 제공하고 그 결과를 종합적으로 평가한다. 제2차 세계대전 당시 군 장교 선발을 위해 활용한 데에서 유래하였으나, 오늘날에는 신입직원 선발, 인사평가 등에 폭넓게 사용되고 있다. 복합적인 역량을 폭넓게 평가할 수 있지만 평가 시간 및 개발 비용이 많이 든다는 단점이 있다.

행위기준고과법
BARS, Behaviorally Anchored Rating Scales

업무상 나타나는 피평가자의 구체적인 행동을 평가 기준으로 삼는 고과법

피평가자의 인성적인 특성에 기반한 전통적인 평가 방식에 대한 비판으로 등장한 평가 방식이다. 행위기준고과법은 커뮤니케이션 능력, 친절성과 같은 직무상 대표적인 평가의 범주를 설정하고, 평가 범주마다 기준이 되는 대표적인 직무 행동을 추출하며, 행동들에 대하여 점수를 할당하고, 이후 이 기준에 따라 피평가자의 실제 행동을 관찰하고 평가하여 점수를 매기는 순서로 진행된다.

⊕ 상식 PLUS
- **행위관찰척도법(BOS, Behavioral Observation Scales):** 행위기준고과법을 변형한 것으로, 평가항목에 구체적인 행동을 제시하고 피평가자가 그 행동을 수행한 빈도를 체크하여 평가하는 방식

스캠퍼
SCAMPER

제품·서비스 등의 혁신을 위한 창의적 발상 기법

창의적 사고를 통해 제품·서비스 등의 혁신을 위한 발상 기법으로, 근무 성적을 평가하는 데 적절하다고 여겨지는 표준 행동 목록을 만들어 예/아니요를 체크하도록 한 체크리스트 기법을 발전시킨 것이다. '대체하기(Substitute)', '조합하기(Combine)', '적용하기(Adapt)', '수정·확대·축소하기(Modify·Magnify·Minify)', '다른 용도로 사용하기(Put to other use)', '제거하기(Eliminate)', '재배치하기(Rearrange)'와 관련한 7가지 질문을 통해 창의적 사고를 유도한다.

종업원 지주 제도
從業員持株制度

종업원에게 회사의 주식을 취득할 수 있도록 하는 제도

종업원들이 자신의 회사 주식을 취득할 수 있도록 하는 제도로, 종업원 주식 매입 제도 또는 우리 사주 제도라고도 한다. 종업원의 근로 의욕을 높이고 노사 관계의 안정에 그 목적을 둔다. 주식을 매입할 수 있는 방식에는 개별 참가 방식과 공동 참가 방식이 있다. 개별 참가 방식은 종업원이 각자 주식을 매입하는 방식이며, 공동 참가 방식은 자사주 투자회의 회원으로 가입한 종업원들이 공동으로 출자하여 주식을 매입하는 방식이다.

UNIT 2

| 해커스 한 권으로 끝내는 만능 일반상식 |

마케팅

다양한 마케팅 기법이 시험에 출제되므로 전반적으로 꼼꼼히 학습해 두는 것이 좋습니다.

회독 박스(□)에 정확히 아는 개념은 ○, 알쏭달쏭한 개념은 △, 전혀 모르는 개념은 ×로 체크하면서 꼼꼼히 학습해 보세요.

CHAPTER 03

경영

마케팅 일반

245

□ □ □

마케팅 믹스
Marketing mix

마케팅 목표를 효과적으로 달성하기 위해 상품, 가격, 유통 경로, 판매 촉진을 활용하는 전략

마케팅 효과가 최대가 되도록 기업이 사용하는 전략으로, 마케팅 믹스의 요소는 상품 (Product), 가격(Price), 유통 경로(Place), 판매 촉진(Promotion)이며, 이 4가지 요소를 4P 라고 부른다.

246

□ □ □

포지셔닝
Positioning

기업의 효과적인 마케팅 목표 달성을 위해 소비자에게 제품 등이 긍정적으로 인식되도록 하는 것

기업, 제품, 상표 등이 소비자의 마음속에 바람직한 위치를 자리잡기 위한 활동으로, 1972년 리스(Ries)와 트로우트(Trout)가 도입했다. 이 전략은 소비자가 원하는 것을 기준으로 제품을 포지셔닝하는 소비자 포지셔닝과 경쟁자를 기준으로 제품을 포지셔닝하는 경쟁적 포지셔닝으로 구분된다.

⊕ **상식 PLUS**

· **리포지셔닝(Repositioning):** 포지셔닝한 제품을 소비자와 시장 분석을 통해 다시 조정하는 활동

PB 상품
Private brand products

유통 전문 업체가 직접 만든 자체 브랜드 상품

제조 설비가 없는 백화점, 할인 마트 등과 같은 유통업체가 제조업체에 생산을 위탁하여 독자적으로 개발한 상표를 붙여 판매하는 상품이다. 마케팅이나 유통 비용이 절약되어 NB 상품보다 저렴한 것이 특징이며, 유통업체는 매장의 특성과 고객의 성향에 맞춰 상품을 개발하고, 소비자들은 해당 점포에서만 NB 상품을 구매할 수 있다.

⊕ 상식 PLUS
- NB 상품(National brand products): 제조업체가 소유하고 관리하여 넓은 지역에 유통되는 상품

샤워 효과
Shower effect

백화점 등에서 위층에 고객이 몰리면 아래층 매장에도 영향을 미쳐 매출이 증가하는 효과

백화점 등의 위층에서 열리는 행사에 고객들이 모여들면 자연스럽게 아래층으로 내려오는 길에 다양한 매장을 둘러보고 구매하여 매출이 상승하는 효과로, 분수효과라고도 한다. 백화점 등에서는 이 효과를 노리고 의도적으로 백화점 상위층에 식당가나 영화관을 배치하고, 맨 아래층에 식품매장을 배치한다.

전시 효과
Demonstration effect

개인의 소비 지출이 자신의 소득 수준이 아닌 타인을 모방함으로써 늘어나게 되는 효과

주위 사람들이 더 많은 소비를 할 경우 개인의 소득에 변화가 없음에도 불구하고 그것에 영향을 받아 개인의 소비 성향이 높아지게 된다는 효과로, 듀젠베리가 처음으로 설명한 용어이다.

⊕ 상식 PLUS
- 듀젠베리(Dusenberry): 소비 함수 논쟁에서 상대 소득 가설을 주장한 미국의 경제학자

디드로 효과
Diderot effect

하나의 상품을 구입하는 경우에 관련된 상품을 함께 구입하는 효과

소비자가 하나의 상품을 구입할 때 그 상품과 연관된 상품을 함께 구입하는 효과로, 18세기 프랑스 철학자 디드로가 선물 받은 서재용 가운에 맞춰 책상을 교체했다는 일화에서 유래되었다.

D2C
Direct to consumer

소비자에게 직접 제품을 판매하는 방식

중간 유통상을 통하지 않고 소비자를 바로 자사 온라인몰 등에 유입시켜 직접 판매하는 방식으로, 제조업체의 입장에서는 가격 경쟁력을 높이고 소비자와 소통하는 기회를 얻을 수 있으며 소비자의 입장에서는 상대적으로 저렴한 가격에 제품을 구입할 수 있다.

체리 피커
Cherry picker

자신의 실속만 차리는 소비자

케이크는 먹지 않으면서 케이크에 올려져 있는 체리만 빼먹는 것처럼 상품 구매나 서비스 이용 등의 실적은 좋지 않으나 기업이 제공하는 무료 서비스나 할인 혜택만을 누리려는 소비자를 이르는 말이다. 신용카드 업계에서는 필요한 할인 혜택만을 받고 더 이상 카드는 사용하지 않는 고객들을 지칭한다.

⊕ 상식 PLUS
- 체리 피킹(Cherry picking): 소비자가 특정 상표나 좋은 제품만을 골라서 구매하는 행위를 이르는 말로, 주식시장에서는 가치 있는 자산주를 고르는 행위를 말함

트윈슈머
Twinsumer

다른 사람의 사용 후기를 바탕으로 구매를 결정하는 소비자

인터넷으로 상품을 구매할 때 다른 소비자의 사용 후기를 참고하여 본인의 구매 여부를 결정하는 소비자를 일컫는 용어이다. 이러한 소비자는 본인이 구입한 상품의 후기를 올려 다른 소비자들에게 상품의 정보를 공유하기도 한다.

CHAPTER 03

경영

프로슈머
Prosumer

기업의 신제품 개발에 소비자가 직·간접적으로 참여하는 방식

생산자(Producer)와 소비자(Consumer)의 합성어로, 과거에 기업들이 일방적으로 기획·생산한 제품을 수동적으로 소비하는 것에서 벗어나 소비는 물론 제품의 개발 및 유통 과정 전반에까지 직·간접적으로 참여하는 능동적인 소비자를 이르는 말이다.

⊕ **상식 PLUS**
- **프로슈머 마케팅(Prosumer marketing):** 기업이 소비자가 제안한 상품에 대한 아이디어를 수용하여 신제품을 개발하려는 고객 만족 마케팅 전략

머츄리얼리즘
Maturialism

중년층이 자신의 삶을 가치 있게 만들기 위해 적극적으로 소비하는 형태

과거와 달리 중년층의 자아실현에 대한 욕구가 증가하면서 자신의 삶을 가치 있게 만들기 위한 상품을 찾는 소비 트렌드를 의미한다.

솔로 이코노미
Solo economy

급증하는 1인 가구를 겨냥한 제품을 개발하고 판매하는 현상

가치관의 변화 등 다양한 이유로 급격히 증가하고 있는 1인 가구를 겨냥하여 기업들이 제품을 개발하고 판매하는 현상을 이르는 말이다. 2007년 다보스 포럼에서 형성되기 시작한 개념으로, 1인용 가구, 1인용 소형 가전과 같은 제품을 넘어 심부름 서비스, 청소 대행 서비스 등으로 확대되고 있다.

머천다이징
Merchandising

시장 조사의 결과를 토대로 제조업자 또는 유통업자가 상품 개발, 판매 방법 등을 계획하는 것

제조업자나 유통업자가 시장 조사와 같은 과학적 방법의 결과를 바탕으로 상품 개발, 판매 방법, 적정 가격 등을 계획하는 것으로 상품화 계획이라고도 한다.

마크다운 정책
Mark-down policy

이미 정해진 상품의 가격을 다시 저렴하게 설정하는 정책

이미 정해진 상품의 가격을 다시 저렴하게 설정하는 정책으로, 백화점 등에서 활용하고 있다. 이는 상품의 변질, 파손, 유행의 변화 등으로 이미 결정된 가격으로 판매할 수 없는 경우에 사용된다.

⊕ **상식 PLUS**
- **마크업:** 상품의 판매 가격에서 원가를 뺀 이윤
- **마크업 가격:** 생산 비용에 일정 비율을 더한 상품의 판매 가격

가격 파괴
Price destruction

제품에 대한 기존의 가격 체제가 무너지는 것

제품에 대해 유통업체가 서로 경쟁적으로 가격을 내리면서 그로 인해 가격 체계가 무너져 본래 가격의 절반 이하까지 떨어지는 것으로, 본래 엔고 여파에 의해 물가가 상승한 일본에서 수입 물품을 유통하여 가격을 낮추었던 것에서 비롯되었다.

스키밍 가격 전략
Skimming pricing strategy

신제품을 높은 가격으로 설정하여 판매한 후 점차 가격을 낮추는 전략

기업이 신제품을 처음 시장에 내놓을 때는 고가로 설정하여 판매하다가 점차 가격을 낮추는 전략으로, 높은 브랜드 충성도를 가지고 있거나 타사 제품과의 분명한 차별화가 있을 경우 사용한다.

침투 가격 전략
Penetration pricing strategy

신제품을 낮은 가격으로 설정하여 판매한 후 점차 가격을 높이는 전략

기업이 신제품을 처음 시장에 내놓을 때는 저가로 설정하여 판매하다가 점차 가격을 높이는 전략으로, 단기간 내에 시장에 침투하여 시장 점유율을 확보하기 위해 사용한다.

CHAPTER 03

경영

블루 오션 전략
Blue ocean strategy

발상의 전환을 통하여 경쟁자가 없는 새로운 시장을 창출하는 전략

치열한 경쟁에서 살아남는 것이 아닌 자신만의 특별한 제품을 선보이고 차별화와 저비용을 추구하여 새로운 시장을 창출하는 전략을 말한다.

⊕ 상식 PLUS
- 레드 오션(Red Ocean): 블루 오션과 반대되는 의미로 이미 널리 알려져 있는 경쟁 시장
- 퍼플 오션(Purple Ocean): 경쟁 시장인 레드 오션과 무경쟁 시장인 블루 오션을 조합한 시장으로, 레드 오션에서 새로운 아이디어를 더해 블루 오션을 개척한다는 의미를 가진 시장
- 그린 오션(Green ocean): 저탄소 녹색 경영을 통해 친환경에 의미를 두는 시장

마케팅 기법

전환 마케팅
轉換 Marketing

제품에 대한 부정적 수요를 긍정적 수요로 전환시키는 마케팅

특정 제품에 대한 소비자의 부정적 수요를 긍정적 수요로 전환하기 위해 판매자가 메시지를 전달하는 마케팅 전략이다.

디마케팅
Demarketing

자사의 상품에 대한 판매를 줄이려는 마케팅

기업이 자사 상품에 대한 판매를 의도적으로 줄이는 마케팅 전략으로, 소비자의 구매를 줄여 적절한 수요를 창출하고 장기적으로는 기업의 이익을 증대시키려는 전략이다. 흡연은 폐암 등 각종 질병의 원인이 된다는 안내 문구를 포함하여 기업의 이미지를 긍정적으로 만드는 것이나 수익에 도움이 되지 않는 고객을 정리하고 우량 고객에게 차별화된 서비스를 제공하는 것이 그 예이다.

동시화 마케팅
同時化 marketing

수요와 공급을 일치시키는 마케팅

공급의 수준과 실제 수요의 크기를 조정하여 양자의 시간적 패턴을 일치시키는 마케팅 전략으로, 공급의 수준을 실제 수요의 크기에 맞도록 조정하거나 실제 수요의 크기를 공급의 수준에 맞도록 조정하는 방법을 이용한다.

게릴라 마케팅
Guerrilla marketing

잠재 고객이 모인 곳에 갑자기 나타나 상품 판매를 촉진하는 마케팅

군사 작전 등에서 적을 기습 공격하는 게릴라 전술을 마케팅에 응용한 것으로, 장소나 시간에 구애받지 않고 잠재 고객이 많이 모인 공간에 갑자기 나타나 상품을 홍보하고 판매를 촉진하는 마케팅 전략이다. 규제를 교묘히 피해 기습적으로 소비자에게 홍보하는 앰부시 마케팅, 입소문을 내서 소비자들이 자신도 모르게 소비 욕구를 느끼게 하는 스텔스 마케팅 등이 큰 범위의 게릴라 마케팅에 해당한다.

노이즈 마케팅
Noise marketing

상품을 의도적으로 구설에 오르게 하여 소비자의 이목을 끌기 위한 마케팅

품질에 상관없이 단순히 판매 목적만으로 상품을 구설수에 오르게 하여 소비자의 이목을 끌고 이를 통해 판매를 늘리기 위한 마케팅 전략이다. 텔레비전의 오락 프로그램이나 새로 개봉하는 영화의 홍보처럼 소비자의 호기심을 자극하기 위해 사용되지만, 이 전략이 지속될 경우 소비자들의 신뢰성이 떨어질 수 있다는 한계를 가지고 있다.

임페리얼 마케팅
Imperial marketing

제품 품질을 최우선으로 생각하는 소비자층을 겨냥해 우수한 품질과 높은 가격을 강조하는 마케팅

제품의 우수한 품질과 높은 가격을 통해 고급 이미지를 형성하여 제품의 품질을 중요하게 생각하는 소비자층을 타깃으로 한 마케팅 전략이다. 기존의 고가 제품뿐만 아니라 소비자들이 일상적으로 구매하는 라면, 우유 등의 제품들도 기존 제품과 비교하여 높은 가격과 품질을 강조하여 진행된다.

⊕ 상식 PLUS
• **귀족 마케팅(Prestige marketing)**: 고소득자를 대상으로 값비싼 제품을 판매하는 마케팅

하이엔드 마케팅
High-end marketing

고급 브랜드를 좋아하는 극소수의 최상류층을 겨냥한 마케팅

외제차, 고급 의류, 고급 명품 브랜드를 좋아하는 극소수의 최상류층을 겨냥한 마케팅 전략으로, 고소득 소비자가 증가하면서 소비 패턴이 고급화되어 등장하였다.

CHAPTER 03

경영

풀 마케팅
Pull marketing

소비자가 광고나 홍보 활동에 직접 참여하도록 하는 마케팅

소비자가 주인공이 되어 제품의 광고나 홍보에 참여하는 마케팅 전략이다.

⊕ **상식 PLUS**
- **푸시 마케팅(Push marketing):** 소비자의 욕구는 반영하지 않고 대량 생산 제품을 소비자에게 광고를 통해 강제적으로 판매하는 마케팅

버즈 마케팅
Buzz marketing

상품이나 서비스에 대한 소비자의 입소문을 통한 마케팅

소비자들의 자발적인 입소문을 통해 상품이나 서비스에 대한 정보를 전달하는 마케팅 전략으로, 입소문 마케팅 또는 구전 마케팅이라고도 한다. 효율성과 가격 면에서 다른 상품보다 뛰어나고 사람들의 눈에 잘 띄는 상품이 주요 대상인 이 마케팅은 영화, 음반, 자동차 등 다양한 제품에 적용된다.

⊕ **상식 PLUS**
- **바이럴 마케팅(Viral marketing):** 기업이 아닌 소비자가 전파 가능한 매체를 통해 제품을 알리는 마케팅

플래그십 마케팅
Flagship marketing

가장 많이 판매되는 제품을 중심으로 판촉을 진행하는 마케팅

기업이 판매한 여러 제품 중 가장 많이 판매된 제품을 중심으로 판촉 활동하여, 소비자들에게 브랜드에 대한 긍정적인 이미지를 심어주고 이것이 다른 제품의 구매로 이어질 수 있도록 하는 마케팅 전략이다.

언택트 마케팅 _{빈출}
Untact marketing

고객을 직접 만나지 않고 비대면으로 진행하는 마케팅

가상현실(VR), 챗봇 등의 첨단 기술을 활용하여 고객과 직접 대면하지 않고 진행되는 마케팅 전략으로, 최근 많은 매장에서 주문과 결제에 활용하고 있는 키오스크(안내 단말기)가 대표적이다.

그린 마케팅
Green marketing

자연환경과 생태계 보전을 중시하는 마케팅

단순히 소비자의 욕구 충족에만 초점을 두는 것이 아닌 자연환경 보전과 생태계 균형을 중시하는 마케팅 전략으로, 포괄적으로는 공해를 발생하는 요인을 없앤 상품을 제조 및 판매하여 인간의 삶의 질을 높이려는 기업 활동을 지칭한다.

퍼플카우 마케팅
Purple cow marketing

소비자의 시선을 끌거나 화젯거리가 되는 제품을 판매하는 마케팅

다른 제품과의 차별화를 통해 소비자의 시선을 확 잡아끌거나 소비자 사이에서 화젯거리가 되는 제품을 판매하는 마케팅 전략이다.

컨시어지 마케팅
Concierge marketing

고객의 취향에 맞춘 서비스를 제공하는 마케팅

호텔에서 투숙객의 다양한 요구를 들어주는 컨시어지 서비스처럼 고객의 취향에 맞춘 종합적인 서비스를 제공하는 마케팅 전략이다. 최근에는 기술 혁신으로 시공간의 제약을 뛰어넘는 O2O가 가능해지면서 이 O2O를 기반으로 한 컨시어지 마케팅이 활발해지고 있다.

⊕ **상식 PLUS**
- O2O(Online to Offline): 온라인과 오프라인이 결합하는 현상

다이렉트 마케팅
Direct marketing

생산자가 중간 상인이나 유통 과정을 거치지 않고 소비자에게 직접 제품을 판매하는 마케팅

전통적인 유통 경로와 달리 생산자가 소비자에게 직접 제품을 판매하는 마케팅 전략으로, 소비자의 성향이 다양한 현대 사회의 특성에 맞춰 발전되었다.

데이 마케팅
Day marketing

기념일을 타깃으로 선물을 주거나 행사를 열어 수요를 창출하는 마케팅

매월 14일의 기념일에 행사를 열어 자사 상품을 판매하여 수요를 창출하는 마케팅 전략으로, 2월 14일 밸런타인데이에는 초콜릿, 3월 14일 화이트데이에는 사탕을 선물하는 것이 대표적이다.

MGM 마케팅
Members get members marketing

기존 고객이 새로운 고객을 창출하는 마케팅

기존 고객이 새로운 고객을 대상으로 상품을 권유하여 판매로 이어지도록 유치하는 마케팅으로, 추천 마케팅, 소개 마케팅, 권유 마케팅으로 불리기도 한다. 이때, 기업에서는 새로운 고객과 이들을 끌어온 기존 고객 모두에게 일종의 인센티브를 제공한다.

빈출

밈 마케팅
Meme marketing

인터넷 밈을 활용한 마케팅

인터넷에서 유행하는 특정 문화 요소를 모방하거나 재가공한 콘텐츠인 밈(Meme)을 활용하는 마케팅 전략이다. 대중으로부터 긍정적인 반응을 얻으면 적은 홍보 비용으로 큰 파급력을 얻을 수 있고 브랜드 친밀도를 높일 수 있지만 콘텐츠 수명이 짧다는 단점이 있다.

카테고리 킬러
Category killer

특정 카테고리 제품만을 저렴한 가격으로 판매하는 제품 분야별 전문 매장

백화점이나 슈퍼마켓과 달리 제품 분야별로 특화된 전문 매장을 갖추고, 다양하고 풍부한 상품 구색을 갖추어 저렴한 가격으로 판매하는 소매 업태이다. 주로 가구, 가전제품, 완구용품 등의 분야에서 많이 등장하였지만 최근에는 의류나 식품 분야로 영역을 넓히고 있다. 대표적으로는 사무용품 전문점 베스트오피스와 가전제품 전문점 하이마트가 있다.

팝업 스토어
Pop-up store

사람들이 많은 장소에서 특정 제품을 일정 기간 판매하고 사라지는 임시 매장

짧은 기간 동안 특정 제품을 판매하고 사라지는 임시 매장으로, 시장에 처음 참여하는 브랜드나 제품을 홍보하기 위한 수단으로 활용되기도 한다. 컨테이너를 설치하거나 다른 매장을 잠시 빌려 사용하는 형태를 가지고 있다.

안테나 숍
Antenna shop

제조업체들이 실제 제품을 판매하기 전에 제품에 대한 판매 동향을 파악하기 위해 운영하는 유통망

제품을 실제로 판매하기 전에 고객 반응, 타사 제품에 대한 정보, 유행 정보 등을 빨리 얻기 위해 운영되는 점포로, 주로 젊은 계층이 많이 모이는 장소에 개설한다. 시장의 흐름을 읽고 신제품 개발에 반영하기 위해 본사가 직접 운영하는 직영점들이 대표적인 안테나 숍이다.

CHAPTER 03

경영

소비자 관리

CCM
Consumer Centered Management

소비자의 관점에서 기업의 모든 활동이 소비자 중심에서 수행 및 개선하고 있는지 평가하는 인증 제도

소비자 중심 경영 인증 제도(CCM)는 소비자의 관점에서 기업이 수행하고 있는 모든 활동이 소비자 중심에서 이루어지고 있는지 평가하는 인증 제도로, 소비자의 불만을 예방하고 사후 구제를 신속하게 처리하기 위함이 목적이다.

CLV
Customer Lifetime Value

소비자가 기업의 고객으로서 제공할 것으로 예상되는 공헌도의 합계

고객 생애 가치(CLV)는 소비자가 기업의 고객으로 남아있는 동안에 제공할 것으로 예상되는 공헌도의 합계를 의미하는 것으로, 1988년 로버트 쇼(Robert Shaw)가 그의 저서 <데이터베이스 마케팅>에서 처음으로 사용하였다. 기업이 사용한 비용이 회사의 수익으로 어떻게 들어오는지 파악하는 데 유용하며, 기업의 목적이 단순히 분기별 이익 창출에만 있는 것이 아닌 수익성이 높은 고객과 장기적인 관계를 이어 나가는 것에 그 의미를 둔다.

CRM
Customer Relationship Management

기업이 분석하고 통합한 고객 관련 자료를 활용하여 고객 특성에 맞는 마케팅 활동을 하는 것

고객 관계 관리(CRM)는 기업이 고객과 관련된 자료를 분석하고 통합한 후 그것에 기초하여 마케팅 활동을 계획·지원·평가하는 것을 의미한다. 데이터베이스 마케팅과 비슷한 개념이지만, 고객의 정보를 전사적으로 취득할 수 있으며 그 방법이 훨씬 다양하다는 차이가 있다.

⊕ 상식 PLUS
- **ECRM(Electronic CRM):** 고객 만족도를 제고하기 위해 고객의 행동 및 성향을 온라인상에서 일대일로 분석하는 것
- **데이터베이스 마케팅(Database marketing):** 데이터베이스 시스템에 고객 데이터를 축적해두고 이를 기반으로 진행하는 마케팅

CEM
Customer Experience Management

제품이나 서비스에 대한 고객의 경험을 체계적으로 관리하는 것

고객 경험 관리(CEM)는 기업이 제품이나 서비스와 관련된 고객의 경험을 전략적으로 관리하는 과정으로, 슈미트(Schmitt)가 그의 저서 <CRM을 넘어 CEM으로>에서 제시했다. 이를 통해 기업은 고객과 모든 접점에서 관계를 맺을 수 있고, 고객은 기업이 각기 다른 경험들을 통합해줌으로써 기업에 대한 충성도를 높일 수 있다.

| 해커스 한 권으로 끝내는 만능 일반상식 |

재무/회계

재무 및 회계와 관련한 가장 기초 개념에 대해 알아두면 좋습니다.

회독 박스(□)에 정확히 아는 개념은 ○, 알쏭달쏭한 개념은 △, 전혀 모르는 개념은 ×로 체크하면서 꼼꼼히 학습해 보세요.

재무 일반

288　　　□ □ □

재무제표
財務諸表

기업이 회계 연도가 끝나는 때에 결산 보고를 위해 작성하는 회계 보고서

회계 연도의 마지막 날을 기준으로 기업의 재무 상태, 경영 성과, 현금 흐름 등을 보여주기 위해 작성하는 보고서이다.

⊕ 상식 PLUS
- **연결 재무제표**: 지배기업과 종속기업을 단일 회사로 보고 하나의 재무제표를 작성하는 것
- **재무제표의 구성**

재무 상태표	일정 시점 현재 기업의 재무(기업의 자산, 부채, 자본)의 상태를 보여주는 재무제표
손익계산서	일정 기간 기업의 성과(수익과 비용)를 보여주는 재무제표
자본 변동표	일정 기간 자본금·자본잉여금·자본조정·이익잉여금 등의 변동 내역을 기록한 재무제표
현금 흐름표	일정 기간 기업의 현금흐름(현금 유입과 유출)을 나타내는 재무제표

289　　　□ □ □

재무 상태표
財務狀態表

일정 시점의 기업 재정 상태를 한눈에 볼 수 있도록 도식화한 보고서

기업이 일정 시점에 보유하고 있는 자산, 부채, 자본의 정보를 보고하여 현재의 재무 상태를 나타내는 회계 보고서이다. 상법에 따라 기업은 재무 상태표를 의무적으로 작성해야 하며, 정보 이용자들은 재무 상태표를 통해 기업의 유동성, 재무적 탄력성, 기업의 수익성 등을 평가하는 데 유용하다. 재무 상태표의 차변에는 자산의 증가와 부채·자본의 감소가 표시되며, 대변에는 부채·자본의 증가와 자산의 감소가 표시된다.

⊕ 상식 PLUS
- **계정**: 기업 재산의 변동을 파악할 수 있도록 기록하고 계산하기 위한 기업 회계 형식
- **차변**: 계정의 좌측
- **대변**: 계정의 우측

포괄손익계산서
包括損益計算書

일정 기간 동안의 경영 성과를 포괄적으로 나타내어 기업의 손익을 보여주는 보고서

당기 순손익과 기타 포괄손익 정보를 모두 제공하여 일정 기간 동안의 기업의 경영 성과를 보여주는 재무제표이다.

⊕ 상식 PLUS
- **당기 순손익**: 일정 기간 동안 기업에서 발생한 총수익에서 총비용을 차감한 금액
- **기타 포괄손익**: 당기 순손익에 포함되지 않는 총 포괄손익

이익 잉여금
利益剩餘金

영업 활동에서 얻은 이익을 바탕으로 한 잉여금

영업 활동에서 얻은 순이익을 바탕으로 사내에 유보한 잉여금으로, 이익 준비금, 임의 적립금, 이월 이익금 등이 포함된다.

⊕ 상식 PLUS
- 이익 잉여금의 유형

이익 준비금	법의 규정에 따라 적립되는 법정 준비금
임의 적립금	정관이나 주주총회의 결의에 따라 임의로 마련하는 준비금
이월 이익금	이전 사업 연도에서 처분되지 않은 채 이월된 이익금

- **자본 잉여금**: 영업 활동 외에 자본거래에서 얻은 이익을 바탕으로 한 잉여금

분식 회계
粉飾會計

기업이 의도적으로 자산이나 이익을 실제보다 많이 계상하는 것

기업이 실현되지 않는 매출을 계상하거나 자산을 과대평가하는 등 재정 상태나 경영 실적을 좋게 보이기 위해 이익을 의도적으로 부풀려 작성하는 것으로, 분식 결산이라고도 한다.

손익분기점
損益分岐點

매출액이 총비용과 일치하는 점

일정 기간에 벌어들인 매출액이 당해 기간에 사용한 총비용과 일치하는 점으로, 매출액이 해당 지점 이상으로 증가하면 이익, 해당 지점 이하로 감소하면 손실을 가져온다.

선입 선출법
First-in first-out

먼저 입고된 재고 자산부터 차례로 출고되는 것으로 보는 출고 단가 산정 방법

재고 자산 출고 단가를 결정하는 방법으로, 장부상 먼저 입고된 재고 자산부터 차례대로 출고되는 것으로 간주한다. 이 방법의 장점은 타기업과 연도별 재고 자산의 취득 원가 및 매출 원가를 비교할 수 있으며, 시가에 가까운 기말 재고 자산이 대차 대조표상에 현행 원가로 표시된다.

⊕ 상식 PLUS
- **후입 선출법(Last-in first-out method):** 실제 물량의 흐름과는 상관없이 가장 최근에 입고된 재고 자산이 먼저 출고되는 것으로 보는 출고 단가 산정 방법

EVA
Economic value added

기업이 영업 활동에 대해 투하한 자본 대비 실제로 벌어들인 이익이 얼마인지 나타내는 경영 지표

경제적 부가 가치(EVA)는 세후 영업 이익에 자본 비용을 차감한 금액을 통해 기업이 실제로 얼마의 이익을 냈는지 나타내기 위한 경영 지표로, 1980년대 후반 미국에서 도입되었다. 현금 흐름 유입을 기준으로 기업 가치를 제고시키는 경영 기법으로 사용되지만, 재무 상태를 나타낼 뿐 고객 만족도와 같은 점은 알 수 없으며 실제 소요 비용이 아닌 자기 자본 비용은 객관적으로 산출하기 쉽지 않다는 한계가 있다.

빈출

감가상각
減價償却

유형 자산의 취득 원가 중 당기에 가치가 감소된 부분과 남은 부분을 구분하는 회계 절차

수익·비용 대응의 원칙에 따라 자산의 취득 원가를 당기에 가치가 감소된 부분과 미래에 효익을 제공할 수 있는 부분으로 구분한 것으로, 시간이 지나면서 가지고 있던 물리적·경제적 가치가 감소하는 고정 자산의 정확한 손익을 산출하기 위해 사용한다. 다만, 시간이 지나도 물리적·경제적 가치가 감소하지 않는 토지에는 적용되지 않는다.

⊕ 상식 PLUS
- **수익·비용 대응의 원칙:** 수익과 비용을 그 발생 원천에 따라 명확하게 분류하고, 각 수익 항목을 이에 관련되는 비용 항목에 대응하여 표시해야 한다는 기업 회계 기준의 규정 원칙

유동 자산
流動資産

짧은 기간 안에 현금으로 바꿀 수 있는 자산

현금, 예금, 원재료, 상품 등 1년 이내에 현금으로 바꿀 수 있는 자산을 말하며, 이는 고정 자산에 대응되는 개념이다. 이러한 유동 자산은 현금화의 속도에 따라 당좌 자산과 재고 자산으로 구분된다.

⊕ 상식 PLUS
- 유동 자산의 유형

당좌 자산	판매 과정 없이 빠른 속도로 현금화될 수 있는 자산으로, 기업 회계 기준에서는 현금, 예금, 단기 대여금, 미수금, 미수 수익, 외상 매출금 등으로 규정하고 있음
재고 자산	판매 과정을 거치기 때문에 상대적으로 당좌 자산보다 느린 속도로 현금화되는 자산으로, 원재료, 상품, 제품 등으로 규정하고 있음

감채 기금
減債基金

국공채나 사채의 상환을 위해 적립하는 자금

채권의 상환자원을 확보하기 위해 적립하는 자금을 의미하는 것으로, 국공채와 사채의 경우로 구분된다.

대손 충당금
貸損充當金

기말까지 미회수된 매출 채권 중 회수가 불가능할 것으로 예상되는 금액을 비용으로 처리하기 위해 설정하는 것

받을어음, 외상 매출금, 대출금 등에서 받지 못할 것으로 예상하여 장부상에 비용으로 처리하는 추산액을 의미하는 것으로, 대차 대조표에서 공제의 형식으로 부채의 부(部)에 기재한다. 기업의 재정을 안정적으로 유지하기 위해 설정한다.

⊕ 상식 PLUS
- **대손 상각비**: 회수가 불가능한 매출 채권과 대손 추산액을 상각 처리하거나 대손 충당금을 설정할 때 사용하는 비용

제로베이스 예산
Zero-base budgeting

모든 정부 사업의 예산이 근본부터 경제성 검토의 대상이 되도록 하는 예산 책정 방법

과거의 실적, 정책 우선순위 등 엄격한 기준으로 선정된 몇 개의 사업 계획에 매년 제로 기준을 적용하여 예산을 편성하는 방법으로, 미국 제록스사에서 최초로 도입했다.

301

BSC
Balanced Score Card

비전, 전략, 성과 등을 종합적·장기적·체계적으로 수립하여 관리하는 경영 성과 관리 기법

균형성과표(BSC)는 재무·고객·내부 프로세스·학습과 성장의 4가지 분야에 대한 측정 지표를 통한 경영 관리 기법으로, 1992년에 로버트 카플란 교수와 데이비드 노톤이 공동으로 개발하여 제시했다. 비재무적 성과까지 고려하며 조직의 비전과 경영 목표를 전략적으로 실행하기 위해 사용되고 있다.

302

IFRS
International Financial
Reporting Standards

국제회계기준

국제회계기준위원회에서 기업의 회계 처리와 재무제표에 대한 국제적인 통일성을 제고시키기 위해 공표한 회계 기준이다.

재무 비율

303

ROE
Return On Equity

기업의 자기 자본 이익률

당기 순이익을 자기 자본으로 나눈 값에 100을 곱하여 산출되는 값으로, 자기 자본이 얼마큼 효율적으로 운영되고 있는지 나타내는 지표이다. 경영 효율성과 기업 수익성을 나타내며, 이 값이 높을 경우에는 자기 자본에 비해 당기 순이익이 많았다는 의미이다.

304

유동 비율
流動比率

기업의 지급 및 신용 능력을 판단하기 위해 사용하는 비율

유동 자산을 유동 부채로 나눈 값에 100을 곱하여 산출되는 비율로, 그 값이 200%일 경우를 가장 이상적이라고 판단한다. 기업 규모, 경기 동향, 조업도 등 실질적인 내용을 검토하여 기업의 유동 비율을 적절하게 평가할 수 있어야 한다.

당좌 비율
當座比率

기업의 단기 채무 지급 능력을 판단하기 위해 사용하는 비율

당좌 자산을 유동 부채로 나눈 값에 100을 곱하여 산출되는 비율로, 그 값이 100%를 넘을 경우 가장 이상적이라고 판단한다. 그러나 100%를 훨씬 넘을 경우에는 수익을 내기 위해 자산을 투자하지 않고 많은 현금을 가지고 있어 오히려 수익성이 떨어지는 기업이라고 여겨질 수 있다.

고정 비율
固定比率

자기 자본에 대한 고정 자산의 비율

기업의 안정성을 측정하기 위해 사용하는 비율로, 고정 자산을 자기 자본으로 나눈 값에 100을 곱하여 산출한다. 그 값이 100%를 넘지 않을 경우를 가장 이상적이라고 판단한다.

레버리지 비율
Leverage ratios

기업의 부채 의존도를 측정하기 위해 사용하는 비율

기업이 타인 자본에 의존하고 있는 정도를 측정하기 위해 사용하는 비율로, 부채성 비율이라고도 한다. 기업의 재무 위험을 평가하는 이 비율은 부채 비율, 자기 자본 비율, 이자 보상 비율 등으로 분석할 수 있다.

⊕ **상식 PLUS**
- **자기 자본 비율:** 총자산을 자기 자본으로 나누어 산출한 것으로, 국제 결제 은행(BIS)이 규정한 비율
- **이자 보상 비율:** 영업 이익을 이자 비용으로 나누어 산출한 것으로, 기업의 채무 상환 능력을 나타내는 비율

부채 비율
負債比率

기업의 타인 자본 의존도를 측정하기 위해 사용하는 비율

타인 자본(부채)을 자기 자본으로 나눈 값에 100을 곱하여 산출되는 비율로, 그 값이 100%를 넘지 않을 경우를 가장 이상적이라고 판단한다.

유보율
留保率

기업 내부에 보유하고 있는 자금을 측정하기 위해 사용하는 비율

기업의 이익 잉여금과 자본 잉여금을 합한 전체 잉여금을 납입 자본금으로 나눈 값에 100을 곱하여 산출하는 비율로, 사내 유보의 정도를 나타낸다. 이 비율은 부채 비율과 함께 활용되는데, 유보 비율은 높고 부채 비율이 낮은 경우에 기업 안정성이 높다고 판단할 수 있다.

매출액 경상 이익률
賣出額經常利益率

기업 실적 양호도를 측정하기 위해 사용하는 비율

기업의 경상 이익을 매출액으로 나눈 값에 100을 곱하여 산출되는 비율로, 전체적인 경영 성과를 파악할 수 있다.

⊕ 상식 PLUS
- **경상 이익**: 영업 이익에 영업 외 수익은 더하고 영업 외 비용은 차감하여 계산한 이익으로, 일시적으로 발생하는 특별 이익은 포함되지 않아 기업의 실질적인 운영에 의한 이익을 파악할 수 있음

배당 수익률
配當收益率

주주들이 보유하고 있는 주식의 수익을 나타내는 비율

기업의 주당 배당금을 주식 가격으로 나눈 값에 100을 곱하여 산출되는 비율로, 보유 주식으로 얻을 수 있는 수익의 정도를 나타낸다.

기대 수익률
期待收益率

투자에 따라서 실제로 실현될 것으로 기대되는 평균 수익률

투자에 따라 실제로 실현될 것으로 기대되는 수익률을 평균한 값으로, 보통 보유 자산이나 포트폴리오에서 기대되는 수익률을 이용하여 구한다. 그러나, 일반적으로는 기대 수익률과 실제 실현되는 수익률은 다르기 때문에, 기대 수익률이 실현되지 않을 위험에 대해 고려하여 투자해야 한다.

앞에서 학습한 상식을 문제를 풀면서 바로 점검해 보세요!

[01-05] 다음 각 설명을 읽고, 맞으면 O, 틀리면 ×에 표시하시오.

01 모든 공급 단계를 하나의 통합망으로 관리하는 방식을 'SCM'이라고 한다. (O , ×)

02 조직 내·외부에서 발굴한 지식을 조직 내에 적용하여 문제 해결 능력을 키우는 경영 방식을 '지식 경영'이라고 한다. (O , ×)

03 영업 활동에서 얻은 순이익을 바탕으로 사내에 유보한 잉여금을 '이익 잉여금'이라고 한다. (O , ×)

04 적대적 M&A에 대한 방어 전략으로 피인수 기업이 자사의 경영권 위협을 방어하기 위해 끌어들이는 우호적인 세력을 '황금 낙하산'이라고 한다. (O , ×)

05 신제품을 낮은 가격으로 설정하여 판매한 이후에 점차 가격을 높이는 전략을 '스키밍 가격 전략'이라고 한다. (O , ×)

[06-10] 다음 각 설명에 해당하는 용어를 쓰시오.

06 기업 경영의 효율을 극대화하기 위해서 업무의 일부 프로세스를 제3자의 전문 기업에 위탁 처리하는 전략
( )

07 공급 단계의 하류에 있는 소비자의 수요 정보가 상류로 갈수록 왜곡되어 수요의 변동성이 커지는 효과
( )

08 직무 내용 자체에는 변화가 없지만 직위의 명칭만을 격상시키는 형식적인 승진 제도 ( )

09 직무를 수행하는 동시에 종업원 교육이 이루어져 시간 낭비가 적은 교육 훈련 방법 ( )

10 상품이 출시된 이후에 초기 시장과 주류 시장 사이에서 일시적으로 수요가 정체되거나 후퇴되는 현상
( )

11 기업이 환경 보호, 사회 공헌, 법과 윤리를 준수하는 경영 활동을 의미하는 용어는?

　① SCM　　　　　② ERP　　　　　③ ESG　　　　　④ MBO

12 사업을 경영하는 무한책임사원과 사업의 이익을 분배하는 유한책임사원으로 구성되어 있는 회사는?

　① 합명회사　　　② 합자회사　　　③ 무한회사　　　④ 주식회사

13 중요 사건 기록법과 평정 척도법을 결합하여 피평가자의 실제 업무상의 행동을 기준으로 평가하는 기법은?

　① 다면평가 제도　② 행위기준고과법　③ 평가센터법　　④ 델파이 기법

14 기업이 소비자가 제안한 상품에 대한 아이디어를 수용하여 신제품을 개발하려는 고객 만족 마케팅 전략은?

　① 앰부시 마케팅　② 하이엔드 마케팅　③ 임페리얼 마케팅　④ 프로슈머 마케팅

15 자신만의 특별한 제품을 선보이고 차별화와 저비용을 추구하여 새로운 시장을 창출하는 전략은?

　① 그린 오션 전략　② 레드 오션 전략　③ 블루 오션 전략　④ 퍼플 오션 전략

16 다음 중 마케팅 믹스 중 4P에 해당하는 것을 모두 고르면?

| ⊙ 판매 촉진 | ⓒ 사람 | ⓒ 상품 | ⓔ 서비스 과정 | ⓜ 물리적 근거 |

① ⊙, ⓒ ② ⊙, ⓒ ③ ⊙, ⓒ, ⓔ ④ ⓒ, ⓔ, ⓜ

17 다음 중 SWOT 분석에 대해 바르게 설명한 사람을 모두 고르면?

- 갑: 먼저 기업의 내부 환경의 강점과 약점, 외부 환경의 기회와 위협을 분석해야 해.
- 을: 맞아. 그런 뒤에 강점 요인과 위협 요인으로 ST 전략을 세울 수 있어.
- 병: 기업의 강점 요인과 약점 요인으로 SW 전략도 세울 수 있겠군.
- 정: 약점 요인과 기회 요인을 이용한 전략도 SWOT 분석에 속해.

① 갑, 병 ② 갑, 정 ③ 갑, 을, 병 ④ 갑, 을, 정

18 다음 중 기업 결합에 대해 틀린 설명을 모두 고르면?

⊙ 동종 또는 유사 기업이 결합하는 카르텔은 경제적 독립성이 존재하지 않는다.
ⓒ 기술적으로 연관되어 있는 공정이나 기업이 한곳에 모여 있는 것을 콤비나트라고 한다.
ⓒ 동일 산업의 기업들이 시장 지배를 목적으로 결합한 콘체른은 법률적, 경제적 독립성이 모두 없다.
ⓔ 주식 참여로 이루어지는 트러스트는 법률적 독립성만 존재한다.

① ⊙, ⓒ ② ⓒ, ⓔ ③ ⊙, ⓒ, ⓔ ④ ⊙, ⓒ, ⓔ

19 다음 중 포드 시스템과 관련된 것의 개수는?

| • 대량 생산 | • 3S 운동 | • 저임금 | • 동시 관리 | • 봉사주의 |

① 2개 ② 3개 ③ 4개 ④ 5개

20 다음 중 제품 수명 주기(PLC)를 순서대로 바르게 나열한 것은?

| ⊙ 성공을 거둔 제품에 대한 지속성을 유지한다. | ⓒ 브랜드 이미지를 높이고 매출 증대를 목표로 한다. |
| ⓒ 제품을 처음으로 시장에서 선보인다. | ⓔ 제품이 시장에서 도태된다. |

① ⓒ-⊙-ⓒ-ⓔ ② ⓒ-ⓒ-⊙-ⓔ ③ ⓒ-ⓒ-ⓔ-⊙ ④ ⓒ-ⓔ-ⓒ-⊙

🔍 정답

01	○	02	○	03	○	04	×→백기사	05	×→침투 가격 전략
06	아웃소싱	07	채찍 효과	08	대용 승진	09	OJT	10	캐즘
11	③	12	②	13	②	14	④	15	③
16	②	17	④	18	④	19	③	20	②

CHAPTER 04
금융/산업

다음은 금융/산업 분야에서 출제되거나 출제될 가능성이 높은 중요한 키워드를 기반으로 정리한 마인드맵입니다.
학습 전 큰 흐름을 조망하거나 학습 후 공부한 내용을 정리하는 용도로 활용해 보세요.

- **금융/산업**
  - **UNIT 1 금융 일반**
    - 금융 기초
      - 세계 3대 신용평가기관
      - 모라토리엄
    - 금융 제도 및 상품
      - 서브프라임 모기지
    - 기타
      - 그림자 금융
  - **UNIT 2 주식/채권/펀드**
    - 주식
      - 공매도
      - 윈도 드레싱
    - 채권과 어음
      - 영구 채권
    - 펀드
      - 벌처 펀드
      - 인덱스 펀드
    - 기타 금융 상품
      - ELS
  - **UNIT 3 산업**
    - 산업 유형
      - 클라크의 산업 구조
      - 실버 산업
    - 산업 일반
      - 산업 재산권
    - 자원
      - 세계 3대 유종

UNIT 1

금융 일반

기본적인 금융 기초 용어 및 주요 금융 제도를 확인해 보세요.

회독 박스(□)에 정확히 아는 개념은 ○, 알쏭달쏭한 개념은 △, 전혀 모르는 개념은 ×로 체크하면서 꼼꼼히 학습해 보세요.

금융 기초

313 □ □ □

중앙은행
中央銀行

한 나라의 금융 정책과 통화 정책의 주체가 되는 은행

특별법에 기초하여 설립된 한 나라의 금융 정책과 통화 정책의 중심적인 기관으로, 한국의 한국은행, 미국의 연방준비제도(FRB), 영국의 잉글랜드은행이 대표적이다. 발권은행으로서의 기능, 은행의 은행으로서의 기능, 정부의 은행으로서의 기능을 수행한다.

314 □ □ □

특수은행
特殊銀行

특별법에 의하여 특별한 업무를 행하는 은행

일반 상업 금융의 취약점을 보완하고 국민 경제 발전을 도모하기 위한 목적으로, 특수은행법에 의하여 설립된 은행이다. 대표적으로 한국산업은행, 중소기업은행, 한국수출입은행 등이 있다.

⊕ 상식 PLUS
• **일반은행**: 은행법에 의해 설립되고 규제받는 예금은행 또는 상업은행

금융 지주 회사
金融持株會社

하나 이상의 금융 기관의 주식을 소유하는 지주 회사

하나 이상의 금융 기관을 영위하여 주식 또는 지분을 소유하는 회사를 말한다. 누구나 자유롭게 설립 및 전환이 가능하고 공정거래위원회에 신고해야 하는 일반 지주 회사와 달리, 「금융지주회사법」에 의한 인가 요건을 갖춘 사람에 한해 설립 및 전환이 가능하다.

배드 뱅크
Bad bank

금융 기관의 부실 채권 및 자산을 구입하여 전문적으로 처리하는 은행

부실화된 금융 기관의 부실 자산이나 채권을 사들여 전문적으로 관리하고 처리하는 구조 조정 전문 은행이다. 부실 금융 기관은 부실 자산을 배드 뱅크에 매각함으로써 우량 자산만 가진 굿 뱅크로 바뀔 수 있다.

⊕ 상식 PLUS
- 굿 뱅크(Good bank): 우량 자산 및 채권을 운용하는 은행

빈출

세계 3대
신용평가기관
世界三大信用評價機關

국가 신용도를 평가하는 피치 레이팅스, 무디스, 스탠더드 앤드 푸어스를 이르는 말

영국의 피치 레이팅스(Fitch Ratings)와 미국의 무디스(Moody's), 스탠더드 앤드 푸어스(Standard&Poor's)를 통틀어 이르는 말로, 이들은 각국의 정치적·경제적 상황과 전망 등을 종합적으로 고려하여 국가별로 등급을 발표한다.

개인 워크아웃
Individual workout

채무 불이행자의 경제적 재기를 지원하기 위한 제도

3개월 이상의 개인 채무 불이행자를 대상으로 이자율 조정, 변제 기간 유예, 상환 기간 연장, 분할 상환 등을 통해 경제적 재기를 지원하는 제도로, 2002년부터 시행되었다.

⊕ 상식 PLUS
- 프리 워크아웃(Pre-workout): 신용 불량자가 되기 전의 개인이나 부도 위험에 처해 있는 기업을 대상으로 채무를 재조정하는 선제적 조치

펀드 런
Fund run

☐ ☐ ☐

수익률의 하락을 예상한 투자자들이 펀드의 환매를 한꺼번에 요구하는 현상

수익률의 하락을 예상한 펀드 투자자들이 펀드 가입 계약을 해지하고 펀드의 환매를 한꺼번에 요구하는 현상으로, 은행의 예금 지급 불능 상태를 우려한 사람들이 예금을 한꺼번에 인출하는 뱅크 런에서 유래되었다.

모라토리엄
빈출
Moratorium

☐ ☐ ☐

긴급한 사태가 발생한 경우 일정 기간 금전 채무 이행이 연장되거나 유예되는 것

전쟁, 천재지변, 공황 등의 긴급한 사태가 특정 지역이나 나라 전체에 발생할 때 금전 채무 이행이 국가의 공권력에 의해 일시적으로 연장 또는 유예되는 것을 일컫는 용어로, 상환 의사가 있는 상태에 해당한다.

⊕ **상식 PLUS**
- **지급 거절**: 만기일이 도래한 외채의 만리금 상환에 대한 채무 불이행 상태로, 상환 의사가 없다는 점에서 모라토리엄과 구분됨

디폴트
Default

☐ ☐ ☐

채무자가 원리금 상환이나 이자 지급을 할 수 없는 상태

채무에 대한 원리금 상환이나 이자 지급을 할 수 없는 상태로, 채무 불이행이라고도 한다. 또한, 정해진 기간 동안 채권자가 빌려준 돈을 받을 수 없게 된 경우에 채무자의 다른 재산 확보를 선언할 때 쓰이기도 한다. 디폴트의 원인은 채무자가 국가인 경우와 기업인 경우로 나눌 수 있는데, 전자는 전쟁·내란·외환 준비의 고갈에 의한 지급 불능, 후자는 경영 부진·도산 등이 있다.

컨소시엄
Consortium

☐ ☐ ☐

공동의 목적을 달성하기 위한 협회나 조합

공동의 목적을 달성하기 위한 다양한 조합을 일컫는 용어이다. 다수의 인수업체들이 유가 증권의 발행액이 커서 인수업체의 단독 인수가 힘든 경우에 공동으로 창설하는 인수 조합, 정부나 공공 기관의 대규모 사업에 다양한 업체가 하나의 회사로 참여하는 것 등이 이에 해당된다.

프로젝트 파이낸싱
Project financing

미래에 발생할 현금 흐름을 담보로 건설이나 대형 사업과 같은 프로젝트의 수행 과정에 필요한 자금을 조달하는 금융기법

도로, 항만, 공항, 발전소 등의 사회 간접 자본(SOC) 투자나 석유 탐사 및 개발 등과 같은 프로젝트의 수행 과정에서 발생하는 현금 흐름을 담보로 하여 자금을 조달하는 금융 기법이다. 이는 별도의 회사를 설립하여 돈을 빌리고 후에 원리금을 상환하는 형태이기 때문에, 프로젝트가 실패할 경우에도 모회사는 차입금 상환에 대한 부담이 없다.

⊕ **상식 PLUS**
- **모회사(Parent company):** 지배와 종속의 관계가 있는 두 개 회사 중 지배회사

캐리 트레이드
Carry trade

금리가 낮은 통화로 금리가 높은 국가의 금융 상품 등에 투자하여 수익을 얻으려는 거래

금리가 낮은 국가에서 빌린 통화로 금리가 높은 국가의 장기 채권 등에 투자하여 높은 수익을 얻기 위한 거래로, 빌린 통화에 따라 달러 캐리 트레이드, 엔 캐리 트레이드, 유로 캐리 트레이드 등이 있다. 이 거래는 채권이나 대출 자산 등의 투자가 일반적이지만, 주식, 원자재, 부동산 등 다양한 자산에 대한 투자를 모두 포함한다.

콜 금리
Call rate

콜에 대한 이자율

콜이란 하나의 금융 기관이 일시적으로 자금이 부족할 경우 다른 금융 기관에서 자금을 단기간 내에 빌려주고 다시 받는 것을 말하며, 이를 거래하는 시장을 콜 시장이라고 한다. 이때 자금이 풍부한 금융 기관이 콜 론(Call loan)을 내놓으면 자금이 부족한 금융 기관이 콜 머니(Call money)를 빌리게 되는데, 이때의 이자율을 콜 금리라고 한다.

실효 금리
實效金利

금융 기관으로부터 돈을 빌린 기업이 실질적으로 부담해야 하는 금리

기업이 금융 기관으로부터 돈을 융자받을 경우에 실질적으로 부담해야 하는 금리를 말하며, 약정 금리와 대비되는 용어이다.

⊕ 상식 PLUS
- **약정 금리(Contracted interest rate, 約定 金利):** 기업이 금융 기관으로부터 돈을 융자받을 경우에 약속하는 표면 금리

금융 제도 및 상품

역모기지론
Reverse mortgage loan

주택을 담보로 일정 기간, 일정 금액을 연금의 형태로 지급받는 장기 주택 저당 대출

금융 기관에서 고객이 가지고 있는 집을 담보로 연금의 형태로 일정 금액을 지급하는 장기 주택 저당 대출로, 대출받은 원금과 이자를 만기에 한 번에 상환하거나 주택 처분권을 금융 기관에 제공해야 한다. 주로 집은 있지만 정기적인 소득이 없는 노년층이 생활비 조달을 위해 활용한다.

⊕ 상식 PLUS
- **모기지론(Mortgage loan):** 집을 구입할 때 주택을 담보로 주택 구입 자금을 지급받고 추후에 일정 기간에 걸쳐 원금과 이자를 상환해야 하는 제도

방카슈랑스
Bancassurance

은행과 보험사가 협력하여 종합 금융 서비스를 제공하는 금융 결합 형태

은행(Bank)과 보험(Assurance)의 합성어로, 은행과 보험사가 서로 간의 협력을 통해 종합 금융 서비스를 제공하는 것이다. 1986년 프랑스 아그리콜 은행이 프레디카 생명 보험사를 설립하여 보험 상품을 판매하면서 처음 등장하였으며, 우리나라에는 2003년에 도입되었다. 저렴한 보험 상품의 구입, 효율적인 리스크 관리, 다양한 금융 서비스 제공 등의 장점을 가지고 있다.

서브프라임 모기지
빈출
Subprime mortgage

미국에서 저소득층을 대상으로 한 주택 담보 대출

미국에서 신용 등급에 따라 프라임(Prime), 알트에이(Alt-A), 서브프라임(Subprime) 3가지로 나누어지는 주택 담보 대출 중에서 저소득층을 대상으로 하는 비우량 주택 담보 대출을 말한다. 서브프라임 모기지는 프라임 모기지에 비해 대출 금리가 약 2~4%p 정도 높으며, 신용 점수가 620점 미만인 사람에게 적용된다.

시드 머니
Seed money

부실기업을 정리할 때 금융 기관에서 새롭게 융자하는 자금

부실기업을 정리할 때 기존 대출금의 금리를 장기간 낮추더라도 인수 기업이 이를 인수하려고 하지 않기 때문에 신규 대출 조건을 추가하게 되는데, 여기서 발생하는 신규 대출금을 의미한다.

랩 어카운트
Wrap account

여러 자산운용서비스를 하나로 묶어 제공하는 종합자산관리 방식의 상품

증권 회사의 자산 관리사가 고객이 예탁한 재산을 종합적으로 관리하며 주식, 채권, 부동산 등에 분산 투자하고 수익을 내는 맞춤형 금융 서비스이다.

CD
Certificate of Deposit

양도성 예금 증서

은행에서 발행되고 증권 회사와 종합 금융 회사의 중개를 통해 자유롭게 매매가 가능한 무기명 상품으로, 제3자에게 해당 증서의 양도가 가능하다.

CHAPTER 04
금융/산업

333

□ □ □

제2금융권
第二金融圈

제1금융권인 은행을 제외한 금융 기관

일반 상업은행과 기능은 유사하지만 은행법의 적용을 받지 않는 은행을 제외한 나머지 금융 기관인 보험 회사, 신탁 회사, 상호저축은행, 종합 금융 회사 등을 말한다. 은행에 비하여 상대적으로 간편하게 대출을 받을 수 있지만 이자가 높다는 단점이 있다.

334

□ □ □

그림자 금융
Shadow banking system

중앙은행의 규제와 감독을 받지 않는 금융 회사

은행과 유사한 역할을 하지만 중앙은행의 규제와 감독을 받지 않는 금융 회사로, 투자 은행, 헤지 펀드, 사모 펀드 등을 말한다. 은행 이외의 금융 기관 자금을 조달하기 때문에 은행을 보완하는 기능이 있지만, 자금 중개 경로가 복잡하여 위험이 금융 기관 사이에서 전이될 수 있으며 투명성이 낮아 손실을 파악하기 쉽지 않다는 단점이 있다.

335

□ □ □

머니 론더링
Money laundering

정당하지 못한 돈을 정당한 돈으로 바꿔 자금 출처를 어렵게 하는 것

부정 자금을 불법적으로 조작하여 출처와 수익자를 알 수 없게 하는 행위이며, 자금 세탁이라고도 한다. 횡령 및 내부 거래, 뇌물 수수, 불법 무기 판매 및 밀수 등을 정의하는 개념으로 OECD(경제협력개발기구)에서 사용하고 있으며, 한국에서는 기업이 비자금이나 탈세 등에 대한 추적을 어렵게 하는 행위의 의미로 사용하고 있다.

336

□ □ □

로스차일드 가
Rothschild family

국제적 금융 기업을 보유하고 있는 유대계 금융 자본가의 일가

철도와 석유 산업 발달을 주도하였으며, 영국·프랑스·미국 금융계에 막강한 영향력을 행사하고, 국제적 금융 기업을 보유하고 있는 유대계 금융 재벌 가문이다.

UNIT 2

주식/채권/펀드

주요 금융상품의 종류와 금융상품별 특성을 파악해 두는 것이 좋습니다.

회독 박스(□)에 정확히 아는 개념은 ○, 알쏭달쏭한 개념은 △, 전혀 모르는 개념은 ×로 체크하면서 꼼꼼히 학습해 보세요.

주식

337

□ □ □

코스닥
KOSDAQ

우리나라의 장외 증권 시장

코스닥은 'Korea Securities Dealers Automated Quotation'의 앞 글자를 딴 것으로, 중소·벤처기업 자금 조달 목적을 가지고 있는 우리나라의 증권 시장이며, 미국의 나스닥(NASDAQ)과 그 기능이 유사하다. 장외 거래 주식 매매를 위해서 컴퓨터와 통신망을 이용한 전자 거래 시스템을 사용하고 있으며, 이로 인해 불특정 다수가 참여하는 경쟁 매매 방식이 도입되었다.

⊕ 상식 PLUS
- **코스닥 지수**: 코스닥 시장에서 상장 기업의 주가에 주식 수를 가중한 시가 총액 지수

338

□ □ □

나스닥
NASDAQ

미국의 장외 증권 시장

나스닥은 'National Association of Securities Dealers Automated Quotation'의 앞 글자를 딴 것으로, 미국의 장외 증권 시장이며, 전미 증권 협회가 컴퓨터 전산망을 통해 운영 및 관리하고 있다. 미국을 넘어 전 세계의 벤처기업이 자금 조달을 위한 활동기반을 두고 있으며, 대표적으로 마이크로소프트, 인텔, 애플 등의 기업이 상장되어 있다.

주가지수
Stock price index

주가의 변동을 나타낸 지수

주식의 전반적인 변동을 나타내기 위해 개별 주식의 주가 변동을 종합하여 일정 시기의 주가를 100으로 두고 비교 시점의 주가 수준과 비교하여 산출한 지수이며, 다우-존스식과 시가총액식 두 가지로 작성할 수 있다. 1884년부터 사용된 미국의 다우-존스식은 지수 산출에 채용된 종목의 규모와는 상관없이 산출된 가격을 평균해 보는 방식이며, 시가총액식은 상장 주식 수를 주가와 곱하여 전체를 합산하는 가중 주가 방식이다.

코스피
KOSPI, Korea composite
stock price index

증권 거래소에서 산출한 국내 종합 주가 지수

증권 거래소에서 상장된 기업의 주식 가격에 주식 수를 가중 평균하여 시가총액으로 산출한 국내 종합 주가 지수로, 비교 시점의 시가 총액을 기준 시점인 1980년 1월 4일의 시가 총액으로 나눈 값에 100을 곱하여 산출된다.

상장주
Listed stock

증권 거래소에서 상장이 인정되어 매매되고 있는 주식

증권 거래소에서 일정한 상장 기준을 바탕으로 매매되고 있는 주식이다. 상장이 되면 기업의 주식이 신뢰를 얻게 되며, 발행 기업의 사회적 평가가 높아진다. 또한 시가로의 환금이나 유통이 용이하며, 증자가 쉽고, 담보의 높아지는 등의 긍정적인 효과가 있다.

우회 상장
迂廻上場

비상장 기업이 상장 기업을 인수·합병 등의 방법으로 증권 시장에 바로 상장되는 것

비상장 기업이 상장적부심사나 공모주청약 같은 정식 절차를 거치지 않고 우회적인 방법으로 증권 시장에 바로 상장되는 것으로, 백 도어 리스팅(Back-door listing)이라고도 한다. 가장 대표적인 방법은 비상장 기업이 부실 상장 기업을 인수·합병하는 것이며, 그 외에 주식교환, 영업양수도 등의 방법이 있다.

주가 수익 비율
PER, Price Earning Ratio

주가가 회사의 한 주당 수익의 몇 배인지 나타내는 지표

주가가 회사의 한 주당 수익의 몇 배가 되는지를 나타내는 비율로, 주가를 주당 순이익으로 나누어서 구할 수 있다.

⊕ **상식 PLUS**
- **주당 순이익(EPS)**: 기업의 당기 순이익을 발행 주식 수로 나눈 값으로, 이 값이 높을수록 주식의 투자 가치가 높다는 것을 의미함

포트폴리오
Portfolio

위험은 최소화하고 수익은 극대화하기 위해 여러 종목에 분산 투자하는 것

본래 자신의 실력을 보여줄 수 있는 자료 수집철이라는 뜻을 가진 용어지만, 주식 분야에서는 투자 시 위험을 줄이고 수익은 높이기 위해 분산 투자하는 것을 의미한다.

블루칩
Blue chip

재무 구조의 건전성을 유지하고 있다고 판단되는 기업의 주식

안정적인 이익을 창출하고 배당금을 지급해 오며 재무 구조의 건전성을 유지하고 있는 기업의 대형 우량주를 일컫는 용어이다. 우량주의 기준은 명확하진 않지만 성장성이 크고, 수익성이 높으며, 안정성이 뛰어나 각 업종을 대표하는 회사의 주식이 일반적이다.

스톡옵션
Stock option

기업이 임직원에게 자사 주식을 낮은 가격에 매입하였다가 추후에 팔 수 있도록 하는 것

자사의 주식을 액면가 또는 시세보다 낮은 가격에 매입하고 일정 기간이 지나면 매수할 수 있는 권리를 임직원에게 부여하는 제도이다. 임직원의 근로의욕을 진작시키는 목적으로 시행되는 경우가 많다. 상법상으로 총 발행 주식 수의 10%를 스톡옵션으로 부여할 수 있다.

⊕ **상식 PLUS**
- **스톡퍼처스(Stock purchase)**: 기업이 일정비율의 자사주를 매입한 임직원에게 일정 비율의 주식을 무상 지급하는 것

CHAPTER 04
금융/산업

콜 옵션·풋 옵션
Call option · Put option

일정 시기에 특정 기초 자산을 미리 정한 행사 가격으로 사고팔 수 있는 권리

계약 만기일이나 만기일 이전에 특정 기초 자산을 미리 정한 행사 가격으로 살 수 있는 권리를 매매하는 것을 콜 옵션, 팔 수 있는 권리를 매매하는 것을 풋 옵션이라고 한다.

상한가·하한가
上限價 · 下限價

증권 시장에서 주식이 하루에 오를 수 있는 가장 높은 가격과 가장 낮은 가격

하루에 오를 수 있는 주식의 가격 등락 폭의 한계를 의미하는 것으로, 상한선까지 올라간 경우를 상한가, 하한선까지 내려간 경우를 하한가라고 한다. 가격 등락 폭은 보통 전일종가에 일정 비율을 곱해 산출한다.

사이드카
Sidecar

선물 가격이 전일 종가의 일정 수준을 넘어 급등 또는 급락하는 상태가 1분 이상 지속될 경우 선물 및 현물 매매를 5분간 정지시키는 제도

선물 가격이 전일 종가 대비 코스피는 5%, 코스닥은 6% 이상 급등하거나 급락하는 상태가 1분 이상 지속될 경우 매매를 5분 동안 정지시키는 제도이지만, 5분이 지나면 자동 해제되어 매매가 계속해서 진행된다. 또한, 주식시장 매매거래 종료 전 40분 이후에는 발동되지 않으며 1일 1회만 발동된다.

서킷 브레이커
Circuit breakers

주가가 급락하는 경우에 주식의 매매를 정지시키는 제도

주식 시장에서 코스피나 코스닥 지수가 전일에 비해 10% 이상 급락하는 경우에 주식 매매를 일시적으로 정지시키는 제도로, 주식 거래 중단 제도라고 부르기도 한다. 이는 1987년 10월 블랙 먼데이 이후에 주식 시장의 붕괴를 막기 위해 도입되었다.

351 블랙먼데이
Black Monday

뉴욕 증권 시장에서 발생한 주가 대폭락 사건

1987년 10월 19일 미국 뉴욕에서 다우 존스 평균 주가가 전일 대비 22.6% 폭락한 사건을 가리키는 용어로, 대폭락이 월요일에 발생하여 붙여진 명칭이다.

352 골든 크로스
Golden cross

주식 시장에서 주가나 거래량의 단기 이동 평균선이 중장기 이동 평균선을 아래에서 위로 뚫고 올라가는 것

주가를 기술적으로 분석하여 예측하는 지표로, 주가나 거래량의 단기 이동 평균선이 중장기 이동 평균선(특정 기간 동안의 주가 평균을 이어놓은 선)을 아래에서 위로 뚫고 올라가는 현상을 의미한다. 골든 크로스는 보통 주식 시장이 강세장으로 전환될 것임을 예측하는 신호로 여겨진다.

⊕ 상식 PLUS

• 골든 크로스 유형

단기 골든 크로스	5일 이동 평균선이 20일 이동 평균선을 아래에서 위로 돌파하는 것
중기 골든 크로스	20일 이동 평균선이 60일 이동 평균선을 아래에서 위로 돌파하는 것
장기 골든 크로스	60일 이동 평균선이 100일 이동 평균선을 아래에서 위로 돌파하는 것

• 데드 크로스(Dead cross): 주식 시장에서 주가나 거래량의 단기 이동 평균선이 중장기 이동 평균선을 위에서 아래로 뚫고 내려가는 것

353 공매도
空賣渡

빈출

주식을 소유하지 않고 있음에도 매도 주문을 내는 행위

현재 주식을 소유하지 않은 상태에서 주가 하락이 예상될 때 해당 주식을 빌려 매도하는 행위로, 추후에 주가가 실제로 하락하게 되면 저렴한 가격에 다시 해당 주식을 되사서 빌린 주식을 갚고 그로 인해 생기는 차익을 얻는 기법이다.

354 증권 집단 소송제
證券集團訴訟制

소액 주주들이 기업의 분식 회계·주가 조작 등으로 피해를 입었을 때, 한 명의 주주가 소송을 해서 이기면 다른 피해 주주도 보상받을 수 있는 제도

분식 회계·허위 공시·주가 조작 등으로 피해를 받은 한 명의 주주가 이에 대한 소송을 제기하여 이길 경우 피해를 본 나머지 주주도 보상을 받을 수 있는 제도로, 소액 투자자를 보호하기 위해 시행되고 있다. 단, 기업이 발행한 총 유가 증권의 1만분의 1 이상을 주주 50명 이상이 보유하고 있을 때 소송이 가능하다.

수권 자본 제도
授權資本制度

회사 설립 후에 이사회가 일정 주식을 필요에 따라 발행할 수 있는 제도

주식회사에서 발행 예정 주식 중 일부는 회사 설립 시에 발행하고, 그 외는 이사회가 필요에 따라 회사 설립 후에 발행하는 것을 인정하는 제도이다.

⊕ 상식 PLUS
- **공칭 자본 제도(公稱資本制度):** 수권 자본 제도와 대응하는 개념으로, 발행 예정 주식을 전액 발행하고 주식 금액 분납을 인정하는 제도

출자 전환
Debt-equity swap

금융 기관이 기업에 빌려준 대출금을 해당 기업의 주식과 전환하는 것

기업에 대출금을 빌려준 채권자인 금융 기관이 대출금을 빌린 채무자인 기업의 빚을 탕감해주는 조건으로 해당 기업의 주식을 취득하는 부채 조정 방식이다.

주식 매수 청구권
株式買受請求權

이익에 중대한 영향을 미치는 안건에 반대하는 주주가 보유 주식에 대한 매수를 회사에 요구할 수 있는 권리

이해관계에 큰 영향을 미칠 수 있는 합병 등과 같은 안건을 반대하는 주주가 자신이 보유하고 있는 주식을 회사가 매수하도록 요구하는 권리이다. 이는 반대 주주들의 주식 회수를 보장하여 기업의 합병과 같은 안건이 원활하게 진행될 수 있도록 하기 위한 제도이다.

베이시스
Basis

주식 시장에서 거래되는 선물 가격과 현물 가격의 차이

선물 거래란 현재 시세로 계약하고 미래의 특정 시점에 계약을 이행하는 상품으로, 미래 시점까지 보유하는 데 드는 비용을 포함하여 가격이 설정되기 때문에 현재 시세로 계약하고 매매되는 현물 가격과 차이가 난다. 이러한 차이를 베이시스라고 하는데, 정상적인 시장에서는 선물 가격이 현물 가격보다 높으므로 베이시스가 양의 값을 갖게 된다.

⊕ 상식 PLUS
- 베이시스 해석

콘탱고 (Contango)	주식 시장에서 선물 가격이 현물 가격에 비해 높은 상태로, 베이시스가 양(+)인 정상 시장
백워데이션 (Backwardation)	주식 시장에서 현물 가격이 선물 가격에 비해 높은 상태로, 베이시스가 음(-)인 역조 시장

더블 위칭 데이
Double witching day

주가지수선물과 주가지수옵션의 만기일이 겹치는 것

국내 주가지수선물 만기일은 3월, 6월, 9월, 12월의 두 번째 목요일이고 주가지수옵션 만기일은 매달 두 번째 목요일로, 1년에 4번 주가지수선물과 주가지수옵션의 만기일이 겹치는 것을 말한다.

⊕ **상식 PLUS**
- **트리플 위칭 데이(Triple witching day):** 주가지수선물, 주가지수옵션, 개별주식옵션의 만기일이 겹치는 것
- **쿼드러플 위칭 데이(Quadruple witching day):** 주가지수선물, 주가지수옵션, 개별주식옵션의 만기일에 개별주식선물 만기일까지 겹치는 것

캘린더 효과
Calendar effect

특정 시기가 되면 증시의 흐름이 좋아지거나 나빠지는 현상

특정 달(月)이 되면 증시가 강세를 보이거나 반대로 약세를 보이는 현상으로, 계절적 이례 현상과 비슷한 개념이다. 캘린더 효과는 미국에서 생겨난 표현인데, 미국 증시는 보통 기업들이 분기 실적을 발표하는 1, 4, 7, 10월에 강세를 보이지만, 실적 발표 전 달인 12, 3, 6, 9월에는 하락세를 보인다. 가장 대표적인 캘린더 효과에는 1월 효과, 서머 랠리, 산타 랠리 등이 있다.

⊕ **상식 PLUS**
- **계절적 이례 현상:** 특별한 이유가 없이 월별, 월중, 일별 등 일정한 시기에 따라 증시가 강세를 보이거나 약세를 보이는 현상

1월 효과
January effect

1월에 주가가 특히 오르는 현상

특별한 호재가 없더라도 주가 상승률이 다른 달과 비교하여 1월에 상대적으로 높게 나타나는 현상을 의미하는 것으로, 전 세계 각국 증시에서 공통적으로 발견되는 현상이다. 연말·연초에 집중된 보너스가 증시로 흘러들고, 새해를 맞은 주식 전문가들이 낙관적인 전망을 내놓으며 주가 상승률이 높게 나타난다.

서머 랠리
Summer rally

매년 6~7월경에 주가가 크게 상승하는 현상

여름휴가가 긴 선진국의 펀드 매니저들이 가을에 주가의 움직임을 기대하여 미리 주식을 사두고 여름휴가를 떠나, 주가가 매년 6~7월경에 크게 상승하는 현상을 의미한다.

산타 랠리
Santa rally

크리스마스를 전후로 하여 주가가 강세를 보이는 현상

시기상 크리스마스를 전후로 기업들의 보너스가 집중되고, 선물을 사기 위한 소비가 늘어 내수가 진작되며, 관련 기업의 매출이 증대하여 해당 기업의 주식을 매입하려는 사람들이 늘어난다. 이러한 현상은 결국 증시 전체의 강세 현상으로 이어진다. 미국을 비롯한 많은 국가의 증시에서 산타 랠리 현상이 발견되나 유가상승, 장기 경기침체 등의 악재가 있을 경우 발생하지 않을 수도 있다.

윈도 드레싱 ^{빈출}
Window dressing

증권 시장에서 월말이나 분기말에 보유 주식을 추가로 팔거나 사들여서 수익률을 높이는 것

자산 운용사 등 기관 투자가들이 증권 시장에서 성과 평가 직전인 월말이나 분기말에 실적이 좋은 주식은 추가로 사들이고, 실적이 좋지 않은 주식은 추가로 팔아 투자 수익률을 최대한 올리려는 행위를 말한다.

데이 트레이딩
Day trading

주식을 구입한 날에 바로 되파는 매매 기법

주식을 구입한 날에 바로 되파는 매매 기법을 일컫는 용어로, 주식의 단기 차익을 얻기 위해 폭이 크고 움직임이 빠른 종목을 대상으로 투자하는 것이다.

엘리엇 파동 이론
Elliott wave principle

주가의 파동이 일정한 규칙으로 움직인다고 설명하는 주가 변동 이론

주가의 파동이 5개의 상승과 3개의 하락을 반복하며 움직인다고 설명하는 주가 변동 이론으로, 1938년 미국의 엘리엇이 그의 저서 <파동 이론>에서 발표했다. 이는 현재까지도 주가 변동을 예측하는 기법으로 인정받으며 사용되고 있다.

채권과 어음

공채
公債

재원 조달을 위해 국가 또는 지방 자치 단체가 부담하는 채무

재원 조달을 목적으로 국가나 지방 자치 단체가 부담하는 금전적인 채무로, 재정 수입의 중요한 수단이다. 이러한 공채는 여러 가지 분류 기준으로 종류를 나눌 수 있는데, 대표적으로 발행 주체에 따라 정부가 부담하고 있는 국채와 지방 자치 단체가 부담하고 있는 지방채로 나누어진다.

사채
社債

기업이 일반 사람들에게 자금을 조달받기 위해 발행하는 채권

기업이 일반 사람들에게 시설 및 운영 자금을 조달받기 위해 발행하는 채권으로, 회사채라고도 한다. 주식과는 달리 일정한 상환 기간이 있고, 회사 수익과 별개로 일정한 이자가 지급된다.

외평채
外平債

외국환평형기금을 조달하기 위해 발행하는 채권

외평채는 외국환평형기금채권의 약칭으로, 투기적 외화의 유출입 등으로 환율이 급변동하는 것에 대비하여 정부가 자국 통화 가치를 안정시키고 기업 활동에 차질이 없도록 외국환평형기금을 조달하기 위해 직접 또는 간접적으로 발행하는 채권이다.

CHAPTER 04

금융/산업

후순위 채권
後順位債卷

기업이 파산할 경우에 다른 채권자들의 부채가 모두 청산된 후에 상환받을 수 있는 채권

채권을 발행한 기업이 파산했을 때, 변제 순위에 있어 주식보단 우선하지만 다른 채권자들의 채권보다 변제 순위가 나중인 것으로, 이는 국제결제은행(BIS)에서 산정하는 자기 자본 비율에는 후순위 채권이 부채가 아닌 자기 자본에 포함되기 때문에 자기 자본 비율을 유지하거나 높이기 위해 발행한다.

CB
Convertible Bond

일정한 조건에 따라 발행 기업의 보통 주식으로 전환이 가능한 사채

전환 사채(CB)는 일정한 조건에 따라 발행 회사의 주식으로 전환할 수 있는 권리를 가지는 사채로, 전환 전에는 이자를 받을 수 있는 사채와 전환 후에는 이익을 얻을 수 있는 주식의 중간 형태를 가지고 있다.

신주 인수권부 사채
Bond with warrant

발행 기업의 주식을 매입할 수 있는 권리를 부여한 사채

미리 정해진 가격으로 발행 기업의 주식을 인수할 수 있는 권리가 부여된 사채로, 전환과 동시에 사라지는 전환 사채와 달리 인수 권리를 행사한 부분만 사라지고 사채 부분의 효력은 사라지지 않는다.

OPERA bond
Out Performance Equity Redeemable in Any asset bond

인수자가 다수의 금융 기관 주식을 담보로 발행한 채권을 일정 기간 이후에 주식으로 전환할 수 있는 권리를 부여한 채권

다수의 금융 기관 주식을 담보로 채권을 발행하여 일정 기간이 지난 후에 채권 인수자가 금융 기관을 선택하여 주식으로 전환할 수 있는 권리가 부여된 채권으로, 교환 사채의 일종이다.

하이브리드 채권
Hybrid bond

주식과 채권의 성격을 동시에 가지고 있는 신종 자본 증권

일정한 이자를 지급하는 채권의 성격과 매매가 가능하고 만기에 상환 의무가 없는 주식의 성격을 모두 가지고 있는 증권으로, 은행의 자본 조달 수단을 목적으로 하는 신종 자본 증권이다.

영구 채권
Consol bond

만기가 정해져 있지 않는 채권

만기가 정해져 있지 않아 원금 상환 없이 매년 일정 금액의 이자만을 계속해서 지급할 수 있는 채권으로, 주식과 채권의 중간 성격을 띠는 신종 자본 증권이다.

RP
Repurchase Paper

금융 기관이 일정 기간 이후에 이자를 붙여 다시 매입하는 조건으로 판매하는 채권

환매 조건부 채권(RP)은 채권의 발행자가 일정 기간 이후에 이자를 붙여 다시 사는 것을 조건으로 판매하는 채권으로, 소액 투자자들의 참여를 활성화하고 금융 기관의 환금성을 보완하기 위한 금융 상품이다.

글로벌 본드
Global bond

세계 금융 시장에서 동시에 발행하여 국제적으로 유통되는 채권

전 세계의 투자자들을 대상으로 세계 주요 금융 시장에서 동시에 발행하여 국제적으로 유통되는 채권으로, 특정 지역에만 한정하여 발행하지 않는다.

⊕ **상식 PLUS**

• **양키 본드(Yankee bond):** 미국 시장에서만 발행하여 판매하는 달러화 채권

CHAPTER 04

금융/산업

환어음
Bill of exchange

수취인에게 정해진 날짜에 일정 금액을 지급할 것을 어음 발행인이 제3자에게 위탁하는 어음

어음을 발행한 사람이 어음을 수취하는 사람에게 일정 기일에 일정 금액을 지급할 것을 제3자에게 위탁하는 어음으로, 어음의 발행인 이외의 사람이 지급 의무를 지게 된다.

약속 어음
Promissory note

발행자가 일정 금액을 일정 시기에 지급할 것을 약속한 어음

어음을 발행한 사람이 수취하는 사람에게 일정 기일에 일정 금액을 무조건 지급할 것을 약속하는 어음이다. 환어음과 성격이 유사하나 제3자에게 지급을 위탁하는 환어음과 달리 지급인이 존재하지 않고 발행자가 곧 지급인이 된다.

표지 어음
Cover bill

금융 기관이 구매한 어음을 분할·통합하여 일반 투자자에게 판매하는 자체 어음

금융 기관이 기업의 상업 어음과 무역 어음을 구매한 후에 이를 분할하고 통합하여 일반 투자자들에게 판매하는 표준화된 자체 어음이다. 이를 통해 기업은 자금을 원활하게 지원받을 수 있으며, 금융 기관은 어음 할인 자금을 단기간에 회수할 수 있다.

기한부 환어음
Usance bill

지급 기한이 정해진 외국환 어음

지급 기한이 30일, 60일, 90일 등으로 정해진 외국환 어음으로, 수출입 대금 결제를 위해 흔히 사용된다.

CP
Commercial Paper

기업 어음

신용도가 높은 기업이 단기 자금 조달을 위해 발행하는 만기 1년 이내의 무담보 어음으로, 자기신용을 바탕으로 하는 융통 어음에 해당한다.

⊕ 상식 PLUS
- **융통 어음(Accommodation bill):** 기업이 실제의 상거래를 수반하지 않고 순수하게 일시적으로 자금을 조달할 목적으로 발행하는 어음으로, 만기가 짧은 기업 어음이 대표적이다.

진성 어음
Commercial bill

기업이 상거래 대금을 결제하기 위해 발행하는 어음

기업 간에 상거래를 하고 이에 대한 대금을 결제하기 위해 발행하는 어음으로, 하청 업체로부터 대기업이 물건을 납품받고 현금 대신 발행하는 어음이 가장 대표적이다.

팩터링
Factoring

외상 매출 채권이나 어음을 구매·관리·회수하는 것

기업의 외상 매출 채권이나 어음을 팩터링 회사에서 구매, 관리 및 회수하는 것을 일컫는 용어이다. 기업은 외상 판매나 신용 판매로 현금 판매 효과를 얻을 수 있고, 채권의 관리와 회수에 필요한 인력과 비용을 모두 절감할 수 있다는 장점이 있다.

듀레이션
Duration

투자 자금의 평균 회수 기간

채권에 투자할 때 현재 가치를 기준으로 투자한 원금을 회수하는 데 걸리는 시간을 의미하는 것으로, 채권 만기, 액면 이자율, 시장 이자율 등의 영향을 받는다. 가령 이자가 지급되지 않을 경우 만기까지 기다려야 원금 회수가 가능하다.

CHAPTER 04

금융/산업

386

☐ ☐ ☐

하이 일드 펀드
High yield fund

신용 등급이 낮은 채권에 투자하여 높은 수익을 추구하는 펀드

신용 등급이 낮은 기업이 발행한 채권에 투자하여 고수익을 얻기 위한 펀드로, 수익률이 높은 만큼 위험도도 높다. 신용 평가가 S&P의 BBB 이하, 무디스의 Baa 이하에 해당하며 투자 부적격 채권인 정크 본드라고 불리기도 했지만, 1970년대 밀켄(Milken)에 의해 자본의 틈새시장으로 각광받게 되었다.

387

☐ ☐ ☐

뮤추얼 펀드
Mutual fund

유가 증권 투자를 목적으로 하여 설립된 법인회사

전문 운용 회사에 주식을 발행하여 모은 투자 자금을 맡기고 그로 인해 발생한 운용 수익은 투자자에게 배당금 형태로 나누어주는 회사로, 유가 증권 투자를 목적으로 설립된 법인회사이다.

388

☐ ☐ ☐

공모 펀드
Public offering fund

불특정 다수의 투자자를 대상으로 공개적으로 모은 자금으로 운영하는 펀드

50인 이상의 불특정 다수의 투자자들로부터 공개적으로 자금을 모아 주식, 채권 등에 투자하여 자금을 운용하는 펀드로, 주로 기관 투자자들을 대상으로 자금을 모으는 방식이다.

389

☐ ☐ ☐

사모 펀드
Prirate placement fund

소수의 투자자를 대상으로 비공개적으로 모은 자금으로 운영하는 펀드

소수의 투자자들로부터 비공개적으로 자금을 모아 주식, 채권 등에 투자하여 자금을 운용하는 펀드이다. 개인 간의 계약 형태를 띠고 있어 금융 감독 기관의 감시를 받지 않으며 공모 펀드와 달리 운용에 제한이 없다는 특징이 있어 불법 자금 이동 등에 악용될 여지가 있다.

헤지 펀드
Hedge fund

다양한 상품에 투자하여 단기간에 고수익을 추구하는 펀드

국제 증권 시장이나 국제 외환 시장의 다양한 상품에 투자하여 빠른 시일 내에 높은 수익을 추구하는 펀드로, 일종의 사모 펀드로 볼 수 있다.

롱숏 펀드
Long-short fund

매수와 매도를 동시에 구사하여 수익을 얻는 펀드

주가 상승이 예상되는 주식은 매수(Long)하고 주가 하락이 예상되는 주식은 미리 빌린 후 매도(Short)하여 차익을 얻는 펀드이다. 매수와 매도를 동시에 구사해 안정적인 수익을 얻는다.

탄소 펀드
Carbon fund

탄소배출권 획득을 목표로 운용되는 펀드

투자자들로부터 자금을 모아 온실가스 감축 사업에 투자하고 이를 통해 얻은 탄소배출권을 에너지 소비가 많은 기업 등에 팔아 수익을 얻는 펀드를 의미하는 것으로, 세계적인 문제가 되고 있는 온실가스를 금융 투자의 방식으로 해결하는 도구로 여겨지고 있다.

벌처 펀드
Vulture fund

부실 기업이나 부실 채권 등에 투자하여 수익을 얻는 펀드

썩은 고기를 먹는 대머리독수리(Vulture)처럼 부실 기업이나 부실 채권, 저평가된 부동산 등 부실한 자산을 싼값으로 사서 여건이 나아지면 비싼 값에 되팔아 차익을 내는 펀드를 의미한다. 고위험이 따르지만 그만큼 단기간에 고수익을 얻을 수 있다는 장점이 있다.

인덱스 펀드
Index fund

지수에 투자하는 펀드

특정 지수를 목표 주가로 정한 뒤 선정된 목표 지수와 동일한 수익률을 올릴 수 있도록 운용하는 펀드로, 각 지수에 편입된 주식의 비중만큼 주식을 매입한 후 보유하는 전략을 사용한다.

☐ ☐ ☐

395

ELS

빈출

Equity Linked Securities

주가나 주가지수에 연계되어 수익률이 결정되는 유가 증권

주가 연계 증권(ELS)는 특정 주식의 가격이나 주가지수에 연계되어 수익이 결정되는 증권으로, 2003년 증권거래법에 따라 상품화가 된 금융 상품이다.

⊕ **상식 PLUS**
- **ELF(Equity Linked Fund, 주가 연계 펀드):** 주가나 주가지수와 연계하여 수익률이 결정되는 ELS와 동일한 상품 구조를 가지는 펀드

☐ ☐ ☐

396

ELD

Equity Linked Deposit

주가나 주가지수에 연계되어 수익률이 결정되는 은행 예금

주가 연계 예금(ELD)은 예금한 원금이 예금자보호법에 따라 최대 5,000만 원까지 보장되어 위험 손실이 적고, 이자 수익은 주식의 가격이나 주가지수에 연계되어 결정되는 예금이다.

☐ ☐ ☐

397

DR

Depositary Receipts

해외에서 주식 거래를 할 때 외국 예탁 기관이 해외 현지에서 증권을 발행·유통하도록 하는 대체 증서

주식 예탁 증서(DR)는 해외에서 주식을 발행하여 거래하고자 할 때 해외 현지에서 외국 예탁 기관이 증권을 발행하여 유통하도록 하는 주식 대체 증서이다. 해외 시장에 주식을 유통시킬 때 언어, 관습 등의 차이로 문제가 발생할 수 있기 때문에, 이를 대행해주는 예탁 기관과 계약을 성사하고 예탁 계약을 표시하는 증서를 발행시키는 것이다.

UNIT 3

산업

산업의 유형 및 제도를 확인하고, 자원의 종류에 대해 확인해 보세요.

회독 박스(□)에 정확히 아는 개념은 ○, 알쏭달쏭한 개념은 △, 전혀 모르는 개념은 ×로 체크하면서 꼼꼼히 학습해 보세요.

산업 유형

398 □ □ □

클라크의 산업 구조
Clark 産業構造

경제가 발달할수록 1차 산업의 비중은 줄고, 3차 산업의 비중이 커지는 것

영국 경제학자 클라크가 그의 저서 <경제 진보의 제조건>에서 설명한 것으로, 클라크는 한 나라의 경제가 진보할수록 농업, 목축업, 수산업, 임업 등 1차 산업의 비중은 줄어들고, 광업, 건설업, 제조 공업 등 2차 산업과 상업, 운수업, 보험업, 통신업 등의 서비스업인 3차 산업의 비중이 커진다고 보았다.

399 □ □ □

리스 산업
Lease industry

부동산을 제외한 각종 산업 설비를 장기간 임대하는 산업

기업이나 사업자와 같은 특정 이용자를 대상으로 부동산을 제외한 기계·설비 등을 3~5년 정도 장기간 임대하는 산업으로, 일반 소비자를 대상으로 단기간 임대하는 렌털업과 차이가 있다.

400 □ □ □

정맥 산업
靜脈産業

산업 폐기물을 해체하고 재생시켜 재가공하는 산업

더러워진 피를 새로운 피로 만들기 위하여 심장으로 돌려보내는 정맥처럼 산업 폐기물을 해체·재생·재가공하는 산업을 의미한다. 돼지의 배설물에서 돼지의 먹이를 재생산한다거나 농업 폐기물에서 플라스틱이나 세제 따위를 만들어 내는 것이 그 예이다.

기간산업
基幹産業

한 나라 산업의 토대가 되는 산업

주요 생산재를 생산하는 전력·철강·가스·석유 사업 등 한 나라 산업의 토대가 되며 경제 기초를 이루는 산업으로, 기초 산업이라고도 한다.

402

3D 업종
3D 業種

더럽고, 힘들고, 위험한 산업을 일컫는 말

더럽고(Dirty), 힘들고(Difficult), 위험한(Dangerous)의 앞 글자 D를 따서 만든 용어로, 1980년대 이후 근로자들의 소득이 증가하여 생활 수준이 향상되면서 꺼리게 된 업종을 말한다.

403

실버산업
Silver industry

노인층을 대상으로 한 산업

노인층을 위한 상품을 제조 및 판매하거나 의료 복지 시설이나 각종 편의 시설 등을 세우는 산업으로, 홈 케어 서비스 사업, 노인을 위한 식품·의복·생활용품 제조 및 판매 사업, 노인 전용 의료 서비스 산업 등이 있다.

404

5S 서비스
5S Service

기존의 서비스업 이외에 새로 개발된 5가지 서비스 산업을 일컫는 말

기존 서비스업을 제외하고 새롭게 개발된 5가지 서비스 산업으로, 섭스티튜트(Substitute), 소프트웨어(Software), 시큐리티(Security), 사회적(Social), 특수(Special) 서비스를 말한다. 섭스티튜트 서비스는 개인이나 기업의 업무를 대행해주는 서비스이며, 소프트웨어 서비스는 컴퓨터 시스템의 사용과 유지를 관리하는 서비스이다. 또한, 시큐리티 서비스는 개인이나 기업의 안전·생명·재산 등을 보호하는 서비스이며, 사회적 서비스는 복지 사업 등의 사회 보장 확립을 위한 서비스, 특수 서비스는 변호사·의료·사설 학원 등에 의한 서비스이다.

405

저작권
Copyright

저작물에 대한 배타적이고 독점적인 권리

인간의 사상과 감정을 표현한 소설, 시, 음악, 연극, 무용, 회화, 건축물, 조각, 강연, 각본, 영상, 사진, 공예 등에 대한 배타적이고 독점적인 권리이다.

406

빈출

산업 재산권
Industrial property

산업에 이용 가치가 있는 발명 등을 인정하는 권리

산업상 이용 가치가 있는 발명 등을 인정하는 권리로, 일반적으로 특허권·실용신안권·디자인권(의장권)·상표권 등을 말한다.

⊕ **상식 PLUS**
- **특허권**: 발명 등에 관하여 독점적, 배타적으로 이용할 수 있는 권리
- **실용신안권**: 산업상 이용할 수 있는 물품의 형상·구조 등에 관한 고안에 관하여 독점적, 배타적으로 이용할 수 있는 권리
- **KC 마크(Korea certification mark)**: 소비자의 혼란을 해소하고 정책의 효율성을 높이기 위해 안전·보건·환경·품질 등의 분야에 부여된 통합 단일 마크

407

품질 인증 마크
品質認證 Mark

정부나 기관이 일정한 기준으로 제품 품질에 대해 검사하고 품질 우수성이 인정되면 부여하는 마크

정부 또는 공신력 있는 기관이 제품 품질에 대해 일정한 기준을 가지고 검사하여 그 우수성이 인정되면 부여하는 마크로, 대표적으로 KS 마크가 있다.

⊕ **상식 PLUS**
- **KS 마크(Korea industrial standard mark)**: 1962년에 국내 공산품을 대상으로 제정한 한국 산업 표준

408

국제품질보증제도
Quality assurance system

국제표준화기구에 의해 제정된 품질에 관한 규제 규격

국제표준화기구(ISO)에서 제정한 품질 보증 및 품질 관리에 대한 규제 규격으로, 1993년부터 ISO 9000 시리즈를 KS 규격에 채택하여 시행하고 있다.

□ □ □

FRAND
Fair, reasonable and nondiscriminatory

공정하고 합리적이며 비차별적인 특허 기술 사용 조건 확약

프랜드(FREND)는 한 기업의 특허가 기술 표준으로 채택될 경우에 특허권자는 특허를 사용하고자 하는 기업에 공정하고, 합리적이며 비차별적 수준의 사용료를 받아야 한다는 원칙이다.

□ □ □

산업 클러스터
Industrial cluster

특정 산업과 연관되어 있는 기업과 기관이 한곳에 모여 있는 산업 집적 단지

산업이 서로 연관되어 있는 기업 및 기관이 한곳에 모여있는 일종의 산업 지구를 말하며, 1990년대 미국의 포터(Porter)가 해당 이론을 체계화하여 설명했다. 산업 클러스터는 기존의 산업 단지와는 달리 기업뿐만 아니라 연구소 등 각종 기능들이 공간적으로 집적되어 있어 서로 간의 경쟁 및 협력을 통해 기술 혁신 등의 시너지 효과를 도모한다. 우리나라의 대표적인 산업 클러스터에는 대덕 단지가 있다.

□ □ □

OEM
Original Equipment Manufacturing

주문 업체에서 요구하는 상표를 붙인 완제품을 제조업체가 제조하여 생산하는 것

생산성을 가진 제조업체가 주문 업체에서 요구하는 상표를 붙인 완제품을 제조하여 생산하는 방식으로, 주문자 위탁 생산 또는 주문자 상표 부착 생산이라고도 한다. 상표권, 영업권 등은 모두 주문업체에 있으며, 제조업체는 생산만 한다.

□ □ □

ODM
Original Development Manufacturing

주문 업체에 의해 제품의 생산을 위탁 받은 제조업체가 제품의 전 과정을 모두 맡아서 생산하는 것

주문자의 설계도에 따라 제품을 생산하는 OEM 방식과 달리 주문자의 요구에 따라 제조업체가 주도적으로 제품을 생산하는 것으로, 제조자 개발 생산 또는 생산자 주도 방식이라고도 한다.

파운드리
Foundry

반도체 제조를 전담하는 생산 전문 기업

반도체 설계 디자인을 전문으로 하는 회사로부터 제조를 위탁 받아 생산하는 기업으로, 주로 특수한 용도로 쓰이는 고부가가치의 반도체를 소량 생산하는 경우가 많다.

⊕ **상식 PLUS**
- **팹리스(Fabless)**: 반도체 설계를 전문적으로 하는 회사

용적률
容積率

대지 면적에 대한 건물 연면적의 비율

대지 면적을 건물의 연면적으로 나눈 값에 100을 곱하여 산출되는 비율을 말하며, 대지의 면적이 같다면 용적률이 높을수록 건물이 높다.

⊕ **상식 PLUS**
- **연면적**: 건물의 각층 바닥 면적을 합친 면적
- **건폐율**: 대지 면적을 건물의 바닥 면적으로 나눈 값에 100을 곱하여 산출되는 비율

자원

빈출

세계 3대 유종
世界三大油種

텍사스 중질유, 브렌트유, 두바이유를 일컫는 말

미국 서부 텍사스에서 생산되며 국제 유가의 가격 지표로 활용되고 있는 텍사스 중질유, 영국 북해에서 생산되며 가장 광범위하게 수출되는 국제 유종인 브렌트유, 아랍 에미리트의 두바이에서 생산되며 중동산 유가의 기준으로 활용되는 두바이유를 세계 3대 유종이라고 부른다.

셰일 가스
Shale gas

셰일층에 매장되어 있는 천연가스

셰일층에 매장되어 있는 천연가스로, 전통적인 가스전과는 다른 암반층에서 채취하지만 화학적 성분은 동일하다. 셰일 가스는 난방이나 발전용으로 사용되는 메탄, 석유 화학 원료인 에탄, LPG 제조에 사용되는 콘덴세이트로 구성되어 있으며, 그중 메탄의 비중이 가장 크다.

녹색 혁명
Green revolution

개발도상국의 식량 생산력이 급속하게 증대한 상황 또는 이를 위한 농업상의 개혁

개발도상국은 제2차 세계대전 이후 인구가 막대하게 증가하여 심각한 식량 문제가 발생하였는데, 이때 필리핀과 멕시코에서 개발된 쌀과 밀의 신품종으로 개발도상국의 식량 생산력이 급속도로 증가하게 된 것을 말한다.

구황 작물
救荒作物

흉년으로 인해 식량이 부족할 때 주식물 대신 먹을 수 있는 농작물

가뭄이나 장마와 같은 불순한 기상 조건에서도 수확물을 얻을 수 있기 때문에 흉년에도 주작물 대신 먹을 수 있는 농작물을 의미하는 것으로, 감자, 고구마, 메밀 등이 대표적이다.

두레

농민들이 농사일을 공동으로 하기 위해 만든 부락 또는 마을 단위 조직

농촌에서 어려운 일이 있을 때는 서로 돕고, 일손이 필요할 때는 함께 일하며, 마을의 질서를 깨트리거나 어지럽히는 일을 막기 위해 만든 전통 조직이다.

테라리엄
Terrarium

유리그릇이나 유리병 등에 작은 식물을 재배하는 것

밀폐된 유리그릇이나 작은 유리병 등에 작은 식물을 재배하는 방법으로, 용기 안에서 물과 산소의 순환을 통해 식물이 자생하기 때문에 관리가 편하다.

421

농산물 가격 지지 제도
農産物價格支持制度

농산물 가격이 크게 하락하였을 때 정부가 생산자에게 농산물 실제 가격을 보장해주는 제도

농산물 가격이 크게 하락하였을 때 생산자가 받을 손해를 방지하기 위해서 정부가 농산물의 실제 가격을 보장해주는 제도이다.

422

다각 농업
多角農業

농작물뿐만 아니라 특용 작물 재배, 축산 등을 함께 하는 농업

벼나 보리 등의 농산물과 더불어 특용 작물 재배, 축산 등을 함께하는 농업으로, 한 가지 종류만을 재배, 사육하는 단일 농업과 대응되는 농업 형태이다.

423

세계 4대 어장
世界四大漁場

북대서양 어장, 뉴펀들랜드 어장, 북태평양 동안 어장, 북태평양 서안 어장을 일컫는 말

아이슬란드와 노르웨이 북부의 북대서양 어장, 북미 동안과 래브라도 해안의 뉴펀들랜드 어장, 알래스카와 캘리포니아 해안의 북태평양 동안 어장, 베링해와 중국해의 북태평양 서안 어장을 세계 4대 어장이라고 부른다.

424

파시
波市

바다 위에서 열리는 생선 매매 시장

바다 위에서 열리는 어획물의 매매 시장을 의미하며, 풍어기 때 어장과 가까운 육상 근거지에서 형성되는 취락 시설 및 각종 상행위를 포괄하는 의미로 쓰이기도 한다.

핵심 점검 문제

앞에서 학습한 상식을 문제를 풀면서 바로 점검해 보세요!

[01-05] 다음 각 설명을 읽고, 맞으면 O, 틀리면 ×에 표시하시오.

01 주가지수선물과 주가지수옵션의 만기일이 겹치는 것을 '더블 위칭 데이'라고 한다. (O , ×)

02 기업이 임직원에게 자사 주식을 낮은 가격에 매입하여 나중에 해당 주식을 매수할 수 있는 권리를 부여하는 제도를 '스톡옵션'이라고 한다. (O , ×)

03 선진국의 식량 생산력이 급속하게 증대한 상황을 '녹색 혁명'이라고 한다. (O , ×)

04 금리가 낮은 통화로 금리가 높은 국가의 금융상품 등에 투자하는 거래를 '캐리 트레이드'라고 한다. (O , ×)

05 금융기관의 부실 채권 및 자산을 구입하여 전문적으로 처리하는 은행을 '굿 뱅크'라고 한다. (O , ×)

[06-10] 다음 각 설명에 해당하는 용어를 쓰시오.

06 주가가 전일에 비해 10% 이상 급락하는 경우에 주식의 매매를 일시적으로 정지시키는 제도 (   )

07 은행과 보험사가 협력하여 종합 금융 서비스를 제공하는 금융 결합 형태 (   )

08 벼나 보리 등의 농사뿐만 아니라 특용 작물 재배, 축산 등을 함께 하는 농업 (   )

09 주식을 구입한 날에 바로 되파는 매매 기법 (   )

10 북대서양 어장, 뉴펀들랜드 어장, 북태평양 동안 어장과 함께 세계 4대 어장에 속하는 어장 (   )

11 부실 기업이나 부실 채권 등에 투자하여 수익을 얻는 펀드는?

① 사모 펀드   ② 헤지 펀드   ③ 벌처 펀드   ④ 뮤추얼 펀드

12 선물 가격이 전일 종가 대비 일정 수준을 넘어 1분 이상 급등하거나 급락할 때 선물 및 현물 매매를 5분간 정지시키는 제도는?

① 사이드카   ② 디폴트   ③ 팩터링   ④ 골든 크로스

13 주가나 주가지수에 연계되어 수익률이 결정되는 유가 증권은?

① ELD   ② ELW   ③ ELF   ④ ELS

14 미국에서 저소득층을 대상으로 한 주택 담보 대출은?

① 알트에이 모기지   ② 서브프라임 모기지   ③ 프라임 모기지   ④ 피기백 모기지

15 반도체 제조를 전담하는 생산 전문 기업은?

① 파운드리   ② IDM   ③ 팹리스   ④ 테라리엄

16 다음 중 주가지수에 대해 바르게 설명한 사람을 모두 고르면?

> • 갑: 주가의 변동을 나타낸 지수를 주가지수라고 해.
> • 을: 주가지수는 다우-존스식과 시가총액식으로 작성할 수 있어.
> • 병: 다우-존스식은 지수 산출에 채용된 종목의 규모에 따라 작성하는 것으로 알고 있어.
> • 정: 시가총액식은 상장 주식 수와 주가를 곱해서 전체를 합산하는 방식이지.

① 갑, 을   ② 갑, 정   ③ 갑, 을, 정   ④ 갑, 을, 병, 정

17 다음 중 5S 서비스에 포함되지 않는 것은?

① Special   ② Software   ③ Significant   ④ Security

18 다음 중 특수은행에 해당하지 않는 것의 개수는?

> • 농협은행   • 중소기업은행   • 한국수출입은행
> • 하나은행   • 한국산업은행

① 1개   ② 2개   ③ 3개   ④ 4개

19 다음 중 클라크의 산업 구조에서 2차 산업에 해당하는 것은?

> ㉠ 상업   ㉡ 목축업   ㉢ 광업
> ㉣ 수산업   ㉤ 제조 공업

① ㉠, ㉢   ② ㉡, ㉣   ③ ㉢, ㉤   ④ ㉣, ㉤

20 다음 중 세계 3대 유종에 해당하는 것은?

> ㉠ 두바이유   ㉡ 오만 원유   ㉢ 텍사스 중질유   ㉣ 브렌트유

① ㉠, ㉡, ㉢   ② ㉠, ㉡, ㉣   ③ ㉠, ㉢, ㉣   ④ ㉡, ㉢, ㉣

🔍 정답

01	○	02	○	03	✕ → 개발도상국	04	○	05	✕ → 배드 뱅크
06	서킷 브레이커	07	방카슈랑스	08	다각 농업	09	데이 트레이딩	10	북태평양 서안 어장
11	③	12	①	13	④	14	②	15	①
16	③	17	③	18	① → 하나은행	19	③	20	③

CHAPTER 05
정치

다음은 정치 분야에서 출제되거나 출제될 가능성이 높은 중요한 키워드를 기반으로 정리한 마인드맵입니다.
학습 전 큰 흐름을 조망하거나 학습 후 공부한 내용을 정리하는 용도로 활용해 보세요.

UNIT 1

정치 일반

기초적인 정치사상을 파악하고, 국가를 구성하는 행정부와 입법부와 관련된 개념을 알아두면 좋습니다.

회독 박스(□)에 정확히 아는 개념은 ○, 알쏭달쏭한 개념은 △, 전혀 모르는 개념은 ×로 체크하면서 꼼꼼히 학습해 보세요.

정치 기초

425 □ □ □

국가의 3요소

국가에 구비되어 있어야 하는 영토, 국민, 주권의 세 가지 요소

국가에 구비되어 있어야 하는 영토, 국민, 주권을 일컫는 용어이다. 영토는 국제법에서 국가의 통치권이 미치는 구역으로, 흔히 토지로 이루어진 국가의 영역을 이르나 영해와 영공을 포함하는 경우도 있다. 국민은 국가를 구성하는 사람, 또는 그 나라의 국적을 가진 사람을 말한다. 주권은 국가의 의사를 최종적으로 결정하는 권력으로, 대내적으로는 최고의 절대적 힘을 가지고, 대외적으로는 자주적 독립성을 가진다.

426 □ □ □

국적
國籍

한 나라의 구성원이 되는 자격

어느 개인이 특정 국가에 소속되는 것과 그에 따른 권리 의무의 총체로서 한 국가의 구성원을 지칭하는 정치적·법적 개념이다. 개인은 그 나라의 국적을 가짐으로써 그 나라의 국민이 된다.

⊕ **상식 PLUS**
- **생래 취득**: 출생에 따른 국적을 취득한 경우로, 다시 부모의 국적에 따라 자녀의 국적을 결정하는 혈통주의와 출생지 국적을 따르는 출생지주의로 나뉨
- **전래 취득**: 출생 이외의 사실에 의하여 국적을 취득한 경우

427 □ □ □

국민의 의무
國民義務

우리나라 국민이라면 지켜야 할 기본적 의무

우리나라 국민이라면 누구나 지켜야 할 기본적 의무를 의미하는 것으로, 헌법상 규정된 국민의 6대 의무에는 국방의 의무, 납세의 의무, 교육의 의무, 근로의 의무, 공공복리에 적합한 재산권 행사의 의무, 환경 보전의 의무가 포함된다. 국방의 의무와 납세의 의무를 제외하고는 의무인 동시에 권리에 해당한다.

직접 민주주의

直接民主主義

국민이 국가 의사의 결정 및 집행에 직접 참여하는 민주주의

국민이 직접적으로 국가 의사의 결정 및 집행에 참여하는 정치 체계를 의미하는 것으로, 고대 그리스의 도시 국가인 폴리스가 전형적인 예이다.

대의 민주주의

代議民主主義

국민이 선출한 대표자들이 국가 의사를 결정하는 민주주의

국민이 선출한 대표자들이 국가 의사를 결정하는 정치 체계를 의미하는 것으로, 간접 민주주의라고도 한다. 국민은 대표자를 통해 간접적으로 주권을 행사할 수 있으며, 오늘날 대다수의 국가들이 국민으로부터 선출된 국회의원이나 지방 의회 의원 등이 공공 의사 결정을 하는 대의 민주제를 보편적으로 사용하고 있다.

프랑스 인권선언

Declaration of the rights of
man and of the citizen

프랑스 혁명 당시 국민 의회가 선언한 세계 최초의 인권선언

천부인권(제1조)과 사회계약설(제2조)이 나타나 있으며, 주권 재민(제3조)을 천명하여 국민이 국가 권력 창출의 주체임을 밝히고 있는 인권선언이다. 또한, 언론 결사의 자유, 소유권의 불가침, 법치주의와 권력 분립의 원칙도 담고 있으며, 이는 세계 각국의 헌법과 정치에 영향을 미쳤다.

란츠게마인데

Landsgemeinde

직접 민주제의 한 형태

일 년에 한 번씩 주민들이 광장에 모여 그 고장의 중요 사항을 결정하는 직접 민주제의 한 형태로, 현재 스위스의 비교적 작은 몇몇 주에서 실시되고 있다.

432 ☐ ☐ ☐

사회계약설
社會契約說

사회나 국가가 사회 구성원들의 합의나 계약에 의해 발생했다는 학설

사회나 국가가 사회 구성원들의 자유롭고 평등한 합의나 계약에 의해 발생하였다는 학설로, 대표적인 사회계약론자로는 홉스, 로크, 루소 등이 있다.

⊕ 상식 PLUS
- 주요 사회계약론자

홉스	자연 상태는 만인의 만인에 대한 전쟁 상태로, 인간은 전쟁 상태에서 벗어나기 위해 자연법에 따라 국가의 구속을 받아들인다고 봄
로크	자연 상태는 전쟁 상태가 아닌 불완전한 평화 상태로, 인간은 불완전한 상태에서 벗어나 재산권을 보장받기 위해 국가의 구속을 받아들인다고 보았으며 시민은 국가 권력에 대항하는 저항권을 행사할 수 있다고 여김
루소	자연 상태는 평화 상태에서 점차 불평등한 예속 상태로 이행하기 때문에 인간은 시민적 자신을 보장받기 위해 자신을 일반 의지에 양도하고 국가의 구속을 받아들인다고 봄

433 ☐ ☐ ☐

3권 분립
三權分立

국가의 권력을 입법, 사법, 행정의 삼권으로 분리하는 것

국가의 권력을 입법, 사법, 행정의 삼권으로 분리하여 입법권은 국회에, 사법권은 법원에, 행정권은 정부에 속하게 하고, 서로의 영역을 침범하지 못하도록 견제함으로써 권력 남용을 억제하려는 정치 제도이다.

434 ☐ ☐ ☐

야경국가
夜警國家

방위, 치안 유지, 사유 재산 침해 요소 제거 등 최소한의 임무만을 수행하는 국가

국가는 시장에 대한 개입을 최소화하고 국방과 외교, 치안 등의 질서 유지 임무만 맡아야 한다고 보았던 자유방임주의 국가관, 또는 그러한 국가관의 영향으로 18~19세기에 나타난 자본주의의 초기 국가 형태를 가리키는 용어로, 독일의 사회주의자 라살이 자유주의 국가를 비판하면서 사용하였다.

435

포퓰리즘
Populism

빈출

일반 대중의 인기에 영합하는 정치 형태

대중을 동원하여 권력을 유지하는 정치 체제로, 정치, 경제, 사회, 문화 면에서 본래의 목적을 달성하기 위해서가 아니라 대중의 인기를 얻기 위해 행동하는 것을 의미한다.

436

매카시즘
McCarthyism

극단적이고 초보수적인 반공주의 선풍

극단적이고 초보수적인 반공주의 선풍 또는 정적이나 체제에 반대하는 사람을 공산주의자로 몰아 처벌하려는 경향이나 태도로, 1950년대 초에 공산주의가 팽창하는 움직임에 위협을 느끼던 미국의 사회적 분위기를 이용하여 매카시가 행한 선동 정치에서 유래한다.

437

미란다
Miranda

피통치자가 정치권력을 무조건적으로 예찬하는 비합리적 현상

셰익스피어가 쓴 희곡 <템페스트>의 여자 주인공 이름에서 따온 말로, 피통치자가 정치권력을 무조건적으로 예찬하는 비합리적 현상 혹은 인간의 정서적·비합리적 측면에 호소하여 권력의 신비성을 강조하는 상징 조작을 의미한다.

438

쇼비니즘
Chauvinism

국가의 이익을 위해서는 방법과 수단을 가리지 않는 광신적인 애국주의나 국수적인 이기주의

프랑스의 연출가 코냐르가 지은 속요 <삼색 모표>에서 나폴레옹을 신처럼 숭배한 인물인 프랑스 병사 쇼뱅(Chauvin)의 이름에서 유래한 것으로, 국가의 이익을 위해서는 방법과 수단을 가리지 않는 광신적인 애국주의나 국수적인 이기주의를 지칭한다.

CHAPTER 05

정치

뉴라이트
New right

자유주의와 보수주의가 결합된 사상

영국의 대처(Thatcher)와 미국의 레이건(Reagan) 행정부의 정책 기조를 이룬 사상으로, 자유주의와 보수주의가 결합한 개혁적인 보수주의 성향을 띤다. 자유주의에 입각한 개인주의, 작은 정부, 자유시장을 추구하며, 보수주의에 입각한 사회적 질서와 권위 확립을 추구한다.

다원주의
多元主義

개인이나 여러 집단이 기본으로 삼는 원칙이나 목적이 서로 다를 수 있음을 인정하는 태도

정치적으로 사회는 여러 독립적인 이익 집단이나 결사체로 이루어져 있으므로, 권력 엘리트에 의하여 지배되기보다는 그 집단의 경쟁·갈등·협력 등에 의하여 민주주의적으로 운영된다고 보는 사상이다.

민족자결주의
民族自決主義

민족자결의 원칙을 실현하려는 사상

1918년 제1차 세계대전 이후의 새로운 세계 질서를 세우기 위해 미국 대통령 윌슨이 발표한 14개조 원칙 중 민족자결과 식민지 민족 독립에 대한 원칙으로, 파리 평화 회의에서 채택되어 식민지 국가의 독립운동에 많은 영향을 끼쳤다. 각 민족은 자신의 정치적 운명을 스스로 결정할 권리가 있으며, 이 권리는 다른 민족의 간섭을 받을 수 없다는 내용을 담고 있다.

입헌주의
立憲主義

국가 구성원의 합의로 제정된 헌법에 따라 국가를 운영하려는 정치사상

국민의 기본적 인권을 보장하기 위하여 통치 및 공동체의 모든 생활이 헌법에 따라서 영위되어야 한다는 정치 원리로, 자유·평등·국민 자치를 그 중심 사상으로 한다. 또한, 국민의 자유와 권리를 보장하기 위한 제도로서 권력 분립주의·법치주의·국민의 국법상의 평등을 중시하며, 의회 제도나 국민의 참정 제도를 통하여 국민 자치 또는 국민 주권주의를 구현하고자 한다.

제3의 길
The third way

자본주의와 사회주의의 한계를 극복한 실용주의적 중도 좌파 노선

세계 정치를 주도해 왔던 전통적 사회 민주주의와 신자유주의를 극복하는 새로운 이념 모델로, 영국의 사회학자 앤서니 기든스가 제시하였다. 정치적으로는 좌·우파 노선을 초월한 중도 좌파적 실용 노선을 택하고, 경제적으로는 무한 경쟁으로 인한 시장 경제의 폐단을 막기 위해 자본주의와 사회주의를 결합하여 정부가 간여하는 새로운 혼합 경제를 추구했다.

헤게모니
Hegemonie

우두머리의 자리에서 전체를 이끌거나 주동할 수 있는 권력

우두머리의 자리에서 전체를 이끌거나 주동할 수 있는 권력으로, 가장 통상적인 의미는 한 집단·국가·문화가 다른 집단·국가·문화를 지배하는 것을 일컫는 용어이다. 또한, 국가 기구나 정치 사회가 그들의 법률적 제도, 군대, 경찰, 감옥 등을 통하여 다양한 사회 계층을 어떻게 지배하는지 이해하는 데 도움을 주고, 다른 한편으로는 지배 집단이 현 상황을 유지하기 위하여 국가 기구들을 강제적으로 사용하는 방식과 함께 정치 사회와 시민 사회가 현 상황에 대한 다양한 사회 계층들의 자발적인 동의를 어떻게 창출해 내는지 이해하는 데 도움을 준다.

정부 조직과 행정

빈출

대통령
大統領

외국에 대하여 국가를 대표하는 국가의 원수

국가를 대표하는 국가의 원수로, 행정부의 실질적인 권한을 갖는 경우와 형식적인 권한만을 가지는 경우가 있는데 우리나라는 전자에 속한다.

⊕ 상식 PLUS

• 대통령의 권한

행정부 수반으로서의 권한	행정부 지휘 및 감독, 국군 통수, 고위 공무원 임명 및 해임, 대통령령 제정, 법률안 제출, 법률안 거부권 행사 등
국가 원수로서의 권한	대외적 국가 대표, 국가와 헌법 수호, 국정 조정, 헌법 기관 구성 등

법률안거부권
法律案拒否權

국회에서 의결된 법률안에 대해 이의가 있을 경우 재의를 요구할 수 있는 권한

대통령이 국회에서 의결되어 정부에 넘어온 법률안에 대하여 이의가 있을 경우에 이의서를 첨부하여 국회에 재의를 요구할 수 있는 권한이다.

긴급명령
緊急命令

국가가 비상사태에 처한 경우에 국가 원수가 긴급한 조치를 취하기 위하여 발하는 명령

대통령이 국가 긴급권에 근거하여 발하는 명령으로, 헌법상의 기본 원칙에 대한 중대한 예외로서 국민의 기본권을 법률에 의하지 않고 명령으로써 제한할 수 있는 법률적 효력을 가지는 명령이다.

국가안전보장회의
國家安全保障會議

국가의 안전 보장과 관련하여 대통령의 자문에 응하는 기관

대통령 자문 기관 중 하나로, 국가의 안전 보장에 관련되는 대외 정책이나 대내 정책, 군사 정책의 수립에 대하여 대통령의 자문에 응한다.

국가인권위원회
國家人權委員會

개인의 기본적 인권을 보호하고 증진하여 인간으로서의 존엄과 가치를 실현하고 민주적 기본 질서를 확립하도록 하는 국가 기관

모든 개인이 가지는 불가침의 기본적 인권을 보호·증진하여 인간으로서의 존엄과 가치를 구현하고 민주적 기본 질서 확립을 위한 인권 전담 독립 국가 기관으로, 공권력과 사회적 차별 행위에 의한 인권 침해를 구제할 목적으로 2001년 11월에 설립되었다.

국민경제자문회의
國民經濟諮問會議

국민 경제의 발전과 관련하여 대통령이 자문하는 중요 정책에 의견을 제시하기 위하여 설립된 기구

헌법에 근거하여 설립된 기관으로, 국민 경제와 관련된 주요 정책에 대한 대통령의 자문에 의견을 제시하는 역할을 한다.

국무위원
國務委員

국무회의를 구성하는 별정직 공무원

국무총리의 제청에 의하여 대통령이 임명하며, 국정에 관하여 대통령을 보좌하고 국정을 심의한다.

국무회의
國務會議

정부의 권한에 속하는 주요 정책을 심의하는 최고 정책 심의 회의

정부 권한에 속하는 중요 정책을 심의하는 최고 정책 심의 회의로, 대통령을 의장, 국무총리를 부의장으로 하고 나머지는 전 국무위원으로 구성한다. 헌법에서는 군사에 관한 중요 사항, 정당 해산의 제소 등을 비롯한 17개 항에 대해 반드시 국무회의의 심의를 거치도록 하고 있다.

감사원
監査院

대통령 직속 헌법 기관의 하나

국가의 세입과 세출의 결산 및 공무원의 직무에 관한 감찰을 주 임무로 하는 대통령 직속의 헌법 기관 중 하나이다.

국정감사권
國政監査權

국회가 국정 전반에 걸쳐 필요한 감사를 직접 행사할 수 있는 권한

의회가 입법 기능 이외에 정무를 감시, 비판하는 권능을 가지게 됨에 따라 인정된 권한으로, 국정감사권은 국정감사의 수단으로써 감사에 필요한 서류의 제출, 증인의 출석·증언 및 의견을 진술로 요구할 수 있다. 그러나 국정감사에 있어서 재판과 진행 중인 범죄의 수사·추인에 대해서는 간섭하지 못한다.

국정조사권
國政調査權

국회가 국정에 관하여 직접 조사할 수 있는 권리

국회가 국정에 대해 직접 조사할 수 있는 권리로, 국정이란 입법·사법·행정을 포함하는 모든 국가 작용을 의미하며 조사란 증언·기록·자료 등을 수집하고 그 사실을 평가 및 판단하는 작용을 의미한다. 다만, 재판과 진행 중인 범죄 수사·소추에는 간섭할 수 없다.

CHAPTER 05

정치

행정심판
行政審判

국민의 권리와 이익을 보호·구제하기 위하여 제정된 법적 절차

행정청의 위법·부당한 행정 행위 등으로 인하여 권익을 침해당한 경우에 행정 기관이 이를 심리하고 판결하여 법적으로 구제받을 수 있도록 한 제도로, 행정소송과 달리 행정 기관에 의하여 약식으로 진행된다.

⊕ **상식 PLUS**
- **행정소송**: 행정 관청이 행한 처분에 불복하여 행정 관청을 상대로 처분의 취소, 변경, 무효 등을 법원에 요구하는 소송

인사청문회
人事聽聞會

대통령이 임명한 행정부의 고위 공직자의 자질과 능력을 국회에서 검증받는 제도

대통령이 정부의 요직에 고위 공직자를 임명하고자 할 때 국회가 행하는 인사에 관한 청문 회로, 그 후보자가 공직자로서의 자질과 능력을 갖추고 있는지를 검증한다.

스핀 닥터
Spin doctor

정부의 입장과 정책 등을 국민들에게 설명하거나 여론을 수렴하는 일을 전문으로 하는 사람

정부 수반이나 각료들의 측근에서 언론 관련 인터뷰나 대국민 여론 조정을 담당하는 사람으로, 일반적으로는 정책 시행에 앞서 국민들의 생각을 읽고 이를 적극적으로 정책에 반영할 수 있도록 대통령을 설득하기도 하고, 대통령의 정책을 국민들에게 설명하고 이해시키는 역할을 하기도 한다.

관료제
官僚制

특권을 가진 관료가 국가 권력을 장악하고 지배하는 정치 제도

전문적인 능력을 소유하여 임명된 행정관이 국민에 대한 민주 책임의 보장을 면제받고 정치 지도를 행하는 통치 제도로, 대의제와 대응하는 개념이다. 한편 관료제는 권위적·획일적·형식적 경향을 지닌 제도나 기구를 비판적으로 이를 때 활용되기도 한다.

엽관제
獵官制

빈출

정권을 잡은 개인이나 정당이 관직을 분배하는 정치 제도

선거에서 승리하여 정권을 잡은 개인이나 정당이 관직을 지배하는 정치적 관행을 의미하는 것으로, 선거 운동원과 그 정당의 적극적인 지지자에게 승리에 대한 대가로 관직에 임명하거나 다른 혜택을 주는 것이다.

파킨슨의 법칙
Parkinson's law

공무원의 수가 업무량과 상관없이 지속적으로 증가하는 현상

영국의 역사학자이자 경영학자인 파킨슨이 자신의 경험과 통계자료를 기반으로 주장한 이론으로, 그는 실제 업무량과 관계없이 공무원의 수가 지속적으로 증가한다고 보았다. 파킨슨의 법칙은 관료화되고 거대화된 조직의 비효율성을 보여주는데, 파킨슨은 이러한 현상의 원인으로 상급 공무원으로 승진하기 위해 부하직원의 수를 늘리려는 부하배증(部下倍增) 법칙과 증가한 부하직원들에게 업무를 배분함으로 인해 발생하는 지시, 보고, 승인, 감독 등의 파생 업무가 늘어 인력이 더 필요해진다는 업무배증(業務倍增) 법칙을 꼽았다.

지방 자치 제도
地方自治制度

지방의 행정을 지역 주민이 선출한 기관을 통하여 처리하는 제도

지방적 행정사무나 문제를 지역 주민이나 지역 주민이 선출하여 구성한 지방 자치 단체가 해결해 나가는 제도로, 지역 주민의 복리 증진을 위해 진행된다. 지방 자치 제도를 통해 지역 주민들은 지방 정치에 직접 참여할 수 있고, 정치적 경험과 훈련을 할 수 있다. 이러한 장점을 가진 지방 자치 제도는 민주주의의 교실, 풀뿌리 민주주의의 실현이라고 불리기도 한다.

⊕ **상식 PLUS**
  • **풀뿌리 민주주의:** 국민 개개인에게까지 전개되는 대중적인 민주주의

조례
條例

지방 자치 단체의 의회에서 제정되는 자치 법규

지방 자치 단체가 법령의 범위 안에서 지방 의회의 의결을 거쳐 그 지방의 사무에 관하여 제정하는 법이다.

464

국회의원 （빈출）
國會議員

국민의 대표로서 국회를 이루는 구성원

국민의 대표로서 국회를 이루는 구성원으로, 국민의 선거에 의하여 선출된다. 우리나라의 경우 임기는 4년이며, 2016년 통과된 「공직선거법」에 따라 지역구 253인과 비례 대표 47인으로 구성하게 되어 있다.

465

국회의원의 특권
國會議員-特權

국회의원의 자유로운 직무수행을 위해 보장하는 특권

국회의원이 부당한 압력을 받지 않고 자유롭게 직무를 수행할 수 있도록 헌법으로 보장하는 특권으로, 크게 불체포특권과 면책특권이 있다. 불체포특권은 국회의원이 현행범인인 경우를 제외하고는 회기 중 국회의 동의 없이 체포 또는 구금되지 않는 권리를 의미하며, 만약 회기 전에 체포 또는 구금되었을 경우 현행범이 아닌 한 국회의 요구가 있다면 회기 중 석방될 수 있다. 면책특권은 국회의원이 국회에서 직무상 행한 발언과 표결에 대해 국회 밖에서 책임지지 않는 권리를 의미한다.

466

국회의원의 의무
國會議員-義務

국회의원이 지켜야 하는 헌법상·국회법상 의무

국회의원은 헌법상 겸직금지 의무, 청렴 의무, 국익우선 의무, 지위남용금지 의무를 지니며, 국회법상으로는 품위유지 의무, 국회의 본회의와 위원회 출석 의무, 의사에 관한 법령 규칙 준수 의무를 지닌다.

467

국회의장
國會議長

국회를 대표하는 국회의원

국회의 질서를 유지하고 의사를 진행하며 국회의 사무를 감독하는 국회의원으로, 입법부 수장으로서 상임위원회에서 여야가 상정 또는 합의하지 못한 법안에 대해 국회의장이 자신의 직권을 이용하여 직접 해당 법안을 본회의에 상정할 수 있는 직권상정 권한을 가진다.

정당
政黨

정치적 의견이나 생각을 같이하는 사람들이 모여 만든 단체

정치적 주장 등이 같은 사람들끼리 정권을 잡고 정치적 이상을 실현하기 위하여 조직한 단체로, 우리나라의 경우 법에서 정한 조건을 갖추면 누구나 정당을 설립할 수 있다. 이들은 국민들의 의견을 모아 국회나 정부에 전달하는 역할을 하고, 대통령 선거, 시장 선거, 국회의원 선거, 지방 의회 의원 선거에 후보자를 추천하고 의견을 전달하며, 선거에 참여하는 과정을 통해 국민들이 정치에 관심을 가지도록 만들기도 한다.

교섭단체
交涉團體

국회에서 의원들이 단체 교섭회에 참가하여 의사 진행에 관한 중요한 안건을 협의하기 위해 구성하는 단체

원내교섭단체라고도 하며, 우리나라 국회법 제33조에 의하면 국회에 20인 이상의 소속 의원을 가진 정당은 하나의 교섭단체가 되고, 다른 교섭단체에 속하지 않는 20인 이상의 의원으로도 따로 교섭단체를 구성할 수 있다.

예산심의
豫算審議

행정부의 예산안에 대해 의회가 심사하는 것

행정부가 작성하여 제출한 예산안을 확정하기 위하여 의회가 심사하는 행위로, 우리나라 예산안 심의 절차는 '대통령의 시정 연설→국정 감사→예비 심사→종합 심사→본회의의 의결' 순으로 진행된다.

빈출

필리버스터
Filibuster

의회에서 고의로 의사 진행을 저지하는 행위

의회 안에서 합법적인 수단을 이용하여 의사 진행을 고의로 저지하는 행위로, 일반적으로 장시간에 걸친 연설이나 출석 거부, 동의안이나 수정안의 연속 제의, 형식적인 절차의 철저한 이행 등의 방법으로 이루어진다.

섀도 캐비닛
Shadow cabinet

야당에서 정권을 잡았을 경우를 예상하여 조직하는 내각

야당에서 정권을 잡았을 경우를 예상하여 조직하는 내각으로, 19세기 이래 영국에서 시행되어 왔으며 정부와 여당에서도 이들에게 필요한 자료나 정보를 제공한다.

일사부재의
一事不再議

한번 부결된 안건은 같은 회기 중에 다시 제출할 수 없는 원칙

의회에서 한번 부결된 안건은 같은 회기 중에 다시 제출할 수 없다는 원칙으로, 의사 진행을 원활하게 하고 소수파의 의사 진행 방해를 배제하기 위함을 그 목적으로 두고 있다.

교차 투표
交叉投票

당론에 상관없이 유권자의 태도나 자신의 소신에 따라 투표하는 것

제출된 의안을 표결할 때, 의원이 본인이 소속된 정당의 당론과는 상관없이 유권자의 태도 또는 자기 자신의 판단 및 소신에 따라 행하는 투표이다.

정치 현상

폴리페서
Polifessor

적극적으로 정치에 참여하는 현직 교수

정치를 의미하는 'Politics'와 교수를 의미하는 'Professor'의 합성어로, 적극적으로 정치에 참여하는 현직 교수를 일컫는 용어이다. 학문적 소양과 정치를 접목하여 사회 발전에 도움을 주는 역할을 하기보다는 교수직을 발판으로 입신양명을 꿈꾸는 행태를 보여, 부정적 의미로 쓰이는 경우가 많다.

로그롤링
Logrolling

정치 세력들이 투표 거래나 투표 담합을 통해 상호 지원을 하는 행위

국회의원들이 서로 짜고 각자가 발의한 법안이나 프로그램이 통과되도록 지지하는 행위를 일컫는 용어로, 개척자들이 벌채한 통나무를 목적지까지 옮기기 위해 서로 보조를 맞추는 상황에서 유래하였다.

전관예우
前官禮遇

고위 관직에 있었던 사람에게 퇴임 후에도 재임 때와 같은 예우를 베푸는 일

흔히 사법부에서 전직 판사 또는 검사가 변호사로 개업하여 처음 맡은 소송에 대해 유리한 판결을 내리는 특혜를 의미하는 경우가 많고, 그 외에 행정부에서도 고위 공직을 맡았던 인물이 퇴임 후 기존 업무와 관련된 기업이나 사업을 할 때 전관의 지위를 이용해 부당한 이익을 얻는 경우도 해당하며, 폐단이 많아 점차 법으로 제한하고 있다.

⊕ **상식 PLUS**
- **전관예우 금지법:** 판·검사로 재직했던 변호사가 마지막으로 근무한 법원 및 검찰청 등 국가기관의 사건을 1년간 수임할 수 없도록 2011년 5월 17일부터 시행된 변호사법 개정안

데마고기
Demagogy

대중을 선동하기 위한 정치적인 허위 선전이나 인신공격

정치적인 의도로 특정 문제에 대하여 유포하는 허위 선전이나 인신공격을 의미하는 것으로, 소문이나 풍문, 유언비어와 비슷한 개념이지만 한층 강한 효과와 의미를 지닌다.

CHAPTER 05

정치

UNIT 2

선거

선거 제도에 대해 파악하고 선거 진행 과정에서 발생할 수 있는 현상에는 어떤 것이 있는지 알아두면 좋습니다.

회독 박스(□)에 정확히 아는 개념은 ○, 알쏭달쏭한 개념은 △, 전혀 모르는 개념은 ×로 체크하면서 꼼꼼히 학습해 보세요.

선거 일반

479 □ □ □

선거권
選擧權

선거에 참가하여 투표할 수 있는 권리

국가의 중요 공무원을 선출하는 선거인단에 참여할 수 있는 국민의 권리 또는 자격으로, 우리나라는 헌법으로 모든 국민의 선거권을 보장하고 있다. 선거권은 국민이 국가에 대하여 가지는 공권이므로 포기하거나 양도할 수 없을 뿐만 아니라 대리 행사가 인정되지 아니한다.

⊕ 상식 PLUS
- **피선거권**: 선거에 입후보하여 당선인이 될 수 있는 권리

480 □ □ □

선거 기간
選擧期間

선거일이 공시된 날로부터 선거일까지의 기간

우리나라의 '공직선거법' 제33조에 규정한 공직 선거 기간은 대통령 선거는 23일, 국회의원 선거와 지방 자치 단체의 의회 의원 및 장의 선거는 14일이다.

⊕ 상식 PLUS
- **선거일**: '공직선거법'에 따라 대통령, 국회의원, 지방 의회 의원 및 지방 자치 단체장의 선거를 치르는 날

□ □ □

선거의 4대 원칙
選擧-四大原則

민주적인 선거를 위해 지켜야 하는 기본 원칙

민주적인 선거를 위해 지켜야 하는 네 가지 원칙으로, 일정한 연령에 달하면 어떤 조건에 따른 제한 없이 선거권을 주어어야 한다는 '보통 선거', 투표의 가치에 차등을 두지 않아야 한다는 '평등 선거', 선거권자가 대리인을 거치지 않고 자신이 직접 투표 장소에 나가 투표해야 한다는 '직접 선거', 투표자가 누구에게 투표했는지 알 수 없게 해야 한다는 '비밀 선거'가 포함된다.

□ □ □

당선자 결정 방법
當選者決定方法

선거에서 당선자를 결정하는 방법

대의 민주주의가 지니는 비합리성을 극복하기 위해 다양한 당선자 결정 방식이 논의되고 있으며, 오늘날 가장 대표적인 당선자 결정 방식에는 다수대표제, 소수대표제, 비례대표제, 직능대표제 등이 있다.

⊕ **상식 PLUS**

- **다수대표제**: 한 선거구에서 다수 득표자 1명을 당선자로 삼는 방식
- **소수대표제**: 다수당이 의석을 독점하는 것을 막고, 소수당에도 어느 정도의 의석을 확보할 수 있도록 선거구에서 가장 많은 표를 얻은 인물 외 2~3위 후보도 당선자가 되는 방식
- **직능대표제**: 지역에 기반을 둔 대표제를 보완하기 위한 제도로, 직업별로 선거인단을 조직하여 이 단체에서 대표를 뽑아 의회에 보내는 방식

□ □ □

선거구제
選擧區制

선거구를 중심으로 대표자를 선출하는 제도

대표자 선출을 위한 기초 선거 단위인 선거구를 중심으로 국회나 지방 의회의 의원을 선출하는 제도로, 소선거구제, 중선거구제, 대선거구제로 구분된다.

⊕ **상식 PLUS**

- **소선거구제**: 한 개의 선거구에서 한 사람의 의원을 선출하는 제도로, 선거 운동 과열 및 사표(死票)가 다량 발생한다는 단점이 있음
- **중선거구제**: 한 개의 선거구에서 2~4명의 대표자를 선출하는 제도로, 새로운 정당의 등장으로 정치적 다양성이 향상되는 반면 군소정당의 난립으로 정국 불안의 가능성이 있음
- **대선거구제**: 대선거구를 하나의 선거구로 삼아 5명 이상의 대표자를 선출하는 제도로, 새로운 정당의 등장으로 정치적 다양성이 향상되는 반면 군소정당의 난립으로 정국 불안의 가능성이 있음

CHAPTER 05

정치

비례 대표제
比例代表制

정당이 얻은 총득표수에 비례하여 의원을 선출하는 선거 제도

2개 이상의 정당이 있을 경우 정당이 얻은 총득표수에 비례하여 의원을 선출하는 선거 제도로, 다수대표제나 소수대표제가 다수 또는 소수에게 유리한 결과를 가져오는 단점을 보완하기 위해 고안되었다.

중앙선관위
中央選管委

선거와 국민 투표의 공정한 관리 및 정당에 관한 사무를 관장하기 위하여 설치한 헌법 기관

선거 등의 관리와 정당에 관한 사무를 관장하기 위해 설치한 기관으로, 중앙선거관리위원회의 준말이다. 각종 선거 관리, 정당 사무 관리, 정치 자금 사무 관리, 민주 시민 정치 교육, 선거 및 정치 제도 연구 등 선거, 국민 투표의 공정한 관리 및 정당에 관한 사무 업무를 담당한다.

⊕ 상식 PLUS
- **선거관리위원**: 중앙선거관리위원회는 9명(대통령 임명 3명, 국회 선출 3명, 대법원장 지명 3명)의 위원으로 구성되고, 임기는 6년이며, 정치적 중립성을 위해 정당에 가입하거나 정치에 관여할 수 없음

선거공영제
選擧公營制

선거 운동의 자유방임에서 오는 폐단을 방지하기 위해서 선거를 국가 또는 지방 자치 단체가 관리하는 제도

공정한 선거를 위하여 선거에 들어가는 선거 비용의 일부를 국가가 부담하고 정부가 선거를 관리하는 제도로, 선거 운동의 과열을 방지하고 후보자 간 선거 운동의 기회균등을 보장함으로써 선거가 공정하게 치러질 수 있도록 노력한다.

주민소환제
住民召還制

임기 중에 위법 행위, 직권 남용 등을 한 선거직 공무원을 주민의 발의에 의해 제재하는 제도

지방 자치 단체장이나 지방 의회 의원 등 선거직 공무원이 임기 중에 위법 행위, 직무 유기, 직권 남용 등의 행위를 할 경우 이들을 주민의 발의에 의해 제재하는 제도로, 우리나라에서는 2007년부터 시행되고 있다.

⊕ 상식 PLUS
- **국민소환제**: 선거 등으로 선출 및 임명한 국민의 대표나 공무원을 임기가 끝나기 전에 국민의 발의에 의해 파면·소환하는 제도

플레비사이트
Plebiscite

국민이 국가의 의사 결정에 직접적으로 참여하는 제도

중대한 정치 문제를 결정할 때 행하는 국민 투표 제도로, 헌법상으로 제도화되어 있지 않지만 새로운 지배자가 권력의 정통성과 신임을 획득하기 위해 또는 영토의 변경이나 병합을 위하여 국민 투표를 시행하는 것을 의미한다. 유신 정권 당시 시행된 국민 투표가 대표적인 사례이며 다소 부정적인 개념으로 사용된다.

⊕ **상식 PLUS**
- **레퍼렌덤(Referendum)**: 국민 또는 주민이 선거 이외의 중요한 정책 사항을 찬반 투표로 결정하는 일

선거 현상

빈출

지역주의
地域主義

특정 지역에서 선거 시에 나타나는 특정 정당에 대한 지지 편중 현상

어느 한 지역이 중앙 정부에 대하여 독자적인 정치·경제적 권한과 권리나 제도적 지위를 획득하도록 특정 정당을 편중하여 지지하는 현상으로 선거에서는 특정 후보자 또는 정당 지도자의 출신 지역이 어디인지를 따져 투표하려는 행태로 드러난다.

스윙 보터
Swing voter

투표에서 어떤 후보에게 투표할지 결정하지 못한 유권자

선거 등의 투표에서 어떤 후보자에게 투표할지에 대해 결정하지 못한 유동 투표층을 이르는 말로, 보통 자신의 삶에 도움을 줄 만한 후보를 찾기 위해 지지 정당을 쉽게 바꾸며 지역 및 이념 지향적 투표 성향보다는 선거 당시의 정치 상황과 이슈에 따라 투표하는 경향을 나타낸다.

골드워터 룰
Goldwater rule

정신과 의사가 직접 진단하지 않은 공인의 정신 상태에 대한 의견을 대중 매체에 제시하는 것은 비윤리적이라는 규범

정신과 의사가 직접 진단하지 않은 공인의 정신 상태에 대한 의견을 대중 매체에 제시하는 것은 비윤리적이라는 규범으로, 1964년 미국 대통령 선거 공화당 후보자였던 골드워터의 이름에서 유래하였다. 미국 정신과학회(APA) 의료 윤리 원칙 제7절 제3항이기도 한 골드워터 룰은 타인의 위험을 예상할 수 있는 정보를 가지고 있는 사람은 공익을 위해 그 사실을 경고해야 한다는 의무인 경고의 의무와 대응되는 개념이다.

마타도어
Matador

상대편을 중상모략하거나 그 내부를 교란하기 위한 정치가들의 흑색선전

근거 없는 사실을 조작하여 상대편을 중상모략하거나 그 내부를 교란시키기 위해 하는 흑색선전을 일컫는 용어로, 정치권에서 널리 쓰이는 말이다.

옴부즈맨 제도
Ombudsman system

자본주의 국가에서 행정부의 독주를 막고자 고안된 행정 통제 제도

행정부가 강화되고 행정 기능이 전문화되는 자본주의 국가에서 행정부의 독주를 막고자 고안된 행정 통제 제도로, 시민이 제소한 사안에 대하여 입법부에서 임명한 행정 감찰관이 독자적으로 조사하고 처리한다. 1809년에 스웨덴에서 입법화된 이래 핀란드, 노르웨이, 네덜란드, 뉴질랜드 등지에 파급되었고 다른 나라에서도 부분적으로 채택되고 있다.

UNIT 3

안보

우리나라와 국제 사회의 안보 이슈를 확인해 보세요.

회독 박스(□)에 정확히 아는 개념은 ○, 알쏭달쏭한 개념은 △, 전혀 모르는 개념은 ×로 체크하면서 꼼꼼히 학습해 보세요.

군사와 무기

494 □ □ □

방공 식별 구역
防空識別區域

영공 침입을 방지하기 위하여 각국이 지역 상공에 설정한 공중 구역

각국이 사전에 식별되지 않은 영공 침입을 방지하기 위하여 상공에 설정한 공중 구역으로, 이곳에 진입하기 위해서는 해당 국가에 미리 비행 계획을 제출하고 진입 시에 위치 등을 반드시 통보해야 한다.

495 □ □ □

핫라인
Hot line

긴급 연락용으로 사용하는 전화

긴급 비상 연락용으로 사용하는 전화를 일컫는 용어로, 1963년에 미국 워싱턴과 소련 모스크바 사이에서 개통되었다. 중동 전쟁이 일어난 1967년에 소련이 미국에 협력을 요청하면서 처음 사용되었으며, 케네디와 후루쇼프 사이의 합의로 설치되었다고 하여 두 사람의 이름을 따 KK 라인이라고도 한다.

496 □ □ □

NLL
Northern Limit Line

국제연합 사령관에 의해 남북 간에 설정된 해양 한계선

북방 한계선(NLL)은 1953년 정전 협정 체결 이후 국제연합 사령관에 의해 남북 간에 설정된 해양 한계선으로, 군사 분계선에서 북쪽으로 2km 떨어진 지역에 동서로 그어졌다. 백령도, 대청도, 소청도, 연평도, 우도의 서해 5개 섬 북단과 옹진반도 사이의 중간선을 말하며, 이는 북위 37도 35분과 38도 03분 사이에 해당한다.

497

전시작전통제권
戰時作戰統制權

한반도 전쟁이 일어날 경우에 군대의 작전을 지휘하고 통제할 수 있는 권한

한반도 전쟁이 발발할 시 군대의 작전을 지휘하고 통제할 수 있는 권한으로, 현재 우리나라의 전시작전권은 주한 미국 사령관에게 있다.

498

빈출

사드
THAAD

고고도 미사일 방어 체계

미국이 추진하고 있는 미사일 방어 체계의 핵심 요소 중 하나로, 중·단거리 탄도 미사일로부터 군 병력과 장비, 인구 밀집 지역, 핵심 시설 등을 방어하는 데 사용된다. 북한을 견제한다는 목적으로 2017년 우리나라 주한 미군에도 사드가 배치되었다.

499

광개토대왕함
廣開土大王艦

우리나라 최초의 한국산 해군 구축함

KDX-I 계획의 결과로 건조된 한국산 해군 구축함 제1호로, 1996년 10월 28일 대우중공업 옥포 조선소에서 진수되었으며 이후 1998년 7월 31일에 한국 해군에 인도되었다.

500

빈출

WMD
Weapons of mass destruction

대량 살상 무기

핵무기, 생화학 무기, 중장거리 미사일 등 많은 사람들을 한꺼번에 죽이거나 상처를 입힐 수 있는 무기를 일컫는 용어이다. 대량 살상 무기의 강력한 파괴력으로 인해 핵 확산 금지 조약, 생물 무기 금지 협약, 화학 무기 금지 조약 등 여러 국제 협약에서는 개발을 금지하고 있다.

501 □ □ □

ABC 무기
Atomic Biological Chemical
and weapons

핵·생물·화학 무기

원자 폭탄, 수소 폭탄 등의 핵무기, 세균, 곤충 등의 생물 무기, 독가스 등의 화학 무기를 이르는 말이다.

502 □ □ □

ICBM
Intercontinental ballistic
missile

대륙 간 탄도 미사일

핵탄두를 장착하여 한 대륙에서 다른 대륙까지 날아가 공격할 수 있는 장거리 탄도 미사일을 이르는 말이다.

503 □ □ □

미사일 방어 체제
MD, Missile defense

대륙 간 탄도 미사일에 대한 미국의 방어 체제

대륙 간 탄도 미사일로부터 공격을 받을 경우 요격 미사일 발사를 통해 미국 전체를 방어한다는 미국의 방어 체제로, 2001년 조지 부시 행정부 때 추진되었다.

504 □ □ □

NATO
North Atlantic Treaty
Organization

북대서양조약기구

제2차 세계대전 이후 찾아온 냉전 시대에 소련에 대응하기 위해 창설된 기구로, 1949년 미국, 캐나다, 유럽 10개국 등이 조인한 북대서양조약을 기초로 발족한 집단 방위 기구이다. 2022년을 기준으로 30개의 국가가 NATO에 가입되어 있으며, 가입국은 조약에 따라 집단적 자위권을 행사할 수 있다.

집단적 자위권
集團的自衛權

자국과 동맹을 맺고 있는 나라가 침략당할 경우 함께 맞서 싸울 수 있도록 하는 권리

하나의 나라가 제3국으로부터 무력 공격을 받았을 경우 그 나라와 밀접한 관계에 있는 다른 나라가 이를 스스로에 대한 무력 공격과 동일시하여 공동으로 방위에 나서는 권리로, 국제법으로 보장하고 있다.

⊕ 상식 PLUS
• **일본의 집단적 자위권**: 제2차 세계대전 패전국인 일본은 일본 헌법 제9조에 따라 집단적 자위권의 권리는 가지되 행사는 할 수 없었으나, 안보법을 개정함으로써 집단적 자위권을 행사할 수 있게 되었음

아시아 안보회의
ASS, Asia Security Summit

싱가포르에서 매년 열리는 안보 관련 국제 행사

영국 국제전략문제연구소(IISS)의 주관하에 우리나라를 비롯한 미국, 일본, 중국, 러시아 등의 국방 장관, 안보 전문가, 합참 의장 등이 참석하여 매년 싱가포르에서 열리는 세계 최대 규모의 안보 관련 국제 행사이다.

제네바 군축회의
CD

세계 유일 다자간 군축 협상 기구

CD는 'Conference on Disarmament'의 첫 글자를 딴 것으로, 제네바에 위치하고 있는 세계 유일 다자간 군축 협상 기구를 의미한다. 주로 핵무기, 대량 살상 무기, 재래식 무기, 군사 예산 감축 등을 토의 대상으로 한다.

PKO
Peace Keeping Operation

유엔의 평화 유지 활동

유엔(UN, 국제연합)이 정전 감시, 분쟁 재발 방지, 치안 유지, 전후 복구 등을 위해 현지에 유엔 평화 유지군이나 감시단 등을 파견하여 분쟁 지역의 평화 유지나 회복을 돕는 활동을 이르는 말이다.

IAEA
International Atomic Energy Agency

원자력의 평화적 이용을 위해 설립된 국제연합 기관

국제원자력기구(IAEA)는 원자력의 평화적 이용을 위한 연구와 국제적인 공동 관리를 위하여 설립된 국제연합 기관으로, 1957년 7월 29일에 발족되었다. 본부는 오스트리아 빈에 있으며, 우리나라는 1957년 8월 8일에 창설 회원국이 되었다.

핵보유국
核保有國

핵무기를 보유하고 있는 나라

핵확산금지조약(NPT)에서 공식적으로 인정한 핵무기 보유 국가를 이르는 말로, 핵클럽, 핵국 등으로 불리기도 한다. 미국, 영국, 러시아, 프랑스, 중국 5개국이 핵보유국에 해당한다. 한편 핵확산금지조약에서 공식적으로 인정하지는 않았지만 사실상 핵무기를 보유하고 있는 것으로 취급되는 비공식 핵보유국도 있는데, 이스라엘, 인도, 파키스탄 등이 여기에 해당한다.

핵우산
Nuclear umbrella

핵무기를 보유하고 있는 나라의 핵전력에 의하여 안전을 보장하는 것

핵무기를 보유하고 있지 않은 나라가 핵무기 보유국의 핵전력에 의하여 안전을 보장하는 것을 이르는 말로, 우리나라는 한미상호방위조약에 의해 미국의 핵우산 아래에 있다.

⊕ **상식 PLUS**
- **한미상호방위조약**: 1953년 평화 안전의 유지와 집단적 방위를 목적으로 한국과 미국 사이에 체결된 조약

핵 사찰
核査察

국제원자력기구가 핵확산금지조약 가입국의 관련 시설에 대한 사찰 활동

국제원자력기구(IAEA)가 핵확산금지조약 가입국의 관련 시설에 대해서 벌이는 사찰 활동으로, 핵물질 수량의 확인, 주요 원자력 시설 검사 등을 하는 것이다. 조약 가입국이 국제원자력기구에 신고한 핵물질 현황을 조사하는 임시 사찰, 핵물질과 핵 시설의 변동 상황을 점검하기 위해 정기적으로 실시하는 통상 사찰(일반 사찰), 신고된 내용과 실제 시설이 다른 경우나 의심할 만한 증거가 나온 경우에 실시하는 특별 사찰로 나눌 수 있다.

NPT
Nuclear non proliferation treaty

핵확산금지조약

핵무기 비보유국이 새로 핵무기를 개발하는 것과 핵무기를 보유국이 비보유국에 인도하는 것을 동시에 금지하는 조약으로, 1969년 UN 총회에서 채택되어 1970년 3월 5일에 정식 발효되었다.

SOFA
Status Of Forces Agreement

주한 미군 지위 협정

주한 미군의 법적인 지위를 규정한 협정으로, 정식 명칭은 '대한민국과 아메리카 합중국 간의 상호 방위 조약 제4조에 의한 시설과 구역 및 대한민국에서의 합중국 군대의 지위에 관한 협정'이며 한미 행정 협정이라고도 한다.

CVID

완전하고, 검증이 가능하며, 불가역적인 핵 폐기

완전하고(Complete), 검증이 가능하며(Verifiable), 돌이킬 수 없는 방식으로(Irreversible) 이루어지는 비핵화(Dismantlement) 원칙이며, 북핵 사태 해결의 원칙으로 미국의 조지 부시 정부 1기 때 수립되었다.

북한

북한
DPRK, 北韓

한반도의 북반부 지역

남북으로 분단된 대한민국의 휴전선 북쪽 지역으로, 정식 명칭은 조선 민주주의 인민 공화국(Democratic People's Republic of Korea)이다. 마르크스·레닌주의와 주체사상을 통치 이념으로 삼고 있고 프롤레타리아 계급 독재를 실시하는 사회주의를 표방하는 정권이다.

4자 회담
四者會談

4개국이 한반도의 평화를 위해 개최한 회담

남한, 북한, 미국, 중국 4개국이 한반도의 평화 체제 구축을 위해 개최한 회담으로, 1997년 12월 10일에 스위스 제네바에서 1차 회담이 열렸다.

6자 회담
六者會談

빈출

6개국이 북한의 핵 문제를 논의하기 위해 개최한 회담

남한, 북한, 미국, 일본, 중국, 러시아 6개국이 북한의 핵 문제를 해결하기 위해 개최한 회담으로, 2003년 8월 27일 중국 베이징에서 1차 회담이 열렸다. 이후 2007년까지 총 여섯 차례의 회담이 개최되었다.

7·4 남북 공동 성명
七四南北共同聲明

남북한 고위급 대표가 협상을 통해 발표한 통일과 관련된 공동 성명

남북 고위 정치 협상을 통하여 1972년 7월 4일에 발표한 통일과 관련된 공동 성명으로, 국토 분단 이후 최초로 합의 발표했다는 점과 자주, 평화, 민족 대단결이라는 통일의 3대 기본 원칙을 담고 있다는 의의를 가지고 있다.

6·15 남북 공동 선언
六一五南北共同宣言

남북 정상 회담을 통해 분단 이후 최초로 발표한 공동 선언

평양에서 김대중 대통령과 김정일 국방위원장 간에 이루어진 분단 55년 만의 첫 남북한 정상 회담에서 발표한 공동 선언문으로, 2000년 6월 15일에 발표되었다. 선언문에는 통일 문제의 자주적 해결, 1 국가 2 체제의 통일 방안 협의, 이산가족 문제의 조속한 해결, 남북 간 교류의 활성화, 합의 사항의 조속한 실천을 위한 당국 사이 대화 등의 내용을 담고 있다.

CHAPTER 05

정치

10·4 남북 공동 선언
十四南北共同宣言

제2차 남북 정상 회담을 통해 발표한 공동 선언

평양에서 노무현 대통령과 김정일 국방위원장 간의 제2차 남북한 정상 회담을 통해 발표한 공동 선언문으로, 2007년 10월 4일에 발표되었다. 선언문에는 6·15 공동 선언 적극 구현, 상호 존중과 신뢰의 남북 관계로 전환, 군사적 긴장 완화와 신뢰 구축, 백두산 관광 실시 등 사회 문화 분야의 교류와 협력 발전 등의 내용을 담고 있다.

북미 정상 회담
北美頂上會談

미국과 북한 간에 이루어진 회담

2018년 6월 12일 도널드 트럼프 미국 대통령과 김정은 북한 국무 위원장이 싱가포르에서 가진 최초의 북미 정상 회담으로, 북미 관계 정상화 추진, 한반도의 영구적 평화 구축, 한반도의 완전한 비핵화, 6·25 전쟁 전사자 유해 송환의 4개 항에 양국 모두 합의하는 공동 성명을 발표했다.

⊕ **상식 PLUS**
- **2차 북미 정상 회담**: 2019년 2월 27일 베트남 하노이에서 열린 2차 정상 회담으로, 둘째 날에 합의에 도달하지 못하고 결렬되었음

남북 교차 승인
南北交叉承認

한반도의 긴장 완화를 위해 해결책으로 제시된 상호 승인

한반도 문제의 잠정적인 해결책으로 제시된 상호 승인으로, 남북한 중 한쪽만 승인하던 나라들이 다른 한쪽도 정식으로 승인하는 것을 의미한다. 한반도의 긴장 완화를 도모하고자 중국과 소련이 한국을, 미국과 일본이 북한을 동시에 승인했다.

합영법
合營法

북한이 서방의 자본과 기술을 도입하기 위해 제정한 합작 투자법

북한이 서방의 자본과 기술을 도입하기 위해서 제정한 외국과의 합작 투자법으로, 1984년 9월 최고 인민 회의에서 제정되었다.

525

최고 인민 회의
最高人民會議

북한의 최고 주권 기관

입법권을 행사하는 북한의 최고 주권 기관이자 최고 입법 기관으로, 1948년 인민 공화국의 창건 방침에 따라 북한 인민 총선거에 의해 창설되었다. 최고의 국가 권력을 행사하며 최고 국가 기관을 조직하고 그 활동에 대해 지도 및 감독한다.

526

주체사상
主體思想

북한의 모든 정책과 활동의 기초가 되는 통치 이념

북한의 정치, 외교, 사회, 군사, 문화 등 모든 분야의 기초가 되는 조선 노동당의 통치 이념으로, 북한의 김일성이 1930년에 창시하여 1967년에 최고 인민 회의에서 발표한 기본 방침이다.

527

4·27 판문점 선언
四二七 板門店 宣言

판문점에서 남북 정상 회담을 가진 후 발표한 선언

2018년 4월 27일 대한민국의 문재인 대통령과 김정은 북한 국무 위원장이 판문점 평화의 집에서 가진 정상 회담 이후 한반도의 평화와 번영을 염원하며 발표한 선언으로, 남북 공동 연락 사무소 설치, 남북 관계 개선, 전쟁 위험 해소, 한반도 비핵화 등의 내용을 담고 있다.

528

KEDO
Korea Energy Development Organization

한반도 에너지 개발 기구

한국, 미국, 일본이 북한의 경수로 발전소 사업 추진을 지원하기 위해 설립한 국제적 컨소시엄으로, 1995년 3월 9일에 정식으로 발족되었다. 약 1,000MW 용량의 한국 표준형 경수로 2기로 구성되는 경수로 사업을 지원하며 이와 관련된 재원 조달 및 공급, 대체 에너지 공급 등의 설립 목적을 가지고 있다.

UNIT 4

외교

국제 정치와 관련된 용어, 국제 분쟁 사례, 국제기구와 조약을 확인해 보세요.

회독 박스(□)에 정확히 아는 개념은 ○, 알쏭달쏭한 개념은 △, 전혀 모르는 개념은 ×로 체크하면서 꼼꼼히 학습해 보세요.

국제 정치

529 □ □ □

패권주의
覇權主義

강대한 군사력으로 세계를 지배하려는 제국주의 정책

강대한 군사력으로 세계를 지배하려는 강대국의 제국주의 정책으로, 1968년 신화사 통신에서 소련의 체코슬로바키아 침입을 비난하면서 국제적으로 처음 사용했다.

530 □ □ □

워터게이트 사건
Watergate affair

닉슨 재선 위원회가 워터게이트 빌딩에서 도청하려던 정치적 사건

닉슨 재선 위원회가 1972년 6월 17일 미국 대통령 선거를 앞두고 워터게이트 빌딩에 있는 민주당 본부에 침입하여 도청하려던 정치적 사건으로, 닉슨 정권의 선거 방해, 정치 헌금의 탈세 등이 드러나게 되면서 닉슨은 대통령직을 사임하게 되었다.

531 □ □ □

데탕트
Détente

적대 관계에 있는 두 국가 사이의 긴장이 완화되는 상태

적대 관계에 있는 두 국가 사이의 긴장이 풀려 화해의 분위기가 조성되는 상태를 일컫는 용어로, 제2차 세계대전 이후 냉전 체제를 이어오던 미국과 소련이 1970년대에 들어서면서 긴장 완화와 화해의 분위기가 조성된 것이 대표적이다.

제4세계
第四世界

개발도상국 중에서 식량의 자급조차 어려운 국가를 이르는 말

개발도상국 중에서도 하위 그룹에 속하여 석유와 같은 유력한 자원을 가지지 못하고 식량의 자급조차 어려운 후발 개발도상국을 이르는 말로, 주로 아시아, 아프리카 등에 분포되어 있다.

⊕ 상식 PLUS
- **제1세계**: 제2차 세계대전 이후 미국, 일본, 오스트레일리아, 서유럽 등 20개의 선진 자본주의 국가
- **제2세계**: 제2차 세계대전 이후 소련, 중국, 쿠바, 동유럽 등 10개의 공산권 국가
- **제3세계**: 제2차 세계대전 이후 아시아, 아프리카, 라틴 아메리카 등의 개발도상국

배타적 경제 수역
EEZ, Exclusive economic zone

자국 연안으로부터 200해리에 이르는 수역

자국 연안으로부터 200해리까지의 수역으로, 이 수역에 대한 천연자원의 탐사와 개발 및 보존, 해양 환경의 보존, 과학적 조사 등에 대해 독점적 권리를 행사할 수 있는 국제 해양법상의 개념이다.

코커스
Caucus

미국의 특수한 형태의 정당 집회

제한된 수의 정당 간부나 선거인단이 모여 공직 선거에 나설 후보자를 선출하거나 지명 대회에 참석할 대의원을 선출하는 미국의 특수한 형태의 정당 집회이다.

미국의 대통령 선거
United States presidential election

4년마다 열리는 미국의 대통령 선거 제도

미국은 대통령 선거가 4년마다 열리며, 대통령 선거에 직접 참여하는 방식을 사용하는 우리나라와 달리 국민이 선출한 대통령 선거인단이 대통령을 선출하는 간접 선거 방식을 사용한다. 선거는 정당 내에서 대의원 선거 후 대통령 후보를 선출하는 경선과 각 정당의 대통령과 부통령 후보가 결정된 뒤 진행되는 본선으로 나눌 수 있으며, 약 1년 동안 진행된다.

536 네오콘
Neocons

공화당 내부의 신보수주의 성향을 지닌 의원

미국 정치계에서 공화당 내부의 신보수주의 성향을 지닌 의원을 일컫는 용어로, 조지 부시 정부가 출범한 이후 강경 보수파들이 득세하며 유행하게 된 개념이다. 이들은 힘이 곧 정의라고 믿으며 미국이 군사력을 바탕으로 세계의 패권국으로 부상하는 것을 목표로 한다.

537 네오뎀
Neodems

민주당 내부의 보수적인 성향을 지닌 의원

미국 정치계에서 민주당 내부의 보수적인 성향을 지닌 의원을 일컫는 용어로, 2006년 미국 중간 선거에서 민주당에 영입된 공화당 성향의 인물들을 의미한다.

538 남순강화
南巡讲话

중국 덩샤오핑이 발표한 개혁과 개방을 가속화해야 한다는 내용의 담화

개혁과 개방을 가속화해야 한다는 내용을 담은 담화로, 1992년에 중국 덩샤오핑이 우한, 선전, 주하이, 상하이 등을 시찰하고 발표했다.

539 무라야마 담화
村山談話

무라야마 총리가 일본의 식민 지배에 공식적으로 사죄하는 뜻을 담은 담화

일본 무라야마 총리가 일본의 식민 지배에 대해 공식적으로 사죄하는 뜻을 표명한 담화로, 1995년 8월 15일에 발표했다.

540 먼로주의
Monroe doctrine

먼로 대통령이 제창한 외교 방침

미국의 제5대 대통령인 먼로가 1823년에 제창한 외교 방침으로, 미국에 대한 유럽의 간섭이나 재식민지화를 허용하지 않고 더불어 미국도 유럽에 대해 간섭하지 않겠다는 내용을 담고 있다.

치외법권
治外法權

다른 국가에 체류하고 있는 사람이 해당 국가의 국내법 적용을 받지 않는 권리

다른 국가에 체류하고 있는 외국 원수, 외교 사절 등이 해당 국가의 국내법 적용을 면제받고 자국의 주권을 행사할 수 있는 권리이다.

이원권
以遠權

항공 협정을 체결한 상대국 내의 지점에서 다시 제3국으로 연장하여 운송할 수 있는 권리

두 나라 사이에서 항공 협정을 체결하였을 때, 협정 상대국 내의 지점에서 다시 제3국으로 연장하여 여객이나 화물을 운송할 수 있는 권리로, 항공 협정에 의해 인정되는 국제 항공 운송상의 권리 중 하나이다.

국제 분쟁

댜오위다오 분쟁
빈출
Diaoyudao dispute

일본과 중국·타이완 간의 동중국해 남부의 8개 섬을 둘러싼 영유권 분쟁

일본 오키나와에서 약 300km, 타이완에서 약 200km 떨어진 동중국해 남부의 8개 섬을 둘러싸고 일어난 일본과 중국·타이완 간의 영유권 분쟁으로, 조어도 분쟁이라고도 한다.

남쿠릴열도 분쟁
South kuril islands dispute

러시아와 일본 간의 남쿠릴열도에 대한 주권을 주장하는 영토 분쟁

러시아와 일본의 해상 경계에 있는 남쿠릴열도에 대한 주권을 둘러싸고 일어난 러시아와 일본 간의 영토 분쟁이다.

CHAPTER 05

정치

545

중국 분리 운동
中國分離運動

중국 소수 민족들의 분리 및 독립에 대한 투쟁

강력한 중앙 집권적 정부의 통제를 받고 있는 중국의 일부 소수 민족들의 분리 및 독립에 대한 투쟁으로, 티베트와 위구르가 대표적인 분리주의 투쟁 지역이다.

546

호르무즈 해협
빈출
Hormuz strait

페르시아만과 오만만을 잇는 해협

이란과 아라비아반도 사이에 페르시아만과 오만만을 잇는 좁은 해협으로, 중동 산유국의 중요한 원유 수송로이다. 핵 문제 등으로 이란이 미국을 비롯한 서구 세계와 갈등을 빚을 때면 호르무즈 해협을 봉쇄하는 일로 맞서는 경우가 많아 분쟁지로 언급되는 경우가 많다.

국제기구와 조약

547

UN
United Nations

제2차 세계대전 이후 창설한 국제 평화 기구

국제연합(UN)은 제2차 세계대전 이후 국제 평화와 안전의 유지, 국제 우호 관계의 촉진 등의 국제 협력을 달성하기 위해 창설한 국제 평화 기구로, 1945년 10월 24일에 공식적으로 출범했다. 본부는 미국 뉴욕에 위치해 있으며 총회, 안전 보장 이사회, 경제 사회 이사회, 국제 사법 재판소, 신탁 통치 이사회, 사무국 등이 주요 기관으로 있다.

548

UNICEF
United Nations International
Children's Emergency Fund

유엔아동기금

제2차 세계대전으로 인해 기아와 질병 등의 위기에 놓인 아동을 구제하기 위한 긴급 원조 계획으로, 1953년 국제연합 상설 기관이 되었다. 국적, 이념, 종교 등의 차별 없이 어린이를 구호하기 위해 설립되었다.

EU
European Union

마스트리흐트 조약을 배경으로 결성된 기구

유럽연합(EU)은 1993년 11월 1일에 발효된 마스트리흐트 조약을 배경으로 유럽의 정치 및 경제 통합을 실현하기 위해 결성된 기구로, 1994년 1월에 유럽공동체(EC)에서 유럽연합으로 명칭을 변경하여 설립되었다. 유럽연합은 2012년에 노벨 평화상을 수상하기도 했다.

G20
Group of 20

G7과 유럽연합 의장국 및 신흥 시장 12개국이 회원으로 참여하는 국제기구

미국, 프랑스, 영국, 독일, 일본, 이탈리아, 캐나다의 G7과 한국, 아르헨티나, 오스트레일리아, 브라질, 중국, 인도, 인도네시아, 멕시코, 러시아, 사우디아라비아, 남아프리카공화국, 튀르키예의 유럽연합 의장국 및 신흥국이 회원으로 참여하는 국제기구로, 아시아 외환 위기 이후 국제 금융 현안 및 특정 지역의 경제 위기 재발 방지 등을 논의하기 위해 결성되었다. 이때, 유럽연합 의장국이 G7에 속할 경우 19개국이 된다.

ODA
Official Development Assistance

선진국에서 개발도상국이나 국제기구에 자금이나 기술을 원조하는 것

공적 개발 원조(ODA)는 선진국 정부에서 개발도상국이나 개발도상국을 위한 국제기구에 자금이나 기술을 원조하는 것으로, 공공 개발 원조 또는 정부 개발 원조라고도 한다. 이는 개발도상국에 대해 경제협력개발기구(OECD) 산하 개발원조위원회(DAC) 회원국의 순수한 원조를 일컫는다.

난민 조약
難民條約

난민의 인권을 보호하기 위해 규정한 조약

본국의 보호를 받지 못하는 난민의 인권을 보호하기 위해 규정한 조약으로, 1951년 제네바에서 26개국이 '난민의 지위에 관한 조약'을 체결하여 1954년 4월에 정식 발효되었다.

CHAPTER 05

정치

국제 사면 위원회
AI, Amnesty international

인권 옹호를 위한 국제적 민간 조직

언론과 종교 탄압 행위 등을 세계 여론에 고발하고 부당하게 체포되거나 투옥된 정치범의 석방을 목적으로, 1961년 인권 옹호를 위해 창설된 국제적 민간 조직이다.

아타셰
Attaché

외국에 대한 정보를 수집하기 위해 대사관이나 공사관으로 파견되는 사람

외국에 대한 정보 수집을 목적으로 대사관이나 공사관으로 파견되는 사람을 일컫는 용어로, 올림픽 경기 대회에서는 올림픽 조직 위원회의 수행원이라는 의미로 사용된다.

MOU
Memorandum Of Understanding

국가 간의 외교 교섭 내용을 확인하고 기록하기 위한 문서

양해각서(MOU)는 국가 간의 외교 교섭으로 서로 양해된 내용을 확인하고 기록하기 위한 문서로, 정식 계약을 체결하기에 앞서 작성하거나 계약 체결 후에 후속 조치를 위해 작성한다.

MOA
Memorandum Of Agreement

양자 간의 합의한 내용이 명시되어 있는 문서

합의각서(MOA)는 양해각서(MOU)를 체결한 이후에 이에 대한 사항을 구체적으로 명시하고 있는 문서로, 의미상으로 양해각서와 큰 차이는 없으나 양해각서 체결 후 세부 조항이나 구체적인 이행 사항 등을 구체화시켜 계약을 맺기 때문에 법적 구속력을 가진다.

GDPR
General Data Protection Regulation

유럽 의회에서 시행된 유럽연합의 개인정보보호 규정

개인정보보호 규정(GDPR)은 유럽 의회에서 개인정보보호를 강화하기 위한 규정으로, 2018년 5월부터 시행되었다. 유럽연합국 내에서 사업장을 운영하는 기업과 사업장을 운영하지 않더라도 유럽연합 국가 거주인의 정보를 처리하는 기업 모두에 적용된다.

아포스티유
Apostille

외국 공문서에 대한 인증의 요구를 폐지하는 협약

협약에 따라 문서의 서명이나 관인을 대조하여 진위를 확인하고 발급하는 것으로, 문서 발행국에서 아포스티유를 부착한 문서는 아포스티유 협약 가입국에서 공문서로서의 효력을 인정받을 수 있다.

IDU
International Democratic Union

자유주의와 민주주의를 목적으로 결성된 보수 민주 정당 연합체

국제 민주 연합(IDU)은 자유주의 이념과 민주주의를 실현하기 위해 결성된 보수 민주 정당 연합체로, 1983년 영국 런던에서 결성되었다.

IPU
International Parliamentary Union

각국 의회 및 의원들의 국제적인 연합체

국제 의회 연맹(IPU)은 각국 의회 및 의원들 간의 교류와 협력을 통하여 세계적인 협력, 대의 제도 확립을 목적으로 하는 연합체로, 1889년 파리 창립총회에서 정식으로 발족되었다.

CHAPTER 05

정치

핵심 점검 문제

앞에서 학습한 상식을 문제를 풀면서 바로 점검해 보세요!

[01-05] 다음 각 설명을 읽고, 맞으면 O, 틀리면 ×에 표시하시오.

01 외국에 대한 정보 수집을 목적으로 대사관이나 공사관으로 파견되는 사람을 '아타셰'라고 한다. (O , ×)

02 우두머리의 자리에서 전체를 이끌거나 주동할 수 있는 권력을 '헤게모니'라고 한다. (O , ×)

03 '행정소송'은 행정 관청의 처분에 불복하여 행정 관청을 상대로 법원에 처분의 취소, 변경, 무효 등을 요구하는 것이며, 이는 약식으로 진행된다. (O , ×)

04 우리나라 공직선거법에 의하면 대통령 선거 기간은 23일이고 국회 의원 선거는 15일이다. (O , ×)

05 '중앙선거관리위원'은 대통령이 임명하는 3명, 국회에서 선출하는 3명, 대법원장이 지명하는 3명으로 총 9명으로 구성된다. (O , ×)

[06-10] 다음 각 설명에 해당하는 용어를 쓰시오.

06 일 년에 한 번씩 주민들이 광장에 모여 중요한 사항을 결정하는 직접 민주제의 한 형태 (   )

07 국회가 국정 전반에 걸쳐 필요한 감사를 직접 행사할 수 있는 권한 (   )

08 의회에서 합법적인 수단을 이용하여 의사 진행을 고의로 저지하는 행위 (   )

09 적대 관계에 있는 두 국가 사이의 긴장이 완화되어 화해의 분위기가 조성되는 상태 (   )

10 업무량에 관계없이 공무원의 수가 지속적으로 증가하는 현상 (   )

11 정적이나 체제에 반대하는 사람을 공산주의자로 몰아 처벌하려는 경향은?
① 쇼비니즘　　　　　② 매카시즘　　　　　③ 뉴라이트　　　　　④ 포퓰리즘

12 세계 정치를 주도해 왔던 전통적 사회 민주주의와 신자유주의를 극복하는 새로운 이념 모델인 제3의 길을 제시한 인물은?
① 파킨슨(Parkinson)　　② 퇴니에르(Tonnies)　　③ 코냐르(Cognard)　　④ 기든스(Giddens)

13 중국 덩샤오핑이 개혁과 개방을 가속화해야 한다는 내용으로 발표한 담화는?
① 남순강화　　　　　② 무라야마 담화　　　　③ 먼로주의　　　　　④ 고노 담화

14 정치권에서 근거 없는 사실을 조작하여 상대편을 헐뜯는 것을 일컫는 용어는?
① 스윙 보터　　　　　② 골드워터 룰　　　　　③ 플레비사이트　　　　④ 마타도어

15 핵탄두를 장착하여 다른 대륙까지 날아가 공격할 수 있는 장거리 탄도 미사일을 일컫는 용어는?
① ABC 무기　　　　　② WMD　　　　　　　③ ICBM　　　　　　　④ NATO

16 다음 대통령의 권한 중 국가 원수로서 권한으로 옳은 것의 개수는?

- 법률안 거부권 행사
- 고위 공무원 임명 및 해임
- 국가와 헌법 수호
- 대통령령 제정

① 1개　　　　　② 2개　　　　　③ 3개　　　　　④ 4개

17 다음 중 우리나라 예산심의 절차를 순서대로 바르게 나열한 것은?

| ⊙ 예비 심사 | ⓒ 국정 감사 | ⓒ 대통령 시정 연설 | ⓔ 종합 심사 |

① ⓒ-⊙-ⓔ-ⓒ　　② ⓒ-ⓒ-⊙-ⓔ　　③ ⓒ-⊙-ⓒ-ⓔ　　④ ⓒ-ⓒ-⊙-ⓔ

18 다음 중 국회의원의 특징으로 옳지 않은 것은?

① 면책 특권을 가지고 있다.

② 국민들의 선거로 인해 선출되는 국회의 구성원이다.

③ 회기 중에는 어떠한 이유로도 국회의 동의 없이 체포나 구금을 할 수 없다.

④ 우리나라 국회의원의 임기는 4년이다.

19 다음 중 국가안전보장회의의 특징으로 옳은 것은?

① 공권력과 사회적 차별 행위에 의한 인권 침해를 구제할 목적으로 설립되었다.

② 국가의 안전 보장과 관련하여 대통령의 자문에 응하는 기관이다.

③ 국민 경제와 관련된 주요 정책에 대한 대통령의 자문에 의견을 제시한다.

④ 정부의 권한에 속하는 주요 정책을 심의하는 최고 정책 심의 회의이다.

20 다음 중 6자 회담 참여국을 모두 고르면?

| ⊙ 영국 | ⓒ 러시아 | ⓒ 일본 | ⓔ 독일 |

① ⊙, ⓒ　　　　② ⊙, ⓔ　　　　③ ⓒ, ⓒ　　　　④ ⓒ, ⓔ

CHAPTER 05
정치

Q 정답

01	○	02	○	03	×→ 약식 진행은 행정심판	04	×→ 14일	05	○
06	란츠게마인데	07	국정감사권	08	필리버스터	09	데탕트	10	파킨슨의 법칙
11	②	12	④	13	①	14	④	15	③
16	①	17	④	18	③	19	②	20	③

CHAPTER 06

다음은 법 분야에서 출제되거나 출제될 가능성이 높은 중요한 키워드를 기반으로 정리한 마인드맵입니다.
학습 전 큰 흐름을 조망하거나 학습 후 공부한 내용을 정리하는 용도로 활용해 보세요.

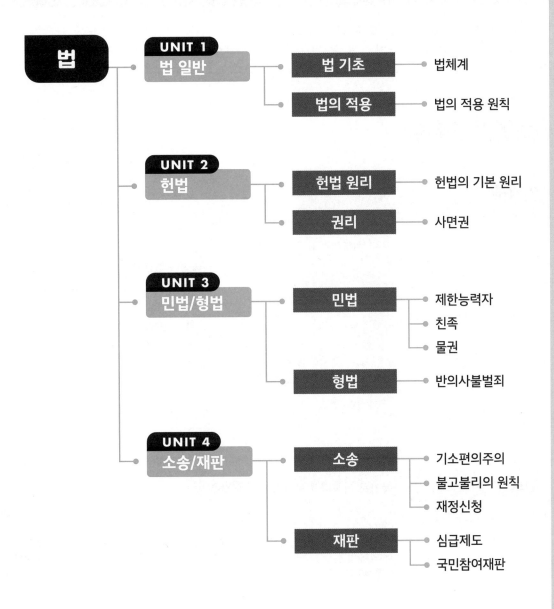

법 일반

기초적인 법체계와 법 적용의 원칙에 대해 확인해 보세요.

회독 박스(□)에 정확히 아는 개념은 ○, 알쏭달쏭한 개념은 △, 전혀 모르는 개념은 ×로 체크하면서 꼼꼼히 학습해 보세요.

법 기초

561 □ □ □

법체계
法體系

우리나라의 법체계

우리나라의 법체계는 다음과 같다.

법	성문법	국내법	공법	실체법	헌법, 행정법, 형법
				절차법	민사소송법, 형사소송법, 행정소송법
			사법	민법	일반 사법
				상법	특별 상법
			사회법	노동법, 사회 보장법, 경제법
		국제법	국제 조약, 국제 관습
	불문법	관습법, 판례법, 조리

* 민법, 상법, 사회법은 모두 실체법이다.

562 □ □ □

성문법
成文法

문자로 기록되고 문서의 형식을 갖춘 법

문자로 표현되고 문서의 형식을 갖추고 있는 법으로, 불문법과 대비된다. 국가의 입법 기관에 의해 일정한 형식 및 절차를 거쳐 공포된 법이며, 가장 오래된 법전인 함무라비 법전이 대표적이다.

불문법
不文法

문서의 형식을 갖추고 있지 않은 법

문서의 형식으로 표현되지 않은 법으로, 성문법과 대비된다. 일정한 제정 절차를 거치지 않고 존재하는 법이며, 관습법, 판례법 등이 포함된다.

세계 3대 법전

함무라비 법전, 로마법 대전, 나폴레옹 법전을 일컫는 말

바빌로니아 함무라비 왕이 제정한 세계에서 가장 오래된 성문법인 '함무라비 법전', 동로마 제국의 유스티니아누스 1세가 법학자들에게 명하여 황제 입법을 집대성한 '로마법 대전', 프랑스 나폴레옹 1세가 제정한 '나폴레옹 법전'이 해당한다.

법

바이마르 헌법
Weimarer verfassung

1919년에 제정된 독일 공화국 헌법

1919년 8월 11일에 제정된 독일 공화국 헌법으로, 국민 의회가 바이마르에서 열렸다고 하여 붙여진 명칭이다. 독일의 첫 민주주의 헌법으로 사회 민주주의에 입각한 기본적 인권을 규정하고 있으며, 독일 국민의 통일을 이념으로 한다. 또한, 보통·평등·직접·비밀·비례 대표 등의 원리에 따라 의원 내각제를 채택하였으며 동시에 부분적으로 직접 민주주의의 요소를 도입했다.

조리
條理

사물의 성질, 순서, 도리, 합리성 등의 본질적인 법칙

사물의 성질, 순서, 도리, 합리성 등의 본질적인 법칙을 일컫는 용어로, 민법 제1조에서는 '민사에 관하여 법률의 규정이 없으면 관습법에 의하고 관습법이 없으면 조리에 의한다'고 하여 조리는 법의 흠결이 있을 경우 보충적 효력을 가짐을 알 수 있다.

⊕ 상식 PLUS
• **관습법**: 사회생활에서 습관이나 관행이 굳어져 법의 효력을 갖게 된 것을 일컫는 용어

법관
法官

법원에 소속되어 사법부를 구성하고 재판 사무를 담당하는 사람

법원에 소속되어 사법부를 구성하고 대법원과 각급 법원에서 재판 사무를 담당하는 사람으로, 대법원장, 대법관, 고등·지방·가정 법원 등의 일반 법관(판사)이 있다. 이들은 소송 사건을 심리하고, 분쟁이나 이해의 대립을 법률적으로 해결 및 조정하는 권한을 가진다.

법의 적용

법 적용의 원칙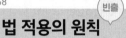
法適用 - 原則

상위법 우선의 원칙, 특별법 우선의 원칙, 신법 우선의 원칙, 법률 불소급의 원칙

법에도 일정한 단계가 존재하기 때문에 상위법을 하위법보다 우선 적용한다는 '상위법 우선의 원칙', 특별법을 일반법보다 우선 적용한다는 '특별법 우선의 원칙', 신법을 구법보다 우선 적용한다는 '신법 우선의 원칙', 법률은 제정 이전에 발생한 사실에 대하여 소급 적용하지 않고 행위 당시의 법률에 의거한다는 '법률 불소급의 원칙' 등이 포함된다.

⊕ 상식 PLUS
• **소급 적용**: 어떤 법률이나 규칙이 시행되기 전에 발생한 일까지 적용하는 것

법적 나이
Legal age

법에서 보장하는 권리를 행사하거나 제한되는 연령

우리나라는 권리를 행사하거나 제한되는 연령을 법으로 규정하고 있으며, 세부 기준은 각 법의 종류 및 내용에 따라 달라진다.

⊕ 상식 PLUS
• **주요 법적 나이**

만 14세 미만	형법상 미성년자
만 15세 미만	취업 제한 * 단, 고용노동부 장관이 발급하는 취직 허가증 가진 경우에는 가능
만 17세 이상	주민등록증 발급 및 수령
만 18세 이상	부모 동의하에 약혼 및 혼인 가능
만 19세 미만	민법상 미성년자
만 19세 이상	군 입대, 선거권 행사
만 20세 이상	부모 동의 없이 약혼 및 혼인 가능

유권해석
有權解釋

국가 기관이 법규를 해석하는 것

국가의 권위 있는 기관이 구속력 있는 법을 해석하는 것으로, 입법 기관이 법을 제정하는 권한에 기초하여 특정한 법규의 내용이나 의미를 밝히는 입법 해석, 구체적인 소송 사건에 법을 적용함에 있어서 법원에 의하여 행해지는 사법 해석, 행정 기관에 의한 법의 집행 과정 및 상급 관청의 하급 관청에 대한 회답·훈령·통첩 등의 형식으로 행해지는 행정 해석으로 나눌 수 있다.

⊕ **상식 PLUS**
- **훈령**: 상급 관청에서 하급 관청을 지휘 및 감독하기 위해 내리는 명령
- **통첩**: 문서로 알리는 것

CHAPTER 06

법

법률 제정 절차
法律制定節次

국회의원이나 정부로부터 제출된 법률안을 국회에서 심의 및 의결하여 제정되는 것

법률안은 다음과 같은 순서로 제정된다.

법률안 제출	정부 혹은 국회의원 10인 이상의 찬성으로 의안 발의

▼

국회의장 회부	국회의장은 소관 상임위원회에 법률안을 회부함

▼

상임위원회 상정	상임위는 회부받은 법률안의 적격성과 공정성을 판단함

▼

법제사법위원회 심사	자구 심사를 진행함

▼

본회의 심의 및 의결	'재적의원 과반수의 출석과 출석의원의 과반수 찬성'으로 의결함

▼

국무회의 심사*	정부로 이송된 지 15일 이내 국무회의를 열어 법률안을 검토하며, 이의가 있을 경우 대통령이 법률안거부권을 행사할 수 있음

▼

대통령 공포	특별한 규정이 없는 한 20일이 경과하면 효력이 발생함

* 법률안거부권 행사로 국회로 재의된 법률안에 대해서는 본회의를 열어 '재적의원 과반수의 출석과 출석 의원의 3분의 2 이상 찬성'으로 의결하여 가결되면 법률로서 확정됨

* 정부로 이송된 법률안을 15일 이내 공포하지 않거나 대통령이 법률안거부권을 행사하지 않으면 법률로서 확정됨

UNIT 2

헌법

헌법의 기본 원리와 헌법에서 보장하고 있는 기본권에 대해 확인해 보세요.

회독 박스(□)에 정확히 아는 개념은 ○, 알쏭달쏭한 개념은 △, 전혀 모르는 개념은 ×로 체크하면서 꼼꼼히 학습해 보세요.

헌법 원리

572 □ □ □

대한민국헌법
大韓民國憲法

대한민국의 국가 통치 체제 기초를 정하는 기본법

대한민국의 정치 조직 및 통치 작용, 국민의 권리 및 의무 등을 규정하고 있는 기본법으로, 1948년 7월 17일에 제정되어 총 9차례 개정을 거쳤다. 민정·경성·성문의 단일 법전으로, 전문과 총강, 국민의 권리 의무, 국회, 정부, 법원, 헌법재판소, 선거 관리, 지방 자치, 경제, 헌법 개정의 본문 제10장 제130조 및 부칙 제6조로 구성되어 있다.

⊕ 상식 PLUS
- **민정 헌법:** 국민의 뜻에 따라 제정한 헌법
- **경성 헌법:** 개정 절차가 일반 법률의 개정 절차에 비해 어렵게 규정되어 있는 헌법
- **성문 헌법:** 문서의 형식을 갖추고 있는 헌법

573 □ □ □

헌법의 기본 원리
憲法 - 基本原理

대한민국헌법에서 규정하고 있는 기본원리

국민 주권주의, 기본권 존중주의, 국가 권력을 입법·사법·행정의 세 부문으로 나누어 서로 견제하도록 하는 권력 분립주의, 평화 통일주의, 세계 평화주의, 국가가 문화의 자주성을 인정하면서 문화를 보호 및 보장해야 하는 문화 국가주의, 복지 국가주의 등을 기본 원리로 하고 있다.

헌법의 실효성
憲法實效性

헌법이 현실적으로 실현되고 있는 상태

헌법이 실제로 효력을 가지고 시행되고 있는 것을 이르는 말로, 대한민국 헌법 제3조 '대한민국 영토는 한반도와 그 부속 도서로 한다.'는 타당성은 있으나 현실적으로 북한에는 대한민국의 통치권이 미치지 않으므로 실효성이 없다고 본다.

헌법재판소의 권한
憲法裁判所-權限

위헌 법률 심판, 헌법소원 심판, 탄핵 심판, 권한 쟁의 심판, 위헌 정당 해산 심판

국회에서 제정한 법률이 헌법에 위반되는지를 심판하는 위헌 법률 심판, 기본권이 침해된 국민이 헌법재판소에 직접 청구한 이의 구제를 심판하는 헌법소원 심판, 국회의 탄핵 소추를 받아 심판하는 탄핵 심판, 권한 행사에 관하여 같은 종류의 업무를 수행하는 두 행정 관청 간에 발생한 다툼을 심판하는 권한 쟁의 심판, 정당의 목적·조직·활동이 민주적 기본 질서에 위배될 때 정당의 해산 여부를 심판하는 위헌 정당 해산 심판이 있다.

헌법 개정 절차
憲法改正節次

대한민국 헌법의 개정 절차

국회 재적의원 과반수 또는 대통령의 발의로 제안되며, 발의된 헌법 개정안은 대통령이 20일 이상 공고해야 한다. 이후 공고된 날로부터 60일 이내에 국회에서 의결되며, 이때 국회의원 3분의 2 이상의 찬성을 얻어야 의결될 수 있다. 찬성으로 의결된 헌법 개정안은 30일 이내에 국민 투표에 부쳐 국회의원 선거권자 과반수의 투표와 투표자 과반수의 찬성을 얻으면 개정이 확정된다. 대통령은 헌법 개정안이 확정된 경우 즉시 공포해야 하며, 헌법 개정에 관하여 거부권을 행사할 수 없다.

조세법률주의
租稅法律主義

조세의 부과 및 징수는 반드시 법률에 의하여야 한다는 원칙

조세의 부과 및 징수는 반드시 국회에서 제정하는 법률의 근거에 따라야 한다는 원칙으로, 근대 헌법은 모두 이 원칙을 규정하고 있다. 대한민국 헌법도 제38조 '모든 국민은 법률이 정하는 바에 의하여 납세의 의무를 진다.'와 제59조 '조세의 종목과 세율은 법률로 정한다.'에서 이 원칙을 선언하고 있다.

CHAPTER 06

법

578 ☐ ☐ ☐

천부인권
天賦人權

인간이 태어날 때부터 가지고 있는 권리

자연법에 의하여 인간이 태어나면서부터 가지고 있는 권리로, 자연권이라고도 한다. 이는 영국의 권리 장전, 미국 버지니아주 헌법의 인권 선언과 미국 독립 선언, 프랑스 인권 선언에서 표현되어 이후 모든 입헌 국가의 헌법에서 기본적 인권 보장으로 성문화되었으며, 국제연합헌장, 세계 인권 선언에서도 확인되고 있다. 우리나라는 헌법 제10조에서 '모든 국민은 인간으로서의 존엄과 가치를 가지며, 행복을 추구할 권리를 가진다. 국가는 개인이 가지는 불가침의 기본적 인권을 확인하고 이를 보장할 의무를 진다.'라고 규정하고 있다.

579 ☐ ☐ ☐

기본권
基本權

헌법이 보장하는 국민이 누릴 수 있는 기본적인 권리

대한민국 헌법에 의하여 보장되는 국민의 기본적인 권리로, 평등권, 자유권, 사회권, 청구권, 참정권 등이 있다.

580 ☐ ☐ ☐

사회권
社會權

국민이 인간다운 생활을 위하여 필요한 사회적 보장책을 국가에 요구할 수 있는 권리

국민이 인간다운 생활을 위하여 필요한 사회적 보장책을 국가에 요구할 수 있는 권리로, 생존을 위한 기본권의 성격을 지니고 있어 생활권이라고도 한다. 교육받을 권리, 근로의 권리, 노동 삼권 등이 있다.

581 ☐ ☐ ☐

평등권
平等權

국민이 법 앞에 평등하여 차별받지 않을 권리

모든 국민이 법 앞에 평등하여 국가로부터 불합리한 차별을 받지 않을 권리로, 우리나라 헌법 제11조에서 '모든 국민은 법 앞에 평등하다. 누구든지 성별, 종교 또는 사회적 신분에 의해 정치적, 경제적, 사회적, 문화적 생활의 모든 영역에 있어서 차별을 받지 아니한다.'고 규정되어 있다.

자유권
自由權

국민이 국가 권력에 의하여 자유를 제한받지 않을 권리

국민이 국가 권력에 의하여 자유를 제한받지 않을 권리로, 우리나라 헌법에는 신체의 자유, 거주 이전의 자유, 직업 선택의 자유, 재산권 행사의 자유, 양심의 자유, 종교의 자유, 학문과 예술의 자유 등이 규정되어 있다.

저항권
抵抗權

국민의 기본권을 침해하는 국가의 공권력 행사에 대해 저항할 권리

국민의 기본권을 침해하는 국가의 공권력 행사에 대해 그 복종을 거부하거나 저항할 수 있는 권리로, 반항권이라고도 한다. 우리나라 헌법에는 저항권의 규정은 없으나 헌법 전문에 '불의에 항거한 4·19 민주 이념을 계승하고'라는 문구로 저항권 규정 명시를 대신하고 있다.

참정권
參政權

국민이 국정에 직접 및 간접으로 참여할 수 있는 권리

국민이 국정에 직접 및 간접으로 참여할 수 있는 권리로 선거권, 피선거권, 국민 투표권, 국민 심사권, 공무원과 배심원이 되는 권리 등이 있다.

청구권
請求權

국민이 자신의 권리가 침해되었을 때 일정한 행위를 요구할 수 있는 권리

다른 사람으로부터 자신의 권리가 침해되었을 때 국가에 대하여 일정한 행위를 요구할 수 있는 권리로 청원권, 재판 청구권, 국가 배상 청구권, 형사 보상 청구권, 범죄 피해자 구조 청구권이 헌법에 규정되어 있다.

청원권
請願權

국민이 국가 기관에 대하여 문서로 희망 사항을 청원할 수 있는 권리

국민이 국가 기관에 대하여 일정한 사항에 관한 희망을 문서로 청원할 수 있는 권리로, 피해의 구제, 공무원 비위의 시정 또는 공무원에 대한 징계 및 처벌 요구, 법률·명령·규칙의 제정 및 개정 또는 폐지 등을 청원할 수 있다.

CHAPTER 06

헌법

인격권
人格權

권리의 주체와 분리하여 생각할 수 없는 인격적 이익을 내용으로 하는 권리

권리의 주체와 분리하여 생각할 수 없는 인격적 이익을 보장받을 수 있는 권리로 생명권, 신체권, 자유권, 초상권, 정조권, 성명권, 신용권, 명예권, 프라이버시권 등이 있다.

빈출

사면권
赦免權

죄를 용서하여 형벌을 면제할 수 있는 권리

죄를 용서하여 형벌을 면제할 수 있는 권리로, 국가 원수가 공소권을 소멸시키거나 형 집행을 면제시키는 것을 말한다. 죄의 종류를 정하여 이에 해당하는 모든 범죄인에 대해서 형의 선고 효과를 전부 소멸시키거나 공소권을 소멸시키는 일반 사면과 이미 형의 선고를 받은 특정인에 대하여 형의 집행을 면제해주는 특별 사면으로 나눌 수 있다.

묵비권
默秘權

자신에게 불리한 진술을 거부할 수 있는 권리

피고인이나 피의자가 수사 기관의 조사나 공판의 심문에 대하여 자신에게 불리한 진술을 거부할 수 있는 권리로, 진술 거부권이라고도 한다.

국민의 4대 의무
國民 - 四大義務

납세의 의무, 국방의 의무, 교육의 의무, 근로의 의무

보통 납세의 의무, 국방의 의무, 교육의 의무, 근로의 의무를 국민의 4대 의무라고 하며, 헌법에서는 여기에 환경 보전의 의무, 공공복리에 적합한 재산권 행사의 의무를 더하여 국민의 6대 의무라고 규정하고 있다.

| 해커스 한 권으로 끝내는 만능 일반상식 |

민법/형법

우리 일상과 가장 가까운 법률인 민법과 형법에 대해 확인해 보세요.

회독 박스(□)에 정확히 아는 개념은 ○, 알쏭달쏭한 개념은 △, 전혀 모르는 개념은 ×로 체크하면서 꼼꼼히 학습해 보세요.

CHAPTER 06

법

민법

591 □ □ □

민법
民法

사람들이 일반적으로 지켜야 할 일반 사법

실질적 의미로는 사람들이 일반적으로 지켜야 할 일반 사법을 말하며, 형식적 의미로는 민법을 규정한 법전을 말한다.

592 □ □ □

민법의 3대 원칙
民法 - 三大原則

소유권 절대의 원칙, 사적 자치의 원칙, 자기 책임의 원칙

소유권에 대한 국가나 다른 사람의 간섭 및 제한을 금지하는 '소유권 절대의 원칙', 개인의 자유의사에 따라 법률관계가 형성되는 것을 인정하는 '사적 자치의 원칙(계약 자유의 원칙)', 과실 또는 고의로 다른 것에 손해를 끼친 경우에만 그 배상 책임을 지는 '자기 책임의 원칙(과실 책임주의)'을 근대 민법의 3대 원칙이라고 한다. 이러한 3대 원칙은 현대에 오며 각각 수정되었는데, 소유권 행사가 공공복리에 적합해야 한다는 소유권 공공복리의 원칙, 사회 질서에 반하거나 공정성을 잃은 계약은 법의 보호를 받을 수 없다는 계약 공정의 원칙, 일정한 경우 과실의 유무를 가리지 않고 손해 배상 책임을 지게 한다는 무과실 책임의 원칙이 현대 민법의 3대 원칙이다.

593 □ □ □

과실 책임의 원칙
過失責任 - 原則

과실 또는 고의로 인한 배상 책임을 지는 원칙

과실 또는 고의로 다른 것에 손해를 끼친 경우에 한해서 이에 대한 배상 책임을 져야 한다는 원칙으로, 근대 민법의 기본 원칙 중 하나이다. 근대법은 개인의 자유 활동을 보장하기 위한 원칙으로 이를 채용하지만 경제 발전에 따라 무과실 책임을 인정하는 분야가 생겼다.

법률 행위의 무효
法律行爲 - 無效

당사자가 의도한 법률상의 효과가 발생하지 않는 것

제한 능력자의 법률 행위, 강행 규정을 위반하는 법률 행위, 불능한 법률 행위, 사회 질서에 반하는 법률 행위 등의 사유로 당사자가 의도한 법률상의 효과가 발생하지 않는 것을 말한다.

⊕ 상식 PLUS
- **법률 행위의 취소**: 일단 유효하게 성립한 법률 행위의 효력을 소급하여 소멸하는 것

제한능력자
制限能力者

단독으로 유효하게 법률 행위를 할 수 없는 사람

단독으로 유효하게 법률 행위를 할 수 없는 사람을 일컫는 용어로, 미성년자, 피성년 후견인, 피한정 후견인, 피특정 후견인이 있다.

⊕ 상식 PLUS
- **피성년 후견인**: 질병, 장애, 노령 등의 사유로 사무를 처리할 능력이 지속적으로 결여되어 가정 법원에서 성년 후견 심판을 받은 사람
- **피한정 후견인**: 질병, 장애, 노령 등의 사유로 사무를 처리할 능력이 부족하여 가정 법원에서 한정 후견 심판을 받은 사람
- **피특정 후견인**: 질병, 장애, 노령 등의 사유로 일시적 후원이나 특정 사무에 대한 후원이 필요하여 가정 법원에서 특정 후견 심판을 받은 사람

책임무능력자
責任無能力者

사물의 시비선악을 판단하거나 의사를 결정할 수 있는 능력이 없는 사람

사물을 변별할 능력이나 의사를 결정할 수 있는 능력이 없는 사람을 일컫는 용어로, 만 14세 미만의 미성년자와 심신 상실자가 있다.

친족
親族

혼인과 혈연으로 이어진 배우자, 혈족, 인척을 일컫는 말

우리나라 민법에서는 친족의 범위를 8촌 이내의 혈족, 4촌 이내의 인척, 배우자로 지정하고 있으며, 이때의 인척은 배우자의 혈족이나 혈족의 배우자 등 혼인에 의해 맺어진 친척을 의미한다.

유류분
遺留分

일정한 상속인을 위하여 법률상 반드시 남겨 두어야 하는 일정 부분

상속 재산 중에서 일정한 상속인을 위하여 법률상 반드시 남겨 두어야 하는 일정 부분으로, 피상속인의 사망 이후 상속인의 생활 보장, 상속인 간의 공평 도모를 위해 인정된 제도이다. 법률상 직계 비속 및 배우자는 법정 상속분의 2분의 1, 직계 존속 및 형제자매는 법정 상속분의 3분의 1로 규정되어 있다.

⊕ 상식 PLUS
- **직계 비속**: 아들, 딸, 손자, 증손 등 직계로 이어져 내려가는 혈족
- **직계 존속**: 부모, 조부모 등 조상으로부터 자신에게 직계로 이어져 내려오는 혈족

CHAPTER 06

민법

상속
相續

한 사람이 사망한 후에 다른 사람에게 재산 등에 관한 권리 및 의무를 주거나 받는 것

일정한 친족 관계가 있는 사람 사이에서 한 사람이 사망한 이후 다른 사람에게 재산적, 친족적 권리와 의무를 일체 주거나 받는 것으로, 사망한 자의 재산을 승계할 수 있는 권리를 상속권이라고 한다. 이때, 상속의 1순위는 피상속인의 직계 비속, 2순위는 피상속인의 직계 존속, 3순위는 피상속인의 형제자매, 4순위는 피상속인의 4촌 이내 방계 혈족이다.

자력구제
自力救濟

법률상의 절차를 따르지 않고 스스로의 힘을 사용하여 권리 내용을 실현하는 행위

민법에서 자신의 권리를 확보하기 위하여 법률상의 절차를 따르지 않고 스스로의 힘을 사용하는 행위로, 형법에서는 자구 행위라고 한다. 이는 원칙적으로 허용되지 않지만, 민법 제209조에서 '그 점유를 부정하게 침탈 또는 방해하는 행위에 대하여 점유자가 자력으로 이를 방위할 수 있다.'고 규정하여 예외적인 사항에 대해서는 인정하고 있다.

신의성실의 원칙
信義誠實-原則

모든 사람은 사회의 일원으로서 상대방의 신뢰에 어긋나지 않도록 성의 있게 행동해야 한다는 원칙

모든 사람은 사회 공동생활의 일원으로서 상대의 신뢰에 어긋나지 않도록 성의 있게 행동할 것을 요구하는 원칙으로, 민법에서는 권리의 행사와 의무의 이행을 이 원칙에 따르도록 하고 있다.

채권
債權

채권자가 채무자에게 일정 행위를 청구할 수 있는 권리

채권자가 채무자에게 돈의 지급, 물건 인도 등 일정 행위를 청구할 수 있는 권리로, 배타성이 없다는 점에서 물권과 구별이 된다.

시효
時效

일정 기간 동안 상태가 지속된 권리관계를 인정하는 것

일정한 사실 상태가 지속된 경우에 그 상태가 권리관계에 일치하는지 여부와 관계없이 그 사실 상태를 그대로 존중하여 권리관계로 인정하는 제도로, 일정 기간 동안 물건이나 권리를 점유한 사람에게 그에 대한 소유권을 주는 '취득 시효'와 일정 기간 동안 물건이나 권리를 행사할 수 있음에도 행사하지 않은 경우에 권리를 소멸시키는 '소멸 시효'로 구분된다.

물권
物權
(빈출)

특정한 물건을 직접 지배하여 이익을 얻을 수 있는 배타적 권리

민법에서 특정한 물건을 다른 사람의 행위에 의존하지 않고 직접 지배하여 이익을 얻을 수 있는 배타적 권리로, 다음과 같이 구분된다.

물권	점유권			
	본권	소유권		
		제한 물권	용익 물권	지상권, 지역권, 전세권
			담보 물권	유치권, 질권, 저당권

- **점유권**: 물건을 소지한 점유자가 물건에 대해 가지는 권리
- **소유권**: 물건이 가지는 사용 가치 및 교환 가치를 전부 지배할 수 있는 권리
- **제한 물권**: 특정한 목적을 위하여 어떤 물건을 제한적으로 지배할 수 있는 권리
- **용익 물권**: 다른 사람의 부동산을 사용하여 이익을 얻을 수 있는 권리
- **담보 물권**: 일정한 물건을 채권 담보로 사용하는 것을 목적으로 하는 권리
- **지상권**: 다른 사람의 토지에서 공작물이나 수목을 소유하기 위하여 그 토지를 사용할 수 있는 권리
- **지역권**: 자기 땅의 편익을 위하여 남의 땅을 이용할 수 있는 권리
- **전세권**: 전세금을 지불한 사람이 남의 부동산을 이용할 수 있는 권리
- **유치권**: 다른 사람의 물건 또는 유가 증권을 담보로 하여 빌려준 돈을 받을 때까지 그 물건이나 유가 증권을 맡아둘 수 있는 권리
- **질권**: 채무자가 돈을 갚을 때까지 채권자가 담보물을 가지고 있을 수 있고 채무자가 돈을 갚지 않을 때는 그것으로 다른 채권자보다 먼저 빚을 받아 낼 수 있는 권리
- **저당권**: 채무가 실행되지 않을 경우에 채권자가 담보로 잡힌 물건에 대해 일반 채권자보다 먼저 빚을 받아낼 수 있는 권리

상계
相計

채권자와 채무자가 동종의 채권 및 채무를 가지는 경우에 일방적 의사 표시로 채권 및 채무를 같은 액수만큼 소멸시키는 것

채권자와 채무자가 같은 종류의 채권 및 채무를 가지는 경우에 당사자의 일방적 의사 표시에 의하여 채권 및 채무를 같은 액수만큼 소멸시키는 것을 말한다.

공탁
供託

법령의 규정에 의하여 금전, 유가 증권, 기타 물건의 보관을 위탁하는 것

법령의 규정에 의하여 금전, 유가 증권, 기타 물건을 은행 또는 창고업자와 같은 공탁소에 보관을 위탁하는 것으로, 채권자를 알 수 없는 경우, 채무를 갚으려고 하나 채권자가 거부하는 경우, 타인의 물건을 보관하기 위한 경우, 상대방에 대한 손해 배상을 담보하기 위한 경우 등이 공탁을 하는 이유이다.

구상권
求償權

채무자의 빚을 변제해 준 사람이 채무 당사자에게 상환을 요구할 수 있는 권리

채무자의 빚을 대신 갚아준 사람이 채권자를 대신하여 채무 당사자에게 상환을 요구할 수 있는 권리로, 일종의 반환 청구권이다.

형법

범죄의 성립요건
犯罪 - 成立要件

구성 요건 해당성, 위법성, 책임성

구체적인 사실이 법률로 정한 범죄의 구성 요건에 해당하는 구성 요건 해당성, 어떤 행위가 범죄나 불법 행위로 인정되는 객관적인 요건인 위법성, 구성 요건에 해당하는 위법한 행위가 비난 가능성이 있어야 범죄가 성립된다는 책임성(유책성)의 요건이 갖추어져야 법률상 범죄가 성립한다.

CHAPTER 06

법

609

형벌 불소급의 원칙
刑罰不遡及 - 原則

시행 이전의 행위에 대해서 형벌을 소급하여 적용할 수 없는 원칙

형벌 법규는 시행 이후에 이루어진 행위에 대하여만 적용되고 시행 이전의 행위에 대해서는 소급하여 적용할 수 없다는 원칙으로, 법률 불소급의 원칙이 형법에 적용된 것이다.

⊕ 상식 PLUS
- **법률 불소급의 원칙**: 법률은 제정 이전에 발생한 사실에 대하여 소급해서 적용하지 않는다는 원칙

610

개인적 법익에 대한 죄

생명, 신체, 인격, 명예, 재산 등의 개인적 법익에 대한 죄

개인의 생명, 인격, 명예, 재산 등을 보호하기 위한 범죄로, 다음과 같이 구분된다.

생명, 신체에 대한 죄	살인죄, 상해죄, 폭행죄, 유기의 죄 등
자유에 대한 죄	체포죄, 감금죄, 협박죄, 유인의 죄 등
정조에 관한 죄	강간죄, 강제 추행죄, 혼인 빙자 간음죄 등
명예, 신용 및 업무에 관한 죄	명예 훼손죄, 모욕죄, 신용 훼손죄, 업무 방해죄 등
사생활에 관한 죄 및 권리 행사 방해죄	비밀 침해죄, 주거 침입죄, 권리 행사 방해죄 등
재산에 대한 죄	절도죄, 사기죄, 강도죄, 공갈죄, 횡령죄, 배임죄 등

⊕ 상식 PLUS
- **사회적 법익에 대한 죄**: 국민의 사회생활에서 일반적인 법익을 보호하기 위한 범죄로, 공안죄, 폭발물죄, 방화와 실화죄 등 '공공의 안전과 평온에 대한 죄', 통화죄, 문서죄 등 '공공의 신용에 대한 죄', 음용수죄, 아편죄 등 '공중의 건강에 대한 죄', 성풍속죄, 도박과 복표죄 등 '사회의 도덕에 대한 죄'로 구분된다.
- **국가적 법익에 대한 죄**: 국가의 존립과 권위, 기능 등을 보호하기 위한 범죄로, 내란죄, 외환죄 등 '국가 존립과 권위에 대한 죄', 공무원 직무죄, 공무방해죄, 위증과 증거인멸죄 등 '국가 기능에 대한 죄'로 구분된다.

611

미필적 고의
未必的故意

자신의 행위로 범죄 결과가 발생할 것을 알고 있음에도 그 행위를 하는 심리 상태

자신의 행위로 인해 범죄 결과의 발생 가능성을 알고 있음에도 그 행위를 하는 심리 상태로, 조건부 고의라고도 한다.

책임조각사유
責任阻却事由

형법상 범죄 성립 요건인 책임이 성립되지 않는 사유

형법상 범죄 성립 요건인 책임성이 성립되지 않는 사유로, 면책 사유라고도 한다. 이는 행위가 아무리 중대한 결과를 가져왔을지라도 행위자에게 비난 가능성이 없으면 처벌하지 않는 것이며, 저항할 수 없는 폭력 등으로 강요된 행위, 과잉 방위, 과잉 피난, 과잉 자구 행위, 친족 간의 증거 인멸·은닉·위조·변조 등이 책임조각사유에 해당한다.

위법성조각사유
違法性阻却事由

형식적으로 범죄 및 불법 행위로서의 조건을 갖추고 있지만 실질적으로는 위법이 아니라고 인정될 만한 특별한 사유

형식적으로 범죄 행위나 불법 행위로서의 조건을 갖추고 있지만 위법성을 배제함으로써 적법하게 되는 사유로, 정당 행위, 정당방위, 긴급 피난, 자구 행위, 피해자의 승낙에 의한 행위, 명예 훼손의 행위가 진실한 사실로 오로지 공익에 관한 때 등이 해당된다.

긴급 피난
緊急避難

자기나 타인의 생명, 신체, 자유, 재산에 대한 급박한 위험을 피하기 위하여 부득이 행한 가해 행위

자기나 타인의 생명, 신체, 자유, 재산에 대한 급박한 위험을 피하기 위하여 부득이 행한 가해 행위로, 상당한 이유가 있을 경우 벌하지 않는다.

정범
正犯

자신의 의사에 따라 범죄의 실행 행위를 한 사람

자신의 의사에 따라 범죄를 실제로 저지른 사람으로, 단독으로 범행을 저지른 단독 정범과 여러 사람이 공동으로 범행을 저지른 공동 정범으로 나눌 수 있다. 또한, 직접 범행을 저지른 직접 정범과 처벌되지 않는 타인을 이용하여 범행을 저지른 간접 정범으로도 나눌 수 있다.

교사범
敎唆犯

범죄 의사가 없는 타인을 교사하여 죄를 저지르게 만드는 사람

범죄 의사가 없는 타인을 꾀거나 부추겨서 죄를 저지르게 만드는 사람으로, 교사자의 교사 행위와 정범의 실행 행위가 있을 때 교사범이 성립된다.

공범
共犯

공동 정범, 교사범, 종범을 통틀어 이르는 말

2인 이상이 공동으로 범행을 저지른 공동 정범, 타인을 교사하여 범행을 저지른 교사범, 타인의 범죄를 방조하는 종범으로 형법상 공범을 규정하고 있으며, 일방적인 교사 및 방조와 책임 무능력자를 일방적으로 범죄에 이용하는 간접 정범은 공범에 포함되지 않는다.

확신범
確信犯

도덕적, 종교적, 정치적 의무 등의 확신이 결정적 동기가 되어 범죄를 행하는 사람

도덕적, 종교적, 정치적 의무 등의 확신이 결정적인 동기가 되어 범죄를 행하는 사람으로, 국가나 국가 권력을 침범하는 정치범, 현재의 사회 체제에 반대하는 사상을 가지고 개혁을 꾀하는 사상범 등이 있다.

형벌의 종류
刑罰 - 種類

사형, 징역, 금고, 구류, 벌금, 과료, 몰수, 자격 상실, 자격 정지

형벌에는 법익의 종류에 따라 생명형인 사형, 자유형인 징역, 금고, 구류, 재산형인 벌금, 과료, 몰수, 명예형인 자격 상실, 자격 정지가 있다.

⊕ 상식 PLUS
- **금고**: 일정한 곳에 가두어 신체적 자유를 빼앗는 형벌
- **구류**: 피고인이나 피의자를 구치소, 교도소 등에 가두어 신체적 자유를 구속하는 형벌

배임죄
背任罪

불법적인 방법으로 재산상의 이익을 얻거나 제3자로 하여금 이익을 취득하게 하여 손해를 입히는 범죄

타인의 사무를 처리하는 사람이 그 임무에 위배하는 행위로써 재산상의 이익을 얻거나 제3자로 하여금 이익을 취득하게 하여 임무를 맡긴 본인에게 손해를 입히는 범죄로, 신임 관계를 위배하여 타인의 재산권을 침해하려는 것이다.

횡령죄
橫領罪

타인의 재물을 보관하는 사람이 그 재물을 불법으로 취득하는 범죄

타인의 재물을 보관하는 사람이 그 재물을 불법으로 취득하여 자기 것으로 만들거나 반환을 거부하는 범죄로, 타인에 대한 신임 관계를 위배한다는 점에서 배임죄와 공통점을 가지고 있지만 재물 이외의 재산상 이익인 배임죄와 달리 재물 자체의 이익이라는 차이가 있다.

무고죄
誣告罪

타인을 형사 및 징계 처분을 받게 할 목적으로 관련 기관에 허위 사실을 신고하는 범죄

타인을 형사 처분이나 징계 처분을 받게 할 목적으로 관련 기관에 허위 사실을 신고하는 범죄이다.

모욕죄
侮辱罪

타인에 대한 모욕을 공공연히 표시함으로써 성립하는 범죄

타인을 경멸하는 의사를 공공연히 표시함으로써 성립하는 범죄로, 친고죄에 해당하기 때문에 피해자가 이를 고소해야 처벌이 가능하다.

반의사불벌죄
빈출
反意思不罰罪

피해자가 처벌을 바라지 않는다는 의사 표시를 할 경우 처벌할 수 없는 범죄

피해자가 가해자에 대해 처벌을 바라지 않는다는 의사 표시를 할 경우 처벌할 수 없는 범죄로, 폭행죄, 협박죄, 명예 훼손죄 등이 해당된다. 단, 처벌을 희망하는 의사 표시가 없어도 공소 제기가 가능하다.

CHAPTER 06

법

불고지죄
不告知罪

법을 위반한 사람을 알고 있으면서도 수사 기관에 알리지 않는 범죄

국가보안법상 반국가 단체의 구성, 지령 및 목적 수행, 자진 지원 및 금품 수수, 잠입 및 탈출, 찬양 및 고무, 회합 및 통신, 편의 제공 등의 죄를 지은 사람을 알고 있으면서도 수사 기관에 알리지 않는 범죄이다.

집행유예
執行猶豫

3년 이하의 징역이나 금고형이 선고된 사람을 정상 참작하여 일정 기간 동안 형의 집행을 유예하는 것

유죄 판결 이후 3년 이하의 징역이나 금고형이 선고된 사람을 정상 참작하여 일정 기간 동안 형의 집행을 유예하는 제도로, 그 기간 동안 특정한 사고가 일어나지 않는다면 형의 선고 효력이 없어진다.

⊕ 상식 PLUS
- **정상 참작**: 법률적으로 특별한 사유가 없더라도 범죄의 정상에 참작할 만한 사유가 있다고 판단되면 그 형을 줄여주는 것

징계
懲戒

국가나 공공 단체가 공무원의 복무 의무 위반 행위에 대하여 제재를 가하는 것

법률에서 국가나 공공 단체가 공무원의 복무 의무 위반 행위에 대하여 제재를 가하는 것을 이르는 말로, 파면, 해임, 정직, 감봉, 견책 등이 있다.

⊕ 상식 PLUS
- **징계의 종류**

파면	잘못을 저지른 사람에게 직무나 직업을 그만두게 하는 것
해임	어떤 지위나 맡은 임무를 그만두게 하는 것
정직	공무원의 신분은 그대로 지닌 채 일정 기간 직무에 종사하지 못하고 보수의 3분의 2를 감소시키는 것
감봉	일정 기간 동안 보수의 3분의 1 이하를 줄이는 것
견책	잘못을 꾸짖고 앞으로 그런 일이 없도록 주의를 주는 것

존 스쿨
John school

성 매수 초범자가 기소유예를 조건으로 하루에 8시간 동안 재범 방지 교육을 받는 제도

성 매수 초범 남성에게 기소유예를 해주는 대신 하루에 8시간 동안 재범 방지 교육을 받게 하는 제도로, 1995년 미국에서 처음 도입되었으며 한국에서는 2005년 8월부터 시행되었다.

가석방
假釋放

수감 태도가 좋은 죄수를 형벌의 집행 기간이 끝나기 전에 미리 풀어주는 것

징역 또는 금고형을 받은 죄수 중에서 수감 태도가 좋은 사람을 형벌의 집행 기간이 끝나기 전에 미리 풀어주는 것으로, 무기형에 있어서는 20년, 유기형에 있어서는 3분의 1을 경과한 후에 가석방이 가능하다.

특별검사제
特別檢事制

임시 수사 기구를 만들어 고위 공직자의 비리나 위법 혐의를 조사하는 제도

수사 자체의 공정성을 기하기 어려운 경우에 현직 검사가 아닌 특별 검사를 임명하여 고위 공직자의 비리나 위법 혐의를 조사하는 제도이다.

범죄피해자 보호법
犯罪被害者保護法

타인의 범죄 행위로 생명과 신체에 피해받은 사람을 구조하는 데 필요한 사항을 제정한 법

타인의 범죄 행위로 인해 생명과 신체에 피해받은 사람을 구조하기 위해 제정한 법으로, 범죄 피해자의 복지 증진에 기여하는 것을 그 목적으로 하고 있다.

CHAPTER 06

법

기본적인 소송과 재판의 원칙 및 절차, 기본적인 용어를 알아두면 좋습니다.

회독 박스(□)에 정확히 아는 개념은 ○, 알쏭달쏭한 개념은 △, 전혀 모르는 개념은 ×로 체크하면서 꼼꼼히 학습해 보세요.

소송

632

기소편의주의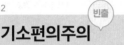

起訴便宜主義

검사의 기소·불기소 재량을 인정하는 것

검사가 기소를 결정할 때 범죄의 혐의가 충분하고 소송 조건이 구비된 경우에도 재량에 따라 기소하지 않는 것을 인정하는 원칙으로, 기소법정주의와 대응되는 개념이다.

⊕ **상식 PLUS**
- **기소법정주의:** 검사의 재량을 인정하지 않고 기소하기에 충분한 객관적 혐의가 있을 때 반드시 기소해야 한다는 원칙

633

기소독점주의

起訴獨占主義

공소 제기 권한을 검사만이 가진다고 보는 것

형사소송법에서 범죄를 기소하여 소추(訴追)하는 권리는 국가기관인 검사만이 가지고 있다고 보는 것으로, 공공의 이익을 대표하는 검사가 개인의 감정이나 사회적 반향에 구애되지 않고 기소의 시비를 결정하여 공정성을 도모한다는 데 의의가 있다.

634

불고불리의 원칙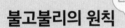

不告不理-原則

법원은 검사의 공소 제기가 있어야만 심리를 계속할 수 있고 심판을 청구한 사실에 대해서만 심리 및 판결한다는 원칙

형사소송법에서 법원은 검사의 공소 제기가 있어야만 심리를 계속할 수 있으며, 공소장에 기재된 사실과 관계없는 사건에 관하여는 심판할 수 없고 심판을 청구한 사실에 대해서만 심리 및 판결한다는 원칙이다.

공소시효
公訴時效

범행을 저지른 후 일정 기간이 지나면 형벌권이 소멸하여 그 범죄에 대해 공소를 제기할 수 없는 제도

범행을 저지른 후 일정 기간이 지나면 검사의 공소권이 소멸하여 그 범죄에 대해 공소를 제기할 수 없는 제도로, 불기소 처분의 한 유형이다. 우리나라의 경우 사형에 해당하는 범죄에 대하여는 공소시효를 적용하지 않고 있다.

공판중심주의
公判中心主義

모든 증거 자료를 공판에 집중시켜 공판에서 얻은 심증만으로 재판을 하는 태도

재판에서 모든 증거 자료를 공판에 집중시켜 공판에서 얻은 심증만으로 재판을 하는 태도를 이르는 말이다.

공판절차
公判節次

공판 기일에 공판정에서 행하는 심리 및 재판의 모든 절차

공소가 제기되어 공판 기일에 공판정에서 행해지는 심리 및 재판과 당사자가 변론을 행하는 절차를 이르는 말이다.

상소
上訴

하급 법원의 판결에 불복하여 상급 법원에 재심을 요구하는 것

재판이 확정되기 전에 하급 법원의 판결에 따르지 않고 상급 법원에 재심을 요구하는 것을 일컫는 용어로, 항소, 상고, 항고 등이 있다.

항소
抗訴

1심 판결에 불복하여 2심 법원에 상소하는 것

1심 법원인 지방 법원이나 지방 법원 지원의 판결에 불복하여 2심 법원인 고등 법원이나 지방 법원 항소부에 상소하는 것을 이르는 말이다.

CHAPTER 06

법

상고
上告

2심 판결에 불복하여 3심 법원에 재심사를 신청하는 것

2심 법원인 고등 법원이나 지방 법원 항소부의 판결에 불복하여 항소심의 판결이 확정되기 전에 3심 법원인 대법원에 재심사를 신청하는 것을 이르는 말이다.

항고
抗告

법원의 결정 및 명령에 대하여 불복 상소하는 것

법원의 결정 및 명령에 대하여 당사자 또는 제3자가 상급 법원에 취소나 변경을 구하여 불복 상소하는 것을 일컫는 용어이다.

⊕ 상식 PLUS
- **항고의 유형**

일반 항고	보통 항고	즉시 항고의 성질을 갖지 않는 항고
	즉시 항고	재판 결정에 대해 민사 소송에서는 7일, 형사 소송에서는 3일 안에 제기하는 불복 신청
재항고		항고 법원의 결정과 고등 법원의 결정이나 명령이 법령에 위배됨을 대법원에 다시 항고하는 것

준항고
準抗告

재판장이나 법관, 사법 경찰관의 처분에 대하여 제기하는 불복 신청

형사소송법에서, 법관이 행한 일정한 재판이나 검사 및 사법 경찰관이 행한 일정한 처분에 대하여 불복하는 경우 그 법관이 소속한 법원 또는 그 직무 집행지의 법원이나 검사의 소속 검찰청에 대응한 법원에 대하여 그 재판이나 처분의 취소 또는 변경을 요구하는 것을 의미한다. 법원의 결정 및 명령이 아닌 법관 및 사법 경찰관 등의 처분에 대한 불복이라는 점에서 항고와 차이가 있다.

민사 소송
民事訴訟

사법 기관이 개인의 요구에 따라 사법적인 권리관계의 다툼을 해결하고 조정하기 위하여 행하는 소송

개인과 개인 사이에 일어나는 사법상의 권리나 법률관계에 대한 다툼을 해결하고 조정하기 위하여 행하는 재판 절차로, 형사 소송이나 행정 소송과 달리 강제적인 요소는 없지만 개인 간 다툼을 종결하는 효력을 가진다.

민중 소송
民衆訴訟

국민이 자신의 법률적 이익과는 관계없이 법률에 위반되는 행위를 한 국가나 공공 단체 기관의 시정을 구하기 위하여 직접 제기하는 소송

국가 또는 공공 단체 기관이 법률에 위반되는 행위를 할 때 일반 국민이나 주민이 자신의 법률적 이익과는 관계없이 그 시정을 구하기 위하여 직접 제기하는 소송으로, 공직선거법 상의 선거 소송, 국민투표법상의 국민 투표 무효 소송, 지방자치법상의 주민 소송 등이 대표적이다.

헌법소원
憲法訴願

개인이 국민의 권리와 이익을 침해받을 때에 헌법 재판소에 청구하는 것

개인이 헌법에 위배되는 법률에 의하여 권리와 이익을 침해받을 때 헌법재판소에 취소 또는 변경을 청구하는 것으로, 정식 명칭은 헌법소원 심판 청구이다.

고소
告訴

범죄의 피해자 또는 기타 고소권자가 범죄 사실을 수사 기관에 신고하여 그 소추를 구하는 것

범죄의 피해자 또는 고소할 권리를 가진 사람이 범죄 사실을 수사 기관에 신고하여 그 수사와 범인에 대한 심판을 요구하는 것이다.

⊕ 상식 PLUS
- **고발**: 피해자나 고소권자가 아닌 제3자가 수사 기관에 범죄 사실을 신고하여 그 수사와 범인에 대한 심판을 요구하는 것

기소유예
起訴猶豫

검사가 범죄의 혐의를 인정하나 공소를 제기하지 않는 것

검사가 형사 사건에 대하여 범죄의 혐의를 인정하나 범인의 성격, 연령, 환경, 피해자에 대한 관계, 범행 동기, 범행 후 정황 등을 참작하여 공소를 제기하지 않는 것을 일컫는 용어이다.

⊕ 상식 PLUS
- **선고유예**: 죄가 가벼운 범죄자에 대하여 형의 선고를 일정 기간 동안 미루는 것

CHAPTER 06

법

불기소처분
不起訴處分

검사가 일정한 경우에 피의자의 공소를 제기하지 않는 처분

검사가 사건이 죄가 되지 않을 때, 범죄의 증명이 없을 때, 공소의 요건을 갖추지 못하였을 때 등의 이유로 피의자를 기소하지 않는 처분을 말한다.

재정신청
裁定申請

검사의 불기소처분에 불복하여 불기소처분의 당부를 가려 달라고 요청하는 제도

검사가 고소나 고발이 있는 특정 범죄 사건에 대하여 독단적으로 불기소 처분을 하였을 경우 고소인이나 고발인이 그 결정에 불복하여 직접 법원에 불기소 처분의 당부를 가려 달라고 신청하는 제도이다. 준기소절차라고도 하며, 기소편의주의와 기소독점주의를 견제하기 위한 제도이다.

구속 영장
拘束令狀

피의자를 강제로 일정한 장소에 잡아 가둘 수 있게 하는 법원의 명령서

피의자가 범행을 저질렀다고 의심할 만한 상당한 이유가 있고, 일정한 주거가 없거나 증거 인멸의 우려가 있거나 도망의 염려가 있을 때 강제로 일정한 장소에 잡아 가둘 수 있게 하는 법원의 명령서이다.

⊕ 상식 PLUS
• 구속 영장의 유형

사전 구속 영장	피의자가 도주하거나 증거 인멸의 우려가 확실하다고 판단되는 경우에 청구하는 영장으로, 범죄 혐의가 확실하지만 체포하지 못한 피의자에 대해 영장 실질 심사를 받도록 강제하거나 신병 확보 없이 구속 여부를 판단함
사후 구속 영장	피의자를 긴급 체포한 뒤에 구속을 계속할 필요가 있는 경우에 청구하는 영장으로, 지방 법원 판사가 있는 시나 군에서는 48시간 이내, 기타 지역에서는 72시간 이내에 청구해야 함

651

□ □ □

영장실질심사
令狀實質審查

구속 영장을 청구받은 판사가 피의자를 직접 심문하고 의견을 들어 구속 여부를 결정하는 제도

검사가 구속 영장을 청구한 이후 판사가 구속 여부를 판단하기 위하여 피의자를 소환하여 직접 심문하고 의견을 들은 후에 구속 여부를 실질적으로 결정하는 제도로, 영장실질심사제라고도 한다.

652

□ □ □

긴급체포
緊急逮捕

중대한 범죄를 저질렀다고 의심할 만한 이유가 있고 긴급할 때 영장 없이 체포하는 것

중대한 범죄 혐의가 있고 체포 영장이 발부될 때까지 기다릴 여유가 없는 긴급한 상황일 때 영장 없이 체포하는 제도로, 먼저 체포한 후 사후에 영장을 발부받아야 한다.

653

□ □ □

임의동행
任意同行

수사 기관이 피의자나 참고인 등을 조사하기 위하여 그 당사자의 승낙을 얻어서 연행하는 것

수사 기관이 피의자나 참고인 등을 조사하기 위하여 그 당사자의 승낙을 얻어 검찰청이나 경찰서 등으로 데리고 가는 것을 이르는 말로, 당사자가 거절할 경우 강제할 수 없다.

654

□ □ □

알리바이
Alibi

범죄가 일어난 때에 피고인이 범행 이외의 장소에 있었다는 사실을 입증하는 방법

범죄가 일어난 때에 피고인이 범행 장소가 아닌 다른 장소에 있었다는 사실을 입증하여 무죄를 밝히는 방법으로, 부재 증명 또는 현장 부재 증명이라고도 한다.

655

□ □ □

디지털 포렌식
Digital forensics

디지털 기기를 매개체로 데이터를 수집 및 분석하여 범죄 증거를 확보하는 수사 기법

PC, 노트북, 휴대폰 등 각종 디지털 기기나 인터넷에 있는 데이터를 수집 및 분석하여 범죄 행위의 사실관계를 법적으로 규명하고 증명하기 위한 수사 기법이다.

프로파일러
Profiler

수집된 증거를 바탕으로 용의자의 신체 조건이나 심리 상태, 행동 유형 등을 유추하여 수사의 방향을 제시하는 전문가

일반적 수사 기법으로 해결되기 힘든 연쇄 살인 사건 수사 등에 투입되어 수집된 증거를 바탕으로 용의자의 신체 조건이나 심리 상태, 행동 유형, 성격 등을 유추하여 수사의 방향을 제시하는 전문가로, 범죄 심리 분석관 또는 범죄 심리 분석 요원이라고도 한다. 이들은 용의자의 도주 경로나 은신처 등을 예상하고 검거 후에는 심리전 전략을 구사함으로써 자백을 이끌어내기도 한다.

스모킹 건
Smoking gun

범죄, 사건 등을 해결하는 데 결정적인 단서

범죄, 사건 등을 해결하는 데 결정적으로 작용하는 확실한 증거로, 범죄뿐만 아니라 사건에 있어서 명백한 증거나 어떤 가설을 증명할 수 있는 과학적 증거도 일컫는 용어이다.

재판

심급제도
審級制度

하나의 소송 사건에 대하여 서로 다른 종류의 법원에서 반복하여 심판하는 제도

하나의 소송 사건에 대하여 서로 다른 종류의 법원에서 반복하여 심판하는 경우 그 법원들 사이의 심판 순서, 상하 관계를 규정한 제도로, 우리나라의 경우 1심은 지방 법원, 2심은 고등 법원, 3심은 대법원이 맡고 있는 삼심 제도를 취하고 있다.

가정법원
家庭法院

가정에 관한 사건과 소년에 관한 사건을 처리할 목적으로 설치된 법원

가사소송법이 규정한 이혼, 상속 등 과정에 관한 사건과 소년법이 규정한 소년에 관한 사건을 처리할 목적으로 설치된 법원으로, 우리나라의 경우 현재 서울, 대전, 대구, 부산, 광주, 인천, 울산, 수원 등에 설치되어 있다.

660

배심제도
陪審制度

일반 시민 중에서 선출된 배심원들이 기소나 심판을 하는 제도

형사 사건에 있어서 법률 전문가가 아닌 일반 시민 중에서 선출된 배심원들이 기소나 심판에 참여하는 제도로, 무죄 여부를 판단하는 소배심 제도와 피의자의 기소 여부를 판단하는 대배심 제도로 나눌 수 있다.

661

국민참여재판
빈출
國民參與裁判

국민이 배심원으로 구성된 재판 제도

일반 국민이 배심원 혹은 예비심원이 되어 재판에 참여하는 것으로, 우리나라에선 2008년 1월부터 시행되고 있다. 배심원은 만 20세 이상의 국민들 중 무작위로 선정되며, 형사 재판에서 피고인의 유무죄에 대한 평결을 내린다. 다만, 평결 내용은 재판에 참고가 될 뿐 법적 구속력은 없다.

662

즉결심판
卽決審判

정식 공판 절차에 의하지 않고 간단한 절차로 행하는 재판

20만 원 이하의 벌금, 구류, 과료에 해당하는 경범죄 등에 대하여 지방 법원 판사가 경찰서장의 청구에 의하여 정식 공판 절차가 아닌 간단한 절차로 행하는 재판을 말한다.

663

소액사건심판법
少額事件審判法

소액의 민사 사건을 간단한 절차에 따라 신속하게 처리하기 위하여 제정한 법

지방 법원 및 지방 법원 지원에서 처리하는 소액의 민사 사건을 간단한 절차에 따라 신속하게 처리하기 위하여 민사소송법에 대한 특례로 규정한 법이다.

앞에서 학습한 상식을 문제를 풀면서 바로 점검해 보세요!

[01-05] 다음 각 설명을 읽고, 맞으면 ○, 틀리면 ×에 표시하시오.

01 '근대 민법 3대 원칙'은 자기 책임의 원칙, 소유권 절대의 원칙, 사적 자치의 원칙이다. (○ , ×)

02 유효하게 성립한 법률 행위의 효력을 소급하여 소멸하는 것을 '법률 행위의 무효'라고 한다. (○ , ×)

03 '책임 조각 사유'는 형식적으로 범죄 행위나 불법 행위로서의 조건을 갖추고 있지만 실질적으로는 위법이 아니라고 인정될 만한 특별한 사유를 말한다. (○ , ×)

04 법원은 검사의 공소 제기가 있어야만 심리를 계속할 수 있고 심판을 청구한 사실에 대해서만 심리 및 판결한다는 원칙은 '불고불리의 원칙'이다. (○ , ×)

05 법률은 제정 이전에 발생한 사실에 대하여 소급 적용하지 않고 행위 당시의 법률에 의거한다는 원칙은 '법률 불소급의 원칙'이다. (○ , ×)

[06-10] 다음 각 설명에 해당하는 용어를 쓰시오.

06 타인을 형사 처분이나 징계 처분을 받게 할 목적으로 관련 기관에 허위 사실을 신고하는 범죄 (   )

07 수감 태도가 좋은 죄수를 형벌의 집행 기간이 끝나기 전에 미리 풀어주는 것 (   )

08 자연법에 의하여 인간이 태어나면서부터 가지고 있는 권리 (   )

09 하나의 소송 사건에 대하여 서로 다른 종류의 법원에서 반복하여 심판하는 제도 (   )

10 민법에서 자신의 권리를 확보하기 위하여 법률상의 절차를 따르지 않고 스스로의 힘을 사용하는 행위
(   )

11 다음 중 세계 3대 법전에 포함되지 않는 것은?
① 교회법 대전   ② 함무라비 법전   ③ 로마법 대전   ④ 나폴레옹 법전

12 헌법 개정 절차에서 대통령이 발의된 헌법 개정안을 반드시 공고해야 하는 기간은?
① 10일 이상   ② 15일 이상   ③ 20일 이상   ④ 25일 이상

13 다음 중 피상속인의 상속 2순위는?
① 형제자매   ② 직계 존속   ③ 직계 비속   ④ 4촌 이내 방계 혈족

14 피해자가 가해자에 대한 처벌을 바라지 않는다는 의사 표시를 할 경우 처벌할 수 없는 범죄는?
① 반의사불벌죄   ② 배임죄   ③ 불고지죄   ④ 모욕죄

15 재판장이나 법관, 사법 경찰관의 처분에 대하여 제기하는 불복 신청은?

① 상고   ② 항고   ③ 준항고   ④ 항소

16 다음 중 인격권에 해당하는 것을 모두 고르면?

㉠ 정조권	㉡ 초상권	㉢ 청원권	㉣ 프라이버시권

① ㉠, ㉡, ㉢   ② ㉠, ㉡, ㉣   ③ ㉠, ㉢, ㉣   ④ ㉡, ㉢, ㉣

17 다음 중 국민의 4대 의무에 포함되지 않는 것은?

① 교육의 의무   ② 납세의 의무   ③ 근로의 의무   ④ 환경 보전의 의무

18 다음 중 담보 물권에 해당하지 않는 것은?

① 저당권   ② 지역권   ③ 유치권   ④ 질권

19 다음 중 대한민국 헌법에 대한 설명으로 옳지 않은 것은?

① 민정, 경성, 성문의 단일 법전이다.

② 본문 제10장 제130조 및 부칙 제6조로 구성되어 있다.

③ 1948년에 처음 제정되어 총 7차례의 개정을 거쳤다.

④ 국민의 권리 및 의무 등을 규정하고 있는 기본법이다.

20 다음 중 징계의 종류에 대한 바르게 설명한 사람을 모두 고르면?

- 갑: 견책은 잘못을 꾸짖고 앞으로 그런 일이 없도록 주의를 주는 것이야.
- 을: 어떤 지위나 맡은 임무를 그만두게 하는 것을 파면이라고 해.
- 병: 감봉은 일정 기간 동안 받고 있던 보수의 3분의 2를 줄이는 것이지.
- 정: 정직은 신분에는 변화가 없지만 일정 기간 직무에 종사하지 못하며 보수의 2분의 1을 줄이는 것이야.

① 갑   ② 정   ③ 갑, 을, 병   ④ 갑, 을, 병, 정

🔍 **정답**

01	○	02	×→법률 행위의 취소	03	×→위법성 조각 사유	04	○	05	○
06	무고죄	07	가석방	08	천부인권(자연권)	09	심급제도	10	자력구제
11	①	12	③	13	②	14	①	15	③
16	②	17	④	18	②→용익 물권	19	③	20	①

CHAPTER 07
사회

다음은 사회 분야에서 출제되거나 출제될 가능성이 높은 중요한 키워드를 기반으로 정리한 마인드맵입니다.
학습 전 큰 흐름을 조망하거나 학습 후 공부한 내용을 정리하는 용도로 활용해 보세요.

사회

UNIT 1 사회 일반
- 개인과 사회 ─ 깨진 유리창 이론
- 사회 현상 ─ 님비 현상
  ─ 코쿠닝 현상
  ─ 페미니즘
- 생활 방식 ─ 여피족
- 사회 제도 ─ 국민연금
- 교육 ─ 브레인스토밍

UNIT 2 노동
- 노동 일반 ─ 실업
  ─ 탄력적 근로시간제
- 노동자 권리 ─ 유니언 숍
  ─ 직장 폐쇄
  ─ 사보타주
  ─ 피케팅
  ─ 생디칼리즘
- 노동 관련 이슈 ─ 워라밸

UNIT 1

사회 일반

다양한 사회 현상, 특히 새로운 생활방식은 상식 시험은 물론 NCS나 인적성검사 소재로도 자주 출제되므로 전반적으로 꼼꼼히 학습해 두는 것이 좋습니다.

회독 박스(□)에 정확히 아는 개념은 ○, 알쏭달쏭한 개념은 △, 전혀 모르는 개념은 ×로 체크하면서 꼼꼼히 학습해 보세요.

개인과 사회

664 □ □ □

게마인샤프트
Gemeinschaft

인간의 본질 의사에 의해 결합된 유기적 통일체로서의 사회

인간이 본래 갖추고 있는 본질 의사에 의해 결합된 유기적 통일체로서의 공동 사회로, 독일의 사회학자 퇴니에스(Tönnies)가 이익 사회에 대비되는 개념으로 처음 사용했다. 흔히 공동 사회라고 불리며 사용되고 있다.

665 □ □ □

게젤샤프트
Gesellschaft

인간의 이해타산에 의해 수단적이고 일면적으로 결합된 사회

인간의 이해타산적인 성격에 의해 수단적이고 일면적으로 결합된 이익 사회로, 독일의 사회학자 퇴니에스(Tönnies)가 공동 사회에 대비되는 개념으로 처음 사용했다. 흔히 이익 사회라고 불리며 사용되고 있다.

666 □ □ □

준거 집단
Reference group

개인의 행위나 규범 등에 영향을 주는 집단

개인이 자신의 행위, 규범, 신념, 태도, 가치 등의 표준으로 삼는 집단으로, 개인이 구성원으로 속해 있는 소속 집단과 반드시 일치하는 것은 아니며 한 명이 동시에 여러 개의 준거 집단에 속할 수 있다.

5대 사회악
五大社會惡

궁핍, 질병, 불결, 무지, 태만을 이르는 말

영국의 경제학자인 베버리지가 정부의 위촉을 받아 사회 보장에 관한 문제를 연구 및 조사하여 쓴 베버리지 보고서에 등장하는 용어로, 그는 궁핍(Want), 질병(Disease), 불결(Squalor), 무지(Ignorance), 태만(Idleness)을 5대 사회악으로 지적했다.

주변인
周邊人

두 개 이상의 사회에 속하여 양쪽의 영향을 동시에 받지만 어느 쪽에도 완전히 소속되어 있지 않는 사람

두 개 이상의 사회나 집단에 속하여 양쪽 모두의 영향을 동시에 받지만 어느 쪽에도 완전히 소속되어 있지 않는 사람으로, 미국의 사회학자 로버트 파크가 처음 사용하였으며 이후 에베레트 스톤퀴스트에 의해 발전되었다.

개인의 사회화
Socialization

개인이 사회에 알맞은 행동 양식을 취할 수 있게 되는 과정

개인이 다른 사람과의 관계를 통해 사회나 문화에 바람직한 가치 규범을 스스로 내면화하여 사회, 문화, 조직 등에 알맞은 행동 양식을 취할 수 있게 되는 과정을 말한다.

소프트노믹스
Softnomics

경제와 사회의 소프트화가 진행되는 데 맞추어 취해야 할 경제 운영 정책

지식과 정보의 가치가 높아지고, 지식 및 정보 기술 위주의 산업이 주를 이루고, 경제 시스템이 소규모 분산형 산업으로 변화하며, 3차 산업의 비중이 높아지는 등의 소프트화가 진행되는 데 맞추어 취해야 할 경제 운영 정책이다.

고령화 사회
高齡化社會

총인구 중 65세 이상 인구 비율이 점차 높아져 가는 사회

의학의 발달, 식생활의 향상 등으로 인해 평균 수명이 증가하면서 총인구 중 65세 이상 인구 비율이 7% 이상이 되는 사회를 일컫는다. 이때, 65세 이상 인구 비율이 14% 이상이면 고령 사회, 20% 이상이면 초고령 사회라고 한다.

수정핵가족
修正核家族

한집에 여러 세대가 거주하지만, 각 가구는 독립된 생활을 하는 가족 형태

외형상으로는 2~4세대의 가구가 거주하고 있지만, 각 세대가 분리된 생활 공간에서 독립적으로 생활하는 가족 형태를 의미한다. 보통 결혼한 자녀 가족과 부모가 같이 사는 경우가 많다.

⊕ 상식 PLUS
- **수정 확대 가족**: 가족 구성은 확대 가족과 동일하지만 확대 가족처럼 한집에서 살지 않고 각 가계가 가까운 데 살면서 자주 만나거나 돕는 형태의 가족
- **위성 가족**: 부모와 자녀가 핵가족을 이루어 살면서 조부모 세대가 근거리에서 살며 도움을 주는 가족 형태

인구 피라미드
Population pyramid

인구의 성별, 연령별 구성비를 나타낸 도표

인구의 성별, 연령별 구성비를 나타낸 도표로, 대표적으로 피라미드형, 종형, 방추형, 도시형, 농촌형으로 나눌 수 있다. 새로 출생한 인구가 맨 아래, 연령이 가장 높은 인구가 맨 위에 구성되어 있으며 피라미드 중앙 수직선을 기준으로 성별이 나누어져 있다.

에코폴리스
Ecopolis

사람과 자연 그리고 문화가 조화를 이루는 쾌적한 도시

사람과 자연, 문화가 모두 함께 조화를 이루는 쾌적한 도시로, 1992년 지구 환경 보전 문제를 협의하기 위해 진행된 리우 회의 이후에 새롭게 등장한 개념이다. 기존의 생태계를 충분히 고려하는 도시라는 의미에서 자연 생태 도시라고도 한다.

테크노폴리스
Technopolis

고급 기술 산업과 연구 시설이 집중되어 있는 도시

지방 도시의 근교에 고급 기술 산업과 연구 시설이 집중되어 있는 도시로, 1970년대 후반 일본이 자국의 산업 고도화 정책을 추구하면서 형성된 개념이다. 이와 비슷하게 미국에는 반도체 산업의 메카인 실리콘 밸리를 비롯한 연구소, 대학, 기업 복합 단지인 하이테크 파크가 있으며, 영국, 프랑스 등에도 미래형 첨단 산업 단지가 있다.

슬로 시티
Slowcity

자연 생태 환경과 전통문화를 지키며 느림의 삶을 추구하려는 사회 운동

공해 없는 자연 생태 환경과 전통문화를 지키며 자유로운 옛날 농경 시대로 돌아가자는 느림의 삶을 추구하려는 사회 운동이다. 우리나라는 2021년을 기준으로 전주 한옥 마을을 비롯하여 전남 목포·완도군·담양군, 경남 하동군, 경남 김해시 봉하 마을, 충남 예산군·태안군·서천군, 경기 남양주시, 경북 상주시·청송군·영양군, 충북 제천시, 강원 영월군 등이 슬로 시티로 지정되어 있다.

베드타운
Bed town

큰 도시의 주변부에 위치하고 있는 주택 지역

도시로 직장을 다니는 사람들의 주거지 역할을 하기 위해 도시의 주변부에 위치하여 형성된 주택 지역이다. 도심의 주거비용 상승, 교통수단의 발달로 직장인 주거지가 도시의 주변부로 옮겨감에 따라 계획적 혹은 자연적으로 형성된다. 베드타운은 도시 자체의 적절한 일자리 창출이나 다양한 형태의 소비가 어렵다는 문제가 있으며, 결과적으로 지역 불균형, 삶의 질 저하 문제, 주야간 도심공동화 현상 등을 유발할 수 있다.

참여연대
參與連帶

우리나라의 진보적 시민 단체

정치·경제 권력을 감시하고 사회 개혁을 위해 구체적인 정책과 대안을 제시하는 우리나라의 진보적 시민 단체로, 1994년 9월 10일에 창립되었다. 입법·사법·행정 및 재벌 대기업 등과 국가 및 경제 권력 감시 분야, 사회 복지 및 시민 경제 권리 확대 분야, 한반도 및 국제 평화 인권 협력 분야, 시민 교육 분야 등의 활동으로 나누어져 있다.

NPO
Non-Profit Organization

공익을 위한 목적을 가지고 자발적으로 활동하는 단체

비영리단체(NPO)는 조직이나 기관 소유주들의 이익이 아닌 공익을 위한 목적을 가지고 자발적으로 활동하는 단체로, 노동조합, 시민 단체, 사회 서비스 기관, 공익 재단, 학교, 비영리 의료 법인 등이 포함된다. NGO와 거의 동일한 의미로 사용되는 경우가 많다.

⊕ 상식 PLUS
- NGO(Non-Governmental Organization): 민간단체 중심으로 구성된 비정부 국제 조직

해비타트
Habitat

자원봉사자들이 무주택 가정에게 무보수로 집을 지어 주는 세계적인 공동체 운동

주거 비용으로 어려움을 겪는 무주택 가정에게 보수를 받지 않고 집을 지어주는 세계적인 공동체 운동으로, 1976년 미국에서 밀러드(Millard)와 풀러(Fuller) 부부가 창설했다. 해비타트는 사전적으로 '보금자리'라는 의미를 가지고 있다.

레드 존
Red zone

청소년의 통행을 금지하거나 제한하는 구역

청소년의 유해 환경 접근 및 출입을 막기 위해 통행을 금지하거나 제한하는 구역을 이르는 말로, 청소년 보호법 제3장 제31조에 명시되어 있다.

앰버 경고 시스템
Amber alert system

납치범을 방송으로 공개 수배하는 프로그램

납치 사건이 발생하였을 때 고속도로 전자 표지판이나 텔레비전, 라디오 등의 방송을 통해 납치범을 공개 수배하는 프로그램으로, 1996년 미국 텍사스주 알링턴에서 납치되었다가 사망한 앰버 해거먼의 이름을 따서 붙여진 명칭이다.

노블레스 오블리주
Noblesse oblige

사회의 높은 인사층에게 요구되는 높은 수준의 도덕적 의무

초기 로마 시대에 왕과 귀족들이 보여 준 투철한 도덕의식과 솔선수범하는 공공 정신에서 비롯된 말로, 높은 사회적 신분을 가지고 있는 인사층에게 요구되는 높은 수준의 도덕적 의무를 의미한다.

동성 결혼 허용 국가
同性結婚許容國家

동성 결혼을 완전히 허용하고 있는 33개국(2022년 기준)

동성 결혼을 완전히 허용하고 있는 국가로는 네덜란드, 벨기에, 스페인, 캐나다, 남아프리카공화국, 노르웨이, 스웨덴, 아르헨티나, 아이슬란드, 포르투갈, 덴마크, 뉴질랜드, 우루과이, 프랑스, 브라질, 아일랜드, 룩셈부르크, 미국, 콜롬비아, 핀란드, 몰타, 독일, 호주, 오스트리아, 대만, 에콰도르, 영국, 코스타리카, 태국, 스위스, 쿠바, 슬로베니아, 멕시코 등이 있다.

낙관계수
樂觀係數

낙관적 견해에 관한 지수

의사 결정 시 얼마나 낙관적인 견해를 지니고 있는지 0과 1 사이의 값으로 표시하는 지수로, 1에 가까워질수록 낙관적임을 의미한다. 후르비츠는 낙관계수와 이와 상대되는 개념인 비관계수 개념을 활용하여 의사 결정을 내리는 후르비츠 기준을 제안하였다.

⊕ **상식 PLUS**
- **후르비츠 기준**: 의사 결정을 할 때 각 대안의 최대 이익과 최소 이익에 가중치를 부여하여 계산한 후 그중에 최대가 되는 것을 선택하는 기법

깨진 유리창 이론 (빈출)
Broken window theory

작은 무질서 상태를 방치해두면 나중에 더 크고 심각한 상태의 범죄를 야기할 수 있다는 이론

작은 무질서 상태를 방치해두면 나중에 더 크고 심각한 상태의 범죄를 야기할 수 있다는 이론으로, 1982년 제임스 윌슨과 조지 켈링이 <월간 애틀란틱>에 발표하며 처음 소개되었다. 높은 범죄율을 보였던 뉴욕에서 5년 동안 지하철 낙서 지우기 프로젝트를 진행하자 범죄율이 서서히 감소하는 추세를 보였는데, 이것이 깨진 유리창 이론을 활용한 가장 대표적인 사례이다.

하인리히 법칙 (빈출)
Heinrich's law

대형 사고가 발생하기 전에 경미한 사건이나 징후가 선행된다는 법칙

대형 사고가 일어나기 전에 반드시 작은 사고나 징후가 미리 포착된다는 법칙으로, 미국의 보험회사 하인리히가 발견한 법칙이다. 하인리히 법칙은 사업재해, 자연재해, 대규모 사고, 경제적 위기 등에 적용될 수 있는데, 이 법칙에 따르면 큰 사고 1건이 일어나기 전에 비슷한 유형의 작은 사고 29건, 잠재적 징후가 300건 나타난다고 한다.

다원적 무지
Pluralistic ignorance

어떠한 문제에 대해서 다수 의견을 소수 의견으로 또는 소수 의견을 다수 의견으로 오해하는 현상

어떠한 문제를 두고 다수 의견을 소수 의견으로 또는 소수 의견을 다수 의견으로 오해하는 현상으로, 사람들이 서로 간에 의견을 교환하지 않아 여론을 정확히 인지하지 못하여 발생한다. 사람들은 자신들의 의견이 소수 의견에 속한다고 느끼며 자신의 의견을 억제하고 다른 사람의 의견을 따라가는 모습을 보인다.

CHAPTER 07
사회

689

☐ ☐ ☐

하우스 푸어
House poor

본인의 집을 보유하고 있지만 빈곤층에 속하는 사람

주택 가격 상승에 대한 기대로 무리하게 대출을 받아 본인의 집을 구입하여 보유하고 있지만 주택 가격의 하락, 금리 인상 등으로 인해 생활고에 시달리는 사람을 의미한다.

690

☐ ☐ ☐

렌트 푸어
Rent poor

급증하는 주택 임차료 또는 보증금 때문에 여유 없이 사는 사람

소득의 대부분을 주택 임차료 또는 보증금에 지출하여 여유 없이 사는 사람을 의미하는 것으로, 최근 10여 년간 우리나라의 전셋값이 가파르게 상승하면서 주목받기 시작하였다.

691

☐ ☐ ☐

워킹 푸어
Working poor

일을 함에도 불구하고 가난에서 벗어나지 못하는 사람

열심히 일해도 가난을 벗어나지 못하는 근로빈곤층을 의미하는 것으로, 이들의 소득이 최저생계비에 못 미치거나 비슷한 수준에 머물기 때문에 질병이나 실직 상태에 놓이면 절대빈곤으로 이어질 수 있는 취약계층이다. 워킹푸어의 증가는 비정규직 노동자나 영세 자영업자 수의 증가, 전문직과 비전문직 간의 소득 격차 심화 등과 관련 있다.

692

빈출

☐ ☐ ☐

님비 현상
NIMBY syndrome

지역 이기주의의 하나

님비는 'Not in my backyard'의 약자로, 산업 폐기물이나 쓰레기 따위의 수용 · 처리 시설, 장애인 복지 시설 등이 필요하다는 것은 알지만, 자기가 사는 지역에 이러한 시설이 들어서는 데는 반대하는 현상을 의미한다.

⊕ 상식 PLUS
- **핌피 현상(PIMFY syndrome):** 'Please in my front yard'의 약자로, 경제적으로 수익성이 있는 사업이나 시설을 자신이 살고 있는 지역에 유치하려는 지역 이기주의 현상
- **녹색 님비:** 님비 현상에 더하여 대기 오염 물질이 발생되지 않는 신재생 에너지 시설도 반대하는 현상

님투 현상
NIMTOO syndrome

공직자가 자신의 재임 기간 동안 일을 추진하지 않고 시간만 흘러가기를 기다리는 현상

님투는 'Not in my terms of office'의 약자로, 공직자가 자신의 임기 중에 일을 무리하게 추진하지 않고 시간만 흘러가기를 기다리는 현상을 의미한다. 지역 주민에게 혐오감을 주는 쓰레기 매립장, 하수 처리장 등을 설치하지 않거나 주변 지역을 훼손하는 사업을 가급적 추진하지 않으려고 하는 것이다.

노비즘
Nobyism

공익에 피해를 주더라도 자신한테 피해를 주지 않는다면 무관심한 개인주의적 현상

이웃이나 사회 등 공익에 피해를 주더라도 자신한테 피해를 주지 않는다면 무관심한 개인주의적 현상이다. 예를 들어, 자신의 집 앞에 쓰레기를 버리는 것은 용납할 수 없지만 공공장소에 버리는 것은 신경 쓰지 않는 행위이다.

J턴 현상
J turn 現象

대도시에 취업했던 지방 근로자들이 대도시와 출신지 사이에 위치한 고향 근처 중소도시로 이주하여 취직하는 현상

지방에서 대도시로 취직한 근로자가 대도시와 출신 지역 사이에 위치한 중소 지방 도시에 취직하는 노동력 이동 현상이다. 주로 대도시에서의 고용불안이나 도시 생활에 대한 회의감에 의해 일어난다.

⊕ 상식 PLUS
- **U턴 현상**: 지방 출신의 근로자가 대도시로 취직했다가 다시 자신의 고향으로 돌아가는 현상

스프롤 현상
Sprawl 現象

도시 교외 지역이 무계획적이고 무질서적으로 발전하는 현상

도시가 급격하게 팽창하면서 기존 주거 지역의 과밀화로 인해 도시 교외 지역이 무계획적이고 무질서적으로 발전하는 현상이다. 우리나라는 1970년대부터 이 현상이 늘어나 대도시 주변의 주택과 공장 건설을 비롯하여 대기 오염, 환경 오염, 교통량 폭증 등 다양한 문제가 나타났다.

⊕ 상식 PLUS
- **빨대 효과**: 고속도로 개통, 고속철도 개통 등 교통 여건의 개선으로 대도시가 주변의 중소 도시의 인구나 경제를 흡수하는 대도시 집중 현상

CHAPTER 07

사회

공동화 현상
空洞化現象

도심지 거주 인구는 줄어들고 도시 외곽에 거주하는 인구가 늘어나는 현상

도심 땅값의 상승, 각종 공해 등으로 인해 도심지에 거주하는 인구는 줄어들고 도시 외곽의 주택 가구가 늘어나는 현상으로, 인구 분포 모양이 도넛의 형태를 보여 도넛 현상이라고도 한다. 도심의 경우 낮에는 인구가 늘어나고, 밤에는 감소하는 모습을 보인다.

코쿠닝 현상
Cocooning syndrome

빈출

현대인들이 위험한 외부 세상에서 벗어나 안전한 장소로 피신하는 현상

누에가 고치를 짓는 것(Cocooning)처럼 위험한 외부 세상에서 벗어나 자신의 활동 반경을 줄이고, 집이나 교회와 같이 안전하다고 생각되는 장소로 피신하는 현상을 의미한다. 청소년 범죄의 증가, 이혼 증가와 같이 전통적 가족 체계가 무너지는 것이 원인으로 꼽히고 있다.

⊕ 상식 PLUS
- **디지털 코쿠닝**: 디지털 기기를 사용하여, 재택근무를 하거나 집 안에서 문화생활을 즐기는 일

뉴 리치 현상
New rich phenomenon

낮은 수입을 버는 중하류층이 빈곤을 느끼지 않는 현상

실제로는 수입 수준이 낮은 중하류층이 스스로의 생활에 빈곤을 느끼지 않고 자신이 중류층이라고 생각하는 현상을 의미한다.

⊕ 상식 PLUS
- **뉴 푸어 현상(New poor phenomenon)**: 실제로는 수입 수준이 높은 중류층이 빈곤을 느끼는 현상

고독한 군중
Lonely crowd

대중 사회 속에서 살아가면서도 내면의 고립감으로 번민하는 사람들

타인과 함께 대중 사회 속에서 살아가면서도 내면의 고립감으로 번민하는 사람들을 일컫는 용어로, 1950년 미국의 사회학자 리스먼(Riesman)의 저서 <고독한 군중>에 처음 등장했다. 그는 자신의 저서에서 사회 구조의 변화에 따라 전통적인 가치관을 중시하는 전통 지향형, 가족으로부터 학습된 내면적 도덕과 가치관을 중시하는 내부 지향형, 동료, 이웃 등 또래 집단의 영향을 받는 외부 지향형으로 인간 유형을 나누어 제시하였다.

701

빈 둥지 증후군
Empty nest syndrome

중년의 주부가 자신의 정체성에 대해 회의를 느끼는 현상

중년의 주부가 자신의 정체성에 대해 회의를 느끼는 현상으로, 시간이 흐를수록 남편의 무관심, 자식들의 독립 등으로 애정의 보금자리라고 여겼던 가정을 빈 둥지처럼 느끼고 자신이 빈 껍데기 신세가 되었다고 여기는 일을 말한다.

702

낙인 효과
Stigma effect

부정적인 낙인이 찍히면 실제로 그렇게 행동할 가능성이 높아지는 현상

어떤 사람이 다른 사람으로부터 부정적인 낙인이 찍히면 실제로 그렇게 행동할 가능성이 높아지는 현상으로, 1960년대 시카고학파 레머트, 베커, 키추스, 메차 등이 제창한 이론이다. 어떤 사람을 사회 제도나 규범에 따라 낙인찍으면 일탈 혹은 범죄 행동이 일어날 가능성이 높다는 낙인 이론에서 유래되었다.

703

아노미
Anomie

무규범·무질서의 상태

프랑스의 사회학자 뒤르켐이 주장한 사회 병리학의 기본 개념 가운데 하나로, 급격한 사회 변동 등으로 인해 행위를 규제하는 공통 가치나 도덕 기준이 없는 혼돈 상태를 의미한다. 이러한 아노미 상태에 사는 개인은 극심한 혼란과 스트레스를 받게 되고, 사회적으로 신경증, 비행, 범죄, 자살 등이 증가하게 된다.

⊕ 상식 PLUS
- **사회 병리학**: 범죄, 비행, 자살, 이혼, 가출, 매춘, 실업, 빈곤 따위의 사회 병리를 연구 대상으로 하는 학문

704

페미니즘
Feminism

성별로 인해 발생하는 차별을 없애야 한다는 운동

성별로 인해 발생하는 정치적·경제적·사회 문화적 차별을 없애고, 권리 및 기회의 평등을 이루는 것을 핵심으로 하는 여러 형태의 사회적·정치적 운동과 이론을 포괄하는 개념이다.

생활 방식

705 여피족
Yuppie 族

도시를 기반으로 전문직에 종사하면서 새로운 삶을 살아가려는 젊은 사람들

여피는 '젊은(Young), 도시화(Urban), 전문직(Professional)'의 앞 글자를 딴 것으로, 도시를 기반으로 전문직에 종사하며 새로운 삶을 살아가려는 젊은 사람들을 의미한다.

706 딩크족
Dink 族

자식을 낳지 않고 맞벌이 부부로 사는 사람들

딩크는 'Double income no kids'의 약자로, 의도적으로 자식을 낳지 않고 맞벌이 부부로 사는 사람들을 의미한다. 여피족과 더불어 미국의 베이비 붐 세대의 생활 양식과 가치관을 나타낸다.

707 딘트족
Dint 族

경제적으로 풍족하지만 바쁜 업무로 인해 돈 쓸 시간이 없는 맞벌이 부부

딘트는 'Double income no time'의 약자로, 경제적으로 풍족하지만 일이 너무 바빠 돈 쓸 시간이 없는 신세대 맞벌이 부부를 의미한다.

708 욘족
Yawns 族

호화 생활보다 자선 사업에 관심을 두며 평범한 삶을 추구하는 젊은 엘리트층 사람들

욘은 'Young and wealthy but normal'의 약자로, 호화로운 생활이 아닌 자선 사업에 관심을 두며 평범한 삶을 추구하는 젊은 엘리트층 사람들을 의미한다.

709 코쿤족
Cocoon 族

외부 세계보다는 자신만의 공간에서 자신의 생활을 즐기려는 사람들

외부로 나가는 것보다 자신만의 안전한 공간에서 자신만의 생활을 즐기려는 사람들을 일컫는 용어로, 이들은 집, 차, 사이버 공간 등 자신만의 세계에서 모든 것을 해결한다. 다른 사람의 간섭이 없는 자신만의 공간에서 머물며 생활하려는 칩거 증후군을 의미하기도 한다.

네스팅족
Nesting 族

□ □ □

사회적인 성공보다 가정의 화목을 가장 중시하는 사람들

부나 명예와 같은 사회적인 성공보다는 가정의 화목을 가장 중시하고 집안 가꾸기에 열중하는 사람들을 일컫는 용어이다.

히피족
Hippie 族

□ □ □

기성세대의 가치관, 제도 등을 부정하고 자유로운 생활 양식을 추구하는 젊은 사람들

기성세대의 가치관, 제도, 사회 통념을 부정하고 자유로운 생활 양식을 추구하는 젊은 사람들을 일컫는 용어로, 1966년 미국 샌프란시스코에서 처음 시작되었다. 대도시 안에서나 교외에 히피 빌리지를 형성하는 히피족들은 대체로 남성은 장발, 수염, 목걸이, 벨트, 부츠 등, 여성은 장발, 미니스커트, 샌들 또는 맨발 등을 특징으로 하고 있다.

시피족
Cipie 族

□ □ □

지적 개성과 합리적인 소비를 추구하는 젊은 사람들

시피는 '개성(Character), 지성(Intelligence), 전문성(Professional)'의 앞 글자를 딴 것으로, 소비 지향적이고 감각적인 현대인들의 성향에 반대하여 지적 개성과 합리적인 소비를 추구하는 젊은 사람들을 의미한다.

통크족
Tonk 族

□ □ □

자녀에게 부양받는 것을 거부하고 부부만의 인생을 즐기려는 고령층 사람들

통크는 'Two only no kids'의 약자로, 자녀에게 부양받는 것을 거부하고 부부 둘만의 인생을 즐기려는 고령층 사람들을 의미한다. 핵가족화의 보편화와 고령층의 경제 수준의 향상, 연금제도의 발달로 등장하게 되었다.

좀비족
Zombie 族

□ □ □

거대 조직에서 주체성 없는 로봇처럼 행동하는 사람들

대기업과 같은 거대 조직에서 주체성 없는 로봇처럼 행동하는 사람들을 일컫는 용어로, 이들은 자기 발전 없는 삶에 만족하며 무사안일의 태도를 보인다.

CHAPTER 07

사회

슬로비족
Slobbie 族

바쁘게 돌아가는 현대 생활 속에서 속도는 느긋하지만 맡은 일에 충실한 사람들

슬로비는 'Slow but better working people(천천히 그러나 더 훌륭하게 일하는 사람)'의 약자로, 바쁘게 돌아가는 현대 생활 속에서 속도는 느긋하지만 맡은 일을 충실히 수행하는 사람들을 의미한다. 1990년 오스트리아의 시간 늦추기 대회에서 유래하였다.

사이버 펑크족
Cyberpunk 族

세상의 모든 일을 컴퓨터로 해결할 수 있다고 생각하는 사람들

컴퓨터에 대한 전문적인 지식을 가지고 있어 세상에 일어나는 모든 일을 컴퓨터로 해결할 수 있다고 생각하는 사람들을 일컫는 용어로, 컴퓨터 기술로 새로운 세계를 여는 데 집착하여 온종일 컴퓨터 앞에 앉아있는 경향을 보인다.

뉴 하드 워커
New hard worker

꿈과 낭만이 있는 일에 매력을 느껴 적극적으로 일하는 사람들

일을 대한 급여나 휴일보다는 꿈과 낭만이 있는 일에 매력을 느껴 적극적으로 일하는 사람들을 일컫는 용어이다.

M 세대
M Generation

언제 어디서든 모바일폰 등으로 즐기는 세대

디지털 문화에 친숙하여 언제 어디서든 모바일폰을 즐기는 세대를 일컫는 용어로, 모바일 (Mobile)의 앞 글자를 따서 붙여진 명칭이다. 1980~2000년대에 태어나 베이비 부머를 부모로 둔 젊은 층을 가리켜 밀레니얼 세대(Millennial generation)라고도 한다.

⊕ 상식 PLUS
- **Z 세대**: 1990년대 중반~2000년대 초반에 걸쳐 태어난 젊은 세대
- **MZ 세대**: M 세대와 Z 세대를 아울러 이르는 말

719

사회보장제도
社會保障制度

국가 및 지방 자치 단체가 사회 정책을 통해 어려움에 처한 사람들의 최저 생활을 보장해 주는 제도

국가 및 지방 자치 단체가 사회 정책을 통해 출산, 양육, 실업, 은퇴, 장애, 질병, 빈곤, 사망 등의 어려움에 처한 사회 구성원의 최저 생활을 보장해 주는 제도로, 1935년 미국에서 사회보장법이 제정되면서 처음 사용되었으며 1940년에 사회보장 개념이 확립되었다.

720

영국의 사회보장 제도
英國 - 社會保障制度

베버리지 보고서를 기초로 시작된 사회보장제도

영국은 1942년 윌리엄 베버리지가 작성한 <베버리지 보고서>를 기초로 1945년부터 각종 사회보장법을 제정하였으며, 1946년에 '요람에서 무덤까지'라는 이름으로 국가 정책에 정식 반영되었다. 이후 1948년부터는 연금 보험, 의료 보험, 실업 및 장애 지원, 가족 수당 등을 포함한 가장 완벽한 사회보장제도를 갖추게 되었다.

721

독일의 사회보장 제도
獨逸 - 社會保障制度

비스마르크에 의해 최초로 실시했던 사회보장제도

독일은 1980년대에 비스마르크에 의해 사회보험을 최초로 실시했으며, 현재 5대 사회보험인 연금 보험, 의료 보험, 고용 보험, 장기 요양 보험, 산재 보험을 기반으로 운영하고 있다.

722

사회보험
社會保險

국가 및 지방 자치 단체가 사회적 위험에 대비하여 보장해 주는 보험

국가 및 지방 자치 단체가 사회적 위험에 출산, 양육, 실업, 은퇴, 장애, 질병, 빈곤, 사망 등의 사회적 위험에 대비하여 보장해 주는 보험으로, 국민들은 이를 의무적으로 가입해야 하기 때문에 강제적인 성격을 가진다. 우리나라는 국민건강보험, 고용보험, 산업재해보상보험, 연금보험의 4대 사회보험 중심으로 발전해왔다. 보험료 계산에 있어서 개인, 기업, 국가가 서로 분담하는 것이 원칙이며, 소득에 비례하여 분담하는 소득 재분배의 기능을 가진다.

CHAPTER 07

사회

국민연금
國民年金

빈출

소득 획득 능력이 없어졌을 때, 국가가 연금 급여를 정기적으로 지급하는 사회보장제도

노령, 장애, 사망 등으로 소득 획득 능력을 잃었을 때 국가가 생활 보장을 위하여 정기적으로 연금 급여를 지급하는 제도로, 국민의 생활 안정과 복지 증진에 목적이 있다. 특별법에 의해 연금이 적용되는 공무원, 군인, 사립 학교 교직원 등을 제외한 18세 이상 60세 미만의 국내 거주 국민은 국민연금을 받기 위해서 정기적으로 일정액을 국가에 납부한다.

국민건강보험
國民健康保險

질병, 부상, 분만, 사망 등에 대하여 지급하는 보험

평소에 기금을 마련하여 국민에게 질병, 부상, 분만, 사망 등이 발생하였을 때 지급하는 사회보험이다.

고용보험
雇傭保險

실업자의 생활 안정, 직업 능력 개발 및 향상 등을 위해 지급하는 보험

고용보험은 전통적 의미의 실업보험사업을 비롯하여 고용안정사업과 직업능력사업 등의 노동시장 정책을 적극적으로 연계하여 통합적으로 실시하는 사회보험으로, 실직자와 실직자 가족의 생활 안정, 직업 능력 개발 및 향상, 재취업 촉진과 실업 예방을 목적으로 한다.

산업재해보상보험
産業災害補償保險

작업 또는 업무와 관련하여 발생한 질병, 부상, 사망 등에 대하여 지급하는 보험

근로자가 작업 또는 업무와 관련하여 발생한 질병, 부상, 사망 등에 신속하고 공정하게 보상하기 위하여 지급하는 사회보험으로, 사업주의 경우 산업재해보상보험에의 가입이 의무이다.

727 □ □ □

긴급복지지원제도
緊急福祉支援制度

갑작스러운 상황이 발생한 저소득층에 신속한 복지 서비스를 지원하여 위기 상황에서 벗어날 수 있도록 돕는 제도

갑작스러운 위기 상황이 발생하여 생계유지가 곤란한 저소득층이 위기 상황에서 벗어날 수 있도록 정부가 신속한 복지 서비스를 지원하는 제도이다.

728 □ □ □

근로장려금
EITC, Earned Income Tax Credit

국세청에서 수입이 적어 생활이 어려운 근로자 가구에 현금을 지원해 주는 제도

국세청에서 수입이 적어 생활이 어려운 근로자 가구에 현금을 지원해주는 제도로, 2009년 처음 실시되어 근로 소득 규모에 따라 차등 지급되고 있다. 이는 근로를 장려하며 실질 소득을 지원하는 근로 연계형 소득 지원 제도이다.

729 □ □ □

공익사업
公益事業

공공의 이익을 도모하기 위해 이루어지는 사업

국가나 지방자치단체가 공공의 이익을 도모하기 위해 이루어지는 사업으로, 사회 간접 자본인 하천·도로·항만·공항 따위의 토목 사업, 주택·하수도·공원 따위의 국민 생활에 직결되는 시설의 정비, 일상생활에 필수 불가결한 용역 및 서비스를 공급하는 것 등이 해당한다.

교육

730 □ □ □

한국의 교육제도
韓國-敎育制度

초등학교, 중학교, 고등학교, 대학교의 교육 과정

한국의 교육 과정은 무상 교육이 제공되는 의무 교육 기간 초등학교 6년, 중학교 3년과 의무 교육 기간이 아닌 고등학교 3년, 대학교 4년(전문 대학은 2년)으로 구성된다.

731

평생교육
Lifelong education

인간의 교육은 전 생애에 걸쳐서 이루어져야 한다는 교육관

인간의 교육은 유아기부터 노년기까지 전 생애에 걸쳐서 이루어져야 한다는 교육관으로, 1967년에 UNESCO(유네스코)가 제창한 개념이다. 개인이 가지고 있는 잠재적 가능성의 계발과 자아실현 달성의 도움에 그 목적을 두고 있다.

732

대안학교
代案學校

공교육제도의 문제점을 극복하고자 만든 학교

기존의 교육 제도나 학교 운영의 한계점을 보완하고자 새로운 교육 내용과 형식을 갖춘 자율적인 프로그램으로 운영하는 학교를 의미한다.

733

EQ
Emotional Quotient

개인의 감성 지수

타인의 감정에 잘 공감하고, 자신의 감정을 스스로 적절히 조절 및 제어하며, 인간관계를 원만히 구축하는 등의 감성을 지수로 나타낸 것으로, 지능 지수인 IQ와 대조되는 개념이다.

⊕ **상식 PLUS**
- IQ: 지능의 정도를 총괄하여 하나의 수치로 나타낸 것으로, 정신 연령을 생활 연령으로 나눈 다음 100을 곱하여 계산함

734

빈출

브레인스토밍
Brainstorming

자유로운 토론을 통하여 창조적인 아이디어를 이끌어내는 방식

구성원들이 자유롭게 진행되는 토론을 통하여 창조적인 아이디어를 이끌어내는 의사 결정 방식으로, 아이디어의 양이 많을수록 질적으로도 우수한 아이디어가 도출될 가능성이 높다고 본다. 브레인스토밍 참여 인원은 제한 없이 자유분방한 아이디어를 낼 수 있으며, 비록 엉뚱한 아이디어라도 이에 대한 비판은 삼가는 것이 바람직하다.

UNIT 2

노동

노동과 관련된 다양한 개념이 시험에 출제되므로 전반적으로 꼼꼼히 학습해 두는 것이 좋습니다.

회독 박스(□)에 정확히 아는 개념은 ○, 알쏭달쏭한 개념은 △, 전혀 모르는 개념은 ×로 체크하면서 꼼꼼히 학습해 보세요.

노동 일반

735

실업
失業

□ □ □

일할 의사와 능력이 있는 사람이 일자리를 잃거나 일할 기회를 얻지 못하는 상태

실업은 그 원인에 따라 다음과 같이 구분된다.

마찰적 실업	노동력 수급이 일시적으로 불균형한 상태이거나 구직자의 구직 정보가 불충분하여 발생하는 실업
경기적 실업	경기 침체로 인해 발생하는 실업
구조적 실업	자본주의 경제 구조의 모순으로 인해 발생하는 실업
비자발적 실업	꾸준히 구직 활동을 함에도 자신의 기술 및 능력에 맞는 직장을 찾지 못하여 발생하는 실업
잠재적 실업	정상적인 직업을 얻지 못하여 생계유지 방편으로 원하지 않는 직업에 종사하고 있는 상태인 실업
실망 실업	산업 구조 조정이나 경기 침체 등으로 일자리가 줄어 구직 활동 포기 상태인 실업

736

실업률
失業率

□ □ □

노동할 의사 및 능력을 가진 인구 중에서 실업자가 차지하는 비율

노동할 의사 및 능력을 가진 경제 활동 인구 중에서 실업자가 차지하는 비율로, (실업자/경제 활동 인구)×100으로 구할 수 있다.

산업예비군
産業豫備軍

기계의 도입과 생산 기술의 발달로 인해 노동자들이 실업 상태에 있는 현상

자본주의적 산업에서 기계의 도입과 생산 기술의 발달로 인해 노동자들이 실업 상태에 있는 현상을 일컫는 용어로, 상대적 과잉 인구라고도 한다. 마르크스가 처음 사용하였으며, 여기에는 실업자와 반실업자, 피구호자 등을 모두 포함하는 개념이다.

⊕ 상식 PLUS
• 상대적 과잉 인구의 존재 형태

잠재적 과잉 인구	취업은 하고 있으나 그 소득만으로는 독립적인 생계를 영위할 수 없는 불완전한 취업 상태에 있는 인구
유동적 과잉 인구	해고와 고용이 유동적인 경기 변동이나 자본주의적 생산의 발전에 따라 일시적으로 실업한 인구
정체적 과잉 인구	경제 활동 가능 인구 가운데 취업 상태가 불안정하고 불규칙하며 비공식적인 저임금 노동에 시달리는 인구

취업 최저연령
就業最低最低

근로자기준법에 명시되어 있는 취업 최저연령

근로자기준법 제64조 제1항에는 15세 미만인 사람과 중학교에 재학 중인 18세 미만인 사람은 근로자로 고용할 수 없으며, 다만 대통령령으로 정하는 기준에 따라 고용노동부 장관이 발급한 취직 인허증을 지닌 사람은 근로자로 고용이 가능하다고 명시되어 있다.

통상임금
通常賃金

근로자의 근로에 대해 지급하기로 한 금액

근로자의 근로에 대해 정기적, 일률적, 고정적으로 지급하기로 한 금액을 일컫는 용어로, 시간급, 일급, 주급, 월급 등이 있다.

총액 임금제
Total wage system

근로자가 1년 동안 고정적으로 받는 모든 급여를 통해 임금 인상 비율을 결정하는 제도

근로자가 1년 동안 고정적으로 받는 기본급, 각종 수당, 상여금 등을 모두 합하여 12로 나눈 액수를 기준으로 임금 인상 비율을 결정하는 제도이다. 여기에는 고정 기본급, 직무 수당, 정기 상여금, 연월차 수당 등이 모두 포함되며, 연장 근로 수당, 야간 근로 수당, 휴일 근로 수당 등과 같이 성과에 따라 지급되는 성과급적 상여급 및 특별 상여금은 포함되지 않는다.

물가 연동제
物價連動制

물가의 변동에 맞추어 임금 등을 조절하는 제도

물가의 변동에 연동시켜 일정한 방식으로 임금, 금리 등을 조절하는 제도이다. 인플레이션으로 인해 발생하는 명목가치와 실질가치의 차이를 조정하여 인플레이션이 미칠 수 있는 악영향을 완화하는 효과가 있다.

탄력적 근로시간제
彈力的勤勞時間制

빈출

근로 시간을 탄력적으로 운용하는 제도

근로 시간을 탄력적으로 운용하는 제도로, 특정일의 노동 시간을 연장하는 대신에 다른 날의 노동 시간을 단축하여 평균 근로 시간을 법정 근로 시간에 맞추는 것이다. 우리나라의 경우 근로기준법 제51조에서 탄력적 근로시간제를 명시하고 있다.

3S 업종

규모가 작고, 임금이 적고, 단순한 일을 하는 업종을 일컫는 말

규모가 작고(Small size), 임금이 적고(Small pay), 단순한 일(Simple work)을 하는 업종을 3S 업종이라고 일컫는다.

⊕ 상식 PLUS
- **3D 업종**: 힘들고(Difficult), 더럽고(Dirty), 위험한(Dangerous) 업종

비정규직 근로자
非正規職勤勞者

근로 방식, 근로 시간 등을 정규직과 달리 보장받지 못하는 고용 형태

일하는 방식이나 시간, 고용의 지속성 따위의 조건이 정규 근로자와 다른 근로자를 의미하며, 기간제 근로자, 단시간 근로자, 파견 근로자 등을 포괄하는 개념이다.

⊕ 상식 PLUS
- **비정규직 근로자 대표 유형**

기간제 근로자	일정 기간 동안에만 일을 하도록 사업주와 계약을 체결한 근로자
단시간 근로자	동일한 사업장에서 같은 종류의 업무에 종사하는 근로자들보다 근로 시간이 짧은 근로자
파견 근로자	파견 사업주가 고용한 근로자로, 파견 기간은 원칙적으로 1년이지만 근로자와 사업주 간의 합의가 있는 경우 기간 연장이 가능함

745 ☐ ☐ ☐

국제노동헌장
國際勞動憲章

베르사유 조약에 들어있는 국제노동기구의 지도 원칙

1919년에 체결된 베르사유 조약에 들어있는 국제노동기구의 지도 원칙으로, 노동의 단결권, 적정 임금, 1일 8시간, 주 48시간제, 남녀 동일 노동 및 동일 임금 등이 규정되어 있다.

746 ☐ ☐ ☐

노동 3권
勞動 三權

단결권, 단체 교섭권, 단체 행동권을 일컫는 말

근로자의 인간다운 생활을 보장하기 위해 헌법으로 규정한 권리로, 노동자가 노동 조건을 유지 및 개선하기 위해 단체를 결성하고 가입할 수 있는 '단결권', 노동조합의 대표자가 노동 조건의 유지 및 개선 또는 노동 협약 체결에 관하여 직접 교섭할 수 있는 '단체 교섭권', 노동자가 노동 조건의 유지 및 개선을 위해 사용자에 대항하여 단체 행동을 할 수 있는 '단체 행동권'으로 구성된다.

747 ☐ ☐ ☐

근로기준법
勤勞基準法

근로자들의 생활을 보장 및 향상하기 위하여 근로 조건의 기준을 정해 놓은 법

근로자들의 지위를 보호 및 개선하고 근로자의 기본적인 생활을 보장 및 향상하기 위해, 헌법에 의거하여 근로 조건의 기준을 정해 놓은 법이다.

748 ☐ ☐ ☐

고용 허가제
雇傭許可制

근로자를 구하지 못한 기업이 합법적으로 외국인 근로자를 고용할 수 있도록 허가해 주는 제도

내국인 근로자를 구하지 못한 기업이 합법적으로 외국인 근로자를 고용하고 관리할 수 있도록 허가해 주는 제도로, 우리나라에서는 2003년 법률 제6967호로 「외국인 근로자의 고용 등에 관한 법률」이 제정되어 2004년부터 시행되고 있다.

노동조합 및 노동관계조정법
勞動組合·勞動關係調停法

노동 3권의 구체적인 보장을 목적으로 노사관계를 규율하는 법률

단결권, 단체 교섭권, 단체 행동권의 노동 3권 보장을 목적으로 근로 조건의 유지 및 개선과 근로자의 경제적 및 사회적 지위의 향상을 도모하고 노동관계를 공정하게 조정하여 노동 쟁의를 예방 및 해결함으로써, 산업 평화의 유지와 국민 경제의 발전에 이바지하기 위해 제정한 법이다.

타임 오프제
Time-off

노동조합 필수 활동에 한해 노동조합 전임 근로자에게 임금을 지급하고 근로 시간을 면제하는 제도

노동조합 전임 근로자에게 원칙적으로 임금 지급을 금지하지만 노사 교섭, 산업 안전, 고충 처리 등 노무 관리적 성격의 업무에 한해서는 임금을 지급하는 제도로, 임금을 지급하면서 근로 시간을 면제해 주는 것이다.

클로즈드 숍
Closed shop

사용자가 노동조합에 가입한 근로자만을 고용할 수 있는 제도

사용자가 노동조합에 가입한 근로자만을 고용할 수 있는 제도로, 이때 사용자는 노동조합에서 탈퇴한 근로자를 바로 해고할 수 있다.

⊕ 상식 PLUS
- **오픈 숍(Open shop)**: 사용자가 노동조합의 가입 여부와 관계없이 근로자를 고용할 수 있는 제도로, 근로자 역시 노동조합의 가입과 탈퇴가 자유로움

유니언 숍 빈출
Union shop

사용자가 노동자를 반드시 노동조합에 가입하게 하는 제도

사용자가 노동자를 반드시 노동조합에 가입하게 하는 강제적인 제도로, 노동자는 자유롭게 고용될 수 있지만 일단 고용이 되면 일정 기간 내에 반드시 노동조합에 가입해야 한다. 이 제도는 오픈 숍과 클로즈드 숍의 중간 형태를 가지고 있다.

황견계약
黃犬契約

근로자가 노동조합에 가입하지 않거나 탈퇴할 것을 조건으로 하는 계약

근로자가 노동조합에 가입하지 않거나 탈퇴할 것을 고용 조건으로 하는 근로 계약으로, 우리나라에서는 이를 사용자의 부당 노동 행위로 「노동조합 및 노동관계조정법」 제81조에서 규정하고 있다.

노사협의회
勞使協議會

서로 간의 이해와 협조를 위해 근로자 대표와 사용자 대표로 구성되어 있는 협의 기구

서로 간의 이해와 협조를 위해 같은 인원수의 근로자 대표와 사용자 대표로 구성되어 있는 협의 기구로, 근로자의 복지 증진과 기업의 발전을 목적으로 한다. 우리나라에서는 1980년에 노사협의회법을 법률 제3348호로 제정하였으며, 노사 각 3인 이상 10인 이내의 같은 인원수 위원으로 구성하게 되어 있다.

파업
罷業

노동자들이 자신들의 요구를 관철시키기 위해 작업을 한꺼번에 중지하는 행위

노동자들이 노동 조건의 유지 및 개선, 정치적 목적의 달성 등 자신들의 요구를 관철시키기 위해 작업을 한꺼번에 중지하는 행위로, 사용자들은 파업을 억제하기 위해 직장 폐쇄를 사용하기도 한다.

직장 폐쇄
職場閉鎖

빈출

노동자의 노동 쟁의에 대항하기 위해 사용자가 공장을 일시적으로 폐쇄하는 것

노동자의 노동 쟁의에 대항하기 위해 사용자가 공장이나 작업장을 일시적으로 폐쇄하는 것으로, 사용자의 주장을 노동자에게 관철시키기 위해 사용한다. 이는 공장 폐쇄와 폐업과 달리 집단적 쟁의를 전제로 하며, 집단적 해고와 달리 쟁의가 끝나면 근로관계가 회복된다.

사보타주
Sabotage

빈출

태업으로 사용자에게 손해를 주는 노동 쟁의 행위

겉으로 보기에는 일을 하는 것처럼 보이지만 작게는 태업과 같이 의도적으로 사용자의 지휘나 명령에 복종하지 않고, 크게는 기계나 원료를 고의적으로 파손하여 사용자에게 손해를 주는 노동 쟁의 행위이다.

피케팅
Picketing

빈출

노동조합원들이 파업 방해 행위를 저지하고 변절자를 감시하는 일

노동 쟁의를 할 때 노동조합원들 또는 근로자 집단이 공장이나 사업장의 출입구에 늘어서서 제3자의 파업 방해 행위를 저지하는 노동 쟁의 행위로, 쟁의 행위에 이탈자를 설득하거나 변절자를 감시하기도 한다.

긴급조정권
緊急調整權

노동 쟁의 행위로 인하여 국민에게 피해 발생의 우려가 있을 경우 제재하는 특별 조치

노동 쟁의 행위로 인해 국민에게 피해 발생의 우려가 있을 경우에 정부가 노동 쟁의를 중단시키는 특별 조치로, 노동조합 및 노동관계 조정법에 규정되어 있다.

와그너법
Wagner Act

뉴딜 정책의 일환으로 정해진 미국 노동조합 보호법

1935년 뉴딜 정책의 일환으로 정해진 미국 노동조합 보호법이다. 정식 명칭은 전국 노동관계법이지만, 당시 상원 의원이었던 와그너가 제안하여 그의 이름을 따 와그너법이라는 명칭이 붙었다.

CHAPTER 07

사회

생디칼리즘
Syndicalisme

프랑스와 이탈리아를 중심으로 일어난 무정부주의적 노동조합 지상주의

20세기에 프랑스와 이탈리아를 중심으로 일어난 무정부주의적인 노동조합 지상주의로, 프롤레타리아 계급에 대한 독재를 부정하며 국가의 통제를 거부하고 노동조합에 의해 산업을 관리할 것을 주장했다.

노동 관련 이슈

열정 페이
熱情 pay

고용한 청년 구직자에게 열정을 빌미로 임금을 제대로 지급하지 않는 것

고용한 청년 구직자에게 열정을 빌미로 임금을 제대로 지급하지 않으며, 노동을 착취하는 행태를 비꼬기 위해 사용하는 용어이다.

워라밸
Work-life balance

일과 삶 사이의 균형

일(Work)과 삶(Life) 사이의 균형을 의미하는 것으로, 개인적인 삶이 없어진 현대 사회에서 직장을 고를 때 중요한 요소로 손꼽히고 있다.

잡 셰어링
Job sharing

하나의 업무를 여러 명이 나누어서 수행하는 일

하나의 업무를 여러 명의 근로자가 나누어서 수행하는 것으로, 워크 셰어링을 포괄하는 개념이다. 우리나라에서는 정리해고의 대안으로 사용되고 있는 방식이기도 하다.

N잡러
N jober

2개 이상의 직업을 동시에 가지고 있는 사람을 일컫는 말

본업 이외에도 개인의 자아실현을 위하여 2개 이상의 직업을 동시에 겸업하고 있는 사람을 일컫는 용어로, 4차 산업혁명과 주 52시간 근무제 등 근로 환경이 변하면서 생겨난 개념이다.

르네상스칼라
Renaissance collar

급변하는 시대에 다양한 분야에 정통하며 컴퓨터 분야에서도 두각을 나타내는 사람들

급변하는 시대에 다양한 분야에 정통하며 컴퓨터를 사용하는 인터넷 비즈니스에서도 두각을 나타내는 사람들을 일컫는 용어로, 르네상스 시대의 레오나르도 다빈치 같은 사람들을 의미한다.

일렉트로칼라
Electro collar

컴퓨터에 관련된 지식과 기술을 가지고 있는 사람들

컴퓨터에 대한 지식, 이해도, 기술이 뛰어난 컴퓨터 관련 직종 종사자들을 일컫는 용어로, 컴퓨터 시스템 설계 및 분석가, 프로그램 개발자, 네트워크 엔지니어 등이 있다.

핑크칼라
Pink collar

생계를 유지하기 위해 일하는 여성 노동자

생계를 유지하기 위해서 일터에 나서 일을 하는 여성 노동자를 일컫는 용어로, 오늘날에는 상대적으로 실수가 적고 꼼꼼한 업무 처리 능력을 가진 여성 인력을 가리키는 용어로 사용되고 있다.

그레이칼라
Gray collar

화이트칼라와 블루칼라의 중간적인 성격을 가진 노동자

사무직·정신 노동자를 의미하는 화이트칼라(White collar)와 생산직·육체 노동자를 의미하는 블루칼라(Blue collar)의 중간적인 성격을 가진 노동자를 일컫는 용어로, 기술의 발전에 따라 화이트 칼라와 블루 칼라의 경계가 모호해지면서 등장한 개념이다.

논칼라 세대
Non collar generation

컴퓨터로 작업하는 세대

서류로 일하는 화이트칼라나 기계·육체로 일하는 블루칼라와 달리 컴퓨터로 작업하는 세대를 이르는 말로, 무색 세대라고도 한다.

CHAPTER 07

사회

앞에서 학습한 상식을 문제를 풀면서 바로 점검해 보세요!

[01-05] 다음 각 설명을 읽고, 맞으면 O, 틀리면 ✕에 표시하시오.

01 소득의 대부분을 주택 임차료나 보증금에 지출하여 여유 없이 사는 사람을 '하우스 푸어'라고 한다. (O , ✕)

02 '빈 둥지 증후군'은 대중 사회 속에서 타인과 함께 살아가면서도 내면에서는 고립감을 느끼는 현상이다. (O , ✕)

03 지적 개성과 합리적인 소비를 추구하는 젊은 사람들을 '시피족'이라고 한다. (O , ✕)

04 근로자가 1년 동안 고정적으로 받는 모든 급여를 통해 임금 인상 비율을 결정하는 제도를 '총액 임금제'라고 한다. (O , ✕)

05 인간의 이해타산적인 성격에 의해 수단적이고 일면적으로 결합된 이익 사회를 '게마인샤프트'라고 한다. (O , ✕)

[06-10] 다음 각 설명에 해당하는 용어를 쓰시오.

06 작은 무질서 상태를 방치해두면 나중에 더 크고 심각한 상태의 범죄를 야기할 수 있다는 이론 (   )

07 도시가 급격하게 팽창하면서 기존 주거 지역의 과밀화로 인해 도시 교외 지역이 무계획적이고 무질서적으로 발전하는 현상 (   )

08 자유롭게 진행되는 토론을 통하여 창조적인 아이디어를 이끌어내는 방식 (   )

09 궁핍, 질병, 불결, 무지와 함께 베버리지 보고서에 등장하는 5대 사회악에 해당하는 것 (   )

10 단체 교섭권, 단체 행동권과 함께 헌법에 규정되어 있는 노동 3권 (   )

11 도시를 기반으로 전문직에 종사하며 새로운 삶을 살아가려는 젊은 사람들은?
① 여피족   ② 딘트족   ③ 욘족   ④ 네스팅족

12 겉으로 보기에는 일을 하는 것처럼 보이지만 의도적으로 생산 능률을 저하시켜 사용자에게 손해를 주는 노동 쟁의는?
① 사보타주   ② 피케팅   ③ 파업   ④ 직장 폐쇄

13 낮은 수입을 버는 중하류층이 스스로를 중류층이라고 생각하여 빈곤을 느끼지 않는 현상은?
① 님투 현상   ② 코쿠닝 현상   ③ 노비즘   ④ 뉴 리치 현상

14 청소년의 유해 환경 접근 및 출입을 막기 위해 통행을 금지하거나 제한하는 구역은?
① 그린 존   ② 레드 존   ③ 옐로우 존   ④ 블랙 존

15 컴퓨터에 관련된 지식과 기술을 가지고 있는 사람들을 이르는 말은?
① 일렉트로칼라   ② 르네상스칼라   ③ 그레이칼라   ④ 화이트칼라

16 다음 중 실업의 종류를 바르게 설명한 사람을 모두 고르면?

> • 갑: 경기 침체로 발생하는 실업을 경기적 실업이라고 해.
> • 을: 실망 실업은 구직 활동을 포기한 상태인 실업이야.
> • 병: 생계유지 방편으로 원하지 않는 직업에 종사하고 있는 실업을 비자발적 실업이라고 해.
> • 정: 잠재적 실업은 노동력 수급이 일시적으로 불균형한 상태에서 발생하는 실업이야.

① 갑, 을   ② 갑, 병   ③ 을, 정   ④ 병, 정

17 다음 중 숍 제도의 종류에 대한 설명으로 옳지 않은 것은?

> ⊙ 오픈 숍은 사용자가 노동조합의 가입 여부와 관계없이 근로자를 고용할 수 있는 제도이다.
> ⓒ 클로즈드 숍은 사용자가 노동조합에 가입한 근로자만을 고용할 수 있는 제도이다.
> ⓒ 유니언 숍은 노동조합에 가입한 근로자만 고용할 수 있지만 고용 이후에는 노동조합 탈퇴가 자유롭다.
> ⓔ 클로즈드 숍에서 사용자는 노동조합에서 탈퇴한 근로자를 바로 해고할 수 있다.

① ⊙   ② ⓒ   ③ ⓒ   ④ ⓔ

18 다음 중 우리나라의 4대 사회보험에 포함되지 않는 것은?

① 산업재해보상보험   ② 고용보험   ③ 장기요양보험   ④ 국민건강보험

19 다음 중 2022년을 기준으로 동성 결혼을 완전히 허용하지 않는 국가는?

① 러시아   ② 뉴질랜드   ③ 아르헨티나   ④ 독일

20 다음 중 3S 업종에서 'S'에 포함되는 것은?

> ⊙ Safety   ⓒ Self-satisfaction
> ⓒ Simple work   ⓔ Single

① ⊙   ② ⓒ   ③ ⓒ   ④ ⓔ

🔍 정답

01	×→ 렌트 푸어	02	×→ 고독한 군중	03	○	04	○	05	×→ 게젤샤프트
06	깨진 유리창 이론	07	스프롤 현상	08	브레인스토밍	09	태만	10	단결권
11	①	12	①	13	④	14	②	15	①
16	①	17	③	18	③	19	①	20	③

CHAPTER 08

환경/보건

다음은 환경/보건 분야에서 출제되거나 출제될 가능성이 높은 중요한 키워드를 기반으로 정리한 마인드맵입니다.
학습 전 큰 흐름을 조망하거나 학습 후 공부한 내용을 정리하는 용도로 활용해 보세요.

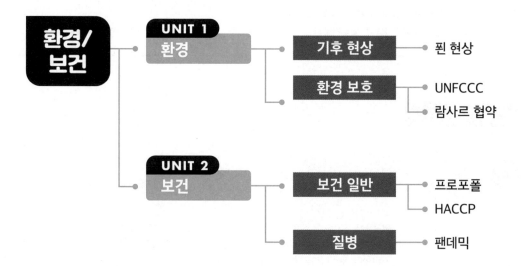

환경 및 생태계 보호를 목적으로 하는 활동에 대해 알아두면 좋습니다.

회독 박스(□)에 정확히 아는 개념은 ○, 알쏭달쏭한 개념은 △, 전혀 모르는 개념은 ×로 체크하면서 꼼꼼히 학습해 보세요.

기후 현상

771 □ □ □

푄 현상
Föhn

공기가 높은 산을 넘으며 고온 건조해지는 현상

알프스의 푄이라는 산에서 부는 국지풍에서 유래한 것으로, 습윤한 공기가 산 또는 산맥을 타고 올라갔다가 반대쪽으로 넘어 내려오면서 고온 건조한 바람으로 바뀌어 부는 현상을 의미한다. 우리나라의 높새바람, 북아메리카의 치누크 등도 동일한 구조의 바람이다.

⊕ 상식 PLUS
- **높새바람**: 우리나라에서 부는 북동풍을 달리 이르는 말로, 주로 봄부터 초여름에 걸쳐 태백산맥을 넘어 영서 지방으로 부는 바람이며, 고온 건조하여 농작물에 피해를 줌
- **치누크(Chinook)**: 북아메리카 로키산맥 동쪽에서 부는 건조한 열풍

772 □ □ □

온실 효과
Greenhouse effect

대기가 복사 에너지를 흡수하여 지구 표면의 온도를 높게 유지하는 효과

수증기, 이산화탄소, 오존 등을 가지고 있는 대기가 복사 에너지를 흡수할 때, 대기에 남은 복사 에너지로 인해 지표의 온도가 상승하는 효과이다.

773 □ □ □

열섬 현상
Heat island

도시의 기온이 주변 지역보다 높은 현상

대기 오염, 건물의 인공 열 등으로 인해 도심지가 주변 지역보다 높은 기온을 나타내는 현상으로, 낮보다는 밤에, 여름보다는 겨울에 많이 발생한다.

열대야 현상
Tropical night

밤에도 기온이 25℃ 이상 올라가 무더위가 지속되는 현상

한여름 밤의 최저 기온이 25℃인 무더위가 지속되는 현상으로, 주로 농촌보다는 도시에서 더 많이 나타난다. 고온 다습한 북태평양 고기압이 발달했을 때 도시 지역에는 열섬 현상이 발생하며, 이러한 열섬 현상으로 인해 열대야가 발생한다.

적조
Red tide

바닷물이 붉게 물들어 보이는 현상

일부 해양 생물의 번식이 바닷물의 색을 적색으로 변화시켜 바닷물이 붉게 물들어 보이는 현상으로, 이로 인해 바닷물이 부패해 다른 생물들에게 부정적인 영향을 끼친다.

⊕ **상식 PLUS**
- **녹조:** 영양 염류의 과다로 강이나 호수에 남조류가 대량으로 발생하였을 때 물이 녹색으로 변하는 현상

환경 보호

그린피스
Greenpeace

환경 보호와 핵무기 반대를 목표로 활동하는 국제 환경단체

핵무기 실험에 대한 반대와 환경을 보호하려는 목표를 가지고 결성한 비정부기구(NGO)로, 1971년 캐나다 밴쿠버에서 창설되었다. 본부는 네덜란드 암스테르담에 위치해 있고, 서울, 베이징, 홍콩 등 40여 개국에 지부를 두고 있으며, 약 350만 명의 회원이 있다. 그린피스라는 명칭은 1971년 미국과 프랑스의 핵실험 반대 시위를 했던 위원회의 활동에서 유래되었다.

WWF
World Wide Fund for nature

세계의 야생동물과 환경 보호를 목표로 활동하는 국제 환경단체

세계자연기금(WWF)은 자연의 보존과 회복을 위해 각국의 민간이 협력하는 비정부기구(NGO)로, 팬더를 공식 로고로 사용하고 있다. 1961년 스위스에서 시작하여 현재 세계에서 가장 큰 규모의 환경 보호 단체로 성장하였으며, 2014년에는 한국에도 지사가 설립되었다.

CHAPTER 08
환경/보건

지구의 벗
Friend of Earth

세계의 야생동물과 환경 보호를 목표로 활동하는 국제 환경단체

그린피스, WWF와 함께 세계 3대 환경 보호 단체로 꼽히는 비정부기구(NGO)로, 지구온난화 방지, 산림 보존, 생물다양성 보존 등 다양한 분야에서 활동하고 있다. 1969년 미국에서 시작하여 세계 각국으로 퍼져나갔으며, 우리나라에서는 환경운동연합이 2002년 지구의 벗 한국지부로 등록되었다.

UNEP
United Nations Environment Programme

지구 환경 문제에 대한 국제적인 협력을 위해 설립한 국제기구

유엔환경계획(UNEP)은 국제연합(EU)이 지구 환경 문제를 다루기 위해 설립한 국제기구로, 1972년 스웨덴 스톡홀름의 국제 연합 인간 환경 회의에서 처음으로 논의되었다.

⊕ **상식 PLUS**
- **국제연합환경개발회의(UNCED):** 지구 환경을 보전하기 위한 유엔 총회의 결의에 따라 개최된 국제회의

로마 클럽
Club of Rome

지구와 인류의 미래에 대해 연구하는 민간단체

과학 기술의 진보와 이로 인해 인류에게 닥칠 위기를 분석하고 연구하여 대책을 세우는 것을 목적으로 하는 민간단체로, 1968년 이탈리아 로마에서 결성했다. 인류에게 다가올 정치, 사회, 경제 기술 등의 중요한 문제를 세계 문제라고 규정하고, 이에 대한 해결을 논의한다.

UNFCCC
빈출
UN Framework Convention on Climate Change

지구 온난화를 막기 위해 온실가스의 방출을 규제하도록 한 국제 협약

유엔기후변화협약(UNFCCC)은 1992년 6월의 리우 회담에서 채택되어 1994년 3월 21일에 발효된 협약으로, 온실가스의 방출을 규제하여 지구온난화를 막는 것을 목표로 한다.

GCF
Green Climate Fund

선진국이 개발도상국의 온실가스 감축과 기후 변화 적응을 지원하기 위해 만든 기금

녹색기후기금(GCF)은 선진국이 개발도상국의 온실가스 감축과 기후 변화에 대한 적응을 지원하기 위해 만든 기후 변화 특화 기금으로, 2010년 멕시코 칸쿤의 유엔기후변화협약에서 설립이 승인되었다.

CBD
Convention on Biological Diversity

지구에 존재하는 생물 다양성을 보호하기 위해 체결한 국제 협약

생물다양성협약(CBD)은 지구상에 존재하는 생물의 다양성을 보호하기 위한 대책, 의무, 권리 등을 규정하기 위해 체결한 협약으로, 1992년 케냐의 나이로비에서 채택되어, 1993년에 발효되었다. 생물 다양성을 보존하고, 생물 다양성 요소를 지속 가능한 방식으로 사용하고, 생물의 유전자로부터 유래되는 이익을 공정하게 공유한다는 3가지 목적을 가지고 있다.

생물안전의정서
Protocol for biosafety

생물다양성협약에 따라 체결된 의정서

생물다양성협약에 따라 체결된 의정서로, 유전자 변형 품목(GMO)을 수출할 수 있는 부작용들을 사전에 예방하기 위해 해당 화물에 유전자 변형 여부를 반드시 표기하기로 의무화하였다.

람사르 협약 ^{빈출}
The Ramsar convention

물새의 서식지인 습지 보호에 관한 협약

물새의 서식지인 습지의 보존을 위한 협약으로, 1971년 이란의 람사르에서 채택되었다. 습지를 소택지와 갯벌로 정의하며, 이러한 습지의 보호에 관한 정책 이행을 의무화하고 있다.

⊕ **상식 PLUS**
- **람사르 습지:** 생물 지리학적 특징이 있거나 희귀 동식물의 서식지로서 보호할 만한 가치가 있다고 판단되어 람사르 협약에 의해 지정된 습지

사막화방지 협약
沙漠化防止協約

심각한 가뭄 및 사막화를 겪는 나라들을 위해 체결한 협약

무리한 개발과 오남용으로 인해 심각한 가뭄과 사막화를 겪고 있는 아프리카 일부 나라의 사막화를 방지하기 위해 체결한 협약으로, 1994년 프랑스 파리에서 채택되었다.

국제환경규격
ISO 14000

기업의 환경에 관해 평가하여 환경 인증을 주는 환경 국제 규격

환경 법규나 국제 기준을 잘 지켰는지를 넘어 기업의 환경 경영 체제, 능력, 서비스, 환경 성과 등을 평가하여 국제 규격을 인증하는 제도로, 1996년 제정되어 실시되었다.

내셔널 트러스트
NT, National trust

시민들이 자금을 모아 자연환경이나 사적 등을 사서 보존하는 제도

시민들이 자발적으로 자금을 모아 자연환경이나 문화 자산을 구매하여 보존하는 제도로, 1895년 로버트 헌터, 옥타비아 힐, 캐논 하드윅 론즐리가 설립하였다.

DNS 제도
Debt for Nature Swap

변제된 채무액만큼 자연 보호를 위해 투자하기 위해 마련된 제도

선진국이나 국제 민간 환경보호 단체에서 재정이 부족한 개발도상국의 채무액을 변제해주고 자연 보호를 위해 해당 금액만큼 투자하도록 하는 제도로, 1984년에 WWF(세계자연기금) 미국 위원회의 토머스 러브조이가 제안하였다.

PPP
Polluters Pay Principle

공해 발생 물질로 인한 피해에 대해 보상해야 한다는 원칙

오염자 부담의 원칙(PPP)은 공해를 발생시키는 물질로 인한 환경 오염 원인 제공자가 해당 피해에 대해 피해자에게 보상해야 한다는 원칙이다.

⊕ 상식 PLUS
- **사용자 부담 원칙(User pay principle)**: 환경 오염에 대한 방지 비용을 사용자가 지불해야 하는 원칙

그린벨트
Green belt

환경 보호를 위해 개발이나 건축이 제한되어 있는 지대

환경 보호나 도시 경관 정비를 위해 건축물의 개발 등의 행위가 제한되어 있는 지대로, 개발 제한 구역(Development restriction area)이라고도 한다. 단, 구역의 설정 목적에 위배되지 않고 건설교통부 장관, 도지사 등의 허가를 받으면 개발 행위가 가능하다.

블루벨트
Blue belt

해양 자원 보호와 해수 오염 방지를 위해 설정한 지역

해양 자원 및 해수 오염을 방지하고 에너지 자원과 수산 자원을 보호할 목적으로 설정한 오염 제한 구역을 의미하는 것으로, 청정 해역이라고도 한다. 해당 해역에서는 유해 공장 신설이 제한되며 유조선의 통행도 제한된다. 우리나라의 경우 남해-통영-한산-거제 등이 블루벨트로 지정되어 있다.

CHAPTER 08

환경/보건

녹색 성장
Green growth

경제와 환경이 조화를 이루어 나가는 성장

에너지 자원의 효율적 사용, 온실가스 배출 감축, 기후 변화 문제 해결, 환경 관련 기술 및 산업에서 미래 유망 품목과 신기술 발굴, 기존 산업과의 융합 등을 통해 신성장 동력을 확보하고 일자리를 창출하려는 것으로, 경제와 환경이 조화를 이루어 나가는 성장을 말한다.

생태학적 난민
Ecological refugee

생태계 파괴로 인해 생기게 된 난민

인간, 기후 등의 영향으로 생태계가 파괴되어 발생하는 난민으로, 이들은 더 이상 자신이 살고 있던 곳에서 살 수 없어 다른 지역으로 주거지를 옮겨야 하는 상황에 빠져 있다. 생태계 파괴의 구체적인 원인으로는 홍수, 산림 파괴, 토양 침식, 사막화 등이 있다.

골드만 환경상
The Goldman environment prize

뛰어난 업적을 세운 풀뿌리 환경 운동가에게 수여되는 상

환경 분야에서 뛰어난 업적을 세운 풀뿌리 환경 운동가를 대상으로 수여하는 상으로, 1990년 리처드 골드먼과 로다 골드먼에 의해 창설되었다. 매년 북미, 중남미, 유럽, 아시아, 아프리카, 그 외 섬나라의 6개 대륙에서 각각 1명씩 선정되며, 공동수상을 하기도 한다.

침묵의 봄
Silent spring

무분별한 살충제 남용으로 인한 생태계 파괴의 내용을 담은 책

살충제의 무분별한 사용으로 인해 환경이 오염되어 생태계가 파괴된다는 내용을 담은 책으로, 1962년 해양생물학자 레이첼 카슨이 집필하였다. 이 책의 제목에는 살충제를 무분별하게 사용하면 곤충을 먹고 사는 새들이 죽게 되어 봄이 되어도 새들의 노래를 들을 수 없다는 의미가 담겨 있다.

| 해커스 한 권으로 끝내는 만능 일반상식 |

보건

질병, 질병의 예방과 치료에 관련한 각종 개념을 확인해 보세요.

회독 박스(□)에 정확히 아는 개념은 ○, 알쏭달쏭한 개념은 △, 전혀 모르는 개념은 ×로 체크하면서 꼼꼼히 학습해 보세요.

보건 일반

797 □ □ □

공기 조화
空氣調和

실내 공기 상태를 조절하는 것

실내의 온도, 습도 등의 공기 상태를 특정 장소의 사용 목적에 따라 조절시키는 것으로, 공기 조건 또는 공기 조정이라고도 한다.

798 □ □ □

바이오리듬
Biorhythm

생명 활동에 생기는 여러 종류의 주기적인 변동

인간의 생명 활동에는 신체나 감정, 지성 등 여러 측면에서 주기적인 변동이 있다는 학설이다. 인간 주기율이라고도 하며, 신체(Physical) · 감정(Sensitivity) · 지성(Intellectual)의 앞글자를 따서 PSI 학설이라고도 한다.

799 □ □ □

제대혈
Cord blood

산모와 태아를 연결하는 탯줄에서 얻은 혈액

산모가 출산할 때 나오는 탯줄에서 얻은 혈액으로, 조혈 모세포와 간엽 줄기세포가 풍부해 의료적인 가치가 있으며 백혈병 환자의 새로운 혈액암 치료법으로 사용되고 있다.

800

다이옥신
Dioxine

플라스틱이나 쓰레기를 소각할 때 생기는 독성을 지닌 유기 화합물

쓰레기를 태우거나 농약과 같은 화학 물질을 만들 때 생기는 유기 화합물로, 청산가리보다 1만 배 강한 독성을 가지고 있다. 독성이 아주 강하기 때문에 암을 유발하거나 기형아 출산의 원인이 된다.

801

피톤치드
Phytoncide

박테리아, 곰팡이, 해충 등을 죽이는 작용을 하는 유기 화합물

식물이 병원균, 박테리아, 해충 등에 저항하기 위해 분비하는 유기 화합물로, 1937년 러시아 생화학자 토킨(Tokin)에 의해 처음 제안되었다. 산림욕을 하며 피톤치드를 마시게 되면 스트레스 해소, 심폐 기능 강화 등의 효과를 얻을 수 있다고 알려져 있다.

802

공중위생
公衆衛生

공동 질병을 예방하고 건강을 유지하기 위한 위생

지역 사회, 학교, 직장 등의 집단에서 공동 질병을 예방하고 건강을 유지시키며 생명을 연장시키기 위한 위생 활동이다.

803

코호트 격리
Cohort isolation

일정 기간 동안 환자와 의료진 모두를 격리시키는 조치

일정 기간 동안 질병 감염 환자와 의료진 모두를 동일 집단(코호트)으로 묶어 전원 격리시키는 조치로, 확산 위험을 줄이기 위함이다.

804

NET 마크
New excellent technology mark

안정성·유효성이 검증된 보건 의료 신기술에 부여하는 마크

보건 신기술(NET) 인증 마크는 대한민국 기업, 연구기관, 대학 등에서 개발한 보건 의료 신기술에 대한 우수성 및 안전성 등을 인증하는 마크로, 신기술의 상용화와 기술 거래 촉진 등을 통한 기술의 시장 진출을 도모하기 위해 도입된 국가 인증제도이다.

☐ ☐ ☐

서각
犀角

약으로 쓰이는 코뿔소의 뿔

한의학 분야에서 약재로 사용하는 코뿔소 뿔의 끝부분을 이르는 말로, 성질이 차기 때문에 해열제나 정신 안정제, 해독제 등으로 사용된다.

☐ ☐ ☐

맞춤 아기
Designer baby

희소 질환을 가진 자녀를 치료하기 위해 탄생시킨 아기

희소한 혈액 질환이나 암과 같은 불치병을 가진 자녀를 치료하기 위해 탄생시킨 아기를 이르는 말로, 질환을 가지고 있는 자녀의 세포 조직과 일치하는 배아 중에서 질병 유전자가 없는 배아를 골라 탄생시킨 아기를 의미한다. 생명 윤리 측면에서 지속적으로 논란이 되고 있다.

☐ ☐ ☐

인터페론
Interferon

바이러스에 감염된 동물 세포가 생성하는 당단백질

바이러스에 감염된 동물의 세포가 만들어내는 당단백질로, 바이러스의 감염과 증식을 저지하는 효과가 있다. 유전 공학의 발달로 대량 생산할 수 있으며, B형 간염이나 헤르페스 등의 바이러스 질병의 치료에 쓰인다.

☐ ☐ ☐

제네릭
Generic

다른 회사의 의약품을 복제하여 만든 복제약

신약 또는 국내에서 최초로 허가받은 원개발사의 의약품과 주성분, 함량, 제형, 효능, 효과, 용법과 용량이 동일한 의약품으로, 신약 또는 원개발사 의약품과 동등성이 인정된 의약품을 의미한다. 보통 특허가 만료된 의약품을 복제하는 것을 의미하지만, 포괄적으로 특허가 만료되기 전에 물질을 개량하거나 제형을 바꾸어 만드는 약을 이르기도 한다.

⊕ 상식 PLUS
- **바이오시밀러(Biosimilar):** 바이오 의약품 분야의 복제약을 이르는 말로, 특허가 만료된 바이오 의약품을 본떠 효능이 비슷하게 만든 것을 의미함
- **바이오베터(Biobetter):** 바이오시밀러에 신규 기술을 적용하여 더욱 우수하게 개량하고 최적화한 의약품

809

시메티딘
Cimetidine

위산 분비 억제 작용을 하는 치료제

일반 항히스타민제가 천식, 비염, 두드러기 등에는 효과가 있으나 위궤양 같은 병에는 효력이 없는 것과 다르게 항히스타민 효과가 있으면서 동시에 위산 분비를 억제하는 효과도 있어 위궤양, 십이지장 궤양 등의 치료에 적극적으로 사용되고 있다. 시메티딘과 비슷한 효과를 만들어 내던 라니티딘이 불순물 논란으로 2019년에 시장에서 퇴출되면서 수요가 크게 늘었다.

810

프로포폴
Propofol

빈출

작용 시간이 짧고 회복이 빠른 페놀 화합물

주로 정맥 내 투여하여 전신 수면 마취제로 사용되는 페놀 화합물로, 다른 마취제들과 달리 단기간 동안 작용하며 빠르게 회복되고 부작용도 적다. 하얀 색깔로 인해 우유 주사라는 별칭으로 불리기도 하며, 마약류로 분류된다.

811

트랜스 지방산
Trans fatty acid

식물성 기름을 가공 식품으로 만들 때 생기는 지방산

액체 상태의 식물성 기름을 마가린이나 마요네즈 같은 고체·반고체 상태로 가공하는 과정에 산패를 막기 위해 수소를 첨가하면서 생기는 지방산으로, 체중 증가, 심장병, 동맥 경화증, 간암, 당뇨병 등의 질환을 유발한다.

812

포괄 수가제
DRG, Diagnosis-related group

같은 종류의 질병에 대해 동일한 치료비를 부과하는 제도

질병에 대한 서비스의 질이나 양에 관계없이 같은 종류의 질병에 걸린 환자들에게 동일한 치료비를 부과하는 제도로, 2002년에 선택 참여 형태로 도입된 것을 시작으로 점차 확대해 나가고 있다.

⊕ **상식 PLUS**
- **행위별 수가제**: 진료할 때마다 진찰료, 처치료, 입원료, 약값 등에 따로 가격을 매긴 뒤 합산하는 제도

813
상급종합병원
上級綜合病院

의료급여법에서 규정하고 있는 제3차 의료급여기관

보건복지부 장관이 지정한 제3차 의료급여기관으로, 전문적으로 중증 질환에 대한 고난도의 의료 행위를 할 수 있는 곳으로 규정하고 있다.

814
의료급여
醫療給與

국가가 저소득층에게 의료 서비스를 제공하는 사회보장제도

나라에서 생활이 어려운 저소득층에게 의료 서비스를 제공하는 사회보장제도로, 국민 보건의 향상과 사회 복지 증진에 이바지하기 위함이다. 의료급여법 제7조 제1항에서는 진찰, 검사, 약제 및 치료 재료 지급, 처치, 수술, 예방, 재활, 입원, 간호, 이송과 그 밖의 의료 목적 달성을 위한 조치를 의료급여의 내용으로 정의하고 있다.

815
HACCP
빈출
Hazard Analysis and Critical Control Point

식품이 생산 과정에서 오염되는 것을 사전에 방지하기 위한 위생 관리 시스템

식품안전관리인증기준(HACCP)은 원재료 생산부터 최종 소비자가 섭취하기 전까지의 모든 과정에서 식품이 오염되는 것을 사전에 방지하기 위한 위생 관리 시스템으로, 1959년 필스버리사와 나틱 연구소가 안전한 우주 식량을 만들기 위해 최초로 개발했다. 이후 1980년대에 일반화가 되었으며, 우리나라에는 1995년 12월에 도입되었다.

816
팬데믹
빈출
Pandemic

전 세계적으로 전염병이 크게 유행하는 상태

세계보건기구(WHO)가 선포하는 감염병 최고 등급을 의미하는 것으로, 감염병이 대륙을 넘어 세계적으로 유행하는 것을 의미한다. 인류 역사상 팬데믹에 속하는 질병은 흑사병, 스페인 독감, 홍콩 독감, 신종플루, 코로나19 등이 있다.

⊕ 상식 PLUS
- **엔데믹(Endemic):** 말라리아, 뎅기열처럼 종식되지 않고 한정된 지역에서 주기적으로 발생하거나 풍토병으로 굳어진 전염병의 유행 상태
- **에피데믹(Epidemic):** 한 국가나 대륙과 같이 비교적 넓은 영역에 퍼지는 전염병의 유행 상태

□ □ □

SARS
Severe Acute Respiratory Syndrome

급성 폐렴을 유발하는 질환

중증 급성 호흡기 증후군(SARS)은 사스-코로나바이러스(SARS-CoV)가 인간의 호흡기를 침범하여 급성 폐렴을 유발하는 질환으로, 국내에서는 2002년부터 약 9개월 동안 유행하였다. 기침, 두통, 근육통, 발열, 호흡 곤란 등의 증상이 나타난다.

□ □ □

MERS
Middle East Respiratory Syndrome

중동 지역을 중심으로 발생하는 호흡기 질환

중동 호흡기 증후군(MERS)은 메르스-코로나바이러스(MERS-CoV)의 감염으로 인해 발생하는 호흡기 질환으로, 2012년에 사우디아라비아를 비롯한 중동 지역을 중심으로 유행하였다. 고열, 기침, 호흡 곤란, 신장 기능 이상 등의 증상이 나타나며, 사스와 증상이 비슷해 중동 사스라고 불리기도 한다.

□ □ □

뎅기열
Dengue fever

열대 지방 및 아열대 지방에서 모기에 의해 전파되는 전염병

모기에 의해 전파되어 발생하는 전염병으로, 주로 갑작스런 고열과 두통, 근육통, 관절통 등의 증상이 나타난다. 이때, 증상으로 출혈이 발생하면 뎅기출혈열, 출혈 발생과 동시에 혈압이 떨어지면 뎅기 쇼크 증후군이라고 한다.

□ □ □

역류성 식도염
Reflux esophagitis

음식물이 식도로 역류되어 생기는 식도 하부의 염증

음식을 삼킬 때 열리는 하부 식도 괄약근에 문제가 생겨 음식물이 식도로 역류되어 생기는 염증으로, 식사 후 바로 눕거나 등을 구부리는 자세를 취할 경우 자주 발생한다. 가슴 쓰라림, 복장 밑 통증이 발생하거나 위산이 역류하는 등의 증상이 나타난다.

페스트
Plague

페스트균으로 인해 발생하는 급성 전염병

페스트균의 감염으로 인해 발생하는 급성 전염병으로 흑사병이라고도 한다. 일반적으로 페스트균을 가진 벼룩이 쥐에 옮기고, 후에 쥐가 사람에게까지 옮기게 된다.

고칼륨혈증
Hyperkalemia

칼륨 농도가 비정상적으로 높아지는 증상

신부전, 심한 외상, 화상 등의 이유로 혈장 속의 칼륨 농도가 비정상적으로 높아지는 증상으로, 무력감을 느낄 수 있고 심한 경우에는 마비까지 동반될 수 있다.

각기병
脚氣病

비타민 B1이 부족하여 발생하는 질환

비타민 B1(티아민)이 결핍되어 나타나는 영양실조 증상의 병으로, 말초 신경에 장애가 생겨 팔과 다리가 붓고 마비된다. 또한, 무기력함을 느끼며, 식욕 저하, 체중 감소, 단기 기억력 상실, 근육 약화, 소화기계 통증 등의 증상도 나타난다.

괴혈병
壞血病

비타민 C가 부족하여 발생하는 질환

비타민 C가 결핍되어 출혈, 피로, 식욕 부진, 빈혈 등의 증상이 나타나는 병으로, 심한 경우 심장 쇠약을 일으키기도 한다.

구루병
佝僂病

비타민 D가 부족하여 발생하는 질환

비타민 D가 결핍되어 주로 4개월~2세 사이에 있는 아기들의 머리, 가슴, 팔다리뼈의 변형, 척추의 구부러짐, 성장 장애의 증상이 나타나는 병이다.

CHAPTER 08

환경/보건

826

PTSD
Post Traumatic Stress Disorder

외상 사건 이후에 나타나는 지속적인 증상

외상 후 스트레스 장애(PTSD)는 전쟁, 고문, 자연재해, 일반적인 사고 등 사건의 공포감을 해당 사건 이후에도 계속해서 느끼는 현상으로, 충격의 재경험, 과민 반응, 감정 회피, 마비 등의 증세가 나타난다. 또한, 죄책감, 거부감, 수치심 등을 보이며 공황 발작, 환각을 경험할 수도 있다.

827

파킨슨병
Parkinson's disease

사지와 몸이 떨리고 경직되는 중추 신경계 질환

뇌 속에 있는 도파민이 점차 소실되어 사지와 몸이 떨리고 근육이 경직되는 등의 증상이 나타나는 중추 신경계 질환으로, 1817년 영국 병리학자 파킨슨에 의해 보고되었다. 연령이 증가할수록 이 질환에 걸릴 가능성이 크며, 주로 노년층에서 발생한다.

828

알츠하이머병
Alzheimer's disease

기억력과 지남력이 감퇴하여 치매를 일으키는 병

치매를 일으키는 원인의 대다수를 차지하고 있는 퇴행성 뇌 질환으로, 1907년 독일 알츠하이머 박사에 의해 보고되었다. 초기에는 주로 단기 기억 상실 증상이 나타나며, 점차 인지 기능의 이상을 보이고 운동 및 감각 기능이 저하되어 일상생활 기능을 상실하게 된다.

829

라임병
Lyme disease

진드기로 인해 피부에 빨간 반점이 생기는 피부병

사람이 감염된 진드기에 물려 발생하는 병으로, 미국 코네티컷주의 올드라임 도시에서 처음 발견되어 붙여진 명칭이다. 일반적으로 피부에 빨간 반점이 생기며, 감기와 유사한 두통, 오한, 발열, 피로, 근육 통증 등의 증상이 나타난다.

830

미나마타병
Minamata disease

수은 섭취 중독으로 인해 발생하는 신경학적 증후군

화학 공장에서 배출된 수은에 오염된 어패류를 사람이 섭취했을 때 나타나는 신경학적 증후군이다. 일본 미나마타시에서 처음 발생해 해당 지역의 이름이 붙여졌다.

이타이이타이병
Itai-itai disease

카드뮴이 체내에 축적되어 발생하는 병

일본 도야마현 신쓰가와 유역에서 유출된 카드뮴이 강으로 흘러 들어가 이 강물을 식수나 농업용수로 사용한 사람들의 체내에 축적되어 발생한 병으로, 뼈가 약해져 허리, 관절에 극심한 통증을 유발하고 심한 경우 조금만 움직여도 골절이 일어나기 때문에 일본어 '이타이, 이타이(아프다, 아프다)'가 붙었다.

이코노미 클래스 증후군
Economy class syndrome

장시간 동안 좁은 비행기 좌석에 앉아 비행할 때 겪을 수 있는 증상

좌석 공간이 좁은 비행기의 이코노미 클래스에서 장시간 비행할 때 겪는 증상으로, 다리에서 피가 제대로 순환되지 않아 발생하게 된다. 보통 피의 흐름이 비행기의 낮은 습도와 기압으로 인해 둔해지는데, 이때 오랜 시간 동안 좁은 좌석에 앉아 움직이지 못해 다리에 응고되어 있던 혈액이 심장을 막게 되면 사망까지 이를 수 있다.

VDT 증후군
Visual Display Terminal syndrome

장시간 동안 컴퓨터를 사용하여 발생하는 증상

컴퓨터 등의 작업을 장시간 동안 진행하여 발생하는 증상으로, 컴퓨터 단말기 증후군이라고도 한다. 이는 컴퓨터 스크린에서 방사되는 X-선 등의 전자기파가 두통, 시력 저하 등을 유발하고, 잘못된 자세로 인해 어깨나 목 통증이 유발되기도 한다.

AI
Avian flu

가금류와 야생 조류 등에서 발생하는 전염병

조류 인플루엔자(AI)는 닭, 오리, 거위 등 가금류와 야생 조류 등에서 발생하는 바이러스성 전염병으로, 사람에게 잘 전파되지 않아 감염의 위험이 거의 없지만 드물게는 가금류를 사육하는 양계업자 등에게 전파될 수도 있다.

◎ 핵심 점검 문제

앞에서 학습한 상식을 문제를 풀면서 바로 점검해 보세요!

[01-05] 다음 각 설명을 읽고, 맞으면 O, 틀리면 ✕에 표시하시오.

01 같은 종류의 질병에 걸린 환자들에게 동일한 치료비를 부과하는 제도를 '포괄 수가제'라고 한다. (O , ✕)

02 개발도상국의 변제된 체무액만큼 자연 보호를 위하여 투자하는 제도를 'GCF'라고 한다. (O , ✕)

03 '코호트 격리'는 일정 기간 동안 질병 감염 환자와 의료진 모두를 동일 집단으로 묶어 격리시키는 조치이다. (O , ✕)

04 산모가 출산할 때 나오는 탯줄에서 얻은 혈액을 '제대혈'이라고 한다. (O , ✕)

05 원재료 생산부터 최종 소비자가 섭취하기 전까지의 모든 과정에서 식품이 오염되는 것을 사전에 방지하기 위한 위생 관리 시스템을 'HACCP'라고 한다. (O , ✕)

[06-10] 다음 각 설명에 해당하는 용어를 쓰시오.

06 살충제의 무분별한 사용으로 인해 환경이 오염되어 생태계가 파괴된다는 내용을 담은 R. 카슨이 저술한 책
(   )

07 환경 분야에서 뛰어난 업적을 세운 풀뿌리 운동가를 대상으로 수여되는 상 (   )

08 시민들이 자발적으로 자금을 모아 자연환경이나 사적 등을 구매하여 보존하는 제도 (   )

09 인간의 신체, 감성, 지성 등 여러 종류의 주기적인 변동 (   )

10 북미의 로키산맥에서 부는 따뜻하고 건조한 바람 (   )

11 박테리아, 곰팡이, 해충 등을 죽이는 작용을 하는 유기 화합물은?
① 다이옥신 ② 시메티딘 ③ 피톤치드 ④ 프로포폴

12 환경 보호나 도시 경관 정비를 위해 개발이나 건축 등이 제한되어 있는 지대는?
① 블루벨트 ② 그린벨트 ③ 옐로우벨트 ④ 레드벨트

13 비타민 C가 부족하여 출혈, 피로, 식욕 부진 등의 증상이 나타나는 병은?
① 괴혈병 ② 구루병 ③ 고칼륨혈증 ④ 페스트

14 1971년에 물새의 서식지인 습지의 보존을 위해 체결된 협약은?
① 사막화방지 협약 ② 람사르 협약 ③ 로마 클럽 ④ 생물다양성협약

15 감염된 진드기에 물려 사람의 피부에 빨간 반점이 생기는 피부병은?
① 이타이이타이병 ② 라임병 ③ 알츠하이머병 ④ 미나마타병

16 다음 중 빈칸에 들어갈 동물로 옳은 것은?

> 서각은 한의학 분야에서 쓰이는 약재이다. 가지고 있는 성질이 차서 흔히 해열제, 해독제, 정신 안정제 등으로 사용되는 이것은 (   )의 뿔이다.

① 코뿔소　　　　　　　② 사슴　　　　　　　③ 물소　　　　　　　④ 염소

17 다음 중 파킨슨병에 대한 설명으로 옳지 않은 것은?

> ㉠ 뇌 속에 있는 도파민이 점차 소실되어 발생한다.
> ㉡ 연령이 낮을수록 이 병에 걸릴 확률이 높다.
> ㉢ 영국 병리학자 파킨슨에 의해 보고되어 붙여진 명칭이다.
> ㉣ 사지와 몸이 떨리고 근육이 경직되는 증상이 나타난다.

① ㉠　　　　　　　② ㉡　　　　　　　③ ㉢　　　　　　　④ ㉣

18 다음 중 의료급여에 대한 특징으로 옳지 않은 것은?

① 국민 보건의 향상과 사회 복지 증진 등의 목적을 가지고 있다.

② 의료급여법 제7조 제1항에서 의료급여의 내용을 정의하고 있다.

③ 나라에서 생활이 어려운 저소득층에게 의료 서비스를 제공하는 제도이다.

④ 의료급여법에서 규정하고 있는 제3차 의료급여기관을 종합병원이라고 한다.

19 다음 중 열대야에 대한 특징으로 옳지 않은 것은?

① 고온 건조한 북태평양 고기압이 발달했을 때 발생한다.

② 농촌보다는 주로 도시에서 나타나는 경우가 많다.

③ 도시 지역에는 열섬 현상으로 인해 열대야가 발생한다.

④ 한여름 밤의 최저 기온이 25℃인 무더위가 지속되는 현상이다.

20 다음 중 기업의 환경에 관해 평가하여 규제 규격을 인증하는 국제환경규격은?

① ISO 9000　　　　② ISO 14000　　　　③ ISO 20000　　　　④ ISO 26000

Q 정답

01	○	02	× → DNS	03	○	04	○	05	○
06	침묵의 봄	07	골드만 환경상	08	내셔널 트러스트	09	바이오리듬	10	치누크
11	③	12	②	13	①	14	②	15	②
16	①	17	②	18	④	19	①	20	②

CHAPTER 09
한국사

다음은 한국사 분야에서 출제되거나 출제될 가능성이 높은 중요한 키워드를 기반으로 정리한 마인드맵입니다.
학습 전 큰 흐름을 조망하거나 학습 후 공부한 내용을 정리하는 용도로 활용해 보세요.

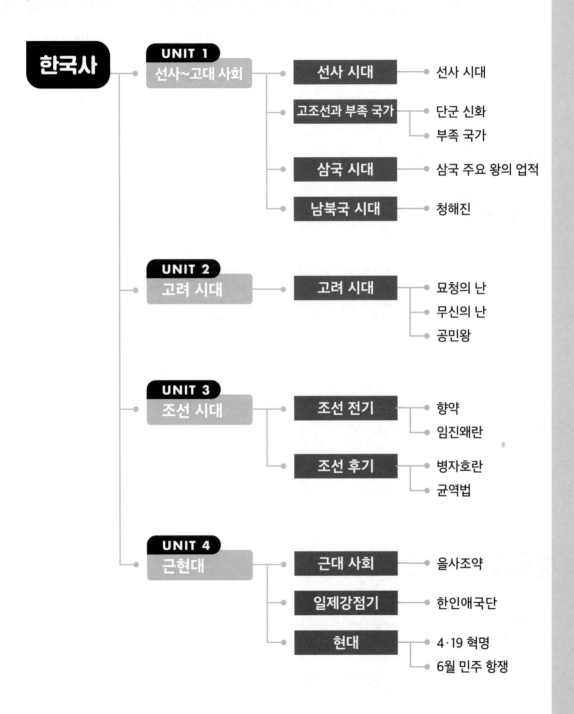

한국사

UNIT 1
선사~고대 사회

- 선사 시대 → 선사 시대
- 고조선과 부족 국가 → 단군 신화 / 부족 국가
- 삼국 시대 → 삼국 주요 왕의 업적
- 남북국 시대 → 청해진

UNIT 2
고려 시대

- 고려 시대 → 묘청의 난 / 무신의 난 / 공민왕

UNIT 3
조선 시대

- 조선 전기 → 향약 / 임진왜란
- 조선 후기 → 병자호란 / 균역법

UNIT 4
근현대

- 근대 사회 → 을사조약
- 일제강점기 → 한인애국단
- 현대 → 4·19 혁명 / 6월 민주 항쟁

선사~고대 사회

선사 시대부터, 고조선, 삼국 시대, 남북국 시대까지 다양한 개념이 시험에 출제되므로 전반적으로 꼼꼼히 학습해 두는 것이 좋습니다.

회독 박스(□)에 정확히 아는 개념은 ○, 알쏭달쏭한 개념은 △, 전혀 모르는 개념은 ×로 체크하면서 꼼꼼히 학습해 보세요.

선사 시대

835
□ □ □

선사 시대
先史時代

빈출

문자로 쓰인 기록이나 문헌이 없는 구석기, 신석기, 청동기 시대를 이르는 말

문자로 쓰인 기록이나 문헌이 없는 시대로, 뗀석기를 사용하고 동물 사냥이나 열매 채집을 하며 이동 생활을 하였던 구석기 시대, 간석기와 빗살무늬 토기를 사용하고 농경과 목축 생활을 하였던 신석기 시대, 반달 돌칼과 민무늬 토기를 사용하고 벼농사를 시작하였으며 사회적 계급이 존재하여 고인돌 무덤을 제작하였던 청동기 시대를 이르는 말이다.

836
□ □ □

고인돌
Dolmen

큰 돌로 제작한 선사 시대 무덤

몇 개의 큰 돌을 둘러 세우고 돌 위에 넓적한 돌을 덮어 놓은 무덤으로, 지석묘라고도 한다. 전라북도 고창, 전라남도 화순, 인천 강화도 고인돌 유적은 유네스코 세계 유산으로 등록되어 있다.

고조선과 부족 국가

837
□ □ □

고조선
古朝鮮

우리나라 최초의 국가

기원전 2333년 무렵에 단군왕검이 세운 나라로, 중국의 요동과 한반도 서북부 지역에 자리 잡았으며, 위만(衛滿)이 집권한 이후 강력한 국가로 성장하였으나 기원전 108년에 중국 한나라에 멸망하였다.

단군 신화
檀君神話

단군의 출생과 즉위에 관한 신화

민족의 시조이자 최초의 국가인 고조선을 세운 단군에 관한 신화이다. 단군 신화가 담겨 있는 문헌으로는 일연의 <삼국유사>, 이승휴의 <제왕운기>, 권람의 <응제시주>, <세종실록지리지>, <동국여지승람> 등이 있다.

부족 국가
部族國家

원시 사회에서 고대 국가로 전환하는 시기에 부족을 중심으로 형성된 국가

각 부족 국가별 특징은 다음과 같다.

구분	제천 행사	풍습	정치	경제
부여	• 영고(12월)	• 순장 • 형사취수제 • 1책12법	• 5부족 연맹체(왕, 마가, 우가, 저가, 구가) • 사출도	• 농경, 목축 • 말, 주옥, 모피
고구려	• 동맹(10월)	• 서옥제	• 5부족 연맹체 • 제가 회의	• 약탈 경제 • 공납으로 보충
옥저	–	• 민며느리제	군장(읍군, 삼로)	• 어물, 소금, 해산물
동예	• 무천(10월)	• 책화 • 족외혼	군장(읍군, 삼로)	• 단궁(활), 과하마, 반어피

삼한	• 수릿날(5월)
	• 계절제(10월)
		• 소도	• 제정 분리
			  - 정치: 신지, 읍차
			  - 제사: 천군
				• 벼농사 중심
				• 철 생산

⊕ **상식 PLUS**
- **1책12법:** 사람을 죽인 자는 죽이고 그 가족은 노비로 삼으며 도둑질한 자는 12배로 배상하게 한 부여의 형법
- **형사취수제:** 형이 죽으면 형수를 부양하던 부여의 풍습
- **서옥제:** 남편이 아내의 집에 들어가 사는 처가살이
- **민며느리제:** 며느리가 될 여자아이를 데려다 키워서 성인이 되면 남자 쪽에서 물품으로 대가를 치르고 혼례를 올리던 매매혼 제도
- **책화:** 마을 사이의 경계를 침입하였을 때 노예, 소, 말 등으로 배상하던 것
- **과하마:** 키가 작은 말
- **반어피:** 바다표범의 가죽

순장
殉葬

사람이 죽었을 때 그 사람의 뒤를 따라 강제로 혹은 자진하여 죽은 사람을 함께 묻던 일

신분이 높은 사람이 죽었을 때 그 뒤를 따라 강제적으로 또는 자진하여 죽은 사람을 함께 묻던 장례 풍습으로, 신분 질서가 확립되어 권력자가 등장하고 가부장적 질서가 확립되며 등장한 것으로 알려져 있다.

소도
蘇塗

삼한 시대 때 천신(天神)에게 제사를 지내던 성스러운 곳

삼한 시대 때 천신에게 제사를 지내던 곳으로, 여기에 신단(神壇)을 설치하고, 그 앞에 방울과 북을 단 큰 나무를 세워 질병과 재앙이 없기를 비는 제사를 올렸다. 죄인이 이곳으로 달아나더라도 잡아가지 못하였으며, 후대 민속의 '솟대'가 여기에서 기원한 것이라고 알려져 있다.

삼한 시대의 3대 저수지

벽골제, 의림지, 수산제를 이르는 말

김제의 벽골제, 제천의 의림지, 밀양의 수산제를 삼한 시대의 대표적인 3대 저수지라고 부른다.

삼국 시대

삼국 시대
三古朝鮮

고구려, 백제, 신라의 세 나라가 맞서 있던 시대

4세기 초에서 7세기 중엽까지 고구려, 백제, 신라의 세 나라가 함께 발전하고, 대립하고, 교류하던 시기를 의미한다. 철기문화를 바탕으로 하여 농경 생활을 확립하고, 부족 국가에서 벗어나 고대 민족국가적인 체계를 갖추었다는 점에서 의의가 있다. 문화적으로는 불교, 유교 등 후대 정신문화의 기반을 마련하고, 대륙의 문화를 흡수·재창조하여 선진 문명국으로 성장하는 시기이기도 하다.

삼국 주요 왕의 업적
三國主要王-業績

영토 확장, 왕권 강화 등의 업적을 이룬 왕과 그 업적

대표적인 삼국 시대 주요 왕의 업적은 다음과 같다.

고구려	소수림왕	• 고구려 제17대 왕 • 불교 도입, 태학 설립, 율령 반포
	광개토대왕	• 고구려 제19대 왕 • 영토 확장으로 만주와 한강 이북 차지 • 고구려 전성기를 이룩함
	장수왕	• 고구려 제20대 왕 • 도읍을 국내성에서 평양으로 옮기며 남하 정책 추진 • 광개토대왕을 이어받아 고구려 전성기를 이룩함
백제	근초고왕	• 백제 제13대 왕 • 마한 정복 • 역사서 <서기> 편찬 • 백제의 기술로 만든 칼인 칠지도를 일본에 전달 • 백제의 전성기를 이룩함
	무령왕	• 백제 제25대 왕 • 왕권 강화를 위해 각 지방에 왕족을 파견하여 22담로 설치 • 무령왕릉(충남 공주 송산리 고분군)
	성왕	• 백제 제26대 왕 • 사비 천도, 국호 '남부여'로 변경 • 중앙 22부, 수도 5부, 지방 5방으로 체계적인 행정 체제 • 관산성 전투에서 전사
신라	지증왕	• 신라 제22대 왕 • 국호를 '신라'로 정하고 '왕'이라는 칭호를 처음 사용 • 울릉도 점령
	법흥왕	• 신라 제23대 왕 • '건원'이라는 연호를 사용함 • 불교를 공인하고, 율령을 반포해 중앙 집권적 고대 국가 체제를 완성함
	진흥왕	• 신라 제24대 왕 • 삼국 통일의 기반을 마련하고 순수비를 세움 • 팔관회를 열고 황룡사를 짓는 등 불교 진흥에 힘씀 • 역사서인 <국사(國史)>를 편찬함

태학
太學

고구려에서 귀족 자제에게 경학, 문학 등을 가르치던 국립 교육 기관

귀족 자제를 대상으로 교육하기 위해 설치한 국립 학교로, 372년 고구려의 소수림왕이 설치하였다. 우리나라 최초의 학교라는 기록이 전해진다.

846

광개토대왕릉비
廣開土大王陵碑

고구려 광개토대왕의 비석

고구려 19대 왕이었던 광개토대왕의 업적을 기념하기 위해 세운 비석으로, 그의 아들인 장수왕이 414년에 세웠다. 높이가 약 6.39m에 달하는 우리나라에서 가장 큰 비석이며, 광개토대왕의 업적 및 고대 한·중·일의 관계를 살펴볼 수 있는 내용이 새겨져 있다.

847

충주 고구려비
忠州高句麗碑

고구려 장수왕 때 세워진 남진 순수비

고구려의 남진과 신라와의 관계를 알려주는 순수비로, 고구려 장수왕 때 세워진 것으로 추정된다. 충청북도 충주시 가금면 용전리에 위치해 있으며, 국보 제205호로 지정되어 있다.

848

진흥왕 순수비
眞興王巡狩碑

신라 진흥왕 때 세워진 순수비

신라 진흥왕이 지금의 한강 유역에서 동북 해안에 이르는 지대와 가야를 쳐서 영토를 넓힌 다음, 신하들과 변경(邊境)을 두루 살피며 돌아다닐 때에 세운 기념비로, 오늘날 북한산비, 황초령비, 마운령비, 창녕비 넷이 남아 있다.

849

삼국의 전성기
三國 - 全盛期

백제 - 고구려 - 신라의 순서

삼국은 백제(근초고왕), 고구려(광개토대왕, 장수왕), 신라(진흥왕)의 순서로 국가적 전성기를 이루었으며, 공통적으로 한반도 중앙을 가로지르는 교통의 요충지이자 수량이 풍부한 곡창 지대인 한강 유역을 차지하였다.

850

무구정광대다라니경
無垢淨光大陀羅尼經

우리나라 국보로 지정된 세계에서 가장 오래된 목판 인쇄물

국보 제126-6호로, 1966년 10월에 경주 불국사 석가탑을 해체하는 공사 과정 중에 발견되었다. 신라 경덕왕 10년(751)에 불국사를 중창하면서 석가탑을 세울 때 봉안된 것으로, 세계에서 가장 오래된 목판 인쇄물이다.

851

☐ ☐ ☐

왕오천축국전
往五天竺國傳

고대 인도 5개 천축국의 종교, 풍속, 문화 등의 기록이 실려 있는 책

신라의 승려 혜초가 고대 인도 5천축국을 답사한 후에 쓴 책으로, 당시 5천축국의 종교, 풍속, 문화 등의 기록이 실려 있었다. 이 책은 1908년에 중국 북서 지방 간쑤성의 둔황 천불동 석불에서 프랑스 동양학자 펠리오에 의해 발견되었다.

852

☐ ☐ ☐

독서삼품과
讀書三品科

신라에서 성적을 심사 및 결정하여 관리로 등용하던 제도

국학 졸업생의 시험 성적을 심사하고 3품으로 나누어 관리를 등용한 제도로, 788년 신라에서 실시되었다. 3품은 유교 경전 독해 능력에 따라 상·중·하로 나누었다.

853

☐ ☐ ☐

골품제
骨品制

신라에서 혈통에 따라 나눈 신분 제도

혈통에 따라 나눈 신라의 신분 제도로, 골제와 두품제로 구분하였다. 골제는 왕족을 대상으로 성골과 진골로 나누었으며, 두품제는 귀족과 일반 백성을 대상으로 1~6두품으로 나누었다.

남북국 시대

854

☐ ☐ ☐

남북국 시대
南北國時代

남쪽의 통일신라와 북쪽의 발해가 양립하던 시대

과거 우리 역사가 삼국 시대에서 통일신라 시대, 고려 시대로 이어진다는 인식에서 벗어나, 발해사(史)를 우리 역사 체계에 포함하면서 등장한 말이다. 오늘날에는 발해가 고구려 유민이 고구려를 계승하여 세운 국가라는 점에서 우리 역사라는 인식이 일반화되어가고 있다.

855

☐ ☐ ☐

청해진
清海鎮

장보고가 설치한 중계 무역 요충지

통일 신라의 흥덕왕 때 장보고가 설치한 진으로, 이곳에서 중국 해적을 소탕하고 중국과 일본의 중계 무역장으로 만들었다.

UNIT 2

고려 시대

고려 시대와 관련된 다양한 개념이 시험에 출제되므로 전반적으로 꼼꼼히 학습해 두는 것이 좋습니다.

회독 박스(□)에 정확히 아는 개념은 ○, 알쏭달쏭한 개념은 △, 전혀 모르는 개념은 ×로 체크하면서 꼼꼼히 학습해 보세요.

고려 시대

856 □ □ □

고려
高麗

918년에 왕건이 궁예를 내쫓고 개성에 도읍하여 세운 나라이자 후삼국을 통일한 왕조

불교와 유학을 숭상하였고 문종 때 문물이 가장 발달하였으나 무신의 난 이후 외부의 침입에 시달리다가 1392년에 이성계에 의하여 멸망하였다.

857 □ □ □

기인 제도
其人制度

고려 시대에 시행한 호족 통합 정책

고려 시대 때 태조가 지방 호족의 자제를 볼모로 삼아 중앙에 머물게 하였던 호족 통합 정책으로, 지방 호족 세력을 견제하고 왕권을 강화하기 위해 실시하였다.

⊕ 상식 PLUS
• **상수리 제도**: 신라 시대 때 지방 세력을 통제하기 위해 지방 호족 세력의 자제를 중앙에 머물게 하는 제도

858 □ □ □

사심관 제도
事審官制度

중앙 고관을 본인 출신지의 사심관이 되게 하는 제도

고려 태조 때 사심관 직에 임명된 관리에게 본인의 출신지인 지방에서 반역이 발생할 경우 연대 책임을 지게 하는 제도로, 지방 호족 세력을 약화시키고 왕권을 강화하기 위해 사용하였다.

⊕ 상식 PLUS
• **토관 제도**: 고려 세종 때 실시한 관리 임용 제도로, 사심관 제도와 동일한 성격을 가지고 있는 관리 임명 제도

훈요 10조
訓要十條

신서와 훈계 10조로 이루어진 정치 지침서

고려 시대 때 태조가 그의 자손들에게 남긴 유훈으로, 신서와 훈계 10조로 이루어져 있다. 불교 장려, 서경 중시, 백성을 위한 정치 등의 내용이 담겨 있다.

⊕ **상식 PLUS**
- **유훈**: 집안의 부녀자들에게 하는 교훈을 이르는 말

상평창
常平倉

물가를 조절하던 기관

풍년에는 곡물의 값을 올리고 흉년에는 곡물의 값을 내려 물가를 조절하던 기관으로, 고려 성종 때 처음 설치되었다. 이후 조선 시대로 넘어가면서 선혜청으로 이름을 바꾸었으나 제도 자체는 그대로 시행되었다.

건원중보
乾元重寶

고려 시대에 사용한 화폐

중국 당나라의 건원중보를 모방하여 앞면에 건원중보를 새기고 뒷면에는 동국을 표시하여 발행한 화폐로, 고려 성종 때 주조되었다.

별무반
別武班

여진 정벌을 위해 기병 중심으로 조직한 군대

고려 숙종 때 윤관이 여진을 정벌하기 위해 기병 중심으로 조직한 군대로, 기병 부대 신기군, 보병 부대 신보군, 승병 부대 항마군으로 구성되었다.

CHAPTER 09

한국사

묘청의 난 ^{빈출}

서경 천도 운동이 좌절되자 묘청이 일으킨 반란

고려 인종 때 묘청이 풍수지리를 이상(理想)으로 표방하여 서경으로 천도할 것에 대한 주장이 실패하자 일으킨 반란이다.

⊕ 상식 PLUS
- **서경 천도 운동**: 묘청이 고려의 수도를 개경에서 서경으로 옮기려고 한 것으로, 묘청의 난을 포괄하여 설명하는 단어로 사용됨

만적의 난

노비였던 만적을 중심으로 이루어진 반란

고려 신종 때 무인 정권 최고 권력자인 최충헌의 노비였던 만적을 중심으로 일으킨 천민 신분 해방 운동이다.

무신의 난 ^{빈출}
武臣 - 亂

고려 시대 무신들이 일으킨 반란

고려 시대 의종 때 무신들에 의하여 일어난 반란으로, 무신 정변(武臣 政變)이라고도 한다. 정중부를 중심으로 일어났으며 고려 문벌 귀족 사회를 붕괴시켰다.

⊕ 상식 PLUS
- **무신 정권**: 1170년부터 1270년까지 100년간 무신들이 정권을 장악하였던 시기
- **무신 정권의 변천**: 이의방 → 정중부 → 경대승 → 이의민 → 최충헌 → 최우 → 최항 → 최의 → 김준 → 임연·임유무

중방
重房

고려 시대 회의 기관

고려 중앙군 2군 6위의 상장군과 대장군이 모여 군대 관련 사무를 논의하던 회의 기관으로, 무신 정권 성립 이후 핵심 정치 기구가 되었다.

도병마사
都兵馬使

군사 기밀과 국방상 중요한 일을 합의하던 중앙 회의 기구

고려 성종 때 설치된 국방 회의 기구로, 중서문하성과 중추원의 고위 관리들이 모여 국가의 군사 기밀과 국방상 중요한 일에 대해 의논하였으며, 시간이 지남에 따라 최고 의결 기관으로 성격이 변모하였다. 원 간섭기를 거치며, 도평의사사로 변경되어 상설기구가 되었다.

공민왕
恭愍王

고려 제31대 왕

고려 제31대 왕으로, 원나라를 배척하여 변발, 호복 등의 몽골풍을 폐지하였으며 내정을 간섭한 정동행성 역시 폐지하였다. 또한, 쌍성총관부를 폐지하여 빼앗긴 영토를 회복하였으며, 신돈과 함께 전민변정도감이라는 관청을 만들었다.

⊕ 상식 PLUS
- **쌍성총관부**: 원나라가 설치한 통치 기구
- **전민변정도감**: 토지와 노비를 정리하기 위해 설치한 임시 관청

도첩제
度牒制

승려가 출가할 때 일정한 대가를 받고 허가증을 발급해주던 제도

승려가 출가할 때 일정한 대가를 받고 국가에서 신분을 인증해 주는 허가증을 발급해 주던 고려 말의 제도로, 도패라고도 한다. 이 제도는 조선 시대로 넘어가 더욱 강화되었는데, 억불 숭유 정책의 일환으로 승려의 자유로운 출가를 제한하고 불교를 국가 통치하에 예속시키려는 목적으로 시행되었다.

⊕ 상식 PLUS
- **억불 숭유**: 불교를 억제하고 유교를 숭상함

안동 봉정사 극락전
安東鳳停寺極樂殿

안동시 봉정사에 있는 가장 오래된 목조 건축물

통일 신라 건축 양식을 이어받은 고려 시대 건축물로, 현존하는 목조 건축물 중 가장 오래되었다. 현재 경상북도 안동시 서후면 태장리 봉정사에 있으며, 국보 제15호로 지정되어 있다.

CHAPTER 09

한국사

UNIT 3

조선 시대

조선 시대와 관련된 다양한 개념이 시험에 출제되므로 전반적으로 꼼꼼히 학습해 두는 것이 좋습니다.

회독 박스(□)에 정확히 아는 개념은 ○, 알쏭달쏭한 개념은 △, 전혀 모르는 개념은 ×로 체크하면서 꼼꼼히 학습해 보세요.

조선 전기

871 □ □ □

위화도 회군
威化島回軍

위화도에서 회군하여 고려의 왕을 내쫓고 정권을 장악한 사건

요동 정벌을 지휘하였던 이성계가 압록강의 위화도에서 회군하여 정변을 일으켜 정권을 장악한 사건으로, 고려 말기인 1388년에 발생하였다. 이때 이성계는 개경으로 돌아와 최영 일파를 제거하고 실질적인 정치·군사 권력을 잡게 되었다.

872 □ □ □

조선
朝鮮

이성계가 고려를 멸망시키고 건국한 나라

위화도 회군에서 최영 일파를 숙청한 이성계가 고려를 멸망시키고 새롭게 건국한 나라로, 1392년 태조 이성계를 시작으로 1910년 순종까지 27명의 왕이 조선을 통치하였다.

873 □ □ □

정도전
鄭道傳

조선 개국에 일등 공신이자 국가 설계의 혁명가

성리학을 지도 이념으로 내세우고 불교를 배척하였던 학자로, 조선 개국에 일등 공신이었던 인물이다. 그러나, 이방원(태종)에게 습격당해 죽임을 당하게 된다.

과전법
科田法

국가 재정 문제를 해결하기 위해 신진 사대부들이 실시한 토지 제도

이성계와 신진 사대부가 실시한 토지 제도로, 토지의 국유화를 원칙으로 국가 재정을 확보하기 위해 공전을 확대하고 사전의 분급은 일정한 제한을 두었다.

⊕ 상식 PLUS
- **공전**: 국가 소유의 논밭
- **사전**: 개인 소유의 논밭

호패
號牌

16세 이상의 남자가 자신의 신분을 증명하기 위하여 가지고 다녔던 패

조선 시대에 16세 이상의 남자가 차고 다녔던 패로, 호적법의 보조적인 역할을 하였다. 호구를 명백히 하여 민정의 수를 파악하고, 신분을 증명하기 위함이 그 목적이었다.

⊕ 상식 PLUS
- **호구**: 호적상 집의 수효와 식구의 수
- **민정**: 군역에 소집된 남자

신문고
申聞鼓

억울한 일을 당한 백성이 하소연할 때 치게 하던 북

억울한 일을 당한 백성들의 하소연을 들어주고 해결해 주고자 대궐 밖에 달았던 북으로, 1401년 조선 태종 때 설치되었다.

집현전
集賢殿

학자 양성과 학문 연구를 위해 궁중에 설치한 기관

조선 세종 때 훌륭한 학자를 양성하고 다양한 학문을 연구하기 위해 설치한 기관으로, 고려 때부터 존재하였지만 세종 때 실질적인 기관으로 자리 잡았다. 세종은 연구의 편의를 위해 다양한 도서를 구입하고 연구직 학자들에게 사가독서의 특전 등도 부여하며 우수한 학자들을 많이 배출시켰다.

⊕ 상식 PLUS
- **사가독서**: 유능한 젊은 문신들을 뽑아 휴가를 주고 독서당에서 공부하게 하던 것

4군 6진
四郡六鎭

세종 때 설치한 네 개의 군과 여섯 개의 진

□ □ □

조선 세종 때 여진족의 침입에 대비하기 위해서 설치한 행정 구역으로, 압록강 상류 지역에 위치한 여연, 자성, 무창, 우예 4군에는 최윤덕이, 두만강 유역에 위치한 종성, 온성, 회령, 경원, 경흥, 부령 6진에는 김종서를 파견하였다.

계유정난
癸酉靖難

수양 대군이 왕위를 빼앗을 목적으로 난을 일으킨 사건

□ □ □

조선 제7대 왕이었던 세조(수양 대군)가 왕위 찬탈을 목적으로 일으킨 난으로, 당시 왕이었던 단종과 보좌관이었던 김종서, 황보인 등을 살해하여 정권을 장악하였다.

⊕ 상식 PLUS
- **사육신**: 단종의 복위를 위해 목숨을 바친 6명의 충신
- **생육신**: 세조의 왕위 찬탈로 인해 벼슬을 버리고 절개를 지킨 6명의 사람

경국대전
經國大典

조선 시대 통치 기준이 된 법전

□ □ □

조선 시대 통치 기준이 된 법전으로, 세조 때 집필이 시작되어 성종 때 완성되었다. 이전, 호전, 병전, 형전, 예전, 공전의 6가지 부분으로 나누어져 있다.

동국통감
東國通鑑

조선 성종 때 편찬된 역사책

□ □ □

조선 성종 때 왕명에 따라 서거정, 정효항 등이 편찬한 역사책으로, 고대부터 고려 말까지의 역사를 서술하였다.

연산군
燕山君

조선 제10대 왕

무오사화, 갑자사화를 일으켜 폭군의 길을 걸었으며, 성희안, 박원종 등이 일으킨 중종반정으로 폐위된 조선의 제10대 왕이다.

⊕ **상식 PLUS**
- **중종반정**: 성희안, 박원종 등이 연산군을 몰아내고 성종의 둘째 아들이자 연산군의 이복동생이었던 진성 대군(중종)을 왕으로 추대한 사건

삼포 왜란
三浦倭亂

제포, 부산포, 염포에서 왜인들이 활동 제한에 대한 불만을 품고 일으킨 폭동

중종반정 이후 세금을 부과하고 일본 선박을 감시하는 등 왜인에게 엄격한 법규를 적용하자 이에 대한 불만을 품은 왜인들이 제포, 부산포, 염포 3포에서 일으킨 폭동으로, 경오년에 일어났다고 하여 경오의 난, 경오왜변이라고도 한다.

삼사
三司

언론을 담당하던 사헌부, 사간원, 홍문관을 이르는 말

시정을 비판하고 풍속을 바로잡으며 관리의 비행을 조사하여 책임을 규탄하는 일을 맡은 사헌부(司憲府), 왕에게 간쟁과 논박하는 일을 맡은 사간원(司諫院), 궁중의 경서, 문서 등을 관리하고 왕의 자문에 응하는 일을 맡은 홍문관(弘文館)을 이르는 말이다.

향약
鄕約

빈출

향촌의 자치 규약

일반적으로 유교적인 예속을 보급하고 공동체적 결속을 통해 체제 안정을 도모하기 위한 향촌의 자치 규약으로, 조광조 등의 사림파가 보급을 제안하였다. 기묘사화로 인해 조광조가 쫓겨나며 향약의 보급은 무산되었으나 선조 이후 사림파가 정권을 잡으면서 다시 보급되었다.

임진왜란
壬辰倭亂

조선 선조 때 일본이 침입하여 일어난 전쟁

조선 선조 때 7년 동안 두 차례 일본이 침입하여 일어난 전쟁으로, 이순신 장군의 활약으로 승리를 거두었다. 이때, 일본이 두 번째 침입하여 일으킨 전쟁을 정유재란(丁酉再亂)이라고도 한다.

⊕ 상식 PLUS
- 임진왜란의 3대 대첩

한산도 대첩	이순신 장군이 한산도 앞바다에서 일본군을 크게 물리친 전투
행주 대첩	권율이 행주산성에서 일본군을 크게 물리친 전투
진주 대첩	김시민이 진주성에서 일본군을 크게 물리친 전투

동의보감
東醫寶鑑

선조의 명에 따라 허준이 편찬한 의학서

조선 시대 의관이었던 허준이 선조의 명에 따라 저술한 의학서로, 1610년에 완성하였다. 동양에서 가장 우수한 의학서 중 하나로 평가되며, 현재 동의보감은 세계 기록 유산으로 유네스코에 등재되어있다.

대동법
大同法

여러 가지 공물을 쌀로 통일한 납세 제도

각 지방에서 생산되는 특산물인 공물을 쌀로 바치게 한 납세 제도로, 공납제로 인한 방납의 폐단을 해소하기 위해 시행되었다.

⊕ 상식 PLUS
- 공납제: 각 지방에서 나는 특산물을 바치는 납세 제도
- 방납: 하급 관리나 상인들이 일반 백성을 대신하여 공물을 나라에 바치고 일반 백성에게 높은 대가를 받아 내던 일

889

4색 당파
四色黨派

동인(東人)에서 갈라진 남인(南人), 북인(北人)과 서인(西人)에서 갈라진 노론(老論), 소론(少論)을 이르는 말

동인 사이에서 서인 정철의 세자 책봉 문제를 놓고 온건하게 처벌하자는 유성룡, 우성전 중심 당파인 남인과 강경하게 처벌하자는 이발, 이산해 중심 당파인 북인, 서인에서 남인에 대한 처벌 문제를 놓고 강경하게 처벌하자는 송시열, 김익훈 중심 당파인 노론과 온건하게 처벌하자는 한태동, 윤증 중심 당파인 소론을 이르는 말이다.

조선 후기

890

병자호란
丙子胡亂

청나라가 침입하여 일어난 전쟁

조선이 군신 관계에 대한 요구를 거절하자 청나라 태종이 조선에 침입하여 일어난 전쟁으로, 이후 인조가 삼전도에서 굴욕스러운 항복을 하며 끝이 났다.

891

백두산정계비
白頭山定界碑

조선과 청나라의 경계를 표시하기 위해 백두산에 세운 비석

조선 숙종 때 조선과 청나라의 경계를 표시하기 위해 백두산 답사 후 세운 비석으로, 두 나라 사이의 경계를 서쪽으로는 압록강, 동쪽으로는 토문강으로 삼았다.

892

실학
實學

조선 후기에 새롭게 나타난 사회 개혁 사상

'실제로 소용되는 참된 학문'이라는 뜻으로, 조선 후기에 새롭게 나타난 사회 개혁 사상이다. 성리학을 비판하며 학문은 세상을 다스리는 데 실질적인 이익을 줄 수 있어야 한다는 '경세치용(經世致用)', 풍요로운 경제와 행복한 의·식·주를 통해 국민 생활을 나아지게 해야 한다는 '이용후생(利用厚生)', 사실에 토대를 두고 진리를 탐구해야 한다는 '실사구시(實事求是)'의 학문 태도를 강조하였다.

⊕ 상식 PLUS
• 조선 후기 대표적인 실학자

중농학파	유형원	• 자는 덕부, 호는 반계 • 중농 사상을 기본으로 한 토지 개혁론 주장 • <반계수록> 등의 저서를 남김

중농학파	이익	• 자는 자신, 호는 성호 • 유형원의 학풍을 이어받아 실학의 대가가 되었음 • <성호사설>, <성호문집> 등의 저서를 남김
	정약용	• 자는 미용, 호는 다산 • 문장과 경학에 뛰어난 학자로, 유형원과 이익 등의 실학을 계승하고 집대성함 • <목민심서>, <흠흠심서>, <경세유표> 등의 저서를 남김
중상학파	홍대용	• 자는 덕보, 호는 담헌 • 북학파의 대표적인 인물 • <담헌서>, <주해수용> 등의 저서를 남김
	박제가	• 자는 차수, 호는 초정 • 이덕무, 유득공 등과 함께 북학파를 이룸 • <북학의>, <정유고략> 등의 저서를 남김
	박지원	• 자는 중미, 호는 연암 • 북학론을 주장하며 이용후생의 실학을 강조함 • <열하일기>, <연암집>, <허생전> 등의 저서를 남김

893

☐ ☐ ☐

목민심서
牧民心書

조선 후기 실학자 정약용이 집필한 도서

조선 후기 실학자 정약용이 전라남도 강진에서 유배 생활을 하는 동안에 집필한 도서로, 지방관이 지켜야 할 지침과 그들의 폐해를 비판한 내용이 담겨 있다.

894

☐ ☐ ☐

객주
客主

다른 상인들에게 숙식을 제공하고 물건을 위탁받아 판매하는 중간 상인

다른 상인들에게 거처를 제공하며 물건을 위탁받아 파는 등 여러 가지 부수 기능을 담당하는 중간 상인을 이르는 말이다.

895

☐ ☐ ☐

탕평책
蕩平策

당쟁의 폐단을 없애기 위해 각 당파에서 고르게 인재를 등용하던 정책

당파 간의 대립을 해소하기 위해 각 당파의 인재를 고르게 등용하여 정치에 모두 참여할 수 있게 시행한 정책으로, 숙종의 탕평책 실행 실패 이후 영조가 1724년에 다시 시행하였다. 탕평책을 널리 알리기 위해 탕평비를 세운 영조를 뒤이어 정조 역시 노론과 소론 출신을 가리지 않고 인재를 고르게 등용하며 적극적으로 탕평을 실행하였다.

균역법
均役法

군역에 대한 부담을 줄이기 위해 만든 제도

영조 26년(1750)에 백성의 세금 부담을 줄이기 위하여 만든 납세 제도로, 종래의 군포를 두 필에서 한 필로 줄이고, 부족한 액수는 어업세·염세·선박세·결작 따위를 징수하여 보충하였다.

세도 정치
勢道政治

왕의 위임을 받아 정권을 잡은 근친이나 신하에 의해 이루어지는 정치

국왕의 위임을 받은 근친이나 신하가 강력한 권세를 잡아 이루어지는 정치 형태로, 정조가 조선의 왕이었던 시기에 홍국영에 의해 타락·변질되었다. 이후 왕실과 혼인 관계에 있었던 안동 김씨와 풍양 조씨 등의 세력에 의해 순조부터 철종까지 60년이라는 기간 동안 세도 정치가 지속되었다.

삼정의 문란
三政 - 紊亂

안동 김씨의 세도 정치로 인해 전정, 군정, 환곡이 문란해진 것

조선 후기에 국가 재정의 3대 요소인 전지의 조사를 바탕으로 균등한 전세를 부과하는 전정, 정남으로부터 군포를 받아들이는 군정, 백성들에게 봄에 곡식을 빌려주고 가을에 이자를 붙여 거두어들인 환곡이 안동 김씨의 세도 정치로 인해 문란해진 것을 말한다.

홍경래의 난
洪景來 - 亂

지방차별과 조정의 부패에 항거하여 홍경래가 일으킨 난

세도 정치로 인한 지방차별과 조정의 부패에 항거하여 홍경래 무리가 일으킨 농민 항쟁으로, 정주성에서 관군과의 싸움에서 패배하며 이 난은 실패로 끝나게 되었다. 그러나, 농민들이 사회의 잘못된 점을 개선하기 위해서 봉기에 자발적으로 참여하였다는 것에 큰 의의가 있는 난이다.

조선왕조실록
朝鮮王朝實錄

태조 때부터 철종 때까지의 역사적 사실을 편년체로 쓴 역사서

조선의 제1대 왕인 태조부터 제25대 왕인 철종까지 472년간의 역사를 편년체로 기록한 역사서로, 국보 제151호로 지정되어 있으며 1997년에 훈민정음과 함께 유네스코 세계 기록 유산으로 등록되었다.

금난전권
禁亂廛權

조선 후기 나라로부터 난전을 금지할 수 있도록 부여받은 시전 상인의 권리

조선 후기에 육의전이나 시전 상인이 난전을 금지시킬 수 있도록 나라에서 부여하는 권리이다.

⊕ 상식 PLUS
- **시전**: 시장 거리에 있던 가게
- **난전**: 허가 없이 길에 벌여 놓은 가게

대동여지도
大東輿地圖

조선 후기 김정호가 27년간 전국을 직접 답사하고 제작한 지도

김정호가 27년 동안 전국을 직접 답사한 후 제작한 지도로, 크기가 가로 4m, 세로 6.6m인 우리나라에서 가장 큰 전국 지도이다. 1985년에 보물 제850-1호로 지정되었다.

UNIT 4

근현대

근현대와 관련된 다양한 개념이 시험에 출제되므로 전반적으로 꼼꼼히 학습해 두는 것이 좋습니다.

회독 박스(□)에 정확히 아는 개념은 ○, 알쏭달쏭한 개념은 △, 전혀 모르는 개념은 ×로 체크하면서 꼼꼼히 학습해 보세요.

근대 사회

903 □ □ □

신미양요
辛未洋擾

제너럴셔먼호 사건을 빌미로 미국 군함이 강화도 해협에 침입한 사건

조선의 문호 개방에 관심을 가지던 미국이 제너럴셔먼호 사건을 빌미로 1871년 강화도에 침입하여 제너럴셔먼호 사건을 문책하고, 조선과 통상 조약을 맺고자 하였으나 격퇴되었다.

⊕ **상식 PLUS**
- **제너럴셔먼호 사건**: 1866년 평양에 통상을 요구하던 미국 상선이 평양 군민과 충돌하여 침몰한 사건

904 □ □ □

고종
高宗

조선의 제26대 왕이자 대한제국의 제1대 황제

흥선 대원군의 둘째 아들로, 조선의 제26대 왕이다. 1897년에 대한제국을 선포하며 국호를 대한으로, 연호를 광무로 고친 대한제국의 제1대 황제이기도 하다. 고종은 헤이그 특사 사건으로 1907년에 퇴위하게 된다.

905 □ □ □

제물포 조약
濟物浦條約

임오군란 이후 조선과 일본이 체결한 조약

임오군란 이후 일본이 피해를 주장하며 조선에 강력한 피해 보상을 요구하여 체결한 조약이다. 이 조약은 군란 주모자를 20일 이내에 잡아서 처단할 것, 손해 배상금 50만 원을 매년 10만 원씩 5년 안에 완불할 것, 일본 관리 피해자에게 5만 원을 지급할 것, 조선의 특사를 일본에 보내 사과할 것 등의 내용을 담고 있다.

한성 조약
漢城條約

갑신정변의 마무리를 위하여 조선과 일본이 체결한 조약

갑신정변의 뒤처리를 마무리하기 위해 조선과 일본이 체결한 조약으로, 조선 측의 사과 및 손해 배상, 일본 공사관 신축비 지불 등의 내용을 담고 있다. 갑신정변의 실패 이후 민중들이 서울에 있는 일본 공사관을 불태우고 일본 거류민들을 죽이자 이에 대한 책임 문제에 대해 조선과 일본이 격론을 벌였으나 결국 조선이 굴복하면서 체결하게 되었다.

광혜원
廣惠院

한국 최초 근대식 병원

치료의 목적으로 통리교섭통상사무아문의 아래에 두었던 한국 최초 근대식 병원으로, 1885년 호러스 알렌의 건의로 고종이 혜민서와 활인서를 없애면서 세우게 되었다. 광혜원은 문을 연 지 약 2주일 만에 제중원(濟衆院)으로 그 이름을 바꾸었다.

갑오개혁
甲午改革

조선 고종 때 3차에 걸쳐 추진되었던 개혁 운동

1894년부터 1896년까지 3차에 걸쳐서 추진되었던 개혁 운동으로, 재래의 문물제도를 근대식으로 고치는 등 정치, 경제, 사회 전반에 걸쳐 혁신을 단행하였으며, 이를 갑오경장이라고도 한다. 김홍집을 중심으로 친일 내각을 구성하여 진행한 개혁 운동을 갑오개혁과 분리하여 을미개혁이라고 부른다.

⊕ 상식 PLUS
- **을미개혁**: 을미사변 직후 김홍집 내각이 실시한 개혁 운동

을미사변
乙未事變

일본 자객들이 경복궁을 습격하여 명성 황후를 살해한 사건

1895년에 경복궁 건천궁의 옥호루에 일본 군인들이 들이닥쳐 명성 황후를 살해한 사건으로, 이 사건 이후로 단발령 등이 시행되고 고종은 러시아 공관으로 파천하였다.

을사조약
乙巳條約

빈출

□ □ □

일본이 한국의 외교권을 박탈하기 위해 강제적으로 체결한 조약

1905년에 일본이 한국의 외교권을 박탈하기 위해 강제적으로 체결한 조약으로, 을사늑약이라고도 한다.

⊕ **상식 PLUS**

- **시일야방성대곡**: 장지연이 을사조약 체결에 대한 울분을 표현한 논설

헤이그 특사
Hague 特使

□ □ □

을사조약의 무효를 주장하기 위하여 헤이그에 파견된 사절단

일본이 을사조약의 체결로 외교권을 박탈하자 이에 대한 무효를 주장하기 위해 고종이 헤이그로 파견한 사절단으로, 이준, 이상설, 이위종이 있다. 고종은 네덜란드 헤이그에서 열린 만국 평화 회의에 세 사람을 파견하여 을사조약의 부당함을 알리고 국제 사회에 도움을 요청하려 하였지만, 일본의 방해로 실패하게 되었다.

을사오적
乙巳五賊

□ □ □

을사조약 체결에 가담한 5명을 이르는 말

을사조약 체결에 찬성하여 서명한 박제순, 이지용, 이근택, 이완용, 권중현 5명의 매국노를 이르는 말이다.

아관 파천
俄館播遷

□ □ □

고종과 왕세자가 러시아 공사관으로 거처를 옮긴 사건

1896년에 을미사변 이후 신변에 위협을 느끼고 있던 고종과 왕세자가 친러 세력에 의해 러시아 공사관으로 거처를 옮겨서 약 1년간 거처한 사건이다. 이후 러시아는 조선 정부에 압력을 가하며 압록강 유역과 울릉도의 삼림 채벌권, 경원과 종성의 광산 채굴권, 인천 월미도 저탄소 설치권 등 경제적 이권을 차지하였다.

CHAPTER 09

한국사

광무개혁
光武改革

대한제국이 자주적 독립권을 지키기 위해 실시한 근대적 개혁

고종이 대한제국 선포 후에 자주적 독립권을 지키기 위해 실시한 근대적 개혁으로, 1896년 아관 파천 직후부터 러일 전쟁이 일어났던 1904년까지 이루어졌다. 광무개혁은 지계의 발급, 회사와 공장의 설립, 한성은행 및 대한천일은행과 같은 민간은행 개설, 상공 학교와 광무 학교 설립 등 산업과 교육에 특히 집중하였다.

⊕ 상식 PLUS
- **광무**: 고종의 연호
- **구본신참**: 구식을 근본으로 삼고 신식을 참고한다는 정책 이념
- **지계**: 토지 소유권을 증명하는 문서

국채 보상 운동
國債報償運動

일본으로부터 빌린 돈을 갚기 위해 벌인 애국 운동

서상돈 등의 제안으로 일본으로부터 빌린 돈 1,300만 원을 갚고 주권을 회복하고자 벌인 애국 운동으로, 1907년 대구에서 시작된 주권 수호 운동이다. <제국신문>, <황성신문> 등을 통해 모금 운동을 진행하였으나, 통감부의 압력과 일진회의 방해로 중지되었다.

⊕ 상식 PLUS
- **일진회**: 일제가 대한제국을 강점하도록 도운 친일 정치 단체

신민회
新民會

국권 회복을 목적으로 조직한 항일 비밀 결사 단체

국권 회복을 통해 자유 독립국을 세우기 위한 목적을 가지고 1907년에 조직한 항일 비밀 결사 단체로, 안창호, 이동녕, 이승훈 등이 중심인물로 활동하였다. 대성 학교와 오산 학교를 세워 민족주의 교육을 실시하고, 만주에 독립운동 기지를 만들어 독립 전쟁 준비를 하는 등의 다양한 활동을 하였지만, 1911년 일제에 의해 발각되어 해체되었다.

안창호
安昌浩

도산(島山)이라는 호를 가진 대표적인 독립운동가

우리나라의 대표적인 독립운동가로, 신민회, 흥사단, 대성 학교 등을 세웠으며, 3·1운동 이후에는 상하이 임시정부 조직에서 내무 총장, 노동 총장, 국무총리 대리를 역임하였다.

918

☐ ☐ ☐

일제강점기
日帝強占期

1910년 한일병합조약 체결로 국권을 강탈당한 이후 1945년 해방되기까지 35년간의 시대

1910년 국권 강탈 이후 1945년 해방되기까지의 시기로, 1910년대 무단통치(헌병 경찰제), 1920년대 문화통치(민족 분열 정책), 1930년대 이후 민족말살통치(병참 기지화, 황국 신민화 정책)로 이어진다.

919

☐ ☐ ☐

조선총독부
朝鮮總督府

일제가 우리나라를 지배하기 위하여 설치하였던 최고 행정 관청

1910년부터 1945년까지 일제가 우리나라를 지배하기 위해 1910년에 설치한 최고 식민 통치 기구로, 민족 운동을 탄압하고 경제적인 수탈을 총지휘하였다.

920

☐ ☐ ☐

105인 사건
百五人事件

조선 총독부가 민족 운동을 탄압하기 위하여 신민회 회원 105명을 체포한 사건

1911년 조선 총독부가 민족 해방 운동을 탄압하기 위하여 데라우치 마사타케 총독의 암살 미수 사건을 조작하여 신민회 회원 105명을 체포해 고문한 사건으로, 이 사건으로 인해 신민회가 해체되었다.

921

☐ ☐ ☐

대한민국임시정부
大韓民國臨時政府

대한민국의 광복을 위해 임시로 조직한 정부

중국 상하이에서 대한민국의 광복을 위해 김구, 이승만 등의 한국 독립운동가들이 조직하였던 임시정부로, 1919년 4월 11일에 수립되었다.

922

☐ ☐ ☐

신간회
新幹會

민족주의와 사회주의가 연합하여 창립한 민족 운동 단체

민족주의와 사회주의가 연합하여 창립한 민족 운동 단체로, 1927년 서울에서 안재홍, 이상재, 신채호, 신석우, 백관수, 유억겸, 권동진 등 34명이 결성하였다.

923

황성신문
皇城新聞

남궁억, 나수연 등이 창간한 일간 신문

남궁억, 나수연 등이 외세 침입에 대해 국민을 계몽시키고 항쟁의 정신을 기르기 위해 창간한 일간 신문이다.

924

물산 장려 운동
物産獎勵運動

일제 강점기에 펼쳐진 경제 자립 운동

1920년 일제 강점기에 펼쳐진 범국민적 경제 자립 운동으로, 국산품 애용, 소비 절약, 자급자족, 민족 기업의 육성 등을 내세웠다. 또한, '우리가 만든 것 우리가 쓰자'라는 구호를 외치며, 물산 장려가를 만들어 불렀다.

925

조선어 학회 사건
朝鮮語學會事件

일제가 조선어 학회의 회원 및 관련 인물을 투옥한 사건

민족 말살 정책의 일환으로 일제가 한글 연구를 한 학자들이 민족의식을 높였다고 주장하며 조선어 학회의 회원과 관련 인물을 탄압하고 투옥한 사건이다. 또한, 일제는 이 학회를 학술 단체가 아닌 독립운동 단체라고 꾸며내었으며, 이를 빌미로 회원들을 고문하였다.

926

광주 학생 항일 운동
光州學生抗日運動

광주에서 일어난 학생들의 항일 투쟁 운동

1929년 현재의 광주광역시에서 일어난 학생 시위 운동으로, 광주에서 나주로 통학하는 기차 안에서 한국과 일본 학생들의 충돌로 시작되어 전국적으로 퍼지게 되었다. 이는 3·1운동 이후 대규모로 벌어진 항일 운동이었다.

927

농지 개혁법
農地改革法

농지를 농민에게 적절하게 분배하는 일에 대한 사항을 규정한 법률

제헌 헌법에 따라 농지를 농민에게 적절하게 분배하는 일에 대한 사항을 규정한 법률로, 농가 경제의 자립과 농업 생산력 증진으로 인한 농민 생활의 향상 및 국민 경제 균형과 발전에 기여하기 위하여 제정되었다. 이후 1994년 농지법의 제정으로 폐지되었다.

928

한인애국단
韓人愛國團

빈출

일본의 주요 인물을 암살하려는 목적으로 조직한 비밀 결사 단체

일제의 주요 인물을 암살하기 위해 조직된 항일 독립운동 단체로, 1931년 김구가 중국 상하이에서 만든 비밀 결사 단체이다. 1932년 도쿄에서 일왕의 행렬에 폭탄을 던진 이봉창, 상하이 홍커우 공원에서 일왕의 생일 행사에 폭탄을 던진 윤봉길 등이 한인애국단원이었다.

929

브나로드 운동
Vnarod 運動

일제 강점기에 동아일보가 주축이 되어 사회 개혁을 이루고자 일으킨 계몽 운동

일제의 식민 통치에 저항하기 위하여 동아일보가 주축이 되어 일으킨 전국 규모의 문맹 퇴치 운동으로, 이후 조선총독부에서는 이 운동을 금지시켰다.

930

토지 조사 사업
土地調査事業

일제가 조선의 토지를 빼앗기 위하여 실시한 대규모 조사 사업

1910년부터 1918년까지 일제가 조선의 식민지적 토지 제도를 확립하기 위하여 실시한 대규모 조사 사업으로, 종합적 식민지 정책 중 하나이다.

931

산미 증식 계획
産米增殖計劃

일제가 조선을 식량 공급지로 만들기 위하여 실시한 식민지 농업 정책

1920년부터 1934년까지 일제가 조선을 식량 공급지로 만들기 위하여 실시한 쌀 증식 정책으로, 겉으로는 조선을 위한 사업인 양 발표하였지만 실제로는 일본의 쌀값을 안정시키고 식량 부족을 해결하기 위함이었다.

932

간도 참변
間島慘變

간도에서 한국인들이 일본군에 의하여 무차별 학살당한 사건

1920년 간도에서 한국인들이 일본군에 의하여 무차별 학살당한 사건으로, 청산리 전투와 봉오동 전투에서 참패한 일제가 자신들의 식민 통치에 대한 위협으로 판단하여 이에 대한 보복으로 일어났다.

조선의용대
朝鮮義勇隊

김원봉 등이 조직한 조선 독립운동 단체

1938년 중국 한커우에서 김원봉 등이 조직한 조선 독립운동 단체로, 이후 1942년에 일부는 한국광복군으로 개편·흡수되고 나머지는 조선 독립 동맹의 조선의용군으로 개편되었다.

삼균주의
三均主義

조소앙이 체계화한 민족주의적 정치사상

조소앙이 독립운동의 기본 방략 및 조국 건설의 지침으로 삼기 위하여 체계화한 민족주의적 정치사상으로, 개인과 개인, 민족과 민족, 국가와 국가 간의 균등을 실현하기 위하여 정치, 경제, 교육의 균등을 실현해야 한다는 의미를 가지고 있다.

현대

3·15 부정 선거
三一五不正選擧

대통령과 부통령을 뽑기 위하여 진행된 선거에서 이승만이 부정과 폭력으로 재집권을 시도한 사건

1960년 3월 15일 대한민국의 대통령과 부통령을 뽑기 위하여 진행된 선거에서 이승만이 부정과 폭력으로 재집권을 시도한 사건으로, 부정 선거에 대한 데모가 전국적으로 일어나게 되어 당선되었던 대통령 이승만과 부통령 이기붕이 사퇴하였으며 이후 이 사건은 4·19 혁명의 원인이 되었다.

4·19 혁명
빈출
四一九革命

이승만 정부의 독재, 부정부패, 부정 선거에 항의하여 벌인 민주 항쟁

불법적인 개헌을 통하여 1948년부터 1960년까지 12년 동안 장기 집권하였으며, 3·15 부정 선거를 자행한 이승만 정부에 대해 시민과 학생들이 중심이 되어 벌인 민주 항쟁이다.

5·16 군사 정변
五一六軍事政變

박정희를 중심으로 제2공화국을 무너뜨리고 정권을 장악한 군사 정변

1961년 5월 16일 박정희를 중심으로 제2공화국을 무너뜨리고 정권을 장악한 군사 정변으로, 4·19 혁명 이후 민주적인 선거로 구성된 제2공화국이 무너지고 군사 통치가 시작되었다.

유신 체제
維新體制

비상조치에 의하여 개헌이 단행된 유신 헌법이 발효되어 성립한 정치 체제

비상조치에 의하여 개헌이 단행된 유신 헌법이 발효되어 성립한 정치 체제로, 1972년 박정희 대통령이 전국에 비상 계엄령을 선포하고 수립한 공화국인 제4공화국의 제도이다.

⊕ 상식 PLUS
- **유신 헌법**: 1972년 12월 27일에 공포되어 시행된 제4공화국의 헌법으로, 조국의 평화적 통일과 한국적 민주주의 토착화를 목적으로 함

12·12 사태
十二十二事態

전두환, 노태우 등을 중심으로 신군부 세력이 일으킨 군사 반란

1979년 12월 12일 전두환, 노태우 등 하나회를 중심으로 신군부 세력이 일으킨 군사 반란으로, 이 사건으로 군 내부의 주도권을 장악한 후 1980년 5·17 사건을 일으켜 제5공화국의 권력을 획득하게 되었다.

6월 민주 항쟁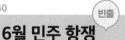
六月民主抗爭

전국에서 일어났던 민주화 운동

1987년 6월 10일 전국적으로 일어났던 민주화 운동으로, 학생들을 중심으로 시작되었으나 점차 국민운동으로 커졌다. 이 운동으로 인해 전두환 정부는 대통령 직선제, 대통령 권한 축소 등의 내용이 담겨있는 6·29 민주화 선언을 발표하였다.

CHAPTER 09
한국사

핵심 점검 문제

앞에서 학습한 상식을 문제를 풀면서 바로 점검해 보세요!

[01-05] 다음 각 설명을 읽고, 맞으면 O, 틀리면 ×에 표시하시오.

01 이성계와 신진 사대부가 국가 재정 문제를 해결하기 위해 실시한 토지 제도를 '과전법'이라고 한다. (O , **×**)

02 제너럴셔먼호 사건을 빌미로 1871년에 미국 군함이 강화도 해협을 침입한 사건을 '병인양요'라고 한다. (O , **×**)

03 고려 때 태조가 지방 호족 세력을 견제하고 왕권을 강화하기 위하여 실시한 호족 통합 정책을 '상수리 제도'라고 한다.
(O , **×**)

04 '신간회'는 안창호, 이동녕 등이 국권 회복을 목적으로 1907에 조직한 항일 비밀 결사 단체이다. (O , **×**)

05 '4군 6진'은 조선 세조 때 여진족의 침입에 대비하기 위하여 설치한 행정 구역이다. (O , **×**)

[06-10] 다음 각 설명에 해당하는 용어를 쓰시오.

06 을미사변 이후 신변에 위협을 느끼고 있던 고종과 왕세자가 러시아 공사관으로 거처를 옮긴 사건 (   )

07 원나라를 배척하여 몽골풍을 폐지하고 쌍성총관부를 폐지하여 빼앗긴 영토를 회복한 고려의 왕 (   )

08 삼국시대 한강 점령 순서 (   )

09 경주 불국사의 석가탑을 해체하는 과정 중에서 발견된 세계에서 가장 오래된 목판 인쇄물 (   )

10 일본의 주요 인물을 암살하려는 목적으로 김구가 중국 상하이에서 만든 비밀 결사 단체 (   )

11 임진왜란 3대 대첩이 아닌 것은?
① 진주 대첩　　　　② 행주 대첩　　　　③ 귀주 대첩　　　　④ 한산도 대첩

12 고려 인종 때 풍수지리의 이상을 표방하여 서경으로 천도할 것에 대한 주장이 실패하여 일어난 반란은?
① 묘청의 난　　　　② 무신의 난　　　　③ 홍경래의 난　　　　④ 만적의 난

13 일본이 임오군란 이후 조선에게 강력한 피해 보상을 요구하여 체결한 조약은?
① 제물포 조약　　　　② 강화도 조약　　　　③ 을사조약　　　　④ 한성 조약

14 조선 중종 때 훈구파가 조광조 등의 신진 사림파에 대해 숙청을 일으킨 사화는?
① 갑자사화　　　　② 기묘사화　　　　③ 무오사화　　　　④ 을자사화

15 군신 관계 요구를 거절한 조선에 침입하여 일으킨 병자호란으로 청나라에 항복한 조선의 왕은?
① 명종　　　　② 세조　　　　③ 선조　　　　④ 인조

16 다음 부족 국가의 제천 행사가 잘못 짝지어진 것은?

① 삼한-계절제   ② 부여-영고   ③ 옥저-무천   ④ 고구려-동맹

17 사건이 시작된 시점을 기준으로 순서대로 바르게 나열한 것은?

㉠ 갑오개혁   ㉡ 을미사변 ㉢ 갑신정변   ㉣ 아관파천

① ㉠ - ㉢ - ㉡ - ㉣   ② ㉠ - ㉢ - ㉣ - ㉡   ③ ㉢ - ㉠ - ㉣ - ㉡   ④ ㉢ - ㉠ - ㉡ - ㉣

18 다음 중 조선 후기 실학자의 특징으로 옳은 것은?

① 박지원은 <북학의>, <정유고략> 등의 저서를 남겼다.

② 중농학파의 대표적인 실학자는 유형원, 박제가, 정약용 등이 있다.

③ 정약용은 <경세유표>, <흠흠심서> 등의 저서를 남겼다.

④ 유형원은 <성호사설> 등의 저서를 남기며 토지 개혁론을 주장하였다.

19 사건이 발생한 순서대로 바르게 나열한 것은?

㉠ 6·25 전쟁   ㉡ 4·19 혁명 ㉢ 6월 민주 항쟁   ㉣ 5·18 민주화 운동

① ㉠ - ㉣ - ㉡ - ㉢   ② ㉠ - ㉡ - ㉣ - ㉢   ③ ㉡ - ㉠ - ㉣ - ㉢   ④ ㉡ - ㉣ - ㉢ - ㉠

20 다음 중 삼국 시대 주요 왕의 업적에 대해 바르게 설명한 사람을 모두 고르면?

• 갑: 신라의 법흥왕은 불교를 공인하고 <국사>를 편찬하는 등 많은 업적을 남겼어. • 을: 고구려의 장수왕은 도읍을 국내성에서 평양으로 옮기며 남하 정책을 추진했지. • 병: 백제의 성왕이 칠지도를 일본에 전달한 것으로 백제가 일본과 교류했음을 알 수 있어. • 정: 백제의 무령왕은 왕권을 강화하기 위해 각 지반에 왕족을 파견하여 22담로를 설치했어.

① 갑, 을   ② 갑, 병   ③ 을, 정   ④ 병, 정

🔍 정답

01	○	02	×→ 신미양요	03	×→ 기인 제도	04	×→ 신민회	05	×→ 세종
06	아관 파천	07	공민왕	08	백제, 고구려, 신라	09	무구정광대다라니경	10	한인애국단
11	③	12	①	13	①	14	②	15	④
16	③ → 동예 - 무천	17	④	18	③	19	②	20	③

CHAPTER 09

한국사

CHAPTER 10
세계사

다음은 세계사 분야에서 출제되거나 출제될 가능성이 높은 중요한 키워드를 기반으로 정리한 마인드맵입니다.
학습 전 큰 흐름을 조망하거나 학습 후 공부한 내용을 정리하는 용도로 활용해 보세요.

UNIT 1

고대

고대 문명 및 고대 국가들의 특징에 대해 알아두면 좋습니다.

회독 박스(□)에 정확히 아는 개념은 ○, 알쏭달쏭한 개념은 △, 전혀 모르는 개념은 ×로 체크하면서 꼼꼼히 학습해 보세요.

941

세계 4대 문명
빈출

Cradle of civilization

황하, 메소포타미아, 인더스, 이집트의 4대 문명을 일컫는 말

□ □ □

황하 문명, 메소포타미아 문명, 인더스 문명, 이집트 문명을 일컫는 말로, 세계에서 가장 먼저 문명을 발달시켰다. 4대 문명의 발생지들은 모두 강을 끼고 있어 농업 발달에 유리하며, 대부분이 기후가 온화하고 기름진 토지를 가지고 있다.

⊕ 상식 PLUS

• 4대 문명의 특징

황하 문명	• 중국 황하강 유역에서 발생한 고대 문명 • 씨족 단위 마을 형성, 움집 생활, 토기 사용, 원시 종교 등이 특징
메소포타미아 문명	• 비옥한 초승달 지대의 지역인 티그리스-유프라테스강 유역에서 발생한 고대 문명 • 쐐기 모양의 설형 문자, 함무라비 법전, 60진법, 태음력 등이 특징
인더스 문명	• 인도의 인더스강 유역에서 발생한 고대 문명 • 포장된 도로, 벽돌집, 완비된 공동 시설, 채색 토기 등이 특징
이집트 문명	• 나일강 유역에서 발생한 고대 문명 • 전제 군주인 파라오의 통치, 피라미드 건설, 상형 문자, 파피루스, 태양력, 측량술 등이 특징

942

함무라비 법전

Code of Hammurabi

함무라비 왕이 제정한 세계에서 가장 오래된 성문 법규집

□ □ □

기원전 1750년경에 바빌로니아의 함무라비 왕이 제정한 세계에서 가장 오래된 성문 법규집으로, 약 2.25미터의 원기둥꼴 현무암에 설형 문자로 새겨져 있다. 원형은 현재 프랑스 루브르 미술관에 소장되어 있다.

에게 문명
Aegean civilization

지중해 동부 에게해의 여러 섬과 연안에서 발달한 고대 문명

크레타섬을 중심으로 지중해 동부 에게해의 여러 섬과 연안에서 발달한 고대 청동기 문명으로, 세계 최초의 해양 문명이자 유럽 최초의 문명으로 볼 수 있다.

그리스 문명
Greek civilization

기원전 8세기 중엽부터 발달하기 시작하여 4~5세기에 전성기를 이룬 문명

그리스는 산지가 많고 토질이 척박하여 통일된 국가를 이루지 못하고 평야 지대를 중심으로 촌락을 형성하여 살았는데, 이것이 폴리스(Polis)라는 도시 국가로 발전하면서 문명으로 성장하게 된다. 그리스의 대표적인 폴리스로는 아테네, 스파르타가 있으며, 두 폴리스를 중심으로 기원전 5세기 세력을 확대하던 페르시아와의 전쟁에서 승리함으로써 문화의 전성기를 누리게 된다. 그러나 이후 펠로폰네소스 전쟁을 계기로 내분에 시달리다가 기원전 338년에 마케도니아의 필리포스 2세에게 정복당하고, 필리포스 2세를 이은 알렉산드로스에 의해 그리스 문명은 오리엔트 문명과 융합해 헬레니즘 문화로서 로마제국을 비롯하여 각지에 전파된다.

⊕ 상식 PLUS
- **아테네**: 고대 그리스의 도시 국가로, 무역을 기반으로 성장하였고 상공업이 발전한 개방사회였으며, 정치적으로는 귀족 정치로 시작하였으나 클레이스테네스가 정권을 잡은 것을 계기로 민주 정치의 틀을 마련하였음
- **스파르타**: 고대 그리스의 도리아인이 펠로폰네소스반도 중부의 라코니아 지방에 세운 도시 국가로, 귀족 정치를 실행하여 본토인을 노예화하고 자국민에게 군국주의식 의식 교육을 시행하였음

펠로폰네소스 전쟁
Peloponnesian war

델로스 동맹과 펠로폰네소스 동맹 사이에서 일어난 전쟁

민주정치를 대표하는 아테네 중심의 델로스 동맹과 과두정치를 대표하는 스파르타 중심의 펠로폰네소스 동맹 사이에서 일어난 전쟁으로, 27년간 이어졌던 이 전쟁은 스파르타의 승리로 끝이 나게 되었다. 펠로폰네소스 전쟁을 계기로 그리스는 쇠망의 길을 걷게 되었다.

12표법
Low of 12 Tables

고대 로마 최초의 성문법

기원전 450년경에 제정된 고대 로마 최초의 성문법으로, 평민과 법 지식 및 공유지 사용을 독점하였던 귀족의 투쟁 결과로 제정되었다.

라티푼디움
Latifundium

고대 로마의 대토지 소유 제도

고대 로마의 대토지 소유 제도로, 이탈리아반도 정복 과정에서 국유화된 토지를 대규모의 노동력과 자본을 가진 부유층들이 점유하게 된 것을 일컫는다.

로마 제국
Roman Empire

이탈리아반도 중부의 테베레강 유역에 세워진 서양 고대의 최대 제국

이탈리아반도 및 유럽과 지중해를 넘어 북아프리카, 이집트까지 지배하였던 서양 고대의 최대 제국으로, 고대 도시 국가에서 왕정, 공화정, 삼두 정치를 거쳐 아우구스투스가 기원전 27년에 제정 정치를 실시하였다. 이후 395년에 동로마 제국과 서로마 제국으로 분열되면서 서로마 제국은 476년에, 동로마 제국은 1453년에 멸망하였다.

밀라노 칙령
Edict of Milan

로마의 콘스탄티누스와 리키니우스가 밀라노에서 발표한 칙령

313년 로마 제국의 공동 황제였던 콘스탄티누스 1세와 리키니우스가 밀라노에서 발표한 칙령으로, 밀라노 칙령에 따라 모든 사람은 자신이 원하는 종교를 선택하고 따를 수 있는 자유를 보장받게 되었다.

카타콤
Catacomb

초기 그리스도 교도의 비밀 지하 묘지

로마 황제의 박해를 피하여 죽은 사람을 매장하고 예배를 드렸던 초기 그리스도교의 비밀 지하 묘지를 일컫는 용어이다.

951 □ □ □

갑골 문자
甲骨文字

거북의 등딱지나 짐승의 뼈에 새긴 상형 문자

중국 은나라 때 거북의 등딱지나 짐승의 뼈에 새긴 상형 문자로, 주로 점을 치는 데 사용하였다. 현재 알 수 있는 한자의 가장 오래된 형태이며 순수한 그림 문자보다 진보된 요소를 가지고 있다.

952 □ □ □

강태공
姜太公

중국 주나라의 정치가

문왕에 의해 등용되어 무왕을 도와 은나라를 멸망시켰으며 제나라의 시조가 된 중국 주나라의 정치가로, 인재를 찾아 돌아다니던 문왕이 웨이수이강에서 낚시를 하고 있는 강태공의 인물됨을 알아보고 주나라 재상으로 등용하였다고 전해진다. 이후 그의 고사를 바탕으로 한가하게 낚시하는 사람을 '강태공'이라고 부르는 속어가 생기기도 하였다.

953 □ □ □

춘추 전국 시대
春秋戰國時代

중국의 춘추 시대와 전국 시대를 일컫는 말

주 왕조가 수도를 낙양으로 옮긴 기원전 770년부터 진나라가 한·위·조로 분열한 기원전 403년까지의 춘추 시대와 기원전 403년부터 진나라가 중국을 통일한 기원전 221년의 전국 시대를 일컫는 용어이다.

954 □ □ □

유가사상
儒家思想

공자의 사상을 계승하고 발전시킨 사상

중국 춘추 말기에 공자에 의해 성립되어 이후 이를 계승하고 발전시켜 동양 사상에 큰 영향을 끼친 사상이다. 근본정신은 인(仁)이며, 임금에게는 충(忠), 부모에게는 효(孝), 형제에게는 제(悌)가 된다. 예악과 인의를 중심으로 한 교화를 주장하였으며, 유가의 주요 사상은 사서오경에 잘 드러나 있다.

955

도가사상
道家思想

노자와 장자의 사상을 계승하고 발전시킨 사상

노자와 장자의 사상을 계승하고 발전시킨 사상으로, 인위에 반대하며 인위적이지 않고 자연적인 것을 중시하는 무위의 삶을 추구하여 무위자연 사상이라고도 한다. 이는 유가 사상과 함께 중국 철학의 양대 학파를 이룬다.

956

법가사상
法家思想

한비자 등의 사상을 계승하고 발전시킨 사상

한비자, 관자, 상앙, 신불해 등의 사상을 발전시킨 사상으로, 도덕보다 법을 중요하게 여겨 나라를 다스리는 기본은 엄격한 형벌이라고 주장하였으며 왕의 권위와 세력 유지를 강조하였다.

957

묵가사상
墨家思想

묵자의 사상을 계승하고 발전시킨 사상

묵자의 사상을 계승하고 발전시킨 사상으로, 차등적인 사랑을 주장한 유가 사상에 반대하며 모든 사람을 똑같이 사랑하는 겸애를 주장하였다. 사치와 낭비를 부정하고 전쟁에 반대하였다.

958

사서오경
四書五經

유가의 기본적 경전인 사서와 오경을 일컫는 말

<논어>, <맹자>, <중용>, <대학>의 사서와 <주역>, <서경>, <시경>, <예기>, <춘추>의 오경을 일컫는 용어로 유가의 기본적 경전이다.

959

분서갱유
焚書坑儒

중국 진나라의 시황제가 책을 불태우고 유생을 구덩이에 묻어 죽인 일

중국 진나라의 시황제가 사상통제 정책의 일환으로 의약서, 복서, 농서 등의 실용 서적을 제외한 민간 서적을 불태우고 수백의 유생들을 생매장하여 구덩이에 묻어 죽인 일을 말하며, <진시황 본기>에 기록되어 전해진다.

한나라
漢

기원전 206년부터 220년까지 중국 대륙을 지배한 나라

기원전 206년에 고조 유방이 세운 왕조로, 220년까지 중국 대륙을 지배하였으며 중국 문화의 기틀이 이 시기에 마련되었다.

961

사마천
司馬遷

<사기>를 집필한 중국 전한 시대의 역사가

상고 시대의 오제부터 한나라 무제까지의 중국과 그 주변 민족의 역사를 담은 <사기>를 집필한 전한 시대 최고의 역사가로, 기원전 104년에는 공손경과 함께 태초력을 제정하여 후세 역법의 기초를 세웠다.

기타

962

오리엔트 문명
Orient civilization

아시아 서남부와 동북 아프리카를 포함하는 고대 오리엔트에서 발달한 문명

고대 오리엔트에서 발달하여 서아시아 지방 일대의 메소포타미아 문명과 아프리카의 동북부인 이집트 문명을 포함하는 문명으로, 기원전 3200년경부터 약 3000년간 번성하였다. 기본적으로 관개 농업이 이루어졌으나 수공업과 상업이 발달하는 지역도 존재하였으며, 교통로를 따라 교역도 활발히 진행되었다.

963

마야 문명
Maya civilization

중앙아메리카의 과테말라 고지에서 유카탄반도에 걸쳐 발달한 고대 문명

중앙아메리카의 멕시코 남동부, 과테말라, 유카탄반도 등을 중심으로 발달한 고대 문명으로, 신정 정치, 천체 관측법 및 역법의 발달, 20진법과 0의 사용 등이 특징이다.

켈트족
Celts

인도 유럽어를 사용하고 서양 고대에 활약하였던 종족의 일파

서양 고대에 활약한 인도 유럽족의 일파로, 특이한 철기 문화를 가졌으며 목축 경제 사회를 형성하였다. 현재 아일랜드, 웨일스, 브르타뉴, 고지 스코틀랜드 등에 그 풍습 및 언어의 흔적이 남아 있다.

카스트 제도
Caste 制度

인도의 세습적인 계급 제도

인도에 있는 힌두교도 사회의 세습적인 계급 제도로, 브라만, 크샤트리아, 바이샤, 수드라 4대 계층으로 이루어져 있다.

⊕ 상식 PLUS
- **카스트 제도의 계층**

브라만	종교적인 일을 담당하는 사제 계층
크샤트리아	정치와 군대를 담당하는 왕후·전사 계층
바이샤	상업과 농업을 담당하는 상인·농민 계층
수드라	노예 계층

간다라 미술
Gandhara art

간다라 부근에서 발달한 그리스풍의 불교 미술

고대 인도 북서부에 있는 간다라 지방에서 발달한 그리스풍의 불교 미술 양식으로, 처음으로 부처의 불상이 만들어졌다.

주요 사건 위주로 중세의 특징을 확인해 보세요.

회독 박스(□)에 정확히 아는 개념은 ○, 알쏭달쏭한 개념은 △, 전혀 모르는 개념은 ×로 체크하면서 꼼꼼히 학습해 보세요.

서양

967 □ □ □

비잔틴 문화
Byzantine culture

중세기 로마 제국의 문화

그리스 고전 문화에 그리스도교적 요소를 더해 만들어진 중세기 로마 제국의 문화로, 모자이크 벽화와 같은 건축 미술이 특히 뛰어난 모습을 보였다.

968 □ □ □

프랑크 왕국
Frankenreich

프랑크족이 갈리아에 세운 왕국

서게르만계의 프랑크족이 갈리아에 세운 왕국으로, 이 왕국이 분열과 붕괴의 과정을 거치면서 독일, 프랑스, 이탈리아 등의 국가가 탄생하게 되었다.

969 □ □ □

봉건제
封建制

중세 유럽에서 영주와 농노 사이에 성립되었던 주종 관계

중세 유럽에서 노예제가 붕괴된 이후에 영주와 농노 사이에 주종 관계가 성립되었던 제도로, 영주가 농노에게 봉토를 주고 그 대신에 군역의 의무를 부과하였다.

970

카노사의 굴욕
Humiliation at Canossa

10세기 후반 로마 제국 황제가 카노사에서 교황에게 파문을 취소할 것을 간청한 사건

로마 제국의 황제 하인리히 4세가 카노사에 있는 교황 그레고리우스 7세를 직접 찾아가 파문에 대한 취소를 간청한 사건으로, 그레고리우스 7세가 교황의 성직자 임명권에 반대하던 하인리히 4세를 파문시키고 폐위할 것을 선언함으로써 발생하였다.

971

십자군 전쟁
Crusades

기독교도가 팔레스타인과 예루살렘을 다시 찾기 위해 일으킨 원정

중세 유럽에서 기독교도가 이슬람교도로부터 팔레스타인과 예루살렘을 탈환하기 위해 감행한 원정으로, 11세기 말부터 13세기 말까지 8번을 일으켰다.

972

템플 기사단
Ordre des templiers

십자군 전쟁에서 이슬람과 맞서 싸운 종교 기사단

십자군 전쟁에서 이슬람과 맞서 싸운 종교 기사단으로, 중세 십자군 시대의 3대 종교 기사단 중 하나이며 정식 명칭은 예루살렘 템플 기사 수도회이다.

973

한자 동맹
Hanseatic league

중세 독일 북부 연안과 발트해 연안의 여러 도시 사이에서 상업권을 지배하기 위해 이루어진 동맹

'한자(Hansa)'란 유럽 여러 나라에서의 도시 상인들의 조합을 의미하는 단어로, 중세 중기 독일 북부 연안과 발트해 연안의 여러 도시 사이에서 상업상 상호 교역의 이익을 지키는 것을 목적으로 이루어진 동맹이다.

마그나 카르타
Magna carta

1215년 영국의 국왕이었던 존이 귀족들의 강요에 의해 승인한 문서

영국의 국왕이었던 존이 귀족들의 강요에 의해 1215년에 승인하였던 칙허장으로, 대헌장이라고도 한다. 본래는 귀족의 권리를 재확인하는 문서였으나, 이후 왕의 절대권력을 제한하고 시민들의 자유와 권리를 옹호하는 기능을 하게 되었다.

⊕ **상식 PLUS**
- **칙허장**: 서양에서 군주가 권위 또는 권리를 수여하던 공식 문서

100년 전쟁
Hundred years' war

중세 말 영국과 프랑스가 일으킨 전쟁

중세에서 근세로 넘어가는 시기에 영국과 프랑스가 일으킨 전쟁으로, 프랑스 영토 안에 있지만 영국의 지배를 받던 플랑드르 지방의 귀속 문제 때문에 발생하였다. 1337년부터 1453년까지 100년 넘게 진행되었으며, 초기에는 영국이 우세하였으나 잔 다르크의 활약으로 프랑스가 승리하였다.

중국

위진 남북조 시대
魏晉南北朝時代

한나라가 멸망한 해부터 수나라가 통일하기까지의 위진 시대와 남북조 시대

한나라가 멸망한 221년부터 수나라가 통일한 589년까지의 시대로, 강남이 경제 중심지가 되면서 중국의 중요한 전환기가 된 시대로 알려져 있다. 노장 사장이 나타나고 불교가 발전하며, 도교가 성립되는 등 예술 분야가 특히 발달하였다.

CHAPTER 10
세계사

사마의
司馬懿

위나라의 군사 전문가이자 정치가

중국 삼국 시대 위나라의 군사 전문가이자 정치가로, 제갈공명의 도전에 잘 대처하는 등 큰 공을 세웠으며 이후 그의 손자 사마염이 진을 세우는 데 기초를 닦았다. 또한, 둔전제를 시행하고 치수 사업을 벌여 농업 생산력을 안정시키고 위의 국방을 강화하는 데 공헌하였다.

⊕ 상식 PLUS
- **둔전제**: 군량의 확보나 직접적인 재원을 마련하기 위하여 경작자를 집단으로 투입해 관유지나 새로 확보한 변방의 영토 등을 경작하는 토지 제도

부병제
府兵制

중국 수나라와 당나라에서 정비되어 실시된 군사 제도

중국 서위에서 시작하여 수나라와 당나라에 이르러 정비된 군사 제도로, 병농 일치를 근간으로 군인을 뽑아 부병으로 3년에 한 번씩 근무하게 하였으며 그 대가로 조세를 면제해주고 1인에게 100묘의 토지를 지급하는 균전법을 시행하였다.

측천무후
則天武后

중국의 유일한 여자 황제

중국 당나라 고종의 황후였지만 690년 국호를 주로 바꾸고 스스로 황제가 된 인물로, 중국 역사상 유일한 여자 황제이다.

두보
杜甫

중국 당나라의 시인

중국 당나라 최고의 시인으로, 율시에 뛰어났으며 긴밀하고 엄격한 구성, 사실적 묘사 등으로 인간의 슬픔을 노래하였다. 그의 주요 작품에는 <북정>, <추흥>, <삼리삼별> 등이 있다.

안녹산
安祿山

중국 당나라의 무장

중국 당나라 때 반란을 일으킨 무장으로, 현종의 총애를 받아 당의 국경 방비군 전체의 3분의 1 정도 병력을 장악하였으며 자신을 스스로 대연 황제라 칭하고 성무로 연호를 바꾸었다.

982

안사의 난
安史-亂

중국 당나라의 안녹산과 사사명 등이 일으킨 반란

755년부터 약 9년 동안 중국 당나라의 안녹산과 사사명 등이 양국충과 대립하여 일으킨 반란으로, 뤄양, 장안을 점령하였다. 반란군의 난은 안녹산이 자신의 아들에게 암살당한 뒤에도 계속되었는데, 이후 내부 자체의 분열과 위구르족으로 인해 반란군은 평정되었다. 이 난은 당의 중앙 집권제가 무너지는 계기와 중국 사회 발전의 분기점으로서의 의의가 있다.

983

동방견문록
東方見聞錄

마르코 폴로가 동방을 여행하며 기록한 여행기

이탈리아 여행가 마르코 폴로가 1271년부터 1295년까지 동방을 여행하며 보고 들은 것을 기록한 여행기로, 후에 마르코 폴로가 감옥에 갇혀 있을 때 루스티첼로에게 자신의 경험을 구술하여 받아 적게 한 뒤 출간하였다. 책의 정식 명칭은 <세계의 기술>이며, 유럽과 미국 등에서는 <마르코 폴로의 여행기>로, 한국과 일본에서는 <동방견문록>으로 출간되었다.

984

능지처참
陵遲處斬

대역죄를 저지른 자에게 내린 형벌

대역죄를 범한 사람에게 내린 형벌로, 죄인을 죽인 뒤 시신의 머리, 몸, 팔, 다리를 토막 쳐서 전국 각지에 돌려보내 백성들이 오래오래 깔보게 하는 것이다.

기타

985

나라 시대
奈良時代

일본의 나라 지방을 수도로 하였던 시대(710~794년)

나라 지방에 수도가 있었던 시대로, 710~794년의 84년간 일본 역사상 시대 구분의 하나이다. 중앙 귀족의 권력 다툼으로 내란이 빈번하게 일어났으며, 개간지의 영구적 사유가 허가되었고 처음으로 황제의 칭호로 천황을 사용하였다. 또한, 한자나 한문학이 발달하고 불교 문화의 융성이 이루어졌는데, 이 시기에 <고사기>, <일본 서기> 등이 편찬되었다.

UNIT 3

근현대

주요 시민혁명과 제1차, 제2차 세계대전에 대해 알아두면 좋습니다.

회독 박스(□)에 정확히 아는 개념은 ○, 알쏭달쏭한 개념은 △, 전혀 모르는 개념은 ×로 체크하면서 꼼꼼히 학습해 보세요.

서양

986 □ □ □

장미 전쟁
Wars of the Roses

영국의 랭커스터 가와 요크 가 사이에서 왕위를 두고 벌어졌던 전쟁

1455년부터 1485년까지 영국의 랭커스터 가와 요크 가 사이에서 왕위를 두고 벌어졌던 전쟁으로, 휘장이 랭커스터 가는 붉은 장미, 요크 가는 흰색 장미인 것에서 이름 붙였다. 영국은 이 전쟁 이후 귀족과 기사 세력이 꺾이고 왕권이 강화되었다.

987 □ □ □

종교 개혁
Reformation

로마 가톨릭교회의 쇄신을 요구하며 일어난 개혁 운동

루터가 로마 교황이 면죄부를 판매하는 것에 대해 95개조 반박문을 제시하며 비롯되어 16~17세기 유럽에서 로마 가톨릭교회의 쇄신을 요구하며 일어난 개혁 운동이다.

⊕ 상식 PLUS
- **칼뱅의 종교 개혁**: 신이 인간을 구원할지 말지 미리 정해 두었다는 예정설을 주장하며, 스위스 제네바에서 일어남

988 □ □ □

무적함대
無敵艦隊

에스파냐의 펠리페 2세가 영국을 공격하기 위하여 편성한 함대

1588년 에스파냐의 왕 펠리페 2세가 영국을 공격하기 위하여 편성한 대함대로, 영국 해협을 항해하던 중에 영국 해군의 습격을 받아 패했다.

펠리페 2세
Felipe II

에스파냐의 왕

에스파냐 사상 최대의 번영을 이룩하였지만 네덜란드 독립 전쟁에서 패하는 등 국운이 쇠퇴하는 계기를 만든 1556년부터 1598년까지 재위한 에스파냐의 왕이다.

메디치가
Medici family

르네상스 시대의 이탈리아 피렌체를 지배하였던 가문

13세기 말부터 동방 무역과 금융업으로 번성하였으며 문예를 보호 및 장려하여 르네상스에 공헌하였으며 이탈리아 피렌체를 실질적으로 지배하였던 가문이다.

예수회
Society of Jesus

에스파냐의 로욜라가 창설한 가톨릭의 남자 수도회

1534년 에스파냐의 로욜라가 프란시스코 사비에르 등과 함께 창설한 가톨릭의 남자 수도회로, 1540년에 교황의 승인을 받았다. 이후 세계적인 포교에 힘쓰며 특히 교육 분야에 역점을 두어 다양한 교육 기관을 설립 및 운영하고 있다.

권리청원
Petition of right

영국 의회가 찰스 1세에게 승인을 얻은 국민 인권에 관한 청원서

영국 의회가 국민의 헌법상 권리를 주장하기 위해 찰스 1세에게 제출하여 승인을 얻은 청원서로, 영국 헌법상 마그나 카르타, 권리장전과 함께 중대한 의의가 있다. 이 청원서에는 의회의 동의가 없는 과세, 불법적인 체포 및 구금 등을 금지하는 내용이 담겨 있으며, 이후 청교도 혁명의 직접적인 원인이 되었다.

⊕ 상식 PLUS
• **청교도 혁명:** 1642년부터 1649년까지 찰스 1세를 중심으로 한 왕당파에 청교도인이 다수인 의회파가 반발하며 일으킨 혁명으로, 의회파의 중심이던 크롬웰이 찰스 1세를 처형하고 공화 정치를 시행하면서 성공으로 마무리되었으나 크롬웰 사망 후 다시 왕정복고가 일어나게 됨

CHAPTER 10 세계사

993

☐ ☐ ☐

베스트팔렌 조약
Peace of Westfalen

독일 30년 전쟁의 종결을 위하여 체결된 평화 조약

1648년 독일, 프랑스, 스웨덴 등 여러 나라가 독일 30년 전쟁을 끝마치기 위하여 체결한 평화 조약으로, 독일 북서부 베스트팔렌의 오스나브뤼크에서 이루어진 것에서 이름 붙여졌다. 이 조약은 가톨릭 제국으로서의 신성 로마 제국을 붕괴시키고 근대 유럽의 정치 구조가 나타나는 계기가 되었다.

994

☐ ☐ ☐

명예혁명
Glorious revolution

영국에서 전제 왕정을 입헌 군주제로 바꾼 혁명

1688년 영국에서 전제 정치를 입헌 군주제로 바꾼 시민 혁명으로, 유혈 사태 없이 성공하였기에 이 이름이 붙여졌다. 당시 왕위에 올랐던 제임스 2세가 가톨릭 부흥 정책과 전제 정치를 강력히 추진하였으나, 의회는 이에 반대하여 제임스 2세의 폐위를 결의한 후 메리 2세와 윌리엄 3세를 왕으로 추대하며 피를 흘리는 일 없이 정권 교체를 이루었다.

995

☐ ☐ ☐

권리장전
Bill of rights

명예혁명의 결과로 제정된 영국의 의회 제정법

1689년 영국 명예혁명의 결과로 제정된 법률로, 이것이 채택되면서 입헌 군주제가 실시되었다.

996

☐ ☐ ☐

7년 전쟁
七年戰爭

오스트리아와 프로이센 사이에서 일어난 전쟁

1756년부터 1763년까지 오스트리아와 프로이센 사이에서 슐레지엔 영유를 둘러싸고 일어난 전쟁으로, 1763년에 후베르투스부르크화약이 성립되어 슐레지엔 영유를 프로이센이 차지하며 종료되었다. 당시 프로이센을 지원한 영국은 오스트리아를 지원한 프랑스와의 식민지 전쟁에서 승리하여 대식민제국으로서의 지위를 확립하게 되었다.

미국 독립 혁명
American revolution

미국의 13개 주 영국령 식민지가 독립을 달성한 혁명

18세기 중엽 보스턴 차 사건을 계기로 미국 13개의 영국령 식민지가 영국 본국의 지배로부터 독립을 달성한 혁명이다.

⊕ 상식 PLUS
- **보스턴 차 사건**: 미국의 독립 전쟁에 발단이 된 사건으로, 1773년에 보스턴의 급진파가 항구에 정박 중이던 영국 동인도 회사의 배를 습격하여 차(茶) 상자를 바닷속에 던진 사건
- **독립 선언**: 북아메리카의 13개 영국령 식민지 대표들이 창설한 기관인 대륙 회의가 1776년에 독립을 선언한 것

프랑스 혁명
French revolution

프랑스에서 일어난 시민 혁명

프랑스에서 1789년부터 1794년까지 일어난 시민 혁명으로, 국민들이 불평등한 제도를 없애고 개인으로서의 자신을 확립하고 평등한 권리를 갖기 위해 시작된 혁명이라는 의미가 있다.

인권선언
人權宣言

프랑스 혁명 당시 국민 의회가 인권에 대해 발표한 선언

1789년 프랑스 혁명 당시 국민 의회가 인권에 관하여 채택하여 발표한 선언으로, 인간의 자유·평등의 원리를 분명히 하였다. 불평등한 신분 제도인 봉건 제도를 공식적으로 폐지하였다는 의미를 지닌다.

빈 회의
Congress of Wien

프랑스 혁명과 나폴레옹 전쟁 후의 사태를 수습하기 위해 열린 국제회의

프랑스 혁명과 나폴레옹 전쟁 후의 사태를 수습하기 위해 오스트리아 수상 메테르니히가 빈에서 개최한 국제회의이다.

CHAPTER 10

세계사

산업혁명
Industrial revolution

18세기 중엽 영국에서 시작된 생산 기술 및 사회·경제 구조의 변화

18세기 후반부터 약 100년 동안 유럽에서 일어났던 기계의 발명, 생산 기술의 변화, 사회 및 경제 구조의 변화로, 1760년대 영국을 시작으로 다양한 국가로 확대되었다. 수공적 작업장이 기계 설비에 의한 큰 공장으로 전환되었고, 이로 인해 자본주의 경제가 확립되었다.

7월 혁명
七月革命

1830년 프랑스 파리에서 일어난 시민 혁명

프랑스 파리에서 일어난 시민 혁명으로, 1830년 7월에 발생하여 붙여진 명칭이다. 이 혁명은 당시 국왕이었던 샤를 10세의 전제 정치에 맞서 일어났으며 이후 샤를 10세가 물러나고 루이 필리프가 프랑스 왕위에 오르며 부유한 시민 계급이었던 부르주아가 권력을 잡게 되었다.

⊕ **상식 PLUS**
- **7월 왕정**: 7월 혁명으로 이루어진 입헌 왕정으로, 주로 부유한 시민 계급 부르주아의 이익을 대변하면서 이에 대한 민중의 불만을 일으켜 무너지게 된 왕정

크림 전쟁
Crimean war

크림반도와 흑해를 둘러싸고 러시아와 연합군 사이에서 일어난 전쟁

러시아와 오스만투르크, 영국, 프랑스, 사르데냐 연합군 사이에서 크림반도와 흑해를 둘러싸고 일어난 전쟁으로, 러시아는 비록 이 전쟁에서 패배하였지만, 후에 근대화를 지향하는 운동이 일어나며 1861년에는 농노 해방령이 선언되기도 하였다.

⊕ **상식 PLUS**
- **농노 해방령**: 러시아의 황제 알렉산드르 2세가 크림 전쟁 패배 이후 농노제를 폐지하기 위해 내린 법령

남북 전쟁
American Civil War

노예 제도를 두고 미국의 남부와 북부 사이에 일어난 전쟁

미국에서 노예 제도의 유지를 주장한 남부와 노예 제도의 폐지를 주장한 북부 사이에서 일어난 전쟁으로, 1861년부터 1865년까지 진행되었다. 관세에 대해서도 다른 입장을 보였던 남부와 북부 사이의 이 전쟁은 1865년에 남부가 항복을 선언하며 막을 내리게 되었고, 미국의 통일은 유지되었으며 노예제는 폐지되었다.

1005

파쇼다 사건
Fashoda incident

□ □ □

아프리카 분할 문제로 프랑스와 영국이 충돌한 사건

1898년 아프리카 분할 점령을 놓고 프랑스와 영국이 충돌한 사건으로, 아프리카 수단의 도시 파쇼다에서 일어났다고 해서 붙여진 명칭이다. 횡단 정책을 세운 프랑스가 종단 정책을 세운 영국과 부딪히면서 발생하였으나 독일과 대항하기 위해 영국의 협조가 필요하였던 프랑스의 양보로 수단은 영국의 식민지로 인정되었다.

1006

제1차 세계대전
First World War

□ □ □

영국·프랑스·러시아 연합국과 독일·오스트리아 동맹국 사이에서 일어난 세계적 규모의 전쟁

연합국(영국·프랑스·러시아)과 독일·오스트리아 동맹국이 양 진영의 중심이 되어 일어난 세계적 규모의 전쟁으로, 오스트리아가 사라예보 사건으로 인해 세르비아에 선전 포고한 1914년부터 4년간 이어졌다.

⊕ 상식 PLUS
- 사라예보 사건: 1914년 사라예보에서 오스트리아 황태자 페르디난트 부부가 세르비아 청년에게 암살된 사건

1007

베르사유 체제
Versailles 體制

□ □ □

베르사유 조약에 입각한 국제 정치 체제

제1차 세계대전 이후 맺은 베르사유 조약에 입각한 국제 평화를 위한 안전 보장의 국제 정치 체제이다. 베르사유 조약은 1919년 제1차 세계대전 이후 연합국과 독일이 베르사유 궁전에서 맺은 평화 조약으로, 독일의 영토 축소, 배상 의무, 군비 제한 등의 조항이 포함되어 있다.

1008

제2차 세계대전
Second World War

빈출

□ □ □

세계 경제 공황 이후 미국·영국·프랑스 등의 연합국과 독일·이탈리아·일본 등의 추축국 사이에서 일어난 세계적 규모의 전쟁

연합국(미국·영국·프랑스·소련·중국 등)과 추축국(독일·이탈리아·일본 등)이 양 진영의 중심이 되어 일어난 세계적 규모의 전쟁으로, 영국과 프랑스가 폴란드 침공으로 독일에 선전포고한 1939년부터 일본이 항복하였던 1945년까지 이어졌다.

1009

히틀러
Adolf Hitler

독일의 정치가이자 독재자

오스트리아 태생의 독일 정치가로, 1919년 독일 노동당에 입당하여 1934년 독일 총통이 되었다. 독재자로서 정권을 펼치던 히틀러는 반유대주의와 게르만 민족의 우월성을 내세우며 제2차 세계대전을 일으켰으나 연합군의 공격에 밀려 베를린 함락 직전에 자살하였다.

중국

1010

공행
公行

외국 상인들과의 무역을 독점하였던 상인 조합

중국 청나라 때 광저우에서 외국 상인들과의 무역을 독점하였던 상인들의 조합으로, 수출품인 차와 비단, 수입품인 면화와 모직물 등을 거래하였다. 다만, 정부는 이들을 관리 및 감독하며 관세를 부과하였다.

1011

난징 조약
南京條約

제1차 아편 전쟁을 종결하기 위해 영국과 청이 맺은 조약

영국과 청 사이에 발발하였던 제1차 아편 전쟁의 결과로 맺어진 조약으로, 1842년에 체결한 강화 조약이다. 중국이 체결한 최초의 불평등 조약인 난징 조약에는 '홍콩을 영국에 할양한다.' '광저우, 샤먼, 푸저우, 닝보, 상하이 등 5항을 개항한다.', '수출입 상품에 대한 관세를 제한한다.', '아편 보상금 600만 달러를 영국에 지불한다.' 등의 내용을 담고 있다.

⊕ **상식 PLUS**
- **강화 조약**: 국가 간의 전쟁을 종결시키기 위해 체결하는 평화 조약

1012

태평천국 운동
太平天國運動

홍수전이 일으킨 농민 운동

홍수전이 청조 타도와 새 왕조를 건설할 목적으로 일으킨 농민 운동으로, 1851년부터 1864년까지 진행되었다.

1013

홍수전
洪秀全

중국 태평천국의 창시자

평화롭고 평등한 지상 천국을 수립할 것을 목적으로 군사를 일으켜 태평천국을 세우고 자신을 스스로 천왕이라 칭한 인물로, 청나라를 타도하고자 하였다. 그러나 내분과 청나라 군대의 공격으로 난징이 함락되기 직전에 자살하였다.

1014

베이징 조약
北京條約

제2차 아편 전쟁을 종결하기 위해 청과 영국, 프랑스, 러시아가 맺은 조약

청과 영국, 프랑스, 러시아 사이에 체결한 10여 개의 조약으로, 1860년 10월 베이징에서 맺은 이 조약으로 애로호 사건 이후 일어난 제2차 아편 전쟁을 종결시켰다. 이 조약은 베이징 주재권 확인, 배상금 800만 냥 지불, 톈진 개항 등의 내용을 담고 있다.

1015

톈진 조약
天津條約

애로호 사건 이후 톈진에서 청과 4개국 사이에서 맺은 조약

애로호 사건 이후에 러시아, 미국, 영국, 프랑스의 4개국이 각각 청과 체결한 불평등 조약으로, 모두 최혜국 조관이 삽입되어 있어 동일한 조약으로 보기도 한다.

1016

변법자강 운동
變法自彊運動

시대에 맞지 않는 법과 제도를 근본적으로 개혁하고자 한 운동

캉유웨이, 량치차오 등을 중심으로 시대에 맞지 않는 정치, 교육, 법 등의 사회 전반적인 제도를 근본적으로 개혁하고자 진행한 운동이다.

1017

의화단 운동
義和團運動

청나라 말기에 일어난 외세 배척 운동

1900년 청나라 말기에 화베이 일대에서 일어난 외세 배척 농민 운동으로, 북청사변, 단비의 난, 권비의 난이라고도 한다. 의화단이 베이징에 입성하여 습격하였으나 일본, 러시아 등 8개국 연합군에게 패배하였고 결국 신축 조약을 체결하였다.

신축 조약
辛丑條約

중국이 의화단 사건을 처리하기 위하여 열강과 체결한 조약

1901년에 의화단 사건을 처리하기 위하여 중국이 영국, 미국, 러시아, 독일, 일본 등 11개국과 체결한 조약으로, 배외 운동 금지, 베이징에 공사관 구역 설정, 관세 및 염세를 담보로 한 배상금 지불 등의 내용을 담고 있는 불평등 조약이며 베이징 의정서라고도 한다.

쑨원
孫文

19세기 말 중국 혁명의 선도자이자 정치가

민족주의·민권주의·민생주의의 삼민주의를 내세운 중국 혁명의 선도자이자 정치가이다. 그는 신해혁명을 일으켜 청나라 황제를 몰아내고 아시아 최초의 공화국인 중화민국을 세웠다.

신해혁명
辛亥革命

청나라를 무너뜨리고 중화민국을 세운 민주주의 혁명

1911년에 청나라를 무너뜨리고 쑨원을 임시 대총통으로 하는 중화민국을 세운 민주주의 혁명이다. 그러나 위안스카이가 쑨원으로부터 지위를 빼앗아 1912년 3월 10일에 대총통으로 정식 취임하여 독재를 꾀하였고, 이에 1913년에 제2혁명, 1915년에 제3혁명으로 투쟁을 벌였으나 군벌 정치가 시작되면서 신해혁명은 미완의 상태로 종료되었다.

⊕ 상식 PLUS
- **대총통**: 1912년부터 1925년까지 중화민국에서 사용한 국가 원수의 칭호

아큐정전
阿Q正傳

중국 작가 루쉰(1881~1936년)의 대표적인 중편 소설

신해혁명을 전후한 농촌을 배경으로 하여 최하층 아Q라는 인물을 중심으로 중국 사회 문제를 파헤치고자 쓴 소설로, 중국의 의식 개혁을 주창한 루쉰이 집필하였다.

5·4 운동
五四運動

제1차 세계대전 후 전국적으로 일어난 반제국주의, 반봉건주의 민중 운동

중국 베이징에서 시작하여 전국적으로 일어난 반제국·반봉건주의 민중 운동으로, 학생, 노동자, 상인들이 모두 참여하였다는 것에 의의가 있다.

장제스
蔣介石

중국의 정치가이자 중화민국의 총통

1926년 국민당을 장악하면서 국민당 혁명군 총사령관이 되어 북벌에 성공하고 난징 정부의 실권을 장악하였던 중국의 정치가이자 중화민국의 총통이다.

마오쩌둥
毛澤東

중국의 정치가

공산당의 요직에서 활동하다가 중앙 제7차 전국 대표 대회에서 연합 정부론을 발표하였던 중국의 정치가로, 장제스와의 내전에서 승리하여 베이징에 중화 인민 공화국 정부를 세웠다. 1949년 공산정권 수립과 동시에 초대 국가 주석에 취임하였으며 1965년 이후에는 문화대혁명을 지도하기도 하였다.

천안문 사건
天安門事件

톈안먼(천안문) 광장에서 중국 국민들이 민주화 시위를 하면서 일어난 대규모 유혈 사태

중국 베이징에 있는 톈안먼 광장에서 중국 정부가 중국 국민들의 민주화 시위를 무력 진압하는 과정 중 대규모의 사상자를 낸 사건이다. 원래 명칭은 톈안먼 사건이지만, 한자음으로 읽어 천안문 사건이라고도 한다.

우산 혁명
雨傘革命

2014년 9월 26일부터 79일간 이어진 홍콩의 민주화 운동

간접 선거로 선출되었던 홍콩 행정 장관에 대하여 완전 직선제를 요구하였던 민주화 운동으로, 시위대가 우산으로 최루 가스를 막아 붙여진 명칭이다. 2017년 전인대가 미리 선정한 제한된 후보 중에서 시민들의 직선제로 행정장관을 선출한다고 발표하며 논란이 발생하였고, 이에 대해 완전 직선제를 요구하며 시위가 발생하였다.

1027

□ □ □

만주 사변
滿洲事變

일본군의 중국 둥베이 지방에 대한 침략 전쟁

류탸오후 사건으로 1931년에 시작된 일본 관동군의 중국 만주(둥베이 지방)에 대한 침략 전쟁이며, 당시 중국의 전국 주요 대학에서는 일본의 만주 침략에 대한 격렬한 반대로 항일 구국회가 결성되었다. 일본군은 둥베이 삼성을 점령하고 만주국을 수립하였는데 이는 후에 중일 전쟁의 원인이 되었다.

1028

□ □ □

무로마치 시대
室町時代

아시카가 막부가 집권한 시대

14세기부터 16세기까지 아시카가 막부가 집권한 시대로, 교토 무로마치에 궁전을 세운 데서 유래한 명칭이다. 이 시대에는 정치적·사회적 지배자로서의 지위를 확립한 무사들이 학문, 문학, 미술, 공예 분야에서 독자적인 문화를 이루었다.

1029

□ □ □

청일 전쟁
淸日戰爭

1894년 청과 일본 사이에서 일어난 전쟁

조선에 대한 지배권을 두고 청과 일본 사이에서 일어난 전쟁으로, 일본의 승리로 끝나면서 청의 이홍장과 일본의 이토 히로부미가 일본 시모노세키에서 강화 조약인 시모노세키 조약을 체결하였다.

1030

□ □ □

중일 전쟁
中日戰爭

1937년에 시작된 중국과 일본 사이에서 일어난 전쟁

중국과 일본 사이에서 일어난 전쟁으로, 루거우차오 사건에서 비롯되었으나 만주 사변과 일본의 중국 침략 정책이 주된 목적이었다. 1945년 일본이 항복함으로써 전쟁은 끝나게 되었다.

⊕ 상식 PLUS
- **루거우차오 사건**: 일본이 중국 제29군의 발포로 인해 행방 불명자가 생겼다는 구실로 주력 부대를 출동시켜 베이징 근교의 루거오차오를 점령한 사건

1031 □ □ □

난징 대학살
南京大虐殺

1937년 난징을 점령한 일본군이 저지른 대규모 학살 사건

중일 전쟁 때 일본군이 저지른 대규모 학살 사건으로, 1937년 8월 상하이를 공략하였던 일본군이 중국군의 완강한 저항을 받자 11월에 다시 추격하여 12월 13일 중국의 수도였던 난징을 점령하였다. 이 사건으로 약 11만 9,000여 명이 희생되었다.

1032 □ □ □

탄지마트
Tanzimat

19세기에 들어 오스만 제국의 약화를 저지하기 위해 추진한 개혁 정책

1839년부터 1876년 사이에 오스만 제국의 술탄 압둘마지드에 의하여 시행된 근대식 개혁 정책으로, 종교적이고 보수적인 제도는 철폐하고 행정·토지·징병·교육·사법 제도 등 여러 정책을 추진하였으나 큰 성공을 거두지는 못하였다.

1033 □ □ □

세포이 항쟁
Sepoy mutiny

영국 동인도 회사의 용병 세포이가 인도에서 일으킨 항쟁(1857~1859년)

1857년에 영국 동인도 회사에 고용되었던 인도인 용병 세포이들이 영국의 식민 통치에 반발하여 일으킨 항쟁으로, 이 항쟁으로 인하여 영국은 무굴 제국을 멸망시키고 동인도 회사를 해산하고 인도를 직접 통치하게 되었다.

⊕ 상식 PLUS
• **동인도 회사:** 17세기에 유럽 각국이 인도 및 동남아시아와 무역하기 위하여 동인도에 세운 무역 독점 회사

1034 □ □ □

스와라지 운동
Swaraji movement

1906년에 간디가 주도하여 일으킨 인도의 독립운동

영국의 지배에서 벗어나 독립을 목적으로 인도의 간디가 주도하여 일으킨 운동으로, 정치적으로는 인도인들의 민족주의 운동을, 경제적으로는 영국 제품의 배척을 가져왔다. 국민회의 콜카타(캘커타) 대회에서도 이를 4대 목표 중 하나로 결의하여 운동의 지도에 앞장섰다.

앞에서 학습한 상식을 문제를 풀면서 바로 점검해 보세요!

[01-05] 다음 각 설명을 읽고, 맞으면 O, 틀리면 ×에 표시하시오.

01 '사마의'는 <사기>를 집필하였으며 태초력을 제정하여 후세 역법의 기초를 세운 인물이다. (O , ×)

02 청조 타도와 새 왕조를 건설할 목적으로 홍수전이 일으킨 농민 운동을 '태평천국 운동'이라고 한다. (O , ×)

03 유가의 기본 경전인 '사서'에는 <논어>, <대학>, <맹자>, <주역>이 있다. (O , ×)

04 영국 명예혁명의 결과로 제정된 영국의 의회 제정법을 '권리청원'이라고 한다. (O , ×)

05 조선에 대한 지배권을 두고 청과 일본 간에 일어난 청일 전쟁 이후 '시모노세키 조약'이 체결되었다. (O , ×)

[06-10] 다음 각 설명에 해당하는 용어를 쓰시오.

06 이탈리아 여행가 마르코 폴로가 동방을 여행하며 보고 들은 것을 기록한 여행기 (   )

07 모자이크 벽화 등 그리스 고전 문화에 그리스도교적 요소를 더해 만들어진 로마 제국의 문화 (   )

08 쑨원을 임시 대총통으로 하는 중화민국을 세운 민주주의 혁명 (   )

09 미국 13개 주 영국령 식민지가 독립을 달성하게 된 미국 독립 전쟁의 발단이 된 사건 (   )

10 국유화된 토지를 부유층들이 점유하게 된 고대 로마의 대토지 소유 제도 (   )

11 **영국과 청나라 사이에 일어났던 제1차 아편 전쟁을 종결하기 위해 체결된 조약은?**
　① 베이징 조약　　　② 신축 조약　　　③ 톈진 조약　　　④ 난징 조약

12 **오스트리아와 프로이센 사이에 슐레지엔 영유를 둘러싸고 일어났던 전쟁은?**
　① 7년 전쟁　　　② 백년 전쟁　　　③ 장미 전쟁　　　④ 크림 전쟁

13 **인위에 반대하며 자연적인 것을 중시하는 노자와 장자의 사상을 계승시킨 사상은?**
　① 법가사상　　　② 도가사상　　　③ 유가사상　　　④ 묵가사상

14 **간접 선거로 선출되었던 행정 장관에 대하여 직선제를 요구했던 홍콩 민주화 운동은?**
　① 5·4 운동　　　② 우산 혁명　　　③ 7월 혁명　　　④ 산업혁명

15 **일본에서 <고사기>, <일본 서기> 등이 편찬되었던 시대는?**
　① 무로마치 시대　　　② 메이지 시대　　　③ 카마쿠라 시대　　　④ 나라 시대

16 다음 중 인도 카스트 제도의 낮은 계급순으로 바르게 나열한 것은?

| ㉠ 바이샤 | ㉡ 크샤트리아 | ㉢ 브라만 | ㉣ 수드라 |

① ㉢ - ㉠ - ㉡ - ㉣
② ㉢ - ㉡ - ㉠ - ㉣
③ ㉣ - ㉠ - ㉡ - ㉢
④ ㉣ - ㉡ - ㉠ - ㉢

17 다음 중 세포이 항쟁에 대한 설명으로 옳지 않은 것은?

① 동인도 회사에 고용되었던 용병들이 영국 식민 통치에 반발하여 일으켰다.

② 이 항쟁 이후에도 동인도 회사는 계속해서 유지되었다.

③ 동인도 회사는 유럽 각국이 인도 및 동남아시아와 독점 무역을 하기 위해 세운 회사이다.

④ 이 항쟁 이후에 영국은 인도를 직접적으로 통치하게 되었다.

18 다음 세계 4대 문명에 대한 설명으로 옳은 것의 개수는?

- 인도의 인더스강 유역에서 발생한 인더스 문명은 포장된 도로, 채색 토기, 벽돌집 등이 특징이다.
- 이집트 문명은 상형 문자, 파피루스, 파라오의 통치, 피라미드 건설, 태양력 등이 특징이다.
- 비옥한 초승달 지대의 티그리스-유프라테스강 유역에서 발생한 문명은 황하 문명이다.
- 함무라비 법전과 60진법은 메소포타미아 문명의 대표적인 특징이다.

① 1개
② 2개
③ 3개
④ 4개

19 다음 중 세계대전에 대한 설명으로 옳지 않은 것은?

① 사라예보 사건으로 인하여 제1차 세계대전이 발발하였다.

② 세계 경제 공황 이후에 연합국과 추축국 사이에서 제2차 세계대전이 일어나게 되었다.

③ 제2차 세계대전은 일본의 항복을 끝으로 1945년에 종결되었다.

④ 제2차 세계대전의 결과로 연합국과 독일 사이에 베르사유 조약이 체결되었다.

20 다음 중 루터의 종교 개혁에 대한 설명으로 옳지 않은 것은?

① 16~17세기 유럽에서 일어난 종교 개혁이다.

② 루터는 로마 교황이 면죄부를 판매하는 것에 대해 반박문을 제시했다.

③ 루터는 반박문을 통해 신이 인간의 구원에 대해 미리 정해두었다는 예정설을 주장하였다.

④ 로마 가톨릭교회의 쇄신을 요구하며 일어났던 개혁 운동이다.

🔍 정답

01	× → 사마천	02	○	03	× → <중용>	04	× → 권리장전	05	○
06	동방견문록	07	비잔틴 문화	08	신해혁명	09	보스턴 차 사건	10	라티푼디움
11	④	12	①	13	②	14	②	15	④
16	③	17	② → 동인도 회사 해산	18	③	19	④ → 제1차 세계대전의 결과	20	③ → 칼뱅의 종교 개혁

CHAPTER 11
인문

다음은 인문 분야에서 출제되거나 출제될 가능성이 높은 중요한 키워드를 기반으로 정리한 마인드맵입니다.
학습 전 큰 흐름을 조망하거나 학습 후 공부한 내용을 정리하는 용도로 활용해 보세요.

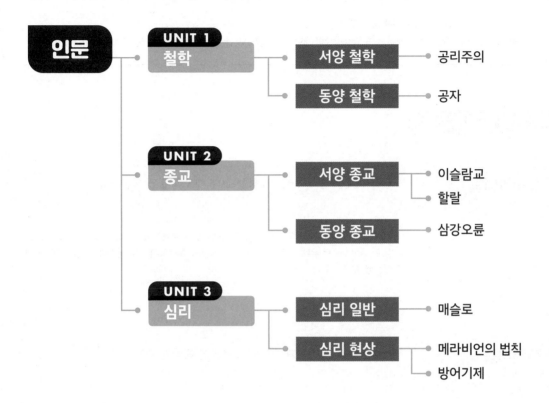

UNIT 1

철학

동서양의 철학 사상에 대해 확인해 보세요.

회독 박스(□)에 정확히 아는 개념은 ○, 알쏭달쏭한 개념은 △, 전혀 모르는 개념은 ×로 체크하면서 꼼꼼히 학습해 보세요.

서양 철학

1035
□ □ □

헤브라이즘
Hebraism

신의 존재를 중요하게 생각하는 고대 헤브라이 민족의 사상

신이 중심이 되는 신본주의 사상을 강조했던 고대 헤브라이 민족의 사상 및 문화를 이르는 말로, 일반적으로 유대교와 크리스트교의 전통을 총괄하며, 헬레니즘과 더불어 유럽 사상을 형성해 왔다.

1036
□ □ □

헬레니즘
Hellenism

서양의 그리스 문명과 오리엔트 문명이 융합된 사상

서양의 그리스 문명과 오리엔트 문명이 융합되어 등장한 사상으로, 1830년대에 독일 사학자 드로이젠이 그의 저서 <헬레니즘 역사>에서 처음 명명하였다. 시민주의 및 개인주의 경향, 자연 과학의 발달 등이 특징이다.

1037
□ □ □

변증법
Dialectic

모순이나 대립을 기본 원리로 하는 입증 방법

일반적으로 상대의 입장에 어떤 모순이 있는가를 논증하여 자신의 입장이 올바름을 입증하는 방법으로, 본래는 대화의 기술, 문답법을 의미한다. 제논에 의해 창시되었으며, 소크라테스와 플라톤에 의해 전개되고, 이후 칸트, 헤겔, 마르크스 등에 영향을 주게 된다.

☐ ☐ ☐

스토아학파
Stoicism

제논이 창시한 그리스 철학의 한 학파

기원전 3세기 초에 제논이 창시한 그리스 철학의 한 학파로, 금욕주의를 내세운 윤리학을 중요하게 다루어 유물론의 입장에서 금욕을 통해 자연에 순응하는 생활을 이상으로 내세웠다.

⊕ 상식 PLUS
- **에피쿠로스학파**: 스토아학파와 견줄 수 있는 헬레니즘 시대의 양대 학파의 하나로, 간소한 생활 속에서 정신적인 쾌락을 추구함

☐ ☐ ☐

교부 철학
Patristic philosophy

교리에 그리스 철학을 접목하여 성립한 철학

단순한 믿음의 종교를 넘어 철학적 이론에 근거한 이성 종교로 기독교를 승화시키기 위해 교리에 그리스 철학을 접목한 것으로, 2세기부터 약 8세기까지 이어졌다.

☐ ☐ ☐

4대 우상론
四大偶像論

인간이 버려야 할 편견인 네 가지 우상

베이컨이 스콜라 철학을 비판하며 정확한 사고를 위해 버려야 한다고 주장한 편견으로, 동굴의 우상, 시장의 우상, 종족의 우상, 극장의 우상을 이르는 말이다.

⊕ 상식 PLUS
- **4대 우상**

동굴의 우상	개인적인 특성, 환경, 교양 등에 따라 사물에 대한 올바른 견해와 판단을 방해하는 편견
시장의 우상	언어를 사용하는 과정에서 발생하는 편견
종족의 우상	종족의 본성에 근거하여 사물을 규정하는 편견
극장의 우상	자신의 생각이나 판단이 아닌 권위나 전통에 기대어 생각하고 판단할 때 생기는 편견

CHAPTER 11

인문

스콜라 철학
Scholasticism

중세 유럽에서 이루어진 철학

기독교 신앙을 체계적으로 정리하고 이성을 통한 이해와 입증을 위해 확립했던 철학으로, 8세기부터 17세기까지 중세 유럽에서 이루어졌다.

주지주의
Intellectualism

감정보다 지성 및 이성을 앞세우는 철학적 경향

감정보다 우위에 있는 지성 및 이성을 앞세우는 철학적 경향으로, 이를 주장한 사람은 스콜라 철학의 토마스 아퀴나스가 가장 대표적이다.

⊕ 상식 PLUS
- **주의주의**: 지성보다 우위에 있는 의지를 앞세우는 철학적 경향으로, 스토아학파의 아우구스티누스가 가장 대표적인 철학자임
- **주정주의**: 이성이나 의지보다 우위에 있는 감정과 정서를 앞세우는 철학적 경향

경험론
Empiricism

지식이나 인식의 근거를 경험에 두는 철학적 입장

모든 지식과 인식의 근거를 경험에 두고 경험을 중시하는 입장으로, 베이컨, 로크, 버클리, 흄 등이 가장 대표적인 사상가이다.

합리론
Rationalism

지식이나 인식의 근거를 이성에 두는 철학적 입장

모든 지식과 인식의 근거를 이성에 두고 이성적, 논리적, 필연적인 것을 중시하는 입장으로, 데카르트, 스피노자, 라이프니츠 등이 가장 대표적인 사상가이다.

1045

□ □ □

목적론
Teleology

모든 것은 목적에 의해 규정되고 목적을 실현하기 위해 존재한다는 이론

모든 인간의 행위, 사건, 자연의 현상 등은 목적에 의해 규정되고 목적을 실현하기 위해 존재한다는 이론으로, 이를 정식화한 가장 대표적인 사람은 아리스토텔레스이다.

1046

□ □ □

계몽주의
Enlightenment

인간 이성의 계몽을 통해 구습을 타파하려는 혁신적 사상

인간 이성의 계몽을 통해 교회의 권위에 바탕을 둔 구습을 타파하려는 혁신적인 사상으로, 16~18세기 유럽 전역에서 일어났다.

1047

□ □ □

공리주의
Utilitarianism

가치 판단의 기준을 행복과 이익 극대화에 둔 사상

행복, 이익, 효용 극대화에 가치 판단의 기준을 둔 사상으로, 18~19세기 영국에서 유행했다.

⊕ 상식 PLUS

• 공리주의 유형

양적 공리주의	• 벤담이 주창 • 모든 쾌락은 질적으로 같고 쾌락을 양으로 수치화할 수 있다고 주장
질적 공리주의	• 밀이 주창 • 쾌락이 질적인 차이를 가지고 있다고 주장

1048

□ □ □

실용주의
Pragmatism

진리를 판단하는 기준이 행위의 결과라고 주장하는 사상

행위의 결과가 진리 판단의 기준이라고 주장하는 사상으로, 19~20세기 미국에서 시작되었다. 실생활에 유용한 지식과 실용성이 있는 이론이 진리로서 가치가 있다고 주장하며, 실천상의 유용성을 기준으로 진리를 결정한다.

1049

□ □ □

실존주의
Existentialism

인간의 주체적 존재성을 강조하는 사상

현실 자각적 존재로서 인간의 주체적 존재성을 강조하는 사상으로, 20세기 독일과 프랑스를 중심으로 일어났다. 키르케고르, 니체, 하이데거, 야스퍼스, 마르셀, 사르트르 등이 대표 사상가이다.

1050

□ □ □

마르크스주의
Marxism

마르크스와 엥겔스가 확립한 사상

마르크스와 엥겔스가 확립한 사상 및 학설로, 자연과 사회를 물질적 존재의 변증법적 발전으로 설명한 변증법적 유물론, 사회 현상의 성립, 연관, 발전 방법을 변증법적 유물론의 입장에서 설명한 사적 유물론, 정치 경제학이 유기적으로 결합된 포괄적인 사상체계이다. 자본주의 사회에 내제된 생산력과 생산관계의 모순을 극복하기 위해서는 프롤레타리아 혁명을 통해 사회주의 사회로 이행해야 한다고 주장하였다.

1051

□ □ □

무정부주의
Anarchism

정치 조직 및 권력이나 공공적 강제의 필요성 등을 부정하는 사상

정치 조직 및 권력이나 공공적 강제의 필요성 등을 부정하는 사상으로, 억압하는 모든 것들은 부정하고 개인의 자유를 최상의 가치로 내세우려는 것이다.

1052

□ □ □

니힐리즘
Nihilism

사물이나 현상이 존재하지 않으며 아무런 가치도 가지고 있지 않다는 사상

사물이나 현상이 존재하지 않으며 아무런 가치도 가지고 있지 않고 인식도 되지 않는다는 사상으로, 허무주의라고도 한다. 도덕이나 종교상의 가치 규범, 문화생활 양식을 인정하지 않으며, 기존에 성립된 권위나 제도를 모두 부정한다.

프랑크푸르트학파
Frankfurter Schule

프랑크푸르트의 사회 연구소에서 활약한 학파

호르크하이머가 프랑크푸르트에 설립한 사회 연구소에서 활약한 학파로, 사회 현상을 비판적으로 분석하여 비판 이론이라고도 불린다. 이 학파의 구성원으로는 호르크하이머를 비롯하여, 아도르노, 프롬, 마르쿠제, 폴록, 하버마스, 슈미트 등이 대표적이다.

인도주의
Humanitarianism

인간의 존엄성을 최고 가치로 여기는 사상

인간의 존엄성을 최고 가치로 여기는 사상으로, 모두 동등한 자격을 갖추고 있는 인간의 안녕과 복지를 실현하는 것을 이상으로 한다.

환원주의
Reductionism

다양한 현상을 하나의 원리로 설명하려는 것

복잡하고 추상적인 다양한 현상을 기본적인 하나의 원리로 설명하려는 것으로, 논리 실증주의, 경험 비판론 등이 가장 대표적인 환원주의이다.

⊕ 상식 PLUS
• 대표적인 환원주의

논리 실증주의	철학에 과학의 논리적 분석 방법을 적용하고자 한 사상으로, 슐리크를 중심으로 빈학파가 발전시킴
경험 비판론	의식과 존재 등의 구분을 인정하지 않고 순수 경험에 의하여 인식이 가능하다는 이론으로, 독일의 철학자 아베나리우스와 마흐 등이 주장함

아가페
Agape

무조건적이고 절대적인 사랑

무조건적이고 절대적인 사랑을 이르는 말로, 그리스도교에서 하느님의 인간에 대한 사랑을 가리킨다.

파토스
Pathos

그리스 철학이나 신학에서 감성적인 것을 이르는 말

그리스 철학이나 신학에서 정서적 호소 및 공감 등과 같은 감성적인 것을 이르는 말이다.

⊕ 상식 PLUS
- **로고스**: 논리적, 이성적, 과학적인 것
- **에토스**: 인격, 신뢰 등 도덕적인 것

소크라테스
Socrates

고대 그리스의 철학자

고대 그리스의 대표적인 철학자로, 상대의 무지를 스스로 깨달을 수 있도록 계속해서 질문하는 문답법인 산파술을 발전시켰다. 소크라테스는 자신의 철학을 글로 남기지 않아 제자였던 플라톤의 저서 <대화편>에 그의 사상이 담겨 있다.

플라톤
Platon

소크라테스의 제자였던 고대 그리스 철학자

고대 그리스의 대표적인 철학자로, 소크라테스의 제자로 알려져 있다. 그는 아카데미를 개설하여 교육에 힘썼으며, 초월적인 이데아가 실제로 존재한다는 이데아 설을 만들어 주장하였다. 철학자가 통치하는 이상 국가 사상으로 유명하며, <소크라테스의 변명>, <향연> 등의 저서를 남겼다.

아리스토텔레스
Aristoteles

플라톤의 제자였던 고대 그리스 철학자

고대 그리스의 대표적인 철학자로, 플라톤의 제자로 알려져 있다. 스승과 달리 그는 현실주의적 철학을 주장하며 소요학파를 창시하였으며, 스콜라 철학을 비롯한 다양한 학문에 큰 영향을 주었다. <형이상학>, <오르가논> 등의 저서를 남겼다.

1061

아우구스티누스
Aurelius Augustinus

고대 교부 철학의 사상가

고대 교부 철학의 사상가로, 신플라톤주의 철학과 교부 철학을 결합하여 중세 기독교 사상에 영향을 주었으며, 모든 사물이나 역사적인 사건은 신의 예정에 의한 것이라는 예정설을 신학화하였다.

1062

베이컨
Francis Bacon

경험적 관찰을 중시했던 영국의 중세 철학자

경험적 관찰을 중시하며 경험론을 내세운 영국의 중세 철학자이다. 그는 4대 우상론을 내세우며 스콜라 철학을 비판했으며, 만물의 근원을 물질로 보아 모든 정신 현상도 물질의 작용이나 산물이라고 주장하는 유물론 철학과 개별적인 특수한 사실이나 원리를 전제로 일반적인 사실이나 원리를 도출해내는 연구 방법인 귀납법 체계를 만들었다.

1063

로크
John Locke

경험론을 확립했던 영국의 철학자이자 정치 사상가

경험주의를 강조했던 경험론 철학의 원조인 영국의 철학자이자 정치 사상가로, 근대 인식론의 기초를 이룬 <인간 오성론>을 저술하였다. 사회 계약설, 삼권 분립을 바탕으로 의회제, 민주주의 사상의 발전에 크게 공헌하였다.

1064

홉스
Thomas Hobbes

유물론 철학을 계승하고 체계화시킨 영국의 철학자이자 법학자

베이컨이 창시한 유물론 철학을 계승하고 체계화시킨 영국의 철학자이자 법학자로, 사회나 국가가 자유롭고 평등한 개인들의 합의나 계약에 의해 발생했다는 국가 계약설을 주장하였다.

루소
Jean Jacques Rousseau

프랑스의 계몽사상가이자 작가

프랑스의 사상가이자 작가로, 자유와 평등의 사회를 중시하였으며 인위적인 문명사회에서 벗어나 자연 상태로 돌아갈 것을 강조하였다. <인간 불평등 기원론>, <사회 계약론> 등의 저서를 남겼다.

듀이
John Dewey

미국의 철학자이자 교육 사상가

미국의 교육 사상가이자 대표적인 실용주의 철학자로, 프래그머티즘의 창시자이다. 그는 지식을 문제의 해결 도구로 생각하고 자유로운 사고를 강하게 주장하여 민주주의의 철학적 기초를 세우는 데 노력하였다. <민주주의와 교육>, <경험과 자연> 등의 저서를 남겼다.

촘스키
Avram Noam Chomsky

변형 생성 문법 이론으로 언어학에 큰 영향을 미친 현대 미국의 언어학자

미국의 언어학자이자 철학자로, 인간의 보편적인 언어 능력과 규칙에 대한 탐구인 변형 생성 문법 이론은 '촘스키 혁명', '언어학 혁명'이라고 불릴 정도로 언어학에 큰 영향을 미쳤다.

칸트
Immanuel Kant

서양 근대 철학을 종합한 독일의 철학자

경험주의와 합리주의를 종합하는 입장에서 인식의 성립 조건과 한계를 확정하고, 그의 저서 <순수 이성 비판>을 통해 형이상학적 현실을 비판하는 입장을 드러내며 비판 철학을 탄생시킨 독일의 철학자이다.

니체
Friedrich Wilhelm Nietzsche

근대 독일의 철학자이자 실존 철학의 선구자

독일의 철학자이자 실존 철학의 선구자로, 노예 도덕으로 간주한 기독교적·민주주의적 윤리에서 벗어나서 군주 도덕을 부활시켜야 한다고 주장하였다.

스피노자
Baruch de Spinoza

유대계 네덜란드 철학자

데카르트의 합리주의에 영향을 받아 물심 평행론과 범신론을 제창한 유대계 네덜란드 철학자로, 대표적인 저서로는 <에티카>, <신학 정치론>, <지성 개선론> 등이 있다.

동양 철학

성리학
性理學

중국 송나라와 명나라 때 집대성한 학설

중국 송나라와 명나라 때 주희가 집대성한 학설로, 이기설, 심성론 등을 다루었으며 이를 주자학이라고도 한다. 성리학은 고려 말에 들어와 조선 시대에 더욱 발전하였으며, 나라를 다스리는 기저 사상이 되었다. 또한, <삼강행실도>, <오륜행실도> 등을 만들어 나누어 주며 백성들에게도 성리학을 가르쳤다.

사단칠정론
四端七情論

조선 시대 사단과 칠정에 관하여 이기 이원론과 이기 일원론 사이에서 벌인 논쟁

측은지심(惻隱之心), 수오지심(羞惡之心), 사양지심(辭讓之心), 시비지심(是非之心)의 사단과 희(喜), 노(怒), 애(哀), 구(懼), 애(愛), 오(惡), 욕(慾)의 칠정에 관하여 이황의 이기 이원론과 기대승의 이기 일원론 사이에서 벌인 논쟁이다.

⊕ 상식 PLUS
- 사단칠정론의 구분

이기 이원론	우주는 형이상의 이와 형이하의 기로 구성되어있으며, 만물은 이와 기의 결합에 의해 생성됨
이기 일원론	이와 기를 서로 분리되어 있는 것이 아닌 일원적 요소로 보는 것

CHAPTER 11

입문

주리론
主理論

조선 시대 우주의 근본을 이로 보는 성리학 이론

우주의 근본을 기보다는 이로 보는 성리학 이론으로, 이황의 학설을 계승한 영남학파의 철학이다.

⊕ **상식 PLUS**
- **주기론**: 이이의 학설을 계승한 기호학파의 철학으로, 우주의 근본을 기로 보는 성리학 이론

훈고학
訓詁學

언어를 연구하고 경전을 해석하여 사상을 이해하려는 학문

언어를 연구하고 경전의 문장을 바르게 해석하여 사상을 이해하려는 학문으로, 중국의 한나라, 당나라 등에서 성행했다.

양명학
陽明學

왕수인이 성리학에 반대하여 주창했던 새로운 유교 학설

중국 명나라의 양명 왕수인이 주자의 성리학에 반대하여 주창했던 새로운 유교 학설로, 심즉리, 치양지, 지행합일설 등을 기본 사상으로 하고 있다.

⊕ **상식 PLUS**
- **심즉리**: 사람의 마음과 도리는 다르지 않고 같다는 것
- **치양지**: 선천적이고 보편적인 마음의 본체인 양지를 실현하는 것
- **지행합일설**: 지식과 행동은 하나이기 때문에 알면서 행하지 않는다면 진짜 아는 것이 아니라는 것

중체서용론
中體西用論

중국의 문화를 근본으로 서양의 기술을 도입하자는 사상

중국의 유교 문화를 근본으로 서양의 기술과 물질문명을 도입하여 부국강병을 이루자는 사상으로, 19세기 후반 중국 청나라에서 일어난 근대화 운동인 양무운동의 기본 사상이 되었다.

유불일치설
儒佛一致說

유교와 불교가 하나임을 내세운 학설

우리나라에서는 고려 무신의 난 이후 등장한 학설로, 유교와 불교가 서로 대치되는 것이 아니라 본질적인 부분은 서로 같다는 주장이다.

무실역행
務實力行

참되고 성실하게 행동하고 실천함을 강조하는 것

말이나 이론보다는 참되고 성실하게 행동하고 실천할 것을 강조하는 것으로, 도산 안창호 선생의 민족 독립운동의 중심 사상으로 활용되었다.

명리학
命理學

사주에 음양오행의 원리를 적용하여 길흉화복을 알아보는 학문

사람이 태어난 연, 월, 일, 시의 네 간지, 즉 사주에 음양오행의 원리를 적용하여 길흉화복을 알아보는 학문으로, 사주를 분석하여 나무, 불, 물, 쇠, 흙의 상생 및 상극 관계를 판단한다.

호락논쟁
湖洛論爭

인물성상이론과 인물성동론 사이에서 벌어진 논쟁

인간의 본성과 동식물의 본성이 다르다는 한원진 등 호론의 인물성상이론과 인간의 본성과 동식물의 본성이 같다는 이간 등 낙론의 인물성동론 사이에서 벌어진 논쟁으로, 조선 후기 성리학계 내부에서 일어났다.

공자
孔子

중국 춘추 시대의 인과 예를 중시한 대표적인 사상가이자 학자

중국 춘추 시대의 대표적인 사상가이자 학자로, 대성이라고도 부른다. 공자는 인(仁)을 중심으로 정치와 윤리의 이상으로 하는 덕치 정치를 강조하였으며, 부모 형제에 대한 애정인 효제(孝悌)를 중심으로 하여 이에 대한 실천 방법으로 예(禮)를 함께 강조하였다.

1082

맹자
孟子

성선설을 주장한 중국 전국 시대 사상가

중국 전국 시대의 대표적인 사상가로, 아성이라고도 부른다. 공자의 인 사상에 의(義)를 덧붙여 인의를 강조했고, 인간이 본래 가진 성품이 선하다고 보는 성선설을 주장했다.

⊕ **상식 PLUS**
- **아성**: 대성 공자에 다음가는 성인인 맹자를 이르는 말

1083

순자
荀子

성악설을 주장한 중국 전국 시대 사상가

중국 전국 시대의 대표적인 사상가로, 맹자의 성선설에 대해 비판하며 인간이 본래 가진 성품이 악하다고 보는 성악설을 주장했다.

1084

퇴계 이황
退溪李滉

성리학 발달의 기초를 형성한 조선 시대의 문신이자 학자

성리학 발달의 기초를 형성한 조선 시대의 문신이자 학자로, 주리론을 주장했다. 또한, <도산십이곡>이 대표적인 시조로 알려져 있으며, <계몽전의> 등의 저술은 <퇴계전서>로 편찬되었다.

1085

율곡 이이
栗谷李珥

성리학 발달의 기초를 형성한 조선 시대의 문신이자 학자

성리학 발달의 기초를 형성한 조선 시대의 문신이자 학자로, 서경덕의 학설을 이어받아 주기론을 주장하였으며 <성학집요>, <동호문답>, <경연일기> 등이 대표적인 저술이다.

UNIT 2

종교

동서양 종교의 종류 및 특징에 대해 확인해 보세요.

회독 박스(□)에 정확히 아는 개념은 ○, 알쏭달쏭한 개념은 △, 전혀 모르는 개념은 ×로 체크하면서 꼼꼼히 학습해 보세요.

서양 종교

1086 □ □ □

그리스도교
Christianity

그리스도의 인격과 교훈을 중심으로 하는 종교

그리스도의 인격과 교훈을 중심으로 하는 종교로, 불교, 이슬람교와 함께 세계 3대 종교로 불린다. 하나님을 천지 만물을 창조한 유일신으로, 예수를 그리스도교의 구세주로 믿는다. 그리스도교는 종교 개혁에 의해 구교, 신교, 가톨릭교로 분리되었으며, 그중 신교가 기독교 (크리스트교)이다.

1087 □ □ □

삼위일체
Trinitas

하나의 목적을 이루기 위해 세 가지가 통합되는 것

본래는 하나의 목적을 이루기 위하여 세 가지가 통합되는 일반적인 의미이지만, 하나님은 성부, 성자, 성령의 세 가지 위격을 가지며 이들이 통합되어 하나의 실체로 존재한다는 그리스도교의 기본적인 교의이다.

1088 □ □ □

성공회
The Anglican Domain

로마 가톨릭교회에서 분리되어 영국 국교회의 전통과 교리를 따르는 교회

영국 국교회의 전통과 교리를 따르는 교회로, 1534년 로마 교황의 종교적, 정치적 지배에서 벗어나 가톨릭교회에서 분파하였다.

1089

조로아스터교
Zoroastrianism

선신과 악신의 이원론적 세계관을 가지고 있는 종교

선신과 악신의 이원론적 세계관을 가지고 있는 종교로, 조로아스터가 창시하였다. 이 종교의 대표적 경전인 <아베스타>에서는 세계 역사를 선신 아후라 마즈다와 악신 아리만의 투쟁 과정으로 설명하며, 인간은 선신을 믿어 악신을 내쫓아야 한다고 이야기하고 있다.

1090

미사
Missa

가톨릭에서 행하는 종교의식

가톨릭에서 하느님께 제사를 지내는 것으로, 가장 중심이 되는 종교의식이다. '말씀의 전례'와 '성찬의 전례' 두 부분으로 이루어진다.

1091

도그마
Dogma

독단적인 신념이나 학설을 이르는 말

독단적인 신념이나 학설을 이르는 말로, 그리스도교에서 이성적이고 논리적인 비판과 증명이 허용되지 않는 교리, 교의, 교조 따위를 통틀어 이르는 말로도 활용된다.

1092

청교도
Puritan

16~17세기 금욕주의를 주장한 개신교의 한 교파

철저한 금욕주의를 주장한 개신교의 한 교파로, 종교 개혁으로 성립된 영국 국교회에 반항하면서 생기게 되었다. 칼뱅주의를 바탕으로 모든 쾌락을 죄악시하고 사회와 성직자의 권위를 배격하였다.

1093

디아스포라
Diaspora

팔레스타인을 떠나 흩어져 살면서 유대교의 규범과 생활 관습은 유지하는 유대인

팔레스타인을 떠나 흩어져 살면서 유대교의 규범과 생활 관습은 유지하는 유대인을 이르는 말로, 최근에는 자신의 본토를 떠나 다른 지역에서 규범과 관습은 유지한 채 살아가는 집단을 가리키는 의미로 확장되었다.

1094
힌두교
Hinduism

☐ ☐ ☐

브라만교와 인도의 민간 신앙이 결합하여 발전한 종교

브라만교와 인도의 민간 신앙이 융합한 종교 형태로, 인도교라고도 한다. 인도의 세습적 계급 제도인 카스트 제도를 더욱 강화하였다.

⊕ **상식 PLUS**
- **베다**: 힌두교의 경전

1095
이슬람교
Islam

(빈출)

☐ ☐ ☐

무함마드가 창시한 세계적인 종교

7세기 초 아라비아의 예언자인 무함마드가 창시한 종교로, 그리스도교, 불교와 함께 세계 3대 종교로 불린다. 이들은 수니파, 시아파, 알라위파, 드루즈파 등 그 분파로 나뉘어 활동하고 있다.

⊕ **상식 PLUS**
- **코란**: 무함마드가 알라의 계시 내용 등을 천사 가브리엘을 통해 기록한 이슬람교의 경전

1096
할랄
Halal

(빈출)

☐ ☐ ☐

이슬람교도들이 먹고 쓰는 제품

이슬람 율법하에 이슬람교도들이 먹고 쓸 수 있는 제품으로, 모든 식물성 음식과 해산물, 쇠고기, 닭고기, 염소 고기 등이 포함된다.

1097
하람
Haram

☐ ☐ ☐

코란에 언급되어 있는 금기사항

이슬람교 경전인 코란에 언급되어 있는 금기사항으로, 음주, 절도, 공갈 등을 넘어 예배를 거르거나 돼지고기를 먹는 것도 해당한다.

1098 ☐ ☐ ☐

하렘
Harem

이슬람 국가에서 남자들의 출입이 금지된 장소

이슬람 국가에서 남자들의 출입이 금지된 장소를 이르는 말로, 가까운 친척 이외의 일반적인 남성은 들어갈 수 없다.

1099 ☐ ☐ ☐

순교
Martyrdom

자신이 믿는 종교를 위해 본인의 목숨을 바치는 것

자신이 믿는 종교를 위해 박해를 물리치고 본인의 목숨을 바치는 것으로, 성 스테반(스테파노)이 첫 순교자로 알려져 있다.

1100 ☐ ☐ ☐

카니발리즘
Cannibalism

인간이 인육을 먹는 풍습

종족 간 싸움, 종교 의례, 복수 등을 이유로 인간이 인육을 먹는 풍습을 의미한다. 오늘날에는 거의 사라진 풍습이다.

동양 종교

1101 ☐ ☐ ☐

샤머니즘
Shamanism

초자연적인 존재와 교류하는 샤먼에 의한 종교

초자연적인 존재와 교류하고 소통하는 샤먼을 중심으로 한 종교로, 샤먼은 점복, 예언, 병 치료 등을 행한다. '샤먼'은 퉁구스계 족에서 주술사를 의미하는 사만에서 유래했다는 설이 가장 유력하다고 전해진다.

1102

토테미즘
Totemism

토템 신앙에 의한 종교

자신의 집단이 동물, 식물, 자연물과 공통의 기원이나 결합 관계에 있다고 믿고 그것을 숭배하는 토템 신앙에 의한 종교로, 동·식물 등이 특정 부족 및 씨족 사회 집단의 상징물이 되기도 한다.

1103

애니미즘
Animism

자연에 있는 모든 대상에 영혼이 있다고 믿는 원시 신앙

자연계의 모든 사물에는 영적·생명적인 것이 있으며, 자연계의 여러 현상도 영적·생명적인 것의 작용으로 보는 세계관 또는 원시 신앙을 의미한다.

1104

불교
佛敎

석가모니가 창시한 세계적인 종교

기원전 6세기경 인도의 석가모니가 창시한 세계적인 종교로, 그리스도교, 이슬람교와 함께 세계 3대 종교로 불린다. 이 세상의 고통과 번뇌를 벗어나 그로부터 해탈하여 부처가 되는 것을 궁극적인 이상으로 삼는다. 교리에 따라 대승인 북방 불교와 소승인 남방 불교로 나뉘며, 동양의 문화에 절대적인 영향을 끼쳤다.

1105

석가모니
釋迦牟尼

불교의 창시자

불교를 최초로 창시하여 부처님으로 불려왔으며, 이름은 고타마 싯다르타이다. 인생에 무상함을 느끼고 출가하여 6년 만에 보리수나무 아래에서 도를 깨닫고 부처가 되었으며, 45년의 세월 동안 설법, 교화를 계속하다 80세에 열반했다.

⊕ 상식 PLUS
- **설법**: 생각하고 있는 것을 말하는 방법
- **교화**: 가르치고 이끌어서 좋은 방향으로 나아가게 하는 것
- **열반**: 불교의 궁극적인 목적으로, 진리를 깨닫고 불생불멸의 법을 체득한 경지

☐ ☐ ☐

원효
元曉

불교의 대중화와 사상 융합에 힘썼던 신라의 승려

불교의 대중화 및 사상의 융합을 통해 불교의 발전에 크게 기여했던 신라의 승려로, 일심과 화쟁 사상을 주장하였다.

⊕ 상식 PLUS
- **화쟁 사상**: 모순되거나 대립하는 것처럼 보이는 것도 같은 현상을 보는 관점이 다를 뿐 그 본질은 다르지 않다고 원효가 주장한 사상

☐ ☐ ☐

만다라
曼茶羅

불교에서 부처가 증험한 것을 나타낸 그림

단(壇)에 부처와 보살을 배치하여 부처가 증험한 것과 우주와 진리를 표현한 그림이다. 금강계 만다라, 태장계 만다라 등이 있다.

⊕ 상식 PLUS
- **증험**: 사실로 경험한 것

☐ ☐ ☐

사천왕
四天王

불교에서 사방을 보호하며 국가를 수호하는 네 명의 신

불교에서 사방을 보호하며 국가를 수호하는 네 명의 신으로, 동쪽을 수호하는 지국천왕, 서쪽을 수호하는 광목천왕, 남쪽을 지키는 증장천왕, 북쪽을 지키는 다문천왕 또는 비사문천왕이 있다.

☐ ☐ ☐

돈오점수
頓悟漸修

고려 시대 지눌이 주장한 불교의 수행 방법

참선과 수양을 통해 어느 순간 진리를 깨닫는 돈오와 깨우친 것을 점진적으로 수행하는 점수가 합쳐진 용어로, 진리를 깨달은 후에 이를 반드시 점진적으로 수행해야 한다는 불교의 수행 방법이다. 우리나라에서는 고려 시대 지눌이 돈오점수의 영향을 받아 깨닫고 난 이후에도 계속해서 수행해야 한다는 선오후수도 강조하였다.

⊕ 상식 PLUS
- **정혜쌍수(定慧雙修)**: 한마음으로 사물을 생각하여 마음이 하나의 경지에서 흐트러짐이 없는 선정의 상태인 정과 사물의 본질을 파악하는 혜를 함께 수행해야 한다는 지눌의 주장

1110

화엄경
華嚴經

석가모니가 깨달은 내용을 그대로 표명한 경전

석가모니가 깨달은 내용을 그대로 표명한 불교 화엄종의 근본 경전으로, 원래 명칭은 <대방광불화엄경>이다.

1111

발우 공양
鉢盂供養

승려들이 절에서 공양 그릇으로 식사를 하는 것

승려들이 절에서 공양 그릇으로 식사를 하는 것을 이르는 말로, 발우는 승려의 밥그릇을 지칭하는 단어이다.

1112

대승 불교
大乘佛教

대승의 교리를 기본 이념으로 삼는 불교

삼론종, 법상종, 화엄종, 천태종, 진언종, 율종, 선종 등 대승의 교리를 기본 이념으로 삼고 있는 불교를 말한다.

⊕ 상식 PLUS
• 대승: 중생을 제도하여 부처의 경지에 이르게 하는 것을 이상으로 삼은 불교

1113

선민사상
選民思想

특정 민족이 신에 의해 선택받고 구원된다는 사상

특정 민족이 신에게 선택받고 구원의 대상이 된다는 사상이다. 넓게는 특별한 혜택을 받고 사는 사람들의 우월감을 뜻하기도 하는데, 유대교의 이스라엘 선민사상이 대표적이다.

1114

구산선문
九山禪門

승려들이 달마의 선법을 받아 그 문풍을 지켜 온 아홉 가지의 산문

통일 신라 이후 불교가 크게 흥할 시기에 승려들이 달마의 선법을 받아 그 문풍을 지켜 온 실상산문, 가지산문, 사굴산문, 동리산문, 성주산문, 사자산문, 희양산문, 봉림산문, 수미산문의 아홉 가지 산문을 말한다.

삼법인
三法印

소승 불교에서 중요시하는 세 가지 진리

제행무상(諸行無常), 제법무아(諸法無我), 열반적정(涅槃寂靜)으로, 불교에서 중요시하는 세 가지 진리를 이르는 말이다.

⊕ 상식 PLUS
· 삼법인의 내용

제행무상	우주의 모든 사물은 늘 돌고 변하기 때문에 하나의 모양으로 머물러 있지 않음
제법무아	세상에 존재하는 모든 사물은 인연으로 생겼으며 변하지 않는 참다운 자아의 실체는 존재하지 않음
열반적정	열반의 경지는 고요하고 청정하며 안정적인 곳임

유교
儒敎

공자의 가르침에서 비롯된 유학(儒學)을 종교적 관점에서 이르는 말

춘추 시대 말기의 공자가 체계화한 도덕 사상을 종교적인 관점에서 이르는 말로, 인(仁) 사상을 바탕으로 나라에 대한 충성, 부모에 대한 효도 등을 강조한다. 삼강오륜을 주요 덕목으로 하며, 사서삼경을 경전으로 삼는다.

삼강오륜
三綱五倫

유교의 도덕 사상에서 기본이 되는 세 개의 강령과 다섯 개의 도리

유교의 도덕 사상에서 기본이 되는 군위신강, 부위자강, 부위부강의 세 개의 강령과 부자유친, 군신유의, 부부유별, 장유유서, 붕우유신의 다섯 개의 도리를 말한다.

⊕ 상식 PLUS
· 삼강오륜의 세부 내용

삼강	군위신강	신하는 임금을 섬기는 것이 근본이다.
	부위자강	아들은 아버지를 섬기는 것이 근본이다.
	부위부강	아내는 남편을 섬기는 것이 근본이다.
오륜	부자유친	아버지와 아들 사이의 도리는 친애에 있다.
	군신유의	임금과 신하 사이의 도리는 의리에 있다.
	부부유별	남편과 아내 사이의 도리는 서로 침범하지 않음에 있다.
	장유유서	어른과 어린이 사이의 도리는 엄격한 차례와 질서가 있다.
	붕우유신	벗과 벗 사이의 도리는 믿음에 있다.

중용
中庸

중국의 자사가 지은 유교 경전

공자의 손자로 알려져 있는 자사가 지은 유교 경전으로, 사서의 하나이며 동양 철학의 개념을 담고 있다.

⊕ **상식 PLUS**
- **사서**: 유교 경전인 <논어>, <맹자>, <중용>, <대학>을 이르는 말

예악 사상
禮樂思想

예와 악으로 사람들을 교화하여 이상적인 사회를 실현하자는 사상

예와 악을 통해 사람들을 도덕적으로 교화하여 인을 실현하고 이상적인 사회를 실현하자는 유가의 대표적인 사상이다. 예는 의례, 악은 음악을 뜻하는 말이었으나, 주나라 시대에는 개인의 도덕적 완성과 사회의 도덕적 교화를 위한 수단의 의미로 사용되기도 했다.

천도교
天道敎

손병희에 의해 개칭된 동학을 이르는 말

조선 후기에 교주 최제우를 중심으로 한울님을 신앙의 대상으로 여겼던 종교인 동학을 제3대 교주였던 손병희가 개칭하였다.

⊕ **상식 PLUS**
- **인내천**: '사람이 곧 한울이다.'는 뜻으로, 천도교의 근본이 되는 교리

신사참배
神社參拜

일제 강점기에 우리나라의 종교와 사상을 억압하기 위해 신사에 참배를 강요한 것

일제강점기에 일본 천황의 이데올로기를 주입하고, 우리나라의 종교와 사상을 억압하기 위해 신사를 세우고 절하여 예를 표하도록 강요한 것을 말한다.

UNIT 3

심리

다양한 심리 현상과 이론은 상식 시험은 물론 NCS나 인적성검사 소재로도 자주 출제되므로 전반적으로 꼼꼼히 학습해 두는 것이 좋습니다.

회독 박스(□)에 정확히 아는 개념은 ○, 알쏭달쏭한 개념은 △, 전혀 모르는 개념은 ×로 체크하면서 꼼꼼히 학습해 보세요.

심리 일반

1122 □ □ □

인지 발달 이론
Theories of cognitive development

인간의 인지가 네 단계에 거쳐서 발달한다고 설명하는 이론

인간의 인지 발달이 0~2세에 해당하는 감각 운동기, 2~7세에 해당하는 전조작기, 7~11세에 해당하는 구체적 조작기, 11세 이후에 해당하는 형식적 조작기의 네 단계에 거쳐서 발달한다고 본 이론으로, 스위스의 심리학자 피아제(Piaget)가 고안했다.

⊕ 상식 PLUS
• **장 피아제**: 인식론의 전반적인 발전에 대한 연구를 추진하고 임상법을 통해 아동의 정신 발달 과정을 설명한 스위스의 심리학자
• **레프 비고츠키**: 임상 심리학을 연구하여 <예술 심리학>을 저술하였으며, 인지 발달 이론을 주장한 구소련의 심리학자

1123 □ □ □

고전적 조건 형성 이론
Classical conditioning theory

러시아 생리학자 파블로프에 의해 고안된 이론

어떤 자극으로 인해 일어나는 반응은 다른 성질의 자극으로도 같은 반응을 일으킬 수 있다는 이론으로, 파블로프(Pavlov)에 의해 고안되었다. 특정 반응을 무조건 이끌어내는 무조건 자극과 특정 반응을 이끌어내지 못하는 중성 자극이 반복적으로 연합하여 중성 자극이 특정 반응을 유발하는 조건 자극으로 변화하는 학습 과정을 고전적 조건 형성이라고 한다.

조작적 조건 형성 이론
Operant conditioning theory

미국 심리학자 스키너에 의해 고안된 이론

사람들은 자신의 행동에 대한 보상이 주어지면 그 행동을 지속하고 벌이 주어지거나 보상이 없으면 그 행동을 중단한다는 이론으로, 미국 심리학자 스키너(Skinner)에 의해 고안되었다.

⊕ 상식 PLUS
- **스키너 상자**: 상자 안에 지렛대가 있어 쥐가 이것을 누르면 먹이나 물이 나오게 되어 있는 상자로 미국의 심리학자 스키너가 쥐의 학습 과정을 연구하기 위해 고안하였으며, 이 스키너 상자 실험을 통해 조작적 조건 형성이 증명됨
- **프레더릭 스키너**: 스키너 상자를 이용하여 조작적 조건화의 연구를 지속하고 인간의 행동을 자극과 반응의 상호 단계로 설명한 미국의 행동주의 심리학자

도덕 발달 이론
Theory of moral reasoning

인간의 도덕성이 순차적으로 발달한다고 본 이론

인간의 도덕성이 순차적으로 발달한다고 본 이론으로, 로렌스 콜버그에 의해 고안되었다. 콜버그는 도덕 발달 단계를 전 인습적, 인습적, 후 인습적 3가지의 수준과 타율적 도덕, 개인주의, 대인 간 기대, 사회 시스템 도덕, 개인의 권리 및 사회 계약, 보편적 윤리적 원칙 6개의 단계로 나누었다.

⊕ 상식 PLUS
- **피아제의 도덕성 발달 이론**: 전 도덕기, 타율적 도덕성, 자율적 도덕성의 3단계로 아동의 도덕적 사고 발달 과정을 설명한 이론

인지 부조화 이론
Theory of cognitive dissonance

사람들이 자신의 신념, 태도 등의 부조화를 해소하기 위해 자신의 인지를 변화시킨다고 설명하는 이론

사람들이 자신의 신념, 생각, 태도, 행동 등의 부조화를 해소하기 위해 자신의 인지를 변화시킨다고 설명하는 이론으로, 1957년 미국 사회 심리학자 페스팅거가 자신의 저서 <인지적 부조화 이론>에서 제안했다.

귀인 이론
Attribution theory

행동의 성공이나 실패에 대한 원인을 추론하는 방식에 대한 이론

자신이나 다른 사람들 행동의 성공 및 실패에 대한 원인을 추론하는 방식에 대한 이론이다.

⊕ 상식 PLUS
- **대표적인 귀인 이론**

하이더의 귀인 이론	성공이나 실패의 원인을 찾는 방식에 대한 이론으로, 어떤 사건의 원인을 무엇이라고 생각하는가에 따라 개인의 감정, 미래 수행 기대, 동기 등이 크게 달라진다고 설명함
켈리의 공변 모형	행동의 반복된 패턴을 관찰하여 행동의 원인을 추론하는 모형으로, 귀인의 판단을 내리기 위해서는 합의성, 특이성, 일관성의 세 가지 정보가 필요하다고 설명함

사회 학습 이론
Social learning theory

사람의 행동은 다른 사람의 행동을 관찰하거나 모방하여 학습한 결과로 이루어진다는 이론

사람의 행동은 다른 사람의 행동이나 상황을 관찰 또는 모방하여 학습한 결과로 이루어진다는 이론으로, 미국 심리학자 반두라(Bandura)에 의해 고안되었다.

⊕ 상식 PLUS
- **보보 인형 실험**: 다른 사람의 행동을 관찰하는 모방 학습의 효과를 보여준 실험으로, 1961년에 심리학 교수 반두라가 시행하였으며, 이 실험을 통해 다른 사람의 행동과 결과를 관찰하는 것만으로도 자신의 행동에 영향을 받는다는 사실을 알게 되었음

사회 인지 이론
Social cognitive theory

사람의 학습은 개인의 인지, 행동, 주위 환경이 상호작용한 결과로 이루어진다는 이론

사람의 학습은 개인의 인지 및 특성, 행동, 주위 환경이 상호작용한 결과로 이루어진다는 이론으로, 미국 심리학자 반두라에 의해 고안되었다. 이는 그가 제안했던 사회 학습 이론에 환경의 영향을 추가한 이론이다.

⊕ 상식 PLUS
- **자기 효능감**: 특정한 상황에서 자신의 적절한 행동이 문제를 해결할 수 있다고 믿는 신념으로, 반두라가 사회 인지 이론에서 강조한 개념

임상 심리학
Clinical psychology

심리학을 이용하여 개인의 행동, 정신 이상, 부적응을 진단 치료하여 환경에 적응하도록 하는 학문

심리학에서 사용하는 측정, 검사 등의 방법을 이용하여 개인의 행동, 정신 이상, 부적응을 진단 치료하여 개인이 환경에 잘 적응하도록 하는 학문이다.

프로이트
Sigmund Freud

오스트리아의 신경과 의사이자 정신 분석학의 창시자

인간의 마음에는 무의식이 존재한다고 밝히고 정신 분석의 방법을 발견하여 심층 심리학을 수립한 오스트리아의 신경과 의사이자 정신 분석학의 창시자이다.

⊕ 상식 PLUS
- **안나 프로이트**: 지그문트 프로이트의 딸로, 아동 정신 분석의 선구자
- **에릭슨**: 자아 심리학, 정신 분석학 이론 등의 발달에 공헌한 미국의 심리학자

로저스
Carl ransom rogers

미국의 인본주의 심리학자

내담자가 긍정적인 변화를 이끌어낼 수 있도록 무조건적인 수용과 공감적 이해를 바탕으로 이루어진 내담자 중심의 상담 요법, 대등한 파트너인 상담자와 내담자가 서로의 감정을 이해하고 함께 생각하는 방법을 통하여 내담자가 스스로 문제를 해결할 수 있도록 하는 비지시적 카운슬링을 창시한 미국의 인본주의 심리학자이다.

⊕ 상식 PLUS
- **내담자**: 자발적으로 상담실에 찾아와서 이야기하는 사람

빈출

매슬로
Abraham Maslow

욕구 5단계설을 주장한 미국의 철학자이자 심리학자

사람의 욕구는 생리적 욕구, 안전 욕구, 소속 욕구, 존경 욕구, 자기실현 욕구의 5단계로 이루어져 있으며, 욕구들 사이에는 위계가 존재하여 낮은 단계의 욕구가 충족되어야 높은 단계의 욕구로 연결된다는 욕구 5단계설을 주장한 미국의 철학자이자 심리학자이다.

CHAPTER 11

인문

융
Carl Gustav Jung

분석 심리학의 창시자인 스위스의 정신 의학자

정신분석의 유효성을 인식하고 연상 실험을 창시한 스위스의 정신 의학자이다. 그는 프로이트가 제시한 '억압된 것'을 입증하였으며, 그것의 명칭을 콤플렉스라고 붙였다.

⊕ **상식 PLUS**
- **아들러**: 개인 심리학을 수립하고 인간의 행동과 발달을 결정하는 것은 열등감에 대한 보상 욕구라고 생각하여 열등감에 대한 연구에 힘을 쏟은 오스트리아의 정신 의학자

파블로프
Ivan Pavlov

조건반사를 발견한 러시아의 생리학자

개를 대상으로 진행한 소화샘 생리학 연구를 통해 조건 반사를 발견한 러시아의 생리학자로, 대뇌 생리학 분야를 개척하며 1904년에 노벨 생리·의학상을 받았다.

심리 현상

징고이즘
Jingoism

광신적이고 맹목적인 애국주의

광신적이고 맹목적인 애국주의로, 타 집단에는 적대적인 모습을 보이는 것을 이르는 말이다. 1877년에서 1878년에 러시아와 터키 사이에 일어났던 전쟁에서 영국이 터키를 원조하기 위해 전쟁에 개입해야 한다고 주장한 주전론자들로부터 유래되었다. 편협한 애국주의, 맹목적인 주전론, 대외적인 강경론을 의미하는 용어로 사용되고 있다.

⊕ **상식 PLUS**
- **주전론**: 전쟁하기를 주장하는 의견이나 태도를 이르는 말

메라비언의 법칙
The Law of Mehrabian

빈출

상대방의 이미지에서 시각과 청각이 중요하다는 법칙

상대방의 이미지에서 시각과 청각이 중요하다는 법칙으로, 미국 심리학자 메라비언이 발표하였다. 이는 상대방과의 대화에서 시각적 요소는 55%, 청각적 요소는 38%, 말의 내용은 7%로 상대의 이미지는 시각과 청각에 영향을 많이 받게 된다는 것이다.

메디치 효과
Medici effect

전혀 다른 분야의 결합이 창조적이고 획기적인 아이디어를 창출해내는 현상

서로 전혀 다른 분야의 결합이 창조적·획기적·혁신적인 아이디어를 창출해내는 현상으로, 15세기 이탈리아 피렌체의 메디치 가문이 후원한 다양한 분야의 전문가들이 자연스럽게 융합되어 르네상스 시대를 맞게 하였다는 데서 유래되었다. 이 개념은 2004년에 프란스 요한슨의 저서 <메디치 효과>에서 소개되었다.

방관자 효과
Bystander effect

주위에 사람들이 많을수록 어려움에 처한 사람을 돕지 않고 지켜보기만 하는 현상

주위에 사람이 많을수록 꼭 자신이 아니어도 누군가 나설 것으로 여겨 어려움에 처한 사람을 돕지 않고 지켜보기만 하는 현상으로, 구경꾼 효과라고도 한다.

⊕ **상식 PLUS**
- **제노비스 신드롬**: 목격자가 많을수록 책임감이 분산되어 타인을 도와주지 않고 방관하게 된다는 현상

링겔만 효과
Ringelmann effect

집단 속에 참여하는 인원이 증가할수록 오히려 개인별 공헌도가 떨어지는 현상

어떤 집단 속에 참여하는 인원이 증가할수록 개별적인 공헌도가 오히려 떨어지는 현상으로, 링겔만의 줄다리기 실험에서 비롯되었다. 링겔만은 각 실험참가자들의 힘을 측정하고, 3명, 5명, 8명 등으로 구성원 수를 늘려가며 집단 전체의 힘을 측정하였는데, 개인의 힘을 100%로 가정하였을 때 구성원 수가 늘어날수록 집단에 기여하는 힘은 85%, 64%로 점차 줄어들었다.

CHAPTER 11

인문

1141

☐ ☐ ☐

가스라이팅
Gas-lighting

타인의 심리를 교묘하게 조작하여 상대에 대한 지배력을 강화하는 행위

타인의 심리를 교묘하게 조작하여 현실감과 판단력을 흐리게 만든 후 상대에 대한 지배력을 강화하는 행위로, 1938년 패트릭 해밀턴이 연출한 연극 <가스등>에서 유래되었다.

1142

☐ ☐ ☐

데자뷔
Déjà vu

한 번도 경험한 적 없던 상황이 친숙하게 느껴지는 현상

한 번도 경험한 적 없던 상황이 이미 본 적 있거나 경험한 적 있는 것처럼 친숙하게 느껴지는 현상이다. 프랑스의 의학자 플로랑스 아르노가 이 현상을 처음으로 규정하였고, 이후 에밀 보아락이 데자뷔라는 단어를 처음으로 사용하였다.

⊕ 상식 PLUS
- **자메뷔(Jamais vu):** 평소에 친숙한 것들이 갑자기 생소하게 느껴지는 현상

1143

☐ ☐ ☐

스트룹 효과
Stroop effect

단어의 의미와 색상이 일치하지 않을 때 반응 속도가 늦어지는 현상

빨간색으로 쓰인 '검정'글자와 같이 그 단어의 의미와 단어의 색상이 일치하지 않을 때, 단어를 인지하고 반응하는 속도가 늦어지는 현상을 의미한다. 익숙하고 학습된 것을 무시하기 어려운 심리 현상으로 인해 발생한다.

1144

☐ ☐ ☐

리비도
Libido

사람이 내재적으로 가지고 있는 성적 에너지

사람이 내재적으로 가지고 있는 성적 에너지를 이르는 말로, 1905년 프로이트가 자신의 에세이에서 처음 설명했다.

방어 기제
Defense mechanism

빈출

☐ ☐ ☐

두려움, 불쾌함 등을 느꼈을 때 스스로를 방어하기 위해 취하는 행위

자아가 두려움, 불쾌함 등을 느껴 스스로를 방어하기 위해 무의식적으로 자신을 속이거나 상황을 다르게 해석하여 심리적 상처를 피하려는 행위로, 1894년 지크문트 프로이트의 논문 <방어의 신경 정신학>에서 처음 사용되었다.

트라우마
Trauma

☐ ☐ ☐

과거에 경험했던 일이 다시 발생했을 때 정신에 지속적인 영향을 주는 증상

과거에 경험했던 위기나 공포스러운 일이 다시 발생하였을 때 당시의 감정을 느끼면서 정신에 지속적인 영향을 주는 증상이다.

트롤리 딜레마
Trolley dilemma

☐ ☐ ☐

다수를 위해 소수를 희생할 수 있는지 판단하게 하는 문제 상황을 이르는 말

다수를 위해 소수를 희생할 수 있는지 판단하게 하는 문제 상황을 이르는 말로, 영국 철학자 필리파 풋과 미국 철학자 톰슨이 고안한 사고 실험이다. 해당 실험에서는 철길 위 다섯 명의 인부를 향해 빠르게 달리고 있는 트롤리 전차를 운전하고 있을 때, 그들을 살리기 위해 오른쪽 레일로 변환한다면 오른쪽 철길 위에서 일하고 있는 한 명의 인부가 죽게 되는데, 이것이 도덕적으로 허용되는지를 묻고 있다.

고슴도치 딜레마
Hedgehog's dilemma

☐ ☐ ☐

너무 가까이하기도, 그렇다고 멀리하기도 어려운 상황을 이르는 말

너무 가까이하기도, 그렇다고 멀리하기도 어려운 곤란한 상황 또는 인간관계를 이르는 말이다. 이 용어는 추운 겨울날 온기를 나누기 위해 다가갔으나 서로의 가시에 찔려 떨어지게 된 고슴도치들이 이내 추위를 견디지 못하고 다시 모여 또다시 가시에 찔리는 고통을 느끼며, 상처를 입지 않기 위해서는 서로 거리를 두어야 한다는 것을 깨달았다는 내용을 담은 독일 철학자 쇼펜하우어의 <고슴도치 이야기>에서 유래되었다.

CHAPTER 11

인문

플라세보 효과
Placebo effect

환자가 플라세보 약품을 진짜 약으로 믿어 좋은 반응이 나타나는 효과

환자가 약도 독도 아닌 비활성 약품인 플라세보를 진짜 약으로 믿어 좋은 반응이 나타나는 효과를 말한다.

⊕ 상식 PLUS
• **노세보 효과**: 올바른 약을 처방했음에도 환자가 약에 대해 의심하면 좋은 반응이 나타나지 않는 효과

머피의 법칙
Murphy's law

자신이 하고자 하는 일이 계속해서 꼬여 나쁜 방향으로 진행되는 현상

자신이 하고자 하는 일이 풀리지 않고 계속해서 꼬여 나쁜 방향으로 진행되는 현상으로, 1949년 미국 에드워드 공군 기지에서 근무하던 머피 대위에 의해 유래되었다. 예를 들면, 매일 버스를 타고 출근하던 사람이 딱 하루 택시를 탔는데 그 택시에서 교통사고를 당하거나, 열심히 시험공부를 한 사람이 시험을 봤는데 공부한 부분 이외에서 출제가 되는 경우를 말한다.

낙인 이론
Labeling theory

사회 제도나 규범에 따라 어떤 사람에 대해 낙인을 찍으면 일탈 혹은 범죄 행동이 일어날 가능성이 높다는 이론

사회 제도나 규범에 따라 어떤 사람에 대해 낙인을 찍으면 일탈 혹은 범죄 행동이 일어날 가능성이 크다는 이론으로, 1960년대 시카고학파 레머트, 베커, 키추스, 메차 등이 제창했다.

⊕ 상식 PLUS
• **스티그마 효과**: 과거의 부정적인 경력이 현재의 인물에게 영향을 미치는 효과

펭귄 효과
Penguin effect

구매를 망설이는 소비자가 다른 사람들의 구매에 자극받아 구매를 결심하는 현상

물건에 대한 구매를 망설이는 소비자가 다른 사람들의 구매에 자극받아 구매를 결심하는 현상으로, 한 마리의 펭귄이 바닷물로 뛰어들면 눈치를 보고 있던 나머지 펭귄들도 바다로 뛰어드는 모습에서 비롯되었다.

⊕ 상식 PLUS
• **퍼스트 펭귄**: 무리 중 가장 먼저 바다에 뛰어드는 펭귄에서 유래되어 선구자를 뜻하는 관용어

스톡홀름 증후군
Stockholm syndrome

인질이 인질범에게 심리적으로 동조하는 현상

인질이 인질범에게 동화되어 심리적으로 동조하는 현상으로, 1973년 스웨덴의 수도 스톡홀름에서 인질로 잡혔던 여자가 인질범과 사랑에 빠져 그를 옹호하는 태도를 보인 사건에서 유래되었다.

리마 증후군
Lima syndrome

인질범이 인질로 잡힌 사람들에게 정신적으로 동화되어 공격적인 태도를 거두는 현상

인질범이 인질로 잡힌 사람들에게 정신적으로 동화되어 공격적인 태도를 거두는 현상으로, 1996년 페루 리마에서 일본 대사관 점거 인질 사건에서 유래되었다.

뮌하우젠 증후군
Münchausen syndrome

타인의 관심을 끌기 위해 거짓말을 일삼는 정신 질환

타인의 관심을 끌기 위해 아프다고 거짓말을 하거나 자해를 일삼는 정신 질환으로, 1951년 정신과 의사 리처드 애셔가 <허풍선이 폰 뮌하우젠 남작의 모험>에서 인용하여 명칭을 붙였다.

오이디푸스 콤플렉스
Oedipus complex

아들이 아버지에게는 반감을 가지고 어머니에게는 애착을 가지는 경향

아들이 아버지에게는 반감을 가지고 어머니에게는 애착을 가지는 경향으로, 그리스 신화 오이디푸스 이야기에서 유래되었다.

⊕ 상식 PLUS
- **엘렉트라 콤플렉스**: 딸이 어머니에게 반감을 가지고 아버지에게는 애착을 가지는 경향

CHAPTER 11

인문

햄릿 증후군
Hamlet syndrome

어떤 선택이나 결정에 있어서 어려움을 느끼는 심리 상태

어떤 선택이나 결정이 요구되는 상황에서 수동적인 생활 습관이나 과도하게 넘치는 정보들로 인해 어려움을 느끼는 경향으로, 셰익스피어의 작품 <햄릿>의 주인공 햄릿이 "죽느냐 사느냐, 그것이 문제로다."라고 말하며 결정에 어려움을 겪는 모습에서 유래되었다.

가면 증후군
Imposter syndrome

자신의 능력을 의심하며 무능함이 밝혀질 것에 대해 불안해하는 심리 상태

이뤄낸 업적, 성공, 명성 등에 대해 자신의 능력을 의심하며 무능함이 밝혀질 것에 대해 불안해하는 심리 상태로, 1978년 미국 임상 심리학자 폴린 클랜스와 수잔 임스에 의해 처음 사용되었다.

쿠바드 증후군
Couvade syndrome

임신 중인 아내를 따라 남편도 육체적 · 심리적 증상을 함께 겪는 현상

임신 중인 아내를 따라 남편도 입덧, 식욕 상실, 매스꺼움, 구토, 체중 증가 등의 육체적 · 심리적 증상을 함께 겪는 현상으로, 영국 정신 분석학자 트리도우언이 처음 사용했다.

번아웃 증후군
Burnout syndrome

일에 몰두하던 사람이 극도의 피로감으로 인해 무기력증, 우울증 등에 빠지는 현상

일에 몰두하던 사람이 극도의 신체적 · 정신적 피로감으로 인해 무기력증, 우울증 등에 빠지는 현상으로, 미국 정신 분석가 프로이덴버거가 처음 사용했다.

1161

슈퍼노바 증후군
Supernova syndrome

온 힘을 쏟아 성공을 이룬 사람이 갑작스럽게 허탈감을 느끼는 현상

열정을 쏟아 성공을 이룬 사람이 갑작스럽게 허탈감을 느끼는 현상으로, 2004년에 미국 <월스트리트 저널>에서 처음 정의했다. <월스트리트 저널>에서는 이 증후군에 대해서 온 힘을 다해 성공을 이루어 정상에 오른 최고 경영자(CEO)들에게 자주 나타나는 현상으로 정의하였다.

1162

피터 팬 증후군
Peter Pan complex

몸은 어른이지만 어른들의 사회에 적응하지 못하는 어른아이 같은 심리 상태

몸은 어른이지만 어른들의 사회에 적응하지 못하는 어른아이 같은 심리 상태로, 미국 임상 심리학자 댄 카일리가 처음 사용했다.

1163

나르시시즘
Narcissism

자기 자신을 지나치게 애착하는 현상

자기 자신을 지나치게 애착하는 현상으로, 1899년 독일 정신과 의사 네케가 그리스 신화의 나르키소스와 연관 지어 만들었다. 한편 정신 분석학자 프로이트는 자기 자신을 리비도로 삼는 것을 나르시시즘이라고 정의하기도 하였다.

1164

루키즘
Lookism

가치의 중심을 외모에 두고 지나치게 집착하는 사고방식

가치의 중심을 외모에 두고 이에 지나치게 집착하는 사고방식으로, 2000년에 미국 <뉴욕타임스>의 칼럼니스트 윌리엄 새파이어가 차별 요소로 지목하면서 주목받았다.

1165

바넘 효과
Barnum effect

보편적인 성격의 특징을 자신만의 독특한 특성으로 믿으려는 현상

일반 사람들이 가지고 있는 보편적인 성격의 특징을 주관적으로 해석하여 자신만의 독특한 특성으로 믿으려는 현상으로, 미국 심리학자 버트럼 포러가 성격 진단 실험을 통해 처음으로 증명했다. 버트럼 포러의 이름을 따서 포러 효과(Forer effect)라고도 한다.

1166

자이가르닉 효과
Zeigarnik effect

끝마치지 못한 일을 마음속에서 쉽게 떨쳐내지 못하는 현상

마음속에서 끝마치지 못한 일을 쉽게 떨쳐내지 못하는 현상으로, 러시아 심리학자 자이가르닉 브루마에 의해 발견되었다. 이는 특정 작업이 미완성일 때는 기억을 잘하지만 막상 작업이 완성된 이후에는 망각하는 현상이다.

1167

므두셀라 증후군
Methuselah syndrom

과거의 나쁜 기억은 지우고 좋은 기억만 떠올리고 싶어 하는 경향

구약성서에 등장하는 므두셀라가 나이가 들수록 과거의 좋은 기억만 떠올리며 과거로 돌아가고 싶어하는 모습에서 유래한 것으로, 과거의 나쁜 기억은 모두 지워버리고 좋은 기억만을 떠올리고 싶어 하는 경향이다. 고통을 최소화하려는 생존 본능에서 비롯되는 것으로 알려져 있다.

⊕ 상식 PLUS
- 리플리 증후군: 과도한 신분 상승 욕구 때문에 타인에게 거짓말을 일삼다 결국은 자신마저 속이고 환상 속에서 살게 되는 유형의 인격 장애로, 소설 <재능 있는 리플리 씨>에서 유래함

1168

가르시아 효과
Garcia effect

특정 음식을 섭취한 후 불쾌함을 경험하게 되면 그 음식을 더 이상 섭취하지 않는 현상

특정 음식을 섭취한 후에 구토, 매스꺼움, 복통 등의 불쾌함을 경험하게 되면 그 음식을 더 이상 섭취하지 않는 현상으로, 1955년 미국 심리학자 가르시아의 실험에서 유래되었다.

1169

헤일로 효과
Halo effect

어떤 대상을 평가할 때 하나의 특성이 다른 특성에도 영향을 미치는 현상

어떤 대상을 평가할 때 하나의 두드러진 특성이 다른 특성에도 영향을 미치는 현상으로, 후광 효과라고도 한다. 가령 외모에서 좋은 인상을 받았을 경우 그 사람의 지능이나 성격도 좋게 평가되는 것이 그 예이다.

1170

□ □ □

초두 효과
Primacy effect

먼저 제시된 정보를 나중에 제시된 정보보다 더 잘 기억하는 현상

여러 개의 정보가 주어졌을 때 먼저 제시된 정보를 나중에 제시된 정보보다 더 잘 기억하는 현상이다.

⊕ **상식 PLUS**
- **최신 효과**: 나중에 제시된 정보를 더 잘 기억하는 현상

1171

□ □ □

앵커링 효과
Anchoring effect

특정 숫자가 기준점이 되어 이후 판단에 영향을 미치는 현상

배가 닻(Anchor)을 내리면 움직이기 어렵듯이 처음에 인상적인 숫자나 사물이 기준점이 되어 이후 판단에 영향을 미치는 현상을 의미한다. 가령 협상이 진행되는 과정에서 처음 언급된 가격이 기준이 되는 것이 그 예이다.

1172

□ □ □

칵테일파티 효과
Cocktail party effect

소음 속에서도 자신에게 의미 있는 정보에는 집중하는 현상

칵테일파티처럼 시끄럽고 잡음이 많은 상황에서도 본인이 흥미를 갖는 이야기에 대해서는 선택적으로 잘 듣는 현상을 의미한다.

1173

□ □ □

플린 효과
Flynn effect

세대가 진행될수록 IQ가 증가하는 현상

시간이 지날수록 세대들의 IQ가 증가하는 현상으로, 뉴질랜드 심리학자 제임스 플린이 국가별 IQ 지수의 변동 추세를 조사하면서 밝혀지게 되었다.

CHAPTER 11

인문

앞에서 학습한 상식을 문제를 풀면서 바로 점검해 보세요!

[01-05] 다음 각 설명을 읽고, 맞으면 O, 틀리면 ✕에 표시하시오.

01 우주의 근본을 기로 보는 성리학 이론인 '주기론'은 이황의 학설을 계승한 영남학파의 철학이다. (O, ✕)

02 '햄릿 증후군'은 어떤 선택이나 결정에 있어서 어려움을 느끼는 심리 상태를 말한다. (O, ✕)

03 지성보다 우위에 있는 의지를 앞세우는 철학적 경향을 '주지주의'라고 한다. (O, ✕)

04 여러 정보가 주어졌을 때 먼저 제시된 정보를 나중에 제시된 정보보다 더 잘 기억하는 현상을 '초두 효과'라고 한다. (O, ✕)

05 성선설을 비판하며 인간이 본래 가지고 있는 성품은 악하다고 보는 성악설을 주장한 사상가는 '순자'이다. (O, ✕)

[06-10] 다음 각 설명에 해당하는 용어를 쓰시오.

06 대립되는 것처럼 보이는 것도 같은 현상을 보는 관점이 다를 뿐 그 본질은 다르지 않다는 사상 ( )

07 상대방의 이미지에서 시각과 청각이 중요하다는 법칙 ( )

08 행위의 결과가 진리를 판단하는 기준이라고 주장하는 사상 ( )

09 끝마치지 못한 일을 마음속에서 쉽게 떨쳐내지 못하는 현상 ( )

10 자신의 집단이 동물이나 식물 등과 결합 관계에 있다고 믿어 그것을 숭배하는 종교 ( )

11 유물론 철학을 계승하고 국가 계약설을 주장한 영국의 철학자는?
① 베이컨   ② 홉스   ③ 촘스키   ④ 로크

12 사람들은 자신의 행동에 어떠한 보상이 주어지면 그 행동을 지속하고 벌이 주어지면 그 행동을 중단한다고 설명한 이론은?
① 고전적 조건 형성 이론   ② 조작적 조건 형성 이론   ③ 도덕 발달 이론   ④ 인지 발달 이론

13 데카르트, 스피노자 등이 주장한 모든 지식이나 인식의 근거를 이성에 두는 철학적 입장은?
① 합리론   ② 실재론   ③ 경험론   ④ 목적론

14 다음 중 불교에서 중요시하는 세 가지 진리인 삼법인이 아닌 것은?
① 열반적정   ② 제행무상   ③ 정혜쌍수   ④ 제법무아

15 철저한 금욕주의를 주장한 개신교의 한 교파는?
① 이슬람교   ② 그리스도교   ③ 힌두교   ④ 청교도

16 다음 중 삼강오륜의 내용에 대한 설명으로 옳지 않은 것은?

> ㉠ '장유유서'는 어른과 어린이 사이의 도리는 엄격한 차례와 질서가 있다는 뜻이다.
> ㉡ '군위신강'은 신하는 임금을 섬기는 것이 근본이라는 뜻이다.
> ㉢ '부위부강'은 아들은 아버지를 섬기는 것이 근본이라는 뜻이다.
> ㉣ '부부유별'은 남편과 아내 사이의 도리는 서로 침범하지 않음에 있다는 뜻이다.

① ㉠　　　　　　② ㉡　　　　　　③ ㉢　　　　　　④ ㉣

17 다음 중 매슬로의 욕구 5단계를 낮은 욕구부터 순서대로 바르게 나열한 것은?

> ㉠ 자기실현 욕구　　㉡ 안전 욕구　　㉢ 생리적 욕구　　㉣ 소속 욕구　　㉤ 존경 욕구

① ㉢-㉡-㉣-㉤-㉠　　② ㉢-㉣-㉡-㉤-㉠　　③ ㉢-㉡-㉤-㉣-㉠　　④ ㉢-㉣-㉤-㉡-㉠

18 다음 중 심리 현상과 그 내용이 바르게 짝지어진 것은?

① 플라세보 효과-올바른 약을 처방받았음에도 환자가 약을 의심할 경우 좋은 반응이 나타나지 않는 현상

② 스톡홀름 증후군-인질이 인질범에게 심리적으로 동조하는 현상

③ 뮌하우젠 증후군-인질범이 인질로 잡힌 사람들에게 정신적으로 동화되어 공격적인 태도를 거두는 현상

④ 리마 증후군-타인의 관심을 끌기 위해 아프다고 거짓말하거나 자해를 하는 현상

19 다음 중 4대 우상에 대한 설명으로 옳지 않은 것은?

① 우상은 인간이 버려야 할 편견이며 이는 베이컨이 스콜라 철학을 비판하며 주장했다.

② 극장의 우상은 자신의 생각이나 판단이 아닌 권위나 전통에 기대어 생각하고 판단할 때 생기는 편견이다.

③ 시장의 우상은 개인적인 특성 등에 따라 사물에 대한 올바른 견해와 판단을 방해하는 편견이다.

④ 종족의 우상은 종족의 본성에 근거하여 사물을 규정하는 편견이다.

20 다음 중 심리 현상에 대해 바르게 설명한 사람을 모두 고르면?

> • 갑: 너무 가까이하기도, 그렇다고 멀리하기도 어려운 곤란한 상황을 고슴도치 딜레마라고 해.
> • 을: 스티그마 효과는 과거의 부정적인 경력이 현재의 인물에 영향을 미치는 것이야.
> • 병: 구매를 망설이는 소비자가 타인의 구매에 자극받아 구매를 결심하는 것을 펭귄 효과라고 해.
> • 정: 제노비스 신드롬은 목격자가 많을수록 책임감이 분산되어 방관하게 되는 현상이야.

① 갑, 을　　　　　② 갑, 병　　　　　③ 갑, 병, 정　　　　　④ 갑, 을, 병, 정

🔍 정답

01	× → 기호학파	02	○	03	× → 주의주의	04	○	05	○
06	화쟁 사상	07	메라비언의 법칙	08	실용주의	09	자이가르닉 효과	10	토테미즘
11	②	12	②	13	①	14	③	15	④
16	③ → 부위자강	17	①	18	②	19	③ → 동굴의 우상	20	④

CHAPTER 12
문학

다음은 문학 분야에서 출제되거나 출제될 가능성이 높은 중요한 키워드를 기반으로 정리한 마인드맵입니다.
학습 전 큰 흐름을 조망하거나 학습 후 공부한 내용을 정리하는 용도로 활용해 보세요.

우리나라의 문학사의 주요 작가와 작품에 대해 확인해 보세요.
회독 박스(□)에 정확히 아는 개념은 ○, 알쏭달쏭한 개념은 △, 전혀 모르는 개념은 ×로 체크하면서 꼼꼼히 학습해 보세요.

고전 문학

□ □ □

1174

수미상관법
首尾相關法

시의 첫 연과 끝 연을 반복하여 배치하는 기법

시의 첫 연과 끝 연을 반복하여 배치하는 기법으로, 운율을 중시하고 의미를 강조하기 위해 사용한다.

□ □ □

1175

수사법
修辭法

효과적인 표현을 위해 문장을 여러 형태로 꾸미는 방법

효과적인 표현을 위해 문장을 여러 형태로 꾸미는 방법으로, 어떤 부분만 특별히 강하고 두드러지게 나타내는 강조법, 표현하고자 하는 대상을 다른 것에 비유하는 비유법, 문장에 단조로움을 없애고 생기 있게 변화를 주는 변화법 등이 있다.

□ □ □

1176

도치법
倒置法

정서의 환기와 변화를 위해 언어의 배열 순서를 바꾸는 표현법

정서의 환기와 변화를 위해 언어의 배열 순서를 바꾸는 표현법으로, 수사법 중 변화법에 포함된다. '아아, 누구인가? / 이렇게 슬프고도 애달픈 마음을 / 맨 처음에 공중에 달 줄을 안 그는'처럼 시구의 순서를 정상적인 어순과 다르게 배열하는 것이다.

1177

향가
鄕歌

신라 때 향찰로 기록한 노래

신라 때부터 이어져 고려까지 향찰로 기록된 노래로, 형식을 4구체, 8구체, 10구체로 나눌 수 있다. 또한, 남녀 간의 사랑이나 유교적 이상, 주술적 염원 등 다양한 내용을 담고 있다.

⊕ 상식 PLUS
- 향가 종류

4구체 향가	<서동요>, <헌화가>, <풍요>, <도솔가> 등
8구체 향가	<모죽지랑가>, <처용가> 등
10구체 향가	<찬기파랑가>, <도천수대비가>, <원가>, <재망매가>, <원왕생가>, <혜성가> 등

1178

경기체가
景幾體歌

양반 귀족들의 향락적인 생활 양식과 그들의 심상을 읊었던 시가

고려 중엽 양반 귀족들의 향락적인 생활 양식과 그들의 심상을 읊었던 시가로, 시가의 말미에 "景幾何如" 또는 "경(景)긔 엇더ㅎ니잇고"가 붙어 경기하여가라고도 한다. 대표적으로 한림 제유의 <한림별곡>, 민규의 <충효가>, 작자 미상의 <관산별곡>, 안축의 <관동별곡> 등이 있다.

1179

고려 가요
高麗歌謠

고려 시대의 시가

고려 시대의 시가로, <청산별곡>, <서경별곡>, <만전춘>, <가시리> 등과 같이 민중들 사이에 전해진 속요를 일컫는 말이다. 여러 절이나 여러 연으로 나누어져 있는 분절체와 3음보, 후렴구 등의 특징을 가지고 있다.

1180

패관 문학
稗官文學

민간에서 수집한 이야기에 창의성과 윤색을 더한 문학

민간에서 수집한 이야기에 기록하는 사람의 창의성과 윤색을 더한 문학으로, 박인량의 <수이전>, 이규보의 <백운소설>, 이제현의 <역옹패설>, 이인로의 <파한집> 등이 대표적이다.

악장가사
樂章歌詞

고려부터 조선 초에 걸쳐 속악, 가사 등을 수록해 놓은 책

고려부터 조선 초에 걸쳐 속악, 아악, 가사 등을 수록하여 엮은 책으로, <악학궤범>, <시용향악보>와 함께 3대 가집으로 평가받는다.

⊕ **상식 PLUS**
- **악장가사의 구성**

속악가사 상	궁중 제례에 쓰이는 28곡
아악 가사	<풍운뇌우>, <사직>, <납씨가>, <정동방곡> 등
가사 상	<서경별곡>, <어부가>, <사모곡>, <청산별곡>, <쌍화점>, <이상곡>, <가시리>, <처용가>, <상대별곡>, <여민락>, <오륜가> 등

시조
時調

고려 말부터 발달한 우리나라 고유 정형시

고려 말부터 발달한 우리나라 고유 정형시로, 3장 6구 45자 내외로 이루어져 있으며 각 행은 4음보 격을 가지고 있다. 또한, 3·4조 또는 4·4조의 음수율을 가지며, 글자 수는 시조마다 약간의 차이가 있을 수 있지만 첫째 구는 반드시 3음절로 고정시켜 시조를 짓는다.

가사
歌辭

고려 말부터 조선 초에 걸친 대표적인 4음보 시가

고려부터 조선 초에 걸친 대표적인 4음보 시가의 형태로, 시가와 산문의 중간 형태를 가지고 있다. 주로 4음 4보 격을 기준 율격으로 행수에 제한이 없는 연속체 율문 형식이며 주로 3·4조와 4·4조를 기조로 한다. 작자는 사대부, 승려, 부녀자, 평민 등 다양하며 마지막 행이 시조의 종장과 같은 형식인 정격, 다른 형식인 변격으로 나눌 수 있다.

한시
漢詩

한문으로 창작된 시

한문으로 창작된 시를 일컫는 용어로, 시구가 4구로 된 절구와 8구로 된 율시 등이 있다. 글자 수는 보통 5언과 7언이 많으며, 4언과 6언으로 된 것도 있다.

1185

평시조
平時調

3장 형식으로 이루어진 시조

시조를 음악상으로 나눈 하나의 형태로, 초장, 중장, 종장의 3장 6구 45자 내외로 이루어진 가장 기본적인 시조를 의미한다. 단시조라고도 한다.

1186

사설시조
辭說時調

산문 형식을 가지고 있는 시조

조선 중기 이후 평시조보다 긴 산문 형식을 가지고 있는 시조로, 주로 서민들의 생활 모습을 사실적으로 담아냈다. 장시조 혹은 장형시조라고도 한다.

1187

가전체 문학
假傳體文學

인간이 아닌 사물을 의인화하여 서술하는 문학

인간이 아닌 사물을 의인화하여 허구적으로 서술하여 사람들을 징계하고 징벌하는 계세징인을 목적으로 하는 문학으로, 의인 전기체라고도 한다.

⊕ **상식 PLUS**

• 가전체 문학의 대표 작품

의인화 대상	작품
술	임춘의 <국순전>, 이규보의 <국선생전>
돈	임춘의 <공방전>
거북	이규보의 <청강사자현부전>
대나무	이곡의 <죽부인전>
종이	이첨의 <저생전>
지팡이	석식영암의 <정시자전>

1188

정읍사
井邑詞

한글로 기록된 가장 오래된 백제 가요

한글로 기록된 가요 중 가장 오래된 것으로, 통일 신라 경덕왕 이후 구백제 지방의 노래로 알려져 있다. 높은 산에 올라 돌아오지 않는 남편을 기다리며 남편이 무사히 돌아오기를 기다리는 아내의 마음을 나타내고 있다.

1189

적벽가
赤壁歌

적벽대전을 소재로 만든 판소리

조선 시대의 판소리 열두 마당 중 하나로, 중국의 <삼국지연의> 중 적벽대전에 대한 내용을 재구성하여 만든 판소리이다.

1190

송인
送人

고려 문신 정지상이 지은 시

고려 시대 때 문신이었던 정지상이 지은 시로, 기승전결의 구성과 대조법, 도치법, 과장법 등의 표현법을 사용하여 이별의 슬픔을 담아냈다.

1191

건국 신화
建國神話

국가의 기원, 시조, 건국 등을 설명한 신화

국가의 기원, 시조, 건국 등을 설명하는 신화로, 고조선의 <단군 신화>, 고구려의 <주몽 신화>, 신라의 <박혁거세 신화>, 가락국의 <수로 신화>, 동부여의 <금와 신화> 등이 대표적이다. 이러한 건국 신화들은 <삼국유사>, <삼국사기>, <제왕운기>, <동국이상국집> 등에 수록되어 전해져 왔다.

1192

하여가
何如歌

고려 말에 이방원이 지은 시조

고려 말에 조선이 개국하기 전 이방원이 지은 시조로, 고려의 충신이었던 정몽주의 진심을 떠보고 그를 회유하기 위해 읊었다고 알려져 있다.

1193

단심가
丹心歌

고려 말에 정몽주가 지은 시조

조선 개국의 반대파였던 정몽주가 이방원의 <하여가>에 대한 답을 위해 지은 시조로, 후에 새로운 갈래로 등장한 시조가 정착하는 데 상당한 기여를 한 작품이다.

훈민정음
訓民正音

세종대왕이 창제한 우리나라 글자

'백성을 가르치는 바른 소리'라는 뜻으로, 조선 1446년에 세종대왕이 창제한 우리나라 글자이다. 훈민정음을 만드는 과정과 의미를 설명한 <훈민정음해례본>은 1997년에 유네스코 세계 기록 유산에 등재되었다. 창제 당시에 훈민정음은 자음 17자, 모음 11자로 28자였으나, 현재 사용하고 있는 글자 수는 자음 14자, 모음 10자로 24자이다.

용비어천가
龍飛御天歌

빈출

조선 세종 때 훈민정음으로 간행된 최초의 악장

조선 세종 때 훈민정음으로 간행된 최초의 악장으로, 권제, 정인지, 박팽년, 안지 등이 목조에서 태종까지 여섯 대의 행적을 125장의 노래를 지어 세종에게 올렸다.

금오신화
金鰲新話

김시습이 한문으로 지은 우리나라 최초의 소설

조선 전기에 김시습이 한문으로 지은 우리나라 최초의 소설로, 1927년에 최남선에 의해 <계명> 제19호에 소개되었다. 이 소설에는 <만복사저포기>, <이생규장전>, <취유부벽정기>, <용궁부연록>, <남염부주지> 5편이 수록되어 있다. 금오신화에서는 등장하는 주인공들이 모두 비범한 인물이며, 귀신, 염왕, 용왕 등 비현실적인 소재를 사용한다는 특징이 있다.

홍길동전
洪吉童傳

허균이 지은 우리나라 최초의 한글 소설

조선 전기에 허균이 지은 우리나라 최초의 한글 소설로, 당시 사회의 제도적 결함과 사회의 문제점을 그대로 보여주며 적자와 서자의 차별을 없애고 부패한 사회를 개혁하려는 의도가 담겼다.

CHAPTER 12

문학

사미인곡
思美人曲

송강 정철이 지은 가사

조선 선조 때 송강 정철이 관직에서 밀려나 자신의 고향인 창평에서 4년간 지내면서 지은 가사로, 임금에 대한 그리움을 내용으로 담고 있다.

⊕ 상식 PLUS
- **속미인곡**: 임금에 대한 그리움을 표현한 <사미인곡>의 속편으로, 젊은 여인이 남편을 사모하는 형식으로 읊고 있는 <사미인곡>과 달리 두 여인의 문답 형식으로 구성되어 있음

한중록
閑中錄

장헌 세자의 빈 혜경궁 홍씨가 지은 회고록

장헌 세자의 빈이자 정조의 생모 혜경궁 홍씨가 자신의 일생을 돌아보면서 쓴 자전적 회고록이다.

열하일기
熱河日記

박지원이 지은 중국 청나라 견문록

조선 정조 때 박지원이 지은 중국 청나라 견문록으로, 총 26권 10책으로 구성되어 있다. 사회 제도와 양반 사회의 모순을 비판하는 내용을 담았다는 데 의의가 있다.

구운몽
九雲夢

김만중이 지은 고대 장편 소설

조선 후기에 김만중이 지은 고대 장편 소설로, 1687년 유배지에서 자신의 어머니를 위로하기 위해 집필한 것으로 알려져 있다. 환몽 소설의 효시인 이 소설은 <옥루몽>, <옥련몽> 등 후대 소설에 많은 영향을 끼쳤다.

⊕ 상식 PLUS
- **환몽 소설**: 허황된 꿈을 소재로 한 소설

사씨남정기
謝氏南征記

김만중이 지은 한글 소설

조선 후기 숙종 때 김만중이 지은 한글 소설로, 인현 왕후를 폐위시키고 희빈 장씨를 왕비로 맞은 숙종의 마음을 바로잡고자 집필한 것으로 알려져 있다. 이 작품에서 사씨 부인은 인현 왕후를, 유한림은 숙종을, 요첩 교씨는 희빈 장씨를 각각 대비시켜 숙종의 잘못을 처첩 간에 발생한 갈등에 빗대어 풍자하였다.

서유견문
西遊見聞

조선 후기에 유길준이 서양을 여행하면서 적은 기행문

조선 후기 고종 때 유길준이 미국과 유럽 등 서양을 여행하면서 적은 기행문으로, 1889년에 완성하여 1895년에 출간되었다. 이 책의 출간 이후 신문과 잡지 등에서 국한문 혼용체를 많이 사용하게 되었다.

근현대 문학

계몽주의 문학
啓蒙主義文學

대중에게 새로운 지식, 사고 등을 깨우쳐 주려는 문학

대중들에게 전통적인 인습과 종교적인 독단에서 벗어나 새로운 지식, 사고 등을 깨우쳐 주려는 문학이다. 이광수의 <무정>, <어린 벗에게>, 최남선의 <해에게서 소년에게> 등이 대표적인 작품이다.

퇴폐주의 문학
頹廢主義文學

절망적인 분위기에서 탄생한 낭만주의 문학

3·1 운동 이후 경제적 파탄, 지식인의 실업 사태 등 절망적인 분위기에서 탄생한 일종의 병적인 낭만주의 문학으로, 1920년대 창간되었던 문예 동인지 <폐허>에서 그 모습이 드러나 있다.

1206

한성순보
漢城旬報

고종 때 박문국에서 발행한 우리나라 최초의 근대 신문

1883년 고종 때 박문국에서 발행한 우리나라 최초의 근대 신문이자 열흘 간격으로 발행되었던 순간 신문으로, 현재 국가 등록 문화재 제505호로 등재되어 있다.

1207

독립신문
獨立新聞

서재필과 윤치호가 창간한 우리나라 최초의 민간 신문

독립 협회의 서재필과 윤치호가 1896년에 창간한 우리나라 최초의 민간 신문으로, 현재 국가 등록 문화재 제506호로 등재되어 있다.

1208

신체시
新體詩

신문학 운동 초기에 나타난 새로운 형태의 시

우리나라의 신문학 운동 초기에 나타난 새로운 형태의 시로, 서양의 근대시와 일본 신체시의 영향을 받아 근대적인 자유시로 넘어가는 과도기적 형태를 가지고 있다. <아양구첩>, <원백설>, <충훈소환> 등의 작품은 작가가 알려져 있지 않기 때문에 일반적으로 최초의 신체시는 최남선의 <해에게서 소년에게>로 알려져 있다.

1209

신소설
新小說

19세기 말부터 20세기 초까지 창작된 소설

19세기 말부터 20세기 초까지 창작된 소설로, 1906년 <대한매일신보>의 광고에서 해당 명칭을 처음 사용하였다. 이인직의 <혈의 누>, 이해조의 <자유종>, 최찬식의 <추월색> 등이 대표적이다.

1210

불놀이

주요한이 창작한 산문시

우리나라 자유시의 효시가 된 주요한의 창작 산문시로, 1919년 <창조> 창간호에 발표되었다. 전통적인 기본 율조에서 벗어나 자유시의 형식을 취하였고, 당대에 우리 문학에 퍼져 있던 계몽성에서 벗어나 주관적 정서를 담았다는 점에서 의의가 있다.

수난이대
受難二代

하근찬이 지은 소설

1957년 <한국일보> 신춘문예에 당선된 하근찬의 단편 소설로, 일제 강점기에 징용으로 끌려가 한쪽 팔을 잃은 아버지 박만도와 6·25 전쟁에 참전하였다가 한쪽 다리를 잃은 아들 진수의 모습을 통해서 민족적 수난의 역사적 반복과 극복 의지를 상징적으로 드러내고 있다. 대표적인 하근찬의 소설에는 <수난이대>, <야호>, <흰 종이 수염> 등이 있다.

김동인
金東仁

일제 강점기 대표적인 소설가

1920~30년대 일제 강점기의 대표적인 소설가로, <배따라기>, <감자>, <발가락이 닮았다>, <광화사> 등의 작품을 썼다. 사실주의적 수법을 사용하였으며 1919년에는 우리나라 최초의 문예 동인지 <창조>를 출간하였다.

김소월
金素月

<진달래꽃> 등을 쓴 시인

1922년 <개벽> 7월호에 자신이 쓴 <진달래꽃>을 발표한 시인으로, <진달래꽃>, <금잔디>, <접동새>, <엄마야 누나야>, <산유화> 등이 대표적이다. 그는 자신의 시 속에서 한국의 전통적인 한과 짙은 향토성을 여성적인 정조로 노래하였다.

김유정
金裕貞

<동백꽃> 등을 쓴 소설가

1935년 <중외일보>에 <노다지>, <조선일보>에 <소낙비>가 각각 당선되면서 문단에 등단한 소설가로, <동백꽃>, <봄봄>, <따라지>, <만무방>, <금 따는 콩밭> 등의 작품이 대표적이다. 그는 대개 농촌을 배경으로 토속적인 인간상을 다뤘으며, 희화적 표현을 사용하여 작품 속에서 따뜻하고 희극적인 인간미를 느낄 수 있다.

염상섭
廉想涉

자연주의 소설 <표본실의 청개구리>를 쓴 소설가

<표본실의 청개구리>, <만세전>, <삼대>, <두 파산>, <임종> 등의 작품을 쓴 소설가이다. 그의 대표적인 작품 <표본실의 청개구리>처럼 초반에는 자연주의적 경향을 보였으나, 점차 사실주의적 경향이 짙어진 작품들을 썼다.

윤동주
尹東柱

일제 강점기 대표적인 시인

일제 강점기의 대표적인 시인으로, <서시>, <별 헤는 밤>, <자화상>, <쉽게 쓰여진 시>, <또 다른 고향> 등의 작품이 대표적이다. 그는 일제의 강압에 고통받는 조국의 현실을 가슴 아프게 생각하며 그것을 자신의 시 속에 반영하였다. 윤동주가 썼던 시를 모두 묶어낸 시집 <하늘과 바람과 별과 시>는 1948년 해방 후에 세상에 나오게 되었다.

정지용
鄭芝溶

<백록담> 등을 쓴 시인

1920~40년대 활동하였던 시인으로, <향수>, <정지용 시집>, <백록담>, <문학 독본> 등의 작품이 대표적이다. 그는 작품 속에서 자신만의 섬세하고 독특한 언어를 사용하여 대상을 묘사하였으며, 일상에서 사용하지 않는 고어나 방언 등도 폭넓게 사용하였다.

조세희
趙世熙

<난장이가 쏘아올린 작은 공> 등을 쓴 소설가

1965년 <경향신문>에 <돛대 없는 장선>이 당선되면서 문단에 등단한 소설가로, <난장이가 쏘아올린 작은 공>, <뫼비우스의 띠>, <칼날>, <우주여행>, <잘못은 신에게도 있다> 등이 대표적인 작품이다. 그는 12편의 난장이 연작을 통해 1970년대 한국 사회 모순이었던 빈부와 노사 대립을 형상화하였으며, 소설 양식의 확대를 가져왔다.

채만식
蔡萬植

\<태평천하\> 등을 쓴 소설가

\<태평천하\>, \<레디메이드 인생\>, \<탁류\>, \<치숙\> 등을 쓴 소설가로, 풍자와 희화화를 통하여 당시 지식인 사회의 고민과 약점을 표현하였으며 사회 부조리와 갈등을 사실적으로 묘사하였다.

최인훈
崔仁勳

\<광장\> 등을 쓴 소설가

최초로 남북한의 이데올로기를 동시에 비판한 소설인 \<광장\>을 쓴 소설가이자 희곡 작가로, \<회색인\>, \<우상의 집\>, \<가면고\>, \<총독의 소리\>, \<화두\> 등의 작품이 대표적이다.

현진건
玄鎭健

사실주의 문학의 대표적인 소설가

1920년 \<개벽\>에 \<희생화\>를 발표하며 문단에 등단해 사실주의 문학을 썼던 대표적인 소설가로, \<운수 좋은 날\>, \<고향\>, \<빈처\>, \<B사감과 러브레터\>, \<무영탑\> 등의 작품이 대표적이다.

황순원
黃順元

\<소나기\> 등을 쓴 소설가

1931년 \<동광\>에 \<나의 꿈\>을 발표하면서 문단에 등단한 소설가로, \<소나기\>, \<곡예사\>, \<목넘이 마을의 개\>, \<학\>, \<나무들 비탈에 서다\>, \<카인의 후예\>, \<잃어버린 사람들\>, \<움직이는 성\> 등의 작품이 대표적이다.

청록파
靑鹿派

박목월, 박두진, 조지훈 세 사람을 일컫는 말

박목월, 박두진, 조지훈 세 사람을 일컫는 말로, 1946년 해방 이후 최초의 창작 시집인 \<청록집\>을 함께 내면서 청록파라는 명칭이 붙여졌다. 세 사람은 서로 표현의 기교나 율격 등의 차이가 있으나 자연을 주제로 인간적 염원과 가치를 추구하였다는 공통점이 있다.

CHAPTER 12

문학

주요 국문학 작품

우리나라의 주요 국문학 작가와 작품

우리나라의 주요 국문학 작가와 작품을 정리해보면 다음과 같다.

강신재	<얼굴>, <젊은 느티나무>, <표선생 수난기> 등
공지영	<동트는 새벽>, <무소의 뿔처럼 혼자서 가라>, <봉순이 언니> 등
김동리	<화랑의 후예>, <무녀도>, <황토기>, <역마>, <등신불>, <늪> 등
김동환	<국경의 밤>, <승천하는 청춘>, <해당화> 등
김상용	<남으로 창을 내겠소>, <서글픈 꿈> 등
김수용	<풀>, <눈>, <푸른 하늘을> 등
김승옥	<무진기행>, <서울 1964년 겨울>, <야행>, <생명연습> 등
김영랑	<목란이 피기까지는>, <독을 차고>, <언덕에 바로 누워> 등
김지하	<타는 목마름으로>, <황토>, <오적> 등
김춘수	<꽃>, <꽃을 위한 서시> 등
김훈	<칼의 노래>, <화장>, <선택과 옹호> 등
나도향	<벙어리 삼룡이>, <뽕>, <물레방아> 등
박경리	<토지>, <김약국의 딸들>, <불신시대> 등
박두진	<해>, <거미의 성좌>, <사도행전>, <수석열전> 등
박목월	<산도화>, <나그네>, <어머니> 등
박완서	<나목>, <도시의 흉년>, <휘청거리는 오후>, <엄마의 말뚝> 등
백석	<북방>, <남신의주 유동 박시봉방>, <나와 나타샤와 흰 당나귀> 등
서정주	<국화 옆에서>, <화사>, <동천> 등
신동엽	<껍데기는 가라>, <삼월>, <발> 등
심훈	<상록수>, <탈춤>, <그날이 오면> 등
양귀자	<원미동 사람들>, <희망>, <모순>, <슬픔도 힘이 된다> 등
이문열	<우리들의 일그러진 영웅>, <영웅시대> 등
이범선	<학마을 사람들>, <오발탄>, <살모사> 등
이상	<날개>, <오감도>, <거울>, <이런 시> 등
이상화	<빼앗긴 들에도 봄은 오는가>, <나의 침실로>, <이중의 사망> 등
이육사	<광야>, <절정>, <청포도>, <파초> 등
이청준	<병신과 머저리>, <소문의 벽>, <당신들의 천국>, <잔인한 도시> 등
이형기	<낙화>, <비 오는 날>, <코스모스>, <적막강산> 등
이효석	<메밀꽃 필 무렵>, <화분>, <돈>, <수탉>, <장미 병들다> 등
전영택	<화수분>, <독약을 마시는 여인>, <하늘을 바라보는 여인> 등
조정래	<태백산맥>, <아리랑> 등
주요섭	<사랑손님과 어머니>, <미완성>, <아네모네 마담> 등
최명희	<혼불>, <만종>, <정옥이>, <메별> 등
최서해	<고국>, <탈출기>, <박돌의 죽음>, <기아와 살육>, <홍염> 등
최인호	<바보들의 행진>, <고래 사냥>, <별들의 고향>, <불새> 등
한강	<채식주의자>, <검은 사슴>, <몽고반점> 등
한용운	<님의 침묵>, <조선불교 유신론>, <흑풍>, <정선강의 채근담> 등
황동규	<즐거운 편지>, <시월>, <풍장>, <태평가>, <삼남에 내리는 눈> 등
황석영	<삼포 가는 길>, <장길산> 등

UNIT 2

세계 문학

세계의 유명 작가와 작품에 대해 확인해 보세요.
회독 박스(□)에 정확히 아는 개념은 ○, 알쏭달쏭한 개념은 △, 전혀 모르는 개념은 ×로 체크하면서 꼼꼼히 학습해 보세요.

문예사조

1225 □ □ □

시금석
Touchstone

유명한 시인들의 정선된 짧은 문장

시인들의 정선된 짧은 문장을 일컫는 말로, 1880년에 영국의 시인이자 문학비평가인 매튜 아널드가 자신의 저서 <시의 연구>에서 문학 용어로 처음 사용하였다. 본래는 가치, 능력, 역량 등을 알아볼 수 있는 기준이 되는 기회나 사물이라는 의미를 가지고 있다.

1226 □ □ □

쉬르레알리슴
Surrealism

무의식이나 초현실적인 세계를 표현하는 예술 경향

무의식이나 초현실적인 세계 등을 표현하는 예술 경향으로, 초현실주의라고도 한다. 1917년 시인 기욤 아폴리네르가 처음으로 사용하였으며, 이후 1924년에 프랑스의 시인 앙드레 브르통이 <초현실주의 선언>을 발간하면서 형태를 갖추기 시작하였다. 앙드레 브르통은 초현실주의를 "순수한 심리적 자동 기술로서, 이를 통해 말로든, 글로든, 그 외 어떤 방식으로든, 사유의 실제 작용을 표현하는 것. 이성에 의한 모든 통제가 부재하는, 미학적이고 도덕적인 모든 선입견에서 벗어난, 사유의 받아쓰기"라고 정의하였다.

1227 □ □ □

소네트
Sonnet

14행으로 이루어진 짧은 형식의 시

총 14행으로 이루어진 짧은 형식의 시로, 13세기에 이탈리아 민요에서 파생되어 단테와 페트라르카가 완성하였다. 복잡하고 다양한 운과 세련된 기교를 사용하며, 각 행은 10음절로 구성되어 있다. 후에 셰익스피어, 밀턴, 워즈워스 등이 소네트 형식을 사용하여 다양한 작품을 남겼다.

1228

□ □ □

앙티로망
Anti-roman

전통적인 형식이나 관습에서 벗어나 새로운 수법을 시도한 소설

전통적인 소설 형식이나 관습에서 벗어나 새로운 수법을 시도한 소설로, 1947년 프랑스의 나탈리 사로트의 <어느 미지인의 초상>의 서문에서 처음 사용되었다.

1229

□ □ □

앙가주망
Engagement

사회 참여, 자기 구속 등을 의미하는 말

자기 구속, 사회 참여 등을 의미하는 말로, 제2차 세계대전 이후 사르트르와 같은 실존주의 자들에 의해 사용되었다. 사회적이고 정치적인 입장을 내세우는 문학을 의미하기도 한다. 정치나 사회 문제에 관심을 가지고 적극적으로 참여하는 행위를 일컫는 용어이기도 하다.

1230

□ □ □

알레고리
Allegory

주제를 암시적으로 나타내는 표현 방법

주제를 암시적으로 나타내는 표현 방법으로, 말하고자 하는 것을 그대로 드러내는 것이 아닌 다른 것에 비유하여 설명하는 것이다. 가장 대표적으로 이솝 우화를 들 수 있는데, 여기서 설명하는 동물들의 이야기는 인간의 게으름, 어리석음, 탐욕 등을 비유하여 표현하는 알레고리라고 할 수 있다.

1231

□ □ □

리리시즘
Lyricism

주관적인 정서를 직접적으로 표현하는 서정 시적 정신

주관적인 정서를 직접적으로 표현하는 서정 시적 정신으로, 낭만주의, 상징주의, 인상주의 등에서 주로 나타나는 시 양식이지만 오늘날에는 시, 산문, 음악 등 예술 전반에 걸쳐 널리 사용되고 있다.

아포리즘
Aphorism

체험한 진리를 간결하게 압축하여 표현한 글

인생의 깊은 체험과 깨달음을 통해 얻은 진리를 간결하게 압축하여 표현한 글로, 유명한 아포리즘 중 가장 오래된 것은 히포크라테스의 "예술은 길고 인생은 짧다"라는 말이다.

⊕ 상식 PLUS
• 아포리즘의 종류

격언	오랜 역사적인 체험을 통해 이루어진 인생의 교훈 등을 간결하게 표현한 글
금언	삶의 본보기가 될 만한 내용을 담고 있는 짧은 글
잠언	가르쳐서 훈계하는 글
경구	진리나 삶에 대한 느낌이나 사상 등을 간결하게 표현한 글

매너리즘
Mannerism

계속해서 일정한 방식이나 태도를 취하여 신선미와 독창성을 잃는 것

계속해서 일정한 방식이나 태도를 취하여 신선미와 독창성을 잃어버리게 되는 것으로, 최근에는 현상 유지의 경향이나 자세 등을 "매너리즘에 빠졌다"라고 표현하기도 한다.

디스토피아
Dystopia

현대 사회의 부정적인 모습을 허구로 그려내어 비판하는 문학 작품

이상향을 의미하는 유토피아와 반대되는 것으로, 역유토피아, 안티유토피아라고도 한다. 현대 사회나 현실의 부정적인 모습을 허구로 그려냄으로써 비판하는 문학 작품, 사상 등을 포괄하는 개념으로, 올더스 헉슬리의 <멋진 신세계>, 조지 오웰의 <1984> 등의 작품이 대표적이다.

하드 보일드
Hard-boiled

1920년대에 미국 문학에 나타난 창작 기법

1920년대부터 1930년대까지 미국 문학에 새롭게 나타난 창작 기법으로, 현실의 냉혹하고 비정한 일을 사실적이고 간결하게 묘사하는 것이다. 어니스트 헤밍웨이의 추리 소설 작품에 많이 드러나 있으며, 대실 해밋의 소설 <플라이 페이퍼>, 존 휴스턴의 영화 <말타의 매>가 대표적이다.

1236

고전주의
Classicism

단정한 형식을 중시하며 조화, 균형, 완성 등을 추구하는 문예사조

단정한 형식을 중시하며 조화, 균형, 완성 등을 추구하는 고대 그리스·로마의 문예사조로, 개성보다는 보편적이고 일반적인 기준의 미를 지향하였다.

1237

인문주의
Humanism

인간의 존엄성을 중요시하며 인간의 소망과 행복을 귀중하게 생각하는 문예사조

신 중심의 세계관에서 벗어나 인간의 존엄성과 가치를 중요시하며 인간의 소망과 행복을 귀중하게 생각하는 문예사조로, 휴머니즘이라고도 한다.

1238

낭만주의
Romanticism

감성적인 정서, 유기체적 세계관 등을 중시하고자 하는 문예사조

18세기 말~19세기 중엽까지 감성적인 정서, 유기체적 세계관, 관념주의 등을 중시하는 문예사조로, 일반적으로 자연 상태로서의 인간의 신성과 완전성을 제창하였던 루소를 시조로 보고 있다. 한국에서는 1920년대 동인지 <백조>를 중심으로 전통적인 도덕과 인습에 반대하여 개인의 창조 가능성에 관심을 기울인 낭만주의가 대두하였다.

1239

사실주의
Realism

현실을 있는 그대로 묘사하고 재현하고자 하는 문예사조

현실을 있는 그대로 묘사하고 재현하고자 하는 문예사조로, 계몽주의와 낭만주의에 대한 반작용으로 발달하기 시작하였다. 한국에서는 1919년 3·1운동 이후 김동인의 <약한 자의 슬픔> 등의 작품이 잡지 <창조>에 실리면서 사실주의 경향이 드러나게 되었다.

1240

자연주의
Naturalism

인간의 삶과 사회의 문제를 그대로 묘사하고자 하는 문예사조

인간의 삶과 사회의 문제를 그대로 묘사하고자 하는 문예사조로, 19세기 말에 사실주의를 이어받아 유행되었다. 한국에서는 1921년 염상섭의 소설 <표본실의 청개구리>와 평론 <개성과 예술> 등에서 자연주의 경향이 시작되었다.

상징주의
Symbolism

어떤 정서나 감정 등을 상징적인 방법을 통해 표현하고자 하는 문예사조

어떤 정서나 감정 등을 상징적인 방법을 통해 암시적으로 표현하고자 하는 문예사조로, 19세기 말부터 20세기 초까지 걸쳐 일어났다. 한국에서는 <태서문예신보>에 김억과 백대진이 <거리에 내리는 비>, <꿈> 등 상징파 시인의 작품을 게재한 이후 김억, 황석우, 박종화 등이 상징주의 경향을 작품에 반영하였다.

행동주의
Behaviorism

프랑스에서 일어난 문학 운동

개인이 사회적·정치적 활동뿐만 아니라 미학의 표현에서도 혁명적이고 모험적이어야 한다는 것으로, 제1차 세계대전 이후 프랑스에서 일어난 문학 운동이다.

모더니즘
Modernism

기존의 리얼리즘, 전통적인 기반 등에서 벗어나려는 예술 경향

사상, 형식, 문체 등이 기존의 리얼리즘, 전통적인 기반 등에서 벗어나려는 예술 경향으로, 20세기에 크게 유행하였다. 기존의 체제와 양식에 대한 비판을 중심으로 감각적, 추상적, 초현실적인 경향을 띤다. 모더니즘은 근대주의 또는 현대주의라고도 한다.

작품과 인물

일리아스
Ilias

고대 그리스 시인 호메로스가 지은 가장 오래된 서사시

고대 그리스의 시인 호메로스가 지은 가장 오래된 장편 서사시로, 트로이 전쟁 마지막 해의 사건을 담고 있다.

CHAPTER 12

문학

1245

오디세이아
Odysseia

고대 그리스 시인 호메로스가 지은 서사시

고대 그리스의 시인 호메로스가 지은 장편 서사시로, 트로이 전쟁에서 승리를 거둔 영웅 오디세우스의 10년에 걸친 귀향 모험담을 담고 있다.

1246

길가메시 서사시
Epic of Gilgamesh

신화적 영웅 길가메시의 모험담을 엮은 서사시

수메르, 바빌로니아 등 고대 동양 여러 민족 사이에 알려진 전설적인 영웅 길가메시의 모험담을 엮은 서사시로, 실존 인물이었던 우르크의 왕 길가메시에 관한 다양한 신화적인 내용을 종합한 것으로 알려져 있다.

1247

기탄잘리
Gitanjali

인도의 시인 타고르의 시집

인도의 시인 타고르의 시집으로, 1910년에 157편의 시를 수록한 책을 출판하여 1913년에는 노벨 문학상을 받았다. 시집의 제목인 <기탄잘리>는 "신에게 바치는 송가"라는 뜻을 가지고 있다.

1248

신곡
La divina commedia

이탈리아 시인 단테가 지은 서사시

이탈리아 시인 단테가 <지옥편>, <연옥편>, <천국편>의 3부로 구성하여 지은 장편 서사시로, 1307년경에 집필을 시작하여 1321년에 완성하였다.

1249

미겔 데 세르반테스
Miguel de Cervantes

소설, 희곡, 시 등 다양한 분야의 글을 쓴 에스파냐의 작가

영국의 셰익스피어와 비견되는 작가로, 풍자와 유머, 사실적 묘사, 사회에 대한 비판적 작풍이 특색이다. 대표작으로는 당시 에스파냐에 유행하던 기사 이야기를 풍자한 <돈키호테>가 있으며, <돈키호테>는 최초의 근대소설이라는 평가를 받고 있다.

셰익스피어의 4대 비극

<셰익스피어의 4대 비극의 설명>
<햄릿>, <오셀로>, <리어왕>, <맥베스>를 일컫는 말

셰익스피어는 영국을 대표하는 극작가로, 그가 집필한 가장 대표적인 비극 작품 4개를 4대 비극이라고 한다.

햄릿	덴마크 왕가의 왕위 계승을 둘러싼 유혈 사건을 바탕으로 햄릿이 부왕을 독살한 숙부와 불륜을 저지른 어머니에게 복수하는 이야기
오셀로	오셀로가 자신의 아내의 불륜을 의심하여 죽이지만 그의 부관 이아고의 계략이었음을 알고 자살하는 이야기
리어왕	리어왕이 첫째와 둘째 딸의 감언에 속아 효심이 깊었던 셋째 딸을 내쫓은 이후에 두 딸의 배신으로 죽게 되는 이야기
맥베스	맥베스가 마녀의 예언에 현혹되어 덩컨 왕을 죽이고 그 자리에 오르지만, 후에 덩컨 왕의 아들에게 죽임을 당하는 이야기

⊕ **상식 PLUS**
- **셰익스피어의 5대 희극**: <한여름 밤의 꿈>, <베니스의 상인>, <말괄량이 길들이기>, <뜻대로 하세요>, <십이야>를 일컫는 말
- **로미오와 줄리엣**: 원수 집안인 몬터규가(家)의 로미오와 캐퓰렛가의 줄리엣의 비극적인 사랑을 다룬 셰익스피어의 대표적인 작품

젊은 베르테르의 슬픔

독일 작가 괴테가 지은 서간체 소설

독일의 시인이자 작가인 괴테가 1774년에 발표한 서간체 소설로, 주인공으로 등장하는 베르테르가 다른 사람의 약혼녀를 사랑하여 끝내 사랑을 이루지 못하고 자살을 하게 되는 비극적인 내용을 담고 있다.

⊕ **상식 PLUS**
- **베르테르 효과**: 유명인이나 자신이 닮고자 하는 이상형이 자살할 경우 해당 인물과 자신을 동일시하며 그를 따라서 자살을 시도하는 현상

죄와 벌
Prestuplenie i nakazanie

러시아 소설가 도스토옙스키가 지은 소설

러시아의 소설가 도스토옙스키가 지은 장편 소설로, 1866년 잡지 <러시아 통보>에 발표되었다. 주인공으로 등장하는 라스콜니코프가 고리 대금업자를 살해하고 죄의식에 시달리다가 고독과 자기희생으로 살아가는 소냐를 만나 그녀에게 감동받아 자수하여 시베리아로 유형되는 내용을 담고 있다.

CHAPTER 12

문학

1253

☐ ☐ ☐

전쟁과 평화
Voina i mir

러시아 소설가 톨스토이가 지은 소설

러시아의 소설가 톨스토이가 지은 장편 소설로, 청년 귀족 안드레이와 피에르가 상류 사회의 전제화에 저항하는 번민과 각성의 내용을 담고 있다.

⊕ 상식 PLUS
- **전제화**: 개인이 국가의 권력을 장악하고 자기 의사에 따라 모든 일을 처리하는 것을 일컫는 용어

1254

☐ ☐ ☐

참을 수 없는 존재의 가벼움

체코 작가 쿤데라가 지은 소설

체코의 작가 쿤데라가 지은 장편 소설로, 1984년에 발표되어 미국 뉴스 주간지 <타임>에 1980년대 소설 베스트 10에 선정되었다. 등장인물 4명의 사랑 이야기를 통해 가벼움과 무거움이라는 이분법적 측면에서 삶과 죽음을 조명하는 내용을 담고 있다.

1255

☐ ☐ ☐

마지막 잎새
The last leaf

미국 작가 오 헨리가 지은 소설

미국의 작가 오 헨리가 지은 인도주의적 단편 소설로, 1905년에 발표되었다. 폐렴에 걸린 주인공 존시가 창문 너머로 보이는 담쟁이덩굴 잎이 다 떨어질 때 자신도 죽게 될 것이라는 절망적 상황을 안타깝게 여긴 어느 화가가 마지막 잎을 그려 그녀에게 삶의 희망을 준다는 내용을 담고 있다.

1256

☐ ☐ ☐

천로역정
The Pilgrim's Progress

영국 작가 존 버니언이 지은 소설

영국의 작가 존 버니언이 지은 종교 소설로, 1678년에 제1부가, 1684년에 제2부가 출판되었다. 신의 노여움을 두려워하는 주인공이 고난을 겪고 마침내 천국에 이르는 과정의 내용을 담고 있다.

1257

갈매기의 꿈
Jonathan Livingston seagull

미국 작가 리처드 바크가 지은 소설

미국의 작가 리처드 바크가 지은 우화 소설로, 1970년에 발표되었다. 비행에 대한 꿈을 끊임없이 노력하는 갈매기 조나단 리빙스턴의 일생의 내용을 담고 있다.

1258

동물농장
Animal farm

영국 소설가 조지 오웰이 지은 소설

영국의 소설가 조지 오웰이 지은 우화 소설로, 1945년에 발표되었다. 인간들을 내쫓고 모든 동물이 평등한 이상 사회를 건설하지만, 시간이 지나면서 더욱 강화되는 독재 체제를 내용으로 하여, 정치 풍자 소설의 대표적인 작품으로 손꼽히고 있다.

1259

삼국지연의
三國志演義

14세기 중국 작가 나관중이 지은 소설

중국 원나라의 작가 나관중이 지은 장편 역사 소설로, 중국의 사대 기서 중 하나이다.

⊕ **상식 PLUS**
- **중국의 4대 기서**: <삼국지연의>, <수호전>, <서유기>, <금병매>

1260

하멜 표류기
The Journal of Hendrick Hamel

하멜이 14년간 제주도에서 표류한 내용을 담은 책

네덜란드의 헨드릭 하멜이 14년 동안 제주도에서 표류한 내용을 담은 책으로, <난선 제주도 난파기>라고도 하며 부록에는 <조선국기>가 있다. 이 책에는 조선의 지리, 풍속, 군사, 산물, 정치, 교역, 교육 등을 자세히 기록한 내용이 담겨 있어 당시 우리나라의 실정을 알 수 있다는 의의를 가지고 있다.

1261

안네의 일기
The diary of a young girl Anne
Frank

유대인 소녀 안네 프랑크가 쓴 일기

독일 출신의 유대인 소녀 안네 프랑크가 쓴 일기로, 1947년에 네덜란드어로 출판되었다. 이 일기에는 사춘기 소녀의 입장에서 제2차 세계대전 때 숨어 지내던 생활을 묘사한 내용이 담겨 있다.

1262

빅토르 위고
Victor-Marie Hugo

프랑스의 낭만파 작가 겸 정치가

19세기 프랑스의 낭만파를 이끌면서 문학계에 큰 영향력을 미친 작가 겸 정치가로, 소설, 희곡, 시 등 다양한 분야의 작품을 집필하였다. 대표작으로는 <레미제라블>, <노트르담의 꼽추>, <웃는 사나이> 등이 있다.

1263

장발장
Jean Valjean

프랑스 작가 빅토르 위고가 지은 소설 <레미제라블>의 주인공

프랑스의 작가 빅토르 위고가 지은 장편 소설 <레미제라블>의 주인공으로, 빵 한 조각을 훔친 죄로 19년을 감옥에서 보내며 사회에 대한 원망이 쌓였지만, 후에 대주교 밀리엘에 의해 자비를 깨닫고 죽음에 이르렀을 때 완전한 자유를 알게 된다.

1264

톨스토이
Leo Tolstoy

러시아 문학을 대표하는 세계적 문호이자 사상가

러시아 문학을 대표하는 세계적 문호이자 사상가로, <전쟁과 평화>, <안나 카레니나>, <부활> 등의 작품이 대표적이다.

주요 세계 문학 작품

주요 세계 문학 작가와 작품

주요 세계 문학 작가와 작품을 정리해보면 다음과 같다.

괴테	<파우스트>, <젊은 베르테르의 슬픔>, <비헬림 마이스터의 편력 시대> 등
기 드 모파상	<여자의 일생>, <목걸이>, <비계 덩어리> 등
대프니 듀 모리에	<레베카>, <새> 등
도스토옙스키	<가난한 사람들>, <죄와 벌>, <카라마조프가의 형제들> 등
베르나르 베르베르	<개미>, <뇌>, <인간> 등
스콧 피츠제럴드	<위대한 개츠비>, <최후의 대군> 등
아서 밀러	<세일즈맨의 죽음>, <모두가 나의 아들> 등
알리기에리 단테	<신곡>, <신생>, <향연> 등
알베르 카뮈	<이방인>, <페스트> 등
알퐁스 도데	<마지막 수업>, <별> 등
어니스트 헤밍웨이	<노인과 바다>, <무기여 잘 있거라>, <누구를 위하여 종은 울리나> 등
올더스 헉슬리	<연애 대위법>, <가자(Gaza)에서 눈멀다>, <멋진 신세계> 등
움베르토 에코	<장미의 이름>, <푸코의 진자> 등
윌리엄 골딩	<파리 대왕>, <계승자들> 등
제롬 데이비드 샐린저	<호밀밭의 파수꾼>, <목수들아 대들보를 높이 올려라> 등
조반니 보카치오	<데카메론>, <피아메타>, <피에졸레의 요정> 등
조지 오웰	<동물농장>, <1984> 등
존 스타인벡	<분노의 포도>, <에덴의 동쪽>, <생쥐와 인간> 등
쥘 베른	<해저 2만 리>, <80일간의 세계 일주> 등
펄 벅	<대지>, <대지의 집> 등
해리엇 비처 스토	<톰 아저씨의 오두막> 등
헤르만 헤세	<데미안>, <수레바퀴 밑에서> 등
다자이 오사무	<사양>, <인간실격> 등
무라카미 하루키	<노르웨이의 숲>, <1Q84>, <해변의 카프카>

핵심 점검 문제

앞에서 학습한 상식을 문제를 풀면서 바로 점검해 보세요!

[01-05] 다음 각 설명을 읽고, 맞으면 O, 틀리면 ✕에 표시하시오.

01 '옥루몽'은 조선 후기에 김만중이 지은 고대 장편 소설로 환몽 소설의 효시이다. (O , ✕)

02 전통적인 소설 형식이나 관습에서 벗어나 새로운 수법을 시도한 소설은 '앙가주망'이라고 한다. (O , ✕)

03 '죄와 벌'은 러시아 소설가 도스토옙스키가 지은 장편 소설로 잡지 <러시아 통보>에 발표되었다. (O , ✕)

04 독립 협회의 서재필과 윤치호가 창간한 '한성순보'는 현재 국가 등록 문화재 제506호로 등재되어 있다. (O , ✕)

05 '일리아스'는 고대 그리스 시인 호메로스가 트로이 전쟁의 마지막 해의 사건을 담은 장편 서사시이다. (O , ✕)

[06-10] 다음 각 설명에 해당하는 용어를 쓰시오.

06 조선 정조 때 박지원이 지은 중국 청나라 견문록 (   )

07 중국의 사대 기서 중 하나로 중국 원나라 작가 나관중이 지은 장편 소설 (   )

08 신문학 운동 초기에 등장하였으며 근대적인 자유시로 넘어가는 과도기적 형태를 가지고 있는 시 (   )

09 이규보의 <백운소설> 등과 같이 민간에서 수집한 이야기에 창의성과 윤색을 더한 문학 (   )

10 가벼움과 무거움이라는 이분법적 측면에서 삶과 죽음을 조명하는 내용을 담은 소설 (   )

11 다음 중 김시습의 한문 소설인 금오신화에 포함되지 않는 것은?
① 이생규장전　　　② 남염부주지　　　③ 만복사저포기　　　④ 사씨남정기

12 다음 중 청록파 시인이 아닌 사람은?
① 박목월　　　② 김동인　　　③ 조지훈　　　④ 박두진

13 다음 중 한글로 기록된 가요 중 가장 오래된 백제 가요는?
① 제망매가　　　② 처용가　　　③ 가시리　　　④ 정읍사

14 유기체적 세계관, 관념주의, 감성적인 정서 등을 중시하는 문예 사조는?
① 자연주의　　　② 낭만주의　　　③ 인문주의　　　④ 고전주의

15 다음 중 셰익스피어의 4대 비극이 아닌 것은?

① 리어왕　　　　　② 햄릿　　　　　③ 로미오와 줄리엣　　　　④ 오셀로

16 다음 중 가전체 문학 작품과 의인화 대상이 바르게 짝지어진 것은?

① <청강사자현부전> - 대나무　　　　② <저생전> - 술

③ <정시자전> - 지팡이　　　　④ <공방전> - 종이

17 다음 중 문학 표현 기법에 대한 설명으로 옳지 않은 것은?

① 시구의 순서를 정상적인 어순과 다르게 바꾸는 표현법을 도치법이라고 한다.

② 수미상관법은 운율을 중시하고 의미를 강조하기 위해 시의 첫 연과 끝 연을 반복 배치하는 기법이다.

③ 수사법은 효과적인 표현을 위하여 문장을 여러 형태로 꾸미는 방법이다.

④ 수사법 중 변화법은 어떤 부분만 강하고 두드러지게 나타내는 표현법이다.

18 다음 중 향가의 종류가 다른 하나는?

① 서동요　　　　　② 찬기파랑가　　　　③ 혜성가　　　　④ 원왕생가

19 다음 중 주요 국문학 작품과 저자가 바르게 짝지어진 것은?

> ⊙ 염상섭 - <만세전>, <삼대>, <두 파산>, <표본실의 청개구리>
> ⓒ 현진건 - <운수 좋은 날>, <고향>, <우상의 집>, <무영탑>
> ⓒ 김소월 - <진달래꽃>, <향수>, <봄봄>, <엄마야 누나야>
> ⓒ 황순원 - <태평천하>, <소나기>, <목넘이 마을의 개>, <곡예사>

① ⊙　　　　　② ⓒ　　　　　③ ⓒ　　　　　④ ⓒ

20 다음 중 악장가사의 종류가 다른 하나는?

① 청산별곡　　　　② 상대별곡　　　　③ 서경별곡　　　　④ 정동방곡

🔍 정답

01	✕ → 구운몽	02	✕ → 앙티로망	03	○	04	✕ → 독립신문	05	○
06	열하일기	07	삼국지연의	08	신체시	09	패관 문학	10	참을 수 없는 존재의 가벼움
11	④	12	②	13	④	14	②	15	③
16	③	17	④ → 강조법	18	① → 4구체 향가	19	①	20	④ → 아악 가사

CHAPTER 13
문화예술

다음은 문화예술 분야에서 출제되거나 출제될 가능성이 높은 중요한 키워드를 기반으로 정리한 마인드맵입니다.
학습 전 큰 흐름을 조망하거나 학습 후 공부한 내용을 정리하는 용도로 활용해 보세요.

문화예술

UNIT 1 문화 일반
- 문화재 — 유네스코 기록 유산
- 주요 시상식 — 세계 3대 영화제
- 기타 — 문화 상대주의

UNIT 2 음악
- 장르 — 서곡
- 인물과 작품 — 모차르트
- 음악 용어 — 음악의 빠르기
- 국악 — 판소리 유파
  - 판소리 5마당
  - 사물놀이

UNIT 3 미술
- 경향과 사조 — 포스트모더니즘
- 기법과 양식 — 스푸마토
- 인물과 작품 — 레오나르도 다빈치
- 기타 — 트리엔날레

UNIT 4 영화
- 기법과 장르 — 클리셰
- 기타 — 누벨바그

UNIT 1

문화 일반

문화재와 주요 시상식의 종류에 대해 알아두면 좋습니다.

회독 박스(□)에 정확히 아는 개념은 ○, 알쏭달쏭한 개념은 △, 전혀 모르는 개념은 ×로 체크하면서 꼼꼼히 학습해 보세요.

문화재

1266 □ □ □

유네스코 세계 유산
UNESCO World heritage

유네스코가 세계 유산 협약에 따라 지정한 세계적 유산

유네스코가 채택한 '세계 문화 및 자연 유산 보호 협약'에 따라 지정하고 있는 세계적인 유산으로, 인류를 위한 보편적 가치를 가지고 있는 자연이나 문화를 보존하기 위함이다. 세계 유산은 문화유산, 자연 유산, 복합 유산으로 구성되어 있으며, 우리나라는 석굴암, 불국사, 해인사 장경판전, 창덕궁, 화성, 남한산성 등이 등재되어 있다.

1267 빈출 □ □ □

유네스코 기록 유산
UNESCO Memory of the world

유네스코가 기록물 보존과 이용을 위해 지정한 세계적 유산

유네스코가 세계의 귀중한 기록물의 보존과 이용을 위해 지정한 세계적 유산으로, 1997년부터 2년마다 유네스코 사무총장이 선정하고 있다. 우리나라의 경우 훈민정음, 조선왕조실록, 승정원일기, 직지심체요절, 동의보감 등이 등재되어 있다.

1268 □ □ □

유네스코 무형 유산
UNESCO Intangible cultural heritage

유네스코가 문화유산의 보존과 재생을 위해 지정한 구전 및 무형 유산

유네스코가 소멸 위기에 처해 있는 문화유산의 보존과 재생을 위해 지정한 구전 및 무형 유산으로, 우리나라의 경우 2020년에 등재된 연등회를 비롯하여 종묘 제례 및 종묘 제례악, 판소리, 강릉 단오제 등이 등재되어 있다.

세계 7대 불가사의
Seven wonders of the world

불가사의한 7개의 구조물을 이르는 말

지구상에서 불가사의한 것으로 여겨지는 7개의 구조물을 이르는 말이다. 고대 7대 불가사의에는 이집트 기자의 쿠푸왕 피라미드, 바빌론의 공중 정원, 올림피아의 제우스 신상, 에페소스의 아르테미스 신전, 할리카르나소스의 마우솔레움, 로도스섬의 거상, 알렉산드리아 파로스의 등대가 있다. 또한, 세계 신 7대 불가사의에는 중국의 만리장성, 페루의 마추픽추, 브라질의 거대 예수상, 인도의 타지마할, 이탈리아의 콜로세움, 요르단의 페트라, 멕시코 치첸이트사의 피라미드가 있다.

문화재
文化財

역사적·문화적 가치가 뛰어나다고 인정되는 유산

역사적·문화적 가치가 뛰어나다고 인정되는 조상들의 유산으로 유형 문화재, 무형 문화재, 기념물, 민속자료로 구분된다. 「문화재보호법」에서는 우리 민족이 이룩한 유형·무형의 모든 문화적 소산을 포괄하고 보존할 만한 가치가 있는 것으로 문화재를 정의하고 있다.

국보
國寶

보물의 가치를 지닌 문화재 중 문화재위원회의 심의를 거쳐 지정된 문화재

보물의 가치를 가지고 있는 문화재 중에서 문화재위원회의 심의를 거쳐 지정된 문화재로 역사적·학술적·예술적 가치가 큰 것, 제작 연대가 오래된 것, 저명한 인물과 관련이 깊은 것, 그 시대를 대표할 수 있는 것, 제작 기술이나 과정이 우수하여 유래가 드문 것 등을 기준으로 지정된다.

주요 시상식

대종상
大鍾賞

한국영화인협회가 수여하는 영화 예술상

우리나라 영화의 질적 향상과 영화 산업 및 영화계의 발전을 위해 시행하는 영화예술상으로, 우리나라에서 시행되고 있는 영화상 중 가장 오래되었다. 본래 정부 주관으로 시행되었으나 1987년 제26회 시상식부터 한국영화인협회에 이관됨으로써 민간화되었다.

1273

아카데미상
Academy awards

미국 영화예술과학 아카데미협회가 수여하는 상

미국 영화예술과학 아카데미협회(AMPAS, Academy of Motion Picture Arts and Sciences)가 미국 영화 및 미국에서 상영된 외국 영화를 대상으로 우수 작품과 영화인에게 수여하는 권위 있는 상으로, 트로피의 이름을 따 오스카상이라고 부르기도 한다. 우리나라의 경우 2022년 봉준호 감독의 <기생충>이 작품상, 감독상, 각본상, 국제영화상을 수상하였으며, 2021년에는 배우 윤여정이 <미나리>로 여우조연상을 수상하였다.

1274

에미상
Emmy awards

미국 텔레비전 예술과학 아카데미에서 수여하는 TV 아카데미상

미국 텔레비전 예술과학 아카데미(ATAS, National Academy of Television Arts and Sciences)가 미국에서 TV를 통해 방송된 프로그램을 대상으로 방송인과 방송 관계자들에게 수여하는 상으로, 영화 아카데미상과 비견되는 TV상이다.

1275

그래미상
Grammy prize

미국 레코드 예술과학 아카데미에서 수여하는 레코드상

미국 레코드 예술과학 아카데미(NARAS, Nation Academy of Recording Arts & Science)에서 음악인 및 음반 관계자에게 수여하는 권위 있는 레코드상으로, 음반계의 아카데미상이라고도 불린다.

1276

토니상
Tony awards

미국 브로드웨이에서 수여하는 연극상

미국 브로드웨이에서 연극인들과 극장 관계자들에게 수여하는 연극상으로, 연극계의 아카데미상이라고도 불린다. 1947년에 브로드웨이의 연출가 앙투아네트 페리를 기리기 위해 그의 애칭인 토니를 따와 붙여진 명칭이다.

1277

☐ ☐ ☐

퓰리처상
Pulitzer prize

미국의 보도·문학·음악 분야에 수여하는 상

미국에서 가장 권위 있는 보도·문학·음악상으로, 미국 저널리스트인 조셉 퓰리처의 유언에 따라 1917년에 제정되었다. 대중에게 공헌한 저널리즘, 시, 소설 등 여러 부문의 작품을 선정하여 시상한다.

1278

☐ ☐ ☐

부커상
Booker prize

영국 부커-맥코넬사에서 제정한 문학상

영국 부커-맥코넬사에서 1969년에 제정한 가장 권위적인 문학상으로, 부커상과 부커 국제상으로 나눌 수 있다. 부커상은 1969년부터 영어로 창작되어 영국에서 출간된 책에 수여하였으며, 부커 국제상은 2005년부터 영어로 번역되어 영국에서 출간된 책에 수여하고 있다. 부커상은 노벨문학상과 프랑스 콩쿠르 문학상과 함께 세계 3대 문학상으로 꼽힌다.

1279

☐ ☐ ☐

아쿠타가와상
Akutagawa prize

일본 최고 권위의 문학상

1935년에 일본 문예춘추사(社)가 천재작가 아쿠타가와 류노스케를 기리기 위해 제정한 문학상으로, 현재는 일본문학진흥회에 이관되었다. 니오키상과 함께 일본 문학계에서 권위 있는 상으로 꼽힌다.

1280

☐ ☐ ☐

공쿠르상
Goncourt prize

프랑스의 권위 있는 문학상

프랑스의 형제 소설가인 공쿠르 형제의 유언에 따라 1903년에 설립된 아카데미 드 공쿠르에서 매년 12월 첫 주에 신인 작가의 산문 작품 가운데 우수한 것을 뽑아 수여하는 문학상이다.

□ □ □

세계 3대 클래식 음반상

그라머폰상, 에코 클래식상, 칸 클래식상을 이르는 말

영국의 음악상인 그라머폰상, 독일의 음악상인 에코 클래식상, 프랑스의 음악상인 칸 클래식상을 세계 3대 클래식 음반상이라고 부른다.

□ □ □

세계 3대 디자인 어워드

레드닷 디자인 어워드, IF 디자인 어워드, IDEA를 이르는 말

세계 3대 디자인 어워드는 다음과 같다.

레드닷 디자인 어워드	1955년 독일에서 시작되었으며, 노르트하임 베스트팔렌 디자인 센터가 주관하는 세계 최대 디자인 경연 대회
IF(International Forum) 디자인 어워드	1953년 독일에서 시작되었으며, 하노버전시센터가 주관하는 세계적 권위의 국제 디자인 공모전
IDEA(International Design Excellence Awards)	1980년 미국에서 시작되었으며, 미국 산업디자이너협회가 주관하는 국제 디자인상이자, 디자인계의 아카데미상

□ □ □

세계 3대 영화제

칸 영화제, 베니스 영화제, 베를린 영화제를 이르는 말

프랑스에서 매년 5월에 열리는 칸 영화제, 이탈리아에서 매년 8~9월에 열리는 베니스 국제 영화제, 독일에서 매년 2월에 열리는 베를린 국제 영화제를 세계 3대 영화제라고 일컫는다.

□ □ □

모스크바 국제 영화제

러시아 모스크바에서 열리는 최대 규모의 국제 영화제

러시아 모스크바에서 열리는 최대 규모의 국제 영화제로, 1935년에 처음 개최된 이후 제2차 세계대전으로 인해 중단되었다가 1959년부터 재개되었다.

1285

선댄스 영화제
Sundance film festival

독립 영화를 다루는 국제 영화제

□ □ □

독립 영화를 다루는 세계에서 가장 권위 있는 국제 영화제로, 로버트 레드포드가 선댄스 협회를 설립하고 1985년에 미국 영화제(United States film festival)를 흡수하여 만들었다. 이 영화제는 매년 1월 20일 미국 유타주 파크 시티에서 개최된다.

1286

부산 국제 영화제
Busan international film festival

매년 부산광역시에서 개최하는 국제 영화제

□ □ □

매년 10월 초 부산광역시에서 열리는 우리나라 최초의 국제 영화제로, 1996년에 제1회가 개최되었다.

기타

1287

문화 상대주의
文化相對主義

문화는 각각 독자적인 방향으로 발전하기 때문에 문화의 우열을 가릴 수 없다는 것

□ □ □

인류의 문화는 다양하고 각각 독자적인 방향으로 발전하기 때문에 서로 간의 우열을 가릴 수 없다는 태도나 관점을 이르는 말로, 각 문화의 역사적 및 사회적 상황에서 다양성을 인정하고 이해해야 한다고 본다.

⊕ 상식 PLUS
• **문화 사대주의**: 주체성 없이 세력이 강한 나라의 문화를 받들어 섬기는 태도

1288

자문화 중심주의
自文化中心主義

자신이 속한 집단의 문화만이 우월하고 다른 집단은 열등하다며 문화의 우열을 가리는 것

□ □ □

자신이 속한 집단의 문화만이 우월하고 다른 집단의 문화는 열등하다며 문화의 우열을 가리는 태도나 관점을 이르는 말로, 자기 문화의 우월성에 빠져 다른 집단의 문화를 부정적으로 평가하는 경향을 보인다.

1289

기업 메세나
Corporation mecenat

기업이 문화·예술 분야 등에 지원하고 공익사업을 벌이는 활동

기업이 문화·예술·과학·스포츠 분야 등에 지원하고 공익사업을 벌이는 활동이다. 미국은 1967년 록펠러 재단을 주도로 결성된 기업 예술 지원 위원회가 활발하게 활동하고 있으며, 일본도 1990년 메세나 협의회를 창설하여 활동하고 있다. 우리나라는 1994년부터 한국 기업 메세나 협의회가 발족되어 기업의 문화·예술 활동에 지원하고 있다.

1290

엘 시스테마
El sistema

베네수엘라의 불우한 아이들을 위한 음악 프로그램

베네수엘라의 불우한 아이들을 위한 음악 프로그램으로, 1975년 베네수엘라 경제학자이자 오르가니스트인 호세 안토니오 아브레우 박사가 설립했다. 이는 음악 교육의 모범적인 사례로 꼽히며 전 세계적인 사회 개혁 프로그램으로 확산되었다.

1291

씻김굿

죽은 사람의 영혼을 깨끗이 씻겨 주는 굿

전라도 지역에서 행하는 천도굿으로, 죽은 이의 영혼을 깨끗이 씻어 주어 이승에서 맺힌 원한을 풀고 극락왕생하기를 비는 굿을 통틀어 이르는 말이다. 경상도의 오구굿, 경기 지방의 지노귀굿 등과 성격이 비슷하다.

1292

타임캡슐
Time capsule

후세에 온전하게 전할 목적으로 기록이나 물건 등을 용기에 담아 보존하는 방법

시대를 대표하는 기록이나 물건 등을 후세에 전할 목적으로 용기에 담아 보존하는 방법으로, 1939년 뉴욕 만국 박람회(세계 박람회)에서 웨스팅하우스 전기 회사가 처음 사용하였다.

주요 장르와 인물, 작품에 대해 확인해 보세요.

회독 박스(□)에 정확히 아는 개념은 ○, 알쏭달쏭한 개념은 △, 전혀 모르는 개념은 ×로 체크하면서 꼼꼼히 학습해 보세요.

CHAPTER 13

문화예술

장르

1293
□ □ □

고전파 음악
Classic music

오스트리아 빈을 중심으로 발달했던 음악 양식

18세기 중엽부터 19세기 초까지 오스트리아 빈을 중심으로 발달했던 음악의 한 유파이다. 하이든, 모차르트, 베토벤 등이 이 시대의 대표적인 음악가로 알려져 있다. 균형과 조화의 형식미와 인간 내면의 객관적인 표현을 중시하며, 소나타 형식에 의한 악장을 중심으로 교향곡, 협주곡, 화성법 등의 다양한 형식이 확립되었다.

1294
□ □ □

바로크 음악
Baroque music

오페라, 칸타타, 소나타 등의 발달을 가져온 유럽에서 유행한 음악 양식

16세기 말부터 18세기 중엽까지 유럽에서 유행했던 음악의 한 유파이다. 근대 음악의 기초가 되어 특히 오페라, 칸타타, 소나타, 협주곡 등의 발달을 가져왔으며, 비발디, 바흐, 헨델, 몬테베르디 등이 이 시대의 대표적인 음악가로 알려져 있다.

1295
□ □ □

낭만파 음악
Romantic music

낭만의 표출과 심정의 주관적인 표현을 중시한 유럽 음악 양식

19세기 빈 고전파(Viennes classics)와 현대 음악 사이에 존재했던 음악 양식으로, 낭만의 표출과 심정의 주관적인 표현을 중시했다. 베를리오즈가 이 음악 양식을 개척했으며 슈베르트, 쇼팽, 바그너, 브람스, 차이콥스키, 슈만 등이 이 시대의 대표적인 음악가로 알려져 있다.

관현악
Orchestra

관악기, 타악기, 현악기와 같은 여러 악기를 함께 연주하는 음악

관악기, 현악기, 타악기를 모두 함께 연주하는 음악으로, 한 명의 지휘자와 60~120명 정도의 관현악단이 연주하는 교향 관현악이 가장 대표적이다. 관현악단은 지휘자로부터 현악기, 목관 악기, 금관 악기, 타악기 순으로 배치된다.

트리오
Trio

삼중창 또는 삼중주를 이르는 말

파트가 각각 다른 3인조가 부르는 삼중창 또는 서로 다른 3개의 악기로 연주하는 삼중주를 이르는 말로, 연주 형태로는 바이올린, 첼로, 비올라로 연주하는 현악 삼중주와 피아노, 바이올린, 첼로로 연주하는 피아노 삼중주가 대표적이다.

피아노 5중주
Piano Quintet

다섯 가지 악기로 연주되는 실내악 합주

피아노, 제1바이올린, 제2바이올린, 비올라, 첼로 등 다섯 가지 악기로 연주되는 실내악 합주를 이르는 말이다.

⊕ **상식 PLUS**
- **피아노 4중주**: 피아노, 바이올린, 비올라, 첼로 등 네 가지 악기로 이루어지는 실내악 합주

소나타
Sonata

기악을 위한 독주곡 또는 실내악

16세기 중기 바로크 초기 이후에 발달한 악곡의 형식으로, 기악을 위한 독주곡 또는 실내악으로 순수 예술적 감상 내지는 오락을 목적으로 하고 비교적 대규모 구성인 몇 개의 악장으로 이루어진다.

⊕ **상식 PLUS**
- **소나타 형식**: 제시부, 전개부, 재현부, 코다의 순서로 구성되어 있으며, 클래식 음악에서 가장 기본적이고 광범위하게 쓰이는 형식

협주곡
Concerto

독주 악기와 관현악이 합주하는 소나타 형식의 악곡

관현악과 협주 악기 독주자가 합주하는 소나타 형식의 음악으로, 대부분 3악장으로 구성되어 있다. 다만, 소나타 형식이 아닌 환상곡, 교향곡의 형식을 취하는 경우도 있다.

교향곡
Symphony

관현악을 연주하기 위해 작곡한 곡

관현악을 위하여 작곡한 소나타 형식의 규모가 큰 곡으로, 보통 4악장으로 이루어진다. 하이든이 시작하고, 모차르트와 베토벤에 의하여 확립된 곡의 형식이다.

⊕ **상식 PLUS**
• **세계 3대 교향곡**: 베토벤의 <운명>, 슈베르트의 <미완성 교향곡>, 차이콥스키의 <비창>

오페라
Opera

다양한 요소로 이루어진 종합 무대 예술

음악적 요소, 시적인 요소, 연극적인 요소, 미술적인 요소, 무용적인 요소 등으로 이루어진 종합 무대 예술이다.

뮤지컬
Musical

음악, 노래, 무용을 결합한 종합 무대 예술

음악, 노래, 무용을 결합한 현대 음악극의 한 형식으로, 19세기 영국에서 탄생하여 이후 미국에서 크게 발달했다. 오페라가 음악적 요소가 강하다면 뮤지컬은 연극적 요소가 더 강하다는 차이점이 있다.

CHAPTER 13
문화예술

1304

칸타타
Cantata

바로크 시대 때 발전한 성악곡의 형식

바로크 시대인 17세기 초부터 18세기 중엽까지 발전했던 성악곡의 형식으로, 독창, 중창, 합창, 기악 반주로 이루어져 있다. 칸타타는 17세기에 발달하여 세속적인 내용을 담은 세속 칸타타와 17세기 말부터 18세기 초에 발달하여 종교적인 내용을 담은 교회 칸타타로 가사 내용에 따라 구분할 수 있다.

1305

오라토리오
Oratorio

로마에서 시작된 대규모 종교 음악

16세기에 로마에서 시작된 대규모 종교 음악으로, 헨델의 <메시아>, 하이든의 <사계>가 가장 대표적이다. 오라토리오는 대체로 칸타타와 비슷하지만, 길이가 더 길고 화려하며 줄거리 구성을 가지고 있다는 차이점이 있다.

1306

아리아
Aria

오페라, 칸타타, 오라토리오 등에서 나오는 독창 부분

오페라, 칸타타, 오라토리오 등에서 나오는 기악 반주가 있는 독창 부분을 이르는 말로, 바흐의 <G 선상의 아리아>가 가장 대표적이다.

1307

서곡
Overture

대규모 모음곡의 막을 열기 전에 연주하는 악곡

오페라, 오라토리오, 발레 등의 모음곡 도입에 연주하는 기악곡으로, 고전파 및 낭만파에서는 대부분 소나타 형식을 가지고 있었으나 바그너 이후로 더 자유로운 형식을 가지게 되었다. 이후 19세기에는 도입부에 연주 목적이 아닌 연주회용 자체로 쓰이는 연주회용 서곡이 등장하였으며, 베토벤의 <코리올란 서곡>, 멘델스존의 <핑갈의 동굴> 등이 대표적이다.

1308

□ □ □

환상곡
Fantasia

형식의 제한 없이 자유롭게 악상을 창작하여 작곡한 악곡

형식에 구속받지 않고 자유로운 형식의 악상을 창작한 낭만적인 악곡으로, 모차르트의 피아노용 환상곡, 베토벤의 피아노용 환상곡 등이 대표적이다.

1309

□ □ □

성악
聲樂

사람의 음성에 의한 음악

악기로 연주하는 기악과 달리 사람의 음성으로 연주되는 음악으로, 혼자서 부르는 독창, 함께 부르는 제창, 한 사람이 한 성부씩 다른 두 성부를 부르는 중창, 여러 사람이 각 성부를 함께 모여서 부르는 합창 등의 연주 형태로 나눌 수 있다.

1310

□ □ □

녹턴
Nocturne

조용한 분위기의 서정적인 피아노곡

피아노를 위해 작곡된 조용한 분위기의 서정적인 곡으로, 야상곡이라고도 한다. 이는 아일랜드의 존 필드가 가장 먼저 작곡했으며, 그가 작곡했던 곡은 후에 쇼팽에게 정교하고 세련된 피아노 소품의 완성에 많은 영향을 주었다.

1311

□ □ □

레퀴엠
Requiem

죽은 사람의 영혼을 위로하기 위한 음악

장례 미사 등에서 죽은 사람의 영혼을 위로하기 위한 음악으로, 진혼곡이라고도 한다. 정식 명칭은 <죽은 이를 위한 미사곡>이다.

1312

□ □ □

세레나데
Serenade

저녁때 연인의 집 창가에서 부르거나 연주하던 사랑의 음악

관악, 현악, 소관현악을 위해 작곡된 소규모의 모음곡으로, 저녁때 연인의 집 창가에서 노래하거나 연주하던 음악이다. 슈베르트의 <세레나데>가 가장 대표적이다.

□ □ □

재즈
Jazz

흑인 음악에 백인의 유럽 음악이 더해져 발달한 대중음악

19세기 말부터 20세기 초까지 미국의 흑인 음악에 클래식, 행진곡 등의 백인의 유럽 음악이 더해져 발달한 대중음악으로, 곡의 형식보다는 연주자의 연주 자체를 중시했다.

□ □ □

레게
Reggae

자메이카에서 새롭게 발달한 라틴계 음악

자메이카 흑인들의 댄스 음악에 미국 흑인들 사이에서 유행하였으며 로큰롤의 모태가 되었던 대중 음악인 리듬 앤드 블루스(Rhythm and blues)를 더해 새롭게 발달한 라틴계 음악 양식이다.

□ □ □

발라드
Ballade

이야기를 자유롭게 나타낸 음악

이야기를 자유로운 형식으로 나타낸 기악곡으로, 쇼팽의 <발라드>가 대표적이다. 본래 발라드는 이야기 형태의 시나 악곡을 지칭했지만, 현대에 와서는 남녀의 사랑과 이별에 관한 내용을 담는 서정적인 음악을 지칭하는 말이 되었다.

□ □ □

블루스
Blues

미국 흑인들 사이에서 유행했던 악곡

19세기 말에 미국 남부 흑인들 사이에서 유행했던 악곡으로, 12마디가 기본 구성이며 후에 재즈의 음악적 기반에도 영향을 미쳤다.

힙합
Hiphop

1980년대에 미국에서 유행한 역동적인 음악 또는 춤

1970년대에 흑인들에 의해 형성되어 1980년대에 미국에서 유행한 다이내믹한 음악과 춤을 총칭하는 말로, 랩, 디제잉, 그라피티, 브레이크 댄스 등이 포함된다.

⊕ 상식 PLUS
- **그라피티:** 길거리 벽면에 낙서처럼 그리는 그림

팝페라
Popera

오페라 선율을 기반으로 팝을 접목한 음악

오페라를 팝처럼 부르거나 팝과 오페라를 넘나드는 음악 스타일로, 오페라 선율을 기반으로 팝을 접목한 대중화한 오페라를 의미한다. 1997년 미국의 일간 신문인 <워싱턴 포스트지>에서 사용하면서 대중화되었다.

랩소디
Rhapsody

내용이나 형식 등이 비교적 자유로운 음악

내용, 형식, 작법 등이 비교적 자유롭고 화려한 음악으로, 광시곡이라고도 한다. 프란츠 리스트의 <헝가리 랩소디>, 조지 거슈윈의 <랩소디 인 블루> 등이 대표적이다.

아카펠라
A cappella

반주가 없는 합창

기악 반주가 없는 합창으로, 교회 음악을 가리키는 용어로 사용되었으나 현재는 모든 무반주 합창곡을 이르는 말로 사용되고 있다.

탱고
Tango

한 쌍의 남녀가 짝이 되어 추는 서양 춤곡

4분의 2 박자 또는 8분의 4 박자의 경쾌한 춤곡으로, 20세기 초 아르헨티나 보카에서 탄생하여 유럽을 거쳐 전 세계로 퍼졌다.

CHAPTER 13
문화예술

플라멩코
Flamenco

에스파냐의 노래, 춤, 음악적 기교가 융합된 예술

노래를 뜻하는 칸테(Cante), 춤을 뜻하는 바일레(Baile), 음악적 기교를 뜻하는 토케(Toque)가 융합되어 있는 예술로, 에스파냐 남부의 안달루시아 지방에서 전해져 온 민요와 춤을 말한다. 기타와 캐스터네츠 소리에 맞추어 손뼉을 치거나 발을 구르는 등의 특색을 가지고 있다.

인물·작품

푸치니
Giacomo Puccini

이탈리아의 오페라 작곡가

이탈리아의 오페라 작곡가로, <라 보엠>, <토스카>, <나비 부인>, <투란도트> 등이 가장 대표적인 작품으로 알려져 있다.

투란도트
Turandot

자코모 푸치니가 작곡한 오페라

이탈리아 작곡가인 자코모 푸치니가 작곡한 오페라로, 총 3막으로 구성되어 있지만 마지막을 완성하지 못한 채 병으로 세상을 떠나게 되었다. 미완성이었던 제3막의 결말은 그의 후배 작곡가였던 프랑코 알파노가 완성하였다고 알려져 있다.

베토벤
Ludwig van Beethoven

독일의 대표적인 빈 고전파 작곡가

하이든, 모차르트와 함께 대표적인 빈 고전파 작곡가로, <교향곡 제3번: 영웅>, <교향곡 제5번: 운명>, <월광곡>, <엘리제를 위하여> 등을 작곡하였다.

⊕ **상식 PLUS**
- 베토벤 4대 교향곡: <교향곡 제3번: 영웅>, <교향곡 5번: 운명>, <교향곡 제6번: 전원>, <교향곡 9번: 합창>

1326

베르디
Giuseppe Verdi

이탈리아의 오페라 작곡가

이탈리아의 오페라 작곡가로, 이탈리아 가극의 성악적 장점을 활용하고 화려한 선율과 관현악의 극적인 진행 따위의 수법으로 이탈리아 가극 최대의 작곡가가 되었다. <리골레토>, <라 트라비아타>, <아이다> 등이 대표적인 작품으로 알려져 있다.

1327

라 트라비아타
La Traviata

베르디가 작곡한 3막 4장의 오페라

베르디가 1853년에 작곡한 3막 4장의 오페라로, 프랑스의 소설가 뒤마가 발표한 장편 연애 소설 <춘희(椿姬)>를 소재로 하였으며 1853년에 베네치아에서 초연되었다.

1328

모차르트
Wolfgang Amadeus Mozart

빈 고전파를 대표하는 오스트리아의 작곡가

하이든과 함께 18세기의 빈 고전파를 대표하는 한 사람으로, 고전파의 양식을 확립하였다. 작품에 40여 곡의 교향곡, 각종 협주곡, 가곡, 피아노곡, 실내악, 종교곡이 있으며, 오페라 <피가로의 결혼>, <돈 조반니>, <마적> 등이 대표적인 작품으로 알려져 있다.

1329

레 미제라블
Les Miserables

빅토르 위고의 장편 소설을 원작으로 한 뮤지컬

프랑스 작가 빅토르 위고가 1862년에 발표한 장편 소설을 원작으로 한 뮤지컬로, <오페라의 유령>, <캣츠>, <미스 사이공>과 함께 세계 4대 뮤지컬로 알려져 있다. 빅토르 위고의 소설을 기반으로 1980년 파리에서 <레 미제라블>을 초연하였고, 이후 뮤지컬 제작자 카메론 매킨토시와 영국 로열 셰익스피어 극단이 작품 전체를 개작했다. 1985년에는 개작한 작품이 런던 바비칸 극장에서 초연되었다.

미스 사이공
Miss Saigon

미군 병사와 베트남 여인의 비극적이지만 아름다운 사랑 이야기를 그린 뮤지컬

베트남 전쟁을 배경으로 미군 병사와 베트남 여인의 비극적이지만 아름다운 사랑 이야기를 담고 있는 뮤지컬로, 1989년 영국 런던에서 초연되었다.

음악 용어

음악의 빠르기
Music tempo

전체적인 음악의 분위기를 좌우하는 속도를 이르는 말

음악의 빠르기를 나타내는 용어는 다음과 같다.

라르고(Largo)	아주 느리고 폭넓게
렌토(Lento)	아주 느리고 무겁게
아다지오(Adagio)	아주 느리고 침착하게
그라베(Grave)	아주 느리고 장엄하게
안단테(Andante)	느리게
안단티노(Andantino)	조금 느리게
모데라토(Moderato)	보통 빠르게
알레그레토(Allegretto)	조금 빠르게
알레그로(Allegro)	빠르게
비보(Vivo)	빠르고 활발하게
비바체(Vivace)	빠르고 경쾌하게
프레스토(Presto)	아주 빠르게

스타카토
Staccato

각 음을 또렷하게 끊어서 연주하라는 것

연주할 때 음 하나하나를 또렷하게 끊어서 연주하라는 의미로, 레가토에 대응되는 연주법이다.

⊕ 상식 PLUS
- 레가토(Legato): 음과 음 사이를 끊지 않고 이어서 연주하라는 것
- 포르타토(Portato): 각 음을 부드럽게 끊어서 연주하라는 것으로, 스타카토와 레가토의 중간 주법

카덴차
Cadenza

연주자가 악곡을 끝내기 전에 기교를 발휘할 수 있도록 구성한 부분

연주자가 악곡이나 악장을 끝내기 전에 기교를 발휘할 수 있도록 구성한 부분으로, 원래는 즉흥적인 부분이었으나 작곡자가 직접 해당 부분을 넣는 것이 통례가 되었다.

프리마돈나
Prima donna

오페라에서 주역을 맡은 여성 가수

오페라에서 주역을 맡은 여성 가수를 이르는 말로, 이탈리아어로 제1의 여인이라는 뜻을 가지고 있다. 제2의 여가수는 세콘다돈나, 주역 남성 가수는 프리모 우오모라고 불린다.

현악기
絃樂器

현을 켜거나 타서 소리를 내는 악기

현을 켜거나 타서 그 떨림으로 소리를 내는 악기로, 손가락, 손톱 등으로 퉁겨서 소리를 내는 발현악기, 활의 마찰로 소리를 내는 찰현악기, 현을 쳐서 소리를 내는 타현악기로 나눌 수 있다.

⊕ 상식 PLUS
• 현악기의 종류

발현악기	하프, 기타, 가야금, 삼현, 비파 등
찰현악기	바이올린, 첼로, 비올라, 아쟁, 해금 등
타현악기	피아노 등

타악기
打樂器

두드려서 소리를 내는 악기

두드려서 소리를 내는 악기로, 북, 심벌즈, 탬버린, 트라이앵글 등의 음높이가 불분명한 악기와 팀파니, 실로폰 등의 음높이가 분명한 악기로 나뉜다.

CHAPTER 13

문화예술

관악기
管樂器

관 속의 공기를 진동시켜 소리를 내는 악기

금속, 나무, 대 등의 관을 입으로 불어서 관 안의 공기를 진동시켜 소리를 내는 악기로, 플루트, 피콜로, 클라리넷, 오보에, 색소폰 등의 목관악기와 트럼펫, 트롬본, 호른 등의 금관 악기로 나뉜다. 플루트와 피콜로는 과거에 나무로 만들어졌었고, 색소폰은 클라리넷과 주법이 같기 때문에 금속으로 만들어졌음에도 목관악기로 분류된다.

국악

판소리

고수의 북장단에 맞추어 소리꾼이 음악적 이야기를 구연하는 우리 고유의 민속 예술 형태

한 명의 소리꾼이 고수의 북장단에 맞추어 소리와 아니리, 너름새로 음악적 이야기를 구연하는 우리 고유의 민속악이다. 1964년에는 국가 무형 문화재 제5호로, 2003년에는 유네스코 세계 무형 유산으로 지정되었다.

⊕ 상식 PLUS
- **아니리:** 판소리에서 창을 하는 중간중간에 이야기하듯 엮어 나가는 사설
- **너름새:** 판소리에서 행하는 몸짓

판소리 유파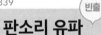

전승 지역, 계보, 발성 성음, 창법 등을 전승하는 집단 또는 집단의 소리제

전승 지역, 계보, 판소리 사설 및 선율, 발성 성음, 창법 등을 전승하거나 공유하는 집단 또는 그 집단의 소리제를 이르는 말이다.

⊕ 상식 PLUS
- **판소리 유파의 분화**

동편제	전라도 섬진강을 중심으로 동쪽 지역의 남성적인 소리이며, 장단이 짧고 분명하게 끊어지고 리듬도 단조롭고 담백한 소리가 남
서편제	전라도 섬진강을 중심으로 서쪽 지역의 여성적인 소리이며, 수식과 기교가 많고 감상적인 면이 강조되는 소리가 남
중고제	경기도와 충청도 지역의 소리이며, 동편제 소리에 더 가까운 동편제와 서편제의 절충형

1340 판소리 5마당 ^{빈출}

판소리 다섯 종목을 이르는 말

판소리 5마당은 <춘향가>, <심청가>, <흥보가>, <수궁가>, <적벽가>이다.

⊕ 상식 PLUS
- **판소리 6마당**: 판소리 다섯 마당과 <가루지기타령>을 이르는 말

1341 시나위

굿거리나 살풀이 등의 무속 음악에 사용되는 기악 합주 음악

무속 음악에 사용되는 기악 합주곡 양식의 음악으로, 일정한 장단 틀 안에서 즉흥적이고 자유롭게 가야금, 거문고, 해금, 아쟁, 대금 등을 연주한다.

1342 장단 빠르기

춤, 노래 등의 빠르기나 가락을 주도하는 박자를 이르는 말

진양조장단 - 중모리장단 - 중중모리장단 - 자진모리장단 - 휘모리장단 - 엇모리장단 순으로 속도가 빨라진다.

1343 범패
梵唄

불교의 의식 음악

불교에서 공양을 올리며 행하는 종교의식인 재에서 사용하는 음악으로, 가곡, 판소리와 함께 우리나라 3대 성악곡이다.

1344 3대 악성
三大樂聖

우리나라 국악에서 뛰어난 업적을 남긴 세 사람을 이르는 말

12현의 가야금을 제작하고 가야 12곡을 만든 신라의 우륵, 진나라의 칠현금을 개량하여 거문고를 제작한 고구려의 왕산악, 조선 세종 때 음계를 조정하고 아악을 사용하게 하는 등 궁중 음악 완비에 많은 기여를 한 조선의 박연 등 우리나라 국악에 뛰어난 업적을 남긴 세 사람을 3대 악성이라고 부른다.

1345

오음
五音

국악에서 음계를 이루는 다섯 음

국악에서 음계를 이루는 다섯 음을 이르는 말로, 궁(宮), 상(商), 각(角), 치(徵), 우(羽)가 있다. 이는 오성이라고도 하며, 각 음은 도, 레, 미, 솔, 라에 상응한다.

1346

종묘제례악
宗廟祭禮樂

국가 무형 문화재로 지정된 종묘에서 제사 때 쓰던 음악

국가 무형 문화재 제1호로 지정된 종묘에서 제사 때 쓰던 음악으로, 조선 세종 때 회례악으로 만든 <정대업>, <보태평>을 개정하여 1464년 이후 정식 채택되었다. 2001년에는 종묘 제례와 함께 유네스코 세계 무형 문화유산으로 등재되었다.

1347

남사당놀이
Namsadang nori

국가 무형 문화재로 지정된 남사당패의 놀이

국가 무형 문화재 제3호로 지정된 남사당패의 놀이로, 일종의 농악인 풍물, 대접을 막대기로 돌리는 버나, 텀블링과 비슷한 살판, 줄타기 곡예인 어름, 일종의 탈놀음인 덧뵈기, 꼭두각시놀음인 덜미의 종목으로 구성되어 있다. 2009년에는 유네스코 세계 무형 문화유산으로 등재되었다.

1348

사물놀이
빈출

꽹과리, 징, 장구, 북을 가지고 치는 놀이

네 가지 농악기인 꽹과리, 징, 장구, 북을 가지고 치는 놀이로, 1978년에 야외에서 대규모로 이루어지던 풍물놀이를 무대 예술로 각색한 것이다.

UNIT 3

미술

주요 양식과 인물, 작품에 대해 확인해 보세요.

회독 박스(□)에 정확히 아는 개념은 ○, 알쏭달쏭한 개념은 △, 전혀 모르는 개념은 ×로 체크하면서 꼼꼼히 학습해 보세요.

경향과 사조

1349 □ □ □

입체파
Cubism

대상을 분해하여 입체적으로 본 상태를 평면적으로 표현한 유파

20세기 초 프랑스에서 활동한 유파로, 대상을 원뿔, 원통, 구 등으로 분해하여 입체적으로 본 상태를 평면적으로 구성하여 표현한 피카소, 브라크가 가장 대표적인 화가이다.

1350 빈출 □ □ □

포스트모더니즘
Postmodernism

모더니즘의 반작용으로 일어난 예술 경향

모더니즘에 대한 반작용으로 20세기 후반에 일어난 예술 경향으로, 개성, 자율성, 다양성, 대중성 등을 중시하였다.

⊕ 상식 PLUS
- **모더니즘**: 전통적인 기반에서 사상, 형식, 문체 등이 급진적으로 벗어나려는 예술 경향으로, 현실에 대해 비판적인 시각을 가지고 있음

1351 □ □ □

근대 미술
Modern art

19세기 후반부터 20세기 전반에 걸친 다양한 예술 사조

19세기 후반부터 제2차 세계대전이 끝나는 1945년 전후까지의 미술로, 입체파, 미래파, 표현주의, 구성주의, 다다이즘, 초현실주의 등이 대표적이다.

⊕ 상식 PLUS
- **다다이즘**: 사회적, 예술적 전통을 부정하고 반이성·반도덕·반예술을 주장한 운동

1352

☐ ☐ ☐

현대 미술
Contemporary art

20세기 후반에 유행한 예술 사조

20세기 후반에 유행했던 예술 사조로, 야수파, 입체파, 초현실주의, 추상주의, 추상표현주의, 팝아트 등이 대표적이다. 통용적으로 근대 미술과 현대 미술은 시기를 나누고 있으나 그 사이의 경계는 뚜렷하지 않다.

1353

☐ ☐ ☐

공공 미술
Public art

사람들에게 공개된 장소에 설치하거나 전시하는 미술

거리, 공원, 광장 등 사람들에게 공개된 장소에 설치되어 있거나 전시되어 있는 환경 조각이나 벽화 등으로, 1967년 영국 미술행정가 존 윌렛의 저서 <도시 속의 미술>에서 처음 등장했다.

기법과 양식

1354

☐ ☐ ☐

팝아트
Pop art

광고, 만화, 보도 사진 등을 그림의 주제로 삼는 회화의 한 양식

광고, 만화, 보도 사진 등을 주제로 그림을 그리는 미술 경향으로, 1950년대 후반 미국에서 유행하게 되었다. 대표적인 팝 아트 작가로는 앤디 워홀, 로이 리히텐슈타인 등이 있다.

1355

☐ ☐ ☐

프레스코
Fresco

석회를 바른 벽이 마르기 전에 안료로 채색하는 벽화 기법

석회 반죽이 마르기 전에 안료로 채색하는 벽화 기법으로, 그림은 벽이 모두 마른 후에 벽의 일부가 되기 때문에 물에 용해되지 않고 벽의 수명만큼 그림의 수명도 연장된다. 다만, 벽이 마르기 전에 빠르게 채색해야 하는 어려움이 있어 숙련된 기술이 필요하며, 사용할 수 있는 안료도 제한적이다.

1356

□ □ □

스푸마토
Sfumato

색깔의 경계를 명확히 구분 지을 수 없도록 번지듯 그리는 기법

색깔과 색깔 사이의 경계선을 명확히 구분하지 않고 번지듯 그리는 기법으로, 이를 통해 원근감, 공간감, 심오한 깊이감 등의 효과를 느낄 수 있다. 레오나르도 다빈치가 처음으로 사용했으며 그의 대표적인 작품 <모나리자>에서도 사용되었다.

1357

□ □ □

픽토그램
Pictogram

사물, 시설, 사회적 행위, 개념 등을 누구나 쉽게 알아볼 수 있게 단순화한 그림 문자

사물, 시설, 사회적 행위, 개념 등을 일반 대중이 쉽게 알아볼 수 있도록 단순화한 그림 문자로, 모든 사람이 교육 없이도 즉각적으로 이해할 수 있게 만드는 것이 기본 원리이다.

1358

□ □ □

인포그래픽
Infographics

디자인 요소를 활용하여 정보, 데이터, 지식 등을 시각적인 이미지로 전달하는 것

디자인 요소를 활용하여 정보, 데이터, 지식 등을 시각적인 이미지로 전달하는 기술로, 비주얼, 내용, 지식의 세 가지 요소로 이루어져 있다. 다이어그램, 수학적 그래프와 같은 형태를 시작으로 최근에는 대중 매체 등에 다양하게 이용되고 있다.

1359

□ □ □

데포르마시옹
Déformation

대상을 사실적으로 그리지 않고 왜곡시켜 표현하는 기법

대상을 있는 그대로 재현하지 않고 주관적으로 확대하거나 변형하는 등 왜곡시켜 표현하는 기법으로, 야수파, 입체파, 미래파 등에서 특히 많이 사용했다.

⊕ 상식 PLUS
- **야수파**: 20세기 초 프랑스에서 강렬한 순수 색채를 사용한 유파
- **미래파**: 20세기 초 이탈리아에서 전통을 부정하고 동적인 감각의 새로운 형식으로 미래주의를 신봉한 유파

1360

조소
彫塑

재료를 깎고 새기거나 빚고, 붙이고, 떼면서 입체적인 형상을 만드는 것

재료를 깎고 새기는 조각과 재료를 빚고, 붙이고, 떼면서 입체적인 형상을 만드는 소조를 아울러 이르는 말이다.

1361

콜라주
Collage

화면에 종이, 인쇄물, 천 등을 오려 붙여 만드는 기법

화면에 종이, 인쇄물, 천, 쇠붙이, 나무 조각, 나뭇잎 등을 오려 붙인 작품 또는 그러한 작품을 만드는 회화 기법으로, 1910년대에 피카소와 브라크의 파피에 콜레 기법에서 확대되었다.

1362

아상블라주
Assemblage

여러 물체를 하나로 모아 조합하는 콜라주 기법

폐품, 일용품 등 다양한 물체를 하나로 모아서 입체적으로 조합하는 기법으로, 콜라주와 비슷하지만 평면적인 콜라주와 달리 입체적인 작품의 성격을 가지고 있다.

1363

데생
Dessin

이미지를 선으로 그려 내는 기법

이미지를 주로 선으로 그려 내는 기법으로, 소묘라는 용어로 더 많이 알려져 있다. 건축, 조각, 회화, 공예 등 모든 예술의 기초를 형성하기 때문에 밑그림이라고도 한다. 프랑스어로는 건축의 도면, 도안 등까지도 내포하고 있다.

1364

데칼코마니
Décalcomanie

종이 위에 물감을 칠해 반으로 접거나 다른 종이를 덮어 찍어서 대칭을 만드는 기법

종이 위에 물감을 두껍게 칠하여 그 종이를 반으로 접거나 다른 종이를 그 위에 덮어 찍어서 대칭을 만드는 회화 기법으로, 독일의 초현실주의 작가인 막스 에른스트가 가장 대표적이다.

1365

☐ ☐ ☐

모자이크
Mosaic

돌이나 금속, 타일 등을 붙여서 무늬를 표현하는 기법

모르타르나 석회, 시멘트 등을 이용해 여러 가지 빛깔의 돌이나 유리, 금속, 조개껍데기, 타일 따위를 조각조각 붙여서 무늬나 회화를 만드는 기법이다.

1366

☐ ☐ ☐

크로키
Croquis

보이는 그대로 빠른 시간 안에 그리는 기법

최초의 구상을 빠른 시간 안에 그리는 기법으로, 초안, 스케치 등의 의미를 지닌다. 한편 움직이는 동물이나 사람의 형태를 빠른 시간 안에 스케치한다는 의미로 속사화라고도 한다.

1367

☐ ☐ ☐

비디오 아트
Video art

비디오를 이용하여 표현하는 영상 예술

비디오 즉, 텔레비전을 이용하여 표현하는 영상 예술로, 우리나라의 백남준을 비롯하여 케이드 소니어, 레스 레바인, 비토 아콘시 등이 대표적인 작가로 손꼽힌다.

1368

☐ ☐ ☐

프로타주
Frottage

물체를 종이에 대고 비벼 문질러 베껴지는 무늬나 효과를 응용한 기법

나무판이나, 잎, 천 등을 종이에 대고 연필, 색연필, 숯 등으로 문질러 베껴지는 무늬나 효과를 조형상에 응용한 기법으로, 막스 에른스트와 같은 초현실주의 작가들이 주로 사용하였다.

인물과 작품

1369

☐ ☐ ☐

다빈치
Leonardo da Vinci

이탈리아의 화가이자, 건축가이자, 조각가

미켈란젤로, 라파엘로와 함께 르네상스 3대 거장으로 꼽히는 인물로, 예술 분야에서는 <암굴의 성모>, <성모자>, <모나리자>, <최후의 만찬> 등의 작품을 남겼다. 그 외에도 천문학, 물리학, 지리학, 병기 공학, 생물학, 해부학 등 다양한 분야에서 큰 업적을 남겼다.

1370

고흐
Vincent van Gogh

네덜란드의 인상파 화가

인상파의 영향을 받아 강렬한 색채와 격정적인 필치로 독특한 화풍을 확립하여 20세기 야수파에 큰 영향을 주었다. 대표작으로는 <감자를 먹는 사람>, <해바라기>, <별이 빛나는 밤>, <자화상>, <꽃 피는 아몬드 나무> 등이 있다.

1371

마르셀 뒤샹
Marcel Duchamp

프랑스 태생의 화가이자 조각가

프랑스 태생의 화가이자 조각가로, 다다이즘과 초현실주의에 영향을 크게 미친 인물이다. <자전거 바퀴>, <샘>과 같은 레디 메이드 오브제를 제시했다.

⊕ 상식 PLUS
- 레디 메이드: 실용성을 위해 만들어진 기성품을 본 의미와 달리 별개의 의미를 갖게 한 것으로, 오브제의 장르 중 하나
- 오브제(Objet): 본래의 용도에서 분리하여 새로운 의미를 부여하고 잠재된 욕망이나 환상과 같은 의외성을 끌어내려는 상징적 물체

1372

노트르담 대성당
Notre Dame 大聖堂

프랑스의 고딕 건축을 대표하는 성당

프랑스의 고딕 건축을 대표하는 성당으로, 1163년에 건축을 시작하여 180여 년이 지난 1345년에 완성되었다. 프랑스 혁명으로 인해 건물이 파손되었지만, 1831년 빅토르 위고의 <노트르담 드 파리>의 주요 배경으로 다뤄지면서 1845년에 보수 공사가 진행되었다.

⊕ 상식 PLUS
- 고딕(Gothic): 12세기 중엽에 유럽에서 생긴 건축 양식으로, 성당 건축에 특히 많이 활용되었으며 교차 늑골로 받쳐진 아치와 하늘 높이 치솟은 뾰족한 탑 따위의 수직 효과를 강조한 것이 특징임

1373

몽유도원도
夢遊桃源圖

조선 세종 때 안견이 그린 산수화

1447년 조선 세종 때 안평대군의 명을 받아 안견이 그린 수묵 담채화로, 한국 산수화 발전에 큰 영향을 미쳤다. 안견은 몽유도원도를 3일 만에 완성하였다고 안평대군의 발문에 나와 있다.

정선 필
인왕제색도
鄭敾筆仁王霽色圖

조선 영조 때 정선이 그린 산수화

조선 후기 대표 화가인 정선이 영조 27년에 동쪽에서 본 서울 인왕산을 그린 진경산수화로, 국보 제216호로 지정되어 있다. 2021년 4월에 삼성 그룹의 (故)이건희 회장이 기증하면서 큰 화제가 되었다.

주요 미술 작품

주요 미술 작가와 작품

주요 미술 작가와 작품을 정리해보면 다음과 같다.

미켈란젤로	<다비드>, <모세>, <최후의 심판> 등
라파엘로	<시스티나의 성모>, <아테네 학당> 등
보티첼리	<비너스의 탄생>, <봄> 등
렘브란트	<니콜라스 툴프 박사의 해부학 강의>, <야경> 등
요하네스 페르메이르	<진주 귀걸이를 한 소녀>, <우유 따르는 여인> 등
조르주 쇠라	<그랑자트트 섬의 일요일>, <아스니에르에서 물놀이하는 사람> 등
클로드 모네	<수련>, <인상: 해돋이> 등
폴 고갱	<타히티의 연인들>, <황색의 그리스도> 등
에두아 마네	<피리 부는 소년>, <올랭피아>, <풀밭 위의 점심 식사> 등
에드가 드가	<발레 수업>, <압생트 한 잔> 등
에드바르트 뭉크	<절규>, <별이 빛나는 밤> 등
살바도르 달리	<기억의 지속>, <바닷가재 전화기>
르네 마그리트	<데칼코마니>, <이미지의 반역>, <피레네의 성> 등
파블로 피카소	<아비뇽의 처녀들>, <전쟁과 평화>, <게르니카> 등
앙리 마티스	<모자를 쓴 여인>, <이카로스>, <푸른 누드> 등
구스타프 클림트	<입맞춤>, <유디트> 등
마르크 샤갈	<푸른 빛의 서커스>, <에펠탑의 신랑신부> 등
바실리 칸딘스키	<노랑 빨강 파랑>, <검은 틀> 등
몬드리안	<빨강, 파랑, 노랑의 구성>, <브로드웨이 부기우기> 등
앤디 워홀	<캠벨 수프>, <두 개의 마릴린> 등
로이 리히텐슈타인	<행복한 눈물>, <익사하는 여자>, <키스> 등
정선	<인왕제색도>, <금강전도> 등
김홍도	<단원풍속도첩(서당, 씨름 등)>, <소림명월도> 등
이중섭	<황소>, <흰 소>, <덤벼드는 소> 등
천경자	<생태>, <여인들>, <바다의 찬가> 등

1376

☐ ☐ ☐

트리엔날레
Triennale

3년마다 열리는 국제 미술 전람회

3년마다 열리는 국제 미술 전시 행사를 이르는 말로, 밀라노 트리엔날레, 카네기 국제 현대 미술전, 인도 트리엔날레, 구겐하임상전 등이 있다.

1377

☐ ☐ ☐

콰드리엔날레
Quadrenniale

4년마다 열리는 국제 미술 전람회

4년마다 열리는 국제 미술 전시 행사를 이르는 말로, <도큐멘타>가 가장 대표적이다.

⊕ **상식 PLUS**
- **도큐멘타**: 독일 카셀에서 4년마다 열렸으나 현재는 5년마다 열리고 있는 국제 미술 전람회

1378

☐ ☐ ☐

아트페어
Art fair

여러 개의 화랑이 한곳에 모여 미술 작품을 사고파는 행사

미술품 진열 장소인 화랑 여러 개가 한곳에 모여 작품을 사고파는 미술 시장으로, 작가 개인이 참여하는 형식을 넘어 화랑 간 정보를 교환하거나 제품 판매를 촉진하고, 시장 확대를 위해 화랑끼리 연합하여 개최한다. 세계 3대 아트페어로는 스위스의 바젤, 미국의 시카고, 프랑스의 피악이 있다. 여기에 독일의 쾰른이 더해져 세계 4대 아트페어로 불리기도 한다.

1379

☐ ☐ ☐

색의 3원색
色 - 三原色

색을 혼합하여 다른 색을 만들 수 있는 3개의 색을 이르는 말

혼합했을 때 원래의 색보다 명도가 높아지는 빨강, 초록, 파랑을 일컫는 가산 혼합 3원색과 혼합했을 때 원래의 색보다 명도가 낮아지는 마젠타(밝은 자주색), 노랑, 시안(밝은 파란색)을 일컫는 감산 혼합 3원색이 있다.

⊕ **상식 PLUS**
- **빛의 3원색**: 빛을 겹쳐 비출 때 가장 많은 색깔을 만들 수 있는 빨강, 초록, 파랑

영화

스핀오프 등 영화와 관련된 개념에 대해 알아두면 좋습니다.

회독 박스(□)에 정확히 아는 개념은 ○, 알쏭달쏭한 개념은 △, 전혀 모르는 개념은 ×로 체크하면서 꼼꼼히 학습해 보세요.

기법과 장르

1380 □ □ □

모놀로그
Monologue

상대역 없이 배우가 혼자서 말하는 것

상대역 없이 배우 혼자서 말하는 대사로, 독백 또는 솔리로퀴라고도 한다. 무대에 혼자 있는 등장인물이 심경, 생각, 의견 등 자신의 내부 심리를 관객들에게 알리기 위해 사용된다.

1381 □ □ □

카메오
Cameo

유명한 배우가 예상치 못한 장면에 잠깐 등장하여 시선을 끄는 것

영화나 드라마에서 유명인이 예상치 못한 장면에 잠깐 등장하여 연기하는 것을 이르는 말이다.

1382 □ □ □

클리셰
Cliché

영화나 드라마에서 등장하는 진부한 장면이나 표현

영화나 드라마에서 등장하는 진부한 장면, 상투적인 줄거리, 판에 박힌 대화 등을 이르는 말로, 주인공이 결정적 위기의 순간에서 다른 인물에 의해 구출되는 장면이 대표적이다.

1383 □ □ □

디렉터스 컷
Director's cut

감독의 본래 의도를 살려 재편집한 영화

감독이 영화를 제작할 때 가지고 있던 본래의 의도를 살려 재편집한 영화로, 보통 극장에서 개봉했던 영화에서 잘린 부분을 되살리게 되어 분량이 늘어난다.

1384

스핀오프
Spin-off

빈출

□ □ □

원작 영화나 드라마를 바탕으로 새로 이야기를 만든 작품

원작 영화나 드라마의 세계관 및 기본 설정을 유지하되, 전혀 다른 새로운 이야기를 하는 작품을 이르는 말이다.

⊕ **상식 PLUS**
- **시퀄(Sequel):** 원작 영화나 드라마의 이후 이야기를 다루는 속편
- **프리퀄(Prequel):** 원작 영화나 드라마의 이전 이야기를 다루는 속편
- **리부트(Reboot):** 시리즈의 연속성을 버리고 새로운 시리즈를 만드는 것

1385

인디즈
Indies

□ □ □

독자적인 방법을 통해 제작된 독립 영화

독립(Independent)의 약자로, 일반 상업 영화의 체계나 대형 영화사 등에 의존하지 않고 독자적인 방법을 통해 제작된 독립 영화를 이르는 말이다.

1386

필름 누아르
Film noir

□ □ □

범죄와 타락의 도시 세계를 그린 영화

어둡고 폭력적인 범죄와 타락의 도시 세계를 그린 영화로, 존 휴스턴의 <말타의 매>, 하워드 혹스의 <빅 슬립>이 대표적이다.

1387

하이스트 무비
Heist movie

□ □ □

범죄자들이 모여 강탈하는 내용을 주로 다룬 영화

범죄 영화의 하위 장르로, 범죄자들이 모여 무언가를 강탈하거나 절도하는 것을 모의하는 내용을 주로 다룬다. 케이퍼 무비(Caper movie)라고도 한다.

1388

컬트 무비
Cult movie

□ □ □

소수의 사람들에게 열광적인 지지를 받는 영화

소수의 사람들에게 광적으로 숭배 받는 영화로, 1975년 짐 샤먼의 <로키 호러 픽처 쇼>가 가장 대표적이다.

1389

☐ ☐ ☐

볼리우드
Bollywood

인도의 영화나 영화 업계를 이르는 말

인도 뭄바이의 옛 지명인 봄베이(Bombay)와 할리우드(Hollywood)의 합성어로, 인도의 영화나 영화 업계를 이르는 말이다. 영화의 오락성을 중시하며, 뮤지컬적인 요소가 자주 등장한다.

1390

☐ ☐ ☐

누벨바그
Nouvelle vague

프랑스에서 젊은 영화인을 중심으로 일어난 영화 운동

1950년대 후반 프랑스에서 젊은 영화인을 중심으로 일어난 영화 운동으로, 기존의 영화 작법을 타파하고 즉흥 연출, 장면의 비약적 전개, 대담한 묘사 따위의 수법을 시도하였다. 대표적인 감독으로는 장 뤽 고다르, 프랑수와 트뤼포, 클로드 샤브롤 등이 있다.

1391

☐ ☐ ☐

네오리얼리즘
Neorealism

사람들의 일상적인 모습을 있는 그대로 드러내고자 했던 영화 운동

평범한 사람들의 일상을 있는 그대로 드러내고자 했던 영화 운동으로, 제2차 세계대전 이후 이탈리아에서 일어났다. 최초의 네오리얼리즘 영화는 1943년에 발표된 루키노 비스콘티의 <강박관념>으로 알려져 있으며, 대표적인 영화로는 로베르토 로셀리니의 <무방비 도시>가 있다.

1392

☐ ☐ ☐

스크린 셀러
Screenseller

흥행에 성공한 영화로 인해 주목받게 된 원작 소설

영화가 흥행에 성공하게 되면서 인기를 얻게 된 원작 소설로, 주제 사라마구의 <눈먼 자들의 도시>가 대표적이다.

1393

☐ ☐ ☐

스크린 쿼터
Screen quota

국산 영화를 일정 기준일 수 이상 극장에서 상영하도록 의무화한 제도

1년에 국산 영화를 일정 기준일 수 이상 극장에서 상영하도록 의무화한 제도로, 한국 영화 산업을 보호하자는 취지로 규정되었다. 2006년 한미FTA 협상을 앞두고 미국이 협상 조건으로 스크린 쿼터 축소를 요구하고, 우리 정부가 이를 받아들이면서 축소되었다.

핵심 점검 문제

앞에서 학습한 상식을 문제를 풀면서 바로 점검해 보세요!

[01-05] 다음 각 설명을 읽고, 맞으면 O, 틀리면 ✕에 표시하시오.

01 3년마다 열리고 있는 국제 미술 전시 행사를 '콰드리엔날레'라고 한다. (O , ✕)

02 '엘 시스테마'는 베네수엘라의 불우한 아이들을 위해 아브레우 박사가 설립한 음악 프로그램이다. (O , ✕)

03 '에미상'은 미국 브로드웨이에서 수여하는 연극 아카데미상이다. (O , ✕)

04 음과 음 사이를 끊지 않고 이어서 연주하는 것을 '포르타토'라고 한다. (O , ✕)

05 '근대 미술'은 입체파, 미래파, 표현주의, 구성주의, 다다이즘, 초현실주의 등의 경향이 대표적이다. (O , ✕)

[06-10] 다음 각 설명에 해당하는 용어를 쓰시오.

06 매년 1월 20일 미국 유타즈 파크 시티에서 개최되어 독립 영화를 다루는 국제 영화제 (   )

07 이탈리아 작곡가 자코모 푸치니가 마지막을 완성하지 못했던 오페라 (   )

08 우리나라 국악에서 뛰어난 업적을 남긴 3대 악성 (,   ,   )

09 색깔 사이의 경계선을 명확히 구분하지 않고 번지듯 그리는 기법 (   )

10 영화나 드라마에서 등장하는 진부한 장면이나 판에 박힌 대화를 이르는 말 (   )

11 소수의 사람들에게 열광적인 지지를 받는 영화는?
① 필름 누아르　　　　② 컬트 무비　　　　③ 하이스트 무비　　　　④ 인디즈

12 다음 중 가장 빠른 속도를 가진 장단은?
① 엇모리장단　　　　② 중모리장단　　　　③ 자진모리장단　　　　④ 진양조장단

13 다음 중 세계 3대 클래식 음반상이 아닌 것은?
① 그라머폰상　　　　② 칸 클래식상　　　　③ 에코 클래식상　　　　④ 공쿠르상

14 다음 중 현악기의 종류가 다른 하나는?
① 해금　　　　② 첼로　　　　③ 하프　　　　④ 비올라

15 나무판이나 잎 등을 종이에 대고 연필, 색연필, 숯 등으로 문질러 베껴지는 무늬나 효과를 조형상에 응용한 기법은?
① 프로타주　　　　② 모자이크　　　　③ 데생　　　　④ 크로키

16 다음 중 속도가 빠른 순으로 바르게 나열한 것은?

⊙ 알레그로	ⓛ 라르고	ⓒ 프레스토	ⓔ 안단테

① ⓛ-ⓒ-⊙-ⓔ   ② ⓛ-ⓔ-⊙-ⓒ   ③ ⓒ-⊙-ⓛ-ⓔ   ④ ⓒ-⊙-ⓔ-ⓛ

17 다음 중 판소리의 특징으로 옳지 않은 것은?

① 판소리는 한 명의 소리꾼이 고수의 북장단에 맞추어 음악적 이야기를 구연하는 형태이다.

② 판소리 유파 중 동편제는 수식과 기교가 많고 감상적인 면이 강조되는 소리가 나는 것이 특징이다.

③ 판소리 다섯 마당에는 <춘향가>, <적벽가>, <흥보가> 등이 있다.

④ 판소리에서 창을 하는 중간중간에 이야기하듯 엮어 나가는 사설을 아니리라고 한다.

18 다음 중 피아노 3중주에 포함되는 악기는?

⊙ 비올라	ⓛ 바이올린	ⓒ 피아노	ⓔ 첼로

① ⓛ, ⓒ   ② ⊙, ⓛ, ⓒ   ③ ⊙, ⓛ, ⓔ   ④ ⓛ, ⓒ, ⓔ

19 다음 중 음악 장르의 특징에 대해 바르게 설명한 사람을 모두 고르면?

- 갑: 칸타타는 바로크 시대 때 발전한 음악으로 독창, 중창, 합창, 기악 반주로 이루어져 있어.
- 을: 플라멩코는 기타와 캐스터네츠 소리에 맞추어 손뼉을 치거나 발을 구르는 특색을 가지고 있어.
- 병: 내용이나 형식 등이 비교적 자유로운 음악인 랩소디는 광시곡이라고 부르기도 하지.
- 정: 레퀴엠은 죽은 사람의 영혼을 위로하기 위한 음악이야.

① 갑, 병   ② 을, 정   ③ 을, 병, 정   ④ 갑, 을, 병, 정

20 다음 중 혼합하였을 때 원래 색보다 명도가 높아지는 가산 혼합 3원색이 아닌 것은?

① 노란색   ② 초록색   ③ 빨간색   ④ 파란색

🔍 정답

01	× → 트리엔날레	02	○	03	× → 토니상	04	× → 레가토	05	○
06	선댄스 영화제	07	투란도트	08	우륵, 왕산악, 박연	09	스푸마토	10	클리셰
11	②	12	①	13	④	14	③	15	①
16	④	17	② → 서편제에 대한 설명	18	④	19	④	20	①

CHAPTER 14
미디어/스포츠

다음은 미디어/스포츠 분야에서 출제되거나 출제될 가능성이 높은 중요한 키워드를 기반으로 정리한 마인드맵입니다.
학습 전 큰 흐름을 조망하거나 학습 후 공부한 내용을 정리하는 용도로 활용해 보세요.

UNIT 1

미디어

미디어와 관련된 다양한 개념이 시험에 출제되므로 전반적으로 꼼꼼히 학습해 두는 것이 좋습니다.

회독 박스(□)에 정확히 아는 개념은 ○, 알쏭달쏭한 개념은 △, 전혀 모르는 개념은 ×로 체크하면서 꼼꼼히 학습해 보세요.

미디어 일반

1394 □ □ □

핫 미디어
Hot media

정보의 양은 풍부하지만 감정이 제대로 전달되지 않아 수신자의 참여도가 낮은 미디어

라디오, 활자, 영화 등처럼 표면상으로는 풍부한 정보를 가지고 있으나 대상에게 감정이 제대로 전달되지 않아 수신자의 참여도가 낮은 미디어로, 허버트 마샬 맥루한 박사가 제창했다.

⊕ 상식 PLUS
- **쿨 미디어**: TV, 전화, 만화처럼 수신자에게 높은 참여도를 요구하지만 정보의 양이 적은 미디어

1395 □ □ □

뉴 미디어
New media

과학 기술의 발달로 새롭게 등장한 전달 매체

전자 공학 기술이나 통신 기술의 발달로 새롭게 등장한 전달 매체로, 문자 다중 방송, 비디오 디스크, 비디오텍스, 쌍방향 케이블 텔레비전, PC 통신 등이 대표적이다.

⊕ 상식 PLUS
- **비디오텍스**: 전화 회선을 통해 가정이나 사무실의 비디오 단말기에 정보를 제공하는 통신 정보 서비스

1396 □ □ □

정보 공개 제도
情報公開制度

국민의 청구가 있을 때 정부 또는 행정 기관이 보유하고 있는 정보를 공개해야 하는 제도

정부 또는 행정 기관이 국민의 청구에 의해 보유하고 있는 정보를 공개하는 제도로, 1998년부터 시행하고 있다. 행정 기관의 게시 의무를 명시하고, 국민의 알 권리를 보호하기 위함에 그 목적이 있다.

크리에이터
Creator

온라인 플랫폼에 올리는 콘텐츠를 제작하는 인터넷 방송인

영상 또는 오디오 중심의 온라인 플랫폼에서 콘텐츠를 제작하여 시청자들에게 공유하는 인터넷 방송인을 말한다. 과거에는 게임 및 스포츠 등의 영상, 유머나 뉴스, 라디오 등의 오디오에 한정하여 활동하였으나, 현재는 먹방, 쿡방, 영어 강의, 뷰티, 개그 등 다양한 분야로 확장된 크리에이터가 활동하고 있다.

해리스 여론 조사소
Harris poll

미국의 대표적인 여론 조사 기관

미국의 대표적인 여론 조사 기관으로, 미국의 여론 조사 분석가이자 존 케네디 대통령 당선 여부를 묻는 여론 조사에서 정확한 예측을 했던 것으로 유명한 루이스 해리가 1956년에 설립하였다. 뉴욕에 본거지를 두고 있으며 특정 사업 및 산업 분야를 넘어 공공 정책 분야에서도 여론 조사를 실시하고 있다.

갤럽 여론 조사
Gallup poll

미국의 여론 연구소에서 실시하는 여론 조사

미국의 여론 조사 통계가 조지 갤럽이 1935년에 창설한 여론 조사로, 대통령 선거와 관련한 여론 조사로 유명해져 미국에서 가장 권위 있는 여론 조사로 손꼽힌다. 갤럽의 연구소에서는 시장 조사에 사용하던 방법을 활용하여 여러 새로운 표집과 여론 조사 방법을 개발하여 여러 형태의 여론 및 시장에 대해 조사·분석을 진행하고 있다.

액세스권
Right of access

매스 미디어에 접근하고 이용할 수 있는 권리

사람들이 신문, 방송 등의 거대하고 독점화된 매스 미디어에 접근하고 이용할 수 있는 권리로 방송접근권이라고도 한다.

CHAPTER 14

미디어/스포츠

1401

매스컴
Mass communication

매체를 통해 많은 수의 대중들에게 정보를 전달하는 것

방송, 신문, 영화 등 대중 매체를 이용해 많은 수의 대중들에게 정보를 전달하는 것 또는 그런 기관을 이르는 말이다.

⊕ **상식 PLUS**
- **커스컴**: 유선 방송 등과 같은 매체를 이용해 정해진 소수의 사람들에게 정보를 전달하는 것

1402

엠바고
Embargo

어떤 기사에 대한 보도를 일정 시간까지 금지하는 것

선박의 억류 혹은 통상 금지라는 뜻에서 유래한 것으로 어떤 뉴스 기사에 대한 보도를 일정 시간까지 한시적으로 중지시키는 것을 의미한다. 조기 보도할 경우 국가 이익이나 개인의 생명에 문제가 발생할 것으로 예상할 경우 시행한다.

1403

내셔널 프레스 클럽
National Press Club

워싱턴에 있는 전 세계 신문·통신·방송 특파원들의 친선 기관

워싱턴에 있는 전 세계 신문·통신·방송 특파원들의 권위 있는 친선 기관으로, NPC라고도 한다. 1908년에 설립되어 취재 활동에 관한 여러 편의를 제공하고 기자 상호 간 친목을 도모하는 것이 목적이며, 현재 기자, 전직 기자, 정부 정보 관계자 등 전 세계에 약 4,500명의 회원이 있다.

1404

무크
Mook

서적과 잡지의 특성을 절충한 형태의 출판물

서적과 잡지의 특성을 절충한 형태의 출판물로, 1971년 런던에서 열린 국제 잡지 연맹 보고서에서 처음 사용되었다. 미국에서는 매거북 또는 부커진이라고도 한다.

1405

□ □ □

언론의 4이론

언론의 체제와 통제 방식에 관한 네 가지 이론

미국의 언론학자 시버트, 피터슨, 슈람 등이 주장한 언론의 체제와 통제 방식에 관한 네 가지 이론으로, 세부 내용은 다음과 같다.

권위주의 이론	매스 미디어를 정치권력의 일부로 간주하고 통제하며 권위주의 체제를 통해 언론 규제 행위를 정당화시키는 이론
자유주의 이론	권위주의 체제를 통해 언론 규제 행위에 대한 반향으로 계몽주의와 합리주의에 사상적 바탕을 두고 있으며, 언론의 자유를 필수적으로 보장해야 한다는 이론
사회 책임주의 이론	언론은 자유를 누리되 그에 따른 사회적 책임을 져야 한다는 이론
소비에트 공산주의 이론	권위주의의 변형된 형태인 공산주의 개념을 수용하여 언론은 사회주의 혁명을 위해 봉사해야 한다는 이론

1406

□ □ □

데스크
Desk

기사의 취재와 편집을 지휘하는 사람

신문사나 방송국의 편집부에서 기사의 취재와 편집을 지휘하는 사람을 말하며, 사건을 담당하는 책임 기자를 의미하기도 한다.

1407

□ □ □

게이트 키퍼
Gate keeper

사회적 사건이 대중에게 전달되기 전에 기업 내부에서 자체적으로 검열하는 사람

사회적 사건이 매체를 통해 대중에게 전달되기 전에 기업 내부에서 자체적으로 취사선택하고 검열하는 사람으로, 뉴스나 정보의 유출을 통제한다. 각 부문을 거치는 동안 사건의 문안에 대하여 가필·정정·보류·생략 등의 조작이 이루어진다.

1408

□ □ □

데드라인
Deadline

신문이나 잡지 원고의 최종 마감 기간

발행 날짜에 차질이 없도록 정해 둔 신문이나 잡지 원고의 최종 마감 기간을 이르는 말로, 금융계에서는 은행이 고객이 원하면 언제든 내어 줄 수 있도록 중앙은행에 예치해야 하는 일정 비율의 돈을 의미한다.

헤드라인
Headline

신문이나 잡지의 표제

독자의 눈길을 끌기 위해 기사의 내용을 함축하여 작성한 신문이나 잡지의 표제로, 최근에는 캐치프레이즈와 유사한 의미로 사용되고 있다.

⊕ **상식 PLUS**
- **캐치프레이즈**: 광고 등에서 사람들의 주의를 끌기 위한 문구

플러시
Flush

큰 뉴스가 발생했을 때 계약된 신문사나 방송국에 속보하는 것

큰 뉴스가 발생했을 때 통신사가 계약된 신문사나 방송국에 속보하는 것이다. 이때, 방송국은 방송 중인 프로그램을 중단하고 임시 뉴스를 내보내며 신문사 같은 경우는 호외를 발행하게 된다.

⊕ **상식 PLUS**
- **호외**: 특별한 상황이 발생했을 때 임시로 발행하는 신문

스쿠프
Scoop

보도 기관이 기사를 독점 입수하여 타사보다 먼저 보도하는 것

신문사나 방송국에서 특종 기사를 독점 입수하여 타사보다 먼저 보도하는 것으로, 1878년 베를린 회의 때 <타임스>의 브로위츠 특파원이 회의의 비밀을 차례로 독점 취재하여 지면을 장식했던 일이 신문 역사상 가장 유명한 스쿠프의 예이다.

빈출

통신사
News agency

매스 미디어나 정부 기관 등에 대가를 받고 뉴스를 제공하는 기관

신문, 잡지, TV 등의 매스 미디어나 정부 기관 등에 일정한 대가를 받고 뉴스를 제공하는 전문적인 언론 기관으로, 세계 4대 통신사에는 미국의 AP(The Associated Press), UPI(United Press International), 프랑스의 AFP(Agence France Presse), 영국의 로이터(Reuter)가 있다.

저널리즘
Journalism

매스 미디어를 통해 사람들에게 시사적인 정보를 제공하고 논평하는 활동

신문, 잡지, TV, 라디오 등의 매스 미디어를 통해 사람들에게 시사적인 정보를 제공하고 논평하는 활동으로, 다양한 유형의 저널리즘이 존재한다.

⊕ **상식 PLUS**

• 저널리즘의 유형

경마 저널리즘	선거 보도를 할 때 누가 앞서고 누가 뒤지느냐의 단순히 흥미 위주 보도만을 하는 저널리즘
그래프 저널리즘	다큐멘터리 등을 사진 중심으로 편집한 저널리즘
뉴 저널리즘	기존 저널리즘과는 달리 소설 작가의 기법을 사용하여 사람들에게 상황을 실감 나게 전달하고자 새롭게 등장한 저널리즘
블랙 저널리즘	조직이나 개인의 약점을 취재하여 협박하거나 특정 집단의 이익을 도모할 목적으로 발행하는 저널리즘
비디오 저널리즘	한 명의 저널리스트가 취재, 촬영, 편집 등을 모두 도맡아 하는 비디오 콘텐츠의 제작 형태를 가진 저널리즘
옐로 저널리즘	사람들의 원시적인 본능을 자극하여 흥미를 끌기 위해 저속하고 선정적인 기사를 발행하는 저널리즘
제록스 저널리즘	극비 문서를 제록스로 몰래 복사하여 발표하는 저널리즘
포토 저널리즘	사실 및 시사문제 등을 사진 기술로 표현하고 보도하는 것에 중점을 둔 저널리즘
팩 저널리즘	취재 방법 및 시각 등이 획일적이어서 개성이 없는 저널리즘

CHAPTER 14

미디어/스포츠

공영 방송
Public broadcasting

공익을 도모하는 방송

개인적인 이익이 아닌 공공의 이익을 도모하는 방송으로, 상업적인 광고가 아닌 시청자로부터 징수하는 수신료를 주재원으로 운영한다. 한국의 KBS, EBS, 영국의 BBC, 일본의 NHK, 호주의 ABC 등이 대표적이다.

DMB
Digital Multimedia
Broadcasting

영상, 음성 등을 휴대용 단말기에 디지털 방식으로 전송하는 방송 서비스

영상, 음성, 음악 등의 각종 멀티미디어 신호를 휴대용 단말기에 디지털 방식으로 전송하는 방송 서비스로, 이 서비스로 인해 사람들은 단말기를 가지고 이동하면서 영상과 음악을 고화질, 고음질로 감상할 수 있게 되었다.

1416

다원 방송
Multi-organization broadcast

두 가지 이상의 방송을 하나의 프로그램으로 연결하여 내보내는 방송 방식

2개 지역 이상의 방송국에서 방송되는 내용을 하나의 프로그램으로 연결하여 내보내는 방식으로, 신호를 보내는 지점 수에 따라 2원 방송, 3원 방송 등으로 부르기도 한다.

1417

디지털 방송
Digital broadcasting

방송 신호를 디지털 형태로 압축하여 내보내는 방송 기술

하나의 전파에 하나의 영상만을 내보낼 수 있었던 아날로그 방송과 달리 방송 신호를 부호화하여 기록하는 디지털 형태로 압축하여 내보내는 방송 기술이다. 이러한 방송의 디지털화가 가능해지면서 데이터 방송이 등장할 수 있게 되었다.

⊕ **상식 PLUS**
- **데이터 방송**: 정보를 음성과 영상이 아닌 부호나 데이터의 형태로 전달하는 방송

1418

키 스테이션
Key station

여러 방송국에서 동시에 방송하는 프로그램의 중심이 되어 제작하는 방송국

여러 방송국에서 동시에 방송하는 프로그램의 중심이 되어 방송을 제작, 편성, 송출하는 방송국으로, 중앙국이라고도 한다.

1419

종합 편성 채널
綜合編成 channel

모든 장르를 종합적으로 편성하여 방송하는 채널

뉴스, 드라마, 스포츠, 교양, 오락 등 모든 장르를 종합적으로 편성하여 방송하는 채널로, 케이블 TV, IPTV, 위성 방송 등을 통해 송출이 가능하며 이를 줄여서 종편이라고도 한다. 우리나라에는 채널 A, TV조선, JTBC, MBN 등이 있다.

1420

블랭킷 에어리어
Blanket area

전파장애로 인해 시청이 어려운 지역

전파장애가 발생하기 쉬워 시청에 어려움을 겪는 지역으로, 두 개의 방송국 전파가 겹쳐 하나의 방송 또는 두 방송 모두 시청할 수 없게 되는 것이다.

미국의 3대 방송사

미국을 대표하는 방송사인 NBC, CBS, ABC를 이르는 말

1926년 설립된 미국의 가장 큰 규모의 방송조직인 NBC(National Broadcasting Company), 1927년 설립된 미국의 라디오·텔레비전망을 가진 CBS(Columbia Broadcasting System), 1943년 설립된 미국에서 세 번째로 큰 텔레비전 네트워크를 보유하고 있는 ABC(American Broadcasting Company)를 미국의 3대 방송사라고 한다.

컬러 TV 송수신 방식

NTSC, PAL, SECAM 등의 방식

컬러 TV 송수신 방식은 크게 NTSC, PAL, SECAM으로 나뉘며, 세부 내용은 다음과 같다.

NTSC(National Television System Committee)	미국이 개발하였으며 현재 미국, 한국, 일본, 캐나다 등이 사용하고 있는 방식
PAL(Phase Alternating Line)	독일이 개발하였으며 현재 독일, 영국, 중국, 스페인, 이탈리아, 스위스 등이 사용하고 있는 방식
SECAM(SEquential Couleur Avec Memoire System)	프랑스에서 개발하였으며 현재 프랑스, 이집트, 사우디아라비아, 동유럽 일부 국가들이 사용하고 있는 방식

전파 월경
Spill over

하나의 국가에서 나온 전파가 다른 국가로 흘러 들어가는 현상

한 나라의 방송 위성 전파가 나라 사이의 경계를 넘어서 다른 지역이나 주변국으로 흘러 들어가는 현상이다. 의도가 없다고 하더라도 인접 국가에 정치적·문화적 영향을 줄 수 있어 국제적인 문제로 확대될 가능성을 내포하고 있다.

파일럿 프로그램
Pilot program

편성이 확정되기 전에 데모용으로 만들어 방송하는 프로그램

편성이 확정되기 전에 방송국에서 데모용으로 만들어 방송하는 프로그램으로, 이를 통해 시청자와 광고주의 반응을 살피고 추후 정규 프로그램의 편성을 결정한다.

CHAPTER 14

미디어/스포츠

클리킹
Clicking

리모컨을 이용한 텔레비전 시청 형태

리모컨을 이용해 텔레비전 채널을 이리저리 바꾸는 시청 형태를 이르는 말이다.

⊕ 상식 PLUS
- 클리킹의 유형

소프트 클리킹	시청자가 본인이 시청하고 있던 프로그램의 흥미가 떨어져 채널을 바꾸는 현상
하드 클리킹	시청자가 언제 시청해도 흥미가 떨어지는 프로그램에 벌을 주기 위해 제재를 가하는 현상
애호 클리킹	시청자가 여러 프로그램에 흥미를 느껴 어떤 프로그램도 놓치지 않기 위해 채널을 이리저리 바꾸는 현상
지적 클리킹	시청자가 이리저리 채널을 돌리다 선택한 프로그램으로 채널을 바꾸는 현상

피플미터
Peoplemeter

시청률을 자동으로 조사 및 분석하는 수단

전화 회선을 경유하여 현재의 시청 채널, 시청 시간, 시청자 특징 등 각종 시청률 정보를 전송한 후 시청률을 자동으로 분석하고 조사하는 수단으로, 미국 여론조사 기관인 닐슨 사에서 개발하였다.

유로비전
Eurovision

유럽에서 프로그램과 뉴스 소재를 교환하기 위해 만든 국제 중계 조직

영국, 프랑스, 벨기에, 네덜란드, 독일, 스위스, 이탈리아 등 서유럽의 방송 회사들이 프로그램과 뉴스 소재를 교환하기 위해 만든 국제 TV 중계망이다.

국제기자연맹
International Federation of Journalists

자유주의 국가에 있는 언론 단체들이 모여서 창립한 국제 언론 기구

자유주의 국가에 있는 언론 단체들이 중심이 되어 1952년 벨기에의 브뤼셀에서 창립한 국제 언론 기구로, IFJ라고도 한다. 이 기구는 언론의 자유와 기자들의 권익 옹호, 직업상의 윤리 규정 확보 등을 설립 목적으로 내세웠다.

1429

라퓨터
Raputer

라디오를 청취하면서 인터넷을 하는 것

라디오를 청취하면서 PC 통신이나 인터넷을 하는 것을 이르는 말로, 라디오 방송사에서 인터넷에 대화방을 설치해 청취자와 소통하는 것이 대표적이다.

1430

솝 오페라
Soap opera

일정한 시간대에 방송되는 드라마

일정한 시간대에 정기적으로 방송되는 드라마로, 원래 미국에서는 낮 시간에 방송되는 라디오 연속극을 의미했다. 이는 주부들을 대상으로 한 연속극 형식으로 인하여 비누 회사가 스폰서를 하는 경우가 많아 붙여진 명칭이다.

1431

루퍼트 머독
Keith Rupert Murdoch

세계적 미디어 복합 기업 뉴스 코퍼레이션의 대표이자 미디어 재벌

텔레비전 방송 사업, 영화 제작 및 스튜디오 운영, 서적 출판 및 인쇄 등을 하고 있는 미국 거대 기업 뉴스 코퍼레이션의 대표이자 뉴욕포스트, 타임스, 폭스 방송, 20세기 폭스, LA 다저스 등 다양한 사업을 펼치고 있는 미디어 재벌이다.

신문

1432

신문의 날

신문의 사명과 책임을 자각하고 강조하기 위하여 제정한 날

신문의 사명과 책임을 자각하고 강조하기 위하여 우리나라의 언론인들이 제정한 날로, <독립신문> 창간일인 매년 4월 7일이다.

1433

타블로이드판
Tabloid sized

보통 신문의 절반 크기를 가진 신문

일반지가 다루는 기사는 요약하고 센세이셔널한 기사나 사진을 실어 엮는 신문으로, 보통 신문인 블랭킷판의 절반 크기를 가지고 있다. 1919년 당시 큰 인기를 끌었던 시카고 트리뷴지가 발행한 <일러스트레이티드 데일리 뉴스>가 타블로이드판의 효시이다.

타임스
The times

영국에서 가장 영향력 있는 신문

영국 런던에서 발행되고 있는 영국의 대표적인 신문으로, 1785년에 <데일리 유니버설 레지스터>라는 명칭으로 처음 창간되었다. 이후 1788년에 명칭을 <타임스>로 바꾸고 상업적인 뉴스와 논평에 스캔들 기사를 덧붙여 발행했다.

칼럼니스트
Columnist

신문이나 잡지에 칼럼을 집필하는 사람

신문이나 잡지에 사설 이외의 특정란을 담당하여 정기적으로 집필하는 사람을 이르는 말이다. 정치·사회는 물론, 영화, 패션, 음악, 음식 등으로 활동 분야가 확대되고 있다.

⊕ **상식 PLUS**
- **칼럼:** 시사, 사회, 풍속 등에 관해 신문이나 잡지의 특별 기고란에 짧게 작성하는 글
- **사설:** 시사 문제에 관해 신문이나 잡지에 쓰는 글쓴이의 주장이나 의견

르포르타주
Reportage

신문이나 잡지의 보고 기사 또는 기록 문학

어떤 사건이나 사회 현상에 대해 단편적으로 보도하는 것이 아니라 보고자의 관점에서 심층 취재하여 충실히 기록하거나 서술하는 보고 기사를 의미한다. 문학 분야에서는 실제 사건을 사실 그대로 기록한 문학을 의미하기도 하며, 종군기, 탐험기, 여행기 등이 여기에 해당한다.

ABC 제도
Audit Bureau of Circulations
system

신문이나 잡지 등의 발행 부수를 확인 및 조사하여 공개하는 제도

신문이나 잡지 등의 발행 부수를 표준화된 기준에서 객관적으로 확인 및 조사하여 이를 공개하는 제도로, 1914년 미국에서 처음으로 설립되어 시작되었다.

세계신문협회
世界新聞協會

세계 최대의 국제 언론 단체

세계 각국의 언론 및 관련 기관들이 가입한 세계 최대의 국제 언론 단체로, WAN(World Association of Newspapers)이라고도 하며 1948년 신문 발행인 협회로 발족 후 1996년에 개칭했다. 2021년을 기준으로 120개국 1만 8,000여 개의 신문·통신사 등을 회원으로 두고 있다.

광고

PPL
Product placement

영화나 드라마 등에 자사의 제품을 등장시켜 홍보하는 마케팅 전략

영화나 드라마 등에 자사의 제품, 상표, 로고 등을 등장시켜 시청하는 사람에게 무의식적으로 홍보하는 마케팅 전략이다. PPL이 쓰였던 가장 대표적인 작품으로는 1982년에 개봉한 스티븐 스필버그의 <ET>인데, 당시 영화에서 등장했던 허쉬사의 초콜릿은 개봉 후 기업 매출의 약 66%를 제고시켰다.

CPM
Cost Per Mille

광고 메시지를 천 명 또는 천 가구에 전달하기 위해 소요되는 비용

광고 메시지를 천 명 또는 천 가구에 전달하기 위해 소요되는 비용으로, 광고의 효율성을 측정할 수 있는 지표이다. 이는 (광고 단가/광고 노출 횟수) × 1000으로 구할 수 있다.

AIDA 법칙
AIDA rule

인간이 행동을 일으키기까지의 사고 과정

인간은 주의(Attention)하고, 흥미(Interest)를 갖고, 욕망(Desire)을 느끼고, 그 다음 행동(Action)하므로 이러한 인간의 사고 과정을 고려한 광고를 해야 한다는 법칙을 의미한다.

⊕ 상식 PLUS
- **AIDMA 법칙:** AIDA 법칙에 더해, 욕망과 행동 사이에는 기억(Memory)이 있다는 법칙
- **AIDCA 법칙:** AIDA 법칙에 더해, 욕망과 행동 사이에는 확신(Conviction)이 있다는 법칙

CHAPTER 14

미디어/스포츠

1442

3B 법칙
3B rule

3B를 고려하여 광고를 제작하면 광고의 주목률을 높일 수 있다는 법칙

사람들에게 친근감을 주는 존재인 미인(Beauty), 아기(Baby), 동물(Beast)의 3B를 고려하여 광고를 제작할 경우 해당 광고의 주목률을 높일 수 있다는 법칙이다.

1443

5I 법칙
5I rule

5I를 갖추어서 광고를 제작해야 한다는 법칙

멋진 아이디어(Idea), 직접적인 영향(Immediate impact), 계속적인 흥미(Incessant interest), 정보(Information), 충동을 일으키는 힘(Impulsion)의 5I를 갖추어서 광고를 제작해야 한다는 법칙이다.

1444

옴니채널 `빈출`
Omni-channel

온라인과 오프라인 매장의 결합을 통해 언제 어디서나 쇼핑할 수 있는 체계

온라인과 오프라인 매장의 결합을 통해 언제 어디서나 쇼핑을 할 수 있는 체계로, 소비자는 다양한 경로를 통해 상품을 검색하고 구매할 수 있다.

1445

광고 캠페인
Advertising campaign

광고 목표를 달성하기 위해 조직적이고 지속적으로 행하는 활동

특정한 광고 목표를 달성하기 위하여 조직적이고 지속적으로 실시하는 광고 활동으로, 신제품 발매·신규 개점·재고 정리, 소비자에 대한 상품 지식의 보급, 상품 이미지의 확립 등을 목표로 일정한 틀 안에서 미리 짜놓은 스케줄에 따라 각종 매체를 구사하여 종합적으로 전개된다.

커머셜 메시지
Commercial message

상업 광고에서 전달하는 내용

상업 광고에서 전달하는 내용이자 상업 광고 자체를 말하며, 라디오 CM과 텔레비전 CM으로 나눌 수 있다.

⊕ **상식 PLUS**

• 라디오 CM

프로그램 커머셜	방송 프로그램 속에 삽입되는 것
스폿 아나운스먼트	프로그램과 프로그램 사이에 내보내는 것

• 텔레비전 CM

스트레이트 커머셜	아나운서가 혼자서 맡는 것
다이얼로그 커머셜	대화적인 것
인티그레이티드 커머셜	프로그램 속에 삽입되는 것
에니메이션 커머셜	만화 등 동화에 의한 것
데먼스트레이션 커머셜	실용적으로 강렬한 호소를 하는 것

AE 제도
Account Executive system

광고 활동을 다른 전문 업체에서 대행하는 제도

광고주의 광고 활동을 다른 전문적인 업체가 대행하는 제도로, 광고 계획의 수립, 문안 및 도안 작성, 제작 기술 표현, 제작 업무 작성, 광고 효과 측정 등을 도맡는다.

더블업 광고
Double effect of advertising

특정 제품을 광고할 때 다른 특정 소품을 활용하는 광고

소비자에게 특정 제품을 광고할 때 대행사나 자기 계열사 제품을 소품으로 활용하는 광고 전략으로, 이중 광고의 효과를 노리기 위함이다.

1449

레트로 광고
Retrospective advertising

과거의 추억을 일으켜 제품에 대해 정겨운 이미지를 갖게 하는 광고

과거의 추억을 일으켜 제품에 대해 정감을 갖게 하는 광고 전략으로, 조미료의 '고향의 맛' 광고, 라면의 '도시락' 광고 등이 대표적이다.

1450

맥락 광고
Context advertising

방송 프로그램의 연관성을 이용해 상품이나 서비스에 대한 정보 등을 홍보하는 광고

방송 프로그램과 연관성이 높은 광고를 해당 프로그램이 끝난 직후에 내보내 상품이나 서비스에 대한 정보 등을 홍보하는 광고 전략으로, 드라마가 끝난 직후에 드라마 주인공이 모델로 등장하는 광고를 내보내는 것이 대표적이다.

1451

티저 광고
Teaser advertising

소비자에게 불완전한 정보를 제공하여 궁금증을 유발하는 광고

소비자에게 무엇을 광고하는지 정확히 밝히지 않아 호기심과 기대감을 유발하는 광고 전략으로, 이후 후속 광고 등을 통해 원래의 목적을 밝힌다.

1452

DM 광고
Direct Mail advertising

고객에게 우편을 통해 직접 전달하는 광고

예상 고객에게 우편으로 광고 내용을 전달하는 직접 광고 전략의 일종으로, 선별된 고객에게만 진행되는 광고 방식이기 때문에 고객에게 우월감을 주어 관계 유지 및 지속적인 판매 유도가 용이한 반면 우편 요금 등으로 투입되는 비용이 크다.

1453

POP 광고
Point of purchase advertising

소비자가 제품을 최종적으로 구매하는 장소에서 진행되는 광고

소비자가 광고 제품을 최종적으로 구매하는 장소에서 진행되는 광고 전략으로, 구매 시점 광고라고도 한다. 판매 장소 근처에 광고문을 붙이거나 입간판을 세워두는 것이 대표적이다.

1454

키치 광고
Kitsch advertising

기호와 이미지를 이용한 감각적이고 가벼운 느낌의 광고

기호와 이미지를 이용한 감각적이고 가벼운 느낌의 광고 전략으로, 언뜻 보아서는 감이 안 잡힐 정도로 광고의 내용이 정확히 드러나지 않는다.

1455

서브리미널 광고
Subliminal advertising

소비자의 잠재의식을 통한 광고

텔레비전, 라디오, 극장 스크린 등에 인지가 불가능한 속도나 음량의 메시지를 포함하여, 소비자의 잠재의식을 자극하고 구매 행동으로 이어지도록 하는 광고 전략이다.

1456

가상 광고
Virtual advertising

TV 화면에 가상의 광고 이미지를 삽입하여 상품을 알리는 광고

TV 화면에 컴퓨터 그래픽을 이용한 가상의 광고 이미지를 삽입하여 상품을 알리는 광고 전략으로, 방송 시간의 100분의 5, 전체 화면의 4분의 1을 넘길 수 없도록 규정되어 있다.

1457

옥외 광고
Outdoor advertising

옥외에 설치하여 정보를 제공하는 광고

옥상 간판, 전주광고, 애드벌룬, 네온사인 등 옥외에 광고물을 설치하여 정보를 제공하는 광고 전략으로, 광고 매체 중 가장 오래되었다.

⊕ 상식 PLUS
- **교통 광고**: 버스, 지하철, 택시 등의 교통 기관이나 역 등의 설비를 이용하는 광고

1458

시즐 광고
Sizzle advertising

소리를 통해 청각을 자극하여 제품의 이미지를 연상시키는 광고

소리를 통해 청각을 자극하여 제품의 이미지를 연상시키는 광고 전략으로, 음료를 컵에 콸콸 따르는 소리나 꿀꺽꿀꺽 마시는 소리를 음료 광고에 삽입하는 것이 대표적이다.

1459

애드버커시 광고
Advocacy advertising

소비자의 신뢰와 지지를 얻기 위한 광고

소비자로부터 신뢰와 지지를 얻기 위한 기업의 홍보 광고 전략으로, 주장 광고, 옹호 광고라고도 한다.

1460

문맥 광고
Contextual advertising

웹 사이트의 내용과 문맥을 분석하여 연관성 있는 광고를 자동 노출시키는 것

방문자들이 보고 있는 웹 사이트의 내용이나 방문 습관을 분석하여 그와 연관성이 있는 내용을 자동으로 노출시키는 광고 전략으로, 구글의 애드센스가 가장 대표적이다. 한편 방송, 게임 등 콘텐츠 내용과 관련 있는 광고를 이용해 효과를 극대화하는 것을 문맥 광고라고도 한다.

1461

애드버토리얼
Advertorial

신문이나 잡지 등에 기사 형태로 실리는 광고

신문이나 잡지 등에 뉴스 기사 형태로 실리는 PR 형태의 광고 전략으로, 일반 대중과 관계 있는 부분부터 어떤 기업의 주장이나 식견 등을 소개하는 것까지 매우 다양한 형태를 가지고 있다.

⊕ **상식 PLUS**
- PR: 불특정 다수를 대상으로 이미지 제고나 제품 홍보를 하는 활동

1462

인포머셜
Infomercial

상세한 정보를 제공하는 광고

짧은 시간 안에 소비자에게 깊은 인상을 주는 것이 목적인 일반 광고와 달리 소비자의 이해를 위해 상품이나 점포에 관련된 상세한 정보를 제공하는 설명적이고 해설적인 광고 전략이다. 대체로 1분 이상 30분 이하로 진행된다.

UNIT 2

스포츠

올림픽 등 국제 스포츠 대회, 주요 스포츠 종목의 경기 용어에 대해 알아두면 좋습니다.

회독 박스(□)에 정확히 아는 개념은 ○, 알쏭달쏭한 개념은 △, 전혀 모르는 개념은 ×로 체크하면서 꼼꼼히 학습해 보세요.

스포츠 일반

1463

리그전
League match

□ □ □

모든 팀이 서로 한 번씩 경기를 진행하고 가장 많이 이긴 팀이 우승하게 되는 대전 방식

경기에 참가한 모든 팀이 서로 한 번씩 경기하고 가장 많이 이긴 팀이 우승하게 되는 대전 방식으로, 스포츠나 오락에서 승부를 가리기 위한 방법이다. 리그전에서 진행되는 경기의 횟수는 {(팀의 수) × (팀의 수 − 1)}/2로 구할 수 있다.

1464

토너먼트
Tournament

□ □ □

이긴 팀끼리 계속해서 경기를 진행하고 최후에 남은 두 팀 중 이긴 팀이 우승하게 되는 대전 방식

두 팀씩 겨루어 진 팀은 제외하고 이긴 팀끼리 계속해서 경기를 진행하여 최후에 남은 두 팀 중 이긴 팀이 우승하게 되는 대전 방식으로, 스포츠나 오락에서 승부를 가리기 위한 방법이다. 토너먼트에서 진행되는 경기의 횟수는 (팀의 수 − 1)로 구할 수 있다.

1465

해트트릭
Hat-trick

□ □ □

한 명의 선수가 한 경기에 세 골 이상 넣는 것

축구나 하키 등의 경기에서 한 명의 선수가 한 경기에 세 골 이상 넣는 것을 이르는 말로, 크리켓에서 연달아 3명의 타자를 아웃시킨 선수에게 모자(Hat)를 증정한 것에서 유래하였다.

1466

□ □ □

루키
Rookie

팀에 새로 입단하였거나 아직 정규 선수로 출전하지 않는 선수

팀에 새로 입단하였거나 아직 정규 선수로 출전하지 않은 신인 선수를 이르는 말로, 노비스 (Novice), 프레시 맨(Fresh man)이라고도 한다. 체스에서 차(車) 역할을 하는 룩(Rook)에서 유래되었다.

1467

□ □ □

MVP
Most Valuable Player

한 경기 또는 리그 등에서 가장 우수한 성적을 거둔 최우수 선수

한 경기, 리그, 올스타전 등에서 가장 뛰어난 기량을 보이거나 가장 우수한 성적을 거둔 최우수 선수를 이르는 말이다.

⊕ 상식 PLUS
- **올스타전**: 프로 야구, 축구, 농구 등에서 뛰어난 실력을 갖춘 선수들을 뽑아 임의로 팀을 구성하여 겨루는 경기

1468

□ □ □

샐러리 캡
Salary cap

한 팀에 소속된 선수들의 연봉 총액이 일정 금액을 넘지 못하도록 정한 규정

한 팀에 소속되어 있는 선수들의 연봉 총액이 일정 금액을 넘지 못하도록 제한해 놓은 규정으로, 미국 프로 농구 협회(NBA)에서 처음 시작되었다.

1469

□ □ □

드래프트
Draft

스포츠 리그에서 신인 선수를 선발하는 것

프로 야구, 프로 농구 등의 스포츠 리그에서 각 팀이 원하는 신인 선수를 선발하는 것을 이르는 말로, 보통 지난 시즌에 성적이 좋지 않은 팀이 성적이 좋은 팀보다 먼저 선수를 고를 수 있는 선택권을 얻는다. 때에 따라서는 스포츠 리그에서 이적을 결정하고 계약하는 것을 뜻하기도 한다.

보호 선수
保護選手

자기 팀 선수 중 드래프트 대상이 될 수 없도록 정해 놓은 선수

야구나 배구 등에서 보상 선수 지명이 필요할 때, 자기 팀 선수 중에서 드래프트 대상이 될 수 없도록 정해 놓은 선수를 이르는 말이다.

⊕ 상식 PLUS
- **보상 선수**: 자유 계약 선수를 영입한 팀이 그 선수를 내준 팀에 의무적으로 이적시켜야 하는 선수
- **자유 계약 선수**: 자신이 속한 팀과의 계약 기간이 만료되어 다른 팀과 자유롭게 계약을 맺어 이적할 수 있는 선수

도핑 테스트
Doping test

운동선수가 약물을 사용했는지 검사하는 테스트

스포츠에서 운동선수가 경기력을 높이기 위해 약물을 사용했는지 검사하는 테스트를 이르는 말로, 이 테스트는 1960년 로마 올림픽에서 약물을 복용했던 덴마크의 사이클 선수 커트 젠센이 경기 중 사망하면서 이후 1968년 그르노블 동계 올림픽부터 정식 실시되었다.

기구와 대회

국제올림픽위원회
IOC

올림픽 대회를 운영하고 주관하는 국제단체

올림픽 대회를 운영하고 주관하는 국제단체로, IOC는 International Olympic Committee 의 약자이다. 1894년 프랑스의 피에르 쿠베르탱에 의해 파리 의회에서 설립되었으며, 우리나라는 1947년에 가입하였다.

⊕ 상식 PLUS
- **국제장애인올림픽위원회(IPC)**: 1989년 설립되어 패럴림픽을 주최하는 국제단체

CHAPTER 14

미디어/스포츠

1473 올림픽 (빈출)
Olympic

국제올림픽위원회가 4년마다 개최하는 국제 경기 대회

국제올림픽위원회(IOC)가 4년마다 개최하는 국제 경기 대회로, 1894년 프랑스의 쿠베르탱 등의 주창으로 1896년 그리스 아테네에서 제1회 대회가 개최되었다. 고대 그리스의 올림피아에서 제우스신을 기리며 4년에 한 번씩 개최한 제전 경기에 기원을 두고 있다. 동계 올림픽과 대응하는 개념으로 하계 올림픽이라고도 한다.

1474 패럴림픽 (빈출)
Paralympic

국제패럴림픽위원회가 4년마다 개최하는 신체 장애인들의 국제 경기 대회

국제패럴림픽위원회가 4년마다 개최하는 신체 장애인들의 국제 경기 대회로, 1960년 로마 올림픽 대회 직후 처음으로 개최되었으며 보통 올림픽 폐막 이후 같은 도시에서 한 달 안에 개최된다.

1475 동계올림픽
Olympic winter games

동계 스포츠 종목을 중심으로 4년마다 겨울에 개최되는 국제 경기 대회

동계 스포츠 종목을 중심으로 4년마다 겨울에 개최되는 국제 경기 대회로, 하계 올림픽과는 교차로 2년마다 열린다. 1924년에 프랑스 샤모니에서 제1회 동계올림픽이 개최되었으며, 2018년에는 우리나라 평창에서 제23회 동계올림픽이 개최되었다.

1476 오륜기
Olympic flag

올림픽을 상징하는 대회기

올림픽을 상징하는 대회기로, 1914년 쿠베르탱의 고안으로 제정되었으며 1920년 앤트워프 대회 때부터 정식 게양되었다. 오륜기는 유럽, 아시아, 아프리카, 오세아니아, 아메리카 5대륙을 상징하는 청색, 황색, 흑색, 녹색, 적색의 둥근 고리가 'W'자를 이루며 연결되어 있다.

1477 올림픽 표어

보다 빠르게, 보다 높게, 보다 강하게

올림픽 표어는 Citius(보다 빠르게), Altius(보다 높게), Fortius(보다 강하게)로, 프랑스의 디동 신부가 처음 제창하여 1926년에 국제 올림픽 기구에서 정식으로 채택하였다.

1478

□ □ □

성화
聖火

올림픽 주경기장에 켜 놓는 햇불

올림픽 주경기장에 마련된 성화대에 켜놓는 햇불이다. 올림픽 성화는 고대 올림픽의 발상지인 그리스 올림피아에서 태양 광선으로 점화하여 세계 각국의 사람들이 릴레이로 옮겨 대회장으로 운반한다.

1479

□ □ □

아시아경기대회
Asian games

아시아 국가들의 우호 증진과 평화를 목적으로 4년마다 개최되는 국제 경기 대회

아시아 국가들의 우호 증진과 평화·친선 도모를 목적으로 4년마다 개최되는 국제 경기 대회로, 1951년 인도 뉴델리에서 제1회 아시아경기대회가 개최되었다.

1480

□ □ □

FIFA
Fédération Internationale de football association

세계 축구 경기를 통할하는 국제단체

세계 축구 경기를 통할하는 국제축구연맹으로, 1904년 프랑스, 스위스, 네덜란드, 벨기에, 스페인, 스웨덴, 덴마크 7개국이 프랑스 파리에 모여 설립하였다. 대륙별 연맹이 국제 경기를 원활하게 운영할 수 있도록 지원하고 관리하는 역할을 수행하고 있다.

⊕ 상식 PLUS
• FIFA 주관 국제 대회

남자 대회	월드컵
	U-20 월드컵
	U-17 월드컵
	클럽 월드컵
	풋살 월드컵
	비치사커 월드컵
	인터렉티브 월드컵
	컨페더레이션스컵
여자 대회	여자 월드컵
	U-20 여자 월드컵
	U-17 여자 월드컵

1481

국제테니스연맹
ITF

세계 테니스 경기를 통합하는 국제단체

세계 테니스 경기를 통합하는 국제단체로, ITF는 International Tennis Federation의 약자이다. 1913년 프랑스 파리에서 열린 국제회의에서 설립되었으며, 올림픽과 테니스 4대 메이저 대회에 관여하고 있다.

1482

NBA
National basketball association

미국 프로농구협회

1964년에 창설되어 29개의 미국팀과 1개의 캐나다팀으로 이루어져 있는 미국 프로농구협회이다. 애틀랜틱, 센트럴, 사우스이스트의 3개 디비전으로 구성되어 있는 동부 컨퍼런스와 노스웨스트, 퍼시픽, 사우스웨스트의 3개 디비전으로 구성되어 있는 서부 컨퍼런스로 편성되어 리그가 운영된다. 애틀랜틱 디비전의 보스턴 셀틱스가 최다 우승 기록을 보유하고 있다.

1483

국제육상경기연맹
IAAF

국제 육상 경기를 통합하는 단체

국제 육상 경기를 통합하는 단체로, IAAF는 International Association of Athletics Federations의 약자이다. 1912년 제5회 올림픽에서 17개국이 모여 설립하였으며, 1921년에 국제 경기 규칙과 세계 기록 공인 제도를 결정했다.

1484

세계육상선수권 대회
World championship in athletics

국제육상연맹이 2년마다 개최하는 세계 육상 대회

국제육상연맹이 2년마다 개최하는 세계 육상 대회로, 1983년 핀란드 헬싱키에서 제1회 대회가 개최되었다. 처음에는 4년마다 열렸으나 1991년 이후 2년마다 홀수 해에 개최되고 있다. 이 대회는 올림픽, 월드컵과 함께 세계 3대 스포츠 대회로 손꼽힌다.

유니버시아드
Universiade

국제 대학 스포츠 연맹이 2년마다 개최하는 세계 학생 스포츠 대회

국제 대학 스포츠 연맹이 2년마다 개최하는 세계 학생 스포츠 대회로, 1923년 프랑스 파리에서 처음 개최되었다. 17세~28세 사이의 대학생 및 대학원생들이 참가할 수 있으며 대학 스포츠의 발전, 학생의 체육 및 후생, 국제적인 대학 스포츠 통일 등을 목적으로 하고 있다. 하계 종목은 1959년 이탈리아 토리노 대회부터, 동계 종목은 1960년 프랑스 샤모니 대회부터 시작되었으며 1981년부터는 하계와 동계 유니버시아드가 같은 해에 열리고 있다.

오픈 선수권
Open championships

테니스, 골프 등에서 프로선수와 아마추어가 함께 참가할 수 있는 대회

테니스, 골프, 축구 등에서 프로선수와 아마추어가 함께 참가할 수 있는 대회로, 1860년 영국의 전영 오픈 골프 선수권 대회에서 처음으로 시작되었다.

골프 4대 메이저 대회

남자 골프의 4대 메이저 대회와 여자 골프의 4대 메이저 대회를 이르는 말

남자 골프의 4대 메이저 대회로는 마스터스, US 오픈, 전영 오픈, PGA 챔피언십이 있으며, 여자 골프의 4대 메이저 대회로는 US 여자 오픈, KPMG 위민스 PGA 챔피언십, ANA 인스피레이션, AIG 여자 오픈이 있다. 2013년부터 여자 골프에는 에비앙 챔피언십이 메이저 대회로 승격되어 5대 메이저 대회 체제가 되었다.

테니스 4대 메이저 대회
빈출

윔블던 대회, US 오픈, 프랑스 오픈, 호주 오픈 테니스 대회를 이르는 말

테니스 4대 메이저 대회는 다음과 같다.

윔블던 대회	1877년에 개최되어 런던 윔블던에서 경기가 열리고 있는 대회
US 오픈	1881년에 개최되어 미국 뉴욕에서 경기가 열리고 있는 대회
프랑스 오픈	1891년에 개최되어 파리 블로뉴의 롤랑가로스 테니스 클럽에서 경기가 열리고 있는 대회
호주 오픈 테니스 대회	1905년에 개최되어 호주 멜버른에서 경기가 열리고 있는 대회

⊕ 상식 PLUS
- **그랜드슬램**: 한 선수가 1년 동안 4대 메이저 대회를 모두 우승하는 것

CHAPTER 14

미디어/스포츠

1489 ☐ ☐ ☐

야구
Baseball

9회씩 공격과 수비를 번갈아 하며 승패를 겨루는 경기

아홉 사람으로 이루어진 두 팀이 9회씩 공격과 수비를 번갈아 하며 승패를 겨루는 구기 경기로, 공격하는 팀은 상대편(수비팀) 투수가 던진 공을 배트로 친 후 1루, 2루, 3루를 돌아서 본루로 돌아오면 1점을 얻게 된다.

1490 ☐ ☐ ☐

퍼펙트게임
Perfect game

한 명의 투수가 상대 팀 주자를 한 명도 허용하지 않고 이긴 경기

야구에서 선발로 등판한 한 명의 투수가 상대 팀 주자의 진루를 한 명도 허용시키지 않고 이긴 경기를 이르는 말로, 1880년 웨체스터의 리치먼드가 메이저리그 최초의 퍼펙트게임을 기록했다.

⊕ 상식 PLUS
- **진루**: 야구에서 다음 루로 달려가는 것

1491 ☐ ☐ ☐

사이영상
Cy young award

미국 프로야구에서 그 해의 최우수 투수에게 주는 상

미국 프로야구에서 그 해의 최우수 투수에게 주는 상으로, 1890년부터 22년 동안 활약했던 투수 덴튼 트루 영을 기념하여 그의 별명인 사이 영(Cy young)을 붙여 1956년부터 수여하고 있다.

⊕ 상식 PLUS
- **사와무라상**: 일본 프로야구에서 한 시즌 동안 가장 많은 활약을 보인 선발 투수에게 수여하는 상

□ □ □

사이클링 히트
Cycling hit

한 명의 타자가 한 경기에 단타, 이루타, 삼루타, 홈런을 모두 쳐내는 것

야구에서 한 명의 타자가 한 경기에 단타, 이루타, 삼루타, 홈런을 모두 쳐내는 보기 드문 업적을 이르는 말로, 순서는 상관이 없다. 우리나라와 일본 등에서는 사이클링 히트로 표현하며, 미국에서는 히트 포 더 사이클(Hit for the cycle), 올마이티 히트(Almighty hit) 등으로 표현한다.

⊕ **상식 PLUS**
- **내추럴 사이클스**: 단타, 이루타, 삼루타, 홈런을 순서대로 기록했을 경우

□ □ □

더블 플레이
Double play

두 명의 주자를 동시에 아웃시키는 것

야구에서 수비팀이 연속된 수비 동작으로 공격팀 주자 두 명을 동시에 아웃시키는 것으로, 병살이라고도 한다. 흔히 타자가 땅볼을 치거나 주루 작전이 실패하여 발생한다.

⊕ **상식 PLUS**
- **트리플 플레이**: 세 명의 주자를 동시에 아웃시키는 것

□ □ □

히트 앤드 런
Hit and run

투수가 투구 동작에 들어갈 때 주자는 달리고 타자는 무조건 공을 치는 것

작전의 일종으로, 야구에서 주자와 타자가 사전에 약속하여 투수가 투구 동작에 들어갈 때 주자는 달리고 타자는 무조건 공을 치는 것을 이르는 말이다. 더블 플레이를 방지하는 데 효과적이다.

□ □ □

낫 아웃
Not out

포수가 세 번째 스트라이크를 받지 못했을 때 아웃이 아닌 타자가 공을 친 것으로 간주하는 규칙

야구에서 투수가 던진 세 번째 스트라이크를 포수가 받지 못했을 때 아웃이 아닌 타자가 공을 친 것으로 간주하는 규칙을 이르는 말이다.

CHAPTER 14

미디어/스포츠

1496

콜드 게임
Called game

심판이 경기 중단을 선언하는 게임

야구에서 5회 이상이 종료된 이후에 날씨 등으로 인해 경기를 더 이상 할 수 없을 경우 심판이 경기 중단을 선언하는 게임으로, 그때까지의 득점으로 승부를 결정한다.

1497

승부 치기

연장 10회까지 승부가 나지 않을 경우 한 명씩 번갈아 공격하는 것

야구에서 연장 10회까지 승부가 나지 않을 경우에 11회부터 1루와 2루에 한 명씩 보낸 상태에서 한 명씩 번갈아 공격하는 것을 이르는 말이다.

1498

농구
Basketball

상대편의 바스켓에 공을 던져 넣어 얻은 점수로 승패를 겨루는 경기

다섯 사람으로 이루어진 두 팀이 농구공을 패스하거나 드리블하여 상대편의 바스켓에 공을 던져 넣어 얻은 점수로 승패를 겨루는 구기 경기로, 공을 가지고 걸어서는 안 되며 신체적 접촉 없이 상대의 공격을 방어해야 한다.

1499

식스맨
Sixth man

기량이 뛰어나 경기에 자주 출전하는 후보 선수

농구에서 5명의 주전 선수에는 들지 못하지만 기량이 뛰어나 경기에 자주 교체되어 출전하는 후보 선수이다. 보통 이 선수들은 5~6분 정도를 뛰게 되는데, 경우에 따라 주전 선수보다 경기를 더 오래 뛸 수도 있다.

1500

바이얼레이션
Violation

반칙으로 기록되지 않는 파울 이외의 규칙 위반

농구에서 반칙으로 기록되지 않는 파울보다 가벼운 규칙 위반을 이르는 말로, 이 경우에는 공의 소유권이 상대 팀으로 넘어가게 된다.

퍼스널 파울
Personal foul

선수 사이의 신체 접촉 등으로 인한 반칙

농구에서 상대 선수를 잡거나, 밀치거나, 고의로 진로를 방해하는 등의 신체 접촉으로 인한 반칙을 이르는 말로, 상대 팀에 공의 소유권이 넘어가 반칙을 당한 선수가 프리 스로를 한다. 한 명의 선수가 퍼스널 파울을 5회 이상 할 경우 퇴장당하게 된다.

⊕ 상식 PLUS
- **프리 스로(Free throw):** 농구, 핸드볼 등에서 상대편이 반칙을 범하였을 때 일정한 지점에서 아무런 방해 없이 공을 던지는 일

더블 파울
Double foul

양 팀 선수가 동시에 반칙을 하는 경우

농구에서 양 팀 선수가 거의 동시에 반칙을 하는 경우를 이르는 말로, 두 선수에게 퍼스널 파울을 1개씩 주되 프리 스로는 주지 않으며 점프볼로 경기를 재개한다.

테크니컬 파울
Technical foul

신체 접촉 이외의 방법으로 인한 반칙

선수 사이에서 신체 접촉 이외의 방법으로 인한 반칙으로, 스포츠맨십이나 페어플레이 정신에 어긋난 행동으로 경기에 지장을 주는 경우에 부여된다.

트리플 더블
Triple double

한 명의 선수가 다섯 개 부문 중 세 개에서 두 자릿수 이상의 숫자를 기록하는 경우

농구에서 한 명의 선수가 득점, 리바운드, 어시스트, 가로채기, 블록 슛의 다섯 개 부문 중 세 개에서 두 자릿수 이상의 숫자를 기록하는 경우를 이르는 말이다.

⊕ 상식 PLUS
- **쿼드러플 더블:** 다섯 개 부문 중 네 개에서 두 자릿수 이상의 숫자를 기록하는 경우

CHAPTER 14

미디어/스포츠

1505

테니스
Tennis

라켓으로 공을 주고받아 승패를 겨루는 경기

중앙에 네트를 치고 양쪽에서 라켓으로 공을 주고받아 승패를 겨루는 경기로, 두 사람이 경기를 치르는 단식, 두 사람으로 이루어진 두 팀이 경기를 치르는 복식 및 혼합 복식 등이 있다.

1506

테니스 경기 운영

포인트, 게임, 세트, 매치 4단계로 구성되는 경기 운영

포인트는 가장 작은 단위의 점수로, 0포인트는 love, 1포인트는 fifteen, 2포인트는 thirty, 3포인트는 forty라고 부른다. 이때, 4포인트를 먼저 따낼 경우 1게임을 얻게 되며, 총 6게임을 얻게 될 경우 1세트에 승리한다. 매치는 승패를 결정짓는 세트 수를 말하며 일반적으로 3세트 매치에서는 2세트를, 5세트 매치에서는 3세트를 먼저 얻으면 승자가 된다.

1507

타이 브레이크
Tie break

게임이 듀스일 경우 12포인트 중 7포인트를 먼저 득점한 팀이 승리하는 방식

테니스 게임이 듀스일 경우에 12포인트 중 7포인트를 먼저 득점한 팀이 승리하는 방식으로, 듀스로 인한 경기 시간을 단축하기 위해 도입되었다.

⊕ 상식 PLUS
- 듀스: 테니스, 배구, 탁구 등에서 마지막 한 점을 남겨 놓고 동점을 이루는 것으로, 두 점을 먼저 얻는 팀이 승리하게 됨

1508

골프
Golf

골프채로 공을 쳐서 홀에 넣어 소요된 타수로 승패를 겨루는 경기

일정한 장소에서 코스 위에 정지하여 있는 공을 골프채로 정해진 홀에 넣어 승패를 겨루는 경기로, 홀에 들어가기까지 걸린 타수가 적은 사람이 승리하게 된다.

⊕ 상식 PLUS
- 골프 경기의 형식

스트로크 플레이	정해진 홀에서 기록한 모든 타수를 더하여 그 수가 적은 선수가 승리하는 경기 방식
매치 플레이	각 홀마다 승패를 가려 승리한 홀이 더 많은 선수가 최종 승리하는 경기 방식

□ □ □

보기
Bogey

기준 타수보다 1타 많은 타수로 공을 홀에 넣는 것

골프에서 기준 타수보다 1타 많은 타수로 홀인 하는 것을 이르는 말이다.

⊕ 상식 PLUS
- **더블 보기**: 골프에서 기준 타수보다 2타 많은 타수로 홀인하는 것
- **트리플 보기**: 골프에서 기준 타수보다 3타 많은 타수로 홀인하는 것

□ □ □

버디
Birdie

기준 타수보다 1타 적은 타수로 공을 홀에 넣는 것

골프에서 기준 타수보다 1타 적은 타수로 홀인 하는 것을 이르는 말이다.

⊕ 상식 PLUS
- **이글**: 골프에서 기준 타수보다 2타 적은 타수로 홀인하는 것
- **알바트로스**: 골프에서 기준 타수보다 3타 적은 타수로 홀인하는 것

□ □ □

파
Par

각 홀에 정해진 기준 타수

골프에서 각 홀에 정해진 기준 타수를 이르는 말로, 기준 타수가 1타일 때 쇼트 홀(Short hole), 2타일 때 미들 홀(Middle hole), 3타일 때 롱 홀(Long hole)이라고 한다.

⊕ 상식 PLUS
- **오버 파**: 기준 타수인 파보다 많은 타수
- **이븐 파**: 기준 타수인 파와 동일한 타수
- **언더 파**: 기준 타수인 파보다 적은 타수

CHAPTER 14

미디어/스포츠

수영
Swimming

팔다리를 이용하여 물속에서 전진하는 운동

본래 수영은 그 범위가 매우 넓으나 국제수영연맹이 공인하는 스포츠로서의 수영에는 경영(競泳), 다이빙, 하이다이빙, 아티스틱 스위밍, 수구, 오픈워터 수영 등이 포함된다.

⊕ 상식 PLUS
- **경영(競泳):** 일정한 거리를 헤엄쳐 빠르기를 겨루는 것으로, 영법에 따라서는 자유형 · 배영 · 평영 · 접영 · 혼영 등으로 구분되며, 거리 및 단체전 여부에 따라 세부 종목이 상세하게 나뉨
- **턴(Turn):** 수영장의 한쪽 끝에서 반대 방향으로 방향을 바꾸는 동작으로, 자유형 종목에서는 Flip turn과 Open turn, 배영 종목에서는 Spin turn과 Rollover turn이 주로 사용됨

육상 경기
Athletics, track and field

트랙, 필드, 마라톤 등 육상에서 행해지는 각종 경기

트랙 경기, 필드 경기, 마라톤 등 육상에서 행해지는 각종 경기로, 인간의 가장 기본적인 움직임에서 출발하여 모든 스포츠의 기본이 되는 능력을 겨룬다.

⊕ 상식 PLUS
- **육상 경기의 종류**

경주 경기	100m, 200m, 400m 단거리, 800m, 1,500m 중거리, 110m, 400m 허들, 400m, 800m 계주 등
도약 경기	멀리뛰기, 높이뛰기, 장대높이뛰기, 세단뛰기 등
투척 경기	원반던지기, 해머던지기, 투포환, 창던지기 등
도로 경기	경보, 마라톤 등
혼성 경기	남자 5종 경기, 남자 10종 경기, 여자 7종 경기 등 트랙 경기와 필드 경기를 함께 치르는 것

빈출

트라이애슬론
Triathlon

수영, 사이클, 마라톤을 연이어서 겨루는 경기

한 명의 선수가 수영, 사이클, 마라톤을 연이어서 실시하는 스포츠 경기로, 2000년 시드니 올림픽부터 정식으로 채택되었다. 거리에 따라 스프린트, 인터내셔널, 롱, 철인 코스로 나눌 수 있으며, 각 종목의 합계 시간으로 순위를 결정한다. 보통 수영 3.9km, 사이클 180.2km, 마라톤 42.195km로 구성되어 있지만 엄격한 규정은 없다.

1515

펜싱
Fencing

두 경기자가 검으로 서로 찌르거나 베는 방법을 통해 승패를 겨루는 경기

철망으로 된 마스크를 쓴 두 경기자가 검으로 서로 찌르거나 베는 방법을 통해 승패를 겨루는 경기이다.

⊕ 상식 PLUS
• 펜싱의 종류

플뢰레	몸통만을 공격 대상으로 찌르기만 사용하는 종목
에페	온몸을 공격 대상으로 찌르기를 주로 사용하는 종목
사브르	상체만을 공격 대상으로 베는 것을 주로 사용하지만 찌르기도 사용하는 종목

1516

비치 발리볼
Beach volleyball

해변의 모래밭에서 진행되는 배구 경기

해변의 모래밭에서 진행되는 배구 경기로, 1927년 프랑스에서 경기가 처음으로 열렸으며 1996년에 애틀랜타 올림픽 대회부터 정식 종목으로 채택되었다.

1517

세팍타크로
Sepaktakraw

타크로 공을 상대편 구역에 발로 차 점수를 얻는 경기

타크로 공을 상대편 구역에 발로 차 점수를 얻는 경기로, 1989년 국제세팍타크로연맹이 결성되었으며 1990년에 제11회 북경 아시안게임 종목으로 정식 채택되었다.

⊕ 상식 PLUS
• 세팍타크로 경기 방법

레구 이벤트	좌측 전위 1명, 우측 전위 1명, 후위 2명, 후보 1명으로 구성된 방식
팀 이벤트	3개의 레구가 모여 경기를 진행하는 방식
서클	원 안에서 패스를 주고받을 때마다 점수를 얻는 방식

1518

풋살
Futsal

5명이 한 팀이 되어 실내에서 진행되는 축구 경기

5명이 한 팀이 되어 정식 축구 경기장의 4분의 1 크기인 작은 실내 경기장에서 진행되는 간이 축구 경기이다.

1519

이종 격투기
異種格鬪技

다른 종류의 무술을 하는 선수들끼리 격투를 벌이는 경기

유도, 레슬링, 킥복싱, 합기도, 태권도, 복싱 등 다른 종류의 무술을 하는 선수들끼리 격투를 벌이는 경기로, 1976년 프로 권투 선수 알리와 프로 레슬러 안토니오 이노키의 대결이 대표적이다.

1520

근대 5종 경기 ⟨빈출⟩
Modern pentathlon

펜싱, 수영, 승마, 크로스컨트리, 사격 점수를 합산하여 순위를 정하는 경기

기능적 종목인 펜싱, 승마, 사격과 체력적 종목인 수영, 크로스컨트리의 다섯 종목 점수를 합산하여 순위를 정하는 경기로, 1912년 제5회 올림픽 종목으로 정식 채택되었다.

⊕ **상식 PLUS**
- **고대 5종 경기:** 단거리 달리기, 멀리뛰기, 원반던지기, 창던지기, 레슬링의 다섯 종목으로 이루어진 경기

1521

동계올림픽 종목

설상 종목, 빙상 종목, 슬라이딩 종목을 이르는 말

동계올림픽 종목은 다음과 같다.

설상 종목	• 스키나 스노보드를 타고 내려오며 경기가 치러지는 종목 • 알파인 스키, 바이애슬론, 크로스컨트리 스키, 프리스타일 스키, 노르딕 복합, 스키점프, 스노보드
빙상 종목	• 얼음판 위에서 경기가 치러지는 종목 • 스피드 스케이팅, 쇼트트랙 스피드 스케이팅, 피겨 스케이팅, 아이스하키, 컬링
슬라이딩 종목	• 썰매를 타고 내려오며 경기가 치러지는 종목 • 봅슬레이, 스켈레톤, 루지

1522

□ □ □

쇼트트랙 스피드 스케이팅
Short track speed skating

111.12m의 아이스링크 트랙에서 스케이트를 신고 펼쳐지는 경기

111.12m의 아이스링크 트랙에서 스케이트를 신고 순위를 겨루는 경기로, 기존의 400m 롱 트랙 스피드 스케이팅과 비교하여 트랙이 짧아 붙여진 명칭이다.

1523

□ □ □

피겨 스케이팅
Figure skating

얼음판에서 스케이트를 타며 여러 가지 동작을 연기하는 경기

얼음판에서 스케이트를 타며 여러 가지 동작을 연기하는 경기로, 예술성과 기술의 정확성을 겨루는 종목이다.

1524

□ □ □

아이스하키
Ice hockey

얼음판에서 스케이트를 신고 스틱으로 퍽을 치는 경기

여섯 사람으로 이루어진 두 팀이 얼음판에서 스케이트를 신고 스틱을 이용하여 고무로 된 퍽을 쳐 상대 팀의 골대 안에 넣어서 점수를 얻는 경기이다.

1525

□ □ □

컬링
Curling

둥글고 납작한 돌을 얼음판에 미끄러뜨려 점수를 얻는 경기

네 사람으로 이루어진 두 팀이 둥글고 납작한 돌을 얼음판에 미끄러뜨려 과녁 안에 넣어서 점수를 얻는 경기이다.

1526

□ □ □

봅슬레이
Bobsleigh

방향을 조종할 수 있는 키가 달린 썰매로 트랙을 활주하는 경기

방향을 조종할 수 있는 키가 달린 썰매로 눈과 얼음으로 만든 트랙을 활주하는 경기로, 1924년 샤모니 동계올림픽에서 정식 종목으로 채택되었다.

핵심 점검 문제

앞에서 학습한 상식을 문제를 풀면서 바로 점검해 보세요!

[01-05] 다음 각 설명을 읽고, 맞으면 O, 틀리면 ×에 표시하시오.

01 골프에서 기준 타수보다 2타 적은 타수로 홀인 하는 것을 '이글'이라고 한다. (O , ×)

02 경기에 참가한 모든 팀이 서로 한 번씩 겨루어 가장 많이 이긴 팀이 우승하게 되는 대전 방식을 '토너먼트'라고 한다.
(O , ×)

03 주장 광고라고도 하며 소비자의 신뢰와 지지를 얻기 위한 광고 전략을 '애드버토리얼'이라고 한다. (O , ×)

04 펜싱에서 '에페'는 온몸을 공격 대상으로 하여 찌르기를 주로 사용하는 종목이다. (O , ×)

05 시청자가 언제 시청해도 흥미가 떨어지는 프로그램에 제재를 가하는 현상을 '소프트 클리킹'이라고 한다. (O , ×)

[06-10] 다음 각 설명에 해당하는 용어를 쓰시오.

06 어떤 기사에 대한 보도를 일정 시간까지 한시적으로 금지시키는 것 (   )

07 두 팀이 둥글고 납작한 돌을 얼음판에 미끄러뜨려 점수를 얻는 경기 (   )

08 독자나 시청자들의 불만을 해결하는 것을 넘어 언론 보도의 공정성과 정확성을 위한 제도 (   )

09 선수 사이의 신체 접촉 이외의 방법으로 인한 반칙에 부여되는 파울 (   )

10 여러 방송국에서 동시에 방송하는 프로그램의 중심이 되어 제작, 편성 등을 하는 방송국 (   )

11 다음 중 광고의 주목률을 높이기 위해 고려해야 하는 3B에 해당하지 않는 것은?
　① 아기　　　　　　　② 미인　　　　　　　③ 음식　　　　　　　④ 동물

12 다음 중 올림픽 표어에 해당하지 않는 것은?
　① 보다 강하게　　　　② 보다 즐겁게　　　　③ 보다 빠르게　　　　④ 보다 높게

13 다음 중 트라이애슬론에 포함되지 않는 경기는?
　① 사이클　　　　　　② 수영　　　　　　　③ 마라톤　　　　　　④ 사격

14 조직이나 개인의 약점을 취재하여 협박하거나 특정 집단의 이익을 도모하기 위한 저널리즘은?
　① 블랙 저널리즘　　　② 제록스 저널리즘　　③ 옐로 저널리즘　　　④ 팩 저널리즘

15 아나운서가 혼자 맡는 형태의 커머셜 메시지는?
　① 데먼스트레이션 커머셜　② 프로그램 커머셜　　③ 스트레이트 커머셜　　④ 인티그레이티드 커머셜

16 다음 기업의 CPM의 값은?

• 광고 단가: 2,500만 원	• 광고 노출 횟수: 500만 회

① 500원   ② 1,000원   ③ 5,000원   ④ 10,000원

17 다음 중 스포츠 대회에 대한 설명으로 옳지 않은 것은?

① 제1회 동계올림픽은 1924년 프랑스 샤모니에서 개최되었다.

② 세계 학생 스포츠 대회인 유니버시아드에 대학원생은 참가할 수 없다.

③ 윔블던 대회, 호주 오픈, US 오픈, 프랑스 오픈을 테니스 4대 메이저 대회로 일컫는다.

④ 여자 골프에서 에비앙 챔피언십은 2013년부터 메이저 대회로 승격되었다.

18 다음 근대 5종 경기에 포함되는 것의 개수는?

• 수영	• 승마	• 크로스컨트리
• 펜싱	• 단거리 달리기	

① 2개   ② 3개   ③ 4개   ④ 5개

19 다음 중 언론의 4이론의 특징으로 옳지 않은 것은?

㉠ 언론학자 시버트, 피터슨, 슈람 등이 언론의 체제와 통제 방식에 대하여 주장한 이론이다.
㉡ 권위주의 이론에서는 언론은 사회주의 혁명을 위하여 봉사해야 한다고 주장한다.
㉢ 언론은 자유를 누리되 그에 따른 사회적 책임을 져야 한다는 내용의 이론도 포함된다.
㉣ 자유주의 이론은 언론의 자유를 필수적으로 보장해야 한다는 내용을 담고 있다.

① ㉠   ② ㉡   ③ ㉢   ④ ㉣

20 다음 중 야구의 특징으로 옳지 않은 것은?

① 낫 아웃은 포수가 세 번째 스트라이크를 받지 못했을 때 타자가 공을 친 것으로 간주하는 규칙이다.

② 퍼펙트게임은 선발로 등판한 투수가 상대 팀 주자의 진루를 한 명도 허용시키지 않고 이긴 경기이다.

③ 사와무라상은 미국 프로야구에서 한 시즌 동안 가장 많은 활약을 보인 선발 투수에게 수여하는 상이다.

④ 승부 치기는 연장 10회까지 승부가 나지 않을 경우 한 명씩 번갈아 공격하는 것이다.

🔍 정답

01	○	02	×→ 리그전	03	×→ 애드버커시 광고	04	○	05	×→ 하드 클리킹
06	엠바고	07	컬링	08	옴부즈맨 제도	09	테크니컬 파울	10	키 스테이션
11	③	12	②	13	④	14	①	15	③
16	③	17	②→ 대학원생 참가 가능	18	③	19	②→ 소비에트 공산주의 이론	20	③→ 일본

CHAPTER 15
과학

다음은 과학 분야에서 출제되거나 출제될 가능성이 높은 중요한 키워드를 기반으로 정리한 마인드맵입니다.
학습 전 큰 흐름을 조망하거나 학습 후 공부한 내용을 정리하는 용도로 활용해 보세요.

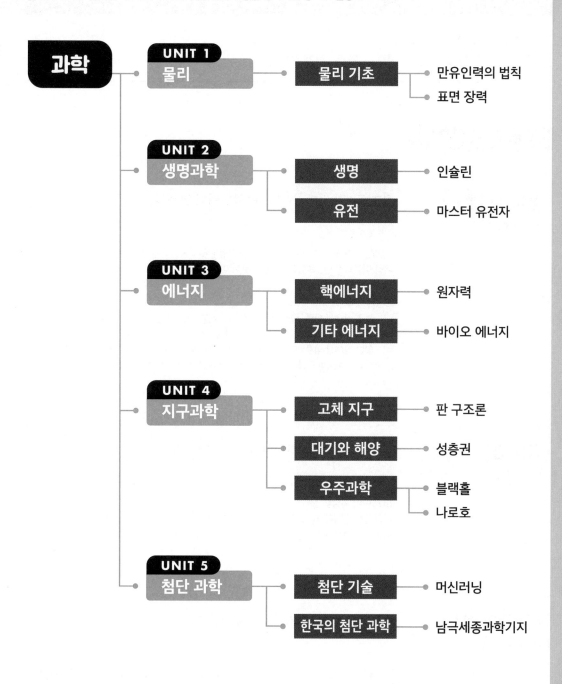

과학

UNIT 1
물리

물리 기초
- 만유인력의 법칙
- 표면 장력

UNIT 2
생명과학

생명
- 인슐린

유전
- 마스터 유전자

UNIT 3
에너지

핵에너지
- 원자력

기타 에너지
- 바이오 에너지

UNIT 4
지구과학

고체 지구
- 판 구조론

대기와 해양
- 성층권

우주과학
- 블랙홀
- 나로호

UNIT 5
첨단 과학

첨단 기술
- 머신러닝

한국의 첨단 과학
- 남극세종과학기지

UNIT 1

물리

주요 물리 법칙을 확인해 보세요.
회독 박스(□)에 정확히 아는 개념은 ○, 알쏭달쏭한 개념은 △, 전혀 모르는 개념은 ×로 체크하면서 꼼꼼히 학습해 보세요.

물리 기초

1527 □ □ □

상대성 이론
Theory of relativity

절대 공간과 절대 시간을 부정하는 아인슈타인의 대표적인 이론

1905년에 미국의 아인슈타인이 뉴턴 역학의 절대 공간과 절대 시간을 부정하고 세운 특수 상대성 이론과 일반 상대성 이론을 통틀어 이르는 말이다.

⊕ 상식 PLUS
- **특수 상대성 이론**: 물리 법칙은 속도가 일정한 일직선상의 운동을 하는 모든 관측자에게 동일하고 진공 중의 빛의 속력도 모든 관측자에게 동일해야 한다는 이론
- **일반 상대성 이론**: 가속 운동이 물리적 현상에 미치는 영향을 설명한 이론으로, 만유인력의 현상은 중력의 장(場)을 포함하여 모든 좌표계에서 성립한다는 내용이다.

1528 □ □ □

옴의 법칙
Ohm's law

전류의 세기는 전압에 정비례하고 저항에 반비례한다는 법칙

1826년에 독일의 물리학자 옴이 증명한 것으로, 어떤 전기 회로에 흐르는 전류는 그 회로에 가하여진 전압에 정비례하고, 저항에 반비례한다는 법칙이다. 이 법칙은 금속성 회로나 전해질적 저항을 포함하는 많은 회로에 대하여 성립한다.

1529 □ □ □

플레밍의 법칙
Fleming's rule

플레밍이 발견한 전자기 현상에 대한 법칙

플레밍이 발견한 전자기 현상에 대한 법칙으로, 전자 유도에 의해 생기는 유도 전류의 방향과 자기장의 방향, 도체의 운동 방향과의 관계를 나타내는 오른손 법칙과 자기장이 전류에 미치는 힘의 방향에 관한 왼손 법칙이 있다.

1530

□ □ □

부력의 원리
浮力 - 原理

액체나 기체 속에 있는 물체가 받게 되는 부력에 관한 법칙

액체나 기체 속에 있는 물체는 그 물체의 부피와 같은 양의 중력 크기만큼 부력을 받는다는 법칙으로, 기원전 220년경에 아르키메데스가 발견하여 아르키메데스의 원리라고도 한다.

⊕ **상식 PLUS**
- **부력**: 기체나 액체 속에 있는 물체가 그 물체에 작용하는 압력에 의해 중력에 반하여 위로 뜨려는 힘

1531

□ □ □

만유인력의 법칙
萬有引力 - 法則

영국의 물리학자 뉴턴이 발견한 법칙

영국의 물리학자 뉴턴이 발견한 법칙으로, 모든 물체 사이에는 서로 끌어당기는 힘이 작용하고 그 크기는 두 물체의 질량의 곱에 비례하며 두 물체 사이 거리의 제곱에 반비례한다는 것이다.

1532

□ □ □

열의 이동

전도, 대류, 복사

열에너지의 이동 현상은 다음과 같다.

전도	• 물체를 이루고 있는 원자나 전자들의 충돌에 의해 에너지가 확산되는 과정 • 두 물체가 접촉해 있을 때 높은 온도의 물체에서 낮은 온도의 물체로 일어남 • 한 물체 내에서 온도 차이가 있는 경우에도 일어남
대류	• 높은 에너지를 가진 물질이 이동하면서 에너지를 전달하는 과정 • 기체나 액체가 부분적으로 가열되면 가열된 부분이 팽창하면서 밀도가 작아져 위로 올라가고, 위에 있던 밀도가 큰 부분은 내려오게 되는데, 이런 과정을 통해 열에너지가 전달됨
복사	• 열에너지를 가진 물체가 전자기파를 방출하면서 공간적으로 떨어진 곳에 에너지를 전달하는 과정

1533

□ □ □

등속도 운동
等速度運動

힘이 작용하지 않을 때 물체의 속도가 일정한 운동

힘이 작용하지 않을 때 물체의 속력과 운동 방향이 한 개의 값으로 일정하게 유지되는 운동으로, 등속 직선 운동이라고도 한다. 이때, 이동 거리는 경과한 시간에 비례하기 때문에 속력과 시간을 곱하면 이동 거리를 구할 수 있다. 무빙워크, 컨베이어, 케이블카, 에스컬레이터 등이 등속도 운동을 하는 대표적인 예이다.

CHAPTER 15 과학

표면 장력
表面張力

빈출

액체의 표면이 스스로 수축하여 가능한 한 작은 면적을 취하려는 힘

액체의 자유 표면에서 표면을 가능한 한 작게 하기 위해 작용하려는 힘으로, 액면 부근의 분자가 액체 속의 분자보다 위치 에너지가 크기 때문에 액체는 표면적에 비례하는 표면 에너지를 가지게 되어 생기는 것이다.

쿼크
Quark

소립자를 구성하고 있는 기본적인 입자

양성자, 중성자와 같은 소립자를 구성하고 있는 기본적인 입자로, 3분의 2 전하를 가지고 있는 up, charm, top 쿼크와 -3분의 1 전하를 가지고 있는 down, strange, bottom 쿼크 총 6가지 종류가 있으며 이들은 up/down, charm/strange, top/bottom 3개의 쌍으로 분류된다.

마하
Mach

유체 속에서 움직이는 물체의 속력을 나타내는 단위

비행기, 탄환, 미사일, 로켓, 고속 기류 등의 물체의 속도를 잴 때 사용하는 단위로, 오스트리아의 물리학자 에른스트 마흐의 이름을 따온 명칭이다. 이는 유체 속을 전파하는 음속에 대한 물체의 속도의 비로 나타내며 기호는 M을 사용한다. 1마하는 공기 중에서의 음속인 시속 약 1,224km이다.

광각 렌즈
Wide-angle lens

넓은 각도의 시야를 가지고 있는 렌즈

넓은 각도의 시야를 가지고 있는 렌즈로, 와이드 렌즈라고도 한다. 초점 거리가 40~60mm의 렌즈를 표준 렌즈라고 하는데, 광각 렌즈는 이보다 짧은 초점 거리를 가지고 있다. 또한, 같은 거리에서 촬영해도 더 넓은 범위를 담을 수 있지만 상을 왜곡하는 효과도 커져서 원근감이 과장되고 심도도 깊어진다.

⊕ 상식 PLUS
- **망원 렌즈**: 멀리 있는 물체를 크고 정확하게 볼 수 있도록 초점 거리를 비교적 길게 만든 렌즈

| 해커스 한 권으로 끝내는 만능 일반상식 |

생명과학

생명과 유전에 관한 개념을 확인해 보세요.

회독 박스(□)에 정확히 아는 개념은 ○, 알쏭달쏭한 개념은 △, 전혀 모르는 개념은 ×로 체크하면서 꼼꼼히 학습해 보세요.

생명

1538 □ □ □

멜라토닌
Melatonin

솔방울샘에서 분비되는 생체 호르몬

척추동물의 간뇌 등 면에 돌출해 있는 내분비샘인 솔방울샘에서 분비되는 생체 호르몬으로, 뇌를 억제하여 수면을 유도하는 기존의 약물들과는 달리 멜라토닌 수용체를 활성화시켜 자연스러운 수면을 유도하기 때문에 불면증 치료에 효과적으로 사용되고 있다.

1539 □ □ □

혈소판
Platelet

혈액의 유형 성분인 혈구의 하나

골수에 있는 거대 핵 세포에서 만들어진 혈구의 하나로, 핵이 없는 불규칙한 형태를 가지고 있으며 수명은 10일 정도이다. 혈액의 응고나 지혈 작용에 관여하기 때문에 혈관이 손상되어 피부나 점막 등에 출혈이 생겼을 경우 가장 먼저 활성화되며, 이러한 혈소판이 부족할 경우 작은 점상 출혈이 나타나고 멍이 잘 들며 코피가 잘 나게 된다.

1540 □ □ □

인슐린
Insulin

탄수화물 대사를 조절하는 호르몬 단백질

이자에서 분비되어 우리 몸의 탄수화물 대사를 조절하는 호르몬 단백질로, 혈액 내의 높아진 혈당을 낮추기 위하여 투여되며, 당뇨병의 치료제로 사용된다.

테라토마
Teratoma

다양한 세포와 조직들로 이루어진 종양

단일한 세포로 이루어져 있는 일반적인 종양과 달리 피부 세포, 근육 세포, 신경 세포 등 여러 종류의 세포와 조직들로 이루어진 종양을 이르는 말로, 주로 남자의 정소, 여자의 난소, 아이의 천골에서 발생한다.

물질대사
Metabolism

생물의 세포에서 생명을 유지하기 위해 일어나는 화학 반응

생물의 세포에서 생명을 유지하기 위해 일어나는 화학 반응으로, 생물체가 몸 밖으로부터 섭취한 영양물질을 몸 안에서 분해하고 합성하여 생체 성분이나 생명 활동에 쓸 물질과 에너지를 생성하고 필요하지 않은 물질은 몸 밖으로 내보내는 작용이다.

⊕ 상식 PLUS
- 물질대사의 구분

동화 작용	저분자 유기물이나 무기물을 이용하여 고분자 화합물을 합성하는 과정
이화 작용	고분자 화합물을 저분자 유기물이나 무기물로 분해하는 과정

스트랜딩
Stranding

해양 포유동물이 육지로 올라와 집단으로 자살하는 현상

고래나 물개, 바다표범과 같은 해양 포유동물이 집단으로 육지로 올라와 식음을 전폐하다가 죽음에 이르는 현상으로, 환경오염이나 질병으로 인한 자살, 음파탐지기에 의한 방향 감각 상실 등 다양한 이유가 원인으로 지목되고 있지만 정확한 원인은 알려지지 않았다.

유전

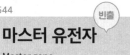

마스터 유전자
Master gene

배아 줄기세포를 신체의 특정 장기로 발전할 수 있도록 조정해주는 유전자

생물 조직이나 장기로 분화하지 않아 어떤 기관으로도 키워낼 수 있는 배아 줄기세포를 신체의 특정한 기관 세포로 발전할 수 있도록 조정해주는 유전자로, 발생 과정과 각 세포 종류에 따라 다양한 마스터 유전자가 존재하며 이들이 비정상적으로 작동할 경우에는 악성 종양이 발달하거나 세포 운명이 전환되는 등 다양한 문제가 일어날 수 있다.

반성 유전
Sex-linked inheritance

성염색체에 있는 유전자로 인하여 생기는 유전

성염색체에 있는 유전자로 인하여 생기는 유전 현상으로, 사람의 경우에는 X염색체에 있는 유전자로 인해 발생한다. 붉은색과 녹색을 잘 구별하지 못하는 적록색맹이 가장 대표적이며 혈액 응고 인자가 없어서 피가 한 번 나기 시작하면 멈추지 않는 혈우병도 반성 유전에 속한다.

돌연변이
Mutation

생물체에서 새로운 형질이 나타나 유전되는 현상

생물체에서 어버이의 계통에 없던 새로운 형질이 나타나 유전 형질이 달라지는 변이 현상으로, 유전 물질의 복제 과정에서 우연히 발생하거나 방사선이나 화학 물질 등과 같은 외부 요인에 의해 발생한다.

유전자 변형 작물
Genetically Modified Organism

유전자 조작으로 형질 전환이 이루어진 작물

유전자 변형 기술에 의해 자연에는 없는 새로운 성질이 부여되어 형질 전환이 이루어진 작물로, GMO라고도 한다. 질병에 강하고 소출량이 많아 식량난을 해소할 수 있다는 장점이 있으나 오랜 기간 섭취할 경우 인간에게 무해하다는 점이 분명하게 검증된 바가 없고, GMO 품종으로 인해 생태계가 교란되는 등의 위험성도 존재한다.

유전자 가위
Genetic scissor

DNA 절단 기능을 지닌 제한 효소

특정한 유전자 염기서열을 인식하여 해당 부위의 DNA를 절단할 수 있는 기능을 지닌 인공 제한 효소로, 1세대 징그핑거 뉴클레아제를 시작으로 2세대 탈렌, 3세대 크리스퍼까지 개발이 되었다. 특히 크리스퍼는 정확도와 효율성이 높아 생물체의 유전자를 편집 및 조절하는 데 효과적이다. 한편 유전자 가위를 적절하게 활용할 경우 인간의 질병 예방 및 치료, 동식물의 형질 개량 등을 효과적으로 이룰 수 있다는 장점이 있으나 윤리적 문제와 생태계 파괴 가능성을 내포하고 있다.

CHAPTER 15

과학

UNIT 3

에너지

핵에너지의 특징과 주요 신·재생에너지의 종류에 대해 파악해 두는 것이 좋습니다.

회독 박스(□)에 정확히 아는 개념은 ○, 알쏭달쏭한 개념은 △, 전혀 모르는 개념은 ×로 체크하면서 꼼꼼히 학습해 보세요.

핵에너지

1549 □ □ □

동위 원소
Isotope

원자의 번호는 같으나 질량수가 서로 다른 원소

원자 번호는 같으나 질량수가 서로 다른 원소를 의미하기도 하며 같은 수의 양성자를 갖지만 중성자의 수가 다른 원소를 의미하기도 한다. 이는 1913년 스코틀랜드 의사이자 작가인 토드가 영국의 물리학자 소디에게 제안했던 명칭으로, 서로 다른 동위 원소가 주기율표에서 같은 위치를 차지한다는 뜻이다.

1550 □ □ □

방사성 원소
Radioactive element

방사능을 지닌 원소를 통틀어 이르는 말

동일한 원자 번호를 가지는 동위 원소가 모두 불안정하여 방사선을 방출하고 붕괴하는 원소로, 천연으로 존재하는 우라늄, 악티늄, 토륨 등의 천연 방사성 원소와 핵반응에 의해 인공적으로 만들어지는 넵투늄 등의 인공 방사성 원소로 나눌 수 있다. 다만, 좁은 의미에서는 천연 방사성 원소만을 가리키기도 하며 그중 안정 동위 원소가 없는 라듐이나 우라늄 등의 원소만을 일컫는 경우도 있다.

1551 □ □ □

반감기
Half-life

방사성 물질이 최초의 반으로 줄어들 때까지 걸리는 시간

어떤 특정 방사성 물질의 원자 수가 방사성 붕괴에 의해 최초의 반으로 줄어들 때까지 걸리는 시간으로, 핵종에 따라 고유한 값을 가지기 때문에 방사성 핵종의 특징을 나타내는 물리량의 하나이다. 악티늄 217은 100분의 1.8초, 우라늄 238은 45억 년이 소요된다.

플라스마
Plasma

이온 핵과 자유전자로 이루어진 입자들의 집합체

기체를 초고온 상태로 가열하여 자유전자와 양전하를 띤 이온 핵으로 분리되어 전류가 잘 흐르는 기체가 된 상태를 의미하는 것으로, 핵융합의 핵심이다. 고체에 에너지를 가하면 액체나 기체가 되고 다시 이 기체 상태에 높은 에너지를 가하면 플라스마 상태가 되기 때문에, 이를 제4의 물질 상태라고 부른다.

핵융합
Nuclear fusion

가벼운 몇 개의 원자핵이 핵반응으로 결합하여 무거운 원자핵이 되는 것

1억℃ 이상의 고온에서 가벼운 몇 개의 원자핵이 핵반응으로 결합하여 더 무거운 원자핵이 되는 과정에서 에너지를 창출해 내는 것으로, 태양에서 방출되는 에너지, 탄소와 산소 같은 원소 등이 이 과정을 통하여 만들어졌다. 이는 핵분열과 달리 방사성 원소가 만들어지지 않는 특징을 가지고 있다.

⊕ **상식 PLUS**
- **핵분열**: 원자핵이 중성자나 감마선 등에 노출되어 에너지를 방출하게 되면서 거의 같은 크기의 두 개의 원자핵으로 분열하는 현상

빈출

원자력
Nuclear power

원자핵의 붕괴나 핵반응으로 방출되는 에너지가 지속적으로 연쇄 반응을 일으켜 동력 자원으로 쓰이는 것

원자핵의 붕괴나 핵반응으로 방출되는 에너지가 지속적으로 연쇄 반응을 일으켜 동력 자원으로 쓰일 때의 원자핵 에너지로, 발전이나 선박의 동력으로 널리 이용되며 수력과 화력에 이어 제3의 에너지원으로 각광받고 있다. 원자력은 핵분열과 핵융합을 이용하여 만들 수 있는데, 핵융합의 경우는 아직 에너지원으로 사용할 수 있는 방법을 찾지 못하였으나 동력원으로 사용될 경우 다양한 이득을 얻을 수 있을 것으로 예상되고 있다.

원자로
Nuclear reactor

원자핵 분열 연쇄 반응의 진행 속도를 인위적으로 제어하여 원자력을 끌어내는 장치

핵분열 연쇄 반응의 진행 속도를 인위적으로 제어하여 원자력을 끌어내는 장치로, 원자력 발전의 핵심 요소이다.

⊕ 상식 PLUS
• 원자로의 기본적인 구성요소

핵연료	우라늄, 플루토늄 등의 핵분열 물질
제어봉	핵연료가 끊임없는 연쇄 반응을 일으키지 않도록 중성자의 수를 조절해 주는 것
감속재	핵분열에 의하여 새로 생긴 중성자를 핵분열을 일으키기 쉬운 상태로 만드는 것
냉각재	핵분열이 연쇄적으로 일어날 때 발생하는 엄청난 열을 식혀주는 것
차폐재	원자로에서부터 나오는 방사선을 막아주는 것

중수로
Heavy water reactor

천연 우라늄과 중수를 사용한 원자로

천연 우라늄을 연료로 하고 중수를 감속재와 냉각재로 사용한 원자로로, 중수형 원자로라고도 한다.

⊕ 상식 PLUS
• 경수로(Light water reactor): 경수(輕水)를 감속재와 냉각재로 사용하는 원자로

기타 에너지

광섬유
Optical fiber

빛을 이용하여 정보를 전달할 때 쓰는 섬유

중심부에는 굴절률이 높은 유리를 사용하고 바깥 부분에는 굴절률이 낮은 유리를 사용하여 중심부 유리를 통과하는 빛이 전반사가 일어나도록 한 광학적 섬유로, 빛을 이용하여 정보를 전달할 때 사용한다. 에너지 손실이 매우 적어 송수신하는 데이터의 손실률도 낮으며 외부의 영향을 거의 받지 않는다.

나프타
Naphtha

석유, 콜타르 등을 증류하여 얻는 탄화수소의 혼합물

석유, 콜타르, 함유 셰일 등을 증류할 때 35~220℃의 끓는점 범위에서 얻는 탄화수소의 혼합물로, 중질 가솔린이라고도 한다. 이를 분해하면 에틸렌, 프로필렌, 뷰테인, 벤젠 등이 나오며 이들은 공업용 용제, 클리닝 용제, 다양한 석유 화학 제품 원료와 제트기 연료 등으로 사용된다.

신·재생에너지

기존의 화석 연료를 대체할 수 있도록 고안된 에너지

신(新)에너지와 재생에너지를 합쳐 부르는 말로, 지속 가능한 에너지 공급 체계를 위해 기존의 화석 연료를 변환하여 이용하거나 햇빛, 물, 지열, 생물유기체 등의 재생 가능한 원료를 활용하여 만들어 내는 에너지를 의미한다. 초기 투자 비용이 높다는 단점이 있지만, 화석 연료의 고갈 및 환경 문제가 대두되면서 큰 관심을 받게 되었다. 신에너지에는 연료전지, 수소 에너지 등이 있으며, 재생에너지에는 태양광 에너지, 태양열 에너지, 바이오 에너지, 풍력 에너지, 수력 에너지 등이 있다.

바이오 에너지
Bioenergy

빈출

동·식물, 미생물 등을 연료로 하여 얻는 에너지

동·식물, 미생물 등의 유기물과 유기성 폐기물을 포함한 바이오매스를 연료로 하여 얻는 에너지로, 바이오매스 에너지라고도 한다. 바이오매스를 에너지로 이용하는 방법으로는 직접 연소, 메테인 발효, 알코올 발효 등이 있다.

태양광 발전
Solar power system

태양 전지에 의해 태양광을 직접 전력으로 변환하는 발전 방식

발전기의 도움 없이 태양 전지에 의해 태양광을 직접 전기 에너지로 변환시키는 발전 방식이다. 이는 정비 요소가 적고 유지비가 저렴하며 태양광을 이용하기 때문에 고갈될 염려가 없고 환경 오염 물질을 배출하지 않아 친환경적이라는 장점이 있지만, 초기 설치 비용과 발전 비용이 많이 든다는 단점도 존재한다.

⊕ **상식 PLUS**
• **태양열 발전:** 태양 에너지를 모아 열로 변환하고 열기관에 의해 전력으로 변환하는 발전 방식

CHAPTER 15

과학

UNIT 4

지구과학

지구와 그 주위의 천체에 관한 개념을 확인해 보세요.

회독 박스(□)에 정확히 아는 개념은 ○, 알쏭달쏭한 개념은 △, 전혀 모르는 개념은 ×로 체크하면서 꼼꼼히 학습해 보세요.

고체 지구

1562 □ □ □

판 구조론
Plate tectonics

지구의 표면은 여러 개의 판으로 이루어져 있으며 이들의 움직임에 의해 여러 지질 현상이 일어난다는 이론

지구의 표면이 딱딱하고 깨지기 쉬운 여러 개의 판으로 이루어져 있으며 이들의 상대적인 움직임에 의해 지진, 화산 등의 다양한 지질 현상이 일어난다는 이론으로, 1900년대 초 대륙 이동설에서 해저 확장설을 거쳐 1960년대에 정립되었다.

⊕ 상식 PLUS
- **대륙 이동설**: 대륙이 수평으로 이동한다는 생각에 기초하여 지각의 성립을 설명한 학설
- **해저 확장설**: 태평양 등의 대양저가 대륙 쪽으로 이동함으로써 바다 밑이 확장되고 있다는 가설

1563 □ □ □

가이아 이론
Gaia theory

지구를 하나의 커다란 유기체로 보는 이론

지구를 환경과 생물로 구성된 하나의 커다란 유기체로 보는 이론으로, 1978년 영국의 과학자 제임스 러브록이 자신의 저서 <지구상의 생명을 보는 새로운 관점>에서 주장했다. 그의 저서에 따르면 지구와 지구에 살고 있는 생물, 대기권, 대양, 토양까지를 포함하는 하나의 범지구적 실체를 가이아라고 설명하며, 지구를 환경과 생물로 구성된 하나의 유기체로 보고 있다.

☐ ☐ ☐

푸코의 진자
Foucault's pendulum

지구 자전을 증명하기 위한 장치

진자의 관성을 이용하여 지구 자전을 증명하기 위한 장치로, 1851년 프랑스의 물리학자 푸코가 길이 67m의 줄로 실험하여 붙여진 명칭이다. 이 실험에서 푸코의 예상대로 진자의 진동면이 시간의 흐름에 따라 천천히 회전하는 것이 관찰됨에 따라 지구가 자전한다는 것이 증명되었다.

☐ ☐ ☐

표준시
Standard time

각 나라나 각 지방에서 사용하고 있는 표준 시각

태양의 특정 자오선 통과에 기초한 평균 태양시로 각 나라와 각 지방에서 사용하고 있는 표준 시각을 말한다. 각 표준시의 경계선은 그 나라와 지역의 정치적·지형적 조건 등에 따라 결정되는 것이 일반적이지만, 국토가 동서 방향으로 연장된 미국, 캐나다, 러시아 등의 경우에는 여러 개의 표준시를 사용하고 있다. 현재 우리나라는 표준시로 동경 135°의 지방 평균시를 채택하고 있다.

☐ ☐ ☐

자오선
Meridian

천구의 두 극과 천정을 지나 적도와 수직으로 만나는 큰 원

천구의 북극과 남극, 천정을 지나 적도와 수직으로 만나는 큰 원으로, 지평선과 마찬가지로 관측 지점에서 고정시켜 생각할 수 있는 기준선이다. 이는 시각을 측정하는 기준이 된다.

⊕ **상식 PLUS**
- **지평선**: 지평면이 천구와 만나는 큰 원

☐ ☐ ☐

선상지
Alluvial fan

하천에 의하여 운반된 자갈과 모래가 부채 모양으로 퇴적하여 이루어진 지형

골짜기 어귀에서 하천에 의하여 운반된 자갈과 모래가 평지를 향하여 부채 모양으로 퇴적하여 이루어진 지형으로 선정, 선앙, 선단으로 나눌 수 있다.

선정	골짜기 어귀 부분으로, 주로 밭으로 이용
선앙	중앙 지역으로, 지표수가 부족하여 주로 밭과 과수원으로 이용
선단	말단 지역으로, 열촌 형태의 취락이 발달하며 주로 논으로 이용

칼데라
Caldera

강렬한 폭발에 의하여 화산의 분화구 주변이 붕괴 및 함몰되면서 생긴 곳

화산의 강렬한 폭발 이후에 화산의 분화구 주변이 붕괴 및 함몰되면서 생긴 대규모의 원형 또는 말발굽 모양의 우묵한 지형으로, 지름은 3km 이상인데, 수십 km에 이르는 곳도 있다.

와디
Wadi

평소에는 마른 골짜기이다가 큰비가 내리면 홍수가 되어 물이 흐르는 강

평소에는 마른 골짜기를 이루어 교통로로 이용되다가 큰비가 내리면 홍수와 같은 유수가 생기는 강으로, 지하 수면에 가까워 오아시스가 발달하는 경우가 많다.

외쿠메네
Ökumene

지구 위에서 인류가 장기적으로 거주할 수 있는 지역

지구 위에서 인류가 장기적으로 거주할 수 있는 지역을 이르는 말로, 거주 지역이라고 번역되기도 한다. 이는 지구 표면의 육지에서 사막, 고산 지대, 극지 부근의 빙설 지대 등을 제외한 약 87% 정도가 해당한다.

⊕ 상식 PLUS
- **안외쿠메네**: 해양, 고산, 극지, 사막 등 지구 위에서 인류가 정주할 수 없는 지역

희토류
稀土類

지각 내 총함유량이 극히 적은 희귀 금속

원자 번호 57번부터 71번까지 15개 원소에 스칸듐과 이트륨을 더한 17개의 원소를 통틀어 이르는 말이다. 화학적 성질이 비슷하여 보통의 화학 분석 조작으로는 분리하기 어렵고, 천연으로 서로 섞여 산출되며 양이 아주 적다. 화학적으로 안정적이고 열전도율이 높아 스마트폰부터 전투기까지 첨단 기술 제품에 꼭 필요한 금속이지만, 매장량 및 생산량이 극히 적고, 매장 위치 및 생산도 중국을 비롯한 일부 국가에 한정되어 있다.

1572

□ □ □

해발 고도
Height above sea level

평균 해수면을 기준으로 하여 측량한 어떤 지점의 높이

평균 해수면을 기준으로 측량한 어떤 지점의 높이를 이르는 말이다. 다만, 바다의 높이가 일정하지 않고 지역과 시기에 따라 달라지기 때문에, 나라마다 높이의 기준이 되는 해수면의 위치를 정하고 그 지점의 해수면 높이의 연중 평균치를 사용하게 되는데 이를 평균 해수면이라고 한다. 현재 우리나라의 경우 서울과 가장 가까운 인천 앞바다의 평균 해수면을 기준으로 해발 고도를 측정한다.

1573

□ □ □

대륙붕
Continental shelf

대륙 주위에 분포하는 극히 완만한 경사의 해저

대륙 주위에 분포하고 있으며 수심이 약 200m인 극히 완만한 경사의 해저로, 대륙붕의 바다 쪽 경계는 해저 면의 경사가 급격하게 가팔라지는 대륙붕단까지이며 이 붕단을 경계로 외양 쪽으로는 비교적 가파른 경사의 대륙 사면을 갖는다.

1574

□ □ □

침수 해안
Shoreline of submergence

육지가 해수면보다 상대적으로 침강하여 생긴 해안

해수면의 상승이나 지반의 침강에 의해 육지가 해수면보다 상대적으로 낮아지면서 형성되는 해안으로, 리아스식 해안, 피오르 해안 등이 대표적이다. 크고 작은 섬이 다수 생기고 복잡한 해안선이 생기는 것이 특징인데, 이러한 해안선의 복잡 정도는 침수 전 육지의 기복에 따라 달라진다.

⊕ 상식 PLUS
- **리아스식 해안(rias式海岸):** 해안선의 굴곡이 심하고 나팔 또는 나뭇가지 모양의 만을 이루는 해안으로, 하천의 침식으로 만들어진 하식곡에 바닷물이 들어와서 형성되며, 우리나라의 남해와 서해가 대표적임
- **피오르 해안(fjord海岸):** 육지로 깊이 파고든 모양의 좁고 긴 만으로, 빙하의 침식으로 만들어진 빙식곡에 빙하가 없어진 후 바닷물이 들어와서 형성되며, 노르웨이의 해안이 대표적임
- **하식곡(河蝕谷):** 하천의 침식 작용으로 생긴, 횡단면이 'V'자 모양으로 된 골짜기
- **빙식곡(氷蝕谷):** 빙하의 침식 작용으로 횡단면이 'U'자 모양이 된 골짜기

CHAPTER 15

과학

성층권
Stratosphere

대류권과 중간권 사이에 존재하는 대기층

대류권과 중간권 사이에 존재하며 평균적으로 고도가 10km에서 50km 사이인 지구 대기권의 한 영역으로, 1902년 프랑스의 드보르와 독일의 아스만에 의해 처음 알려졌다. 고도가 높아질수록 기온이 떨어지는 대류권과 달리 태양으로부터 오는 자외선을 흡수하여 가열되기 때문에 고도가 높아질수록 기온이 올라간다. 이러한 자외선을 흡수하는 오존이 밀집되어 있는 고도 25km 부근을 오존층이라고 부르기도 한다.

⊕ 상식 PLUS
- 대기권 순서: (지표) → 대류권 → 성층권 → 중간권 → 열권

역전층
Inversion layer

높이 올라갈수록 기온이 상승하는 기층

대기의 기온이 고도와 함께 감소하는 일반적인 대류권과 달리 상공으로 갈수록 오히려 기온이 상승하는 기층을 말한다.

⊕ 상식 PLUS
- 역전층 현상: 높이 올라갈수록 기온이 상승하는 기층 내부에서 안개나 스모그가 확산되기 어려워 대기 오염이 심각해지는 현상

우주과학

빅뱅 이론
Big bang theory

우주가 태초의 대폭발로 시작되었다는 이론

오래전 우주가 거대한 폭발로 인해 생겨났다는 이론으로, 1920년대 러시아의 프리드만과 벨기에의 르메르트가 제안하였으며 1940년대 미국의 물리학자 조지 가모프에 의해 체계화되었다. 이 이론에서는 처음에 우주는 상상할 수 없을 만큼 작고, 밝고, 뜨겁고, 높은 밀도에서 시작하였으나 대폭발 이후 계속해서 팽창해 나가고 있으며 이 팽창 과정에서 우주 질량의 일부가 뭉쳐져 별을 만들었고 이 별들이 은하를 이루었다고 설명한다.

1578

태양계
Solar system

태양과 태양의 영향권 내에 있는 주변 천체의 집합

태양과 태양을 중심으로 두고 공전하는 천체의 집합을 말하며, 항성인 태양, 태양을 공전하는 수성, 금성, 지구, 화성, 목성, 토성, 천왕성, 해왕성인 8개의 행성, 수백 개의 위성, 소행성, 혜성, 유성 등으로 이루어져 있다.

1579

갈릴레이 위성
Galilei 衛星

17세기 초에 갈릴레이가 발견한 목성의 네 위성

갈릴레오 갈릴레이가 직접 만든 망원경으로 관찰한 네 위성으로, 목성을 중심으로 회전하는 수십 개의 위성 중 크기가 가장 커 가장 먼저 발견되었다. 갈릴레이는 네 위성이 목성 주위를 도는 모습을 보고 코페르니쿠스의 지동설이 옳다고 확신하게 되었다. 한편 네덜란드 천문학자 마리우스는 네 위성에 목성으로부터 가까운 순서로 이오(Io), 유로파(Europa), 가니메데(Ganymede), 칼리스토(Callisto)라는 명칭을 부여하였는데, 이는 모두 그리스 신화에서 제우스의 연인 이름에서 따온 것이다. 목성의 영어 이름인 주피터(Jupiter)는 그리스 신화에서 제우스를 의미하는 것으로, 목성의 위성은 모두 제우스와 관련 있는 인물의 이름을 따 명명된다.

1580

허블의 법칙
Hubble's law

외부 은하의 후퇴 속도는 거리에 비례한다는 법칙

국부 은하군 밖에 있는 먼 은하들은 은하계에서 멀리 있는 것일수록 빠른 속도로 은하계에서 후퇴하고 있으며 그 후퇴 속도는 거리에 비례한다는 법칙으로, 1929년 미국의 천문학자 허블이 은하의 적색 이동 관측으로부터 발견하였다.

1581

블랙홀
Black hole

초고밀도에 의해서 생기는 중력장의 구멍

초고밀도에 의해서 생기는 중력장의 구멍으로, 강력한 중력에 의해 가장 빠른 빛조차 빠져나올 수 없어 검게 보이는 천체를 말한다. 이는 이론상으로만 존재해 오다 1915년 아인슈타인의 상대성 이론으로 인해 이론적으로 입증되었으며, 백조자리에 있는 시그너스 X-1 블랙홀이 발견되면서 그 존재가 확실해졌다.

밴앨런대
Van Allen belt

고리 모양으로 지구를 둘러싸고 있는 고에너지 입자군

지구 자기장에 의해 고리 모양으로 지구를 둘러싸고 있는 고에너지 입자군을 이르는 말로, 이를 처음 발견한 미국의 물리학자 밴 앨런의 이름을 따와 붙여진 명칭이다. 태양풍에서 지구의 자기권 내부로 유입된 하전 입자 중에서 일부는 남극과 북극 지방에서 오로라를 일으키지만, 나머지 대부분은 지구 주위의 자기력선에 끌어당겨져 태양에서 날아온 대전 입자들이 집중되어 있는 곳이다.

⊕ 상식 PLUS
- **하전 입자**: 전자, 이온, 양성자 등 전하를 띠고 있는 입자
- **자기력선**: 자기장의 크기와 방향을 나타내는 선

우주 정거장
Space station

지구 주위의 궤도를 도는 유인 인공위성

지구 주위의 궤도를 도는 유인 인공위성으로, 우주 비행사나 연구자가 장기간 머물면서 우주 실험, 우주 관측, 우주 개발에 필요한 임무를 수행할 수 있도록 설계한 기지이다. 최초의 우주 정거장은 1971년에 발사되어 유인 우주선 소유스 10호와 결합한 러시아의 살류트이다.

NASA

미국항공우주국

1958년 미국의 우주 개발 계획을 추진하기 위하여 설립된 정부 기관으로, 정식 명칭은 National Aeronautics and Space Administration이다. 구소련이 스푸트니크 1호를 성공적으로 발사시키자 이에 충격받은 미국이 우주 개발을 따라잡기 위하여 설립하였으며, 이후 1969년 아폴로 11호부터 1972년 아폴로 17호까지 모두 6회에 걸쳐 달 착륙을 실현했다.

디스커버리호
Discovery號

미국의 세 번째 우주 왕복선

미국 항공 우주국이 컬럼비아호, 챌린저호에 이어 개발한 세 번째 우주 왕복선으로, 영국 탐험가 쿡이 사용하던 배의 이름에서 따와 붙여진 명칭이다. 궤도선의 길이는 37.2m, 너비는 23.8m, 무게는 77.56t, 탑재 무게는 27.5t이며 최대 시속은 28,157km 이상까지 낼 수 있다.

1586

보이저호
Voyager號

미국의 무인 우주 탐사선

태양계에 속한 목성, 토성, 천왕성, 해왕성 등 행성의 탐사와 태양계의 자기권이 미치는 범위를 탐사하기 위한 목적으로 계획된 미국의 무인 우주 탐사선이다. NASA의 보이저 계획에 따라 보이저 1호와 2호는 각각 1977년 9월과 1977년 8월에 발사되었다.

1587

스푸트니크 1호
Sputnik 1號

구소련에서 발사한 세계 최초의 인공위성

1957년 10월 4일 소련에서 발사한 세계 최초의 인공위성으로, 직경 58cm, 무게 83.6kg의 공 모양을 하고 있었으며 4개의 긴 안테나를 달고 있었다. 소련이 스푸트니크 1호를 쏘아 올리면서 큰 충격과 위기의식을 갖게 된 미국은 항공 우주에 대한 투자를 계속해서 늘리며 본격적으로 우주 경쟁에 뛰어들게 되었다.

1588

소유스호
Soyuz號

구소련의 유·무인 우주선

구소련 시절 개발되었던 이래로 계속해서 제작되고 있는 러시아의 유·무인 우주선으로, 1967년 4월 23일에 소유스 1호가 첫 발사되었다. 이후 2008년 4월 8일에는 러시아연방우주청과 한국항공우주연구원의 계약에 따라 한국인 이소연 씨가 탑승한 소유스 TMA-12호가 발사되어 우리나라 최초의 우주인이 탄생하였다.

⊕ 상식 PLUS
- 소유스호의 구조

궤도선	다른 우주선이나 우주 정거장과 도킹할 때 사용하는 도킹 장치, 각종 실험 기구들이 장치된 구형의 방
사령선	우주선의 발사나 지구로 귀환할 때 사용하는 캡슐
기계선	방향 및 자세 조정 장치, 전원·식수·산소 공급 장치들이 갖추어진 우주선

우리별 1호
KITSAT-1

한국 최초의 소형 실험 위성

영국 서리 대학교의 기술 지원 아래 한국 과학 기술원(KAIST) 인공위성연구소와 한국항공 우주연구소에서 파견된 유학생·연구원들에 의해 영국에서 제작된 한국 최초의 소형 실험 위성이다. 정식 명칭은 킷샛이며, 1992년 8월 11일 발사에 성공하여 우리나라는 세계 22번 째로 자국 인공위성을 보유한 국가가 되었다.

무궁화 1호
KOREASTA-1

우리나라 최초의 상용 방송 통신 위성

우리나라 최초의 상용 방송 통신 위성으로, 1995년 8월 5일 미국의 케이프 케너베럴 발사 장에서 델타 로켓에 실려 발사되어 적도 상공 36,000km의 원 궤도에 진입하였으며 동경 116°에 위치하게 되었다. 그러나 발사 과정 중 보조 로켓 하나가 늦게 분리되면서 위성의 수 명이 약 4년 4개월로 단축되어 운용되었으며 이후 2005년 12월, 10년 4개월의 임무를 종 료하고 우주 공간 속으로 떠나가게 되었다.

아리랑 1호
KOMPSAT-1

우리나라 최초의 다목적 실용 인공위성

한반도 부근의 지도 제작 및 해양과 우주 관측 등의 목적으로 우리나라에서 발사한 최초의 다목적 실용 인공위성으로, 1999년 12월 21일 미국 캘리포니아주에서 발사되었다. 이후 2007년 12월 29일부터 임무 수행이 정지되었으며 2008년 2월 20일에 임무가 공식적으로 종료되었다.

빈출

나로호
KSLV-1

우리나라 최초의 우주 발사체

우리나라 기술로 제작한 위성을 탑재하여 지구 궤도에 올려놓는 임무를 수행하기 위해 개 발된 최초의 우주 발사체로, 정식 명칭은 Korea Space Launch Vehicle이다. 2009년과 2010년에 전남 고흥 나로우주센터에서 두 차례 발사되었으나 모두 실패하였으며, 이후 3번째 시도인 2013년 발사에 성공했다. 고도 약 302km 궤도에 위성을 안착시키는 데 성공 했으나 핵심 기술인 1단 로켓이 러시아 엔진이라는 한계를 가지고 있다.

UNIT 5

첨단 과학

자율주행자동차, 드론, 머신러닝 등 첨단 과학 기술의 종류를 파악해 두는 것이 좋습니다.

회독 박스(□)에 정확히 아는 개념은 ○, 알쏭달쏭한 개념은 △, 전혀 모르는 개념은 ×로 체크하면서 꼼꼼히 학습해 보세요.

첨단 기술

1593

□ □ □

사이버네틱스
Cybernetics

생물 및 기계를 포함하는 계에서의 제어와 통신 문제를 종합적으로 연구하는 학문

생물 및 기계를 포함하는 계에서의 제어와 통신 문제를 종합적으로 연구하는 학문으로, 1947년 미국의 수학자 노버트 위너가 창시하였다. AI(인공지능), 제어공학, 통신공학 등 광범위한 분야에 응용될 수 있다.

1594

□ □ □

메커트로닉스
Mechatronics

기계 공학과 전자 공학을 통합한 학문

기계 공학을 의미하는 'Mechanics'와 전자 공학을 의미하는 'Electronics'의 합성어로, 기계 공학과 전자 공학을 복합적으로 적용하는 학문이다. 기계 제어 등에 전자 기술을 응용하여 고성능화와 자동화를 꾀하며, 이러한 경계 영역에 있는 제품을 많이 개발한다. 지능형 설비, 산업용 조립 로봇 등이 대표적이다. 최근에는 메커트로닉스에 바이오 및 의학을 접목한 융합학문인 바이오 메커트로닉스도 주목받고 있다.

1595

□ □ □

BCI
Brain Computer Interface

뇌와 컴퓨터가 직접 소통할 수 있도록 한 기술

뇌-컴퓨터 인터페이스를 이르는 말로, 사람의 뇌파를 측정하고 해석하여 신체의 움직임 없이 상상만으로 외부 기기에 명령을 내릴 수 있도록 하는 기술을 의미한다. 질병이나 장애로 신체 움직임이 불편한 사람들에게 새로운 소통 방식이 될 수 있으며, VR(가상현실)이나 AR(증강현실)과 접목하여 훈련이나 게임 등에도 활용될 수 있다.

감성 공학
感性工學

인간의 삶을 더욱 편리하고 안락하며 쾌적하게 개발하려는 기술

정량적으로 측정하고 평가한 인간의 특성과 감성을 제품이나 환경 설계에 적용하여 인간의 삶을 더욱 편리하고 안락하며 쾌적하게 개발하려는 기술로, 기본 철학은 인간 중심의 설계이며 1988년 시드니 국제 인간 공학 학회에서 명명되었다.

나노 기술
Nanotechnology

아주 극소한 부분까지 제어하거나 변화시킬 수 있는 과학 기술

10억분의 1 수준의 정밀도를 요구하는 극미세 가공 과학 기술로, 1981년 스위스 IBM 연구소에서 원자와 원자의 결합 상태를 볼 수 있는 주사형 터널링 현미경을 개발하면서 본격적으로 등장하게 되었다.

탄소 나노 튜브
Carbon nano tube

나노 크기의 탄소로만 이루어진 물질

나노 크기의 탄소 6개로 이루어진 원통형 형태의 물질로, CNT라고도 한다. 1991년 일본의 전기 회사 부설 연구소의 이이지마 박사가 전기 방전에 사용한 흑연 음극에 생긴 탄소 덩어리를 투과 전자 현미경으로 분석하는 과정에서 발견하였다.

⊕ 상식 PLUS

- **그래핀(Graphene):** 탄소 원자로 이루어진 얇은 막으로, 탄소 나노 튜브는 기본적으로 그래핀 구조로 구성되어 있음

OLED
Organic Light Emitting Diodes

형광성 유기 화합물에 전압을 가하면 빛이 나는 현상을 응용한 자체 발광형 유기 물질

형광성 유기 화합물에 전압을 가하면 빛을 내는 현상을 응용한 자체 발광형 유기 물질로, 유기 발광 다이오드라고도 한다. OLED는 넓은 시야각과 빠른 응답 속도를 가지고 있고 화질, 반응 속도, 명암비, 두께 등에서 LCD보다 훨씬 뛰어난 성능을 제공하며, 휴대전화, 디지털 카메라의 화면 및 TV 등 사용 범위가 넓다.

1600

3D 프린터
3D printer

입력된 설계도를 바탕으로 입체적인 조형물을 만들어 내는 프린터

입력된 설계도를 바탕으로 3차원의 입체적인 공간에 조형물을 만들어 내는 프린터 장치로, 아주 얇은 2차원 면을 층층이 쌓아 올리는 적층형과 커다란 덩어리를 조각하듯이 깎아서 인쇄물을 만드는 절삭형이 있다.

⊕ 상식 PLUS
- **4D 프린팅**: 형상기억합금 등 스마트 재료로 3D 프린팅을 하면 환경 조건이 충족되었을 때, 스스로 모양을 변경 또는 제조하여 새로운 형태로 바뀌는 것
- **형상기억합금**: 형태적인 변형이 일어나더라도 특정 온도가 되거나 특정 환경 조건이 충족되면 원래의 형상으로 돌아가는 성질을 지닌 합금

1601

자율주행 자동차
Autonomous car

운전자가 차량을 조작하지 않아도 스스로 주행하는 자동차

고속도로 주행 지원 시스템, 차선 유지 시스템, 자동 긴급 제동 시스템 등을 이용해 운전자가 차량을 직접 제어하지 않아도 스스로 도로의 상황을 파악하여 운전하는 자동차를 의미한다.

1602

드론
Drone

조종사 없이 비행 및 조종이 가능한 무인 항공기

조종사 없이 자율 항법 장치에 의해 자동 조종되거나 무선 전파를 이용하여 원격 조종되는 비행기나 헬리콥터 모양의 비행체로, 카메라, 센서, 통신 시스템 등이 탑재되어 있고 무게와 크기도 다양하다. 처음에는 군사용 무인 항공기로 개발되었으나 최근에는 인간이 접근할 수 없는 지역에 사용하거나 취미 활동용으로도 개발되어 상품화되는 등 다양한 용도로 활용되고 있다.

1603

하이퍼루프
Hyperloop

진공 튜브에서 차량을 초고속으로 이동시키는 차세대 교통수단

전기자동차 제조업체인 테슬라와 민간 우주업체 스페이스 X의 CEO 일론 머스크가 2013년 제안한 차세대 교통수단으로, 진공 상태의 튜브에서 자기부상 방식으로 차량을 초고속으로 이동시킨다. 최고 시속이 1,280km/h에 달해 항공기보다 빠르며, 태양광 패널로부터 전력을 얻는 구조이기 때문에 친환경적이다. 한편 우리나라에서도 하이퍼루프와 비슷한 개념인 튜브 트레인에 관한 연구가 2009년부터 진행되고 있다.

1604

머신러닝
Machine learning

□ □ □

인간의 학습 능력과 같은 기능을 컴퓨터에서 실현하고자 하는 기술

인간의 학습 능력과 같은 기능을 컴퓨터에서 실현하고자 하는 기술로, 컴퓨터는 경험적 데이터를 기반으로 학습·예측하며 스스로의 성능을 향상시키는 시스템과 알고리즘을 연구하고 구축한다. 머신 러닝은 컴퓨터, 과학을 포함한 다양한 분야에서 활용되고 있으며 물체 인식, 문자 인식, 얼굴 인식, 자동 번역, 음성 인식, 필기 인식, 추천 시스템, 스팸 필터, 유전자 분석 등으로 응용되고 있다.

⊕ 상식 PLUS
- **딥 러닝**: 다량의 데이터로부터 높은 수준의 추상화 모델을 구축하고자 하는 머신 러닝의 한 분야

1605

불쾌한 골짜기
Uncanny valley

□ □ □

인간이 아닌 존재가 인간과의 유사성이 높아질 때 불쾌감을 느끼게 된다는 이론

인간은 로봇 등 인간이 아닌 존재를 볼 때 그것이 인간과 더 많이 닮을수록 호감도가 높아지지만, 일정 수준에 다다르면 오히려 인간과 다른 불완전성이 부각되어 불쾌감을 느낀다는 이론이다. 다만, 이 수준을 넘어 인간과 구별이 어려운 정도가 되면 호감도는 다시 상승한다.

한국의 첨단 과학

1606

에버원
Ever-1

□ □ □

한국생산기술연구원에서 개발한 우리나라 최초의 인조인간 로봇

2006년에 한국생산기술연구원에서 개발한 우리나라 최초의 인조인간 로봇으로, 사람을 알아볼 수 있으며 표정을 지을 수 있고 상반신을 움직일 수 있는 수준이었다.

1607

온누리호
ONNURI號

□ □ □

국제적으로 인정받은 우리나라 유일의 종합 해양 조사선

최첨단 연구 장비를 장착해 국제적으로 인정받은 우리나라 유일의 종합 해양 조사선으로, 1991년 건조되어 1992년에 장목면 남해연구소에 입항했다. 길이는 63.8m, 너비는 12m, 무게는 1,422t, 속도는 14.5km이며, 태평양 심해저 광물 자원 탐사와 남극 해역 조사 등에 참여하여 한국의 해양 과학 발전을 이끌어 왔다.

1608

☐ ☐ ☐

남극세종과학 기지

빈출

南極世宗科學基地

남극 대륙 북쪽에 위치한 우리나라의 과학기지

남극 대륙 북쪽 사우스셰틀랜드 제도의 킹조지섬에 위치한 대한민국 최초의 남극 과학 기지로, 1988년 2월 17일에 준공되었다. 광물 자원과 수산 자원 등을 탐사하고 남극의 생태계를 조사하며, 측지학 및 지도 제작, 기상 자료의 수집, 해수 분석 등의 활동을 수행한다.

1609

☐ ☐ ☐

북극다산과학기지

北極茶山科學基地

북극해에 위치한 우리나라의 과학 기지

북극해에 위치한 노르웨이령 스발바르 제도 니알슨에 위치한 우리나라 최초의 북극 과학 기지로, 2002년 4월 29일 한국해양연구소가 건설했다. 극한의 공간에서 대기, 해양, 지질 등 지구 전반을 살펴볼 수 있는 다양한 기초 과학을 연구하고 북극의 환경과 자원을 조사하기 위함이 그 목적이다.

1610

☐ ☐ ☐

이어도 해양과학 기지

離於島海洋科學基地

제주도에 위치한 무인 종합 해양 과학 기지

제주도 서귀포시 서남쪽의 수중 섬 이어도에 위치한 무인 종합 해양 과학 기지로, 2003년 6월 10일에 완공되었다. 황해 남부 해역의 해양 및 기상 상태를 실시간으로 모니터링하여 해양, 기상, 어장 예보의 적중률을 높이고 지구 환경 문제 및 해상 교통 안전, 해난 재해 방지에 필요한 핵심 자료를 제공하기 위함이 그 목적이다.

앞에서 학습한 상식을 문제를 풀면서 바로 점검해 보세요!

[01-05] 다음 각 설명을 읽고, 맞으면 ○, 틀리면 ✕에 표시하시오.

01 액체의 자유 표면에서 표면을 가능한 작게 하기 위해 작용하려는 힘을 '표면 장력'이라고 한다. (○ , ✕)

02 고분자 화합물을 저분자 유기물이나 무기물로 분해하는 과정을 물질대사의 '동화 작용'이라고 한다. (○ , ✕)

03 '북극다산과학기지'는 1988년 2월 17일에 준공된 우리나라 최초의 남극 과학 기지이다. (○ , ✕)

04 갈릴레이 위성 중 목성과 가장 가까운 위성은 '이오'이다. (○ , ✕)

05 지구 위에서 인류가 장기적으로 거주할 수 있는 지역을 '안외쿠메네'라고 한다. (○ , ✕)

[06-10] 다음 각 설명에 해당하는 용어를 쓰시오.

06 오존층을 가지고 있으며 평균적으로 고도가 10km에서 50km 사이인 대기층 ( )

07 한국 생산 기술 연구원에서 개발한 국내 최초의 여성 인조인간 로봇 ( )

08 전류의 세기는 전압에 정비례하고 저항에 반비례한다는 법칙 ( )

09 원자 번호는 같지만 질량수가 서로 다른 원소 ( )

10 아인슈타인의 상대성 이론으로 입증된 초고밀도에 의하여 생기는 중력장의 구멍 ( )

11 만유인력의 법칙을 발견한 사람은?
① 뉴턴   ② 아인슈타인   ③ 플레밍   ④ 마흐

12 이자에서 분비되어 몸의 탄수화물 대사를 조절하고 당뇨병 치료제로 사용되는 호르몬 단백질은?
① 글리코겐   ② 테라토마   ③ 멜라토닌   ④ 인슐린

13 최첨단 연구 장비를 장착하여 국제적으로 인정받은 우리나라 유일의 종합 해양 조사선은?
① 보이저호   ② 아리랑 1호   ③ 온누리호   ④ 나로호

14 화산의 강렬한 폭발로 분화구 주변이 붕괴 및 함몰되면서 생긴 지형은?
① 와디   ② 대륙붕   ③ 칼데라   ④ 선상지

15 핵분열에 의해 새로 생긴 중성자를 핵열을 일으키기 쉬운 상태로 만드는 원자로의 구성요소는?
① 차폐재   ② 감속재   ③ 냉각재   ④ 제어봉

16 다음 중 특징이 바르게 짝지어진 것은?

① 스푸트니크 1호-행성의 탐사와 태양계의 자기권이 미치는 범위를 탐사하기 위한 미국 무인 우주 탐사선

② 우리별 1호-미국 캘리포니아주에서 발사된 우리나라 최초의 다목적 실용 인공위성

③ 무궁화 1호-델타 로켓에 실려 발사된 우리나라 최초의 상용 방송 통신 위성

④ 소유스호-4개의 긴 안테나를 달고 공 모양을 한 구소련에서 발사한 세계 최초의 인공위성

17 다음 중 신·재생에너지에 대해 바르게 설명한 사람을 모두 고르면?

- 갑: 바이오에너지에 사용되는 바이오매스는 유기성 폐기물도 포함돼.
- 을: 태양광 발전은 태양 에너지를 모아 열로 변환하고 그것을 다시 전력으로 변환하는 것이야.
- 병: 초기 투자 비용이 높다는 점이 아쉬운 점이라고 할 수 있어.
- 정: 신에너지와 재생에너지를 합쳐 이르는 것으로, 신에너지에는 연료전지, 수소에너지 등이 포함돼.

① 갑 　　　　② 갑, 을 　　　　③ 갑, 을, 병 　　　　④ 갑, 병, 정

18 다음 중 표준시에 대한 설명으로 옳지 않은 것은?

① 각 나라나 각 지방에서 사용하고 있는 표준 시각이다.

② 모든 나라는 하나의 표준시만을 사용하고 있다.

③ 현재 우리나라는 표준시로 동경 135°의 지방 평균시를 채택하여 사용하고 있다.

④ 각 표준시의 경계선은 그 나라와 지역의 정치적 조건, 지형적 조건 등에 따라 결정되는 것이 일반적이다.

19 다음 중 원자력에 대한 설명으로 옳지 않은 것은?

① 수력과 화력에 이어 제3의 에너지원으로 각광받고 있다.

② 원자핵의 붕괴나 핵반응으로 얻을 수 있다.

③ 발전이나 선박의 동력으로 이용되고 있다.

④ 핵융합으로 만들어진 원자력을 에너지원으로 사용할 수 있다.

20 다음 중 열의 이동 방식에 대한 설명으로 옳지 않은 것은?

① 복사는 열에너지를 가진 물체가 전자기파를 방출하면서 에너지를 전달하는 과정이다.

② 전도는 물체를 이루고 있는 원자나 전자들의 충돌로 에너지가 확산되는 과정이다.

③ 대류는 기체나 액체에서 높은 에너지를 가진 물질 자체가 이동하면서 에너지를 전달하는 과정이다.

④ 전도는 두 물체가 접촉해 있을 때만 일어나게 된다.

🔍 정답

01	○	02	×→ 이화 작용	03	×→ 남극세종과학기지	04	○	05	×→ 외쿠메네
06	성층권	07	에버윈	08	옴의 법칙	09	동위 원소	10	블랙홀
11	①	12	④	13	③	14	③	15	②
16	③	17	④	18	②→ 미국 등은 여러 표준시 사용	19	④→ 핵분열	20	④→ 한 물체 내에서 일어나기도 함

CHAPTER 16
IT

다음은 IT 분야에서 출제되거나 출제될 가능성이 높은 중요한 키워드를 기반으로 정리한 마인드맵입니다.
학습 전 큰 흐름을 조망하거나 학습 후 공부한 내용을 정리하는 용도로 활용해 보세요.

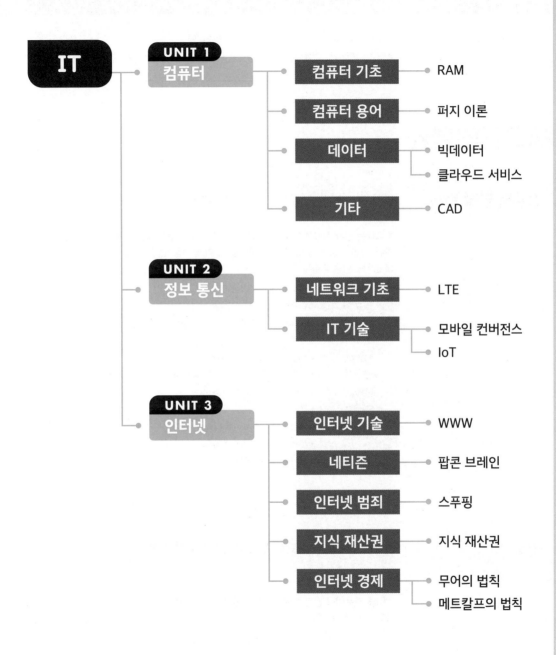

IT

UNIT 1 컴퓨터
- 컴퓨터 기초 → RAM
- 컴퓨터 용어 → 퍼지 이론
- 데이터 → 빅데이터
- → 클라우드 서비스
- 기타 → CAD

UNIT 2 정보 통신
- 네트워크 기초 → LTE
- IT 기술 → 모바일 컨버전스
- → IoT

UNIT 3 인터넷
- 인터넷 기술 → WWW
- 네티즌 → 팝콘 브레인
- 인터넷 범죄 → 스푸핑
- 지식 재산권 → 지식 재산권
- 인터넷 경제 → 무어의 법칙
- → 메트칼프의 법칙

UNIT 1

컴퓨터

RAM, ROM 등 컴퓨터 메모리, 데이터와 관련한 내용을 학습해 두는 것이 좋습니다.

회독 박스(□)에 정확히 아는 개념은 ○, 알쏭달쏭한 개념은 △, 전혀 모르는 개념은 ×로 체크하면서 꼼꼼히 학습해 보세요.

컴퓨터 기초

1611   □ □ □

컴퓨터 발달 순서 | 마크원-에니악-에드삭-에드박-유니박원

컴퓨터는 전자 회로를 이용한 고속의 자동 계산기로, 숫자 계산, 자동 제어, 데이터 처리, 사무 관리, 언어나 영상 정보 처리 따위에 광범위하게 이용되는 기기로, 컴퓨터의 발달 역사의 주요 순서는 다음과 같다.

MARK-1 마크 원	• 1944년에 에이컨이 개발 • 최초의 전기 기계식 자동 계산기
ENIAC 에니악	• 1946년에 모클리와 에커트가 개발 • 최초의 전자식 컴퓨터
EDSAC 에드삭	• 1949년에 윌크스가 개발 • 최초의 프로그램 내장 방식을 채택한 기억식 컴퓨터
EDVAC 에드박	• 1951년에 폰 노이만이 개발 • 프로그램 내장 방식과 이진법을 채택
UNIVAC-1 유니박원	• 1951년에 모클리와 에커트가 개발 • 세계 최초의 상업용 컴퓨터 • 미국의 조사 통계국에 설치

1612   □ □ □

넷북
Netbook | 인터넷 사용이나 간단한 문서 작업이 가능한 소형 노트북

인터넷 사용이나 간단한 문서 작업 등을 할 수 있도록 개발된 소형 노트북으로, 가격이 저렴하고 무게가 가벼워 휴대성이 좋으나 노트북에 비하여 성능이 낮아 고성능을 요구하는 복잡한 그래픽 작업이나 3D 게임 등의 작업은 어렵다.

⊕ 삼식 PLUS
• **노트북**: 일상적으로 휴대하여 사용하기 편하도록 공책 크기로 만든 경량 컴퓨터

소프트웨어
Software

컴퓨터를 작동하기 위해 이용하는 프로그램 및 문서

컴퓨터 프로그램 및 그와 관련된 문서들을 통틀어 이르는 말로, 컴퓨터를 관리하는 시스템 소프트웨어와 문제 해결에 이용되는 다양한 형태의 응용 소프트웨어로 나눈다.

⊕ **상식 PLUS**
- **시스템 소프트웨어:** 컴퓨터를 사용할 때 가장 기본적으로 필요한 소프트웨어로, 사용자들이 필요한 업무를 처리하기 위해 사용하는 응용 프로그램의 기초가 됨
- **응용 소프트웨어:** 특정한 목적으로 사용하기 위해 제작한 소프트웨어로, 사무 자동화, 수치 연산, 게임 등이 해당됨

하드웨어
Hardware

컴퓨터를 구성하는 기계 장치의 몸체

컴퓨터를 구성하는 기계 장치의 몸체를 통틀어 이르는 말이다. 크게 본체와 주변 장치로 나눌 수 있는데, 본체는 중앙 처리 장치와 주기억 장치로, 주변 장치는 입력 장치와 출력 장치, 보조 기억 장치로 다시 구분된다.

⊕ **상식 PLUS**
- **중앙 처리 장치(CPU):** 컴퓨터 시스템 전체의 작동을 통제하고 프로그램의 모든 연산을 수행하는 가장 핵심적인 장치
- **주기억 장치:** 컴퓨터 내부에 위치하여 작업 수행에 필요한 운영 체제 및 처리할 프로그램과 데이터를 기억하는 장치로 램(RAM)과 롬(ROM)이 있음

RAM
Random Access Memory

기억된 정보를 읽거나 쓸 수 있는 기억 장치

기억된 정보를 읽거나 쓸 수 있으며 다른 정보를 기억시킬 수도 있는 기억 장치로, 전원이 끊어질 경우 기록된 정보도 날아가기 때문에 휘발성 메모리라고도 한다. 이 장치는 컴퓨터의 주기억 장치, 응용 프로그램의 일시적 로딩, 데이터의 일시적 저장 등에 사용하며, 기억을 랜덤으로 읽고 쓸 수 있기 때문에 속도가 매우 빠르다. 대표적인 RAM으로는 DRAM과 SRAM이 있다.

⊕ **상식 PLUS**
- **DRAM:** 저장 내용이 휘발되기 때문에 기억 내용을 유지하기 위하여 언제든지 재생할 수 있는 펄스를 공급받아야 하는 램으로, 집적이 용이하여 기억 용량이 큰 램이 필요할 때 활용됨
- **SRAM:** 정보의 판독과 기록을 임의로 할 수 있는 램으로, 전원 공급이 계속되면 저장된 내용을 계속 기억할 수 있다는 점이 장점이지만 구조가 복잡하고 가격이 비쌈

CHAPTER 16

IT

1616

ROM
Read only memory

기억된 정보를 읽을 수 있지만 바꿀 수는 없는 기억 장치

한번 기억된 정보를 빠른 속도로 읽을 수 있지만 변경할 수는 없는 기억 장치로, 전원이 끊어져도 기록된 정보가 날아가지 않기 때문에 비휘발성 메모리라고도 한다. 이 장치는 사전 기능을 수행하며 워드프로세서의 한자 메모리, IC 카드 등에 사용한다.

1617

입력 장치
Input devices

데이터 등을 컴퓨터에 입력하기 위한 장치

프로그램이나 데이터를 컴퓨터가 인식할 수 있는 부호로 바꾸어 주기억 장치로 보내는 장치로, 사람들이 사용하는 문자, 도형, 목소리, 숫자 등의 자료를 읽어 들여 0과 1의 이진수 형태로 바꾸어 컴퓨터가 처리할 수 있도록 하는 것이다. 입력 장치에는 키보드, 마우스, 조이 스틱 등이 대표적이다.

⊕ **상식 PLUS**
- **출력 장치**: 모니터, 프린트 등 주기억 장치에서 처리한 데이터를 사람이 알아볼 수 있는 형태로 바꾸어 표시해주는 장치

1618

보조기억 장치
Secondary memory unit

주기억 장치의 용량 부족을 보완하기 위하여 쓰는 외부기억 장치

주기억 장치보다 속도는 느리지만 많은 자료를 영구적으로 보관할 수 있는 기억 장치로, 주기억 장치의 용량 부족을 보완하기 위해 활용된다.

⊕ **상식 PLUS**
- **가상기억 장치**: 주기억 장치에 프로그램 양이 많아질 때 주기억 장치로 사용할 수 있는 보조기억 장치의 일부분으로, 속도는 빠르지만 용량에 제한이 있는 주기억 장치와 속도는 느리지만 용량이 큰 보조 기억 장치가 논리적으로 합쳐져 사용자는 용량에 제한이 없는 것처럼 느껴짐

□ □ □

시스템 반도체
System semiconductor

해석, 계산, 분석 등과 같은 정보 처리 기능을 수행하는 반도체

정보를 저장하는 용도로 사용되는 메모리 반도체와 달리 중앙 처리 장치처럼 데이터를 해석, 계산, 분석하는 등의 정보 처리 기능을 수행하는 반도체로, 비메모리 반도체라고도 한다.

□ □ □

픽셀
Pixel

이미지를 구성할 수 있는 가장 작은 단위

컴퓨터, 모바일 기기, TV 등의 화면 이미지를 구성할 수 있는 최소 단위를 이르는 말로, 화소라고도 한다. 이는 작은 점의 행과 열로 이루어져 있는 것을 말하는데, 점의 수가 많을수록 고해상도의 선명한 이미지 표현이 가능하다.

□ □ □

비트
Bit

컴퓨터에서 사용하는 정보량의 최소 기본 단위

컴퓨터에서 정보를 처리할 때 쓰는 최소 기본 단위로, Binary Digit의 약자이다. 0과 1의 이진수 체계로 정보를 표현하며 이를 조합하여 하나의 문자, 숫자, 기호 등을 나타낸다. 비트는 0과 1로만 표현할 수 있기 때문에 8개의 비트를 묶어 바이트(Byte)를 만들어 정보의 기본 단위로 활용한다.

□ □ □

펌웨어
Firmware

데이터나 정보를 변경할 필요가 없는 핵심적인 소프트웨어를 하드웨어처럼 사용하는 것

데이터나 정보를 변경할 필요 없는 핵심적인 소프트웨어를 하드웨어화한 것으로, 일반적으로 롬에 기록된 하드웨어를 제어하는 마이크로프로그램의 집합을 의미한다.

플러그 앤드 플레이
Plug and Play

컴퓨터에 주변 기기를 설치하면 바로 실행되는 기능

컴퓨터 운영 체계에서 새로운 주변 기기를 장착하였을 때 별도의 설정을 하지 않아도 자동으로 사용 환경을 만들어 주는 기능으로, 대부분의 컴퓨터는 이 방식으로 운영 체제가 작동된다.

스풀
SPOOL

컴퓨터 하드 디스크 드라이브의 임시 저장 방식

컴퓨터에 비해 입·출력 장치의 처리 속도가 느려 대기 시간을 없애고 전체적인 처리 속도를 입·출력 장치에 맞추기 위하여 고안된 방식으로, Simultaneous Peripheral Operation OnLine의 약자이다. 프린터, 카드 판독기 등에 이용되며 이를 통해 작업 효율을 높일 수 있다.

컴퓨터 용어

튜링 테스트
Turing test

기계에 대한 지능을 시험하는 실험

기계가 인공 지능을 갖추었는지 판별하는 실험으로, 1950년 영국의 수학자 앨런 튜링이 제안하였다. 이는 기계와 대화하고 있다는 사실을 모르는 상태에서 사람을 격리된 방에 두고 컴퓨터와 대화를 진행하도록 하는데, 이때 사람이 대화 과정에서 이상한 점을 발견하지 못하고 있다면 해당 기계가 최소한 인간 정도의 지능을 가지고 있다고 판단하는 것이다.

퍼지 이론
Fuzzy theory

0에서 1 사이의 논리값을 연속적으로 취하는 논리에 의하여 구성되는 이론

참 또는 거짓의 양자택일이 아닌 0에서 1 사이의 논리값을 연속적으로 취하는 논리에 의하여 구성되는 수학 이론으로, 1965년 미국 버클리 대학교의 교수 자데에 의하여 처음 제창되었다. 자연 언어에서 볼 수 있는 애매함을 다룰 수 있으며, 최근에는 이 이론을 응용한 인간 사고 능력에 가까운 기능을 구현하는 연구가 활발하게 진행되고 있어 가전제품, 자동제어 분야에 응용한 제품이 등장하고 있다.

바이오 컴퓨터
Biocomputer

인간의 뇌에서 이루어지는 정보 처리 기능을 모방하여 만든 컴퓨터

인간의 뇌에서 행해지는 패턴 인식, 학습, 기억, 추리, 판단 등 고도의 정보 처리 기능을 모방하여 만든 컴퓨터로, 단백질을 사용한 바이오 소자로 컴퓨터를 조립하거나 현재의 반도체 회로 기술을 그대로 사용하여 제작하고 있다.

웨어러블 컴퓨터
Wearable computer

몸에 착용하는 컴퓨터

몸에 착용하는 컴퓨터로, 스마트 웨어 또는 인텔리전트 의복이라고도 한다. 컴퓨터의 기본적인 입·출력 장치를 사람의 체형에 맞게 만들었으며 머리에 착용하는 디스플레이를 통해 보행 중에도 시야를 확보할 수 있고 동시에 컴퓨터로 인터페이스를 사용할 수 있다.

버스
Bus

데이터를 전송하는 데 공용으로 사용하는 통로

여러 개의 장치나 레지스터 등 사이에서 데이터를 전송하는 데 공용으로 사용하는 전기적 통로로, 중앙 처리 장치, 비디오 카드, 각종 입·출력 장치용 내부 버스와 주변 장치용 외부 버스로 나눌 수 있다.

유니코드
Unicode

국제적인 문자 코드 규약

컴퓨터에서 세계 각국의 언어를 통일된 방법으로 표현할 수 있도록 만든 국제적인 문자 코드 규약으로, 데이터의 교환을 원활히 하기 위하여 문자 1개에 부여되는 값을 16비트로 통일하였다. 미국 애플 컴퓨터사, 마이크로소프트사, IBM사, 썬 마이크로시스템즈사, 노벨사 등 운영 체제를 직접 다루는 미국 기업이 중심이 되어 설립한 유니코드 컨소시엄이 제창하였다.

⊕ 상식 PLUS
- **아스키코드**: 7비트로 구성되어 많은 종류의 문자를 나타낼 수 있는 정보 교환용 표준 코드

디버깅
Debugging

컴퓨터 프로그램에서 잘못된 곳을 찾아내어 고치는 과정

만든 컴퓨터 프로그램이 정확한지 조사하는 과정으로, 잘못된 곳을 찾아내어 고치는 것이다. 이는 프로그램 순서도를 살피는 데스크상의 검사, 컴퓨터를 사용한 검사, 실제 데이터를 사용한 검사 세 단계로 나누어 진행된다.

⊕ 상식 PLUS
- **디버거**: 컴퓨터 프로그램이 정확하게 작동되지 않는 원인인 버그를 제거하기 위한 프로그램

컴퓨터 바이러스
Computer virus

컴퓨터의 저장된 데이터나 프로그램을 파괴하는 프로그램

컴퓨터에 몰래 침투하여 저장된 데이터나 프로그램을 파괴하거나 정상적인 동작에 나쁜 영향을 미치는 프로그램으로, 주로 컴퓨터 통신망이나 무단 복사를 통해 옮겨지는 경우가 많다. 바이러스에 감염되면 컴퓨터의 기동 자체가 되지 않거나 기동 시간이 평소보다 오래 걸리는 등 다양한 증세가 나타나기 때문에 이를 예방하기 위해 정품 소프트웨어를 사용하고 바이러스 감염 여부를 확인한 후 사용해야 한다.

스턱스넷
Stuxnet

기간 산업의 제어 시스템을 감염시켜 마비시키거나 오작동을 일으키는 컴퓨터 바이러스

발전소, 공항, 철도 등 기간 시설을 파괴할 목적으로 기간 산업의 제어 시스템을 감염시켜 시스템을 마비시키거나 오작동을 일으키는 컴퓨터 바이러스이며, 2010년 6월 벨라루스에서 처음 발견되었다.

전자 서명
Digital signature

컴퓨터를 매개로 하여 신원을 확인할 때 사용하는 서명

전자 상거래나 인터넷 뱅킹 등에서 컴퓨터와 같은 디지털 기기를 이용하여 본인의 신원을 확인할 때 사용하는 서명을 말한다.

데이터

데이터베이스
Database

여러 사람에 의해 공유되어 사용될 목적으로 통합 관리되는 데이터 집합

여러 사람에 의해 공유되어 사용될 목적으로 통합하여 관리되는 데이터 집합으로, 자료를 효율적으로 처리하기 위하여 자료의 중복을 없애고 자료를 구조화하여 저장한 것이다.

⊕ **상식 PLUS**

• 데이터베이스의 구성

통합 데이터	중복을 배제하나 경우에 따라 불가피하게 중복을 허용하는 데이터
저장 데이터	저장하여 관리하는 데이터
운영 데이터	단순한 데이터 집합이 아닌 그 조직의 기능을 수행하는 데 없어서는 안 될 필수적인 데이터
공용 데이터	여러 사용자와 여러 응용 시스템들이 서로 다른 목적으로 공동으로 이용할 수 있는 데이터

빅 데이터
빈출
Big data

기존의 데이터베이스로는 수집, 저장, 분석 등을 수행하기 어려운 방대한 양의 데이터

규모가 방대하고(Volume), 생성 주기가 짧으며(Velocity), 수치 데이터뿐만 아니라 문자와 영상 등 다양한 종류의 데이터를 포함하여(Variety), 기존의 데이터베이스로는 수집, 저장, 분석 등을 수행하기 어려운 데이터를 의미한다. 과거에 비해 데이터양이 폭증한 오늘날에는 빅 데이터를 어떻게 분석하고 활용할 것인지가 중요한 사안이 되었다.

클라우드 서비스
Cloud service

빈출

□ □ □

여러 가지 소프트웨어나 자료를 어떤 장치로도 활용할 수 있게 한 서비스

영화, 사진, 음악 등 여러 가지 소프트웨어나 자료를 내부 저장 공간이 아닌 외부 클라우드 서버에 두고 스마트폰, 스마트 TV 등 어떤 장치로도 다운받아 활용할 수 있도록 만든 서비스로, 2011년 애플사가 시작한 아이클라우드가 대표적이며, 네이버 마이박스나 MS의 윈드 라이브 등도 클라우드 서비스에 해당된다.

기타

□ □ □

CAD
Computer Aided Design

컴퓨터를 이용한 설계 시스템

컴퓨터에 기억되어 있는 설계 정보를 그래픽 디스플레이 장치로 추출하여 설계하는 것으로, 곡면이 혼합되어 복잡한 모습을 보이는 형상도 비교적 간단하게 설계가 가능하다. 프린트 기판 설계, 항공기·선박·자동차의 설계, 택지 조성 등에서 이용되고 있다.

□ □ □

CAM
Computer Aided Manufacturing

컴퓨터 이용 제조

컴퓨터를 생산과 제조 분야에 도입하는 것으로, 컴퓨터가 공작 기계 선택이나 가공 순서 등을 자동으로 결정하기 때문에 제작 기간의 단축, 품질의 향상, 비용의 절감 등이 가능하다.

UNIT 2

정보 통신

주요 정보 네트워크 기술과 IT 기술에 대해 파악해 두는 것이 좋습니다.

회독 박스(□)에 정확히 아는 개념은 ○, 알쏭달쏭한 개념은 △, 전혀 모르는 개념은 ×로 체크하면서 꼼꼼히 학습해 보세요.

CHAPTER 16

IT

네트워크 기초

1640 □ □ □

데이터 통신
Data communication

각종 정보 처리 기기들을 통신 회선으로 연결하여 데이터를 주고받는 것

컴퓨터를 중심으로 각종 정보 처리 기기들이 2진수로 표시된 디지털 형태의 정보나 데이터를 주고받는 것으로, 컴퓨터 통신이라고도 한다.

1641 □ □ □

BPS
Bit Per Second

1초 동안 몇 개의 비트를 전송할 수 있는지를 나타내는 단위

1초 동안 전송할 수 있는 모든 비트의 수로, 데이터 전송 속도를 평가할 때 사용되며 수치가 높을수록 화질과 음질을 높일 수 있다.

1642 □ □ □

게이트웨이
Gateway

두 개의 통신 네트워크를 연결하는 장치

2개 이상의 서로 다른 종류 혹은 같은 종류의 통신 네트워크를 연결하는 장치로, 프로토콜이 다른 복수의 통신망 간에 프로토콜을 변환하여 정보를 주고받는다는 점에서 브리지와 차이가 있다.

⊕ **상식 PLUS**
- **브리지**: 통신 프로토콜이 같거나 유사한 근거리 통신망들이 상호 접속하기 위한 장치

그룹웨어
Groupware

서로 협력하여 업무를 수행하는 그룹 작업을 지원하기 위한 소프트웨어

기업 전산망에 전자 우편과 전자 결재 시스템 데이터베이스 프로그램을 결합하여 구성원들이 컴퓨터로 연결된 작업장에서 서로 협력하여 업무를 수행할 수 있도록 지원하는 소프트웨어로, 개인용 소프트웨어와 반대되는 개념이다. 기존 소프트웨어가 문서 작성이나 표 계산 등 개인의 생산성 향상에 초점을 맞추었다면 그룹웨어는 사용자 간의 공동 작업을 지원하고 전체적인 생산성을 높이도록 구성되어 있다.

텔넷
Telnet

통신망을 통하여 원격지 컴퓨터 시스템을 사용할 수 있도록 해주는 가상 터미널 서비스

통신망을 통해 원격지의 컴퓨터 시스템에 접속할 수 있게 해주는 인터넷 프로토콜로, 정식 명칭은 Telecommunication network이다. 이를 이용하면 하나의 컴퓨터 시스템에 있더라도 수천 마일 떨어진 다른 컴퓨터 시스템에 접속하여 작업할 수 있다.

LAN
근거리 통신망

분산 배치된 각종 정보 통신 기기를 통신 회선으로 연결하여 정보를 교환하는 통신망

사무실, 연구실, 건물, 공장 등 제한된 지역 내에 분산 배치된 각종 정보 통신 기기를 통신 회선으로 연결하여 정보를 교환하는 정보 통신망으로, LAN은 Local Area Network의 약자이다. 고속 통신이 가능하고 확장이 간편하며 전송 에러율이 낮다.

WAN
광역 통신망

광범위한 지역에 분산되어 있는 정보를 연결하는 대규모 통신망

지방과 지방, 국가와 국가, 국가와 대륙 등 광범위한 지역에 분산되어 있는 정보를 연결하는 대규모 통신망으로, WAN은 Wide Area Network의 약자이다. 전 세계를 연결할 수 있기 때문에 거리상의 제약은 없지만, LAN에 비해 상대적으로 속도가 느리고 전송 에러율도 높다.

VAN
Value Added Network

부가적인 서비스로 새롭게 구성한 부가 가치 통신망

통신 사업자로부터 통신 회선을 임대하여 독자적인 통신망을 구성하고, 컴퓨터의 정보 전달 및 축적, 프로토콜 변환, 속도 변환 등의 부가적인 서비스를 접목하여 부가 가치가 높은 통신망 서비스를 제공하는 것을 말한다.

라우터
Router

서로 다른 네트워크를 중계해주는 장치

서로 다른 네트워크를 연결하여 정보를 주고받을 수 있도록 해주는 장치로, 인터넷에 접속할 때 송신 정보에 담긴 수신처의 주소를 읽고 가장 적절한 경로를 선택하여 다른 통신망으로 전송한다. 대규모 통신망을 쉽게 구성할 수 있으며 다양한 경로를 통해 통신량을 분산시킬 수 있는 장점이 있다.

코덱
Codec

코더와 디코더 기능을 함께 갖춘 기술

음성이나 영상을 디지털 신호로 변환하는 코더 기능과 그 반대로 변환하는 디코더 기능을 함께 갖춘 기술로, 동영상이 제작될 때 사용된 코덱이 컴퓨터에 설치되어 있어야 해당 컴퓨터에서 동영상을 시청할 수 있다. 동영상 편집에서 사용되는 MPEG 코덱, 인텔이 제안한 인디오 코덱 등이 대표적이다.

CDMA
Code Division Multiple Access

미국의 퀄컴에서 개발한 디지털 이동 통신 기술

코드 분할 다중 접속(CDMA)은 여러 사용자가 시간과 주파수를 공유하면서 각 사용자에게 서로 다른 코드를 부여하여 전송하고 수신 시에는 원래의 신호를 복원하는 디지털 이동 통신 기술이다. 아날로그 방식의 문제점을 해결하기 위해 개발되었다.

CHAPTER 16
IT

AP
Application Processor

모바일용 비메모리 반도체

스마트폰, 디지털 TV 등에 사용되는 비메모리 반도체로, 컴퓨터의 중앙 처리 장치와 같은 역할을 한다. 스마트폰에 사용되는 가장 기술 집약적인 반도체이다.

MIDI
Musical Instrument Digital Interface

여러 가지 전자 음악 장치들을 연결하여 서로 제어할 수 있도록 하는 표준 인터페이스

디지털 피아노 등의 전자 악기와 컴퓨터를 연결하여 서로 제어할 수 있도록 하는 표준 인터페이스 규격으로, 컴퓨터를 이용하여 음악을 편집하거나 특수한 효과를 내기 위하여 사용된다.

모뎀
MODEM

변·복조 장치

전화선으로 수신된 아날로그 데이터는 디지털 데이터로 변환되고 컴퓨터 내의 디지털 데이터는 아날로그 데이터로 변환되어 전송되는 변·복조 장치로, 정식 명칭은 Modulator and demodulator이다. 컴퓨터와 전화 회선 사이에 모뎀을 넣어서 컴퓨터 네트워크를 통하여 데이터를 송수신할 수 있다.

로밍 서비스
Roaming service

자국의 인터넷 서비스 가입자가 해외에서도 인터넷을 이용할 수 있게 하는 서비스

자국의 인터넷 서비스 가입자가 해외에서도 인터넷을 이용할 수 있게 해주는 서비스로, 통신사 간 기지국을 공유하면서 상대방 통신망에 접속하여 서비스를 이용할 수 있게 해준다. 이때 서로 다른 사업자 간에 로밍 서비스를 이용하기 위해서는 관련 사업자 간에 로밍 협정을 맺어야 하며 서로 같은 방식의 시스템을 적용해야 한다.

이넘
ENUM

차세대 인터넷 통합 번호 식별 체계

이메일 주소와 공공 전화망의 번호를 하나로 통합하는 차세대 인터넷 통합 번호 식별 체계로, 텔레폰 넘버링 매핑(Telephone numbering mapping)의 약자이다. 2000년에 처음 등장한 개념으로, 국제 인터넷 표준화 기구에서는 인터넷을 기반으로 일반 공중망 국제 전화번호 체계인 E.164를 문서, 이미지, 팩시밀리, 이메일 등의 문자열로 전환시키는 기술로 정의하고 있다.

코드 프리
Code free

지역 코드 제한을 풀어 다른 지역의 타이틀까지 재생할 수 있도록 하는 것

DVD 플레이어에 설정된 지역 코드 제한을 풀어 다른 지역의 타이틀까지 재생할 수 있도록 하는 것으로, 리모컨이나 소프트웨어를 이용하는 간단한 방법부터 기판을 바꾸거나 칩을 끼워 주는 하드웨어적인 방법이 있다.

인트라넷
Intranet

인터넷을 이용하여 조직 내부의 업무를 통합하는 정보 시스템

인터넷 관련 기술과 통신 규약을 이용하여 조직 내부의 업무를 통합하는 정보 시스템으로, 별도의 통신망을 구축하지 않더라도 세계 어디에서나 자신이 속한 조직의 정보 시스템을 사용할 수 있다.

엑스트라넷
Extranet

공급자, 고객, 협력 업체 사이의 인트라넷을 연결하는 협력적 네트워크

고객 및 협력 업체와의 관계 증진을 위하여 인트라넷 이용 범위를 확대한 것으로, 정보를 이용하는 사람과 창출하는 사람의 즉각적인 상호 작용이 가능하기 때문에 제품 개발 속도를 높일 수 있고 고객의 의견을 품질에 즉시 반영할 수 있다.

CHAPTER 16

ㄱ

1659

LTE
Long Term Evolution

빈출

4G 이동 통신 기술

기존의 3세대 이동 통신 방식을 개선하고 향상한 4G 이동 통신 기술로, 정지 상태에서 1Gbps, 60km 이상 고속 이동 시에는 100Mbps 이상의 속도를 제공한다.

1660

와이브로
Wibro

2.3GHz의 주파수를 사용하는 초고속 휴대용 인터넷

2.3GHz의 주파수를 사용하여 이동 중에도 초고속 인터넷을 사용할 수 있는 무선 휴대 인터넷으로, 2006년 KT와 SK텔레콤이 세계 최초로 상용 서비스를 시작하여 12간 운영되었다. 전송 속도가 비교적 빠르고 저렴하며 다양한 콘텐츠 서비스가 가능하다는 장점이 있지만 서비스 지역이 좁고 음성 서비스가 지원되지 않는 단점도 존재하였다. 이후 4세대 이동 통신 표준 기술의 우위 경쟁에서 LTE 등에 밀려나며 2018년 12월 31일에 서비스는 종료되었다.

1661

ISDN
Integrated Services Digital Network

종합 정보 통신망

디지털 통신망을 이용하여 음성, 문자, 영상 등의 통신을 종합적으로 할 수 있도록 하는 통신 서비스로, 1980년 국제 전신 전화 자문 위원회의 11월 총회에서 발표되었다. 고도 정보화 사회의 기반을 이루는 통신망으로서 한국을 비롯하여 다양한 나라에서 개발되고 있다.

1662

NTSC 방식

미국의 컬러 TV 방식

미국의 컬러 TV 방식을 의미하는 것으로, 이때 NTSC는 National Television System Committee의 약자이다. 1953년 연방 통신 위원회의 승인을 얻어 1954년부터 정식 표준으로 기술 규격에 정의되었으며, 미국, 한국, 일본, 캐나다 등에서 채택하고 있다.

1663 □ □ □

모바일 컨버전스
Mobile convergence

하나의 모바일 기기에 다양한 IT 기능이 융·복합되는 현상

하나의 모바일 기기에 IT의 다양한 기능이 융합 및 복합되는 현상으로, 휴대전화에 카메라나 MP3가 결합되는 것이 대표적인 예시이다.

1664 □ □ □

NFC
Near Field Communication

근거리 무선 통신 기술

13.56MHz 대역의 주파수를 사용하여 약 10cm 이내의 근거리에서 접촉하지 않고도 데이터를 교환할 수 있는 무선 통신 기술로, 스마트폰 등에 내장되어 도어락을 간편하게 여닫을 수 있고 버스와 같은 대중교통을 편리하게 이용할 수 있다. 또한, 멤버십 카드, 쿠폰, 신분증 등 다양한 분야에서도 활용될 수 있는 성장 잠재력이 큰 기술이다.

1665 □ □ □

RFID
Radio frequency
identification

무선 주파수를 이용하여 대상을 식별할 수 있도록 해주는 기술

무선 주파수를 이용하여 물건이나 사람 등과 같은 대상을 식별할 수 있도록 하는 기술로, 안테나와 칩으로 구성된 RFID 태그에 정보를 저장하여 적용 대상에 부착한 후 RFID 리더를 통하여 정보를 인식한다. 물체에 직접 접촉하거나 어떤 조준선을 사용하지 않고도 데이터를 인식할 수 있다는 점에서 바코드와 차이가 있으며 여러 개의 정보를 동시에 인식 및 수정할 수 있고 태그와 리더 사이에 장애물이 있어도 정보를 인식할 수 있다. 또한, 많은 양의 데이터를 허용하며 읽는 속도가 빠르고 신뢰도 또한 높다는 장점이 있다.

1666 빈출 □ □ □

IoT
Internet of Things

사물 인터넷을 이르는 말

세상에 존재하는 유형 또는 무형의 객체들이 다양한 방식으로 서로 연결되어 정보가 생성, 수집, 공유, 활용되는 초연결 인터넷으로, 사물들로 구성된 인터넷을 의미한다. 컴퓨터나 무선 인터넷이 가능한 휴대 전화들이 서로 연결되었던 기존의 인터넷과 달리 가방, 나무, 책상, 자동차 등 세상에 존재하는 모든 사물들과 연결되어 구성된 인터넷이다.

1667

음성 다중 방송
Bilingual broadcast

두 종류 이상의 음성을 함께 방송하는 것

외국 영화나 드라마 등의 프로그램을 두 종류 이상의 음성으로 동시에 방송하여 시청자들이 원하는 언어로 들을 수 있도록 하는 것으로, 스테레오 방송이나 2개 국어 방송 등이 있다.

⊕ **상식 PLUS**
- **스테레오 방송:** 하나의 프로그램을 주파수가 다른 둘 이상의 방송 회로에 연결하여 진행하는 방송

1668

케이블 TV
Cable television

동축 케이블로 각 가정에 연결되는 유선 텔레비전

방송 프로그램을 동축 케이블로 각 가정에 전송하는 방식을 사용하는 유선 텔레비전으로, 전파와 달리 품질이 우수한 채널이 다양하게 존재한다. 우리나라는 1995년 3월 1일부터 케이블 TV 시대가 본격적으로 시작되었다.

1669

HDTV
High definition television

현행 텔레비전의 해상도를 비약적으로 발전시킨 고선명·고품질 텔레비전

1,025~1,250개 이상의 주사선을 사용하여 화면이 사진처럼 선명한 텔레비전으로, 기존 텔레비전보다 화질과 음색이 뛰어나다. 또한, 화면이 35mm 영화 화면과 같거나 그 이상인 16:9로, 시각이 넓고 크기도 32인치 이상이 되어 영화와 같은 현장감을 준다.

1670

IPTV
Internet protocol television

초고속 인터넷망을 활용하는 양방향 텔레비전 서비스

셋톱 박스를 결합하거나 내장하여 초고속 인터넷을 활용할 수 있는 텔레비전 서비스로, 방송사나 중계업자가 일방적으로 방송 콘텐츠를 제공하는 일반 방송과 달리 시청자가 자신이 원하는 시간에 원하는 프로그램만 볼 수 있는 양방향성을 특징으로 한다.

□ □ □

비디오 텍스
Videotex

전화 회선 등을 이용하여 비디오 단말기에 희망하는 정보를 표시 및 제공하는 통신 정보 시스템

전화 회선 등을 이용하여 텔레비전 수상기나 컴퓨터 모니터 단말기에 희망하는 정보를 표시 및 제공하는 통신 정보 시스템으로, 뷰 데이터라고도 한다. 예를 들어, 전화로 정보 센터를 호출하면 교육, 학습, 일기 예보, 스포츠, 물가, 뉴스 등 필요한 정보를 가정용 컴퓨터 모니터나 텔레비전 수상기에 글이나 그림으로 비춰 주는 것이다.

□ □ □

디지로그
Digilog

디지털 기술과 아날로그 요소를 융합하는 첨단 기술

디지털 기술과 아날로그적 요소를 융합하는 첨단 기술로, 아날로그 제품에 대한 향수를 가지고 있는 사람이나 디지털 기기를 따라가지 못하는 사람을 대상으로 개발되고 있다.

□ □ □

스마트 그리드
Smart grid

기존 전력망에 정보통신기술을 접목한 지능형 전력망

기존 전력망에 정보통신기술을 접목하여 전력 공급자와 소비자 쌍방 간에 실시간으로 정보를 교환함으로써 효율적으로 에너지 공급을 관리할 수 있도록 한 차세대 지능형 전력망을 이르는 말이다.

□ □ □

갈릴레오 프로젝트
Galileo project

유럽연합에서 추진하고 있는 세계 최초의 민간용 위성 항법 시스템

유럽연합에서 추진하고 있는 항법 시스템 개발 계획으로, 고도 2만 4천 궤도에 30개의 인공위성을 띄워 지상 물체의 정확한 위치를 지상의 수신기에 실시간으로 알려주게 된다. 이는 미국의 GPS나 러시아의 글로나스보다 정확하고 안정적인 시스템으로 평가받고 있다.

⊕ 상식 PLUS
- **글로나스**: 러시아가 교통, 물류, 국방 등에 활용하고 있는 자체 위성 항법 시스템

UNIT 3

인터넷

인터넷 기술 및 규약, 인터넷이 유발한 사회 현상에 관련된 개념을 학습해 두는 것이 좋습니다.

회독 박스(□)에 정확히 아는 개념은 ○, 알쏭달쏭한 개념은 △, 전혀 모르는 개념은 ×로 체크하면서 꼼꼼히 학습해 보세요.

인터넷 기술

1675

□ □ □

TCP/IP

컴퓨터의 데이터 통신을 위해 만들어진 프로토콜 체계

서로 다른 시스템을 가진 컴퓨터 간에 데이터 통신을 위해 만들어진 통신 프로토콜 체계로, 각각 Transmission Control Protocol/Internet Protocol의 약자이다. 일반적으로 TCP는 전체 데이터가 잘 전송될 수 있도록 데이터의 흐름을 조절하고 성공적으로 상대편 컴퓨터에 도착할 수 있도록 보장해주는 역할을 하며, IP는 데이터를 한 장소에서 다른 장소로 정확하게 옮겨주는 역할을 한다.

1676

□ □ □

URL
Uniform Resource Locator

찾고자 하는 정보 자원의 위치와 종류를 정확하게 파악하기 위한 일련의 규칙

방대한 컴퓨터 네트워크에서 자신이 찾고자 하는 정보 자원의 위치와 종류를 정확하게 파악하기 위한 일련의 규칙으로, '프로토콜://서버 주소/정보의 경로'로 표시된다.

⊕ 상식 PLUS
- URL의 형식

프로토콜	• 어떤 방법으로 원하는 정보에 접근할 것인지 나타내는 부분 • http, ftp, news, gopher 등
서버 주소	• 정보가 어떤 컴퓨터에 위치하고 있는지 나타내는 부분 • 도메인 네임, IP 주소로 표시
정보의 경로	• 정보가 그 컴퓨터의 어느 곳에 위치하고 있는지 나타내는 부분

1677

WWW
World Wide Web

쉽게 정보를 찾을 수 있도록 고안된 세계적인 인터넷망

쉽게 정보를 찾을 수 있도록 고안된 세계적인 인터넷망으로, 하이퍼텍스트 기능에 의해 인터넷상에 분산되어 존재하는 온갖 종류의 정보를 통일된 방법으로 찾아볼 수 있게 하는 광역 정보 서비스이다. 이는 1989년 스위스 제네바 유럽입자물리연구소의 버너스리의 제안으로 개발이 시작되었으며, 이로 인해 거미줄처럼 연결되어 있는 컴퓨터의 정보를 모든 사람들이 인터넷을 통해 쉽게 접근할 수 있게 되었다.

1678

WAIS
Wide Area Information Service

데이터베이스를 검색하기 위한 인터넷 서비스

인터넷상에 분산하고 있는 다양한 분야의 데이터베이스를 검색하기 위한 인터넷 서비스로, 사용자가 찾고자 하는 문서가 어떤 것인지 정확히 모를 때, 다양한 종류의 정보를 찾고 싶을 때, 사용자가 입력한 키워드가 포함되어 있는 문서를 찾고 싶을 때 주로 이용된다.

1679

도메인 네임
Domain name

인터넷상에서 컴퓨터를 나타내기 위한 주소

인터넷상에서 연결된 컴퓨터를 나타내기 위하여 컴퓨터 이름, 소속 기관 이름, 기관 종류, 국가 4개의 주소를 마침표로 구분하여 표현하는 주소이다.

1680

애플릿
Applet

단순한 작업을 위하여 고안된 작은 용량의 컴퓨터 프로그램

서버에 대한 별다른 요청 없이 단순한 작업을 위하여 고안된 작은 용량의 컴퓨터 프로그램으로, Java 언어로 구성된 간단한 기능의 소규모 프로그램이나 웹 페이지에 포함되어 작은 기능을 수행하는 프로그램을 말한다.

CHAPTER 16

IT

프록시 서버
Proxy server

사용자와 인터넷 서버 사이에서 데이터를 중계하기 위해 만들어놓은 서버

사용자와 인터넷 서버 사이에서 데이터를 중계하기 위해 만들어놓은 서버로, 한번 접속된 외부 자료들을 저장하였다가 사용자의 요구가 있을 때 고속으로 자료를 제공한다. 또한, 기업의 네트워크를 외부 네트워크로부터 분리시켜주거나 기업의 네트워크를 외부의 침입으로부터 보호하기도 한다.

핑
Ping

다른 호스트에 IP 데이터그램 도달 여부를 검사하기 위한 프로그램

다른 호스트에 IP 데이터그램이 도착할 수 있는지 TCP/IP 프로토콜을 사용하는 응용 프로그램을 통해 검사하는 것으로, Packet Internet Grouper의 약자이다. 네트워크 또는 시스템에 장애가 발생하였는지를 조사하는 데 사용되기도 한다.

IPv6
Internet Protocol version 6

인터넷 프로토콜 주소 표현 체계의 차세대 버전

IPv4의 단점을 개선하기 위하여 개발된 새로운 IP 주소 체계로, 16비트씩 8부분의 128비트 주소 체계를 가지고 있다.

웹 2.0
Web 2.0

사용자 참여 중심의 인터넷 환경

사용자 참여 중심의 인터넷 환경으로, 데이터의 소유자나 독점자 없이 누구나 손쉽게 데이터를 생산하고 인터넷에서 공유할 수 있도록 한 것이다. 사용자가 직접 데이터를 다룰 수 있도록 플랫폼이 정보를 더 쉽게 공유하고 서비스받을 수 있게 만들어져 있다는 점에서 인터넷상에서 정보를 모아 보여주기만 하는 웹 1.0과 차이가 있다. 대표적으로 블로그, 딜리셔스, 위키피디아 등이 있다.

⊕ 상식 PLUS
- **웹 3.0**: 자신에게 필요한 정보와 지식만을 추출해서 보여주는 인터넷 환경

1685

쿠키
Cookie

특정 웹사이트를 방문했을 때 만들어지는 정보

특정 웹사이트를 방문하였을 때 생성되는 정보를 담은 임시 파일로, 한 번 접속했던 사이트에 아이디를 입력하면 자동으로 비밀번호를 보여준다. 편리함을 가지고 있지만 이로 인해 개인 정보가 유출될 수 있다는 단점을 가지고 있기도 하다.

1686

아이핀
I-PIN

인터넷상에서 주민 등록 번호 대신 본인을 확인하는 수단

인터넷상에서 주민 등록 번호 대신 아이디와 패스워드를 이용하여 본인을 확인하는 수단으로, 인터넷 개인 식별 번호(Internet Personal Identification Number)의 약자이다.

1687

웹 호스팅
Web hosting

웹 서버를 다른 업체나 개인에게 제공하거나 임대하는 것

대용량의 인터넷 전용 회선을 갖고 있는 통신업체나 웹 개발 전문 회사가 자신들의 웹 서버를 다른 업체나 개인에게 제공하거나 임대하는 것으로, 인터넷 홈페이지를 대신 운영해 주는 서비스업을 말한다. 비용 문제 때문에 독립적인 인터넷 서버를 운영하기 어려운 중소기업에 웹 서버를 임대함으로써 자체 도메인을 갖게 해주는 것이다.

1688

아키
Archie

인터넷상의 익명 FTP 서버에 공개되어 있는 파일을 검색하는 서비스를 제공하는 프로그램

인터넷상의 익명 FTP 서버에 공개되어 있는 파일을 검색하는 서비스를 제공하는 클라이언트 서버형 프로그램으로, 우리나라에도 인터넷 정보 제공자나 연구 기관, 대학 등 아키 서비스를 하는 기관이 존재한다.

국제인터넷주소 관리기구
ICANN

인터넷 도메인 관리와 정책을 결정하는 국제 최고 기구

인터넷 도메인 관리와 정책을 결정하는 비영리 기구로, ICANN은 Internet Corporation for Assigned Names and Numbers의 약자이다. 1998년 6월 미국 정부에서 발간한 <인터넷 주소의 운영에 관한 백서>에 의하여 탄생하였으며, 국제적으로 인터넷 도메인 이름과 IP 주소, 프로토콜의 범주와 포트 번호를 할당하는 업무를 담당하고 있다. 유명 상표권에 대한 도용 분쟁을 해결하기도 하며, 새로운 최상위 도메인을 인가하기도 한다.

크롤링
Crawling

컴퓨터에 분산 저장되어 있는 문서를 수집하여 검색 대상의 색인으로 포함시키는 기술

무수히 많은 컴퓨터에 분산 저장되어 있는 문서를 수집하여 검색 대상의 색인으로 포함시키는 기술을 이르는 말로, 최근 웹 검색의 중요성이 강조됨에 따라 관련 기술도 크게 발전하고 있다.

⊕ 상식 PLUS
• **크롤러**: 크롤링을 위하여 개발된 소프트웨어

펌 뱅킹
Firm banking

기업과 금융기관이 온라인으로 처리하는 은행 업무

컴퓨터 시스템을 통신 회선으로 연결하여 기업과 금융 기관이 온라인으로 처리하는 은행 업무로, 입·출금, 자동 인출, 예금 잔액 조회, 급여 계산 등의 서비스가 제공된다. 이를 통해 기업은 은행과 관련된 거래를 즉시 확인할 수 있고 경비 절감과 원활한 자금 관리를 이룰 수 있다.

1692

모티즌
Motizen

스마트폰 등을 이용하여 자유롭게 무선 인터넷을 활용하는 사람

스마트폰 등 휴대용 단말기를 이용하여 시간과 장소에 구애받지 않고 무선 인터넷을 즐겨 사용하는 사람을 이르는 말로, 모바일과 네티즌의 합성어이다.

1693

디지털 디바이드
Digital divide

인터넷을 사용할 수 있는 계층과 그렇지 않은 계층 간에 발생하는 정보 격차

인터넷을 사용할 수 있는 계층과 그렇지 않은 계층 간에 경제적, 사회적 여건 차이에 의해서 발생하는 정보 격차를 이르는 말로, 이는 사회 계층의 단절을 가져오기도 한다.

1694

한국인터넷진흥원
KISA

국내 인터넷 관련 업무를 총괄하는 공공기관

국내 인터넷 관련 업무를 총괄하는 공공기관으로, 영문 약자를 따서 KISA(Korea Internet Security Agency)라고도 한다. 한국인터넷진흥원은 「정보통신망 이용촉진 및 정보보호 등에 관한 법률」 제52조를 근거로 2009년 7월 23일 한국정보보호진흥원, 한국인터넷진흥원, 정보통신국제협력진흥원이 통합되어 설립되었다. 이 기관에서는 인터넷 서비스 활성화, 인터넷 주소 자원 관리, 개인 정보 침해 및 불법 유해 정보 대응, 해킹 대응 등 다양한 업무를 수행하고 있다.

1695

스트리밍
Streaming

음악이나 동영상 파일을 저장하지 않고 인터넷에 연결된 상태에서 실시간으로 재생하는 기법

음악이나 동영상 파일을 휴대용 단말기에 저장하지 않고 인터넷에 연결된 상태에서 실시간으로 재생하는 기법으로, 1995년 리얼 네트워크사가 개발한 리얼 오디오에서 처음으로 선보였다.

위젯
Widget

웹 브라우저를 사용하지 않고도 날씨, 달력 같은 기능을 이용할 수 있도록 만든 프로그램

웹 브라우저를 사용하지 않고도 날씨, 달력 같은 기능이나 뉴스, 주식과 같은 정보를 컴퓨터나 휴대 전화 등에서 이용할 수 있도록 만든 응용 프로그램을 이르는 말이다.

블로그
Blog

자신의 관심사에 따라 자유로운 글을 올리는 웹사이트

사람들이 자신의 관심사에 따라 자유롭게 칼럼, 일기, 취재 기사 등의 글을 올리는 웹사이트로, 1997년 미국에서 처음 등장했다. 이는 누구든지 블로그 페이지만 있으면 텍스트나 그래픽 방식을 이용하여 자신의 의견이나 이야기, 사진 자료 등을 올릴 수 있다. 현재 네이버, 다음 등에서 블로그를 운영하기도 하며 이글루스, 티스토리와 같은 전문 블로그 운영 사이트도 존재한다.

UCC
User Created Contents

사용자가 직접 제작한 콘텐츠

사용자가 상업적인 의도 없이 직접 제작한 콘텐츠로, 동영상, 글, 사진 등을 생성하는 것을 의미한다. 미국의 유튜브, 한국의 아프리카TV 등이 대표적이다.

플래시몹
Flashmob

정해진 시간과 장소에 모여 주어진 행동을 하고 곧바로 흩어지는 것

불특정 다수의 사람들이 이메일과 휴대 전화 메시지를 통하여 정한 시간과 장소에 모여 주어진 행동을 하고 곧바로 흩어지는 행위를 이르는 말이다.

1700

팝콘 브레인
Popcorn brain

빈출

강한 자극이 넘쳐 나는 첨단 디지털 기기에 익숙해져 뇌가 현실에 무감각해진 현상

마치 팝콘이 곧바로 튀어 오르는 것처럼 강한 자극이 넘쳐 나는 첨단 디지털 기기의 화면 속 현상에 몰두하여 다른 사람의 감정이나 느리게 변화하는 것으로 진짜 현실에는 무감각해진 현상을 이르는 말이다.

1701

웨바홀리즘
Webaholism

인터넷에 중독된 현상

일상생활에 지장을 느낄 정도로 인터넷에 지나치게 몰두하고 인터넷에 접속하지 않으면 불안감을 느끼는 인터넷 중독 현상을 이르는 말이다.

1702

디지털 디톡스
Digital detox

디지털 홍수에 빠진 사람들이 몸과 마음을 회복시키는 것

디지털 홍수에 빠진 사람이 각종 전자 기기 사용을 중단하고 명상, 독서 등을 통하여 몸과 마음을 회복시키는 것으로, 스마트폰 사용 시간을 조절해주는 앱이나 항균 소재의 스마트폰 액세서리 등이 대표적인 디지털 디톡스 상품이다.

1703

네카시즘
Netcarthyism

다수의 네티즌들이 특정 개인을 공공의 적으로 삼고 공격을 일삼는 현상

네티즌(Netizen)과 매카시즘(McCarthyism)의 합성어로 불특정 다수의 네티즌들이 특정 개인을 공공의 적으로 삼고 일방적으로 공격하는 현상이다. 신상 털기를 통하여 개인 정보가 노출되는 등 인권 침해의 우려를 낳고 있다.

⊕ 상식 PLUS
• **사이버불링**: 사이버공간에서 특정인을 집단적으로 따돌리거나 괴롭히는 행위

1704

반크
VANK

인터넷상에서 전국 각지의 누리꾼들이 모여 만든 사이버 민간 외교 사절단

인터넷상에서 전국 각지의 누리꾼들이 한국에 관한 것을 바르게 홍보하기 위해 만든 사이버 민간 외교 사절단으로, 정식 명칭은 Voluntary Agency Network of Korea이다. 1999년 5월에 출범하였으며, 한국을 알고 싶어 하는 외국인, 한인 동포, 입양아들에게 이메일로 한국에 대해 알려주는 등 사이버 관광 가이드의 역할을 하고 있다.

1705

블루리본
Blue ribbon

인터넷상에서 정보와 표현의 자유를 주창하는 운동

인터넷상에서 정부나 공권력의 검열로 인하여 표현의 자유가 구속되는 것에 반대하여 일어난 운동으로, 1995년 미국에서 인터넷상에 저속한 내용을 실었을 경우 형사 처벌을 받을 수 있다는 법안이 상정되면서 시작되었다. 운동에 참여한 사람들이 인터넷 사이트에 파란색 리본 그림을 붙여 해당 명칭이 유래되었다.

1706

사이버스쿼팅
Cybersquatting

인터넷 도메인을 판매 목적으로 선점하는 것

국내외에 널리 알려진 상표나 유명인의 이름 등을 큰돈을 받고 되팔 목적으로 인터넷 도메인 이름으로 미리 등록하여 선점하는 행위로, 도메인 선점이라고도 한다.

1707

인포데믹스
Infodemics

악성 루머나 왜곡된 정보가 퍼지는 현상

악성 루머나 왜곡된 정보가 인터넷이나 휴대 전화를 통해 전염병처럼 빠르게 퍼지는 현상으로, 개인의 사생활 침해를 넘어 경제, 정치, 안보 등에 방대한 영향을 미치는 것을 의미한다.

1708

유즈넷
Usenet

□ □ □

인터넷상에 의견을 게시하거나 토론 등을 벌이는 네트워크

인터넷상에 특정한 주제나 관심사에 대한 의견을 게시하거나 관련 분야에 대한 그림, 동영상, 실행 파일, 데이터 파일 등의 자료를 등록하여 이야기를 나누는, 전 세계적인 토론 시스템이다.

1709

옵트 아웃
Opt-out

□ □ □

수신자가 수신 거부 의사를 밝히면 더 이상 광고 메일을 발송할 수 없도록 한 제도

수신자가 발송자에게 수신 거부 의사를 밝히면 더 이상 광고 메일을 발송할 수 없는 메일 규제 방식으로, 1999년에 처음 도입되었다.

⊕ **상식 PLUS**
- **옵트 인**: 수신자의 허락을 얻은 경우에만 상업용 광고 메일을 발송할 수 있도록 하는 규제 방식

인터넷 범죄

1710

스팸 메일
Spam mail

□ □ □

불특정 다수의 수신자에게 무차별 배포하는 대량 전자 우편

PC 통신이나 인터넷 ID를 가진 불특정 다수의 수신자에게 일방적으로 전달되는 대량 전자 우편으로, 정크 메일이라고도 한다. 이는 컴퓨터 통신망에 무차별로 배포되어 이를 원하지 않는 사람이 읽거나 처리하는 데 많은 시간과 비용을 낭비하게 만든다.

1711

스푸핑
Spoofing

□ □ □

임의로 구성된 웹사이트를 통하여 이용자의 정보를 빼가는 해킹 수법

악의적 네트워크 침입자가 임의로 구성된 웹사이트를 통하여 일반 이용자들의 방문을 유도한 후에, TCP/IP의 구조적 결함을 이용하여 이용자의 시스템 권한을 획득한 뒤 그들의 정보를 빼가는 해킹 수법이다.

⊕ **상식 PLUS**
- **스누핑**: 네트워크상에서 남의 정보를 염탐하여 불법으로 가로채는 해킹 수법

1712

☐ ☐ ☐

파밍
Pharming

가짜 사이트에 접속하도록 사용자를 유도하는 사기 수법

합법적으로 소유하고 있던 사용자의 도메인을 탈취하거나 변조한 뒤 진짜 사이트로 오인하여 사용자를 가짜 사이트에 접속하도록 유도하는 컴퓨터 범죄 수법을 이르는 말이다.

1713

☐ ☐ ☐

어나니머스
Anonymous

국제적인 인터넷 해커 집단

전 세계에서 활동하는 국제적인 인터넷 해커 집단으로, 2003년 미국의 한 사이트에서 결성되었으며 표현의 자유 제약, 인터넷 검열, 정보 사유화 등에 반대하는 것으로 알려져 있다.

1714

☐ ☐ ☐

핵티비즘
Hacktivism

자신과 노선이 다른 정부, 기업, 단체 등의 인터넷 웹사이트를 해킹하는 것

정치·사회적 목적을 달성하기 위하여 자신과 노선을 달리하는 정부, 기업, 단체 등의 인터넷 웹사이트를 해킹하는 것으로, 사회적 해킹이라고 할 수 있다.

⊕ 상식 PLUS
- **핵티비스트**: 자신의 목적을 달성하기 위한 투쟁 수단으로 컴퓨터 해킹을 이용하는 사람

1715

☐ ☐ ☐

키보드 워리어
Keyboard warrior

인터넷상에서 미확인 루머나 악성 댓글 등을 무차별적으로 유포하는 사람

인터넷상에서 다른 사람에 대한 미확인 루머나 악성 댓글 등을 작성하거나 사실 여부를 확인하지도 않고 풍문이나 소문 등을 무차별적으로 유포하는 사람을 이르는 말이다.

지식 재산권

1716

지식 재산권
Intellectual property

지적 활동으로 인하여 발생하는 모든 재산권

지적 활동으로 인하여 발생하는 모든 재산권으로, 문화·예술 및 과학 작품, 연출, 예술가의 공연·음반 및 방송, 발명, 과학적 발견, 공업 의장·등록 상표·상호 등에 대한 보호 권리와 공업·과학·문학·예술 분야의 지적 활동에서 발생하는 기타 모든 권리를 포함한다.

⊕ 상식 PLUS
- 지식 재산권의 분류

산업 재산권	• 산업에 이용 가치가 있는 의장, 발명 등을 독점적으로 이용할 수 있는 권리 • 10~20년의 보호 기간 • 특허권, 실용신안, 의장권, 상표권
저작권	• 문학, 예술, 학술에 속하는 창작물에 대하여 저작자는 그 권리 승계인이 행사하는 배타적·독점적 권리 • 사후 50~70년의 보호 기간
기타 지식 재산권	• 영업 비밀, 퍼블리시티권, 배치 설계권 등

1717

베른 조약
Berne convention

저작권을 보호하기 위하여 체결된 국제 조약

저작권을 보호하기 위하여 체결된 국제 조약으로, 1886년 스위스 베른에서 체결되었다. 정식 명칭은 문학 및 미술 저작물 보호에 관한 국제 협정 또는 만국 저작권 보호 동맹 조약이며, 다른 가맹국 국민들의 저작물을 자국민의 저작물과 동등하게 대우할 것, 저작권의 효력은 발생주의에 따를 것, 저작권은 저작자의 생존 기간 및 사후 50년 동안 보호할 것을 원칙으로 하고 있다.

1718

세계 저작권 협약
Universal copyright convention

저자와 저작권을 가진 자의 권리를 보호하는 국제 조약

문학, 음악, 미술 및 지적 작품을 포함한 저작물에 관하여 저자와 저작권을 가진 자의 권리를 보호하는 국제 조약으로, 만국 저작권 조약 또는 유네스코 조약이라고도 한다. 문학적, 학술적, 예술적 저작물의 저작권 보호를 확대하고 저작물의 국제적 교류를 활성화하기 위하여 체결되었다.

세계지적재산권 기구

지적 소유권의 국제적 보호와 협력을 위하여 설립된 기구

베른 조약과 파리 조약을 관리하고 사무 기구 문제를 처리하기 위하여 1967년에 체결되어 세계지적재산권기구 설립 협약에 따라 1970년에 발효된 기구로, 영문 약자를 따서 WIPO (World Intellectual Property Organization)라고도 한다. 각국 지적 소유권의 국제적 보호와 협력을 도모하기 위하여 체결되었다.

⊕ 상식 PLUS
- **파리 조약**: 1883년 각국의 산업 재산권 제도의 차이점을 인정하고 각국의 공통 요구 사항을 정해 산업 재산권의 국제적 보호를 위하여 체결된 조약

CCL
Creative Commons License

저작물 이용 허락 표시 제도

저작권자가 저작물 사용 조건을 미리 제시하여 사용자가 저작권자에게 별도로 허락을 구하지 않고도 창작물을 자유롭게 사용할 수 있도록 한 저작물 이용 허락 표시 제도를 이르는 말이다.

인터넷 경제

정보화 사회
Information society

정보가 유력한 자원이 되는 사회

정보 산업을 주체로 정보가 유력한 자원이 되고, 정보의 가공과 처리에 의한 가치의 생산을 중심으로 사회나 경제가 운영되고 발전되어 가는 사회로, 탈공업화 사회라고도 한다.

무어의 법칙
빈출
Moore's law

마이크로칩의 성능이 2년마다 두 배로 증가한다는 법칙

인터넷 경제의 3원칙 중 하나로, 마이크로칩의 저장할 수 있는 데이터의 양이 24개월마다 2배로 늘어난다는 법칙이다. 1965년 페어 차일드 세미콘덕터의 연구소장 고든 무어가 발견하여 발표하였다. 당시 일시적인 현상일 것이라고 평가 절하당하던 무어의 법칙은 발표 이후 30년간 비교적 정확하게 예측이 맞아떨어지면서 오늘날에는 반도체 산업의 연구 개발 계획 수립의 중요한 지침으로 작용하고 있다.

메트칼프의 법칙
Metcalfe's law

빈출

네트워크 확장 비용은 이용자 수에 비례하고, 네트워크 가치는 이용자 수의 제곱에 비례한다는 법칙

인터넷 경제의 3원칙 중 하나로, 네트워크를 확장할 때 드는 구축 비용은 이용자 수에 비례하여 직선적으로 증가하지만, 그 네트워크의 가치는 이용자 수의 제곱에 비례하여 기하급수적으로 증가한다는 이론이다. 메트칼프의 법칙은 규모의 경제와도 비슷한 개념이며, 네트워크 이용자가 늘어나면 적은 노력으로도 큰 이윤을 얻을 수 있는 인터넷 경제의 특징을 잘 설명해 준다.

가치사슬을 지배하는 법칙

조직은 거래 비용이 적게 드는 쪽으로 변화한다는 법칙

인터넷 경제의 3원칙 중 하나로, 인터넷의 보편화로 아웃소싱이 거래 비용을 줄일 수 있는 주요한 방법임이 확인되면서 기업은 복잡성이 감소하고 규모가 축소하는 방향으로 변화한다는 법칙이다. 코즈의 법칙과 유사한 개념이다.

황의 법칙
Hwang's law

반도체 메모리의 용량이 1년마다 두 배로 증가한다는 법칙

반도체 메모리의 용량이 12개월마다 2배로 늘어난다는 법칙으로, 2002년 국제반도체회로학술회의에서 메모리 신성장론을 발표한 삼성전자 반도체 총괄 사장이었던 황창규 사장의 성을 따서 붙여진 명칭이다.

CHAPTER 16

ㄱ

핵심 점검 문제

앞에서 학습한 상식을 문제를 풀면서 바로 점검해 보세요!

[01-05] 다음 각 설명을 읽고, 맞으면 O, 틀리면 X에 표시하시오.

01 '빅 데이터'는 기존의 데이터베이스로는 수집, 저장, 분석 등을 수행하기 어려운 방대한 양의 데이터이다. (O , X)

02 강한 자극이 넘쳐 나는 첨단 디지털 기기에 익숙해져 뇌가 현실에 무감각해진 현상을 '팝콘 브레인'이라고 한다.
(O , X)

03 코더 기능과 디코더 기능을 함께 갖추고 있는 기술을 '코덱'이라고 한다. (O , X)

04 컴퓨터 프로그램에서 잘못된 곳을 찾아내어 고치는 과정을 '크롤링'이라고 한다. (O , X)

05 기간 산업의 제어 시스템을 감염시켜 마비시키거나 오작동을 일으키는 컴퓨터 바이러스를 '스턱스넷'이라고 한다.
(O , X)

[06-10] 다음 각 설명에 해당하는 용어를 쓰시오.

06 약 10cm 이내의 근거리에서 접촉하지 않고도 데이터를 교환할 수 있는 무선 통신 기술 (   )

07 표현의 자유 제약, 정보 사유화 등에 반대하며 전 세계적으로 활동하는 국제적인 해커 집단 (   )

08 컴퓨터 이름, 소속 기관 이름, 기관 종류, 국가를 마침표로 구분하여 표현하는 주소 (   )

09 기존 전력망에 정보 통신 기술을 접목한 지능형 전력망 (   )

10 특정 웹 사이트를 방문하였을 때 생성되는 정보를 담은 임시 파일 (   )

11 컴퓨터에 사용하는 정보량의 최소 기본 단위는?
① 비트   ② 바이트   ③ 픽셀   ④ BPS

12 마이크로칩의 성능이 24개월마다 2배로 늘어난다는 법칙은?
① 황의 법칙   ② 메트칼프의 법칙   ③ 무어의 법칙   ④ 가치사슬 지배의 법칙

13 임의로 구성된 웹사이트를 통해 일반 이용자들의 정보를 빼내 가는 해킹 수법은?
① 피싱   ② 파밍   ③ 스푸핑   ④ 스미싱

14 세계 각국의 언어를 컴퓨터에서 통일된 방법으로 표현할 수 있도록 만든 국제적인 문자 코드 규약은?
① 유니코드   ② 아스키코드   ③ BCD 코드   ④ 그레이코드

15 인터넷이나 휴대전화를 통해 악성 루머나 왜곡된 정보가 빠르게 퍼지는 현상은?
① 사이버스쿼팅   ② 인포데믹스   ③ 네카시즘   ④ 웨바홀리즘

16 다음 중 RFID에 대한 설명으로 옳지 않은 것은?

① 무선 주파수를 이용하여 대상을 식별할 수 있도록 하는 기술이다.

② 물체에 직접 접촉해야 데이터를 인식할 수 있다는 점에서 바코드와 동일하다.

③ 속도가 빠르고 신뢰도가 높다는 장점이 있다.

④ 여러 가지 정보를 동시에 인식하고 수정할 수 있다.

17 다음 중 RAM에 대한 설명으로 옳지 않은 것은?

① 전원이 끊어지면 기록된 정보가 날아가는 휘발성 메모리이다.

② DRAM은 집적이 용이하여 기억 용량이 큰 램이 필요할 때 유용하다.

③ 기억된 정보를 읽을 수 있지만 바꿀 수는 없는 기억 장치이다.

④ SRAM은 구조가 복잡하고 가격이 비싸다는 단점이 있다.

18 다음 중 컴퓨터의 발달 순서대로 바르게 나열한 것은?

㉠ 에드삭	㉡ 유니박원	㉢ 에드박	㉣ 에니악

① ㉡-㉠-㉢-㉣   ② ㉡-㉢-㉠-㉣   ③ ㉣-㉠-㉢-㉡   ④ ㉣-㉢-㉠-㉡

19 다음 중 통신망과 특징이 바르게 짝지어진 것은?

① WAN-광범위한 지역에 분산되어 있는 정보를 연결하는 대규모 통신망

② LAN-디지털 통신망을 이용하여 종합적으로 통신할 수 있는 종합 정보 통신망

③ ISDN-독자적인 통신망에 부가적인 서비스를 접목한 통신망

④ VAN-제한된 지역 내에 분산 배치된 각종 통신 기기를 통신 회선으로 연결하여 정보를 교환하는 통신망

20 다음 중 저작권에 대한 설명으로 옳지 않은 것은?

① 저작권은 사후 50~70년의 보호 기간을 갖는다.

② 유네스코 조약은 저자와 저작권을 가진 자의 권리를 보호하는 국제 조약이다.

③ CCL은 창작물을 자유롭게 사용하려면 저작권자에게 별도의 허락을 구해야 한다는 것을 표기하는 제도이다.

④ 베른 조약은 저작권을 보호하기 위하여 체결된 국제 조약이다.

🔍 **정답**

01	○	02	○	03	○	04	×→디버깅	05	○
06	NFC	07	어나니머스	08	도메인 네임	09	스마트 그리드	10	쿠키
11	①	12	③	13	③	14	①	15	②
16	②→접촉하지 않아도 데이터 인식 가능	17	③→ROM	18	③	19	①	20	③→저작권자 허락 없이도 사용할 수 있는 제도

기출 반영 문제로 최종 점검!

실전모의고사

실전모의고사 1회 | 공기업

· 전 범위 일반상식 문제를 출제하는 부산시통합채용과 한국사 상식을 출제하는 한국중부발전, 한국산업인력공단의 필기시험에서 출제된 상식 소재를 기반으로 재구성한 모의고사입니다.
· 실전처럼 문제를 풀어보고, 문제 풀이가 끝난 뒤에는 풀이에 걸린 시간과 맞힌 개수를 써보면서 자신의 상식 실력을 확인해 보세요.

풀이 시간:　　분/25분　　　맞힌 문제:　　문제/30문제

01 다음 중 고대 연맹국가에 대한 설명으로 적절하지 않은 것은?

① 부여: 12월이 되면 영고라는 제천행사를 주최하였다.
② 고구려: 왕이 있는 중앙과 네 부족으로 구성된 사출도가 합쳐져 5부족 연맹을 이루었다.
③ 옥저: 민며느리제, 골장제와 같은 풍습이 있었다.
④ 삼한: 5월에는 수릿날, 10월에는 계절제라는 제천행사를 주최하였다.

02 (가)~(다) 시기에 해당하는 일제 식민통치방식에 대한 설명으로 적절한 것은?

```
( 가 ) → 3·1 운동 → ( 나 ) → 만주사변
→ ( 다 )
```

① (가): 내선일체를 내세워 우리 말과 글의 사용을 금지하였다.
② (나): 언론, 출판, 집회, 결사의 자유와 같은 기본권을 빼앗았다.
③ (나): 젊은 여성을 전장으로 끌고 가 일본군 위안부로 삼았다.
④ (다): 성과 이름을 일본식으로 쓰도록 하고, 민족 정체성을 말살시키려 하였다.

03 다음은 고려 시대 무신 정권의 최고 권력자의 집권 순서를 나타낸 것이다. (가)~(다)에 들어갈 인물에 대한 설명으로 적절하지 않은 것은?

```
이의방 → ( 가 ) → 경대승 → 이의민 →
( 나 ) → ( 다 ) → 최항 → 최의 → 김준
→ 임연 → 임유무
```

① (가): 이의방과 함께 정변을 일으켜 의종을 폐위시키고 명종을 세워 정권을 장악하였다.
② (나): 국정을 총괄하는 최고 권력 기구인 교정도감을 설치하였다.
③ (다): 최고위 무신들로 이루어진 회의 기구인 중방을 중심으로 권력 기반을 다졌다.
④ (다): 최 씨 정권의 군사 기반이 된 삼별초를 설치하였다.

04 다음 중 조선 제7대 왕 세조의 업적에 해당하지 않는 것은?

① 4군 6진 개척　　　② 경국대전 편찬 시작
③ 호패법 재실행　　　④ 6조 직계제 부활

05 다음은 어떤 독립운동가에 관한 대화이다. 빈칸에 들어갈 내용으로 가장 적절한 것은?

> 태광: 그는 1908년 충남 예산에서 태어났고 호는 매헌(梅軒)이야. 김구가 조직한 한인 애국단에서 활동했지.
>
> 수미: 그가 소속되어 있던 한인 애국단은 일본의 주요 인사를 암살하기 위한 비밀단체였어.
>
> 태광: 맞아. 그는 (   )

① 상하이 훙커우 공원에서 폭탄을 던져 일본군의 주요 인사를 사살했어.
② 인재를 양성하기 위해 평양에 대성학교를 설립했어.
③ 일왕 히로히토를 노리고 폭탄을 던졌지만 실패했어.
④ 하얼빈 역에서 초대 통감이었던 이토 히로부미를 사살했어.

06 다음 지문에서 설명하는 국가에 대한 설명으로 적절하지 않은 것은?

> 고구려가 멸망한 후에 당은 안동 도호부를 두어 고구려의 땅을 지배하려 하였다. 그러나 고구려 유민들은 당에 끝없이 저항하였으며, 지방에 대한 당의 통제력이 약화된 7세기 말에는 동모산 기슭에 나라를 세웠다. 이후 점차 영역을 확대하여 옛 고구려의 영토를 회복하였으나, 10세기 초에 이르러 세력을 확장한 거란의 침략을 받아 멸망하였다.

① 통일 신라와 함께 남북국의 형세를 이루었다.
② 교육 기관으로 주자감을 설치하여 왕족과 귀족을 대상으로 교육하였다.
③ 바다 동쪽의 번성한 나라라는 의미의 해동성국이라고 불리기도 하였다.
④ 호류사의 금당 벽화를 통해 일본 고대 문화에 영향을 미쳤음을 알 수 있다.

07 다음과 관련 있는 제도로 가장 적절한 것은?

배경	• 황구첨정, 백골징포, 인징, 족징 등 군포 징수의 폐단 발생
내용	• 1년에 2~3필씩 내던 군포를 1필로 변경 • 감소한 군포 수입을 보충하기 위해 결작 시행 • 기존에 군역을 면제받던 일부 계층에게 선무군관포 1필 부과
한계	• 결작의 부담이 지주가 아닌 소작인에게 돌아가 농민 부담이 가중

① 균역법
② 대동법
③ 호패법
④ 직전법

08 다음은 우리나라의 민주주의 발전에 영향을 끼친 사건의 발생 배경이다. ㉠~㉢을 사건이 발생한 순서대로 바르게 나열한 것은?

> ㉠ 12·12 사태로 권력을 장악한 신군부 세력이 서울의 봄 이후 비상계엄령을 전국으로 확대하였다.
>
> ㉡ 자유당이 정권을 유지하기 위해 정부통령 선거에서 득표수를 조작하는 등 부정 선거를 저질렀다.
>
> ㉢ 정부가 4·13 호헌 조치를 통해 대통령 간선제의 헌법을 고수한다는 입장을 밝혔다.

① ㉠ - ㉡ - ㉢
② ㉠ - ㉢ - ㉡
③ ㉡ - ㉠ - ㉢
④ ㉡ - ㉢ - ㉠

09 다음 자료와 관련 있는 민족운동으로 가장 적절한 것은?

> 내 살림 내 것으로.
> 보아라, 우리가 먹고 입고 쓰는 것이 거의 다 우리의 손으로 만든 것이 아니었다.
> 이것이 제일 세상에 무섭고 위태한 일인 줄을 오늘에야 우리는 깨달았다.
> 피가 있고 눈물이 있는 형제자매들아, 우리가 서로 붙잡고 서로 의지하여 살고서 볼 일이다.
> 입어라, 조선 사람이 짠 것을.
> 먹어라, 조선 사람이 만든 것을.
> 써라, 조선 사람이 지은 것을.
> 조선 사람, 조선 것.

① 애국 계몽 운동　　② 국채 보상 운동
③ 물산 장려 운동　　④ 브나로드 운동

10 다음 중 구석기 시대의 유적지에 해당하지 않는 것은?
① 평양 상원 검은모루 동굴
② 경기도 연천 전곡리 유적
③ 충남 공주 석장리 유적
④ 전북 고창 죽림리 지석묘군

11 다음은 고종 즉위 이후에 일어난 사건을 시간순으로 나열한 것이다. (가)와 (나)에 해당하는 사건에 대한 설명으로 적절하지 않은 것은?

> 병인박해 → 제너럴셔먼호 사건 → (　가　) →
> 오페르트 도굴 사건 → (　나　)

① (가): 프랑스가 병인박해를 구실로 하여 조선에 침입한 사건이다.
② (가): 외규장각에 있던 왕실 서적을 약탈당하였다.
③ (나): 평양 군민이 미국의 상선을 불태운 사건이 빌미가 되었다.
④ (나): 양헌수 장군이 정족산성에서 미국 군대를 격퇴시켰다.

12 다음 중 삼국 시대에 백제에서 귀족들이 정치에 대해 논의하고 그들을 대표할 재상을 뽑던 회의를 이르는 용어는?
① 정사암 회의　　② 제가 회의
③ 화백 회의　　　④ 골품제

13 다음은 신라의 삼국 통일 과정에 대한 설명이다. 신라가 삼국을 통일한 후에 발생한 사건으로 옳은 것은?

> 선덕여왕에 이어 마지막 성골이었던 진덕여왕이 즉위하였으나 대를 이을 자식 없이 사망하였다. 진골 귀족들은 화백회의를 개최하여 누구를 다음 왕으로 추대할 것인가를 논의하였다. 여러 귀족은 이찬직에 있던 알천을 추천하였으나 그는 이를 사양하고 김춘추를 추대하였다. 최초의 진골 출신 왕이 된 김춘추는 당과 연합하여 백제와 고구려를 멸망시켰다. 이어 당의 20만 대군을 매소성에서 격파하고 기벌포에서 당의 수군을 섬멸한 뒤 안동 도호부를 밀어내어 삼국 통일을 이룩하였다.

① 양만춘은 군사들과 백성들의 힘을 모아 안시성에서 당의 군대를 격파하였다.
② 신문왕의 장인이었던 김흠돌은 모반을 꾀하다 발각되어 처형되었다.
③ 고구려는 국경에 천리장성을 쌓아 방어를 강화하여 당의 침략에 대비하였다.
④ 계백 장군이 황산벌에서 신라의 군대를 네 차례 격파하였다.

14 다음 지문과 관련 있는 인물이 펼친 정책으로 옳지 않은 것은?

> 19세기 중엽 조선은 프랑스의 함대가 강화도를 점령하고, 미국의 상선이 평양을 침범하는 등 서양 열강의 침략을 받아왔다. 이러한 외세의 침략에 대응하기 위하여 조선은 전국에 척화비를 세우고 통상 수교 거부 정책을 펼쳤다. 척화비에는 "서양 오랑캐가 침범함에 싸우지 않음은 곧 화친하는 것이요, 화친을 주장하는 것은 나라를 파는 것이다."라는 내용이 새겨져 있다.

① 실추된 왕권의 회복을 위해 당백전을 발행하여 경복궁을 중건하였다.

② 붕당의 근거지인 서원을 47개소만을 남기고 철폐하였다.

③ 평민뿐만 아니라 양반에게도 군포를 징수하는 호포법을 실시하였다.

④ 왕권 강화를 위해 군국 기무를 관장하는 비변사의 기능을 강화하였다.

15 다음 중 고려 시대 왕과 왕의 업적이 적절하게 연결된 것을 모두 고르면?

> ㉠ 광종: 친원 세력을 숙청하고 전민변정도감을 설치했다.
>
> ㉡ 태조: 유력한 호족들의 딸과 혼인 관계를 맺어 세력을 키워나갔다.
>
> ㉢ 성종: 중앙에 2성 6부를 설치하여 중앙 통치 조직을 완비하였다.
>
> ㉣ 공민왕: 노비안검법을 시행하여 억울하게 노비가 된 사람을 양인으로 해방시켜 주었다.

① ㉠, ㉡   ② ㉠, ㉣

③ ㉡, ㉢   ④ ㉡, ㉣

16 국보 제216호 인왕제색도는 조선 후기 진경산수화의 대표작 중 하나로, (故)이건희 삼성 회장이 기증한 고미술품이다. 이 인왕제색도를 그린 화가는 누구인가?

① 김정희   ② 김홍도

③ 정선   ④ 신윤복

17 다음 중 강력한 부국강병책으로 철혈 재상으로 불리며, 1871년 독일 통일을 완성하고 통일된 독일 제국의 1대 수상으로 임명된 인물은?

① 오토 폰 비스마르크   ② 윈스턴 처칠

③ 나폴레옹 1세   ④ 아돌프 히틀러

18 다음은 무엇에 대한 설명인가?

> 소설에서 작중인물로 등장하지 않는 서술자가 삼인칭으로 된 모든 등장인물의 내면을 관통하여 서술한다. 서술자는 등장인물의 행동과 태도, 내면세계까지도 알고 있으며, 서술의 각도를 자유롭게 이동시킨다. 소설의 등장인물은 이야기 밖의 서술자에 의해 서술되기 때문에 보통 '그'라는 삼인칭 대명사로 지칭된다.

① 전지적 작가 시점   ② 3인칭 관찰자 시점

③ 1인칭 관찰자 시점   ④ 1인칭 주인공 시점

19 다음 중 ESG에 대한 설명으로 적절하지 않은 것은?

① 기업의 재무적 성과를 측정하는 방식 중 하나이다.
② 'E'는 환경, 'S'는 사회, 'G'는 지배 구조를 의미한다.
③ 기업의 지속가능성을 평가하는 중요한 지표이다.
④ 법과 윤리를 철저히 준수하는 것도 포함하는 개념이다.

20 다음은 무엇에 대한 설명인가?

목성 주변에는 백 개가 넘는 위성이 돌고 있는데, 그중에서도 가장 널리 알려진 것은 네 개의 갈릴레이 위성일 것이다. 천체학계에서 목성은 그리스 신화의 제우스를 상징하며, 목성의 주변을 도는 위성은 모두 제우스의 연인 또는 자손의 이름을 붙이는 것으로 알려져 있다. 갈릴레이 위성 중 목성과 가장 가까운 첫 번째 위성의 이름도 제우스의 연인 이름을 딴 것으로, 그녀는 제우스의 부인인 헤라에게 미움을 받아 암소로 변하여 여러 나라를 떠돌다가 이집트에 와서 제우스의 아들을 낳고 본래의 모습으로 변하여 이집트의 여왕이 되었다고 한다.

① 이오
② 유로파
③ 가니메데
④ 칼리스토

21 다음 중 말라리아, 뎅기열처럼 종식되지 않고 한정된 지역에서 주기적으로 발생하거나 풍토병으로 굳어진 전염병을 이르는 용어는?

① 엔데믹
② 인포데믹
③ 팬데믹
④ 에피데믹

22 다음에서 설명하고 있는 예술사조로 가장 적절한 것은?

객관적인 사실보다 사물이나 사건에 의하여 야기되는 주관적인 감정과 반응을 나타내는 데에 중점을 두는 예술사조이다. 눈에 보이지 않는 불안, 공포, 기쁨, 슬픔 등의 감정이 작품에 드러나는 것이 가장 큰 특징이다. 대표적인 작가로는 키르히너, 칸딘스키, 뭉크 등이 있으며, 제1차 세계대전 후에는 미술 외 문학, 음악, 연극, 영화 분야까지 확대되었다.

① 사실주의
② 표현주의
③ 고전주의
④ 낭만주의

23 다음 중 컬러 텔레비전 방송의 화면 합성 기술을 의미하는 것으로, 색조의 차이를 이용하여 어떤 피사체만을 뽑아내어 다른 화면에 끼워 넣는 방법을 이르는 용어는?

① 모자이크
② CG
③ 매트 페인팅
④ 크로마키

24 다음 중 반도체 설계 디자인을 전문으로 하는 기업으로부터 제품 설계를 넘겨받아 반도체 생산을 전담으로 하는 기업을 이르는 용어는?

① IDM
② 팹리스
③ 파운드리
④ OSAT

25 다음 중 경제 활동 가능 인구 가운데 취업 상태가 불안정하고 불규칙하며 비공식적인 저임금 노동에 시달리는 인구를 이르는 용어로 가장 적절한 것은?

① 상대적 과잉인구　　② 유동적 과잉인구
③ 잠재적 과잉인구　　④ 정체적 과잉인구

26 다음 중 사회 심리학에서 특정한 문제에 관하여 다수의 의견을 소수의 의견이라고 오해하거나, 반대로 소수의 의견을 다수의 의견이라고 오해하는 심리 현상을 이르는 용어는?

① 주의 전환의 오류　　② 다원적 무지
③ 허위 합의 효과　　④ 확증 편향

27 다음 빈칸에 들어갈 용어로 가장 적절한 것은?

> (　　　)은/는 자연의 보존과 회복을 위해 각국의 민간이 협력하는 국제 비정부 기구이다. 판다를 공식 로고로 사용하는 이 단체는 1961년 스위스에서 시작하여 현재 세계에서 가장 큰 규모의 환경단체로 성장하였으며, 2014년에는 한국에도 지사가 설립되었다.

① 시에라 클럽　　② 그린피스
③ WWF　　④ 지구의 벗

28 다음 중 스포츠 행사의 공식 후원 업체가 아니지만, 소비자에게 후원 업체라는 인상을 주는 마케팅 기법을 이르는 용어는?

① 디마케팅　　② 플래그십 마케팅
③ 노이즈 마케팅　　④ 앰부시 마케팅

29 다음 중 수영 자유형 종목에서 주로 사용되는 턴(Turn)으로, 수영장 끝에 다다랐을 때 물속에서 구르기를 하듯 앞쪽으로 돌아 두 다리로 힘차게 벽을 밀어 반대편으로 나아가는 턴을 이르는 용어는?

① Flip turn　　② Spin turn
③ Rollover turn　　④ Open turn

30 다음 중 결혼한 자녀 가족과 부모와 같이 2~3세대가 같은 집에서 살지만, 분리된 생활 공간에서 독립적으로 생활하는 가족 형태를 이르는 용어는?

① 소핵가족　　② 수정 핵가족
③ 수정 확대 가족　　④ 위성 가족

정답·해설 p.636

실전모의고사 2회 | 금융권

- 경제 및 금융, IT 상식을 주로 출제하는 IBK기업은행, KB국민은행, 농협은행, 우리은행의 필기시험에서 출제된 상식 소재를 기반으로 재구성한 모의고사입니다.
- 실전처럼 문제를 풀어보고, 문제 풀이가 끝난 뒤에는 풀이에 걸린 시간과 맞힌 개수를 써보면서 자신의 상식 실력을 확인해 보세요.

풀이 시간: 분/25분   맞힌 문제: 문제/30문제

01 다음은 무엇에 대한 설명인가?

> 자본 손실을 신고하기 위하여 채산성이 없는 주식을 연말에 매각하고, 그 매각 자금으로 새 회계 연도가 시작되면 재투자하는 투자자들로 인하여 실제 주가가 오르는 현상이다. 이것은 주가가 일정한 시기에 뚜렷한 이유도 없이 강세나 약세를 보이는 계절적 이례 현상 중 하나이다.

① 월중 효과
② 1월 효과
③ 주말 효과
④ 월말 효과

02 다음 중 블록체인에 대한 설명으로 적절하지 않은 것은?

① 제3자의 보증 없이도 거래 당사자들끼리 안전하게 거래할 수 있다.
② 거래 내역이 기록된 장부는 누구나 열람이 가능하다.
③ 사용자는 거래 정보를 임의로 변경할 수 있다.
④ 나카모토 사토시는 이 기술을 적용하여 비트코인을 개발했다.

03 다음 특징을 가진 인물에 대한 설명으로 적절한 것은?

> - 반사 망원경
> - 만유인력의 원리
> - 빛의 입자설

① 물체의 가속도는 가해진 힘에 비례하고 질량에 반비례한다고 설명했다.
② 빛의 속도가 모든 관측자에 대하여 같은 값을 가진다고 설명했다.
③ 물질의 질량은 화학 반응이 일어나기 전과 후가 항상 일정하다고 설명했다.
④ 운동하고 있는 유체의 위치 에너지와 운동 에너지의 합은 항상 일정하다고 설명했다.

04 다음 ㉠~㉢에 들어갈 용어로 옳게 짝지은 것은?

> - (㉠): 다양한 업종의 기업들이 법적으로 독립성은 유지한 채 주식을 소유하거나 금융적 결합을 맺는 기업 결합
> - (㉡): 동일 업종의 기업이 독립성은 유지한 채 경쟁을 제한하거나 완화할 목적으로 협정을 맺는 기업 결합
> - (㉢): 동일 산업 부문에 있는 각 기업이 독립성을 모두 상실한 채 시장 지배를 목적으로 맺는 기업 결합

	㉠	㉡	㉢
①	트러스트	카르텔	콘체른
②	카르텔	콘체른	트러스트
③	콘체른	카르텔	트러스트
④	콘체른	트러스트	카르텔

05 금리를 낮추고 통화량을 늘려도 가계의 소비, 기업의 생산 및 투자가 늘어나지 않아 경기가 나아지지 않는 상태를 이르는 용어는?

① 구축 효과   ② 승수 효과
③ 양적 완화   ④ 유동성 함정

06 다음에서 설명하고 있는 적대적 M&A 방어 전략으로 가장 적절한 것은?

> 인수 대상 기업의 최고 경영자가 임기 전에 사퇴하게 될 때를 대비하여 거액의 퇴직금, 일정 기간의 보수 및 보너스, 스톡옵션 등을 고용 계약에 기재하는 것으로, 이는 적대적 M&A나 경영권 침해 시도가 발생하는 경우에 기업의 안정성을 확보하고 기업의 인수 비용을 높이기 위함이다.

① 황금 낙하산   ② 백기사
③ 포이즌 필   ④ 크라운 주얼

07 다음 중 기업 공개(IPO)에 대한 설명으로 적절하지 않은 것은?

① 엄격한 상장 심사의 통과로 기업의 신뢰와 평판이 높아질 수 있다.
② 법정 절차와 방법에 따라 기업이 주식을 일반 대중에게 분산하고 재무를 공시하는 것이다.
③ 경영권 분산의 위험이 적다는 장점이 있다.
④ 설립 후 5년 이상 경과되어야 기업 공개가 가능하며 10년 이상 경과해야 하는 기업도 존재한다.

08 다음 중 노벨상에 대한 설명으로 옳지 않은 것은?

① 인류 복지에 가장 구체적으로 공헌한 사람이나 단체에 주는 상이다.
② 2000년에는 한국인 최초로 김대중 전 대통령이 평화 부문에서 수상하였다.
③ 해마다 물리학, 생리학과 의학, 평화, 문학, 경제학의 5개 부문에 수여한다.
④ 한 부문의 수상자가 2명 이상일 경우에는 해당 부문의 상금을 나누어 지급한다.

09 다음 중 국제 수지의 계정이 다른 것은?

① 서비스 수지   ② 자본 수지
③ 소득 수지   ④ 상품 수지

10 다음은 무엇에 대한 설명인가?

> 컴퓨터로 가상의 세계를 구현하여 사람이 실제와 같은 체험을 할 수 있도록 해주는 최첨단 기술로, 의학 분야에서 수술, 해부 연습에 사용되고 항공 및 군사 분야에서는 비행 조종 훈련에 이용되는 등 다양한 분야에 도입되어 응용되고 있다.

① MR   ② IoT
③ AR   ④ VR

11 소비자들이 하나의 상품을 구입한 후 그 상품과 관련이 있는 제품을 구입하게 되는 현상을 이르는 용어는?

① 디드로 효과
② 베블런 효과
③ 밴드왜건 효과
④ 스놉 효과

12 다음 중 무차별 곡선에 대한 설명으로 적절하지 않은 것은?

① 일물일가의 법칙에 의하여 원점 0에 대해 볼록하다고 가정한다.
② 원점 0에서 떨어진 곡선일수록 효용이 크다.
③ 서로 다른 무차별 곡선은 서로 교차하지 않는다.
④ 개인의 동일한 만족이나 효용을 나타내는 곡선이다.

13 다음 지문에서 설명하는 기술은?

> 사물에 센서와 통신 기능을 부여하여 사물이 스스로 실시간 데이터를 공유 및 수집하면서 상호작용하게 하는 일종의 지능형 네트워킹 기술이다. IT 기기, 가전제품뿐만 아니라 집, 자동차 등 인간 주변의 다양한 사물을 광범위하게 인터넷으로 연결하여 그 효과를 더욱 증가시킬 수 있다는 장점이 있다. 삼성의 경우 이 기술을 적용한 삼성 스마트홈 서비스를 선보여 많은 이들의 관심을 받고 있다. 삼성 스마트홈은 TV, 세탁기 등과 같은 가전제품을 태블릿 PC와 스마트폰, 더 나아가 웨어러블 기기인 갤럭시 기어와 통합 플랫폼으로 연결하여 집안의 모든 스마트 기기를 하나의 애플리케이션으로 관리할 수 있는 서비스이다.

① NFC
② IoT
③ Bluetooth
④ Wi-Fi

14 다음에서 설명하고 있는 지수로 가장 적절한 것은?

> 영국의 경제 주간지 중 하나인 이코노미스트가 1986년부터 매년 상·하반기에 발표하는 지수로 미국의 한 패스트푸드 회사의 대표적 햄버거 상품의 판매가격을 기준으로 각국의 상대적 물가수준과 통화 가치를 비교하는 지수이다. 일반적으로 이 지수가 낮을수록 해당 통화가 달러화보다 저평가된 것으로, 지수가 높을수록 고평가된 것으로 해석된다.

① 소비자 물가 지수
② 구매 관리자 지수
③ 빅맥 지수
④ 소비자 기대 지수

15 다음 중 인플레이션의 원인으로 가장 적절하지 않은 것은?

① 임금의 인상
② 실물 수요의 지속적인 증가
③ 수입 원자재 가격의 하락
④ 통화의 과잉 공급

16 다음 빈칸에 들어갈 용어로 가장 적절한 것은?

> (   )은 사용자가 통신 서비스를 이용할 때 다양한 단말 기기에서 발생하는 데이터를 중앙 집중식 데이터 센터로 보내지 않고 데이터가 발생한 곳이나 근거리의 서버에서 실시간으로 처리하는 방식으로 네트워크 연결 및 대기 시간 등의 기능에 초점을 맞추어 설계되므로 분산 컴퓨팅 모델에 유리하다.

① 클라우드 컴퓨팅
② 양자 컴퓨팅
③ 그리드 컴퓨팅
④ 에지 컴퓨팅

17 다음 중 드론에 대한 설명으로 적절하지 않은 것은?

① 초기에 군사적 목적으로 개발되었으나 세계 각국의 반대로 실전에 투입되지 못했다.
② 기본적으로 무선전파의 유도에 의해서 비행한다.
③ 민간용으로 사용이 확대되면서 사생활 침해 우려가 있다는 논란이 거세졌다.
④ 지상 통제장치, 데이터링크 등을 포함하는 소프트웨어와 비행체를 비롯한 하드웨어 요소로 구성된다.

18 다음 빈칸에 들어갈 내용으로 가장 적절하지 않은 것은?

> 4차 산업혁명이란 인공지능(AI), 사물인터넷(IoT), 가상현실(VR) 등이 주도하는 차세대 산업혁명으로, 정보 통신 기술(ICT)의 융합으로 이루어지며 ( ), ( ), ( )으로 대표된다.

① 초연결
② 초속도
③ 초지능
④ 초융합

19 다음 중 마이데이터에 대한 설명으로 가장 적절하지 않은 것은?

① 한국은 데이터 3법의 시행으로 금융, 공공 분야 등에 해당 개념을 도입하였다.
② 금융사는 소비자에게 개인 정보를 기반으로 한 맞춤 상품 등을 추천하는 것이 가능하다.
③ 금융 데이터의 주체가 금융 기관이 되어 정보를 관리하는 형태이다.
④ 소비자가 금융사에 자신의 정보 사용을 허락하면 정보를 한곳에서 모아서 볼 수 있다.

20 다음 빈칸에 들어갈 용어로 가장 적절한 것은?

> ( )은/는 금융과 기술의 융합을 통한 금융 서비스 및 산업의 변화를 통칭하는 말이다. 모바일, SNS, 빅데이터 등 새로운 IT 기술 등을 활용하여 차별화된 금융 서비스를 제공하는 기술 기반의 금융 서비스 혁신이 대표적이며, 모바일뱅킹, 앱카드 등이 그 사례이다.

① 핀테크
② 테크핀
③ 빅테크
④ I-테크

21 다음 각 사례와 관련 있는 가격 전략이 아닌 것은?

> • 백화점에서 평소 8,000원 하던 딸기 한 팩을 지난 주말에만 4,000원에 판매했는데, 세일 기간 동안 전체 매출이 크게 늘어나는 효과가 나타났다.
> • 홈쇼핑에서 판매하는 물건들은 대부분 59,900원, 99,900원 등 딱 떨어지지 않는 가격이다.
> • 한 온라인 서점은 경쟁사보다 10만 원가량 낮은 가격으로 태블릿 PC를 출시한 대신에, 자사 태블릿 PC만을 위한 전자책이나 비디오 등의 콘텐츠 판매를 통해 수익을 창출하고 있다.

① Skimming pricing
② Odd pricing
③ Loss leader
④ Captive product pricing

22 다음 설명에 해당하는 용어로 가장 적절한 것은?

> - 금융기관·기업 등이 보유하고 있는 자산을 담보로 발행하여 제3자에게 매각하는 증권이다.
> - 기업의 부동산을 비롯한 여러 가지 형태의 자산을 담보로 발행된 채권이다.
> - 선진국에서는 상대적으로 안정성이 높으면서 적절한 수익률을 제공하는 금융상품으로 인식된다.

① CDO ② CDS
③ MBS ④ ABS

23 다음 중 P2P에 대한 설명으로 적절하지 않은 것은?

① 개인과 개인이 인터넷상에서 직접 연결되어 파일을 공유하는 것이다.
② 컴퓨터끼리 직접 연결하고 검색함으로써 모든 사용자가 공급자와 수요자의 역할을 동시에 하게 된다.
③ 파일 등을 공유하기 위해서는 데이터를 담아둘 특정 서버가 필요하다.
④ 인터넷을 통하여 음악 파일을 공유할 수 있게 해주었던 서비스인 냅스터가 가장 대표적이다.

24 다음 중 빈칸에 들어갈 이름으로 적절한 것은?

> (   ) 곡선은 실업률과 임금 상승률의 관계를 나타내는 그래프이다. 이는 영국의 경제학자 (   )에 의해 발표되어 해당 이름이 붙여지게 되었다. (   )은/는 영국의 경제 통계로부터 임금 상승률과 실업률 사이에는 역의 함수 관계가 있음을 발견하게 되었으며, 이 곡선은 실업률이 낮을수록 임금 상승률이 높고 실업률이 높을수록 임금 상승률이 낮음을 설명한다. 이는 일반적으로 임금 상승률과 실업의 관계로 표시되지만 물가 상승률과 실업률의 관계로 표시되기도 한다.

① 필립스 ② 로렌츠
③ 피셔 ④ 오쿤

25 다음 중 크라우드 펀딩에 대해 바르게 설명한 사람은?

> - 혜윤: 집단지성을 이용해 사업 계획을 검증하고, 십시일반으로 사업 자금을 모으는 방식이야.
> - 중규: 자금 모집 방식이나 보상 방식에 따라 후원·기부형, 대출형, 증권형 등으로 구분되지.
> - 자현: 그중 증권형의 경우 예금자보호법에 의해 원금과 이자 포함 1인당 최대 5천만 원까지 보호받을 수 있어.
> - 진석: 독립 영화뿐만 아니라 <인천 상륙 작전>, <판도라> 등과 같은 블록버스터 영화를 대상으로 진행되기도 해.

① 혜윤, 중규 ② 혜윤, 중규, 자현
③ 혜윤, 중규, 진석 ④ 중규, 자현, 진석

26 다음 중 CP에 대한 설명으로 적절하지 않은 것은?

① 기업의 단기 자금을 쉽게 융통하기 위하여 발행하는 어음이다.
② 기업과 투자자 간의 자금 수급 관계 등과 관련 없이 고정 이율로 발행된다.
③ 신용평가기관으로부터 B급 이상의 신용 등급을 얻어야 발행이 가능하다.
④ 일반적으로 무보증 어음으로 거래되지만 중개 금융기관이 지급보증하기도 한다.

27 다음 각 설명에 해당하지 않는 것은?

> • 혈액형, 별자리, 점성술 등 누구에게나 보편적으로 적용되는 심리 상태나 특성을 자신만의 심리 상태나 특성이라고 여기는 현상
>
> • 불어로 '알을 품다'를 의미하는 단어에서 유래된 것으로, 아내가 임신했을 때 남편이 임산부에게 나타나는 입덧, 매스꺼움, 요통 등의 증상들을 보이는 현상
>
> • 배가 한번 닻을 내리면 그 이상 움직이지 못하는 것처럼 인간의 사고가 처음에 주어지는 정보로부터 큰 영향을 받아 그 조건에서 크게 벗어나지 못하는 현상

① 바넘 효과
② 헤일로 효과
③ 앵커링 효과
④ 쿠바드 증후군

28 다음 밑줄 친 상황이 우리나라에 미칠 영향으로 적절하지 않은 것은?

> A: 원/달러 환율 변화 때문에 등이 휠 것 같아. 우리 딸이 미국에서 유학 중인데 이번 달에 보내야 하는 생활비가 또 크게 늘었어.
>
> B: 그게 정말이야?
>
> A: 그래. 같은 금액의 달러를 보내려면 지난달 보다 더 많은 양의 원화가 필요하거든.
>
> B: 저런, 기사를 보니 한동안 이러한 상황이 계속될 거라고 하던데 고민이 많겠구나.

① 내국인의 미국 여행은 감소하고 미국인의 국내 여행은 증가한다.
② 미국에 자동차를 수출하는 국내 회사의 수출 판매량이 늘어날 것이다.
③ 북미 펀드에 가입하는 경우 환 노출형을 선택하는 것이 유리하다.
④ 달러화 부채를 가지고 있는 기업의 원리금 상환 부담이 줄어들 것이다.

29 다음 각 설명에 해당하는 용어를 순서대로 바르게 나열한 것은?

> • 은행에서 주택을 담보로 하여 돈을 빌려줄 때 대출 가능 한도를 나타내는 비율
>
> • 연간 총소득에서 신용 대출, 학자금 대출 등 각종 금융 부채의 연간 원리금 상환액이 차지하는 비율
>
> • 연간 총소득에서 금융 부채의 연간 원리금 상환액이 차지하는 비율

① LTV - DSR - DTI
② LTV - DTI - DSR
③ DTI - DSR - LTV
④ DSR - DTI - LTV

30 다음은 우리나라의 근대 국가 수립과 관련 있는 주요 사건에 대한 설명이다. ㉠~㉤을 시간 순서대로 바르게 나열한 것은?

> ㉠ 일본의 일방적인 조약 발표로 대한제국의 외교권이 박탈되고 통감부가 설치되었다.
>
> ㉡ 을미사변 이후 친일 내각이 구성되자 신변의 위협을 느낀 고종이 러시아 공사관으로 피신하였다.
>
> ㉢ 일본이 한반도와 만주의 지배권을 확보하기 위해 러시아의 여순 기지를 기습 공격하였다.
>
> ㉣ 일본의 군사적 지원을 받은 급진적 개화 세력이 정변을 일으켰다.
>
> ㉤ 고종이 환구단에서 황제 즉위식을 올리고 국내외에 자주 국가의 수립을 선포하였다.

① ㉡-㉣-㉤-㉢-㉠
② ㉣-㉡-㉢-㉠-㉤
③ ㉣-㉡-㉤-㉠-㉢
④ ㉣-㉡-㉤-㉢-㉠

정답·해설 p.640

실전모의고사 3회 | 언론사 · 대기업

· 전 범위 일반상식을 출제하는 MBN, SBS, YTN의 필기시험에서 출제된 상식 소재를 기반으로 재구성한 모의고사입니다.
· 실전처럼 문제를 풀어보고, 문제 풀이가 끝난 뒤에는 풀이에 걸린 시간과 맞힌 개수를 써보면서 자신의 상식 실력을 확인해 보세요.

풀이 시간: 분/25분   맞힌 문제: 문제/30문제

01 다음 ㉠+㉡+㉢의 값은?

- 올림픽: 국제 올림픽 위원회가 (㉠)년마다 개최하는 국제 경기 대회
- 유니버시아드: 국제 대학 스포츠 연맹이 (㉡)년마다 개최하는 세계 학생 스포츠 대회
- 아시아경기대회: 아시아 올림픽 평의회가 (㉢)년마다 개최하는 국제 경기 대회

① 6   ② 8
③ 10   ④ 12

02 다음 설명에 해당하는 용어로 적절한 것은?

　정보통신, 금융, 광고, 서비스, 첨단 기술 관련 분야에서 최근 들어 급부상하고 있는 직업인을 일컫는 용어로, 명석한 두뇌와 기발한 상상력으로 자발성과 창의성을 발휘하여 새로운 가치를 창조해 내고, 정보화 시대를 이끌어 가는 능력 있는 전문직 종사자를 말한다.

① 화이트 칼라   ② 골드 칼라
③ 그레이 칼라   ④ 르네상스 칼라

03 김옥균, 박영효 등의 개화당이 민씨 일파를 몰아내고 혁신적인 정부를 세우기 위하여 일으킨 갑신정변이 일어난 시기는?

① 1882년   ② 1884년
③ 1894년   ④ 1895년

04 영장의 피집행인이나 변호인의 신청으로 법원이 구속 만기일 이전에 피의자의 구속이 합당한지 아닌지를 심사하는 제도를 이르는 용어는?

① 보석
② 구속적부심사
③ 영장실질심사
④ 체포적부심사

05 휴대전화가 없을 때 초조하거나 불안감을 느끼는 증세를 이르는 용어는?

① 제노포비아
② 호모포비아
③ 투어리즘포비아
④ 노모포비아

06 다음 설명과 관련 있는 왕의 업적이 아닌 것은?

> 스스로를 황제라 칭하며 '광덕', '준풍' 등의 독자적인 연호를 사용하여 왕권을 강화하였다.

① 노비안검법 실시
② 과거제 시행
③ 공복 제정
④ 사심관 제도 실시

07 다음 설명에 해당하는 용어로 적절한 것은?

> 구글, 아마존, 페이스북 등의 글로벌 기업에 법인세와는 별도로 부과하는 세금으로, 영업장의 위치와는 관계없이 기업 매출에 따라 부과하는 것이다. 이는 다국적 정보기술 기업이 시장 소재지에 물리적 사업장을 두지 않기 때문에 해당 지역에서 발생한 이익에 제대로 된 법인세 과세가 어렵다는 지적에서 시작되었다.

① 토빈세
② 버핏세
③ 디지털세
④ 피구세

08 다음 중 G7 국가에 포함되지 않는 나라는?

① 일본
② 미국
③ 이탈리아
④ 호주

09 1966년 중국 최고 지도자인 마오쩌둥의 주도하에 일어난 사회주의 운동은?

① 문화대혁명
② 신해혁명
③ 의화단 운동
④ 5·4운동

10 고부 군수 조병갑의 횡포와 착취에 대한 불만이 도화선이 되어 일으킨 반봉건·반외세 운동과 관련 있는 인물은?

① 조만식
② 전봉준
③ 서상돈
④ 김홍집

11 다음 설명에 해당하는 사건으로 적절한 것은?

> 프랑스의 왕위 계승 문제와 양모 공업 지대인 플랑드르에서의 주도권 싸움이 원인이 되어 영국군이 프랑스에 침입하여 여러 차례 일으킨 전쟁으로, 1337년부터 1453년까지 치러진 이 전쟁은 잔 다르크 등의 활약으로 프랑스가 승리하며 막을 내리게 되었다.

① 7년 전쟁   ② 100년 전쟁
③ 장미 전쟁   ④ 30년 전쟁

14 다음 중 보궐선거에 대한 설명으로 옳지 않은 것은?

① 임기 중 사망이나 사직 등의 이유로 공석이 생겼을 때 실시하는 임시 선거이다.
② 대통령의 경우에는 자격을 상실한 날로부터 30일 이내에 후임자를 선거하도록 법에 규정되어 있다.
③ 의장은 국회 의원이 공석일 경우 15일 이내에 대통령과 중앙 선거 관리 위원회에 이를 통지해야 한다.
④ 대통령이 국회 의장의 결원 통지를 받은 후 90일 이내에 선거를 실시해야 한다.

12 부실화된 금융 자산이나 부동산을 저가로 구입하여 수익을 올리는 투자 기금을 이르는 용어는?

① 벌처 펀드   ② 뮤추얼 펀드
③ 메자닌 펀드   ④ 사모 펀드

15 빠른 변화로 인해 기존에 존재하는 것들의 경계가 뒤섞이는 현상을 이르는 용어는?

① 어뷰징   ② 뉴노멀
③ 빅블러   ④ 메타버스

13 제1차 세계대전 이후 파리 강화 회의를 통해 맺은 국제 평화를 위한 정치 체제는?

① 얄타 체제   ② 빈 체제
③ 베르사유 체제   ④ 유신 체제

16 다음 중 사대문에 포함되지 않는 것은?

① 돈의문   ② 창의문
③ 숙정문   ④ 숭례문

17 다음 ㉠~㉢에 들어갈 용어로 옳게 짝지은 것은?

> 삼권 분립이란 국가의 권력을 입법, 사법, 행정의 삼권으로 분립하여 서로 견제하고 균형을 유지시킴으로써 권력의 남용을 막고 국민의 권리와 자유를 보장하는 국가 조직의 원리이다. 우리나라에서는 입법권은 (㉠)에, 사법권은 (㉡)에, 행정권은 (㉢)에 속한다고 규정하고 있다.

	㉠	㉡	㉢
①	법원	국회	정부
②	국회	법원	정부
③	국회	정부	법원
④	법원	정부	국회

18 가계의 생계비 중에서 주거비가 차지하는 비율을 나타낸 것을 이르는 용어는?

① 지니 계수 ② 에인절 계수
③ 슈바베 지수 ④ 엥겔 지수

19 다음 중 슈베르트의 작품에 해당하지 않는 것은?

① <송어>
② <아름다운 물레방앗간의 아가씨>
③ <백조의 노래>
④ <피가로의 결혼>

20 고려 인종의 명을 받아 김부식이 신라, 고구려, 백제 세 나라의 역사를 기전체로 적어 펴낸 역사책은?

① 삼국사기 ② 삼국유사
③ 동명왕편 ④ 제왕운기

21 선거에서 어떤 후보자에게 투표할지 결정하지 못한 유권자를 이르는 용어는?

① 스윙 보터 ② 스핀 닥터
③ 마타도어 ④ 레임덕

22 다음 ㉠~㉡에 들어갈 용어로 옳게 짝지은 것은?

> 올림픽은 (㉠)에 의해, 월드컵은 (㉡)에 의해 열리는 국제 경기이다.

	㉠	㉡
①	IOC	FIFA
②	IOC	NBA
③	ITF	FIFA
④	ITF	NBA

23 색깔 사이의 경계선을 명확히 구분 지을 수 없도록 자연스럽게 번지듯 그리는 명암법을 이르는 용어는?

① 임파스토
② 마티에르
③ 스푸마토
④ 데포르마시옹

24 다음 중 사화에 대한 설명으로 적절하지 않은 것은?

① 조선 시대에 선비들이 정치적 반대파에 참혹한 화를 입던 사건을 말한다.
② 을사사화는 명종 때 윤원형이 윤임 일파를 몰아내는 과정에서 사림이 크게 화를 입은 사건이다.
③ 4대 사화 중 무오사화가 일어난 시기가 가장 빠르다.
④ 훈구파에 의해 조광조 등의 사림 세력이 숙청당한 사건을 갑자사화라고 한다.

25 다음 중 국내 슬로 시티에 해당하지 않는 지역은?

① 전북 전주 한옥마을
② 전남 담양군 창평면
③ 경남 김해시 봉하마을
④ 충남 예산군 덕산면

26 다음 중 어나니머스에 대한 설명으로 적절하지 않은 것은?

① 인터넷 해킹을 도구로 삼는 익명의 국제 해커 그룹이다.
② 사기 행각을 벌이기도 하지만 인터넷 표현의 자유와 사회 정의를 추구하기도 한다.
③ 이스라엘, 미국, 인터폴 등을 공격하여 전산망을 마비시키고 기밀을 빼내었다.
④ 2003년에 미국의 한 사이트에서 결성되었다.

27 음주운전자에 대한 처벌 기준을 강화하는 내용 등을 담은 법안은?

① 윤창호법
② 태완이법
③ 김영란법
④ 김용균법

29 자신의 의견이 다수와 같으면 적극적으로 의견을 내지만 소수에 속하거나 다수에 반대될 경우에는 의견을 내지 않는 심리 현상과 관련된 매스미디어 이론은?

① 탄환 이론
② 침묵의 나선 이론
③ 선별 효과 이론
④ 미디어 의존 이론

28 다음 지문과 관련 있는 인물의 업적으로 적절한 것은?

> 여유당(與猶堂)이란 저자의 당호(堂號)이다. 1934~1938년에 걸쳐 신조선사(新朝鮮社)에서 발행되었다. 이 책의 편자는 외현손 김성진(金誠鎭)이며, 정인보(鄭寅普)와 안재홍(安在鴻)이 함께 교열에 참여하였다. 이에 앞서 1883년(고종 20) 왕명으로 『여유당집』을 필사하여 내각(內閣)주에 보관하도록 했다고 하나, 지금은 상고할 길이 없다. 전서 간행 이전에 단행본으로 출판된 것으로는, 『목민심서(牧民心書)』·『흠흠신서(欽欽新書)』·『경세유표(經世遺表)』·『아언각비(雅言覺非)』·『이담속찬(耳談續纂)』·『강역고(疆域考)』·『마과회통(麻科會通)』 등이 있다.

① 물이 흐르는 것을 이용하여 스스로 소리를 나게 해 시간을 알리는 자격루를 만들었다.
② 북학론을 주장하였고 이용후생의 실학을 강조하였다.
③ 정조의 명을 받아 수원 화성을 건설하기 위하여 거중기를 만들었다.
④ 왕권 강화를 드러내기 위해 경복궁을 중건하였다.

30 미래의 행복만을 꿈꾸면서 현재의 일에는 관심을 가지지 않거나 흥미를 느끼지 못하는 것을 이르는 용어는?

① 피터팬 증후군
② 앨리스 증후군
③ 파랑새 증후군
④ 리플리 증후군

정답·해설 p.644

정답 및 해설

01	02	03	04	05
②	④	③	①	①
06	07	08	09	10
④	①	③	③	④
11	12	13	14	15
④	①	②	④	③
16	17	18	19	20
③	①	①	①	①
21	22	23	24	25
①	②	④	③	④
26	27	28	29	30
②	③	④	①	②

01 한국사 상식 문제   정답 ②

왕이 있는 중앙과 네 부족으로 구성된 사출도가 합쳐져 5부족 연맹을 이룬 것은 고구려가 아닌 부여이므로 적절하지 않은 설명이다.

02 한국사 상식 문제   정답 ④

(가)는 무단 통치, (나)는 문화 통치, (다)는 민족 말살 통치 시기이다.
④ 만주사변 이후 일본은 창씨개명, 신사참배, 황국신민서사 암송 등을 강요하며, 우리 민족의 정체성을 완전히 말살시키는 황국신민화 정책을 추진하였으므로 적절한 설명이다.

오답 체크
① 일본이 내선일체론, 일선 동조론 등을 내세우고, 우리말과 글의 사용을 금지한 시기는 만주사변 이후이다.
② 일본이 언론, 출판, 집회, 결사의 자유를 박탈한 시기는 3·1 운동 이전이다.
③ 일본이 많은 젊은이를 전쟁에 동원하고, 특히 젊은 여성을 일본군의 위안부로 삼은 시기는 만주사변 이후이다.

03 한국사 상식 문제   정답 ③

(가)는 정중부, (나)는 최충헌, (다)는 최우이다.
③ 최고위 무신들로 이루어진 회의 기구인 중방은 무신정변 직후부터 최충헌의 집권 이전까지 최고 권력 기구로 유지되었으나, 최씨 정권기에는 중방의 기능이 약화되었으므로 적절하지 않은 설명이다.

04 한국사 상식 문제   정답 ①

4군 6진 개척은 세조가 아닌 조선 제4대 왕 세종의 업적이다.

05 한국사 상식 문제   정답 ①

제시된 지문은 한인 애국단에 소속되어 있었던 독립운동가 매헌 윤봉길에 관한 대화이다.
① 윤봉길은 1932년 4월 29일 상하이 훙커우 공원에서 열린 일본의 전승 축하 기념식에서 폭탄을 던져 일본군 대장을 사살하고 일본군 주요 인사들에게 중상을 입혔으므로 적절한 설명이다.

오답 체크
②는 안창호, ③은 이봉창, ④는 안중근에 대한 설명이다.

06 한국사 상식 문제   정답 ④

제시된 지문은 발해에 대한 설명이다.
④ 호류사의 금당 벽화는 고구려의 승려 담징이 그렸다고 전해지고 있으므로 적절하지 않은 설명이다.

07 한국사 상식 문제   정답 ①

제시된 자료는 영조 때 양포세를 절반으로 감면해주고 나머지를 어업세, 선박세 등으로 징수하여 보충한 제도인 '균역법'에 대한 설명이다.

08 한국사 상식 문제 정답 ③

㉠은 1980년 5·18 광주 민주화 운동, ㉡은 1960년 4·19 혁명, ㉢은 1987년 6월 민주항쟁의 발생 배경이다.
따라서 사건이 발생한 순서대로 나열하면 '㉡ − ㉠ − ㉢'이 된다.

09 한국사 상식 문제 정답 ③

제시된 자료는 조선물산장려회의 궐기문으로, 조선물산장려회의 주도로 전개되었으며 일본 상품을 배격하고 민족 자본을 확립하는 데 노력한 '물산 장려 운동'과 관련 있다.

오답 체크

① 애국 계몽 운동: 1905년부터 1910년까지 사회진화론을 기반으로 하여 민족의 실력 양성을 통한 독립을 목표로 삼은 국권회복운동으로, 보안회, 공진회, 헌정 연구회, 대한 자강회, 대한협회 등 많은 단체들이 전개함

② 국채 보상 운동: 일본에서 도입한 차관을 갚기 위해 1907년부터 1908년까지 진행된 민족경제자립운동으로, 국채보상기성회가 주도함

④ 브나로드 운동: 1930년대에 농민을 대상으로 사회 개혁을 이루고자 일으킨 계몽 운동

10 한국사 상식 문제 정답 ④

전북 고창 죽림리 지석묘군은 청동기 시대의 대표적인 무덤인 고인돌을 확인할 수 있는 유적이다.

11 한국사 상식 문제 정답 ④

(가)는 병인양요, (나)는 신미양요이다.

12 한국사 상식 문제 정답 ①

제시된 내용은 '정사암 회의'에 대한 설명이다.

오답 체크

② 제가 회의: 부족 국가 시대에 여러 부족의 장들이 모여 중요한 일을 논의한 것에서 유래한 고구려의 귀족 회의

③ 화백 회의: 왕과 귀족이 국가의 중대사를 만장일치로 결정하는 신라의 귀족 회의

④ 골품제: 신라 국가 형성기에 만들어진 신분 제도

13 한국사 상식 문제 정답 ②

신라는 676년 삼국을 통일하고 통일신라를 세웠다.

② 통일신라의 신문왕은 681년에 발생한 김흠돌의 모역 사건을 계기로 귀족 세력을 숙청하고 정치 세력을 재편성하였으므로 적절한 설명이다.

오답 체크

① 645년에 당이 고구려를 침략한 안시성 싸움에 대한 설명이다.

③ 647년에 고구려가 완성한 천리장성 축조에 대한 설명이다.

④ 660년에 백제 의자왕 때 진행된 황산벌 전투에 대한 설명이다.

14 한국사 상식 문제 정답 ④

제시된 지문은 병인양요와 신미양요 이후 통상 수교 거부 의지를 밝히기 위해 전국 각지에 세운 척화비에 대한 설명이므로 흥선대원군과 관련 있다.

④ 흥선대원군은 왕권 강화를 위해 군국 기무를 관장하는 비변사를 폐지하였으므로 적절하지 않은 설명이다.

15 한국사 상식 문제 정답 ③

왕과 왕의 업적이 적절하게 연결된 것은 ㉡, ㉢이다.

㉠ 전민변정도감을 설치하여 친원 세력을 숙청한 것은 공민왕의 업적이다.

㉣ 노비안검법을 시행하여 억울하게 노비가 된 사람을 양인으로 해방시킨 것은 광종의 업적이다.

16 문화예술 상식 문제 　　　　정답 ③

제시된 내용은 '정선'에 대한 설명이다.

①은 추사체로 유명한 조선 후기 서화가이자 학자, ②, ④는 풍속화로 유명한 조선 후기 화가이다.

17 세계사 상식 문제 　　　　정답 ①

제시된 내용은 '오토 폰 비스마르크'에 대한 설명이다.

②는 영국의 총리, ③은 프랑스의 황제, ④는 독일의 총통이었던 인물이다.

18 문학 상식 문제 　　　　정답 ①

제시된 지문은 '전지적 작가 시점'에 대한 설명이다.

② 3인칭 관찰자 시점: 화자가 작품의 상황 속에 등장하기는 하지만 주요 사건에 대해서 관찰하고 묘사하는 역할만을 맡는 서술 방식

③ 1인칭 관찰자 시점: 작품의 부차적 인물로 등장하는 '나'가 주인공의 이야기를 서술하고 설명하는 방식

④ 1인칭 주인공 시점: 작품의 주인공이 자신의 이야기를 서술하고 설명하는 방식

19 경영 상식 문제 　　　　정답 ①

ESG는 기업의 비재무적 기업 가치를 측정하는 방법이므로 적절하지 않은 설명이다.

20 과학 상식 문제 　　　　정답 ①

제시된 지문은 '이오'에 대한 설명이다.

②는 갈릴레이 위성 중 목성과 두 번째로 가까운 위성, ③은 갈릴레이 위성 중 목성과 세 번째로 가까운 위성, ④는 갈릴레이 위성 중 목성과 네 번째로 가까운 위성의 이름이다.

21 환경/보건 상식 문제 　　　　정답 ①

제시된 내용은 '엔데믹'에 대한 설명이다.

② 인포데믹: 정보(Information)와 유행병(Epidemic)의 합성으로, 잘못된 정보가 전염병처럼 퍼져 나가 혼란을 초래하는 현상

③ 팬데믹: 전 세계적으로 크게 유행하는 전염병

④ 에피데믹: 한 국가나 대륙과 같이 비교적 넓은 영역에 퍼지는 전염병

22 문화예술 상식 문제 　　　　정답 ②

제시된 지문은 '표현주의'에 대한 설명이다.

① 사실주의: 일반적으로 현실을 있는 그대로 묘사 및 재현하려고 하는 예술사조

③ 고전주의: 고대 그리스·로마의 예술 작품을 모범으로 삼아 단정한 형식미를 중시하며 조화와 균형, 완성미를 추구하는 예술사조

④ 낭만주의: 꿈이나 공상의 세계를 동경하고 감상적인 정서를 중시하는 예술사조

23 미디어/스포츠 상식 문제 　　　　정답 ④

제시된 내용은 '크로마키'에 대한 설명이다.

① 모자이크: 사진이나 화면 따위에서, 특정 부위를 가리기 위하여 그 부위만을 잘 안 보이게 처리하는 기술

② CG: Computer Graphics의 약자로, 컴퓨터를 이용하여 데이터를 도형 형태로 바꾸어 그림으로 출력하는 방법
③ 매트 페인팅: 두 개의 화면을 합성할 때, 인물과 합성하기 위해 유리 면에 배경 화면을 그리는 일

24 금융/산업 상식 문제 정답 ③

제시된 내용은 '파운드리(Foundry)'에 대한 설명이다.

오답 체크

① IDM: 'Integrated Device Manufacturer'의 약자로, 반도체의 설계부터 제조까지 모두 자체적으로 수행하는 기업
② 팹리스: 제조는 하지 않고 반도체 설계 디자인을 전담하는 기업
④ OSAT: 'Outsourced Semiconductor Assembly and Test'의 약자로, 파운드리에서 제조한 반도체의 패키징 및 검사를 전문으로 수행하는 기업

25 경제 상식 문제 정답 ④

제시된 내용은 '정체적 과잉인구'에 대한 설명이다.

오답 체크

① 상대적 과잉인구: 자본주의적 산업에서 기계의 도입과 생산 기술의 발달로 인하여 직업을 잃거나 구하지 못한 노동자의 무리를 이르는 말로, 유동적 과잉인구, 잠재적 과잉인구, 정체적 과잉인구를 포괄하는 용어
② 유동적 과잉인구: 해고와 고용이 유동적인 경기 변동이나 자본주의적 생산의 발전에 따라 일시적으로 실업한 노동자들을 이르는 말
③ 잠재적 과잉인구: 취업은 하고 있으나 그 소득만으로는 독립적인 생계를 영위할 수 없는 불완전한 취업 상태에 있는 인구

26 사회 상식 문제 정답 ②

제시된 내용은 '다원적 무지'에 대한 설명이다.

오답 체크

① 주의 전환의 오류: 부수적인 문제, 중요하지 않은 사항 등으로 논점으로부터 주의를 분산시키는 오류
③ 허위 합의 효과: 실제보다 많은 사람이 자신의 의견에 동의할 것이라고 오인하는 심리 현상

④ 확증 편향: 자신의 가치관, 신념, 판단 따위와 부합하는 정보에만 주목하고 그 외의 정보는 무시하는 심리 현상

27 환경/보건 상식 문제 정답 ③

제시된 지문은 'WWF(세계자연기금)'에 대한 설명이다.

오답 체크

① 시에라 클럽: 미국에서 설립된 세계적인 민간 환경 운동 단체로, 미국에서 금광 개발로 인해 훼손된 서부의 산림 지대를 보호하기 위해 설립됨
② 그린피스: 핵무기 반대와 환경 보호를 목표로 국제적 활동을 벌이고 있는 국제단체
④ 지구의 벗: 지구 온난화를 막기 위하여 1971년에 설립된 국제적 민간 환경 운동 단체

28 경영 상식 문제 정답 ④

제시된 내용은 '앰부시 마케팅'에 대한 설명이다.

오답 체크

① 디마케팅: 자사의 상품에 대한 판매를 줄이려는 마케팅
② 플래그십 마케팅: 가장 많이 판매되는 제품을 중심으로 판촉을 진행하는 마케팅
③ 노이즈 마케팅: 상품을 의도적으로 구설에 오르게 하여 소비자의 이목을 끄는 마케팅

29 미디어/스포츠 상식 문제 정답 ①

제시된 내용은 'Flip turn'에 대한 설명이다.

오답 체크

②, ③은 배영 종목에서 주로 사용되는 턴이며, ④는 자유형에서 사용되는 턴이지만 다리가 아닌 손으로 벽을 짚은 후 돌아 두 다리로 벽을 밀어 반대편으로 나아가는 턴이다.

30 사회 상식 문제 정답 ②

제시된 내용은 '수정 핵가족'에 대한 설명이다.

오답 체크

① 소핵가족: 핵가족 가운데서도 가족 구성원의 수가 매우 적은 가족
③ 수정 확대 가족: 가족 구성은 확대 가족과 동일하지만 확대 가족처럼 한집에서 살지 않고 각 가계가 가까운 데 살면서 자주 만나거나 돕는 형태의 가족
④ 위성 가족: 부모와 자녀가 핵가족을 이루어 살면서 조부모 세대가 근거리에서 살며 도움을 주는 가족 형태

01	02	03	04	05
②	③	①	③	④
06	07	08	09	10
①	③	③	②	④
11	12	13	14	15
①	①	②	③	③
16	17	18	19	20
④	①	②	③	①
21	22	23	24	25
①	④	③	①	③
26	27	28	29	30
②	②	④	①	④

01 금융/산업 상식 문제 정답 ②

제시된 지문은 '1월 효과'에 대한 설명이다.

오답 체크

① 월중 효과: 기업들의 원화 자금 수요가 월말에 몰려있어 월초에는 원화가 약세를 보이고 월말에는 강세를 보이는 현상
③ 주말 효과: 월요일의 주식시장 수익률이 다른 요일의 수익률에 비해 낮은 현상
④ 월말 효과: 대부분 사람들의 급여일이 20일 이후에 몰려있어 적립식 펀드로의 자금 유입 등이 월말에 집중되는 현상

02 IT 상식 문제 정답 ③

블록체인은 네트워크상에서 정보를 임의로 변경할 수 없고 다수의 합의가 필요한 분산 컴퓨팅 기반의 데이터 위조 및 변조 방지 기술이므로 옳지 않은 설명이다.

03 과학 상식 문제 정답 ①

제시된 지문은 '뉴턴'에 대한 특징이다.
① 뉴턴은 운동하는 물체의 가속도는 힘의 크기에 비례하여 그 힘이 작용하는 방향으로 일어나며, 물체의 질량에 반비례한다는 가속도의 법칙을 주장하였으므로 적절한 설명이다.

② 아인슈타인이 주장한 상대성 이론에 대한 설명이다.

③ 라부아지에가 발견한 질량 보존의 법칙에 대한 설명이다.

④ 베르누이가 공식화한 베르누이의 정리에 대한 설명이다.

04 경영 상식 문제 　　　　　 정답 ③

㉠은 콘체른, ㉡은 카르텔, ㉢은 트러스트에 대한 설명이다.

05 경제 상식 문제 　　　　　 정답 ④

제시된 내용은 '유동성 함정'에 대한 설명이다.

① 구축 효과: 경기 활성화를 위하여 정부가 재정 지출을 늘리면 이자율이 상승하여 기업의 투자와 민간의 소비가 위축되는 현상

② 승수 효과: 어떤 경제 요인의 변화가 다른 경제 요인의 변화를 유발하여 파급 효과를 낳고 최종적으로는 처음의 몇 배 증가 또는 감소로 나타나는 총 효과

③ 양적 완화: 금리 인하를 통한 경기 부양의 효과가 한계에 다다랐을 때 중앙은행이 국채를 매입하는 등의 방법으로 통화의 유동성을 높이는 정책

06 경영 상식 문제 　　　　　 정답 ①

제시된 지문은 '황금 낙하산'에 대한 설명이다.

② 백기사: 경영권을 위협받는 인수 대상 기업이 경영권을 방어하기 위하여 끌어들이는 우호적인 세력

③ 포이즌 필: 기존 주주들에게 시가보다 싼 가격으로 자사의 지분을 살 수 있는 권리를 부여하는 것

④ 크라운 주얼: 인수 대상 기업이 가장 가치 있는 자산을 미리 처분하여 자산 가치를 떨어뜨리는 것

07 금융/산업 상식 문제 　　　　　 정답 ③

기업 공개는 기업의 소유권인 주식이 시장에서 매매 대상이 되는 만큼 경영권 분산의 위험이 존재한다는 단점이 있으므로 적절하지 않은 설명이다.

08 문화예술 상식 문제 　　　　　 정답 ③

노벨상은 해마다 물리학, 화학, 생리학과 의학, 평화, 문학, 경제학의 6개 부문에 수여하고 있으므로 옳지 않은 설명이다.

09 국제 경제 상식 문제 　　　　　 정답 ②

국제 수지는 경상 수지와 자본 수지 계정으로 구성되어 있으며, 경상 수지는 다시 상품 수지, 서비스 수지, 소득 수지, 경상 이전 수지로 세분화되므로 국제 수지의 계정이 다른 것은 자본 수지이다.

10 IT 상식 문제 　　　　　 정답 ④

제시된 지문은 'VR(가상 현실)'에 대한 설명이다.

① MR(혼합 현실): 현실과 가상이 접목되어 물리적 객체와 가상 객체가 상호 작용할 수 있는 스마트 환경을 제공하는 기술

② IoT(사물 인터넷): 인터넷을 기반으로 모든 사물을 연결하여 정보를 수집하고 제어 및 관리할 수 있는 기술

③ AR(증강 현실): 현실 세계에 기술로 만든 3차원 가상 물체 및 정보를 겹쳐 보여주는 기술

11 경제 상식 문제 　　　　　 정답 ①

제시된 내용은 '디드로 효과'에 대한 설명이다.

② 베블런 효과: 과시욕으로 인해 재화의 가격이 오르는데도 수요는 오히려 증가하는 현상

③ 밴드왜건 효과: 다른 소비자들이 많이 소비하는 재화에 영향을 받아 그 소비 형태를 따라가는 현상

④ 스놉 효과: 특정 재화를 구매하는 소비자들이 많아지면 그 재화에 대한 수요가 감소하는 현상

12 경제 상식 문제 　　　　　 정답 ①

무차별 곡선은 한계효용 체감의 법칙에 따라 원점 0에 대하여 볼록하다고 가정되므로 적절하지 않은 설명이다.

13 IT 상식 문제 　　　　　정답 ②

제시된 지문은 사물에 센서를 장착하여 사람의 개입 없이도 사물이 스스로 인터넷을 통해 실시간으로 데이터를 수집하고 교환할 수 있게 하는 기술인 'IoT(Internet of Things)'에 대한 설명이다.

오답 체크

① NFC: 기기 간 설정을 하지 않고도 10cm 이내의 가까운 거리에서 무선으로 데이터를 교환할 수 있는 통신 기술
③ Bluetooth: 10m 내외의 거리에서 휴대폰, 노트북, 이어폰 등과 같은 휴대용 기기를 무선으로 연결하는 기술
④ Wi-Fi: 전파나 적외선 전송 방식을 이용하여 무선 접속장치 (AP)가 설치된 곳의 일정 거리 내에서 초고속 인터넷을 이용할 수 있도록 하는 근거리 통신망

14 국제 경제 상식 문제 　　　　　정답 ③

제시된 지문은 '빅맥 지수'에 대한 설명이다.

오답 체크

① 소비자 물가 지수: 소비자 가격 조사에 따라 일정한 시기의 소비자 가격을 기준으로 해서 그 변동을 백분율로 나타낸 수
② 구매 관리자 지수: 미국 구매 관리자 협회가 매달 300명의 회원에게 제조업 동향에 대한 설문을 하여 그 결과를 지수화한 경기 지표
④ 소비자 기대 지수: 현재로부터 6개월 후의 경기, 생활형편, 소비 지출 따위에 대한 소비자의 기대 심리를 나타낸 지수

15 경제 상식 문제 　　　　　정답 ③

수입 원자재 가격의 하락이 아닌 상승이 인플레이션의 원인이 되므로 적절하지 않은 설명이다.

16 IT 상식 문제 　　　　　정답 ④

제시된 지문은 '에지 컴퓨팅'에 대한 설명이다.

오답 체크

① 클라우드 컴퓨팅: 클라우드를 사용하여, 인터넷이 연결된 환경에서 여러 종류의 단말기를 통해 저장된 정보를 손쉽게 접근하는 일
② 양자 컴퓨팅: 양자 역학의 원리에 따라 작동하는 컴퓨터로 정보를 처리하는 일
③ 그리드 컴퓨팅: 지리적으로 분산된 컴퓨터 시스템으로 대용량 저장 장치 및 데이터베이스, 첨단 실험 장비 따위의 자원들을 고속 네트워크에 연결해 상호 공유하는 디지털 신경망 구조의 인터넷 서비스

17 IT 상식 문제 　　　　　정답 ①

1982년 이스라엘의 레바논 침공, 2000년대 미국의 이라크 전쟁, 아프간 전쟁 등에 드론이 실제로 투입되었으므로 적절하지 않은 설명이다.

18 IT 상식 문제 　　　　　정답 ②

4차 산업혁명은 초연결, 초지능, 초융합으로 대표되므로 빈칸에 들어갈 내용으로 가장 적절하지 않은 것은 '초속도'이다.

19 금융/산업 상식 문제 　　　　　정답 ③

마이데이터는 은행 계좌와 신용카드 이용 내역 등 금융 데이터의 주인을 금융 기관이 아니라 개인으로 정의하는 개념이므로 가장 적절하지 않은 설명이다.

20 금융/산업 상식 문제 　　　　　정답 ①

제시된 지문은 '핀테크(Fintech)'에 대한 설명이다.

오답 체크

② 테크핀: 정보기술(IT)에 금융을 접목한 혁신을 의미하는 용어
③ 빅테크: 구글, 아마존, 페이스북이나 애플 같은 대형 정보기술 (IT) 기업을 뜻하는 말
④ I-테크: 세제 혜택을 받을 수 있는 보험 상품을 재테크 수단으로 이용하는 것을 뜻하는 말

21 경영 상식 문제 정답 ①

첫 번째는 Loss leader, 두 번째는 Odd pricing, 세 번째는 Captive product pricing과 관련 있는 사례이다. Skimming pricing은 신제품을 출시할 때는 가격을 높게 매겼다가 시간이 흐르면 점차 가격을 낮추는 전략이다.

22 금융/산업 상식 문제 정답 ④

제시된 내용은 'ABS(자산유동화증권)'에 대한 설명이다.

오답 체크

① CDO: 회사채나 금융회사의 대출채권 등을 한데 묶어 유동화시킨 신용파생상품
② CDS: 부도가 발생하여 채권이나 대출 원리금을 돌려받지 못할 위험에 대비한 신용파생상품
③ MBS: 금융 기관이 주택을 담보로 만기 20년 또는 30년짜리 장기대출을 해준 주택 저당채권을 대상자산으로 하여 발행한 증권

23 IT 상식 문제 정답 ③

P2P는 파일 등을 공유하기 위해서 데이터를 담아둘 특정 서버가 필요하지 않으므로 적절하지 않은 설명이다.

24 경제 상식 문제 정답 ①

지문의 빈칸에는 실업률과 임금 상승률의 관계를 발표한 영국의 경제학자 '필립스'가 들어간다.

오답 체크

② 로렌츠: 소득분포의 불평등도를 나타내기 위한 로렌츠 곡선을 만든 미국의 통계학자
③ 피셔: 시중 금리와 인플레이션 기대 심리의 관계를 설명한 피셔 효과를 만든 미국의 경제학자
④ 오쿤: 실업률과 경제 성장률 사이에 일반적으로 관측되는 부의 관계를 밝혔던 미국의 경제학자

25 IT 상식 문제 정답 ③

인터넷이나 소셜 미디어를 통해 불특정 다수의 개인으로부터 사업 자금을 모으는 크라우드 펀딩에 대해 바르게 설명한 사람은 혜윤, 중규, 진석이다.

오답 체크

· 자현: 증권형 크라우드 펀딩에 대한 투자는 고위험 투자로 예금자보호법이 적용되지 않으므로 적절하지 않은 설명이다.

26 금융/산업 상식 문제 정답 ②

CP는 기업과 투자자 간의 자금 수급 관계 등을 고려하여 금리를 자율적으로 결정하므로 적절하지 않은 설명이다.

27 인문 상식 문제 정답 ②

첫 번째는 바넘 효과, 두 번째는 쿠바드 증후군, 세 번째는 앵커링 효과에 대한 설명이다. 따라서 제시된 설명에 해당하지 않는 것은 상대에게 받는 어떤 특정한 인상 하나로 상대의 모든 면을 평가하게 되는 현상인 '헤일로 효과'이다.

28 경제 상식 문제 정답 ④

제시된 대화문은 환율 변동으로 인해 자녀를 미국에 유학 보낸 부모의 경제적 부담이 가중되었다는 내용으로, 밑줄 친 내용은 달러화가 절상된 상황을 의미한다. 달러화 절상으로 원화 표시 부채 금액이 증가하여 기업의 원리금 상환 부담이 가중되므로 적절하지 않은 설명이다.

29 금융/산업 상식 문제 정답 ①

첫 번째는 LTV, 두 번째는 DSR, 세 번째는 DTI에 대한 설명이다.

30 한국사 상식 문제 정답 ④

㉠은 1905년의 을사늑약 체결, ㉡은 1896년의 아관파천, ㉢은 1904년 러·일 전쟁 발발, ㉣은 1884년의 갑신정변, ㉤은 1897년의 대한제국 수립에 대한 설명이다. 따라서 ㉠~㉤을 시간 순서대로 나열하면 '㉣ - ㉡ - ㉤ - ㉢ - ㉠'이 된다.

01	02	03	04	05
③	②	②	②	④
06	07	08	09	10
④	③	④	①	②
11	12	13	14	15
②	①	③	②	③
16	17	18	19	20
②	②	③	④	①
21	22	23	24	25
①	①	③	④	④
26	27	28	29	30
②	①	③	②	③

01 미디어/스포츠 상식 문제 　　　　정답 ③

㉠은 4, ㉡은 2, ㉢은 4로 ㉠+㉡+㉢의 값은 10이다.

02 사회 상식 문제 　　　　정답 ②

제시된 지문은 '골드 칼라'에 대한 설명이다.

오답 체크

① 화이트 칼라: 푸른 작업복을 입는 육체노동자와 달리 흰 와이
　셔츠를 입고 사무직에 종사하는 사람들
③ 그레이 칼라: 사무직에 종사하는 사람과 생산 현장에서 일하는
　사람의 중간적인 성격을 지니는 사람들
④ 르네상스 칼라: 정치, 경제, 문화 등 다양한 분야를 두루 섭렵하
　고 컴퓨터 작업에도 뛰어난 사람들

03 한국사 상식 문제 　　　　정답 ②

갑신정변은 고종 21년인 1884년에 일어난 사건이다.

04 법 상식 문제 　　　　정답 ②

제시된 내용은 '구속적부심사'에 대한 설명이다.

오답 체크

① 보석: 영장이 발부된 피의자가 기소된 이후에 법원이 보증금
　납부, 담보 제공 등을 조건으로 피고인의 구속 집행을 해제하
　고 석방하는 제도
③ 영장실질심사: 검사가 구속 영장을 청구한 경우에 법원이 구속
　여부를 판단하기 위하여 피의자를 소환하여 직접 심문하고 의
　견을 들어 구속 여부를 실질적으로 결정하는 제도
④ 체포적부심사: 체포된 피의자에 대해 법원이 체포의 적법성과
　체포의 계속 필요성 여부를 가리는 제도

05 인문 상식 문제 　　　　정답 ④

제시된 내용은 '노모포비아'에 대한 설명이다.

오답 체크

① 제노포비아: 외국인이나 이민족 집단을 병적으로 싫어하고 미
　워하는 증세
② 호모포비아: 동성애를 병적으로 싫어하고 미워하는 증세
③ 투어리즘포비아: 자신이 거주하는 지역에 관광객이 오는 것을
　병적으로 싫어하고 두려워하는 증세

06 한국사 상식 문제 　　　　정답 ④

제시된 내용은 고려 제4대 왕이었던 '광종'에 대한 설명으로, 그의
업적으로는 노비안검법 실시, 과거제 시행, 공복 제정 등이 있다.

오답 체크

사심관 제도는 고려 제1대 왕이었던 태조(왕건)의 정책이다.

07 경제 상식 문제 　　　　정답 ③

제시된 지문은 '디지털세'에 대한 설명이다.

오답 체크

① 토빈세: 단기 자금의 유·출입을 막기 위하여 단기성 외환거래
　에 부과되는 세금
② 버핏세: 부유층에 부과되는 세금
④ 피구세: 외부 효과를 해결하기 위하여 외부성을 일으킨 사람에
　게 비용의 차이만큼 부과되는 세금

08 정치 상식 문제   정답 ④

G7 국가에는 미국, 영국, 프랑스, 독일, 일본, 캐나다, 이탈리아가 있다.

④ 호주는 G20에 속하는 국가이다.

09 세계사 상식 문제   정답 ①

제시된 내용은 '문화대혁명'에 대한 설명이다.

오답 체크

② 신해혁명: 1911년 청나라를 무너뜨리고 중화민국을 세운 중국의 민주주의 혁명

③ 의화단 운동: 1900년 중국 화베이에서 일어난 외세 배척 운동

④ 5·4운동: 1919년 중국 베이징에서 일어난 반제국주의·반봉건주의 운동

10 한국사 상식 문제   정답 ②

제시된 내용은 동학농민운동에 대한 설명으로, 해당 사건과 관련 있는 인물은 '전봉준'이다.

오답 체크

① 조만식: 조선물산장려회를 조직하여 국산품 애용 운동을 펼쳤던 인물

③ 서상돈: 일본에서 도입한 차관 1,300만 원을 갚고 주권을 회복하고자 한 국채보상운동을 제안한 인물

④ 김홍집: 홍범 14조를 발표하였으며 갑오개혁을 추진했던 인물

11 세계사 상식 문제   정답 ②

제시된 지문은 '100년 전쟁'에 대한 설명이다.

오답 체크

① 7년 전쟁: 1756년부터 1763년까지 오스트리아와 프로이센이 슐레지엔 영유권을 놓고 벌인 전쟁

③ 장미 전쟁: 1455년부터 1485년까지 영국의 랭커스터가와 요크가 사이에서 벌어졌던 왕위 쟁탈전

④ 30년 전쟁: 1618년부터 1648년까지 독일을 중심으로 유럽의 여러 나라 사이에서 일어난 종교 전쟁

12 금융/산업 상식 문제   정답 ①

제시된 내용은 '벌처 펀드'에 대한 설명이다.

오답 체크

② 뮤추얼 펀드: 주식을 발행하여 모은 투자 자금을 전문 운용 회사에 맡기고 발생한 수익을 투자자에게 배당금 형태로 나누어 주는 투자 회사

③ 메자닌 펀드: 신주인수권부사채, 전환사채, 후순위채권 등에 투자하는 간접 펀드

④ 사모 펀드: 소수의 투자자에게 비공개로 자금을 모아 주식과 채권 등에 투자하여 운용하는 펀드

13 세계사 상식 문제   정답 ③

제시된 내용은 '베르사유 체제'에 대한 설명이다.

오답 체크

① 얄타 체제: 제2차 세계대전 이후 평화 수립을 위해 맺은 정치 체제

② 빈 체제: 1814년 빈 회의에 따라 성립한 유럽의 국제 정치 체제

④ 유신 체제: 1972년 박정희 대통령의 비상조치에 의하여 성립한 정치 체제

14 정치 상식 문제   정답 ②

대통령이 궐위된 때는 자격을 상실한 날로부터 60일 이내에 후임자를 선거해야 하므로 적절하지 않은 설명이다.

15 IT 상식 문제   정답 ③

제시된 내용은 '빅블러'에 대한 설명이다.

오답 체크

① 어뷰징: 인터넷 포털 사이트에서 클릭수를 조작하거나 온라인 게임에서 시스템의 허점이나 오류 등을 이용하여 부당하게 이득을 취하는 행위

② 뉴노멀: 시대가 변하면서 새롭게 부상하는 기준이나 표준

④ 메타버스: 현실과 가상의 경계가 허물어져 현실 세계와 같은 사회, 경제, 문화 활동이 이루어지는 3차원 가상 세계

16 한국사 상식 문제 정답 ②

사대문에는 흥인지문, 돈의문, 숭례문, 숙정문이 있다.
② 창의문은 혜화문, 소의문, 광희문과 함께 사소문에 포함된다.

17 정치 상식 문제 정답 ②

㉠은 국회, ㉡은 법원, ㉢은 정부가 들어가야 한다.

18 경제 상식 문제 정답 ③

제시된 내용은 '슈바베 지수'에 대한 설명이다.

오답 체크

① 지니 계수: 소득 분포의 불평등도를 측정하기 위한 계수
② 에인절 계수: 가계의 생계비 중에서 자녀 양육비가 차지하는 비율
④ 엥겔 지수: 가계의 생계비 중에서 음식비가 차지하는 비율

19 문화예술 상식 문제 정답 ④

<피가로의 결혼>은 모차르트의 작품이다.

20 한국사 상식 문제 정답 ①

제시된 내용은 '삼국사기'에 대한 설명이다.

오답 체크

② 삼국유사: 고려 충렬왕 때 승려 일연이 쓴 역사책
③ 동명왕편: 고려 명종 때 이규보가 지은 영웅 서사시
④ 제왕운기: 고려 충렬왕 때 이승휴가 지은 사서

21 정치 상식 문제 정답 ①

제시된 내용은 '스윙 보터'에 대한 설명이다.

오답 체크

② 스핀 닥터: 정부 수반이나 각료의 곁에서 정부의 입장과 정책 등을 국민들에게 설명하거나 여론을 수렴하여 정책을 구체화하는 사람

③ 마타도어: 상대편을 중상모략하거나 그 내부를 교란하기 위한 정치가들의 흑색선전
④ 레임덕: 임기가 끝나가는 정치 지도자의 권력 누수 현상

22 미디어/스포츠 상식 문제 정답 ①

㉠은 IOC, ㉡은 FIFA가 들어가야 한다.

23 문화예술 상식 문제 정답 ③

제시된 내용은 '스푸마토'에 대한 설명이다.

오답 체크

① 임파스토: 유화에서 물감을 겹쳐 두껍게 칠하는 기법
② 마티에르: 물감, 캔버스, 필촉, 화구 등에 의해 만들어진 대상의 물질감 또는 화면에 나타난 재질감
④ 데포르마시옹: 회화나 조각에서 대상이나 소재가 되는 자연물을 사실적으로 그리지 않고 주관적으로 확대하거나 변형하여 표현하는 기법

24 한국사 상식 문제 정답 ④

훈구파에 의해 조광조 등의 사림 세력이 숙청당한 사건은 기묘사화이므로 적절하지 않은 설명이다.

25 사회 상식 문제 정답 ④

충남 예산군 '대흥면'이 슬로 시티에 해당한다.

26 IT 상식 문제 정답 ②

어나니머스는 사기 행각을 벌이거나 사욕을 채우는 일반 해커와 달리 인터넷 표현의 자유와 사회 정의를 추구하는 집단이므로 적절하지 않은 설명이다.

27 법 상식 문제　　　　　정답 ①

제시된 내용은 '윤창호법'에 대한 설명이다.

오답 체크

② 태완이법: 살인죄의 공소시효를 폐지하는 내용의 형사소송법 개정안
③ 김영란법: 공직자 등에 대한 부정 청탁 및 공직자 등의 금품 등 수수를 금지하는 법률
④ 김용균법: 산업 현장의 안전 규제를 대폭 강화한 산업안전보건법 개정안

28 한국사 상식 문제　　　　　정답 ③

제시된 지문은 정약용의 『여유당전서』에 관한 설명이다. 정약용은 정조의 명을 받아 도르래의 원리를 이용해 작은 힘으로 무거운 물건을 들어 올리는 거중기를 만들었으며, 이는 수원 화성을 건설하기 위하여 사용되었으므로 적절한 설명이다.

오답 체크

①은 장영실, ②는 박지원, ④는 흥선대원군에 대한 설명이다.

29 미디어/스포츠 상식 문제　　　　　정답 ②

제시된 내용은 '침묵의 나선 이론'에 대한 설명이다.

오답 체크

① 탄환 이론: 매스미디어가 대중들에게 즉각적이고 획일적으로 강력한 영향력을 미치고 있다는 이론
③ 선별 효과 이론: 매스미디어의 효과는 수용자 개인의 심리적 차이, 사회 계층적 영향 등에 의해 제한을 받아 선별적이고 한정적으로 나타난다는 이론
④ 미디어 의존 이론: 미디어, 개인, 사회적 환경은 모두 상호 의존적인 관계를 형성하고 있다는 이론

30 인문 상식 문제　　　　　정답 ③

제시된 내용은 '파랑새 증후군'에 대한 설명이다.

오답 체크

① 피터팬 증후군: 성인이 되어서도 현실을 도피하기 위해 스스로 어른임을 인정하지 않는 어른아이 같은 심리적 증상
② 앨리스 증후군: 자신의 신체 일부나 다른 대상이 실제보다 크거나 작아 보이는 지각적 왜곡이 나타나는 증상
④ 리플리 증후군: 과도한 신분 상승 욕구 때문에 거짓말을 일삼다 결국은 자신마저 속이고 환상 속에 살게 되는 유형의 인격 장애

부록1

쉬운 듯
헷갈리는
일상생활 속 상식

- 국어상식
- 생활상식
- 기타상식

국어상식

01 빈출 한글 맞춤법

구분	규정
구개음화	• 'ㄷ, ㅌ' 받침 뒤에 종속적 관계를 가진 '-이(-)'나 '-히-'가 올 적에는, 그 'ㄷ, ㅌ'이 'ㅈ, ㅊ'으로 소리 나더라도 'ㄷ, ㅌ'으로 적는다. 예 굳이, 걷히다, 맏이, 묻히다, 샅샅이, 해돋이
띄어쓰기	• 조사는 그 앞말에 붙여 쓴다. 예 꽃밖에, 나가기는커녕, 나가면서까지도, 어디까지나, 집에서만이라도, 집에서처럼
	• 의존 명사는 띄어 쓴다. 예 떠난 지가 오래다, 뜻한 바를 알다, 먹을 만큼 먹어라, 할 수 있다
	• 단위를 나타내는 명사는 띄어 쓴다. 예 세 그루, 밥 한 술, 집 한 채, 차 다섯 대, 토끼 두 마리 • 다만, 순서를 나타내는 경우나 숫자와 어울리어 쓰는 경우에는 붙여 쓸 수 있다. 예 2미터, 500원, 3층, 사학년
	• 두 말을 이어주거나 열거할 적에 쓰이는 말들은 띄어 쓴다. 예 국장 겸 과장, 열 내지 스물, 청군 대 백군, 사장 및 이사진
	• 단음절로 된 단어가 연이어 나타날 적에는 붙여 쓸 수 있다. 예 그때 그곳, 내것 네것, 좀더 큰 이 새집
	• 보조 용언은 띄어 씀을 원칙으로 하되, 경우에 따라 붙여 씀도 허용한다. 예 불이 꺼져 간다 - 불이 꺼져간다, 열어 놓다 - 열어놓다, 뛰어 본다 - 뛰어본다, 모르는 체한다 - 모르는체한다 • 다만, 앞말에 조사가 붙거나 앞말이 합성 동사인 경우, 그리고 중간에 조사가 들어갈 적에는 그 뒤에 오는 보조 용언은 띄어 쓴다. 예 물어만 보고, 밀어내 버렸다, 잘난 체를 한다, 집어넣어 둔다, 잡아매 둔다, 책을 읽어도 보고
두음 법칙	• 한자음 '랴, 려, 례, 료, 류, 리'가 단어의 첫머리에 올 적에는, 두음 법칙에 따라 '야, 여, 예, 요, 유, 이'로 적는다. 예 양심, 예의, 유행, 이발 • 다만, 의존명사 '량(輛), 리(理, 里, 厘)' 등은 두음 법칙과 관계없이 본음대로 적는다. 예 다섯 량의 열차, 백 리, 그럴 리가 없다
	• 단어의 첫머리 이외의 경우에는 본음대로 적는다. 예 개량, 도리, 선량, 쌍룡, 하류, 혼례 • 다만, 모음이나 'ㄴ' 받침 뒤에 이어지는 '렬, 률'은 '열, 율'로 적는다. 예 나열, 백분율, 분열, 비율, 실패율
사이시옷 표기	• 사이시옷은 순우리말로 된 합성어로서 앞말이 모음으로 끝난 경우, 뒷말의 첫소리가 된소리로 나는 것, 뒷말의 첫소리 'ㄴ, ㅁ' 앞에서 'ㄴ' 소리가 덧나는 것, 뒷말의 첫소리 모음 앞에서 'ㄴㄴ' 소리가 덧나는 것일 때 받치어 적는다. 예 선짓국, 아랫집, 햇볕 / 뒷머리, 냇물 / 허드렛일, 나뭇잎, 댓잎, 베갯잇
	• 사이시옷은 순우리말과 한자어로 된 합성어로서 앞말이 모음으로 끝난 경우, 뒷말의 첫소리가 된소리로 나는 것, 뒷말의 첫소리 'ㄴ, ㅁ' 앞에서 'ㄴ' 소리가 덧나는 것, 뒷말의 첫소리 모음 앞에서 'ㄴㄴ' 소리가 덧나는 것일 때 받치어 적는다. 예 귓병, 자릿세, 전셋집, 햇수 / 제삿날, 툇마루, 양칫물 / 예삿일, 훗일
	• 두 글자(한자어 형태소)로 된 한자어 중, 앞 글자의 모음 뒤에서 뒤 글자의 첫소리가 된소리로 나는 6개 단어에만 사이시옷을 받치어 적는다. 예 곳간(庫間), 셋방(貰房), 숫자(數字), 찻간(車間), 툇간(退間), 횟수(回數)

| 기타 | • 지난 일을 나타내는 어미는 '-더라, -던'으로 적고, 물건이나 일의 내용을 가리지 아니하는 뜻을 나타내는 조사와 어미는 '(-)든지'로 적는다.
ⓔ 깊던 물이 얕아졌다 / 가든지 오든지 마음대로 해라 |
| | • 자격을 나타내는 말과 수단을 나타내는 말은 구별하여 적는다.
ⓔ 사람으로서 그럴 수는 없다. (자격) / 닭으로써 꿩을 대신했다. (수단) |

02 빈출 표준어

구분	규정
표준어 규정 제6항	• 다음 단어들은 의미를 구별함이 없이, 한 가지 형태만을 표준어로 삼는다. ⓔ 돌, 둘째, 셋째, 넷째, 빌리다 • 다만, '둘째'는 십 단위 이상의 서수사에 쓰일 때에 '두째'로 한다. ⓔ 열두째, 스물두째
표준어 규정 제7항	• 수컷을 이르는 접두사는 '수-'로 통일한다. ⓔ 수꿩, 수나사, 수놈, 수사돈, 수소, 수은행나무 • 다만(1) 다음 단어에서는 접두사 다음에서 나는 거센소리를 인정한다. 접두사 '암-'이 결합되는 경우에도 이에 준한다. ⓔ 수캉아지, 수캐, 수컷, 수키와, 수탉, 수탕나귀, 수톨쩌귀, 수퇘지, 수평아리 • 다만(2) 발음상 사이시옷과 비슷한 소리가 있다고 판단되는 다음 단어의 접두사는 '숫-' 으로 한다. ⓔ 숫양, 숫염소, 숫쥐
표준어 규정 제9항	• 기술자에게는 '-장이', 그 외에는 '-쟁이'가 붙는 형태를 표준어로 삼는다. ⓔ 미장이, 유기장이 / 멋쟁이, 소금쟁이, 담쟁이덩굴, 골목쟁이, 발목쟁이
표준어 규정 제12항	• '웃-' 및 '윗-'은 명사 '위'에 맞추어 '윗-'으로 통일한다. ⓔ 윗넓이, 윗눈썹, 윗니, 윗당줄, 윗덧줄, 윗도리, 윗동아리, 윗막이, 윗머리, 윗목, 윗몸, 윗바람 • 다만(1) 된소리나 거센소리 앞에서는 '위-'로 한다. ⓔ 위짝, 위쪽, 위채, 위층 • 다만(2) '아래, 위'의 대립이 없는 단어는 '웃-'으로 발음되는 형태를 표준어로 삼는다. ⓔ 웃국, 웃기, 웃돈, 웃비, 웃어른, 웃옷

03 헷갈리기 쉬운 표준어

표준어	잘못된 표현	표준어	잘못된 표현
가랑이	가랭이	부각	다시마자반
가르마	가리마	부스러기	부스럭지
간질이다	간지르다	비로소	비로서
감색	곤색	빠뜨리다	빠치다
강낭콩	강남콩	뻐꾸기	뻑국이
객쩍다	객적다	사글세	삭월세
거친	거칠은	샀	삭
고봉밥	높은밥	살풀이	살막이
고치다	낫우다	상판대기	쌍판대기
곱빼기	곱배기	샛별	새벽별
괴팍하다	괴퍅하다	숟가락	숫가락

구들장	방돌	아기	애기
구레나룻	구렛나루	아주	영판
귀띔	귀팀	아지랑이	아지랭이
길잡이	길앞잡이	악바리	악발이
깍두기	깍둑이	안성맞춤	안성마춤
깡충깡충	깡총깡총	안절부절못하다	안절부절하다
끼어들기	끼여들기	알사탕	구슬사탕
널따랗다	넓다랗다	애달프다	애닯다
늘그막	늙으막	야트막하다	얕트막하다
닦달하다	닥달하다	역겹다	역스럽다
더욱이	더우기	열심히	열심으로
둘째	두째	오뚝이	오뚜기
똬리	또아리	자두	오얏
마른빨래	건빨래	죽데기	피죽
머리말	머릿말	지루하다	지리하다
메밀	모밀	-지만	-지만서도
며느리발톱	뒷발톱	찌개	찌게
무	무우	총각무	알타리무
미루나무	미류나무	케케묵다	켸켸묵다
발자국	발자욱	털어먹다	떨어먹다
본새	뽄새	푼돈	푼전
봉선화	봉숭화	허우대	허위대

04 헷갈리기 쉬운 외래어 표기

어휘	표기	어휘	표기
accessory	악세서리(x) → 액세서리(O)	message	메세지(x) → 메시지(O)
alcohol	알콜(x) → 알코올(O)	outlet	아울렛(x) → 아웃렛(O)
barbecue	바베큐(x) → 바비큐(O)	pamphlet	팜플렛(x) → 팸플릿(O)
block	블럭(x) → 블록(O)	report	레포트(x) → 리포트(O)
business	비지니스(x) → 비즈니스(O)	robot	로보트(x) → 로봇(O)
collaboration	콜라보레이션(x) → 컬래버레이션(O)	schedule	스케쥴(x) → 스케줄(O)
concept	콘셉(x) → 콘셉트(O)	shrimp	쉬림프(x) → 슈림프(O)
dynamic	다이나믹(x) → 다이내믹(O)	scout	스카웃(x) → 스카우트(O)
license	라이센스(x) → 라이선스(O)	symbol	심볼(x) → 심벌(O)
mania	매니아(x) → 마니아(O)	target	타겟(x) → 타깃(O)

05 쓰임이 헷갈리기 쉬운 어휘

어휘	예시	어휘	예시
가늠/가름	• 건물의 높이를 가늠해보았다. • 승부는 9회에서 가름이 났다.	수상/시상	• 그는 대상을 수상했다. • 노벨상 시상 권한은 노벨 위원회에 있다.
가르치다/ 가리키다	• 내 직업은 학생을 가르치는 일이다. • 손가락으로 나를 가리켰다.	썩이다/ 썩히다	• 부모 속을 썩이다. • 음식을 썩히다.
결제/결재	• 카드로 결제하였다. • 그 서류는 부장님께 결재받아야 한다.	안/않	• 유진이가 밥을 안 먹는다. • 유진이는 밥을 먹지 않았다.
너머/넘어	• 저 산 너머에는 누가 살고 있을까? • 도둑이 담을 넘어 집에 몰래 들어왔다.	어떡해/ 어떻게	• 나 어떡해! • 이게 어떻게 된 일이야!
-던/-든	• 먹던 거 마저 먹어라. • 먹든지 말든지 마음대로 해라.	왠/웬	• 왠지 가슴이 두근거린다. • 웬만해서는 막을 수 없다.
-대/-데	• 소진이한테 들었는데 슬기 결혼한대. • 슬기가 나를 모르는 척 하데.	-요/ -오	• 산은 산이요, 물은 물이다. • 그대를 사랑하오.
돼/되	• 나쁜 사람이 되면 안 돼. • 그러면 안 되지.	임대/임차	• 건물주는 그에게 1층을 임대해주었다. • 그는 비용을 지불하고 1층을 임차하였다.
드러내다/ 들어내다	• 뭐가 그리 재미있는지 그는 이를 드러내며 크게 웃고 있었다. • 안 쓰는 물건들을 다 들어냈다.	있다가/ 이따가	• 집에 있다가 밖에 나왔다. • 이따가 보자.
-로서/ -로써	• 그는 교육자로서 일생을 보낸 사람이다. • 도끼로(써) 나무를 찍었다.	조리다/ 졸이다	• 생선을 조리다. • 마음을 졸이다.
맞추다/ 맞히다	• 내 답과 답안지를 맞추어 보았다. • 정답을 가장 많이 맞히는 사람이 1등이다.	좇다/쫓다	• 사람들은 행복을 좇아 살아간다. • 범인을 쫓아 건물 안으로 들어갔다.
바람/바램	• 나의 바람은 이루어질 것이다. • 시간이 오래 흘러 색이 바랬다.	지긋이/ 지그시	• 그는 나이가 지긋이 들어 보인다. • 그녀는 나를 빤히 쳐다보다가 지그시 눈을 감았다.
반드시/ 반듯이	• 인간은 반드시 죽는다. • 책상 위에 책을 반듯이 놓았다.	채/체	• 동생은 아무 말도 하지 않은 채 방으로 들어갔다. • 친구는 나를 못 본 체하며 지나쳤다.
붙이다/ 부치다	• 편지 봉투에 우표를 붙였다. • 내 모든 짐을 기숙사로 부쳤다.	홀몸/홑몸	• 그는 결혼하지 않은 홀몸이다. • 홑몸이 아니라 몸이 무겁다.

06 주제별 순우리말

구분		순우리말 및 풀이
날씨	해	• 낮볕: 대낮에 쬐는 햇볕 • 돋을볕: 아침에 해가 솟아오를 때의 햇볕 • 뙤약볕: 여름날에 강하게 내리쬐는 몹시 뜨거운 볕 • 볕뉘: 작은 틈을 통하여 잠시 비치는 햇볕 • 여우볕: 비나 눈이 오는 날 잠깐 나왔다가 숨어 버리는 볕 • 저녁볕: 저녁때의 햇볕 • 하룻볕: 하루 동안 쬐는 햇볕
	비	• 가랑비: 가늘게 내리는 비 • 건들장마: 초가을에 비가 오다가 금방 개고 또 비가 오다가 다시 개고 하는 장마 • 는개: 안개보다는 조금 굵고 이슬비보다는 가는 비 • 먼지잼: 겨우 먼지나 날리지 않을 정도로 조금 오는 비 • 목비: 모낼 무렵에 한목 오는 비 • 보슬비: 바람이 없는 날 가늘고 성기게 조용히 내리는 비 • 색시비: 새색시처럼 수줍은 듯 소리 없이 내리는 비 (≒이슬비) • 여우비: 볕이 나 있는 날 잠깐 오다가 그치는 비 • 웃비: 아직 우기(雨氣)는 있으나 좍좍 내리다가 그친 비 • 작달비: 장대처럼 굵고 거세게 좍좍 내리는 비 (≒장대비) • 채찍비: 채찍을 내리치듯이 굵고 세차게 쏟아져 내리는 비
	바람	• 고추바람: 살을 에는 듯 매섭게 부는 차가운 바람 • 된바람: 뱃사람들의 말로, 북쪽에서 불어오는 바람 (≒북풍) • 마파람: 뱃사람들의 말로, 남쪽에서 불어오는 바람 (≒남풍) • 살바람: 좁은 틈으로 새어 들어오는 찬 바람 또는 초봄에 부는 찬 바람 • 샛바람: 뱃사람들의 말로, 동쪽에서 불어오는 바람 (≒동풍) • 소슬바람: 가을에, 외롭고 쓸쓸한 느낌을 주며 부는 으스스한 바람 • 왜바람: 방향이 없이 이리저리 함부로 부는 바람 • 하늬바람: 주로 농촌이나 어촌에서 쓰는 말로, 서쪽에서 불어오는 바람 (≒서풍)
	눈	• 길눈: 한 길이 될 만큼 많이 쌓인 눈 • 도둑눈: 밤사이에 사람들이 모르게 내린 눈 • 마른눈: 비가 섞이지 않고 내리는 눈 • 숫눈: 눈이 와서 쌓인 상태 그대로의 깨끗한 눈 • 싸라기눈: 빗방울이 갑자기 찬 바람을 만나 얼어 떨어지는 쌀알 같은 눈 • 자국눈: 겨우 발자국이 날 만큼 적게 내린 눈 • 진눈깨비: 비가 섞여 내리는 눈 • 함박눈: 굵고 탐스럽게 내리는 눈
동물의 새끼	어류	• 간자미: 가오리의 새끼 • 고도리: 고등어의 새끼 • 노가리: 명태의 새끼 • 마래미: 방어의 새끼 • 모쟁이: 숭어의 새끼 • 발강이: 잉어의 새끼 • 팽팽이: 열목어의 어린 새끼 • 풀치: 갈치의 새끼
	포유류	• 개호주: 범의 새끼 • 능소니: 곰의 새끼
	조류	• 꺼병이: 꿩의 어린 새끼

날짜	음력	• 정월: 음력 1월 • 삼짇날: 음력 3월 3일 • 중양절: 음력 9월 9일 • 동짓달: 음력 11월 • 섣달: 음력 12월 • 동지섣달: 동짓달과 섣달을 아울러 이르는 말 • 초하루: 음력으로 그 달의 첫째 날 • 그믐: 음력으로 그 달의 마지막 날
기타 순우리말	-	• 가멸다: 재산이나 자원 따위가 넉넉하고 많다 • 갈무리: 물건 따위를 잘 정리하거나 간수함, 일을 처리하여 마무리함 • 곰살갑다: 성질이 보기보다 상냥하고 부드럽다 • 남새: 밭에서 기르는 농작물 • 너울가지: 남과 잘 사귀는 솜씨 • 능갈치다: 교묘하게 잘 둘러대는 재주가 있다 • 더기: 고원의 평평한 땅 • 더께: 몹시 찌든 물건에 앉은 거친 때 • 덩둘하다: 매우 둔하고 어리석다 • 둥개다: 일을 감당하지 못하고 쩔쩔매다 • 드난살이: 남의 집에서 드난으로 지내는 생활 • 드레: 인격적으로 점잖은 무게 • 들레: 야단스럽게 떠들다 • 마수걸이하다: 맨 처음으로 물건을 팔다 • 모도리: 빈틈없이 아주 여무진 사람 • 몰강스럽다: 인정이 없이 억세며 성질이 악착같고 모질다 • 몽니: 받고자 하는 대우를 받지 못할 때 내는 심술 • 발등걸이: 남이 하려는 일을 앞질러 먼저 함 • 벅벅이: 그러하리라고 미루어 헤아려 보건대 틀림없이 • 벼리다: 무디어진 연장의 날을 불에 달구어 두드려서 날카롭게 만들다 • 베돌다: 한데 어울리지 아니하고 동떨어져 행동하다 • 불목하니: 절에서 밥을 짓고 물을 긷는 일을 맡아서 하는 사람 • 서슴: 결단을 내리지 못하고 머뭇거리며 망설이다 • 손방: 아주 할 줄 모르는 솜씨 • 시뜻하다: 마음이 내키지 않아 시들하다 • 어기차다: 한번 마음먹은 뜻을 굽히지 아니하고, 성질이 매우 굳세다 • 옹골지다: 실속이 있게 속이 꽉 차 있다 • 자발없다: 행동이 가볍고 참을성이 없다 • 치사랑: 손아랫사람이 손윗사람을 사랑함 • 트레바리: 이유 없이 남의 말에 반대하기를 좋아함 • 함초롬하다: 젖거나 서려 있는 모습이 가지런하고 차분하다 • 헤살: 일을 짓궂게 훼방함 • 헤식다: 바탕이 단단하지 못하여 헤지기 쉬움 • 희나리: 덜 마른 장작

07 의미가 반대되는 한자로 구성된 한자어

어휘	뜻풀이	어휘	뜻풀이
가감	加(더할 가) ↔ 減(덜 감)	손익	損(덜 손) ↔ 益(더할 익)
가부	可(옳을 가) ↔ 否(아닐 부)	송영	送(보낼 송) ↔ 迎(맞을 영)
강약	強(강할 강) ↔ 弱(약할 약)	수급	需(쓰일 수) ↔ 給(줄 급)
개폐	開(열 개) ↔ 閉(닫을 폐)	수수	授(줄 수) ↔ 受(받을 수)
거래	去(갈 거) ↔ 來(올 래)	승강	昇(오를 승) ↔ 降(내릴 강)
경중	輕(가벼울 경) ↔ 重(무거울 중)	승패	勝(이길 승) ↔ 敗(패할 패)
고락	苦(쓸 고) ↔ 樂(즐길 락)	시비	是(옳을 시) ↔ 非(아닐 비)
고저	高(높을 고) ↔ 低(낮을 저)	신구	新(새 신) ↔ 舊(옛 구)
곡직	曲(굽을 곡) ↔ 直(곧을 직)	안위	安(편안할 안) ↔ 危(위태할 위)
공방	攻(칠 공) ↔ 防(막을 방)	온랭	溫(따뜻할 온) ↔ 冷(찰 랭)
귀천	貴(귀할 귀) ↔ 賤(천할 천)	완급	緩(느릴 완) ↔ 急(급할 급)
근태	勤(부지런할 근) ↔ 怠(게으를 태)	왕래	往(갈 왕) ↔ 來(올 래)
기복	起(일어날 기) ↔ 伏(엎드릴 복)	원근	遠(멀 원) ↔ 近(가까울 근)
길흉	吉(길할 길) ↔ 凶(흉할 흉)	음양	陰(그늘 음) ↔ 陽(볕 양)
난이	難(어려울 난) ↔ 易(쉬울 이)	이합	離(떠날 이) ↔ 合(합할 합)
내외	內(안 내) ↔ 外(바깥 외)	이해	利(이로울 이) ↔ 害(해로울 해)
다소	多(많을 다) ↔ 少(적을 소)	인과	因(원인 인) ↔ 果(결과 과)
당락	當(마땅 당) ↔ 落(떨어질 락)	자타	自(스스로 자) ↔ 他(다를 타)
대차	貸(빌릴 대) ↔ 借(빌려줄 차)	장단	長(길 장) ↔ 短(짧을 단)
득실	得(얻을 득) ↔ 失(잃을 실)	존폐	存(있을 존) ↔ 廢(폐할 폐)
매매	賣(팔 매) ↔ 買(살 매)	주객	主(주인 주) ↔ 客(손 객)
명암	明(밝을 명) ↔ 暗(어두울 암)	주야	晝(낮 주) ↔ 夜(밤 야)
문답	問(물을 문) ↔ 答(대답 답)	증감	增(더할 증) ↔ 減(덜 감)
빈부	貧(가난할 빈) ↔ 富(부유할 부)	진위	眞(참 진) ↔ 僞(거짓 위)
사활	死(죽을 사) ↔ 活(살 활)	진퇴	進(나아갈 진) ↔ 退(물러날 퇴)
상벌	賞(상줄 상) ↔ 罰(벌할 벌)	집산	集(모을 집) ↔ 散(흩을 산)
생사	生(날 생) ↔ 死(죽을 사)	찬반	贊(도울 찬) ↔ 反(돌이킬 반)
선악	善(착할 선) ↔ 惡(악할 악)	흑백	黑(검을 흑) ↔ 白(흰 백)
선후	先(먼저 선) ↔ 後(뒤 후)	흥망	興(일 흥) ↔ 亡(망할 망)
성패	成(이룰 성) ↔ 敗(패할 패)	희비	喜(기쁠 희) ↔ 悲(슬플 비)

08 주제별 한자성어

구분	한자성어	풀이
우정	金蘭之契(금란지계)	쇠처럼 단단하고 난초 향기처럼 그윽한 사귐의 의리를 맺는다는 뜻으로, 친구 사이의 매우 두터운 정을 이르는 말
	斷金之交(단금지교)	쇠라도 자를 만큼 강한 교분이라는 뜻으로, 매우 두터운 우정을 이르는 말
	淡水之交(담수지교)	물과 같은 담박한 사귐이라는 뜻으로, 교양이 있는 군자의 교제를 이르는 말
	莫逆之友(막역지우)	서로 거스름이 없는 친구라는 뜻으로, 허물이 없이 아주 친한 친구를 이르는 말
	刎頸之交(문경지교)	서로를 위해서라면 목이 잘린다 해도 후회하지 않을 정도의 사이라는 뜻으로, 생사를 같이할 수 있는 아주 가까운 사이를 이르는 말
	伯牙絶絃(백아절현)	자기를 알아주는 참다운 벗의 죽음을 슬퍼함을 이르는 말
	如兄若弟(여형약제)	친하기가 형제와 같음
	芝蘭之交(지란지교)	지초(芝草)와 난초(蘭草)의 교제라는 뜻으로, 벗 사이의 맑고도 고귀한 사귐을 이르는 말
위기와 불행	累卵之危(누란지위)	층층이 쌓아 놓은 알의 위태로움이라는 뜻으로, 몹시 아슬아슬한 위기를 비유적으로 이르는 말
	四面楚歌(사면초가)	아무에게도 도움을 받지 못하는, 외롭고 곤란한 지경에 빠진 형편
	雪上加霜(설상가상)	눈 위에 서리가 덮인다는 뜻으로, 난처한 일이나 불행한 일이 잇따라 일어남을 이르는 말
	如履薄氷(여리박빙)	살얼음을 밟는 것과 같다는 뜻으로, 아슬아슬하고 위험한 일을 비유적으로 이르는 말
	進退兩難(진퇴양난)	이러지도 저러지도 못하는 어려운 처지
	進退維谷(진퇴유곡)	이러지도 저러지도 못하고 꼼짝할 수 없는 궁지
인생의 순리	塞翁之馬(새옹지마)	인생의 길흉화복은 변화가 많아서 예측하기가 어려움
	轉禍爲福(전화위복)	재앙과 화난이 바뀌어 오히려 복이 됨
	興盡悲來(흥진비래)	즐거운 일이 다하면 슬픈 일이 닥쳐온다는 뜻으로, 세상일은 순환되는 것임을 이르는 말
한탄	麥秀之嘆(맥수지탄)	고국의 멸망을 한탄함 [≒ 麥秀黍油(맥수서유)]
	風樹之嘆(풍수지탄)	효도를 다하지 못한 채 어버이를 여읜 자식의 슬픔 [≒ 風木之悲(풍목지비)]
	晩時之嘆(만시지탄)	시기에 늦어 기회를 놓쳤음을 안타까워하는 탄식
상호 간의 의리/은혜/약속	刻骨難忘(각골난망)	남에게 입은 은혜가 뼈에 새길 만큼 커서 잊히지 아니함
	見利思義(견리사의)	눈앞에 이익을 보면 의리를 먼저 생각함
	結草報恩(결초보은)	죽은 뒤에라도 은혜를 잊지 않고 갚음
	季布一諾(계포일낙)	계포가 한번 한 약속이라는 뜻으로, 절대로 틀림없는 승낙을 이르는 말
	白骨難忘(백골난망)	죽어서 백골이 되어도 잊을 수 없다는 뜻으로, 남에게 큰 은덕을 입었을 때 고마움의 뜻으로 이르는 말
	一諾千金(일낙천금)	한번 승낙한 것은 천금같이 귀중하다는 뜻으로, 약속을 소중히 여기라는 말

좁은 소견과 융통성 없는 태도	群盲撫象(군맹무상)	맹인 여럿이 코끼리를 만진다는 뜻으로, 사물을 좁은 소견과 주관으로 잘못 판단함을 이르는 말
	白面書生(백면서생)	한갓 글만 읽고 세상일에는 전혀 경험이 없는 사람
	不達時變(부달시변)	매우 완고하여 시대의 흐름을 따르려는 변통성이 없음 [≒ 不達時宜(부달시의)]
	守株待兎(수주대토)	한 가지 일에만 얽매여 발전을 모르는 어리석은 사람
	井底之蛙(정저지와)	소견이나 견문이 몹시 좁아 넓은 세상의 형편을 알지 못하는 사람
	卓上空論(탁상공론)	현실성이 없는 허황된 이론이나 논의
이기적인 태도	甘呑苦吐(감탄고토)	달면 삼키고 쓰면 뱉는다는 뜻으로, 자신의 비위에 따라서 사리의 옳고 그름을 판단함을 이르는 말
	牽强附會(견강부회)	이치에 맞지 않는 말을 억지로 끌어 붙여 자기에게 유리하게 함
	獨不將軍(독불장군)	혼자서는 장군이 될 수 없다는 뜻으로, 무슨 일이든 자기 생각대로 혼자서 처리하는 사람
	我田引水(아전인수)	자기 논에 물 대기라는 뜻으로, 자기에게만 이롭게 되도록 생각하거나 행동함을 이르는 말
	眼下無人(안하무인)	눈 아래에 사람이 없다는 뜻으로, 방자하고 교만하여 다른 사람을 업신여김을 이르는 말
	炎凉世態(염량세태)	세력이 있을 때는 아첨하여 따르고 세력이 없어지면 푸대접하는 세상인심
속임수	口蜜腹劍(구밀복검)	입에는 꿀이 있고 배 속에는 칼이 있다는 뜻으로, 말로는 친한 듯하나 속으로는 해칠 생각이 있음을 이르는 말
	羊頭狗肉(양두구육)	양의 머리를 걸어 놓고 개고기를 판다는 뜻으로, 겉보기만 그럴듯하게 보이고 속은 변변하지 아니함을 이르는 말
	藏頭露尾(장두노미)	머리는 감추었으나 꼬리는 드러나 있다는 뜻으로, 진실을 숨기려고 하지만 거짓의 실마리는 이미 드러나 보임을 이르는 말
	朝三暮四(조삼모사)	간사한 꾀로 남을 속여 희롱함
	指鹿爲馬(지록위마)	윗사람을 농락하여 권세를 마음대로 함
일관성 없는 태도	反覆無常(반복무상)	언행이 이랬다저랬다 일정하지 아니함
	附和雷同(부화뇌동)	줏대 없이 남의 의견에 따라 움직임
	作心三日(작심삼일)	단단히 먹은 마음이 사흘을 가지 못한다는 뜻으로, 결심이 굳지 못함을 이르는 말
	朝令暮改(조령모개)	아침에 명령을 내렸다가 저녁에 다시 고친다는 뜻으로, 법령을 자꾸 고쳐서 갈피를 잡기가 어려움을 이르는 말 [≒ 朝改暮變(조개모변), 朝令夕改(조령석개), 朝變夕改(조변석개)]
임시방편	姑息之計(고식지계)	우선 당장 편한 것만을 택하는 꾀나 방법
	凍足放尿(동족방뇨)	언 발에 오줌 누기라는 뜻으로, 잠시 동안만 효력이 있을 뿐 효력이 바로 사라짐을 비유적으로 이르는 말
	目前之計(목전지계)	눈앞에 보이는 한때만을 생각하는 꾀
	上下撑石(상하탱석)	아랫돌 빼서 윗돌 괴고 윗돌 빼서 아랫돌 괸다는 뜻으로, 몹시 꼬이는 일을 당하여 임시변통으로 이리저리 맞추어서 겨우 유지해 감을 이르는 말 [≒下石上臺(하석상대)]
	因循姑息(인순고식)	낡은 관습이나 폐단을 벗어나지 못하고 당장의 편안함만을 취함
	臨時方便(임시방편)	갑자기 터진 일을 우선 간단하게 둘러맞추어 처리함
철저한 준비	居安思危(거안사위)	평안할 때에도 위기를 생각하며 잊지 말고 미리 대비해야 함[≒安居危思(안거위사)]
	有備無患(유비무환)	미리 준비가 되어 있으면 걱정할 것이 없음

주변 환경의 중요성	孤掌難鳴(고장난명)	외손뼉만으로는 소리가 울리지 아니한다는 뜻으로, 혼자의 힘만으로 어떤 일을 이루기 어려움을 이르는 말
	近墨者黑(근묵자흑)	먹을 가까이하는 사람은 검어진다는 뜻으로, 나쁜 사람과 가까이 지내면 나쁜 버릇에 물들기 쉬움을 비유적으로 이르는 말
	輔車相依(보거상의)	수레에서 덧방나무와 바퀴처럼 뗄 수 없다는 뜻으로, 긴밀한 관계를 맺으면서 서로 돕고 의지함을 이르는 말
	脣亡齒寒(순망치한)	입술을 잃으면 이가 시리다는 뜻으로, 서로 이해관계가 밀접한 사이에 어느 한쪽이 망하면 다른 한쪽도 그 영향을 받아 온전하기 어려움을 이르는 말
	脣齒輔車(순치보거)	입술과 이 중에서 또는 수레의 덧방나무와 바퀴 중에서 어느 한쪽만 없어도 안 된다는 뜻으로, 서로 없어서는 안 될 깊은 관계를 비유적으로 이르는 말
	脣齒之國(순치지국)	입술과 이처럼 이해관계가 밀접한 두 나라
	鳥之兩翼(조지양익)	새의 좌우 양쪽 날개라는 뜻으로, 서로 꼭 필요한 관계를 이르는 말
	芝蘭之化(지란지화)	지초와 난초의 감화라는 뜻으로, 좋은 친구와 사귀면 자연히 그 아름다운 덕에 감화됨을 이르는 말
학문 수양과 독서	亡羊之歎(망양지탄)	갈림길이 매우 많아 잃어버린 양을 찾을 길이 없음을 탄식한다는 뜻으로, 학문의 길이 여러 갈래여서 한 갈래의 진리도 얻기 어려움을 이르는 말
	博而不精(박이부정)	널리 알지만 정밀하지는 못함
	實事求是(실사구시)	사실에 토대를 두어 진리를 탐구하는 일이란 뜻으로, 공리공론을 떠나서 정확한 고증을 바탕으로 하는 과학적·객관적 학문 태도를 이르는 말
	韋編三絶(위편삼절)	공자가 주역을 즐겨 읽어 책의 가죽끈이 세 번이나 끊어졌다는 뜻으로, 책을 열심히 읽음을 이르는 말
	切磋琢磨(절차탁마)	옥이나 돌 따위를 갈고 닦아서 빛을 낸다는 뜻으로, 부지런히 학문과 덕행을 닦음을 이르는 말
	晝耕夜讀(주경야독)	낮에는 농사짓고, 밤에는 글을 읽는다는 뜻으로, 어려운 여건 속에서도 꿋꿋이 공부함을 이르는 말
빼어나거나 출중한 모습	群鷄一鶴(군계일학)	닭의 무리 가운데에서 한 마리의 학이란 뜻으로, 많은 사람 가운데서 뛰어난 인물을 이르는 말
	囊中之錐(낭중지추)	주머니 속의 송곳이라는 뜻으로, 재능이 뛰어난 사람은 숨어 있어도 저절로 사람들에게 알려짐을 이르는 말
	獨也靑靑(독야청청)	남들이 모두 절개를 꺾는 상황 속에서도 홀로 절개를 굳세게 지키고 있음
	靑出於藍(청출어람)	쪽에서 뽑아낸 푸른 물감이 쪽보다 더 푸르다는 뜻으로, 제자나 후배가 스승이나 선배보다 나음을 비유적으로 이르는 말
서로 비슷한 실력	難兄難弟(난형난제)	누구를 형이라 하고 누구를 아우라 하기 어렵다는 뜻으로, 두 사물이 비슷하여 낫고 못함을 정하기 어려움을 이르는 말
	伯仲之間(백중지간)	서로 우열을 가리기 힘든 형세
	互角之勢(호각지세)	역량이 서로 비슷비슷한 위세
	苦肉之計(고육지계)	자기 몸을 상해 가면서까지 꾸며 내는 계책이라는 뜻으로, 어려운 상태를 벗어나기 위해 어쩔 수 없이 꾸며 내는 계책을 이르는 말[≒苦肉之策(고육지책)]
정도가 지나침	矯角殺牛(교각살우)	소의 뿔을 바로잡으려다가 소를 죽인다는 뜻으로, 잘못된 점을 고치려다가 그 방법이나 정도가 지나쳐 오히려 일을 그르침을 이르는 말
	過猶不及(과유불급)	정도를 지나침은 미치지 못함과 같음
	小貪大失(소탐대실)	작은 것을 탐하다가 큰 것을 잃음

불가능한 일을 하려는 무모함	螳螂拒轍(당랑거철)	제 역량을 생각하지 않고, 강한 상대나 되지 않을 일에 덤벼드는 무모한 행동거지
	百年河淸(백년하청)	중국의 황허강이 늘 흐려 맑을 때가 없다는 뜻으로, 아무리 오랜 시일이 지나도 어떤 일이 이루어지기 어려움을 이르는 말
	緣木求魚(연목구어)	나무에 올라가서 물고기를 구한다는 뜻으로, 도저히 불가능한 일을 굳이 하려 함을 비유적으로 이르는 말[≒ 射魚指天(사어지천), 上山求魚(상산구어)]
태평한 세월	康衢煙月(강구연월)	번화한 큰 길거리에서 달빛이 연기에 은은하게 비친다는 뜻으로, 태평한 세상의 평화로운 풍경을 이르는 말
	鼓腹擊壤(고복격양)	태평한 세월을 즐김
	太平聖代(태평성대)	어진 임금이 잘 다스리어 태평한 세상이나 시대
삼국지	刮目相對(괄목상대)	눈을 비비고 상대편을 본다는 뜻으로, 남의 학식이나 재주가 놀랄 만큼 부쩍 늚을 이르는 말
	三顧草廬(삼고초려)	유비가 제갈량을 세 번이나 찾아갔다는 데서 유래한 말로, 인재를 맞아들이기 위해 참을성 있게 노력함을 이르는 말
	泣斬馬謖(읍참마속)	제갈량이 군령을 어기어 가정 싸움에서 패한 마속을 눈물을 머금고 참형에 처하였다는 데서 유래한 말로, 큰 목적을 위하여 자기가 아끼는 사람을 버림을 이르는 말
	街談巷說(가담항설)	거리나 항간에 떠도는 소문
기타 한자성어	乾坤一擲(건곤일척)	주사위를 던져 승패를 건다는 뜻으로, 운명을 걸고 단판걸이로 승부를 겨룸을 이르는 말
	捲土重來(권토중래)	땅을 말아 일으킬 것 같은 기세로 다시 온다는 뜻으로, 어떤 일에 실패한 뒤에 힘을 가다듬어 다시 그 일에 착수함을 비유적으로 이르는 말
	錦上添花(금상첨화)	비단 위에 꽃을 더한다는 뜻으로, 좋은 일 위에 또 좋은 일이 더하여짐을 비유적으로 이르는 말
	騎虎之勢(기호지세)	호랑이를 타고 달리는 형세라는 뜻으로, 이미 시작한 일을 중도에서 그만둘 수 없는 경우를 비유적으로 이르는 말
	大器晚成(대기만성)	큰 그릇을 만드는 데는 시간이 오래 걸린다는 뜻으로, 크게 될 사람은 늦게 이루어짐을 이르는 말
	塗炭之苦(도탄지고)	진구렁에 빠지고 숯불에 타는 괴로움이라는 뜻으로, 가혹한 정치로 말미암아 백성이 심한 고통을 겪음을 이르는 말
	登高自卑(등고자비)	높은 곳에 오르려면 낮은 곳에서부터 오른다는 뜻으로, 일을 순서대로 하여야 함을 이르는 말
	亡羊補牢(망양보뢰)	양을 잃고 우리를 고친다는 뜻으로, 이미 어떤 일을 실패한 뒤에 뉘우쳐도 아무 소용이 없음을 이르는 말
	明若觀火(명약관화)	불을 보듯 분명하고 뻔함
	毛遂自薦(모수자천)	모수가 스스로를 추천했다는 뜻으로, 자기가 자기를 추천함을 이르는 말
	反面敎師(반면교사)	사람이나 사물 따위의 부정적인 면에서 얻는 깨달음이나 가르침
	拔本塞源(발본색원)	좋지 않은 일의 근본 원인이 되는 요소를 완전히 없애 버려서 다시는 그러한 일이 생길 수 없도록 함
	本末顚倒(본말전도)	일의 순서가 잘못 바뀐 상태가 됨
	不問曲直(불문곡직)	옳고 그름을 따지지 아니함
	速戰速決(속전속결)	싸움을 오래 끌지 아니하고 빨리 몰아쳐 이기고 짐을 결정함
	首丘初心(수구초심)	여우가 죽을 때에 머리를 자기가 살던 굴 쪽으로 둔다는 뜻으로, 고향을 그리워하는 마음을 이르는 말
	十匙一飯(십시일반)	밥 열 술이 한 그릇이 된다는 뜻으로, 여러 사람이 조금씩 힘을 합하면 한 사람을 돕기 쉬움을 이르는 말
	吳越同舟(오월동주)	오나라 사람과 월나라 사람이 같은 배에 타고 있다는 뜻으로, 서로 적의를 품은 사람들이 한자리에 있게 된 경우나 서로 협력하여야 하는 상황을 비유적으로 이르는 말

기타 한자성어	以心傳心(이심전심)	마음과 마음으로 서로 뜻이 통함
	一刻三秋(일각삼추)	짧은 동안도 삼 년같이 생각된다는 뜻으로, 기다리는 마음이 간절함을 비유적으로 이르는 말
	自繩自縛(자승자박)	자기의 줄로 자기 몸을 옭아 묶는다는 뜻으로, 자기가 한 말과 행동에 자기 자신이 옭혀 곤란하게 됨을 비유적으로 이르는 말
	切齒腐心(절치부심)	몹시 분하여 이를 갈며 속을 썩임
	走馬加鞭(주마가편)	달리는 말에 채찍질한다는 뜻으로, 잘하는 사람을 더욱 장려함을 이르는 말
	滄海一粟(창해일속)	넓고 큰 바닷속의 좁쌀 한 알이라는 뜻으로, 아주 많거나 넓은 것 가운데 있는 매우 하찮고 작은 것을 이르는 말
	寸鐵殺人(촌철살인)	한 치의 쇠붙이로도 사람을 죽일 수 있다는 뜻으로, 간단한 말로도 남을 감동하게 하거나 남의 약점을 찌를 수 있음을 이르는 말
	他山之石(타산지석)	다른 산의 나쁜 돌이라도 자신의 산의 옥돌을 가는 데에 쓸 수 있다는 뜻으로, 본이 되지 않은 남의 말이나 행동도 자신의 지식과 인격을 수양하는 데에 도움이 될 수 있음을 비유적으로 이르는 말
	破竹之勢(파죽지세)	대를 쪼개는 기세라는 뜻으로, 적을 거침없이 물리치고 쳐들어가는 기세를 이르는 말
	咸興差使(함흥차사)	심부름을 가서 오지 아니하거나 늦게 온 사람
	糊口之策(호구지책)	가난한 살림에서 그저 겨우 먹고살아 가는 방책 [≒호구지계(糊口之計)]

09 의미가 비슷한 한자성어와 속담

한자성어	속담
甘呑苦吐(감탄고토)	달면 삼키고 쓰면 뱉는다, 추우면 다가들고 더우면 물러선다
見蚊拔劍(견문발검)	모기 보고 칼 빼기, 중을 보고 칼을 뽑는다
孤掌難鳴(고장난명)	외손뼉이 소리 날까
苦盡甘來(고진감래)	고생 끝에 낙이 온다, 태산을 넘으면 평지를 본다
累卵之危(누란지위), 風前燈火(풍전등화)	바람 앞의 등불
螳螂拒轍(당랑거철)	하룻강아지 범 무서운 줄 모른다
同病相憐(동병상련)	과부의 심정은 홀아비가 알고 도적놈의 심보는 도적놈이 잘 안다
登高自卑(등고자비)	천 리 길도 한 걸음부터
磨斧作針(마부작침), 愚公移山(우공이산)	무쇠도 갈면 바늘 된다
馬耳東風(마이동풍), 牛耳讀經(우이독경)	말 귀에 염불, 쇠귀에 경 읽기
亡牛補牢(망우보뢰)	소 잃고 외양간 고친다, 도둑맞고 사립 고친다
附和雷同(부화뇌동)	남의 장단에 춤춘다, 숭어가 뛰니까 망둥이도 뛴다
守株待兔(수주대토)	감나무 밑에 누워서 홍시 떨어지기를 기다린다
羊頭狗肉(양두구육), 表裏不同(표리부동)	겉 다르고 속 다르다
類類相從(유유상종), 草綠同色(초록동색)	가재는 게 편이요 초록은 한빛이라
一擧兩得(일거양득), 一石二鳥(일석이조)	굿 보고 떡 먹기, 꿩 먹고 알 먹는다, 도랑 치고 가재 잡는다
賊反荷杖(적반하장)	도둑이 매를 든다

생활상식

01 촌수

구분	예시
촌수 계산	막대 하나를 지날 때마다 촌수가 하나씩 늘어난다. 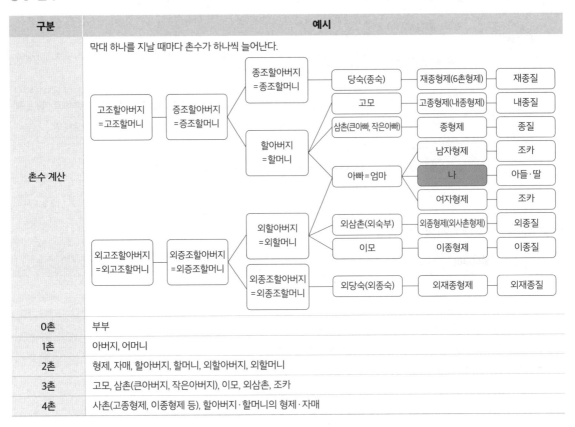
0촌	부부
1촌	아버지, 어머니
2촌	형제, 자매, 할아버지, 할머니, 외할아버지, 외할머니
3촌	고모, 삼촌(큰아버지, 작은아버지), 이모, 외삼촌, 조카
4촌	사촌(고종형제, 이종형제 등), 할아버지·할머니의 형제·자매

02 호칭

어휘	풀이
가친(家親)	남에게 자기 아버지를 높여 이르는 말
선고·선친(先考·先親)	남에게 돌아가신 자기 아버지를 이르는 말
선대인·선고장 (先大人·先考丈)	남의 아버지를 높여 이르는 말
춘부장(椿府丈)	남의 아버지를 높여 이르는 말
현고(顯考)	돌아가신 아버지의 신주나 축문 첫머리에 쓰는 말
선대부인(先大夫人)	돌아가신 남의 어머니를 높여 이르는 말
자친(慈親)	남에게 자기 어머니를 높여 이르는 말
자당(慈堂)	남의 어머니를 높여 이르는 말

왕고장(王考丈)	돌아가신 남의 할아버지를 높여 이르는 말
조고(祖考)	돌아가신 할아버지를 이르는 말
조부장(祖父丈)	돌아가신 남의 할아버지를 높여 이르는 말
현조고(顯祖考)	돌아가신 할아버지의 신주나 축문 첫머리에 쓰는 말
선왕대부인(先王大夫人)	돌아가신 남의 할머니를 높여 이르는 말
매제(妹弟)	손아래 누이의 남편을 이르는 말
매형·자형(妹兄·姉兄)	손위 누이의 남편을 이르는 말
사백·사형(舍伯·舍兄)	남에게 자기 맏형을 겸손하게 이르는 말
사제(舍弟)	남에게 자기 아우를 겸손하게 이르는 말
서방(書房)	성에 붙여서 사위나 매제, 아래 동서 등을 이르는 말
영자(令姉)	남의 손위 누이를 높여 이르는 말
영매(令妹)	남의 손아래 누이를 높여 이르는 말
영손·영포 (令孫·令抱)	남의 손자를 높여 이르는 말
영식(令息)	윗사람의 아들을 높여 이르는 말
영애(令愛)	윗사람의 딸을 높여 이르는 말
자제(子弟)	남을 높여 그의 아들 또는 그 집안의 젊은이를 이르는 말

03 나이

어휘	풀이
충년(沖年)	열 살 안팎의 어린 나이를 이르는 말
지학(志學)	열다섯 살을 이르는 말
이팔(二八)	열여섯 살 무렵의 꽃다운 청춘을 이르는 말
약관(弱冠)	스무 살을 이르는 말
방년(芳年)	스무 살 전후의 한창 젊은 꽃다운 나이를 이르는 말
이립(而立)	서른 살을 이르는 말
불혹(不惑)	마흔 살을 이르는 말
상년(桑年)	마흔여덟 살을 이르는 말
지천명(知天命)	쉰 살을 이르는 말
망륙(望六)	쉰한 살을 이르는 말
이순(耳順)	예순 살을 이르는 말
환갑(還甲)	예순한 살을 이르는 말
진갑(進甲)	예순두 살을 이르는 말
고희(古稀)	일흔 살을 이르는 말
희수(喜壽)	일흔일곱 살을 이르는 말
미수(米壽)	여든여덟 살을 이르는 말
구순(九旬)	아흔 살을 이르는 말
망백(望百)	아흔한 살을 이르는 말
백수(白壽)	아흔아홉 살을 이르는 말

04 절기

어휘	풀이
입춘(立春)	봄이 시작되는 시기, 양력 2월 4일경
우수(雨水)	봄비가 내리고 싹이 트는 시기, 양력 2월 18일경
경칩(驚蟄)	개구리가 겨울잠에서 깨어나는 시기, 양력 3월 5일경
춘분(春分)	낮의 길이가 약간 더 길어지기 시작하는 시기, 양력 3월 20일경
청명(淸明)	봄 농사를 준비하는 시기, 양력 4월 4일경
곡우(穀雨)	봄비가 내려서 온갖 곡식이 윤택해지는 시기, 양력 4월 20일경
입하(立夏)	여름이 시작되는 시기, 양력 5월 5일경
소만(小滿)	만물이 점차 생장하여 가득 차는 시기, 양력 5월 21일경
망종(芒種)	보리가 익어가고 모를 심는 시기, 양력 6월 5일경
하지(夏至)	일 년 중 낮이 가장 길고 밤이 가장 짧은 시기, 양력 6월 21일경
소서(小暑)	본격적인 무더위가 시작되는 시기, 양력 7월 7일경
대서(大暑)	일 년 중 가장 무더운 시기, 양력 7월 23일경
입추(立秋)	가을이 시작되는 시기, 양력 8월 7일경
처서(處暑)	더위가 식어가고 일교차가 커지는 시기, 양력 8월 23일경
백로(白露)	이슬이 내리기 시작하는 시기, 양력 9월 7일경
추분(秋分)	밤과 낮의 길이가 같아지는 시기, 양력 9월 23일경
한로(寒露)	찬 이슬이 내리기 시작하는 시기, 양력 10월 8일경
상강(霜降)	서리가 내리기 시작하는 시기, 양력 10월 23일경
입동(立冬)	겨울이 시작되는 시기, 양력 11월 7일경
소설(小雪)	얼음이 얼기 시작하는 시기, 양력 11월 22일경
대설(大雪)	많은 눈이 내리는 시기, 양력 12월 7일경
동지(冬至)	일 년 중 낮이 가장 짧고 밤이 가장 긴 시기, 양력 12월 22일경
소한(小寒)	강추위가 몰려오는 시기, 양력 1월 5일경
대한(大寒)	겨울을 매듭짓는 시기, 양력 1월 20일경

05 단위

구분	어휘	풀이
측량	갈이	소 1마리가 하루 만에 갈 만한 논밭의 넓이, 약 2,000평
	돈	귀금속이나 한약재 따위의 무게를 잴 때 쓰는 무게의 단위, 1푼의 10배 또는 3.75g
	되지기	볍씨 한 되의 모 또는 씨앗을 심을 만한 논밭의 넓이, 1마지기의 10분의 1
	마장	거리의 단위, 5리나 10리가 못 되는 거리
	마지기	볍씨 한 말의 모 또는 씨앗을 심을 만한 논밭의 넓이, 논은 약 150 ~ 300평, 밭은 약 100평
	발	길이의 단위, 두 팔을 양옆으로 펴서 벌렸을 때 한쪽 손끝에서 다른 쪽 손끝까지의 길이
	섬	곡식, 가루, 액체 따위의 부피를 잴 때 쓰는 부피의 단위, 약 180L
	자	길이의 단위, 1치의 10배 또는 약 30.3cm
	치	길이의 단위, 1자의 10분의 1 또는 약 3.03cm
	푼	길이 또는 무게의 단위, 약 0.3cm 또는 약 0.375g
	홉	곡식, 가루, 액체 따위의 부피를 잴 때 쓰는 부피의 단위, 1되의 10분의 1 또는 약 180mL
수량	거리	오이 또는 가지 따위를 묶어 세는 단위, 1거리 = 오이 또는 가지 50개
	고리	소주를 사발에 담은 것을 묶어 세는 단위, 1고리 = 소주 10사발
	꾸러미	달걀을 묶어 세는 단위, 1꾸러미 = 달걀 10개
	담불	벼를 100섬씩 묶어 세는 단위
	두름	조기 따위의 물고기 또는 고사리 따위의 산나물을 세는 단위, 1두름 = 물고기 20마리 또는 산나물 10모숨
	모숨	길고 가느다란 물건을 1줌 안에 들어올 만한 분량으로 세는 단위
	뭇	생선 또는 미역을 묶어 세는 단위, 1뭇 = 생선 10마리 또는 미역 10장
	손	한 손에 잡을 만한 분량을 세는 단위, 1손 = 조기 또는 고등어 2마리
	쌈	바늘을 묶어 세는 단위, 1쌈 = 바늘 24개
	우리	기와를 세는 단위, 1우리 = 기와 2,000장
	접	채소나 과일 따위를 묶어 세는 단위, 1접 = 채소나 과일 100개
	제	한약의 분량을 나타내는 단위, 1제 = 탕약 20첩
	축	오징어를 묶어 세는 단위, 1축 = 오징어 20마리
	첩	약봉지에 싼 약의 뭉치를 세는 단위
	쾌	북어 또는 엽전을 묶어 세는 단위, 1쾌 = 북어 20마리 또는 엽전 10냥
	테	서려 놓은 실의 묶음을 세는 단위
	톳	김을 묶어 세는 단위, 1톳 = 김 100장
	필	일정한 길이로 말아 놓은 피륙을 세는 단위

기타상식

01 색깔

금색	• 골디락스: 높은 경제 성장을 이루면서 동시에 물가도 상승하지 않는 이상적인 경제 상태 • 골든타임: 사고나 사건이 발생했을 때 인명 구조의 성공 여부가 달린 초반의 귀중한 시간 • 황금낙하산: 적대적 M&A 방어 전략 중 하나로 인수 대상 기업의 CEO가 인수로 인해 사임할 경우를 대비하여 고액의 보상조건을 고용계약에 기재함으로써 안정성을 확보하고 기업 인수 비용을 높이는 방법 • 황금주: 단 한 주만 가지고 있어도 그 기업의 중대한 의사 결정에서 중요한 역할을 할 수 있는 주식
검정색	• 블랙다이아몬드: 저축이 가능하며 소비 수준이 높은 아프리카 대륙의 신흥 중산층 • 블랙마켓: 국가적으로 거래를 금지하는 특정 품목이 몰래 거래되는 시장(≒ 암시장) • 블랙머니: 공인된 금융기관을 거치지 않고 음성적으로 유통되는 돈 • 블랙먼데이: 미국 뉴욕에서 주가의 대폭락이 있었던 1987년 10월 19일 월요일 • 블랙스완: 발생 가능성은 극도로 낮지만 일단 발생하면 예기치 못한 엄청난 충격과 파급효과가 나타나는 일 • 블랙저널리즘: 조직이나 개인의 약점을 취재하여 협박하거나, 특정 집단의 이익을 도모할 목적으로 신문이나 잡지를 발행하는 저널리즘 • 블랙투어리즘: 역사적으로 비극적 사건이 일어난 장소 또는 재난·재해가 발생한 현장을 체험하며 교훈을 얻는 여행 (≒ 다크투어리즘) • 블랙컨슈머: 고의적으로 기업에 악성 민원을 제기하여 부당한 이익을 취하는 소비자 • 흑기사: 적대적 M&A에서 경영권 탈취를 돕는 제3의 세력
노란색	• 옐로저널리즘: 범죄, 성적 추문 등 독자의 관심을 유도하는 선정적인 사건을 위주로 취재하여 보도하는 저널리즘 • 옐로칩: 대형 우량주보다 한 단계 낮은 주식으로, 실적이 양호하고 유통 물량이 많아 주가 상승의 기회가 있는 중저가 우량주
보라색	• 퍼플잡: 근무 시간이나 근무 형태를 유연하게 조절하여 근로자가 원하는 시간대에 원하는 만큼 일할 수 있도록 하는 근무 제도 • 퍼플리본: 자궁경부암에 대한 이해와 예방의 중요성을 알리는 것을 목적으로 하는 캠페인 • 퍼플오션: 레드오션과 블루오션을 조합한 말로 경쟁이 치열한 레드오션에서 발상의 전환을 통해 만들어진 새로운 가치의 시장 • 퍼플카우: 사람들의 시선을 끌고, 화젯거리나 추천거리가 되는 획기적인 제품 또는 서비스
분홍색	• 핑크리본: 유방암에 대한 이해와 예방의 중요성을 알리는 것을 목적으로 하는 캠페인 • 핑크메일: 고용주가 직원에게 해고를 통보하는 이메일
빨간색	• 레드칩: 홍콩 증시에 상장된 기업 가운데 중국 정부와 국영기업이 최대 주주로 있는 우량 기업의 주식 • 레드헤링: 사람들의 관심을 엉뚱한 데로 돌리거나 혼란을 유도하여 상대를 속이는 것 • 붉은 여왕 효과: 동화 <이상한 나라의 앨리스>의 속편인 <거울 나라의 앨리스>에서 붉은 여왕이 한 말에서 유래된 것으로, 어떤 대상이 변화하더라도 주변 환경과 경쟁 상대가 더 빠르게 변하고 있어 상대적으로 뒤처지거나 겨우 제자리를 유지하는 현상
초록색	• 그린메일: 상장기업의 주식을 대량으로 매입한 특정 집단이 M&A를 포기하는 대가로 경영진에게 자신들이 확보한 주식을 높은 가격에 다시 구입하도록 강요하는 행위 • 그린슈트: 봄이 되어 새싹이 움트는 것과 같이 침체되어 있던 경제가 조금씩 회복되는 모습 • 그린워싱: 실제로 친환경적이지 않지만 친환경적인 것처럼 홍보하는 것 • 그린잡: 환경 변호사, 환경 비즈니스 컨설턴트 등 환경과 사회를 고려하는 윤리적인 직업군

파란색	• 블루레이: 디스크를 읽거나 쓸 때 CD나 DVD보다 짧은 파장의 레이저를 사용하는 차세대 대용량 광디스크 • 블루슈머: 경쟁자가 없는 새로운 시장인 블루오션에 존재하는 소비자층 • 블루 오션: 아직 알려져 있지 않은 잠재적 시장 • 블루웨이브: 미국 대통령 선거, 상하의원 선거에서 모두 파란색을 상징하는 민주당이 압승을 거두는 것 • 블루칩: 오랜 기간 안정적인 이익을 창출해온 대형 우량주 • 블루칼라: 생산직에 종사하는 육체노동자 • 블루투스: 스칸디나비아 국가들을 통일한 덴마크 왕의 별명에서 유래된 것으로, 10m 이내의 거리에서 휴대용 전자기기를 무선으로 연결하는 기술
회색	• 그레이스완: 예측은 가능하지만 별다른 해결책은 없는 위험성 높은 사건으로, 발생하게 될 경우 관련 시장에 상당한 영향을 주는 사건 • 그레이존: 어느 영역에 속하는지 불분명한 지역 또는 집단으로, 국제 정치에 있어서는 어느 강대국의 세력권에 속해 있는지 파악하기 어려운 지역 • 그레이칼라: 화이트칼라와 블루칼라의 중간적인 성격을 가진 노동자 • 회색 코뿔소: 지속적인 경고로 충분히 예상할 수 있음에도 쉽게 간과하여 위험을 일으킬 수 있는 사건
흰색	• 백기사: 적대적 M&A에서 현 경영진의 경영권 방어에 우호적인 제3의 세력 • 하얀 코끼리: 대규모 행사 후 활용할 곳이 없어 애물단지가 되는 시설물 • 화이트리스트: 자국의 안전 보장에 위협이 될 수 있는 첨단 기술과 부품 등을 수출함에 있어서 그 절차를 우대해주는 국가 • 화이트스완: 역사적으로 되풀이되는 위기이지만 뚜렷한 해결책을 제시하지 못하는 상황

02 동물

가젤	• 가젤형 기업: 매출액이나 고용자 수가 3년 연속, 평균 20% 이상 지속적으로 상승하고 있는 고성장 기업
개	• 왝더독: 개의 꼬리가 몸통을 흔든다는 뜻으로, 주식시장에서 선물이 현물을 좌지우지하는 현상 • 파블로프의 개: 러시아의 생리학자 파블로프가 조건반사라는 개념을 설명하기 위해 고안한 개를 이용한 실험
고양이	• 슈뢰딩거의 고양이: 학자 슈뢰딩거가 양자역학의 원리를 설명하기 위해 고안한 사고실험으로, 밀폐된 상자 안에 독극물과 함께 있는 고양이의 생존 여부는 상자를 열어 관찰해야 알 수 있다는 결론을 도출함
곰	• 곰의 포옹: 적대적 M&A의 공격 전략 중 하나로, 매수자가 사전 예고 없이 회사의 매수가격 및 조건을 포함한 매수 제의 편지를 보내 현 경영진이 반대하기 어렵게 만드는 전략 • 베어마켓: 주가가 하락하고 있거나 주가의 하락이 예상되는 시장 • 황금곰상: 세계 3대 영화제 중 하나인 독일 베를린 영화제에서 최우수 영화에 수여하는 상
늑대	• 외로운 늑대: 특정 조직이나 이념에 따라서가 아닌 정부에 대한 개인적인 반감 때문에 테러를 자행하는 자생적 테러리스트
닭	• 치킨게임: 참가자 중 어느 한쪽도 양보하지 않으면 극단적 경쟁에 돌입하게 되면서 결국 모든 참가자가 파국으로 치닫는 게임
말	• 다크호스: 정계·선거·운동 경기 따위에서, 아직 잘 알려지지 아니하였으나 뜻밖의 변수로 작용할 수 있는 유력한 경쟁자 • 트로이 목마: 그리스가 트로이를 무너뜨리는 데 결정적인 역할을 한 수단에서 유래한 것으로, 유용한 프로그램으로 위장해 사용자가 실행하게 만든 뒤 사용자의 정보를 빼가는 컴퓨터 악성 코드
메기	• 메기효과: 강력한 경쟁 기업의 등장과 같은 자극이 기업의 경쟁력 향상에 도움이 된다는 이론
사자	• 황금사자상: 세계 3대 영화제 중 하나인 이탈리아 베니스 영화제의 최고 작품상
소	• 불마켓: 주가가 상승하고 있거나 주가의 상승이 예상되는 시장
십이지(十二支) 순서	자(子, 쥐) → 축(丑, 소) → 인(寅, 호랑이) → 묘(卯, 토끼) → 진(辰, 용) → 사(巳, 뱀) → 오(午, 말) → 미(未, 양) → 신(申, 원숭이) → 유(酉, 닭) → 술(戌, 개) → 해(亥, 돼지)

부록2

INDEX

INDEX

설명을 쉽게 확인할 수 있도록 교재에 수록된 상식 키워드를 숫자, 영어 알파벳순, 한글 가나다 순으로 정리하고 수록 페이지를 함께 정리하였습니다.
상식 학습 후 해당 키워드를 다시 찾아 학습할 때 활용해 보세요.

INDEX

ㄴ

INDEX

INDEX

INDEX

ㅈ

INDEX